最智慧的赚钱故事

杨建峰　主编

西安电子科技大学出版社

图书在版编目(CIP)数据

最智慧的赚钱故事 / 杨建峰主编. —西安：西安电子科技大学出版社，2015.7
ISBN 978-7-5606-3731-0

Ⅰ.①最… Ⅱ.①杨… Ⅲ.①私人投资-通俗读物
Ⅳ.①F830.59-49

中国版本图书馆 CIP 数据核字(2015)第 119816 号

敬启

本书在编写过程中，参阅和使用了一些报刊、著述和图片。由于联系上的困难，我们未能和部分作品的作者(或译者)取得联系，对此谨致深深的歉意。敬请原作者(或译者)见到本书后，及时与我们联系相关事宜。联系电话：010-84853028 联系人：松雪

总 策 划 杨建峰
策划编辑 高维岳
责任编辑 许青青
出版发行 西安电子科技大学出版社(西安市科技路 41 号)
电 话 (029)88242885 88201467 邮 编 710071
网 址 www.xduph.com 电子邮箱 xdupfxb001@163.com
经 销 新华书店
印刷单位 北京德富泰印务有限公司
版 次 2015 年 7 月第 1 版 2015 年 7 月第 1 次印刷
开 本 889 毫米×1194 毫米 1/16 印 张 27.5
字 数 700 千字
印 数 1~5000 册
定 价 59.00
ISBN 978-7-5606-3731-0
XDUP 402300

如有印装问题可调换

前言

富人，永远是穷人的榜样，富人的口袋里装着穷人梦寐以求的东西。但是，穷人只能看到富人口袋里的东西，而看不到富人脑袋里的东西。

其实，什么样的脑袋决定自己有什么样的口袋，或者说你脑袋装多少东西，那么你的口袋就能装多少东西。穷人和富人最大的距离就是，富人允许自己的口袋空——但不允许自己的脑袋空；而穷人允许自己的脑袋空，而不允许自己的口袋空。

脑袋和口袋是有区别的，放进脑袋去的东西不但自己跑不掉，别人有再高明的手段也无法拿走。口袋是有口子的，任何一个人在任何时候都可能把手放进口袋，取走里面的东西。

其实，每个人的脑袋形状、体积都差不多，就算是有区别，也是大同小异的。最聪明的占1%，最不聪明的也占1%，剩下的98%都是一样的。

整个社会的主体不是最聪明的1%，更不会是最不聪明的1%，而是占大多数的98%。许多富甲天下的人，也都是来自这个98%，许多穷困潦倒的人也在这98%之中。也就是说，穷人与富人，刚开始的时候脑袋都是一样的，差别就在于后来。每一个想成为真正富人的穷人，不仅仅要关注富人的口袋，而且更应该关注他的脑袋，特别是富人口袋还没有鼓起来时的脑袋，看看他都往自己的脑袋里装了些什么东西。

一包菊花能卖钱吗？能卖多少钱？有个很有经营本领的小商人，以一包菊花为创业的本钱，最终赚了20万枚铜币。

有一天，他在山上采了一包菊花，便决定用菊花为资本做点买卖。他把菊花送给一家药铺，他用卖菊花的钱买了一点糖浆，又用一只水罐盛满一罐水。他看见一群制作花环的花匠从树林里采花回来，便用勺子盛水给花匠们喝。花匠们喝后，每人送给他一束鲜花。他卖掉这些鲜花，第二天又带着糖浆和水罐到花圃去。这天，花匠们在他临走时，又送给他一些鲜花。他用这样的方法，不久便积聚了8个铜币。

有一天，风雨交加，御花园里满地都是狂风吹落的枯枝败叶，园丁不知道怎样清除它们。小商人走到那里对园丁说："如果这些断枝落叶全归我，我可以把它打扫干净。"园丁同意了，说道："先生，你都拿去吧！"小商人走到一群玩耍的孩子中间，分给他们一些糖果，顷刻间，他们帮他把所有的断枝败叶捡拾一空，堆在御花园门口。皇家陶工为了烧制皇家餐具，正在寻找柴火。看到御花园门口的这堆柴火，就从小商人手里买下运走了。这天，小商人通过卖柴火得到16个铜币和水罐等5样餐具，现在的铜币加起来已有24个了。

之后，他又想出一个主意。他在离城不远的地方，设置了一个水罐，供应500个割草工人饮水。这些割草工说道："朋友，你待我们太好了，我们能为你做些什么呢？"

"等我需要的时候，再请你们帮忙吧！"他答道。

他四处游荡，结识了一个陆路商人和一个水路商人。陆路商人告诉他说："明天有个马贩子带400匹马进城来。"听了陆路商人的话，他对割草工们说："今天请你们每人给我一捆草，而且，在我的草没有卖掉之前，你们不要卖自己的草，可以吗？”他们同意了，一致答道：“行！”随即拿出500捆草，送到他家里。

马贩来后，走遍全城，也找不到饲料，只得出1000枚铜币买下这个青年的500捆草。几天后，水路商人朋友告诉他说：“有条大船进港了。”他又想出了一个主意。他花了8个铜币，临时雇了一辆备有侍从的车子，冠冕堂皇地来到港口，以他的指环印作抵押，订下全船货物。

然后，他在附近搭了个帐篷，坐在里边吩咐侍从道：“当商人们前来求见时，你们要通报三次才可以引见。”大约有100个波罗奈商人听说商船抵达，前来购买货物，但得到的回答是：“没你们的份了。全船货物都包给大商人了。”听了这话，商人们就到他那里去了。

侍从按照事先的吩咐，通报三次，才让商人们进入帐篷。100个商人每人给他1000枚铜币，取得船上货物的分享权，然后又每人给他1000枚铜币，取得全部货物的所有权。

就这样，小商人在很短的时间内，以一包菊花为本钱，获得了20万枚铜币，成了远近闻名的富商。

这个故事或许是虚构的，但小商人精明的头脑、高超的智慧却是值得我们每个人学习。

所以，你想变为富人，首先就要向富人学习，学习他们的赚钱智慧。

《最智慧的赚钱故事》收集了古今中外最丰富的赚钱智慧，其中有叱咤风云的商界巨子；有一鸣惊人的赚钱奇才；有福布斯财富榜上的顶级富豪；有从无到有的创业奇迹；有叹为观止的商战谋略；有奇招迭出的营销手段……读懂了一个个赚钱的小故事，学会了一种赚钱的智慧，或许人生就会因此而改变！

目录

能力篇　赚钱必备的八种本事

第一章　积极心态：激发你的赚钱欲望

第二章　整体规划：一步步完成你的赚钱目标

第三章　敢于冒险：财富只为勇者而来

第四章 诚信厚道:君子爱财,取之有道

第五章 头脑精明:善于思考才能轻松赚钱

第六章　审时度势:赚钱要善于抓商机

第七章　人脉是金:赚钱一定要有好人缘

第八章　百折不挠:赚钱需要永不放弃的精神

实战篇　最经典的赚钱方法

第一章　从无到有:创业投资中的非常手段

第二章　出奇制胜:营销一定要用奇招

第三章 别出心裁:好产品也要会吆喝

第四章　借势造势:利用可以利用的一切

第五章　不露声色:商业公关的最高境界

第六章　进退攻守：商战要学会见招拆招

第七章　谈判博弈:赚钱需要锱铢必较

榜样篇　福布斯富豪的赚钱神话

第一章　战略制胜:把梯子靠在合适的墙上

第二章　塑造形象:好品牌能帮你赚大钱

第三章　变革创新:唯一不变的就是变

第四章　同盟合作:强强联手打造双赢

第五章　人力资本:有人才就是最大的赢家

能力篇

赚钱
必备的八种本事

NENG LI PIAN

第一章

积极心态：激发你的赚钱欲望

一个人能否致富，关键在于他的心态。富人与穷人的差别在于富人具有积极的心态，而穷人则用消极的心态去面对人生。

具备富人的生活态度

生活中很多人都有这样的想法：只有高学历、高智商、人脉广泛的人才具备赚钱的本事，才能成为富人。而一个普通人，特别是没有受过良好的教育，又没有一技之长的人，是无法通过自己的能力致富的。其实这种想法并不正确，因为任何人都可能成为有钱人，但是前提是要先改变你的心态。

两个人从牢中的铁窗朝外看，一个看到的是泥土，另一个看到的却是星星。生活在同样一个世界上，有的人过得幸福、快乐、富有，有的人却一直生活在苦恼和贫困之中。

这是为什么呢？其实，人与人之间原本没有多大区别，只是由于各自心态的不同而造成截然不同的两种人生。

曾经有两个乡下年轻人外出打工，一个想去上海，一个要去北京。在候车厅等车时，听到邻座的人议论说："上海人精明，外地人问路都收费；北京人质朴，见了吃不上饭的人，不仅给馒头，还送旧衣服。"

想去上海的人听说北京人好，就算挣不到钱也饿不死，他很庆幸车还没到，不然到了上海便掉进了火坑。

去北京的人想，上海好，连给人带路都能挣钱，我幸亏还没上车，不然真失去了一次致富的机会。

于是，他们互换了车票。

去北京的人发现，北京果然好。他初到北京的一个月，什么都没干，竟然没有饿着。银行大厅里的纯净水可以白喝，大商场里试吃的点心也可以白吃，他整天偷着乐。

去上海的人发现，上海果然是一个可以发财的城市，干什么都可以赚钱。带路可以赚钱,开厕所可以赚钱,弄盆凉水让人洗脸也可以赚钱。只要想点办法,再花点力气可以赚钱更多的钱。

乡下人凭着对泥土的认识,第二天,在建筑工地装了10包含有沙子和树叶的土,以"花盆土"的名义,向爱花的上海人兜售。

当天他在城郊间往返了5次,净赚了40元钱。一年后,他凭着"花盆土",竟然在大上海拥有了一个小小的门面。

后来,他在常年的走街串巷中,发现一些商店楼面亮丽而招牌较黑,一打听才知道是清洗公司只负责洗楼而不洗招牌。他立即办起一个小型清洗公司,专门负责擦洗招牌。慢慢地他的员工发展到几百人,业务也由上海发展到杭州和南京。

数年后,他坐火车到北京考察清洗市场。在北京车站,一个捡破烂的人向他要一只空啤酒瓶。就在递酒瓶时,两人都愣住了,因为数年前,他们曾换过一次车票。

生活中,贫穷者之所以贫穷,主要是心态观念有问题。贫穷者遇到困难,他们只是挑选容易的路走,结果陷入贫困的深渊。富人遇到困难,而是抱有积极的心态鼓励自己,想尽办法,不断前进,直至成功。因此,如果我们要想像富人一样生活,首先就应该具备富人的生活态度。

遗憾的是,很多人并没有意识到积极心态的重要性。他们把自己过得不如意的原因归咎于上天对自己的不公平,未能给自己提供一个良好的环境,从而导致自己终生碌碌无为。那么,人生的结局真的是由于外界环境所造成的吗?

当然不是。正如世界著名潜能学大师安东尼·罗宾所说:"影响我们人生的绝不是环境,也不是遭遇,而是我们持什么样的心态。"

激发自己致富的愿望

作为黑人佃农众多孩子中的一员,福勒在5岁时开始劳动,在9岁之前,赶骡子是他的主要工作。在那里,这并不是什么特殊的事,因为大多数佃农的孩子都是很早就参加劳动的。这些家庭认为他们的贫穷是命运安排的,并没有想到采用什么方法去改善生活。

幸运的是,福勒有一位不平常的母亲。他的母亲不肯接受这种贫困的生活。她认为一定可以改变目前的生活的。为此,她时常同一个儿子谈论她的梦想:

"福勒,我们不应该贫穷。我不愿意听到你说:我们的贫穷是上帝的意愿。我们的贫穷不是由于上帝的缘故,而是因为你的父亲从来就没有产生过致富的愿望。我们家庭中的任何人都没有产生过出人头地的想法。"

从此,这个观念在福勒的心灵深处刻下了深深的烙印,以致改变了他整个一生。他决定把经商作为生财的一条捷径,最后选定经营肥皂。于是他就挨家挨户出售肥皂达12年之久。后来他获悉供应他肥皂的那个公司即将拍卖出售。这个公司的售价是15万美元。他在经营肥皂的12年中一点一滴地积蓄了2.5万美元。双方达成了协议:他先交2.5万美元的保证金,然后在10天的限期内付清剩下的12.5万美元。不过协议中有一个苛刻的条件:如果他不能在10天内筹齐这笔款子,他就要丧失他所交付的保证金。

福勒在他当肥皂商的12年中，获得了许多商人的尊敬和赞赏。现在他去找他们帮忙了。他从私交的朋友那里借了一些款子，也从信贷公司和投资集团那里获得了援助。在第10天的前夜，他筹集了11.5万美元，也就是说，还差1万美元。

福勒回忆说："当时我已用尽了我所知道的一切贷款来源。那时已是深夜，我在幽暗的房间里，跪下来祷告，祈求上帝领我去见一个会及时借给我1万美元的人。"

强烈的致富愿望让福勒决定不能这样坐以待毙，就在这天夜里的11点钟，福勒驱车沿芝加哥61号大街驶去。驶过某个街区后，他看见一所承包商事务所亮着灯光。

他走了进去。在那里，在一张写字台旁坐着一个因深夜工作而疲乏不堪的人，福勒认识他。福勒意识到自己必须勇敢些。

"你想赚1000美元吗?"福勒直截了当地问道。

这句话使得这位承包商吓了一跳。"当然想了!"他答道。

"那么，给我开一张1万美元的支票，当我奉还这笔借款时，我将另付1000美元利息。"福勒对那个人说道。他把其他借款给他的人的名单给这位承包商看，并且详细地解释了这次商业冒险的情况。

那天夜里，福勒在离开这个事务所时，衣袋里已装了一张1万美元的支票。以后，他不管在那个肥皂公司，还是在其他七个公司(四个化妆公司、一个袜类贸易公司、一个标签公司和一个报馆)，都获得了控股权。

多年以后，当人们问起他的成功方法时，他用他的母亲在多年前所说的话回答道：

"我们是贫穷的，但这并不是由于上帝，而是由于我们的父亲从来没有产生过致富的愿望。在我们的家庭中，从来没有一个人产生过出人头地的念头。"

愿望是所有成就的出发点，很多人之所以失败，就在于他们从来都没有，并且也从来没有踏出他们的第一步。

研究这些获得成功的富豪时，你会发现，他们每一个人都有自己的愿望，并且花费最大的心思和付出最大的努力来实现他们的愿望。

确实如此，赚钱致富并不是一件高不可攀的事，关键是你必须具备强烈的致富愿望，在这种愿望的召唤下，你才可能一步步走向致富之路。

穷人最缺少的是野心

法国大富翁巴拉昂本来是个穷光蛋，后来靠推销装饰肖像画起家，不到10年，迅速跻身于法国50大富翁之列。

他在临终前留下遗嘱，将自己的巨额资产都捐献给医疗卫生事业外，特留下100万法郎作为奖金，锁在保险箱里，奖给揭开穷富之谜的人。当这条遗嘱在报纸上披露后，雪花般的揭谜信件纷纷飞到报社。有人说，穷人最缺少的是机遇，没遇到富有的机会，所以贫穷；也有人说，穷人最缺少的是技术本事，所以贫穷；绝大多数人却说，穷人最缺少的是金钱，有钱就不穷了……可这项巨额奖金却被一位叫蒂勒的小姑娘领走了。她的揭谜答案是：穷人最缺少的是野心，即成为富有人的野心。

小明和小叶考进了同一所名牌学校，在学校学习期间，两个人都十分努力，成绩优秀。大学生就业越来越困难，幸运的是，一家国际知名的大企业到学校来招聘，两个人都顺利地过关斩将，成功地获得了仅有的两个待遇优厚的职位。

因为是校友，又到了同一个公司，两人自然就成了好朋友。

在别人眼里他们是幸运的，从一个普通学生一下子就跨入了白领阶层。小叶也是这样想，她对自己的工作十分满意，认为自己以前所有的努力终于有了回报。所以，她总是小心翼翼地在工作上不出一点差错，生怕丢了饭碗。

可是小明则不然，到公司以后，他的工作也很出色，颇受上司赏识。但是小明觉得这家公司不大适合自己发展，于是积累了一些经验以后，毅然决定辞去待遇丰厚的职位，打算自己下海打拼，临行前，小明和小叶打了个招呼。

"什么？你疯啦！好好的工作不做，辞职了没收入怎么办？做生意破产了怎么办？"小叶显然不理解小明的想法。

"工作了一段时间，我觉得应该出去闯一闯了，'王侯将相，宁有种乎！'我也可以做一番大事业，也可以自己当老板！"小明充满信心地说。

"做人稳当就可以了，不要有那么大野心，而且我们现在的工作待遇已经很高了，别人想找还找不到呢！"小叶善意地劝说小明。

"小叶，现在竞争激烈，我们不能安于现状，人不能不有点雄心。你也一样，别老安于现状，我看这家公司还是很适合你发展的，你也要有个奋斗目标才行。"小明反过来劝说小叶。

最后，小明还是离开了公司自己闯荡去了，小叶依旧兢兢业业地保护着她那"稳定的工作"。

两年后因为政策的调整，小叶所在的公司进行了一次大的人员调整，小叶虽然工作上没出过什么错，可是因为太"不进取"，被公司列在了裁员名单里，只好重新找工作。而此时，小明已经是一家公司的总裁了。

这个故事中，尽管小明在不停地劝解小叶，但是小叶因为安于现状，不思进取，最终还是丢掉了所谓的"铁饭碗"。而小明志存高远，敢于挑战自己而实现了自己的梦想，成为了最后的胜利者。可见，在人生的成长过程中，一个人能否成为最后的受益者，与他是否有雄心是相关联的。

将不满变成积极的行动

美国联合保险公司有一个推销员，名叫亚兰。亚兰想当这个公司的明星推销员。他努力应用他在励志书籍和杂志中所读到的积极心态的原则。他读了《无限成功》杂志中的一篇社论，标题是《发扬励志的不满》。之后不久，他遭遇了一次重大挫折。

寒冬的一天，亚兰在威斯康星州一个城市的街区中推销保险单，他一笔生意也没有做成。当然，他是极不满意的。但是积极的心态使他把这种不满转变为"励志的不满"。

他记起他所读过的社论，并且应用了它所提出的原则。第二天，他从办事处出发前，他对同事们讲述了前天所遭遇的失败，接着他说："等着瞧吧！今天我将再次访问那些顾客，我将售出比你们售出的总和还要多的保险单。"

值得注意的是：亚兰说到并做到了这一点。他重新回到那个街区，又访问了前一天同他谈过话的每一个人，结果售出了66张新的事故保险单。

这的确是一个不平常的成绩，而这个成绩是由不满造成的。那天亚兰在风雪中穿街走巷，一直奔波了8个小时，却没有卖出一张保险单。可是亚兰第一天就能够把我们大多数人在失败的情况下所感觉到的消极的不满，在第二天就转化成励志性的不满，结果取得了成功。亚兰成了这个公司的最佳推销员，并被提升为推销部经理。

很多人都习惯把自己的失败和生活中的不如意归结于自己的"命"不好。事实上，不是他们的命运不好，而是消极的心态影响了他们。英国著名文学家狄更斯就曾说："一种健全的心态，比一百种智慧更具力量。"这句不朽的名言告诉我们这样一个真理：有什么样的心态，就有什么样的人生。同一件事情由不同心态的两个人去做，其结果却截然不同。所以，与其抱怨命运，不如把自己的心态调整到积极的一面上去。

我们每个人每天都会遭遇很多事情，这些事情有好有坏。碰上坏事情，一些人的心情也随着变得糟糕起来。其实，这是没有必要的。因为凡事都有好的一面，都蕴藏着美好的东西，这就要看你用什么样的心态去对待它。

小王和小江同时被公司解雇了，这如同"晴天霹雳"。小王在找不到其他工作时，干脆自己做起了小生意。这是他第一次当老板，并且还做自己以前并不想做、也不熟悉的事。虽然面临很多的困难，但小王却突然觉得生活更有意义，更具有挑战性，并认为这一切都是"晴天霹雳"带来的好处。

面对失业，小江却选择了沮丧、颓废，他不愿重新去找工作，也不愿像小王那样自谋生路，而是一味地怨天尤人，终日咒骂上天的不公平。

若干年后，小王作为一个施舍者，向街边一个衣衫褴褛的乞丐递过去100块钱，而那个伸着双手，跪在地上的乞丐正是当年的小江。

当初同样的境遇，两人面对"晴天霹雳"的不同心态，才造就了他们今天的天壤之别。

因此，当灾难突如其来时，你与其以消极的心态待之，不如以积极的心态去化解。当你将不满转化为积极的行动时，你就有可能从中得到更大的益处。这难道不是人生中的另一番收获吗？

心态比命运更重要

生活中有这样一种人，面对别人的富有时，他们总是感慨对方命运好，得到了上天的眷顾。而自己呢？一辈子倒霉，上学时没有赶上好老师，工作时没有遇到正直的老板，自己开公司时又遇上金融海啸……

其实，世界上没有真正幸运的人，那些富有者之所以富有，是因为他们拥有积极的、健康的心态,正是在这种心态的指引下,他们才努力奋斗,最终获得了财富。从他们的经历中我们不难看出:左右我们前程的,不是命运,而是心态,换言之,命好不如心态好!吴士宏成功的经历就是一个榜样。

吴士宏一度被称为“打工皇后”。不过,在多年以前,吴士宏还只是一个护士。1985年,她决定到IBM去应聘。当时,IBM的招聘地点在长城饭店,这是一个五星级的饭店。

她后来回忆说,在长城饭店门口,自己足足徘徊了5分钟,呆呆地看着那些各种肤色的人从容地迈上台阶,简简单单地进入另一个世界。她的内心深处无法丈量自己与这道门之间的距离。经过一番思考,她鼓足了勇气,迈着稳健的步伐,穿过威严的旋转门和内心的召唤,走进了世界最大的信息产业公司IBM公司的北京办事处。她的确是个人才,顺利地通过了两轮笔试和一轮口试,最后到了主考官面前,眼看就要大功告成了。

俗话说:“阎王好见,小鬼难缠。”现在已经见到了阎王,她什么也不怕了。主考官没有提什么难问题,只是随口问:“你会不会打字?”

她本来不会打字,但是本能告诉她,到了这个地步,不能有不会的。

于是,她点点头,只说了一个字:“会!”

“一分钟可以打多少个字?”

“您的要求是多少?”

“每分钟120个字。”

她不经意地环视一下四周,考场里没有发现一台打字机,她马上就回答:“没问题!”主考官说:“好,下次面试时再加试打字。”

实际上,吴士宏从来没有摸过打字机。面试结束,她就飞快地跑到一个朋友处借170元钱买了一台打字机,然后她没日没夜地练习一个星期,居然达到了专业打字员的水平。

她被录取了,她成了这家世界著名企业的一名普通员工,但她得到的只是一个卑微的角色,主要工作是泡茶倒水、打扫卫生,用她自己的话说,“完全是脑袋以下的肢体劳动”。她为此感到很自卑,她把可以触摸传真机作为一种奢望,她所感到的安慰就是自己能够在一个可以解决温饱问题而又安全的地方做事。可是作为一位服务人员,这种心理平衡很快就被打破了。

一天。吴士宏推着平板车买办公室用品回来,门卫把她拦在大门口,故意要检查外企工作证。她没有外企工作证,于是在大门口僵持了好一会儿,进进出出的人就像看大街上耍猴的那样,个个都投来一种异样的目光。作为一位女性,她的内心充满了屈辱,但是她知道得到这份工作不容易,她没有发泄出来。不过她暗地里咬着牙齿在说:“我不能这样下去!”

还有一件事情冲撞着她的内心。

有个香港的女职员,资格很老,动不动就喜欢指使人给她办事,吴士宏就是她的主要指使对象。一天,这位女士叫着吴士宏的英语名字说:“Juliet,如果你想喝咖啡就请告诉我!”吴士宏丈二和尚——摸不着头,不知这位自以为是的女士说的是什么意思。

这位女士说:“如果你喝我的咖啡,每次都请你把杯子的盖子盖好!”吴士宏本来是一个很会忍气吞声的人,这次女性的温柔全都不见了,因为那女人把自己当成偷喝咖啡的小毛贼了。这是一种人格上的侮辱。她顿时浑身战栗,就像一头愤怒的狮子,把埋在内心的满腔怒火全部发泄了出来。吴士宏发誓:有朝一日,我要管公司里的任何一个人,不管他是外国人还是香港人！甘愿自卑，就只能沉沦下去；不肯自卑，就会产生无穷的动力。吴士宏每天除了工作就是学习，她在默默地寻找着自己的最佳出路。

最终，在与她一起进IBM的人中，她第一个做了业务代表；第一批成为本土的经理；第一批成为赴美国本部进行战略研究的人；第一个成为IBM华南地区总经理。最后，吴士宏还登上了IBM(中国)公司总经理的高位。

假如吴士宏当初认命了，那么今天的她可能还是一个护士，进入IBM后，如果她不及时调整心态，她也许永远是一个勤杂工。正因为她懂得积极心态的重要性，因此在每一次遭遇打击时，她都没有选择消沉，而是以积极的态度去面对。所以，她能一步一步走向事业的顶峰就顺理成章了。

可见，我们每个人的人生格局不是由命运来安排的，而是由我们的心态来决定的。心态好，命运就好！

差距在心态而不是智商

某人做生意失败后，便一直待在家里，意志消沉，不愿再从事什么工作，家人和朋友都劝他，他却总是叹气说："外面竞争太激烈了，我智商低，怎么竞争得过别人呢？还是待在家里吧。"

他的失败真的是因为智商低吗？答案是否定的。下面这个故事就是一个例证。

有一家纺织厂，经济效益不好，工厂决定让一批人下岗。在这一批下岗人员里有两位女性，她们都40岁左右，一位是大学毕业生、工厂的工程师，另一位则是普通女工。毫无疑问，就智商而论，这位工程师的智商应该超过了那位普通工人。

女工程师下岗了！这成为了全厂的一个热门话题，人们纷纷议论着、嘀咕着。女工程师对人生的这一变化深怀怨恨。她愤怒过、她骂过、她也吵过，但都无济于事。因为下岗人员的数目还在不断增加，别的工程师也开始下岗了。然而，尽管如此，她的心里却仍不平衡，她始终觉得下岗是一件丢人的事。她的心态渐渐地由愤怒转化成了抱怨，又由抱怨转化成了内疚。她整天都闷闷不乐地待在家里，不愿出门见人，更没想到要重新开始自己的人生，孤独而忧郁的心态控制了她的一切，包括她的智商。她本来就血压高，她忧郁的心态又总是把自己的注意力集中到下岗这件事上。她内心一直都在拒绝这一变化，但这一变化又实实在在地摆在了面前，她无法解脱。没过多久，她就带着忧郁的心态和不低的智商孤寂地离开了人世。

普通女工的心态却大不一样，她很快就从下岗的阴影里解脱了出来。她想别人既然没有工作能生活下去，自己也肯定能生活下去。她还萌生了一个信念——一定要比以前活得更好！从此以后，她的内心没有了抱怨和焦虑，她平心静气地接受了现实。说来也怪，平心静气的心态让她变得聪明起来，她发现了自己以前从来没有认真注意过的长处，这就是她对烹调非常内行。

就这样。在亲戚朋友的支持下，她开起了一家小小的火锅店。由于她发挥了自己的长处，她经营的火锅店生意十分红火，仅用了一年多的时间，她就还清了借款。现在她的火锅店的规模已扩大了几倍，成了当地小有名气的餐馆，她自己也确实过上了比在工厂上班时更好的生活。

一个是智商高的工程师，一个是智商一般的普通女工，她们都曾面临着同样一个困境——下岗。但为什么她们的命运却迥然不同呢？原因就在于她们各自的心态不同。

女工程师的心态始终处在忧郁之中。这样的心态使得她对自己的人生不可能做出一个公正的评价，更不可能重新扬起生活的风帆，她完完全全沉溺在自己孤独的内心之中。一个人一旦处于这样的心态，其智商就犹如明亮的镜子被蒙上了一层厚厚的灰土，根本就不可能清明光亮。所以，尽管女工程师的智商高，但在面对生活的变化之时，她的心态却阻碍了其智商的发挥。不仅如此，她的心态还把她的智商引向了负面，使她的智商在埋怨和忧郁的方向上发挥出了威力。换句话说，她的智商越高，她的抱怨就越深，她的忧郁就越沉重。而与之相反，普通女工的智商虽然一般，但她良好的心态不仅使自己的智商得到了淋漓尽致的发挥，而且还决定了其性质是正面的、积极的，所以她获得了成功，过上了比以前更好的生活。

或许，智商与心态之间的关系，就像是汽车发动机与方向盘的关系一样。发动机决定着汽车动力的大小，智商也决定着人能力的大小，但是方向盘却决定着动力的方向，同理，心态也决定着智商的方向。

所以，智商高不如心态好，只有好的心态才能调动智商向着成功的方向迈进。

自信心是富人的必备特征

能否成为一个赚钱高手，固然是由多种因素组成的，但自信心就是所有富人的必备特征，拥有了信心就拥有了成功的一半！

一个纽约的商人看到一个衣衫褴褛的铅笔推销员，顿生一股怜悯之情。他把1美元丢进卖铅笔人的盒子里，就准备走开，但他想了一下，又停下来，从盒子里取了一把铅笔，并对卖铅笔的人说："你跟我都是商人，只不过经营的商品不同，你卖的是铅笔。"几个月后，在一个社交场合，一位穿着整齐的推销商迎上这位纽约商人，并自我介绍："你可能已经记不得我了，但我永远忘不了你，是你重新给了我自尊和自信。我一直觉得自己和乞丐没什么两样，直到那天你买了我的铅笔，并告诉我你是一个商人为止。"

"推销员"一直做乞丐，不就是因为缺乏自信心吗？就是从纽约商人的一句话中，"推销员"找到了自尊和自信，并开始了全新的生活，从中不难看出自信心的威力。缺乏自信常常是性格软弱和事业不能成功的主要原因。对此，著名的推销员齐格曾有过切身的体会。

齐格曾参加过一个由梅里尔指导的全日制培训课程。培训结束后，梅里尔先生将齐格留下说："你有许多能力，你可以成为一个了不起的人，甚至一个全国优胜者。我绝对相信，如果你真正投入工作，真正相信自己，你能冲破一切困难获得成功。"说真的，齐格细细品味这些话时，他惊呆了。你必须理解齐格当时的处境，才有可能意识到这些话对他有多大的影响。他回忆道："当我是个小男孩时，我长得很小，即使在穿得最多时也没超过120磅。

我上学后，从五年级开始，放学后和周六的大部分时间都在工作，运动方面也不是很活跃。另外，我还很胆小，直到17岁才敢和女孩约会，而且还是别人指定给我的一个盲目性约会，一个从小镇中出来的小人物，希望回到小镇上一年赚上5000美元，我的自我意识仅限于此。现在却突然有一个受我尊敬的人都认为我能成为一个了不起的人。所幸的是，齐格相信了梅里尔先生，开始像一个优胜者一样思想、行动，把自己看成优胜者，于是，他真的就像个优胜者了。到最后齐格终于成功了，他说：'梅里尔先生并未教很多推销技巧，但那年年底，我在美国一家7000多名推销员的公司中，推销成绩列第二位。我从用大众车变成用豪华小汽车，而且有望获得提升。第二年，我成为全州报酬最高的经理之一，后来我成为全国最年轻的地区主管人。'"

齐格遇到梅里尔先生后，并不是获得了一系列全新的推销技巧，也不是他的智商提高了50点，只是梅里尔先生让他确信自己有获得成功的能力，并给了他目标和发挥自己能力的信心。

可见，人，只有自信，才能自强不息，才能使人为自己的理想而努力奋斗。只有自信，才能使人在艰苦的事业中保持必胜的信念，才能使人有勇气前进；人，如果缺乏自信心，会使人对自己的美好理想放弃争取，会使人浑浑噩噩、碌碌无为；人，如果缺乏要干成一番事业的自信心，通向成功之路的航船就要在沙滩搁浅，终生也托不起成功的巨轮。在现实生活中，自信心是大力之神，它能使弱者变强，使强者变得更强。

第二章

整体规划：一步步完成你的赚钱目标

无论是对于自己未来的整体计划，还是处理每一天的工作计划，都能使你充分利用有限的时间和精力，为自己的富裕基石打下坚实基础。

了解自己是赚钱的第一课

你了解自己吗？你清楚自己身上所蕴藏的能量吗？你知道自己最想做的是什么吗？你了解自己的特长吗？

面对这些问题，你的回答也许是：我是一名工人，我是一名工程师，我是一名生意人，我是一个公务员，我很平庸，没有什么能力，我不知道我想做什么，我没有任何特长……

显然，大多数人对自己都只是表面上的认识而已，很少有人完全了解自己。如拥有什么，想要什么，能够做什么，想过一种什么样的生活，等等。事实上，了解自己是赚钱的第一课！

福勒制刷公司的经理阿尔费拉德·福勒出生于贫苦的农场家庭，住在加拿大东南的新斯科夏半岛上。在未创办福勒制刷公司前，他虽努力维持生计，却接连失去了3次工作的机会。究其原因，是因为福勒没有正确认识自己的长处，他找的工作都不适合他，也无法发挥他的潜能，因此失业是必然的了。

但是，在接下来的日子里，福勒的生活发生了根本性的变化。他重新找了一份销售刷子的工作。就在那时，福勒受到了激励，他开始认识到，他的最初的3份工作对他都是不适合的，他不喜欢那些工作。而销售工作能充分发挥他的长处。福勒知道自己能把销售工作做得很出色，因为他喜爱这种工作。所以福勒把他的精力完全集中在销售工作上，最终，他成了一名成功的销售员。他在攀登成功的阶梯时，又立下一个目标，那就是创办自己的公司。如果他能经营买卖，这个目标就肯定能实现。

于是，阿尔福拉德·福勒不再为别人销售刷子。他每天晚上制造自己的刷子，第二天就出售。当销售额开始上升时，他就在一所旧棚屋里租下一点空间，雇佣一名助手，为他制造刷子，他自己则集中精力于销售。

从“福勒制刷公司”的故事中，我们可以得到这样一个启示：了解自己，分析自己的长处和兴趣，然后向这方面发展，就一定能获得成功。

日本保险业泰斗原一平在27岁时进入日本明治保险公司开始推销生涯。当时，他穷得连饭都吃不起，并露宿公园。

有一天，他向一位老和尚推销保险，等他详细地说明之后，老和尚平静地说：“听完你的介绍，丝毫引不起我投保的兴趣。”

老和尚注视原一平良久，接着又说：“人与人之间，像这样相对而坐的时候，一定要具备一种强烈吸引对方的魅力，如果你做不到这一点，将来就没什么前途可言了。”

原一平哑口无言，冷汗直流。

老和尚又说：“年轻人，先努力改造自己吧！”

“改造自己？”

“是的，要改造自己首先必须认识自己，你知不知道自己是一个什么样的人呢？”

老和尚又说：“你在替别人考虑保险之前，必须先考虑自己，认识自己。”

“考虑自己？认识自己？”

“是的！赤裸裸地注视自己，毫无保留地彻底反省，然后才能认识自己。”

从此，原一平开始努力认识自己，改善自己，大彻大悟，终于成为一代推销大师。

“认识自己，改造自己。”这是我们一生中要努力追寻的目标。哪一种事情适合自己干？如何让周围的朋友喜欢自己？可以说是你事业成功的关键。比如加入推销行列，首先便是推销你自己——你的形象、你的修养、你的气质、你的人格。其次，要从多个角度、多个侧面来客观评价自我。一方面，既要进行纵向比较，将现实的自我和理想的自我作比较，看到自己的差距；同时，也要将现实的自我与过去的自我作对照，看到自己的进步。另一方面，又要进行横向比较，与超过自己的、与自己相似的、比自己稍差的人作比较。要将上述各个方面获得的信息综合分析，以获得较为客观的评价。既不妄自菲薄，也不夜郎自大。同时也要避免盲目地接受他人的暗示和对权威、群体性心理的完全依赖。要有自己独立的意志，避免以一时、一事作为衡量评价自我的尺度，要对自己有一个稳定的、概括的评价。

明确的目标是致富的起点

如果没有明确的目标，你自己都不知道想要什么，不知道自己该做什么，别人又如何帮助你获得财富呢？

迈克尔·戴尔曾经是世界最大的个人电脑生产商。他29岁便成为富豪，但他既不是靠继承遗产，也不是靠中彩，而是很早就有明确目标的结果。

戴尔是在得克萨斯州的休斯敦市长大的，有一兄一弟，父亲亚历山大是一位畸齿矫正医生，母亲罗兰是证券经纪人。迈克尔在少年时期就勤奋好学。10岁就开始了赚钱生涯——在集邮杂志上刊登广告，出售邮票。后来，他用赚来的2000美元买了一台电脑。然后，把电脑拆开，仔细研究它的构造及运作并多次安装成功。

迈克尔读高中时,找到了一份为报商征集新订户的工作。他推想新婚的人最有可能成为订户,于是雇请朋友为他抄录新近结婚夫妇的姓名和地址。他将这些资料输入电脑,然后向每一对新婚夫妻发出一封有私人签名的信,允诺赠阅报纸两星期。这次他赚了1.8万美元,买了一辆德国宝马牌汽车。汽车推销员看到这个17岁的年轻人竟然用现金付账,惊愕得瞠目结舌。

大学期间,迈克尔·戴尔经常听到同学们谈论想买电脑,但由于售价太高,许多人买不起。戴尔心想:"经销商的经营成本并不高,为什么要让他们赚那么厚的利润?为什么不由制造商直接卖给用户呢?"戴尔知道,万国商用机器公司规定,经销商每月必须提取一定数额的个人电脑,而多数经销商都无法把货全部卖掉。他也知道,如果存货积压太多,经销商会损失很大。于是,他按成本价购得经销商的存货,然后在宿舍里加装配件,改进性能。这些经过改良的电脑十分受欢迎。戴尔见到市场的需求巨大,于是在当地刊登广告,以零售价的八五折推出他那些改装过的电脑。不久,许多商业机构、医生诊所和律师事务所都成了他的顾客。

由于戴尔一边上学一边创业,父母一直担心他的学习成绩会受到影响。父亲劝他说:"如果你想创业,等你获得学位之后再说吧。"

戴尔当时答应了,可是一回到奥斯汀,他就觉得如果听父亲的话,就是在放弃一个一生难遇的机会。"我认为我绝不能错过这个机会。"于是他又开始销售电脑,每月赚5万多美元。戴尔坦白地告诉父母:"我决定退学,自己开公司。""你的目标到底是什么?"父亲问道。"和万国商用机器公司竞争。"戴尔说。"和万国商用机器公司竞争?"他父母大吃一惊,觉得他太不自量了。但无论他们怎样劝说,戴尔始终不放弃自己的目标。终于,他们达成了协议:他可以在暑假试办一家电脑公司,如果办得不成功,到9月就要回学校去读书。

得到父母的允许后,戴尔拿出全部积蓄创办戴尔电脑公司,当时他19岁。他以每月续约一次的方式租了一个只有一间房的办事处,雇用了一名28岁的经理,负责处理财务和行政工作。在广告方面,他在一只空盒子底上画了戴尔电脑公司第一张广告的草图。朋友按草图重绘后拿到报馆去刊登。戴尔仍然专门直销经他改装的万国商用机器公司的个人电脑。第一个月营业额便达到18万美元,第二个月26.5万美元,仅仅一年,便每月售出个人电脑1000台。

积极推行直销、按客户要求装配电脑、提供退货还钱以及对失灵电脑"保证翌日登门修理"的服务举措,为戴尔公司赢得了广阔的市场。大学毕业的时候,迈克尔·戴尔的公司每年营业额已达7000万美元。以后,戴尔停止出售改装电脑,转为自行设计、生产和销售自己的电脑。

如今,戴尔电脑公司在全球16个国家设有附属公司,自己也成为闻名世界的富豪。假如戴尔不是早早就确立了自己的目标,显然他是不可能成为当今世界最年轻的富豪的。

目标越高,回报越丰厚

炎热的夏天,一群人在铁路的路基上工作,这时,一列缓缓开来的火车打断了他们的工作。火车停了下来,最后一节特制车厢的窗户打开了,一个低沉、友好的声音说:"大卫,是你吗?”大卫·安德森——这群人的负责人回答说:“是我,吉姆,见到你真高兴。”于是,大卫·安德森和吉姆·墨菲——铁路的总裁进行了愉快地交谈。在长达一个多小时的愉快交谈之后,两人热情地握手道别。

大卫·安德森的下属立刻包围了他,他们对于他是铁路总裁墨菲的朋友感到非常惊讶。大卫解释说,二十多年以前他和吉姆·墨菲是在同一天开始为这条铁路工作的。

其中一个人半认真半开玩笑地问大卫,为什么你现在仍在烈日下工作,而吉姆·墨菲却成了总裁。大卫苦闷地说:“23 年前我为 1 小时 1.75 美元的薪水而工作,而吉姆·墨菲却是为这条铁路而工作。”

事实告诉我们:如果你为赚钱而努力,那么你可能会赚很多钱;但是,如果你想干一番事业,那么你就有可能不仅赚很多钱,而且会干一番大事;如果你只为薪水而工作,你只能得到一笔很少的收入;但是,如果你是为了你所在公司的前途而工作,那么你不仅能够得到可观的收入,而且你还能得到自我满足和自我价值的体现。你对公司做的贡献越大,你个人所得到的回报就会越多。总之,你必须要有崇高的目标,然后为这些目标付诸行动,才能获得你想要的成功。

罗马纳·巴纽埃洛斯是一位年轻的墨西哥姑娘,16 岁就结婚了。两年内她生了两个儿子,不久后,丈夫离家出走,罗马纳只好独自支撑家庭。但是,她决心谋求一种令她自己及两个儿子感到体面和自豪的生活。

她带着一块普通披巾包起全部财产,跨过里奥兰德河,在得克萨斯州的埃尔帕索安顿下来,并在一家洗衣店工作,一天仅赚 1 美元,但她从没忘记自己的目标,即要在贫困的阴影中创建一种受人尊敬的生活。于是,口袋里只有 7 美元的她,带着两个儿子乘公共汽车来到洛杉矶寻求更好的发展。

她开始做洗碗的工作,后来找到什么活就做什么活。拼命攒钱直到存了 400 美元后,她便和姨母共同买下一家拥有一台烙饼机及一台烙小玉米饼机的店。

她与姨母共同制作的玉米饼非常成功,后来还开了几家分店。直到最后,姨母感觉到工作太辛苦了,这位年轻妇女便买下了她的股份。

不久,她经营的小玉米饼店铺成为全国最大的墨西哥食品批发商,拥有 300 多名员人。

她和两个儿子经济上有了保障之后,这位勇敢的年轻妇女便将精力转移到提高她美籍墨西哥同胞的地位上。

“我们需要自己的银行”,她想。后来她便和许多朋友在东洛杉矶创建了“泛美国民银行”。这家银行主要是为美籍墨西哥人所居住的社区服务。如今,银行资产已增长到将近上亿美元,这位年轻妇女的成功确实得之不易。

抱有消极思想的专家们告诉她:“不要做这种事。”

他们说:“美籍墨西哥人不能创办自己的银行,你们没有资格创办一家银行,同时永远不会成功。”

“我行,而且一定要成功。”她平静地回答说。结果她真的梦想成真了。

她与伙伴们在一个小拖车里创办起他们的银行。可是,到社区销售股票时却遇到另外一个麻烦,因为人们对他们毫无信心,于是她向人们兜售股票时遭到拒绝。

他们问道:“你怎么可能办得起银行呢?”“我们已经努力了十几年,总是失败,你知道吗?墨西哥人不是银行家呀!”

但是，她始终不放弃自己的目标，坚持不懈，如今，这家银行取得伟大成功的故事在东洛杉矶已经传为佳话。后来她的签名出现在无数的美国货币上，她由此成为美国第 34 任财政部长。

你能想象得到这一切吗？一名默默无闻的墨西哥移民却得到了，后来竟成为世界上最大经济实体的财政部长。

世界上所有的成功人士都是这样取得成功的。奥运金牌得主不光靠他们的运动技术，而且还靠远大的目标的推动力。商界领袖也一样，之所以成为商界中的佼佼者，并不完全是有多么聪慧的头脑，而是心中时刻有远大目标的激励。

赚钱需要完善的计划

拿破仑·希尔曾经说过："全球数以亿计的人终生贫困。其实只是因为他们缺乏致富的计划而已。"当一个人有了明确的目标以后，应该制定一个行动计划。光有梦想和伟大的目标是不够的，你还要运筹帷幄，制定出如何实现目标的"策略、战术、程序和方法"的详细计划，然后才能依计行事，从而完成自己的赚钱目标。

1976 年的冬天，当时的迈克尔 19 岁，在休斯敦大学主修电脑。他是一个狂热的音乐爱好者，也具有一副天生的好嗓子，对于他来说，成为一个音乐家是他一生中最大的目标。因此，只要有多余的一分钟，他也要把它用在音乐创作上。

迈克尔知道写歌词不是自己的专长，所以又找了一个名叫凡内芮的年轻人来合作。凡内芮了解迈克尔对音乐的执着。然而，面对那遥远的音乐界及整个美国陌生的唱片市场，他们一点渠道都没有。

在一次闲聊中，凡内芮突然从嘴里冒出了一句话：

"What yon are doing in five years?"（想象你 5 年后在做什么）

迈克尔还来不及回答，他又抢着说："别急，你先仔细想想，完全想好，确定了再告诉我。"迈克尔沉思了几分钟，开始说："第一，5 年后，我希望能有一张唱片在市场上，而这张唱片很受欢迎，可以得到大家的肯定；第二，5 年后，我要住在一个有很多很多音乐的地方，能天天与一些世界一流的音乐家一起工作。"

凡内芮听完后说："好，既然你已经确定了，我们就把这个目标倒过来看。如果第 5 年，你有一张唱片在市场上，那么你的第 4 年一定是要跟一家唱片公司签上合约。

"那么你的第 3 年一定是要有一个完整的作品，可以拿给很多很多的唱片公司听，对不对？

"那么你的第 2 年，一定要有很棒的作品开始录音了。

"那么你的第 1 年，就一定要把你所有要准备录音的作品全部编曲，排练好。

"那么你的第 6 个月，就是要把那些没有完成的作品修饰好，然后让你自己可以一一筛选。

“那么你的第1个月，就是要把目前这几首曲子完工。

“那么你的第1个礼拜，就是要先列出一个清单，排出哪些曲子需要修改，哪些需要完工。”

凡内芮一口气说完了上述的这些话，停顿了一下，然后接着说：“你看，一个完整的计划已经有了，现在你所要做的，就是按照这个计划去认真地做每一步，一项一项地去完成，这样到了第5年，你的目标就实现了。”

说来也奇怪，恰好是在第5年，也就是1982年时，迈克尔的唱片开始在北美畅销起来，他1天24小时几乎全都忙着与一些顶尖的音乐高手在一起工作。

这中间的道理我想大家应该都明白了：不管做什么事情，光有目标还是不够的，必须有一个详细的计划，接下来的事情就很简单了，只要一步一步地去完成就行了，当你把最后一步完成的时候，你就会发现，目标已经实现了。

兰特中学毕业时，他的父亲就发现他具有特殊的商业天赋：机敏果敢，敢于创新。但他缺乏社会阅历，尤其重要的是缺乏知识。父亲与他长谈了一次，并和他一起制定了一个能帮助兰特成为一个商界精英的计划。这个计划将兰特的商业生涯分为4个阶段。

第一阶段：攻读理工科学士。

通过在哈佛大学攻读最基础、最普通的机械制造专业，兰特具备了做商贸必备的专业知识，了解了产品性能、生产制造情况，培养了知识技能，建立了一套严谨的逻辑思维体系，还形成了脚踏实地的工作态度。

在这4年中，兰特还广泛选修了其他专业课程，如化学、建筑、电子等。这些知识为他后来的商业活动创造了难以估量的价值。

第二阶段：攻读经济学硕士。

通过在哈佛大学3年经济学硕士的学习，他了解了影响商业活动的众多因素，懂得了商业的社会地位和作用，掌握了经济学的基本知识。在这3年的学习中，他还认真学习了经济法，并将主要精力放在管理知识的学习上。

第三阶段：积累社会阅历。

离开哈佛后，兰特并没有急着去经商，而是先做了5年政府的公务员。5年的时间，使兰特从一个稚嫩的青年成长为一个深谙世故的公务员，在环境的压迫下，他树立起强烈的自我保护意识，并广泛结交各界人士，建立起一套关系网络。他非常善于利用这些网络来获得丰富的信息和便利条件。

第四阶段：掌握商情，熟悉业务。

兰特辞去公务员的工作，应聘到了一家国际性的大公司。通过在这里两年的锻炼，在掌握了丰富的商情与商务技巧之后，他谢绝了公司的高薪挽留，自己开办了一家商贸公司，开始了梦寐以求的经商生涯。

兰特的这4个学习阶段目标明确，任务具体。由于他在制订计划之前，对自己将来发展目标定位准确，每个阶段的学习，都是以总的目标所需要具备的素质作为出发点，科学规划，合理安排。因此，当计划完成后，兰特已经具备了成功商人所应具备的所有条件。他的公司经营得非常出色。

具备执行计划的能力

制订了完善的赚钱计划，并不代表就能得到切实执行。因为，我们在执行计划时常常难免被各种琐事、杂事所纠缠。有不少人都被这些事弄得筋疲力尽、心烦意乱，总是不能静下心来去做最该做的事，或者是被那些看似急迫的事所蒙蔽，根本就不知道最应该做的事是什么，结果白白浪费了时间和精力，致使执行效率不高，效果不显著。

上述的这种情况曾经是伯利恒钢铁公司总裁舒瓦普感到非常头疼的事，他请来了效率专家李·艾米对企业进行诊断。

总裁介绍说："我们都知道自己的目标和计划，但不知怎样才能更好地执行。"

李·艾米表示：让他与公司每位经理谈15分钟，他即可改善公司的工作效率，增加公司的销售额。舒瓦普问："我要花多少钱？"

李·艾米说："您不用马上给我钱，等你认为有效果了，你觉得该值多少钱，寄张支票给我就行了。"

舒瓦普同意了，于是李·艾米与每位经理都谈了5分钟，谈话的内容很简单，专家只要求他们在每日工作终了时，将次日需要完成的6件最重要的工作写下来，并依重要性顺序编号。次日早晨从表上的第一件工作开始，每完成一项便将它从表上划去，若有当日没完成的工作，则必须列入次日的表中。每位经理须切实执行三个月。

整个会见历时不超过一个小时。几个星期之后，李·艾米收到了一张3万美元的支票和一封信。舒瓦普在信中说，从钱的观点上看，那是他一生中最有价值的一课。

看来，李·艾米也给我们上了一课，他使我们意识到，在你开始每天、每周、每月甚至每年的工作之前，一定要清楚在这期间你要做的最重要的事是什么，并把它清清楚楚地列出来。这样的工作才是最有效的。

当被问及埃默森电气公司为什么会获得如此成功的时候，奈特的回答是："我认为没有哪家公司在制订和执行计划方面会比我们做得更好。"

做计划会不会白费？会不会由于计划做得过多过细，而造成杀鸡却用宰牛刀的浪费？"当然会，"奈特这样回答。但这一点就像百货商店的巨头约翰·沃纳梅克所说的那样："我知道我所支付的50%的广告费是不起任何作用的。但问题的关键是，我不知道是哪一半不起作用。如果我知道的话，我自然会把它削减掉。"奈特也会同样做，如果他能分辨出其计划的哪一部分没用的话，会更有利于计划的完整性。

"而且，我也很少发现经过周密设计而最后失败的计划。因此详尽地进行计划，是公司职员必须具备的素质。"

奈特是各部门召开制订计划会议时将整个过程综合定型的人。"我坐在那里，管理人员和他们的报告也在那儿，听取报告的人也在。我们都在一起，才会作出最后的决定。这样，如果出现了错误也不是某个人的错。计划是我们大家一起作出来的，我们大家都有份。

"现在我想向你强调一个你可能没有注意到的问题。那就是：我们是一个'不出错的公司’。当我们作出决定的时候，我们不会有什么疑虑。我们不会怀疑会有什么地方不妥。而且如果我们发现了错儿，我们也不互相指责，而是讨论问题出在了哪里。”正是这种善于计划的管理方法，最终成就了奈特的事业上的辉煌。2000年，奈特在担任这一职务27年后宣布辞职。由于该公司保持着出色的记录——连续43年利润不断增加，奈特赢得了很高的声望，而这一切和他出色的计划能力是分不开的。

事实证明，要想让赚钱计划成功，就必须要冷静地处理工作中遇到的各类难题，同时，还要提升自己的工作能力。只有这样，才能脚踏实地工作，才能顺利开展赚钱计划。

计划需要付诸行动

有一位满脑子都是智慧的教授和一位文盲相邻而居。尽管两人地位悬殊，知识、性格更是有着天渊之别，可是他们都有一个共同的目标：如何尽快发财致富。教授每天都跷着二郎腿在那里大谈特谈他的“致富经”，文盲则在旁边虔诚地洗耳恭听。他非常钦佩教授的学识和智慧，并且按照教授的致富设想去付诸实际行动。几年后，文盲成了一位货真价实的百万富翁。而那位教授呢？他依然是囊空如洗，还在那里每天空谈他的致富计划。

天下最可悲的一句话就是：我当时真应该那么做，但我却没有那么做。经常会听到有人说：“如果我当年就开始那笔生意，早就发财了！”一个好创意胎死腹中，真叫人叹息不已，永远不能忘怀。如果彻底施行，当然就有可能带来无限的满足。

有一篇仅几百字的短文，几乎世界上所有的主要语言都把它翻译出来过。仅纽约中央车间就将它印150万份，分送给路人。这篇《把信带给加西亚》已被印了亿万份，在全世界广泛流传。这对有史以来的任何作者来说，都是无法打破的纪录。

日俄战争期间，每一个俄国士兵都带着这篇短文。日军从俄军俘虏身上发现了它，相信这是一件法宝，于是就把它译成日文。因此天皇下令，日本政府的每位公务员、军人和老百姓，人手一份。

这篇短文的原作者是哈巴德，文章最先出现在1899年的《庸人》杂志，后来被收录在卡耐基的一本成功学里。

短文是这样写的：“在一切有关古巴的事情中，有一个人最让我难忘。当美西战争爆发后，美国总统麦金利必须立即跟西班牙反抗军首领加西亚取得联系。但加西亚在古巴丛林的山里，没有人知道确切的地点，所以无法写信或打电话给他。”

“怎么办呢？”总统说。

“有一个名叫罗文的人，有办法找到加西亚，也只有他才找得到加西亚。”有人对总统说。

他们把罗文找来，交给他一封写给加西亚的信。罗文拿了信，把它装进一个油质袋子里，封好，吊在胸口，划着一艘小船，四天以后的一个夜里，在古巴上岸，消失于丛林中，接着在三个星期之后，从古巴岛的那一边出来，徒步走过一个危险重重的国家，把那封信交给加西亚——这些细节都不是我想说明的，我要强调的重点是：

麦金利总统把一封写给加西亚的信交给罗文，而罗文接过信之后，并没有提出任何疑问：他在什么地方？他是谁？还活着吗？怎样去？为什么要找他？给我什么报酬？

——没有问题，没有条件，更没有抱怨，只有行动，积极、坚决的行动！

罗文为利希特这句名言作了最好的注脚："只有行动赋予生命以力量。"人是自己行为的总和。行动最终体现了人的价值。

在《新约·马太福音》中，耶稣坐在橄榄山上，给门徒们讲述了这样一个故事：

故事的主人公是一个贵族，他要到远方去。临行前，他把仆人们召集起来，按着各人的才干，分给他们银子。

后来，这个贵族回国了，就把仆人叫到身边，问他们："你们是怎样使用那些银子的？"

第一个仆人说："主人，你交给我五千两银子，我马上去投入做生意，很快又赚回了五千两。"

贵族听了很高兴，赞赏地说："好，善良的仆人，你既然在赚钱的事上对我很忠诚，又这样有才能，我要把许多事派给你管理。"

第二个仆人说："主人，你交给我两千两银子，我已用它赚了两千两。"

主人也很高兴，赞赏这个仆人说："我可以把一些事交给你管理。"

第三个仆人来到主人面前，打开包得整整齐齐的手绢说："尊敬的主人，看哪，您的一千两银子还在这里。我把它埋在地里，听说您回来，我就把它掘了出来。"

主人的脸色一下子沉了下来，说："你这个懒惰的仆人，你浪费了我的钱！"

于是要回他这一千两，给了那个有五千两的仆人。

埋没钱财，就是浪费。第三个仆人不善于行动，也就是潜能最大的浪费。所以说行动创造财富，行动会使你走向成功。那么马上行动吧，现在就开始行动。

任何伟大的目标和伟大的计划，最终必然落实到行动上。成功始于行动，一个人制定的目标再伟大，如果不去落实，也永远只能是空想。制定目标是为达到目标，目标制定好之后，就要付诸行动去实现它。如果只有目标而不去行动，那么所制定的目标也就成了毫无意义的东西。这好比是一次赛车，明确的目标只相当于给你的赛车加满了油，有了前进的方向和路线，要抵达目的地，还得把车开动起来，并保持足够的马力。

对于每个人来说，一直想而不去做，就根本完成不了任何事情。世界上每一件东西，大到航空母舰、高楼大厦，小到一针一线，都是由一个个想法付诸实施所得的结果。只想不做的人只能徒劳无功。成功好比一把梯子，那些把双手插在口袋里的人是永远也爬不上去的。因此，凡事只要想去做就要立即行动。

第三章

敢于冒险：财富只为勇者而来

面对稍纵即逝的赚钱机会，只有敢于冒险，勇于行动的人才能抢占商机。畏首畏尾、怯懦不前的人，只能永远与财富无缘。

赚钱需要超凡的胆识

日本三洋电机的创始人井植岁男，是一位非常成功的企业家。一天，他家里的园艺师对他说："社长先生，我看您的事业越做越大，而我却像树上的蝉，一生都坐在树干上，太没出息了。您教我一点经商的秘诀吧！"

井植点点头说："行！我看你比较适合园艺工作。这样吧，在我工厂旁有2万坪空地，我们合作来种树苗吧！树苗一棵多少钱能买到呢？"

"40元。"井植又说："好！以一坪种两棵计算，扣除走道，2万坪大约能种2万多棵，树苗的成本就是100万元。三年后，一棵可以卖多少钱呢？"

"3000元。""那好，100万元的树苗成本与肥料费由我支付，以后3年，你负责除草和施肥工作。三年后，我们就可以收入至少5000多万元的利润。到时候我们一人一半。"

听到这里，园艺师却说："哇！我可不敢做这么大的生意。"最后，他还是在井植家中做园艺师，按月拿工资，白白失去了致富的良机。

从这个井植岁男和他的园艺师身上，我们可以看到，要想获得丰厚的财富，必须得有胆识。一个没有胆识的人，再好的机会摆在他的面前，他也不敢去把握。

在美国企业的发展史上，联邦快递公司是几个发展最快的公司之一，被誉为"美国100家工作条件最佳的公司"之一，是企业开拓进取、敢于创新精神的代表。联邦快递公司被《邓氏商业月刊》评为"1981年管理最佳的5家公司"之一。1979年12月的《幸福》杂志又将联邦快递公司列入"70年代最成功的十大企业"。1990年，该公司终于靠自己扎扎实实的工作获得了广泛的尊重，在极负盛名的"马尔科姆·鲍得里奇奖"评选中，联邦快递公司技压群芳，成为美国历史上第一个获得这项大奖的服务性企业。

但是，联邦快递公司的成长历史并不是一帆风顺的，曾多次陷入非常艰难的境地。可以说，在历次磨难中，联邦快递公司正是依靠弗雷德·史密斯超人的勇气才顺利地渡过了难关，塑造了现在的辉煌。

弗雷德·史密斯出身于运输业世家，天生伶俐、勤学好问的他，从小就接触到了许多飞行业的知识，耳濡目染，他逐渐爱上了这个行业。

进入20世纪60年代以后，服务业和高技术产业在美国经济中的地位越来越高，当时众多专家都纷纷预测，美国工业革命第三次浪潮将靠电脑、微处理机及电子装备来维系，而这些装备的维修则要靠量少价昂的组件和零件及时供应，而有关信件、包裹、存货清单也需要在最短的时间内获得，加之美国地域广阔，造成人员和产品逐渐分散。新的问题就这样接踵而来，如何迅速、安全、可靠地传递各种信息和货物，尤其是某些时间性很强的高技术产品成了企业棘手的问题。

史密斯凭着一种天生的洞察力和作为企业家的远见卓识预见到了这一点。他想，如果能建立一个能够保证快速、可靠地传送货物的公司，那发展的空间不是很大吗？于是，他开始计划自己的未来，并更加刻苦地钻研，为今后在这方面大展宏图打下基础。

1966年，弗雷德·史密斯经过自己的不懈努力获得耶鲁大学经济学学士学位。之后的他来到了越南，成为美国海军陆战队的一员，并在那里体会到了什么是真正的危险。在越南的经历使史密斯变得更加成熟，更加勇于面对危险和挑战，商场如战场，或许在战场上的经历，使他逐渐具备了纵览全局的气魄和不畏艰险的精神。

1969年，在经历了生与死的考验后，史密斯回到美国。此时的他依然没有忘记自己在大学时代的追求，他准备实现自己的梦想。

最初他并没有急于求成，他相信千里之行，始于足下。要成功就必须扎扎实实做好每一步，丝毫不能松懈。经反复推敲，他决定买下了以小石城为基地的阿肯色州飞机销售公司的主要股份，可干这一行并不容易，当时，联邦政府的规章制度对于这一行业进行了诸多限制，因而为其发展造成障碍。而在创业初期，由于公司规模较小，无法和那些拥有雄厚资本、基础牢固的大航空公司竞争，因此开始的时候，史密斯和他的公司举步维艰。但他以军人的勇敢精神面对这一切，坚强地维持着这个公司，为了这个公司，史密斯整天忙里忙外，没有真正的休息日。功夫不负有心人，几经波折之后，原来那个主要维修喷气式飞机，销售额仅100万美元的公司逐步发展成为同时购买和销售旧喷气机，销售额900万美元，利润达25万美元的交易所。这样的小成就对他是必需的，他从中积累了经验，打好了基础。但这显然不是他的最终目标，志向高远的他又开始向更高的领域迈进。

弗雷德·史密斯经过反复思考了很长时间，想好了下一步，但他并不能轻举妄动，因为投资于快递业在当时看来要冒很大的风险，成功则矣，失败了则永无出头之日。但他早已跃跃欲试，那颗蠢蠢欲动的心无时无刻不在催促着他，更何况，已经迈出了创业的第一步又怎能半途而废呢？冒着极大的风险，他将850万美元财产全部投入到联邦快递公司，然而这仅是杯水车薪，难以为继。为了筹到巨额资金，他终日奔走相告，华尔街的大银行家、大投资商他几乎都见过，最初他并未受到重视，也经常被拒之门外，但他一次次地登门拜访，不厌其烦地分析形势，摆明利害。当时的他多么希望别人的支持啊！也许是精诚所至，金石为开，他的执著终于感动了一些企业家，9600万美元，这是他最后筹到的资金，创下了美国企业界有史以来单项投资的最高纪录。

弗雷德·史密斯如此大胆的举动引来了各方争论,对他来说那850万财产就是他的全部,如果失败则一无所有。一本名为《赢得创新游戏》的书曾作评论:“几乎所有的人都认为弗雷德·史密斯疯了,他们认为隔夜快递是不会有很大发展空间的,因为政府肯定要进行干预,大的航运公司尚且不敢以身试法,更何况一个刚刚起步的公司呢?”

开办隔夜快递公司除了要有胆识,也确实需要雄厚的资金和广阔的市场,同时又要拥有先进的运送货物的飞机。这些条件对于那些资金实力雄厚的大型航空公司、货运公司或者美国邮政管理局来说是不成问题的。这期间,也曾有一些大公司尝试过货运,但都没有从一而终。像联合航空公司货运部先后赔掉了近2000万美元,最终他们不得不放弃了货运而转向能够赚钱的客运业。如此一来,谁也不愿意冒着利润率有可能受到严重影响的危险拿自己的公司开玩笑。联合包裹运输公司、埃默里货运公司、飞虎运输公司这些赫赫有名的大型货运公司,都因为惧怕自己的利益受到影响,而对这个新的市场望而却步。对他们来说,开创隔夜服务是疯子的举动,不会有什么发展,但弗雷德·史密斯不怕,他宁愿自己是这样的疯子,也相信自己的判断。没有路就自己闯,谁也不是天生的胜利者。弗雷德·史密斯从此倾力打造自己的梦想,挫折坎坷从没让他折服过。

苦尽甘来,1971年6月1日,联邦快递公司终于在小石城原有的基地成立了。弗雷德·史密斯任总裁。公司成立伊始,史密斯就以民用航空委员会对全国性空运业的规定为基准,首批购进了33架“德索·福肯”公司的双发动机现役喷气式飞机,这种飞机经济实惠,对刚刚起步的航运公司非常适合。

为了进一步充实实力,弗雷德·史密斯个人投资35万美元,并用家庭信托基金的一笔360万美元的银行贷款做了担保,把购得的客机改装成货机以适用于运送包裹。他信奉圣哲柏拉图的话:“如果善用财富,则会为人类带来无穷的福音。”弗雷德·史密斯从一开始就预见到将来的成功,他认为如此快捷方便的服务对任何公司来说都是有百利而无一害的,联邦储备系统和当时其他公司一样都面临着人员和设备严重分散的问题,隔夜快递对他们来说是雪中送炭。在与联邦储备系统进行谈判的同时,信心十足的弗雷德·史密斯就已经向泛美航空公司购买了两架装有涡轮风扇发动机的达索尔特鹰式飞机。

正当“万事俱备,只欠东风”之际,联邦储备系统拒绝接受“隔夜快递”服务的消息犹如一盆冷水浇在了弗雷德·史密斯的头上。几乎注入了全部心血的他心里闪过了一丝绝望,他不明白这是为什么。其实这是多年来效率低下的经营机制造成的。长期以来,联邦储备银行系统内部,各地区的银行靠多年的苦心经营才形成了各自的势力范围,每个势力范围都有他们的一批拥护者,这批拥护者在启用隔夜服务之后都会变得多余,这无异于抢了他们的饭碗。虽然用飞机连夜快递银行票据可以节省时间与金钱,解决了众多难题,但却解决不了这些人的生计问题。在这种情况下,心有余而力不足的负责人只有选择放弃。用飞机为联邦储备系统快递票据的计划彻底搁浅了,苦心经营的公司和机库里那两架刚刚购入的飞机一样寸步难行,弗雷德·史密斯首战即宣告失利。

然而,曾在战场上经历过腥风血雨的弗雷德·史密斯凭借其勇猛果敢的胆识和清醒的头脑坚持下来,他知道这是创业时的阵痛,是黎明前的黑暗。越是在这个时候,他就越会咬牙坚持!在这种非常时刻,他体现了作为企业家的那种不屈不挠的斗志、杰出的领导能力和超凡的智慧。正如联邦快递公司的一个雇员所说的:“如果没有弗雷德·史密斯,没有他那种不畏艰险,勇于面对挑战的精神,恐怕联邦公司还没有赚到一美元就破产了。如今联邦公司已经是赫赫有名的大企业了，这真是个奇迹。是他拯救了整个公司，他是英雄。”这种奇迹是靠过人的勇气和不懈的努力换来的，这种努力是常人不可想象的，而这种勇气则成为了弗雷德·史密斯成功的关键。

从阵痛中站立起来的弗雷德·史密斯马上着手准备行之有效的方案。史密斯通过调查了解到了夜间飞行的具体情况，在晚10点至早8点这段时间内大多数商业班机停飞，此时对于他们来说畅通无阻。虽然全天候的服务对公司来说是个严峻的挑战，但这种极富挑战性的工作却使史密斯更有动力。因此，联邦快递公司决定提供更高质量的全天性服务。

此后，善于取人之长的史密斯充分汲取了其他运输公司的成功经验，采纳了很多公司的“中心辐射制”——先将包裹集中到发货中心，进行分类，再分别送达目的地。为减轻装卸的负担，他还限定了包裹的重量和大小，方便了运输。至于这个发货中心，史密斯决定设定在孟菲斯，因为这里条件优越，设备齐全，有利于公司发展。

这一系列措施的出台使联邦快递公司渐渐受到了一些人的重视，他们开始向这方面投资，以期有所回报。同时，联邦快递的服务质量也随着公司情况的好转而不断提高。

但是，在情况刚刚好转之后，困难就接踵而来，联邦快递公司一开始将自己营业范围拓展到25个城市，但令人失望的是，第一天夜里运送的包裹只有区区186件。后来，由于种种原因，每况愈下的联邦快递身处险境。公司的情况越来越差，投资者自然越来越少，以往的支持者纷纷打起了退堂鼓。谨慎的投资者忧心忡忡，逐渐减少或收回投资，这一切使公司开始出现资金运转困难，债款堆积如山，公司声誉不断下降，以致面临破产。在这段时间，联邦快递公司亏损2930万美元，欠债4900万美元。

在这种濒临绝境的情况下，倔强的弗雷德·史密斯没有轻易向命运低头，肩负重任的他再次抖擞精神，他要让公司绝地逢生。1973年7月，背水一战的他，几乎到了倾家荡产的地步，之后，他又四处奔波，找到了所有可能帮助他们的公司，以求得到救急的资金，但一次次的努力都没有成果。在失望中，弗雷德·史密斯只得返回孟菲斯。在机场，被逼得几乎走投无路的他竟一时冲动登上了前往赌城拉斯维加斯的飞机。在那里，弗雷德·史密斯又一次进行了“风险投资”，后来，资金匮乏的他把赌博赢来的2.7万美元用来给工人发了薪水。

为了抵偿公司的债务，弗雷德·史密斯想尽了一切办法，他卖掉了自己的私人飞机，更为疯狂的是，为了公司他几乎把自己送进了监狱，他居然背着两个姐姐从家庭信托基金中提取本属于她们的钱。他的两个姐姐知道后气得发狂，1975年1月，他受到起诉被送上法庭。在庭审中，他对自己的所作所为供认不讳并为自己辩护说：“这是明明白白的事，我当时觉得我代表着史密斯企业公司。我想她们也是这样认为的。”最终，1975年12月，史密斯被宣告无罪。

就在史密斯陷于债务难以自拔时，该行业发生了一系列变化。首先快递业进入了飞速发展的黄金时期，各大公司开始重视这种新兴行业，使得该行业有了更为广阔的发展空间；其次，原来的一些从事此业的公司由于经营机制等问题矛盾重重，纷纷倒闭，1974年，由于联合包裹运输公司的员工长期罢工，终于使铁路快运公司破产；第三，由于主要市场的扩大，大的航空公司把经营重点放在了大城市，而渐渐忽视了迅速发展的小城市快递业务，如此一来，由联邦快递公司独家提供的广泛的快递网络再次赢得大量顾客信任。情况开始向好的方面发展。

依靠一系列挽救措施，绝处逢生的弗雷德·史密斯，逐步还清了欠款，开始赢利，最终一步步把公司带到了快递公司巨头的位置。

弗雷德·史密斯的经历使我想起了意大利足球联赛中的一幕：AC米兰击败了同城对手国际米兰，后者的主教练曼奇尼气愤地说："运气！运气！还是运气！"面对对方的责难，AC米兰的主教练却只轻松地说了一句："运气只为勇者而来！"在商业社会中也是如此，别谈什么运气，财富只为勇者而来。

富人绝不说"我不能"

假如你是一个只有19岁的穷大学生，连上学的钱都不够，不仅能够在不偷不抢、也不从事任何其他非法的行动，并且完全凭自己的智慧在短短1年内赚到100万美元吗？

估计大多数人听到这样的问题，都会笑着摇头，说："绝不可能！"

如果再问一句："你相信有这样的人吗？"可以断定，还是会有不少人会摇一摇头，说："绝不可能！"

但是在现实生活中，大多数人认为"绝不可能"的事，真的就有人做到了。

这个人名叫孙正义，日本"软银集团"的创始者，一个被誉为"互联网投资皇帝"的人。全世界没有一个人，包括比尔·盖茨，能够拥有比他更多的互联网资产，他投资的雅虎等互联网资产，占有全球互联网资产的7%。

这个身高仅仅1米53的矮个子男人，19岁时就制定了自己50年的人生规划，其中一条，就是要在40岁前至少赚到10亿美元。如今他40多岁了，这个梦想早已成了现实。

看看他是如何利用智慧赚到人生第一个100万美元的。

在制定人生50年规划时，孙正义还是一个在美国留学的穷学生，正为父母无法负担他的学费、生活费而发愁。他也有过到快餐店打工的想法，但很快又被自己否定了，因为这与他的梦想差距太大。左思右想之后，他决定向松下学习，通过创造发明赚钱。于是，他逼迫自己不断想各种点子。一段时期内，光他设想的各种发明和点子，就记录了整整250页。

最后。他选择了其中一种他认为最能产生效益的产品——"多国语言翻译机"。但这时问题马上来了：他不是工程师，根本不懂得怎么组装机子。但这难不住他，他向很多小型电脑领域的一流著名教授请教，向他们讲述自己的构想，请求他们的帮助。

大多数教授拒绝了他。但最终还是有一位叫摩萨的教授答应帮助他，并为此成立了一个设计小组。这时孙正义又面临着另一个问题：他手上没有钱。

怎么办？这也难不倒他，他想办法征得了教授们的同意，并与他们签订合同：等到他将这项技术销售出去后，再给他们研究费用。

产品研发出来后，他到日本推销。夏普公司购买了这项专利，并委托他再开发具有法语、西班牙语等7种语言翻译功能的翻译机。这笔生意一共让他赚了整整100万美元。

一个人只要开通"脑力机器"去解决问题，就能创造奇迹！而能创造这种奇迹的关键在于改变发问方式：将否定式的疑问——"怎么可能"，变为了积极性的提问——"怎样才能"！

将思想聚焦在“怎么可能”的怀疑上,你就会对自己的智力潜能压抑,把可能实现的东西扼杀在摇篮之中!将思想聚焦在“怎么才能”的探索上,你的脑力机器就会开动起来,把各种“不可能”变为可能!

如果心中只想到事情为什么“不可能做到”,你永远都不可能把事情做好。因此,你应该集中注意力去想如何才能把事情办成。因为我们把自己给捆绑住了,所以说什么事情都“没有可能”。

当要解决问题时,如果问题的难度比较大,就会有很多人对自己说“绝不可能!”然后不再努力,最终放弃。

相反,一个杰出的人,总是通过改变自己的心态和发问方式。最终将“绝不可能”变为“绝对可能”。

石油大王洛克菲勒曾经说过:“哪怕只有百分之一的希望,也值得你百分之百去尝试!”人生中90%的失败都是因为自己打败了自己。之所以成功,就是因为解放了自己的心灵!

日本索尼公司在上个世纪40年代末,所生产的录音机每台重36公斤,不仅体积大,而且生产成本也高,价格十分的昂贵,市场销售很不景气。井深是这家公司的负责人,他决心把录音机的体积大大缩小,降低成本。

他亲自带领公司里最得力的技术人员住进横滨市的一个温泉宾馆,之后他向大家宣布了一条“军令状”:限10天之内拿出有效的解决办法来。

大家在开始时都觉得不可能,但是后来,大家根本不考虑可能不可能,反而夜以继日地全心钻研,总之,想尽了一切办法。一个个方案相继提出来了,又一个个地相继被否定了,接着就产生新的构想。10天的期限到了,有效的解决办法也终于产生了。

之后不久,索尼公司便向市场推出了畅销全国的产品——磁带录音机。

芝加哥出身的著名成功人士W·克勒蒙特·史丹。他早年的生活非常贫困,在南塞德卖报生涯中开始他的创业,据说他目前拥有3亿美元以上的财富。他也是博爱主义者,希望每个人都能发挥潜能,一生都奉献给启蒙活动。

他在自己办的杂志《成功》中谈到:“不必理睬向你说‘不可能’这些悲观字眼的人,然后提出好的方法来证明‘那种事不可能’乃是谎言。有数百万人在他们的人生中拥有能力却不能实现更高的目标,这是为什么呢?听到别人对他说‘那种事是不可能的’,自己也就相信了。并且未曾学习和应用‘积极思考法’来振奋自己。如果他们能有意识地树立积极的态度,周围纵然满是荆棘,也能在不侵犯他人权益的情况下,达到所有目标。”

记住W·克勒蒙特·史丹的这段话吧,它能够使你受益终生。

赚钱不能怕冒风险

冒险与收获常常是结伴而行的。险中有夷,危中有利。要想赚钱就要敢于冒险。许多成功人士不一定比你“会”做,重要的是他比你“敢”做。裹足不前、举棋不定,只能在当今瞬息万变的社会中被淘汰出局。

美国一家大印刷公司的经理曾回忆起他与自己公司一位会计员的一次谈话，这位会计员的理想是要成为他公司的审计长，或者创办她自己的公司。虽然她连中学都没毕业，但她却毫不畏惧。随之而来的却是公司经理提醒她："你的会计能力是不错，这一点我承认，但你应该根据自己的受教育程度，把目标定得更加切合实际些。"经理的话使她大为恼火，于是，她毅然辞职追寻自己的理想去了。后来她成立了一个会计服务社，专为那些小公司和新移民提供服务。现在，她在加州的会计服务社已发展到了五个办事处。

其实，我们谁也不知道别人的能力限度到底有多大，尤其是在他们怀有激情和理想，并且能够在困难和障碍面前不屈不挠时，他们的能力限度就更难预测了。

当遇到严峻形势时，人们习惯的做法是小心谨慎，保全自己。而结果呢？不是考虑怎样发挥自己的潜力，而是把注意力集中在怎样才能缩小自己的损失上。正像塞莱丝的经历一样，这种人的结果大都会以失败而告终。

同样一件事，因为存在一定的风险，甲经过细算，认为有60%的把握，便抢占时机，先下手为强，因而取胜。乙在谋划时过于保守，认为必须有90%甚至100%的把握才下手，结果坐失良机。

商业领域的领袖人物，他们之所以能够成为顶尖人物，正是由于他们勇于面对风险之事。

吉姆·伯克晋升为美国翰森公司新产品部主任后的第一件事，就是要开发研制一种供儿童使用的胸部按摩器。然而，这种产品的试制失败了，伯克心想这下可要被老板炒鱿鱼了。伯克被召去见公司的总裁，然而，他受到了意想不到的接待，"你就是那位让我的公司赔了大钱的人吗？"总裁问道，"好，我倒要向你表示祝贺，你能犯错误，说明你勇于冒险。而如果你缺乏这种精神，我们的公司就不会有发展了。"数年之后，伯克本人成了翰森公司的总经理，他仍牢记着前总裁的这句话。

勇于冒险求胜，你就能比你想象的做得更多更好。

在勇冒风险的过程中，你就能使自己的平淡生活变成激动人心的探险经历，这种经历会不断地向你提出挑战，不断地奖赏你，也会不断地使你恢复活力。

香港商人陈玉书在他的自传《商旅生涯不是梦》里指出："致富秘诀，在于大胆创新，眼光独到。譬如说，地产市场我看好，别人看坏，事实证明是好，我能发大财；反之，我看好，别人看坏，事实证明是坏，我便要受大损失，甚至破产；如果大家都看好，我也看好事实证明是对了，则也仅仅能糊口而已。"

精明的人能谋算出冒险的系数有多大，同时作好应付风险的准备，则可以胜算。世界的改变、生意的成功常常属于那些敢于抓住时机，适度冒险的人。有些人很聪明，对不测因素和风险看得太清楚了，不敢冒一点险，结果聪明反被聪明误，永远只能"糊口"而已。实际上，如果能从风险的转化和准备上进行谋划，则风险并不可怕。

世上大多数人不敢冒险，他们熙来攘往地拥挤在平平安安的大道上，四平八稳地走着，这路虽然平坦安宁，但距离人生风景线却迂回遥远，他们永远也领略不到奇异的风情和壮美的景致。他们平平庸庸、清清淡淡地过了一辈子，直到走到人生的尽头也没有享受到真正成功的快乐和幸福的滋味。他们只能在拥挤的人群里争食，闹得薄情寡义也仅仅是为了填饱肚子，穿上裤子，养活孩子。而这，岂不也是一种风险吗？而且，这是一种难以逃避的风险，是一种越来越无力改善现状的风险。

敢冒风险才能抓住机遇

一个人想创造财富，就要有一种冒险精神，具备善抓机遇、果断自信、冒险进取的精神。

哈默就是一个敢冒风险，从而成功抓住机遇的人。在他已经拥有亿万财富的时候，还只是一个19岁的医学院的学生。当时，哈默的父亲正经营着一家公司，由于经营不善，濒于破产。哈默认为，父亲的公司虽小，但产品却很有市场，只是必须改变公司的经营方式。后来，哈默担起经营这个公司的重担，他非常兴奋与激动地接受了这平生命运的第一次挑战，牢牢地抓住了命运赐予他的机会，竟然大获成功，成了一个拥有亿万财产的大学生。他经营的联合药品和化学公司有效地垄断了世界上的生姜，随后垄断了美国的姜业生产。

后来的实践证明，正是敢冒风险才使哈默抓住了机遇，成为他成功的保证。在同苏联开展产品贸易期间，他考虑到当时前苏联政府正在大力支持农业现代化，对拖拉机的需求将非常大。于是，初涉商海的无名小卒哈默，找到了美国工业界的传奇人物——亨利·福特。当时，就连福特也没有足够的把握与苏联做生意，哈默却在分析了当时前苏联的状况后认为，这时同前苏联做生意是极有利的，也是很有可能的。因为原始的耕作方法已经过时了，前苏联要发展，就必须要有机械化的运输工具。结果，哈默的判断十分正确，他又抢先一步，获得巨大的成功。

1925年，还是在同前苏联的贸易中，哈默又抓住机会给他的恩赐，在深入对前苏联进行了解中，他发现前苏联各类笔奇缺，全部都要从德国进口。前苏联人自己计划重建和扩建的工程还毫无进展。哈默马上意识到，机会又来了。他紧紧地抓住这个机会，使前苏联政府批准了他生产铅笔的特许权。之后.他立即到当时的德国铅笔制造业中心纽伦堡学习制造技术，然后招聘他所需要的人才和那些勤劳、具有独创性、多智多谋和兢兢业业进行生产经营的人。哈默在投产后的第一年，完成了特许合同中他许下的诺言，使前苏联结束了从外国进口铅笔的历史，同时开始向英国、土耳其等国家出口。敢于冒险、捕获机遇的哈默在这次铅笔生意中同样获得巨大的收益和成功。

沉着、果断、敢冒风险是哈默的最大特点。哈默开始对石油业是一无所知的。当年石油公司一向惨淡经营，通过尝试投资，这类收入和发现使他开始迷上了石油业。1961年，西方石油公司勘探计划即将告罄之际，哈默听从地质学家吉恩·里德的劝告去钻探萨克拉门托山谷中的拉斯罗普租借地，然后在朋友们和支持者之间征集资金。其时拉斯罗普租借地的最后一口井钻到5600米深还是滴油未见，但是他们咬紧牙关，终于使西方石油公司的股份脱颖而出。数月后，红运亨通，他又在附近的布伦特伦德油田发现了另一个天然气富矿，使得小小的西方石油公司一时间竟可以和那些地地道道的大公司分庭抗礼，以同等条件去寻找更为丰富的油田。在以后，无论在利比亚冒险时经历的一场诉讼战，还是在足迹遍布南美洲、中美洲、亚洲及南中国海进行的石油勘探中，哈默以其不懈的努力和坚定的信念，终于使西方石油公司成为紧挨着“七姐妹”的第八个最大的石油公司。

从上述事例可以看出，如果做事只是原地踏步，而不是去敢于冒险，结果只能是失败。所以，只有果断、自信地敢于冒险，才能抓住商机，从而走向成功。

赚钱要敢于爆冷门

很多人仿佛都怕寂寞,喜欢热闹,喜欢赶热门,哪种产品赚钱,他们就一窝蜂地把钱往那儿抛。他们并不知道,热门的地方其实没有“门”! 开始是有的,而且进出很方便,可因为赶热门的人多了,门被挤死了,许多人被卡在门里,想进进不去,想退退不出。这个时候,重新修一道门,要比突破原来那道门更容易。

不过,聪明的企业家不会去突破那道已被挤死的门,也不会去修一道门,因为他知道,在众商人虎视眈眈下修门,最终还是会被挤死的,搞不好自己辛辛苦苦老半天,反而被挤到一边去。他们会悄悄地远离热门,去找冷门。

找冷门,看起来是冒险,而且是冒常人不敢冒的险。但如果找准切入点,冷门会给你带来巨大的财富。

因为冷门的地方一个人都没有,你很轻松就进去了,而且就你一个人进去,门里的人对你特热情,好酒美食都给了你一个人,理查德·西尔斯就享受了这样的待遇。

最初,理查德·西尔斯开创他的事业时,他只拥有一个小商店,实力十分弱小。

当时,很多商人都把目光停留在城市上面。西尔斯也曾经只想做城里人的生意,但当他发现城里竞争太激烈,而他的实力相对于其他商人太弱小时,他把目光放在了农民身上。

当时是19世纪中后期,美国农村还十分落后,生产力水平低下,机械化程度不高,农民的收入自然也很低,购买力不足。

但西尔斯通过分析认为,农村市场潜力巨大,而且,随着农村的发展,购买力将会大大提高。于是,西尔斯以较低的价格购买了一批因债权纠纷积压的物资,拉到农村去销售。

这次行动让西尔斯对当时美国农民有了更多的认识。

他发现,农村和城里存在很大的差别。农村与城市相距很远,农民在思想上都较为保守,他们害怕和城里人打交道,因为他们认为城里人太精明,会欺骗他们,即使你送货上门,他们也怕上当。

了解了农民之后,西尔斯组织货源,而且尽可能降低售价,农民通过对比,逐渐地对他产生了信任,西尔斯的信誉开始建立起来。

1895年,理查德·西尔斯的继任者罗森沃尔德开始经营西尔斯公司,他依然把目光放在农村市场。

为了进一步取得农民的信任,罗森沃尔德大胆地提出了“保证满意,否则原款奉还”的经营方针。

这一方针在后来被很多人使用过,但在当时,还没有第二个人敢那么做。

很快,西尔斯公司成了知名公司,买方不再提心吊胆,倒是卖方更为谨慎,服务更加到位。

为了提供更方便的服务,西尔斯公司以邮售的方式开展业务,他们对农村市场进行周密地调查,准确把握农民的需求,然后编制邮购产品手册。这套手册上,凡是农民生活所需的东西，均可以找到，从此，农民无需到很远的城市去购物了。

在为农民提供方便的同时，西尔斯公司也赢得了高度的信任，生意十分兴隆，并逐步发展成一家大型商业公司。

西尔斯公司放弃了城市市场，看起来是丢掉了大批富庶的客户，看起来是一种冒险，而且是冒常人不敢冒的险，但同时也轻松占领了广阔的农村市场。

冒最大的险，赚最多的钱

“冒最大的险，赚最多的钱。”一直是吉姆斯·林恩的宗旨，他也在无数次冒险后成就了自己的财富人生。

林恩从小在一个贫困的家庭中长大，拮据的生活激发了他强烈的赚钱欲望和创业雄心。第二次世界大战中，他参加了美国海军，当一名电机技术员。1946 年退役之后，他认为该是自己创业，收获财富的时候了。

想创业就要先有资金，为了筹措资金，他把房子都卖了，加上服役时积蓄的钱，勉强凑足 3000 元，成立了一家小公司——林恩电气行。主要的财产只有一辆小卡车、一间租来的办公室以及吉姆斯·林恩本人的智谋。

当时，战后的美国的建筑业繁荣，办公大楼和工业方面的建筑更是方兴未艾。于是，林恩不失时机地投入其中，抢到了几桩合同。渐渐的，林恩的生意渐渐兴隆起来。到了 20 世纪 50 年代初期，林恩电气行的年营业额已超过 100 万美元了。

但林恩对自己赚的钱还不满足，他要赚更多的钱。经过一番考虑，林恩决定将自己的电气行改造成股份公司，股份公司虽然风险较大，但更容易扩张，也更能满足林恩赚更多钱的欲望。

就这样，林恩电气工程股份有限公司成立了，并获准发行 80 万股普通股票，其中林恩拥有 50% 的股权，其余的 40 万股以每股 2.5 元的价格公开上市。

但是，一个小小的电气工程行竟能公开发行股票！这的确是前所未闻的事情。得克萨斯州的证券经纪商和投资银行家都觉得十分可笑，他们没有一个人愿意为林恩代理发行股票。

于是，林恩决定自己办。他找来一些朋友帮他推销股票。而此时的当地金融界正瞪大眼睛准备看笑话。

他们一伙人用电话推销和挨家挨户推销的方式展开了推销工作。就这样，只用了几个月的时间，他们就把上市的股票全都推销完了。扣去各种费用，林恩公司实收资本 75 万美元。

在股市中尝到利用别人的钱赚钱的甜头后，吉姆斯·林恩决定冒更大的风险，去创立一个庞大的企业王国。

首先，他用现金购买了另一家电气工程公司，从而使林恩公司扩充了一倍，而公司的股票售价在证券市场上也立即扶摇直上。

如此一来,使得林恩在购买其他公司时,处于更加有利的地位,可以不必立即用现金兑现了。公司股票在证券市场上日渐建立起稳定的声誉。价值日益看涨,因此已可以把它当作现金来使用了,而不必动用自己和公司的现金。

随后,林恩又买下一家电子公司,并更名为林恩电子公司。这样,公司的股票上涨得更高。紧接着他又用相同的方式,收买了阿提克电子公司和迪姆柯电子公司,而将他的公司更名为林恩·阿提克电子公司和林恩·迪姆柯电子公司。

从此,林恩已不再被人看作一个小生意人。他的新崛起的公司,营业额已达1500万美元。

有了雄厚的资金做后盾,林恩的胃口也越来越大,他把下一个收购目标瞄准休斯·福特股份有限公司——美国重要的飞机和导弹制造厂。

然而,这是一个强大而顽固的对手,所以这桩交易做得并不顺利。于是,他采用双管齐下的方法,一方面从证券市场公开收购,另一方面和现有股东私下议价成交,迅速取得近40%的股权,成为休斯·福特公司最大的股东。

1961年,林恩把该公司改名为林恩·迪姆柯·福特公司,也就是著名的LTV公司。

就在这个时候,华尔街开始使用"集团企业"这个名词。这个词的意思是指一家公司以吞并其他不同行业的公司的方式,使自己壮大成长。这类公司的股票也成为20世纪60年代最红的一种,LTV更是其中的佼佼者。

实际上,敢于冒险本身就带有很大的冒险性。成则已,不成则败。因此,冒险的程度与取得成功的大小是成正比的。

赚钱本身就是一种挑战

在富人的眼中,生意本身对于经商者就是一种挑战,一种想战胜他人赢得胜利的挑战。所以,在生意场上,人人都应具有强烈的冒险意识。"一旦看准,就大胆行动"已成为许多商界成功人士的经验之谈。

电影界的骄子"华纳四兄弟"就是敢于冒险、不怕失败的强者。作为一个补锅匠的儿子,他们从做小生意起家。1904年,兄弟俩合伙搞了一架电影放映机,从此开始与电影结缘。1912年,迁居美国之后,虽然几经失败,大起大落,但仍不灰心,1927年终于成功地摄制了电影史上的第一部有声电影《爵士歌手》,华纳兄弟影片公司从此蜚声全球。

商家的法则就是风险越大,赚钱越多,特别是对于一个前人尚未涉足的市场领域,作为开拓者就更要冒风险。富人就是"风险管理者"。当机会来临时,他们会毫不犹豫。因为机不可失,时不再来,当一次风险管理者,说不定就会一鸣惊人!

犹太人历来以敢冒风险闻名于世。在很长一段时间内,无论在东方还是西方,"冒险家"都是一个贬义的称呼,不过,现在人们的观念已经转变过来了。因为人们认识到,促成一件事情成功的因素在严格意义上是无穷尽的,依靠人的力量只能对其中的一部分加以控制,所以风险是客观存在的,做任何事情都不可能一帆风顺,都有成功和失败的可能,只是风险大小不同罢了。如果一件事成功与失败的概率相等甚至后者更大,那么再去做这件事无疑要冒很大的风险。现代社会中充斥着各种冒险游戏。尤其在经济领域，投资意味着风险，特别是炒股票风险更大。养育孩子也是一件冒风险的事情，并且风险很大。不过，我们要这样安慰自己，也要这样告诫孩子：风险越大，收益的绝对值越大。

马克·伯内特1960年生于英国东伦敦地区一个汽车职员之家。他从小时起就生就了一副追求历险刺激的性格脾气。18岁时，他毅然冲破家庭劝阻，投入到军旅刺激历险的生涯中。他服役所在的部队是一支英国精锐伞兵团。在这支部队中，他备尝了荒漠、野岛、丛林等险峻军旅生涯的一幕幕。他曾亲眼目睹了在一次战火中全团300名执行任务的官兵中有24名惨烈捐躯；他还屡屡亲眼目睹了真正恐怖得令人刻骨铭心的刺激场面；他还经历过多次死里逃生、化险为夷的大危大难……

这一特殊经历竟由此而打造下他此后的特殊脾性——以"险"为乐。后来，当他服役的伞兵团进入较长时期休整时，平淡无险的生活令他大感乏味，于是他毅然退役，决心要重新寻找另一种冒险、有刺激性的生活！

这时，一项大的鲜活的创业方案开始在心中"浇铸定型"：何不先投资组织一场"荒漠野岛丛林峻岭历险竞赛"活动。然后再把这项活动实况拍成历险电视记录大片。以此去抢占媒体文化商战制高点。最后赚来滚滚金钱。为此，他运筹良久，精心策划了一套创业"九连环"战术，并精心实施：

第一环：完善设计方案。马克·伯内特曾亲身体会过那种亲历惊险境地，反倒倍觉挑战刺激的兴奋感。他暗自猜度：世人完全有可能同自己的心境相类似，也热衷于追求刺激、新奇、历险、挑战，若果真如此，何不真的设计一套刺激活动方案：先融资，然后组织一系列刺激的历险竞赛活动，让夺冠者获百万美金巨奖，与此同时妙拍"战地实况"，再把摄制资料转卖给电视网……最后让参赛冠军、电视网及本人"三赢"，各赚其财。

第二环：为了把事情做得"马到成功"，他不打无把握之仗，在重大行动付诸实施前，先亲自跋山涉水跑到荒山野岭丛林孤岛去体验了几个回合的历险感受，取得第一手资料，为实施历险活动方案，奠定"亲历"感受的基础。

第三环：斥资组建并培训一支名为"美国骄傲队"的历险骨干队，他计划要让这支骨干队在下一步实施历险竞赛活动中挑大梁、当"旗舰"。

第四环：寻找商业投资伙伴。他以这项事业创意独具、能获丰厚商业利润回报为理由，频频展开融资、邀请加盟等公关攻势，最终成功地吸引了一名既是投资商同时又是名探险发烧友的大款布莱恩·特凯尔森及美国Prime电视网同时加盟，组成"联合创业体"。

第五环：为了将来实施更大的事业，他认定"热身"环节不可少。在一系列精心策划设计下，他亲任"领头羊"，率领着投资人布莱恩·特凯尔森及美国Prime电视网摄影师，外加"美国骄傲队"全体队员，接连进行了两次、各历时10天的荒野历险活动。

第六环：总结经验教训，二次设计更佳更安全的历险活动方案，并以此作"更令人信赖"的融资"说点"，一举游说成功，力邀到美国著名媒体"美国MTV电视网"的著名节目策划师道格以及多名投资人加盟，共同投资，联袂投拍一部电视纪录大片《生态大挑战》。

这场电视拍摄，阵容颇为强大，被拍群体包括来自全国的共50支参赛队，赛手们在为期10天的历险期内，要在美国犹他州历经徒步跋涉、骑马、游泳、漂流、攀岩等一系列艰苦历程，最后仅有其中的21支参赛队达标完成任务。《生态大挑战》大片一经美国MTV电视网播出，即刻震撼四方，引发观众收视狂潮。紧接其后，第二集、第三集、第四集……也相继在南美的巴塔哥尼亚、澳大利亚、亚洲的婆罗洲岛、非洲的摩洛哥等处投拍，并配备以更大的摄制阵容。

第七环："双轨"并举，创业的同时又开辟新路。马克除组织力量继续投拍《生态大挑战》外，同时另起第二大炉灶，投拍另一套内容更新颖刺激的"荒野竞赛夺巨奖100万美元"的电视纪录系列大片《生存者》。

拍这套片的商业运作方案与拍《生态大挑战》不同，系完全独立制片，独立经营，待成片后再卖给美国最著名的电视巨头之一哥伦比亚广播公司，这样制、播分离的商业模式更有利于马克·伯内特打造自己的品牌、自己的特色。

第八环：将《生存者》拍得一集胜似一集，层层翻新更上一层楼，刺激观众。2000年夏，《生存者》第一集正式在美国开播，立即引发收视狂潮，观众激昂亢奋，如醉如痴。

第九环：雄心勃勃乘胜进军，干脆大搞"四处开花"。马克·伯内特在前两套大片《生态大挑战》、《生存者》已取得双赢大丰收的基础上，还觉"险"瘾没过足，又计划推出另两套风险更大、刺激性更强的纪录电视系列大片《战斗任务》、《目的地先生》。此外，他还拟创办"生态挑战青年基金会"、"生态挑战历险学校"，决心把"险"字号商业大战这块大蛋糕越做越大，越做越甜。

这名普通美籍英裔小人物获得的巨大成功，令评论家们大为吃惊，令世人狂热崇拜，令主流媒体疯狂地抢镜报道。各报刊这样评论他创下的奇迹："当全球亿万观众在激动人心的那刻，聚在电视屏幕前屏气凝神，收视历险队员经九死一生而最终决出冠军得主，荣获百万美金巨奖那一瞬，几乎造成了'万人空巷'的奇迹，人们完全被《生存者》片中展现的惊险刺激场面征服得神魂颠倒……"

大千世界，红尘滚滚，无奇不有。这种靠开发"险"字号文化商机而致富的世间一绝，不仅有效地释放了创业者内心躁动不安的能量，也迎合了美国这个"冒险家乐园"的特殊需要。但这还不是马克·伯内特成功的主要原因。马克·伯内特的成功在于他不仅具有不断追求新鲜、刺激、挑战风险的创业精神，而且具有慎重大胆、思路清晰的创业思路：这"九连环"环环相扣，内在逻辑严密，前后呼应，步步为营。在大冒风险的同时，又处处设防；在独闯险境时，不忘争取援手；在勇猛挺进时，又略作小憩，总结经验；既有大兵团运作，也有极少人摸索探底……总之，马克·伯内特的成功绝非一个"险"字能总结的。

"财富喜欢光临勇敢的人"，冒险是表现在富人身上的一种勇气和魄力，要想有富有的人生，就要敢冒风险。要想成为百万富翁，就要勇于充实自我，要接受挑战去冒险。

冒险不能失去理性

在某种意义上，时刻保持发展的冲动和激情，不肯让任何稍纵即逝的机遇从身边滑过，这是一位优秀企业家最可贵的素质，可同时，在没有相对成熟的把握下贸然挺进又往往成为一些天才型企业家遭遇滑铁卢的根本原因。

王遂舟和他的亚细亚商业王国、威廉·格兰特和他的格兰特连锁公司都一一向我们证明了这一点。

直到现在，我们也必须承认王遂舟在亚细亚开业时的策划是非常有创意的。不仅通过豪华装修、鲜花绿草、人工瀑布给人以强大的视觉冲击力。而且在全国商场中，亚细亚第一个设立迎宾小姐、电梯小姐，第一个设立琴台，第一个创立自己的仪仗队。每天清晨，商场门口的升国旗、奏国歌仪式成为当时郑州最著名的景点。王遂舟还花了几十万元在郑州的各大媒体进行宣传，其中广告语：星期天哪里去——亚细亚！更是成了当地妇孺皆知的口头禅。

强大的宣传攻势、耳目一新的感觉使亚细亚很快就获得了消费者的认同。仅仅7个月时间，亚细亚就实现销售收入9000万元。1990年，亚细亚的销售收入达到1.86亿元，实现利税1315万元，跨入全国大型商场50强的行列，名列第35位。

1993年，就在郑州各大商场受"商战"炒作的鼓舞，纷纷大玩促销花样的时候，一战成名的王遂舟却早已不将这些郑州同行放在眼里了。他激动的宣布："咱们亚细亚，要搞就要搞第一：郑州的第一、河南的第一、全国的第一！"

这种亢奋、焦躁的情绪一直持续到1993年9月。这时，王遂舟以郑州亚细亚商场为基础，扩股成立了"郑州亚细亚集团股份有限公司"。股东由两家扩大到五家（后增加至六家），新入伙股东均为此前在海南发迹的金融商及房地产商。他们几乎是簇拥着王遂舟，走上了"连锁经营"的不归路。

在董事会的督促下，王遂舟亲率研究人员，六易其稿，于年底制订出了规模空前的《郑州亚细亚集团股份有限公司1994～1999年发展规划》：

总体目标：2000年前，形成以零售业为龙头，以金融证券和房地产业为两翼，以实业开发为基础的大型企业集团；达到年销售总额500亿元，在全国商界排名第一；综合实力进入全国最大企业前十名，成为对中国经济有重大影响的国际托拉斯。

具体目标：

一、店堂总数：营业面积20000平方米以上的大型零售商场超过25家；5000平方米以上的中型商场超过100家；2000～5000平方米的超市达到500家。

二、房地产业：①在京、津、沪或广州选一个城市，建造亚细亚摩天大厦，至少高68层（后改为120层），象征亚细亚这样一个历史丰碑！②建造亚细亚集团自己开发、设计、销售、物业管理的项目6～10个，如小区、别墅群、写字楼和商住楼，酒店要搞五星级。③每个零售业项目都要以房地产业为先导。④期末，房地产业的利润要远远超过零售业纯收入。

三、实业开发：①开办亚细亚服装厂、印刷厂、工艺品厂、包装加工厂、快餐公司。②采用投资、控股、参股等形式，建立20家亚细亚的关联企业，生产亚细亚牌系列产品。③吞并、改造15个工业企业，改作房地产开发用途。

四、股权投资运用股市技巧，参股、控股8～12家有希望上市的、效益良好的企业。

五、海外发展：除莫斯科、悉尼外，还要在香港建立货源中转站；在巴拿马和美国建立亚细亚分店。

六、其他：①建立亚细亚海运公司。②合作建立亚细亚航运公司。

这无疑是一个几近疯狂的"规划"，它企图以一种丧失了理性的激情来完成那"惊人的一跃"。

发展大型百货公司连锁店是亚细亚实现霸业的唯一道路，这是王遂舟做出的最基本的战略判断。可是，什么是连锁商业？为什么要搞连锁商业？与传统的百货模式及超市模式、连锁专业店相比,连锁百货有什么质的区别和优势?在这些问题还没有搞清楚的情况下,王遂舟就贸然开始了他的发展之路。

慷慨激昂,义无反顾。亚细亚的"连锁经营"之梦就这样张开了狂热而躁动的翅膀。

在不长的4年时间里,亚细亚先后开出了15家大型连锁百货分店,其中,河南省内六家,均以"亚细亚"命名,省外九家均以"仟村百货"命名。这家自有资本总额不过4000万元的企业却进行着一场投资将近20亿元的超级大扩张。随着北京店、上海店、广州店的相继开张,从表面上看亚细亚帝国版图的疆域似乎在一天一天地延伸着。而且,一些连锁店开张所造成的新闻轰动也的确让王遂舟以及所有的局外人都呼吸到了迎面扑来的炙热和兴奋。其中,投资10亿元的北京仟村百货,在开张之日曾经创下日销售额400万元的奇迹,让京城传媒大大爆炒了一番。

可是,没有一个人会料想到,王遂舟正在奔跑着的这条通往"中国零售连锁帝国"的康庄大道竟是一条不归路。一个十分让人震惊的事实是,亚细亚所有的连锁分店,开业之日即亏损之时,竟无一例外。

当时,无论是在资金方面,还是在人力资源方面,亚细亚都不具备开设十几家大型商场的实力。对于亚细亚而言,自有资本总额不过4000万元,却要进行投资近20亿元的超级大扩张,风险可想而知。更何况亚细亚的全部分店都是自己进货,自己经营。这对企业自有资金的要求是很高的。但是,亚细亚却没有考虑到这一点。

由于在短时间内的大举扩张,也使得企业的人才奇缺。但亚细亚在此之前却忽视了人力资源的储备,导致广州、上海、北京三地大型商场相继开业后,管理人员却严重不足。于是不得不从西安招聘了数百名青年,经短期培训后,派往这三个地区。由于不了解每个人的详细情况,亚细亚只好以貌取人,五官端正、口齿清楚的派往这些地区的商场当经理或处长,其他人员则当营业员。

现在,让我们来看看亚细亚从高峰到低谷的滑落轨迹。1994年,南阳分店亏损114万元,濮阳分店亏损593万元,漯河分店亏损990万元。1996年,北京日销售收入只有七八十万元,上海日销售收入为三四十万元;省内几个店每月亏损额为400万元,北京、上海、广州每月的亏损额达到2000万元。10月26日,也就是亚细亚五彩购物广场正式开业的头一天,销售收入只有100多万元。11月,天津亚细亚商场倒闭。

1997年3月之后,亚细亚在各地的连锁店纷纷停业。

1998年,郑州亚细亚集团首度对外宣布其总负债额为6.15亿元,资产负债率为168%。

2000年7月,亚细亚五彩购物广场宣告破产。

2001年10月14日,郑州亚细亚五彩购物广场被河南建业住宅集团有限公司以2.3亿元的价位买下整体产权。昔日中国零售业最耀眼的明星——亚细亚就此陨落。

无独有偶,美国商业史上的"少年英雄"威廉·格兰特也犯了和王遂舟一样的错误。

威廉·格兰特生于1876年,19岁时就显示出了自己过人的经营才华,当时他掌管着波士顿公司的一家鞋店。

1906年,格兰特拿出自己的全部资本在林思市投资1万美元,开设了第一家日用品零售店。两年后,他陆续在美国的其他城市开设了格兰特连锁店。到20世纪60年代,他的年销售收入近10亿美元,跻身于美国知名大企业行列。

定价策略的运用，是格兰特成功的重要一步。在零售业竞争十分激烈的情况下，他将其经营的日用品价格策略定位在25美分，高于市场上已有的“5美分店”和“10美分店”，但低于普通百货公司的价格，而格兰特公司的陈设格局又比廉价的“5美分店”和“10美分店”高，于是同时吸引了百货公司和廉价商店的顾客，生意十分红火。

一时的成功迷惑了格兰特的眼睛，像王遂舟一样，他也开始了丧失理性的扩张之旅。他不断发展连锁店，到1972年，格兰特公司新开的商店是1964年的两倍，但利润却没有随着规模的增长而增长，到1973年底，格兰特公司利润只有3.7%。让人感到遗憾的是，格兰特公司并没有放慢扩张的速度，1974年，格兰特的连锁店猛增至82500家，是10年前的1000多倍。与此同时，它的债务也在节节攀升，共欠143家银行7亿多美元，公司信誉急剧下降，入不敷出，只得在1975年申请破产，8万员工丢掉饭碗，成为美国历史上零售业最大的破产公司之一。

不可否认的是，在王遂舟和格兰特身上，都有着敢于冒险的激情和气魄，也都曾经创造出了所谓的“商业奇迹”。但是，这些被称作“奇迹”的经营神话却是非理性的，充满着偶然的色彩。一个因创造奇迹而迅速崛起的企业，最后常常会在另一个奇迹的创造过程中收获悲剧。

第四章

诚信厚道：君子爱财，取之有道

孔子说："君子爱财，取之有道。"以义取利，德兴财昌，舍义取利，丧失了"义"也得不到"利"，为商者应深以为诫。

不要贪图眼前的利益

在胡庆余堂，有一个胡雪岩亲手写的"戒欺"二字制作成的横匾，高悬在店堂大厅最醒目的地方。说到这个"戒欺"的横匾，还有一段闻名遐迩的故事。

一次，胡庆余堂热销的虎骨追风膏断货了，于是余修初就找到专管药材的邹文昌问清原因。邹文昌说，虎骨追风膏的主要原料是虎骨，而虎骨现在又断货，所以他建议用豹骨。余修初一听，这怎么行呢？你这不是想砸了胡庆余堂这块招牌吗？余修初坚决不干。

"做生意嘛，要懂得变通，我们用豹骨代替，先满足一下市场，等虎骨一到，马上就换用虎骨。不然断货时间长了，别人会把咱们胡庆余堂看扁的！"邹文昌拿出胡庆余堂的信誉来威胁余修初说。见余修初的思想有一点动摇了，于是趁热打铁道："豹骨的药效其实也差不到哪里去，一般人是看不出来的，只有你知我知，别人绝对不知道。"

听他这么一说，余修初就不再坚持了，于是邹文昌趁机生产出了假的虎骨追风膏。胡雪岩知道此事后，认为邹文昌伤害到了胡庆余堂的声誉，非常气愤。

胡雪岩把所有人都叫到大厅，当众辞退了邹文昌，并当场写下了"戒欺"堂训，还在横匾旁边挂了一些条幅："药业关系性命，尤为万不可欺"、"采办务真，修制务精"等。

后来，胡雪岩还将自己在胡庆余堂的办公地方取名为"耕心草堂"，用意十分明显，田要耕，地要耕，心田更要耕，只有常耕心田，邪念、欺骗这些杂草才不会滋生，才能做一个堂堂正正的商人。

因为有了"戒欺"的堂训，胡庆余堂的伙计们再也不敢有一点点的欺骗行为了。经过多年的发展，胡庆余堂成为了闻名天下的药店。民间一直有"北有同仁堂，南有胡庆余堂"之说，它与北京的百年老字号同仁堂南北交相辉映，深受广大顾客的信赖。胡雪岩本人也因此赢得了“江南药王”的美誉。

时至今日，胡雪岩所制定的这些经营规则，仍被胡庆余堂的后继经营者们认真遵守。而胡庆余堂“戒欺”的堂训还被现今的国药界奉为座右铭。

胡雪岩的这种做法看似会因虎骨追风膏的断货而遭受暂时的损失，但从长远的角度看，胡庆余堂的声誉却能一直保持下来，为今后的发展奠定了坚实的基础。

以义取利才能长久

清朝年间，有一商人名舒遵刚，精确算，善权衡。经商之暇，喜读《四书》、《五经》，把书中的义理运用于经商之中，他曾说：“钱，泉也，如流泉然”。他还说：“对人言，生财有大道，以义为利，不以利为利，国且如此，况身家乎。”徽州商人李大皓告诫他的继承者说：“财自道生，利缘义鹂。”以此严于律己，做到“视不义富贵若浮云”。

武昌的曹祥泰杂货店是1884年开业的老字号，历经三世，由小摊贩而发展成为武昌数一数二的大商店，还是兼有机米厂、糟坊、肥皂厂和钱庄等其他经营项目的企业。曾祥泰的创始人叫曹南山，人们却叫他“曹大把”，为什么有这样一个名字呢？这其中还有一个故事。

曹南山从小就家庭贫困，十二三岁的时候，就开始沿街叫卖蚕豆。他小时候在私塾里面读过书，知道做人要以诚相见。因此当别人买蚕豆时，他不像一般小贩那样斤斤计较、唯恐亏损，而是大把地用手抓，因而获得一个“曹大把”的绰号，也因此有了一点儿小小的名气。

随着年龄的增长，资本和经验的积累，曹南山相继又经营了干果和水果生意。因为曹南山为人正直、买卖公平、以诚待人，所以深受新老顾客的欢迎，生意自然蒸蒸日上，经营规模也发生了不小的变化，他由提篮改成挑担，后来又从挑担发展到摆货摊，买卖也愈做愈大。

1884年，曹南山创设了曹祥泰杂货店。生意做大了，但曹南山经营的原则没有变——以诚待客，以义取利。力求货真价实、买卖公平、信誉至上。

曹南山对进货非常重视，从来不进次货。哪怕是微不足道的原料，他都会精心考察研究。为了保证店里腌制的咸鸭蛋味道鲜美，曹南山每年春天，都要派人到沙湖去收购鸭蛋，因为沙湖盛产田螺和一种特殊的水草，鸭子吃后所产的蛋营养丰富，做出来的味道鲜美可口。对于花生、瓜子等商品，曹南山也不远千里派人到叶家州等产地收购。对于木耳、黄花菜等土特产，为了收购到上等、新鲜的商品，则趁刚出来时去收购，这样成本相对低廉，所以同样的货色售价往往较同业低，因此名声日增。

后来，曹南山的杂货店被一场大火烧得个精光，但因为他已在顾客心中留下了良好的名声，因此当他重新开店后，生意依然红火，渐渐发展成为了武昌最大的一家商店，还相继办起了很多实业。

其实，曹南山做生意也没什么了不得的诀窍，就是老老实实做人、认认真真做事，不贪图眼前的利益而已。

以信为本的晋商

中国历代的商人在讲究“义”的同时，对“信”也非常重视。在中国古代十大商帮之中，晋商为什么能雄踞徽商、湖商、粤商等商帮之上呢？主要原因就是晋商以信誉为根本，始终坚持信誉第一。

犹太人的重信守约在全世界都有口皆碑，各国商人在同犹太人做生意时是最有信心的。在追求信誉方面，中国历代的优秀商人是不会输给犹太人的。

在英国，有一位英国人逢人就讲：想不到中国商人也像犹太人一样讲信用！他为什么要这样说呢？其中还有一个故事。

这个英国商人的爷爷与一个山西商人有生意上的来往，但山西商人不久就破产了，没有办法偿还英国人的债务。山西商人临终前，把儿子叫到床前说：“我们家还欠一位英国老板的钱，我现在是没办法还了，但你要记住，你一定要争取还上，如果你没有能力还，一定要叫你的下一代还上。不管多少代，一定要将钱还给人家。”

老爷子过世后，儿子始终没有忘记父亲临终前的话。由于数目庞大，而自己又能力有限，在有生之年没能实现父亲的遗愿，于是就又叮嘱自己的儿子，一定要替爷爷将债务偿还了。

孙子同样记住了父亲的话，经过自己的艰苦创业，几十年后，孙子成了一个大富商，于是就主动联系那个英国人的后代。不久之后，英国人的孙子就收到了一张支票和一封来自中国的信，信上写道：“……当年我爷爷欠了你家的钱，他还不了，我父亲也没能偿还，但是他们临终的时候都说过，不管多少代，一定要将钱偿还，这样才能对得起良心……十分抱歉，这笔钱直到现在才还给你，感谢你爷爷当年对我们的支持……”

此外，1888 年，英国汇丰银行在上海的经理回国前，对晋商有过这样一段评价：这 25 年来，汇丰银行与上海的晋商作了大宗交易，数目达几亿两之多，但我们从没有遇到过一个不讲信用的。

中国最早的山西票号日升昌就认为：“一日耍奸，可以欺市；二日耍奸，可以愚民。但没有哪一家商号，可以数年、数十年靠耍奸混迹于世”。

1900 年，八国联军攻占北京。大肆掠夺和抢劫钱财，当时在北京的好多钱庄都遭到了灭顶之灾，这其中当然也包括山西票号日升昌。那些逃跑到西安的很多豪门贵族，都带着大把大把的银票向日升昌兑钱。但日升昌在北京的分号遭到洗劫之后，不仅现银全都没有了，而且连账本也烧了个精光。没有账本怎么知道谁存了多少钱？怎么知道银票里面有没有假的呢？如果只要拿银票就给银子，日升昌就会面临倒闭的危险。怎么办呢？

有的人出主意说：不兑钱给他们，关门算了，你们票号也是受害者啊！有人则说：等总号把账目核算清楚了再兑换也不迟。

这些建议都被日升昌否决了。日升昌决定，凡事储户能拿出存银凭据的，无论是高官显贵，还是平民百姓，无论数额大小，一律无条件兑换。

当时很多人都说："日升昌疯了，这不是往火坑里跳吗？"其实日升昌很精明，他们之所以这么做，是因为看到了信誉的价值。而以后的事实证明，他们的举动是非常明智的。

当时前来兑钱的，大多是从北京逃亡过来的朝廷官员。虽然目前局势非常动荡，但那毕竟是暂时的。他们的政治实力和经济实力，是不可小看的。战争一旦结束，他们依然是有权有钱而且有势的人物，到那时，他们会更相信自己的票号的。

就是因为这件事，日升昌"诚信为本"的声名大振。战乱过后，当他们在北京的分号重新开张时，不但普通百姓纷纷将积蓄大胆地存入日升昌，甚至朝廷也将大笔的官银交给他们汇兑、收存。

"诚信为本，以义取利"，这就是以日升昌为代表的晋商称雄全国商界500年的成功之道。

诚信不仅能够折射出一个人的最本质特征，还是"五常之本，百行之源"，也就是商人的立足之本，发展之源。如果一个商人或一个企业失去了诚信，那么他就在今后的商业活动中寸步难行。

诚信能收获丰厚的回报

以诚信投资个人品牌，可能是一个人最高回报率的投资。

在纽约市郊区的一个偏僻小街上，一位顾客走进一家汽车维修店，自称是某运输公司的汽车司机。"在我的账单上多写点零件，我回公司报销后，有你的一份好处。"他对店主说。但店主拒绝了他的这样要求，顾客纠缠说："我的生意不算小，以后都会常来的，你肯定能赚很多钱！"店主告诉他，这事无论如何也不会做。顾客生气道："谁都会这么干的，你是太傻了。"店主火了，他要这个顾客马上离开，到别的店里去。这时顾客露出微笑并满怀敬佩地握着店主的手："我就是那家运输公司的老板，我一直在寻找一个固定的、信得过的维修店，你还让我到哪里去谈这笔生意呢？"

一群印第安人围住一家新开的店铺，只看不买。当地的印第安酋长来了，他对店主说："把你的货物拿来看看。啊哈！我要给自己买一条毯子，给我的妻子买一块印花布……我的毯子需要付三块兽皮，印花布需要付一块兽皮。这样吧，我明天给你。"

第二天，酋长背着一个大包来了，包里全是兽皮。"嗨，我给你付账来了。"他从包里抽出四块兽皮，放在柜台上，稍稍犹豫了一会儿，他又抽出第五块，这是一块特别珍贵，特别稀有的兽皮，他把它也放在柜台上。"已经够了，"店主约翰把它推回去，"你只欠我四块兽皮，我只收下我应得的。"他们为四块还是五块争执了半天，然后酋长的脸上露出了满意的笑容。

酋长把第五块兽皮放回包袱里，看了看店主，然后跨出门去，朝他的族人们喊道："来吧！来吧！跟他做买卖吧，他不会欺骗我们印第安人的！他不是一个贪心的人！"

酋长又转身对店主说："如果你刚才收下最后一块兽皮，我就会叫他们不要跟你打交道，我们还会赶走其他顾客。但是现在，你已经是印第安人的朋友了。"

天黑之前，这家店铺就堆满了各种各样的毛皮，店主的货物已经销售一空了。

俗话说："诚信是做人的根本。"只有时刻以诚信待人的人，才能成就大事业。其实，企业和人是一样的，只有信誉的企业，才是长久立于商场的最大赢家。

有信誉就有财路

大凡一个成功的商人，一个成功的企业家，在创业之初，都需要经受考验。信用支撑着生意越做越大，支撑着企业规模越来越大，实力越来越强。

世界船王包玉刚把讲信用看作企业经营的根本。他认为，纸上的合同可以撕毁，但签订在心上的合同是撕不毁的，人与人之间的友谊应该建立在相互信任的基础上。

在包玉刚的经商生涯中，奉行的是"言必信，行必果"，由此，他为自己树立了良好信誉，从而获得了银行的信赖，为企业的发展获得了坚强的资金支持。

在20世纪70年代后，包玉刚决定进入房地产业。房地产行业是风险与利润并存的行业，尽管利润较高，但是，风险也是相当大的。

1979年，包玉刚看准时机，决定收购当时属于英国人的九龙仓。他与李嘉诚达成君子协议，他不干预李嘉诚收购和记黄埔，李嘉诚则不干预他收购九龙仓。然后，包玉刚开始在二级市场上大量买进九龙仓股票，没多久，英国人发觉股票出现异常波动，为了防止九龙仓被收购，赶紧采取了反收购的办法，调集许多资金把九龙仓的股价越炒越高。

最后，包玉刚还需要30亿港元的资金才能实现收购控股的计划。原九龙仓的几个英国大股东认为，包玉刚已经没有资金了，30亿港元对他来说完全不可能筹集到，因此，包玉刚根本不可能再收购九龙仓了。当时，包玉刚自己也对媒体记者说，现在的股价太高，收购太困难了，自己暂时想出去玩玩。接着，他真的坐飞机离开香港去欧洲休假。从周一到周五，媒体一直追踪报道包玉刚的游玩信息。大家都认为包玉刚已经放弃了收购计划。但是，在周六和周日两天，包玉刚却不知去向了。

到了周一，包玉刚却带着30亿港元资金又杀回了香港股市，一举收购了九龙仓，成为九龙仓第一大股东，轻松实现了收购控股计划。

原来，"失踪"的那两天里，包玉刚分别请了几个银行家吃饭，凭借自己的信誉，轻轻松松地获得了这些银行家的贷款。正是长期建立起来的诚信让包玉刚在这场收购大战中获得了胜利。

香港首富李嘉诚说："有了信誉，自然就会有财路，这是必须具备的商业道德。就像做人一样，忠诚、有义气，对于自己说出的每一句话、做出的每一个承诺，一定要牢牢记在心里，并且一定要保证做到。当你建立了良好的信誉后，成功、利润便会随之而来。"李嘉诚不仅是财富超人，而且被誉为诚信超人。

李嘉诚在创业初期资金极为有限。一次，一位外商希望大量订货，但他提出需要富裕的厂商作保。李嘉诚努力跑了好几天，仍一无着落，但他并没有捏造事实，或是含糊其辞，而是一切据实以告。那位外商深为他的诚信所感动，对他十分信赖，说："从阁下言谈之中看出，你是一位诚实君子。不用其他厂商作保了，现在我们就签约吧。"

面对这样一个好机会，而李嘉诚感动之余还是说："先生，蒙你如此信任，我不胜荣幸。但我还是不能和你签约，因为我的资金真的有限。"外商听了，极佩服他的为人，不但与之签约，还预付了货款。这笔生意使李嘉诚赚了一笔可观的钱，为以后的发展奠定了基础。

由此，李嘉诚也悟出了"坦诚第一，以诚待人"的道理，并"刻板"地奉行诚信的原则，并获得了巨大成功。

真诚是一笔无形的财富

《韩非子》中说："巧诈不如拙诚。"巧诈可能一时得逞，但时间一久，就露馅了。相反，拙诚是指诚心地做事，诚心地对人，尽可能在言行中表现出真诚，时间长了会赢得大多数人的爱戴，也就会得到更多人的帮助。因此，真诚不仅是一种巨大的力量，更是一笔无形的财富。

爱特·威廉是一位大商人，他的成功竟然是别人馈赠的。这是怎么回事呢？爱特·威廉20岁的时候，还是个整日守在河边打鱼的年轻人，活动圈子十分狭小，根本看不出他的将来会有什么辉煌的成就。一天，一位过河人求助于威廉，原来过河人的一枚戒指不慎掉进了河里。过河人很着急，请威廉帮他到水里摸一摸。谁曾想到，威廉一个上午竟然别的什么也没干，反反复复一连扎到水下二十几次，当他一无所获的时候，他请全村的男人帮忙一起寻找。而且，威廉一点都没有提报酬的事，他只是想为过河人解决难题。不久，过河人出于感动，送给他一个在路边修补汽车轮胎的活儿。

有一天，一辆小车停在威廉的小店前，车上人要找一颗很不值钱但又很特别的螺丝钉，否则车无法行驶。威廉翻遍了自己的小店，没有找到，于是他骑上自行车，赶了六七里路，在另一家修车店找到了。当威廉满头大汗返回，并将那颗螺丝钉安装在对方的车上时，他却一分钱也不肯收。威廉真是太让人感动了。不久，这辆小车的主人特地赶来，给了威廉一个五金店让他代理经营。为什么威廉能够一次次获得别人的馈赠呢？就是因为他的真诚，是他做事认真诚恳的态度，是他不计回报的付出。

在风起云涌的IT行业，有这么一个令人瞩目的人物：他曾经是一个微软的普通程序员，却因为一个"异想天开"的创意引起高层注意，成长为身家上千万的中国区总裁；2004年，他又就任盛大总裁一职，创造了身价4个亿的神话……从江苏常州的贫寒子弟到"天价"经理人——这就是唐骏，当媒体问他："你为什么成功？"他做出了最好的回答："中国人最怕的是被感动。如果你感动了他，那么，他会为你赴汤蹈火。这是中国人的性格。"当他用真诚感动了同事、家人、上司、竞争对手、社会大众……他梦想中的成功，怎么会不随之而来？

真诚是一种感动，真诚也是一种态度，只有以诚相待，才能博取对方的信任和尊重。从而更有利于发展。

财富更青睐老实人

在马布里年轻的时候，为了谋生四处求职。恰巧美国加州的克帕尔饮料开发有限公司需要招聘员工，马布里前去面试。

他在一间空旷的会议室里忐忑不安地等待着。不一会儿，有一个相貌平平、衣着朴素的老人走了进来。马布里礼貌地站了起来。

那位老人眼睛一眨也不眨，盯着马布里看了半天。正在马布里不知所措的时候，这位老人突然一把抓住马布里的手说："我可找到你了，太感谢你了！上次要不是你，我女儿可能早就没命了。"

马布里没有弄清是怎么回事，可老人却肯定地说："上次，在中央公园里，就是你把我失足落水的女儿从湖里救上来的！"

马布里这才明白事情的原委，原来老人错把自己当成他女儿的救命恩人了。马布里连忙说："先生，您肯定认错人了！不是我救的您女儿！"

听了这句话，老人松开了手，失望地望着马布里："难道我认错人了？"

马布里安慰到："先生，别着急，慢慢找，一定可以找到救您女儿的恩人！"

后来，马布里到这家公司上班，才知道事情的真相。原来老人就是公司的总裁，那天的谈话就是招聘过程。马布里被录用后，工作很努力，不久就脱颖而出，成为公司市场开发部总经理，一年就为公司赢得了3500万美元的利润。当总裁退休的时候，马布里继承了总裁的位置，成为美国的一位财富巨人。

斯特担任了一家电子公司的高级工程师的职位，当时，这家电子公司正面临赫赫有名的比利孚公司的挤压，处境非常艰难。

有一天，比利孚电子公司的技术部经理邀请斯特共进晚餐。在饭桌上，这位经理对斯特说："只要你把公司里最新产品的数据资料给我，我就会给你一个出乎意料的回报，怎么样？"

一向温和的斯特一下子就愤怒了："请你不要再这样说！我的公司虽然效益不好，处境艰难。但我绝不会出卖我的人格，做这种事，我不会答应你的任何要求。"

"对不起。"这位经理不但没生气，反而颇为欣赏地拍拍斯特的肩膀说："这事当我没说过。来，干杯！"

过了段时间，他所在的公司因经营不善而破产。斯特失业了，没过几天，他突然接到比利孚公司总裁的电话，让他去一趟总裁办公室。

他疑惑地来到比利孚公司，出乎意料的是，总裁热情地接待了他，并且拿出一张非常正规的聘书——聘请斯特去公司做技术部经理。

斯特惊呆了，喃喃地问："你为什么这样相信我？"

总裁微笑着说："原来的技术部经理退休了，他向我说起了那件事并特别推荐了你。年轻人，你的技术水平是出了名的，你对工作的忠诚更让我佩服，像你这样的人，任何一个企业都会欢迎你的，我们当然要先把你抢到手！”

斯特一下子醒悟过来。后来，他凭着自己的技术和管理能力，成为了一流的职业经理人。

马布里与斯特都是老实人，他们没有投机取巧，而是用自己的诚实、忠诚换来了巨大的财富。看来，财富更青睐老实人。

卓越的品质是赚钱的保证

产品质量和服务品质是企业的生命线，品质是一个企业的基础，没有品质保障，财富与成功均是空谈。

有一天美国通用汽车公司的庞帝雅克部门收到一封客户抱怨信，上面是这样写的：“这是我为了同一件事第二次写信给你，我不会怪你们为什么没有回信给我，因为我也觉得这样别人会认为我疯了，但这的确是一个事实。”

“我们家有一个传统的习惯，就是我们每天在吃完晚餐后，都会以冰淇淋来当我们的饭后甜点。由于冰淇淋的口味很多，所以我们家每天在饭后才投票决定要吃哪一种口味，等大家决定后我就会开车去买。”

“但自从最近我买了一部新的庞帝雅克后，在我去买冰淇淋的这段路程问题就发生了。”

“你知道吗？每当我买的冰淇淋是香草口味时，我从店里出来车子就发不动。但如果我买的是其他的口味，车子发动就顺得很。我要让你知道，我对这件事情是非常认真的，尽管这个问题听起来很荒谬。为什么这部庞帝雅克当我买了香草冰淇淋它就发不动，而我不管什么时候买其他口味的冰淇淋，它就什么问题也没有？为什么？为什么？”

事实上庞帝雅克的总经理对这封信还真的心存怀疑，但他还是派了一位工程师去查看究竟。当工程师去找这位客户时，很惊讶地发现这封信是出之于一位事业成功、乐观、且受了高等教育的人。

工程师安排与这位客户的见面时间刚好是在用完晚餐的时间，两人于是一个箭步跃上车，往冰淇淋店开去。那个晚上投票结果是香草口味，当买好香草冰淇淋回到车上后，车子又发不动了。

这位工程师之后又依约来了三个晚上。

第一晚，巧克力冰淇淋，车子没事。

第二晚，草莓冰淇淋，车子也没事。

第三晚，香草冰淇淋，车子发不动。

这位思考有逻辑性的工程师，到目前还是死都不相信这位客户的车子对香草过敏。因此，他仍然不放弃继续安排相同的行程，希望能够将这个问题解决。工程师开始记下从头到现在所发生的种种详细资料，如时间、车子使用油的种类、车子开出及开回的时间……根据资料显示他有了一个结论，这位客户买香草冰淇淋所花的时间比其他口味的要少。

为什么呢？原因是出在这家冰淇淋店的内部设置的问题。因为，香草冰淇淋是所有冰淇淋口味中最畅销的口味，店家为了让顾客每次都能很快的拿到冰淇淋，就将香草口味特别分开陈列在单独的冰柜，并将冰柜放置在店的前端。至于其他口味则放置在距离收银台较远的后端。

现在，工程师所要知道的疑问是，为什么这部车会因为从熄火到重新激活的时间较短时就会发不动？原因很清楚，绝对不是因为香草冰淇淋的关系，工程师很快地由心中浮现出，答案应该是"蒸汽锁"。因为当这位客户买其他口味时，由于时间较久，引擎有足够的时间散热，重新发动时就没有太大的问题。但是买香草口味时，由于花的时间较短，引擎太热以至于还无法让"蒸汽锁"有足够的散热时间。

在这个故事中，购买香草冰淇淋有错吗？但购买香草冰淇淋确实和汽车故障存在着逻辑关系。问题的症结点在一个小小的"蒸汽锁"上。这里有一正一反两方面的教训，一方面，厂家在"蒸汽锁"这个细节没有注意，导致了产品质量出现了瑕疵；另一方面，庞帝雅克部门因为对客户哪怕看起来很荒谬的抱怨也非常重视，谨慎小心分析，最后终于找出了故障的原因，从而避免了该故障大面积爆发时对企业造成的危机。

1998年，摩托罗拉公司获得了美国鲍德理奇国家质量管理奖。他们成功的秘密就是6σ质量之路。是6σ管理使摩托罗拉从濒于倒闭发展到当今世界知名的质量与利润领先公司。

20世纪70年代到80年代，摩托罗拉在同日本的竞争中失掉了收音机和电视机的市场——一个日本企业在70年代并购了摩托罗拉的电视机生产公司。经过日本人的改造后，很快投入了生产，并且不良率只有摩托罗拉管理时的1/20。他们使用了同样的人员、技术和设计。显然问题出在摩托罗拉的管理上。后来摩托罗拉又失掉了BP机和半导体的市场。1985年，公司面临倒闭。

在市场竞争中，严酷的生存现实使摩托罗拉的高层接受了这样的结论："我们的质量很臭"。摩托罗拉公司曾经以为美国航天事业特别是阿波罗号登月做出杰出贡献而自豪。但是，摩托罗拉发现，它的产品需经过多次返修才能合格，这样一来造成了成本的极大提高。它发现在制造任何产品时，高质量和低成本之间存在至关重要的联系。于是摩托罗拉专门成立了一个小组来研究提高流程能力的方法，以达到既能降低成本，又能提高产品质量的目的。在其CEO的领导下，摩托罗拉开始了6σ质量之路。

1987年，由乔治·费希尔(George Fisher)领导的摩托罗拉通信业务率先推出一套名为"6σ"的质量管理创新改进理念。随后，摩托罗拉公司在其董事长鲍博·高尔文的大力倡导下将这一方法推广到全公司。

随着摩托罗拉公司残次品的减少和制造时间的节省，公司也开始从6σ的概念中获取了巨大的财务回报。公司用低廉的成本换来高质量的产品和更高的客户满意度。到1993年，摩托罗拉公司的大部分制造领域几乎都达到了6σ水平。短时间内，6σ开始像燎原烈火一样地迅速蔓延到其他行业，甚至超出了制造业的范围。这一方法使摩托罗拉的工作从5年改进10倍缩短成为2年改进10倍。

目前，业界对6σ管理的实施方法还没有一个统一的标准。大致上可以摩托罗拉公司提出并取得成功的"七步骤法"来作为参考。"七步骤法"的内容如下：

一、找问题：把要改善的问题找出来，当目标锁定后便召集有关员工，成为改善的主力，并选出首领，作为改善责任人，跟着便制定时间表跟进。

二、研究现时生产方法：收集现时生产方法的数据，并作整理。

三、找出各种原因：集合有经验的员工，利用脑力风暴法、控制图和鱼骨图，找出每一个可能发生问题的原因。

四、计划及制定解决方法：再利用有经验的员工和技术人才，通过各种检验方法，找出各解决方法，当方法设计完成后，便立即实行。

五、检查效果：通过数据收集、分析、检查其解决方法是否有效和达到什么效果。

六、把有效方法制度法：当方法证明有效后，便制定为工作守则，各员工必须遵守。

七、检讨成效并发展新目标：当以上问题解决后，总结其成效，并制定解决其他问题的方案。

比如：摩托罗拉的各部门每年都要做一次质量服务考核，一个从公司各部门挑选出其成员的五人小组执行这项考核，考核之后，公司总经理及助手与考核小组开会对考核结果进行复审，各部门质量管理活动的成就与不足在会上都得以讨论，并将必须做到的改进建议传达给有关部门，这种做法取得了成效，使公司上下团结一致。公司目标得到全体员工的认同，从而成为一个强有力的质量管理手段。

从实施6σ方法的1987～1997年，销售额增长5倍，利润平均每年增长20%，带来的节约额累计达140亿美元，股票价格平均每年上涨21.3%。这都和摩托罗拉的卓越品质有着直接的关系。

顾客需要的是尊重

约翰逊很小的时候，就开始帮父亲打理生意。那时，父亲在纽约州开了一个健身俱乐部，除了平时的联谊活动之外，俱乐部每年圣诞前夕还要举办一场大型的答谢会，邀请俱乐部所有的会员参加，以感谢他们对俱乐部的支持和关爱。

约翰逊13岁那年，父亲想锻炼他的能力，把那一年的答谢会交给他来筹备和主持，父亲只做验收和检查。

父亲对约翰逊的筹备工作总体上感到很满意，唯独对客人座次的安排表示了不满。

不满的原因是约翰逊根据俱乐部会员的身份和地位，挑出了20位“贵客”，将他们的座位安排在会场最前面的中间，每个座位上还放了姓名牌，牌上除了姓名外，还标明了职务，他还给每一个座位的客人制作了一张蓝底红字的胸卡，胸卡上有醒目的“贵客”两字。然后，他又从剩下的客人中间，挑选出30位“顾客”，将他们的座位安排在会场前面的两边，座位上没有放姓名牌，胸卡是做了，但他们的胸卡是白底蓝字，上面有醒目的“顾客”两字。除了这50位客人，还剩下100多位，这100多位没有固定的座位，没有座位牌，也没有胸卡，他们只需持请帖签到即可进入会场，除了前面的座位，他们可以随便坐。

父亲看到这一切后觉得很不妥，他说：“到我们这里来的都是贵客，都应该得到最好的尊重和最好的服务，绝对没有‘贵客’和‘顾客’之分。你这样划分开来，被称作‘贵客’的自然高兴，但其余人自然就会不高兴了，等于是讨好一小部人而得罪了一大部分人。”

“父亲，照你这么说，我们就不能划分客人了?”自以为颇有创意的工作，被父亲否定了，约翰逊感到很失望。

“当然要划分，但应该从客人对我们的利润贡献大小上来划分重要客户和非重要客户，或者大客户和小客户，但不能从客人的身份和地位上去划分，一个地位高的客人不一定是贡献大的客人，也不一定是影响力大的客人。而且，划分重要客户和非重要客户、大客户和小客户，也只能是我们内部的机密，而不能让客人知道。”父亲说。

约翰逊听了父亲的话后，给每一位客人都做了一张贵宾卡，座位牌则一律取消，座位也不作安排，客人自己愿意坐哪里就坐哪里。

结果，那场答谢会非常成功，每一位客人都感受到了“贵客”待遇。

也许你认为这只是一个故事，是的，这确实是一个故事，但是，在现实中，我们还是看到了真实的对顾客一视同仁的很多企业经营者。芬克斯酒吧就是在这方面一直被人们津津乐道的典范。

芬克斯酒吧的主人罗斯恰尔斯是个犹太人，他在耶路撒冷开了这家酒吧，酒吧很小，营业面积不足30平方米，一个柜台5张桌子而已，但它的名气却很大。

有一次，美国国务卿基辛格来到耶路撒冷，当他听说这个酒吧很有名气后，产生了浓厚的兴趣，进而想到这个酒吧去消遣。

于是，基辛格亲自给酒吧打电话，说明自己的身份之后，他说他将和10个随从一起到酒吧，希望到时拒绝其他的顾客。

基辛格是何等人物啊，能够光顾一个小酒吧，换了别人，那可是求之不得的事情。

然而，让基辛格感到万分意外的是，罗斯恰尔斯却当即拒绝了他：

“先生能光顾本店，我真的感到莫大的荣幸，但因此而谢绝其他客人，我是怎么也做不到的，他们都是我的客人，是曾支持过这个店的人，因为你的到来而拒他们于门外我无论如何也做不到。”

无奈，基辛格只得挂了电话。

基辛格也敢拒绝。

基辛格也舍得拒绝。

这就是芬克斯的风格。

看看这个小小的酒吧有多大的名气吗? 美国《新闻周刊》曾经做过一个世界性的酒吧评选，在世界最佳酒吧前15名中，就有这个小酒吧。

能够以不足30平方米的营业面积跻身世界最佳前15位，没有一点独特之处是不可能的。其独特之处就在于，他们视所有顾客为“贵客”，而不是视个别或少数顾客为“贵客”。

基辛格是世界知名的、具有很大影响力的人物，当时是美国的国务卿，但在芬克斯酒吧老板的眼中，他和其他的客人没有任何的区别，只是酒吧的客人，仅此而已。

正是这种对顾客一视同仁的做法成就了芬克斯的成就。有一个故事也正说明了这个道理。

乔·吉拉德被誉为“世界上最伟大的推销员”，他在15中卖出13001辆汽车，并创下一年卖出1425辆的记录，这个成绩被收入吉尼斯世界纪录。

他的辉煌成就是有原因的。

有一天，一位妇女走进吉拉德的展销室，说她想看看车打发时间。

闲谈中，她告诉吉拉德，她想买一辆白色的福特车，就像她表姐开的那辆，但对面福特车行的推销员让她过一小时后再去，所以她就先来吉拉德这儿看看。她还说这是她送给自己的生日礼物："今天是我55岁生日。"

"生日快乐！夫人。"吉拉德一边说，一边请她进来随便看看。然后，他走出展销厅，向秘书交代了一件事情后又走了回来。

"夫人，您喜欢白色车，既然您现在有时间，我给您介绍一下我们的双门轿车吧，它也是白色的。"重新回到展销厅的吉拉德对那位妇女说。

正谈着，女秘书走了进来，递给吉拉德一束玫瑰花。他把花送给那位妇女："祝您长寿，尊敬的夫人。"

那位妇女很感动。

"已经很久没有人送我礼物了。"她说，"刚才那位福特推销员一定是看我开了辆旧车，以为我买不起新车，我刚要看车他却说要去收一笔款，于是我就上这儿来等他。其实我只是想要一辆白色车而已，只不过表姐的车是福特，所以我也想买福特。现在想想，不买福特也是可以的。"

最后，她在吉拉德那里买了一辆雪佛兰，并写了张全额支票。

其实，从头到尾，吉拉德的言语中都没有劝她放弃福特，更没有劝她买雪佛兰。只是因为她在吉拉德这里受到了重视，于是放弃了原来的打算，转而选择了吉拉德的汽车。

福特冷落那位妇女，因为福特推销员从她的旧车判断她没有钱，把她视作了"顾客"，吉拉德没有冷落她，是因为在吉拉德心中，所有来的都是"贵客"。自然，福特少了一笔生意，雪佛兰多了一笔生意。

顾客最需要的是尊重，有时候产品的质量反而并不是让他们下决心的主要原因。尊重顾客，顾客一定会回报你！

一切从公众利益出发

近几年来，关于食品、饮料、药品的安全问题已经成为大家关注的焦点。因为这些产品的安全与否，直接关系着公众的身体健康和生命安全，一旦出现问题，公众的情绪就会受到很大的波动和恐慌，在这种情况下，企业必须一切从公众的利益出发，有时可能会暂时遭受一些眼前损失，但从长远来看，这对重塑企业的良好形象和品牌的美誉度有着决定性的作用。

1999年6月9日，比利时120人（其中有40人是学生）在饮用可口可乐之后出现中毒，呕吐、眼花及头痛现象，法国也有80人出现同样症状。已经拥有113年历史的可口可乐公司遭遇了历史上罕见的重大危机。在现代传媒十分发达的今天，企业发生的危机可以在很短的时间内迅速而广泛地传播，其负面作用可想而知。

可口可乐公司立即着手调查中毒原因、中毒人数，同时部分收回某些品牌的可口可乐产品，包括可口可乐、芬达和雪碧（芬达、雪碧还有酷儿都是可口可乐公司的品牌）。一周后中毒原因基本查清,比利时的中毒事件是在安特卫普的工厂发现包装瓶内有二氧化碳,法国的中毒事件是因为敦刻尔克工厂的杀真菌剂洒在了储藏室的木托盘上而造成的污染。

但问题是,从一开始,这一事件就由美国亚特兰大的公司总部来负责对外沟通。当时,亚特兰大公司总部得到的消息都是因为气味不好而引起的呕吐及其他不良反应,公司认为这对公众健康没有任何危险,只是在公司网站上粘贴了一份相关报道,报道中充斥着没人看得懂的专业词汇,也没有任何一个公司高层管理人员出面表示对此事及中毒者的关切。此举触怒了公众,结果,消费者认为可口可乐公司没有人情味。

很快消费者不再购买可口可乐的饮料,而且比利时和法国政府还坚持要求可口可乐公司收回所有产品。公司这才意识到问题的严重性,事发之后10天,可口可乐公司董事会主席和首席执行官道格拉斯·伊维斯特从美国赶到比利时首都布鲁塞尔举行记者招待会,并随后展开了强大的宣传攻势。

然而遗憾的是,可口可乐公司只同意收回部分产品,拒绝收回全部产品。最大的失误是没有使比利时和法国的分公司管理层充分参与该事件的沟通并且及时做出反应。公司总部的负责人员根本不知道就在事发前几天,比利时发生了一系列肉类、蛋类及其他日常生活产品中发现了致癌物质的事件,比利时政府因此受到公众批评,正在诚惶诚恐地急于向全体选民表明政府对食品安全问题非常重视。可口可乐事件正好撞在枪口上,迫使其收回全部产品正是政府表现的好机会。而在法国,政府同样急于表明对食品安全问题的关心,并紧跟比利时政府采取了相应措施。在这起事件中,政府扮演了白脸,而可口可乐公司无疑是黑脸。

可口可乐公司因为这一错误措施,使企业形象和品牌信誉受到打击,其无形资产惨遭贬值,企业的生存和发展一度受到冲击。据统计,可口可乐公司总损失达到1.3亿万美元,几乎是最初预计的两倍。

面临危机时,还有些企业总爱辩解一番到底谁对谁错,他们只关心如何证明自己并没有错误,公众的利益是否受到威胁却不在他们的考虑范围之内,这样做是非常不明智的。

2002年3月,北京检验检疫局在朝阳口岸检验发现,惠氏爱尔兰分工厂生产的学儿乐奶粉亚硝酸盐含量超标。国家质检总局据此发出了2002年第61号进出口食品安全风险警示通报,明确要求各地直属局封存所发现的问题奶粉,并请示国家质检总局后做退货或销毁处理。同年5月中旬,这一事件曝光。

2002年5月下旬,卫生部的一次抽检再次发现学儿乐奶粉亚硝酸盐含量超标。6月4日,卫生部"封杀"惠氏爱尔兰工厂生产的学儿乐奶粉,并通报使用这种奶粉的儿童立即停止饮用。之后,《北京青年报》、《深圳商报》以及全国各大网站对该事件纷纷报道、转载。

一波未平,一波又起。2002年11月下旬,惠氏费蒙特工厂于2002年9月25日到10月3日生产的怀疑被"坂歧氏肠杆菌"污染的奶粉运抵中国上海和深圳口岸。11月26日,国家质检总局发布公告,限令惠氏召回费蒙特工厂上述期间生产的爱儿乐妈妈孕产妇配方奶粉和婴儿素豆基配方奶粉。该事件又一次在新闻界掀起了阵阵波澜。

两次事件中,新闻界的一系列报道总的来说对惠氏相当不利,从一个消费者的角度来看,惠氏多多少少给人留下了不太愉快的回忆。对于两次事件,可以说惠氏都认为是偶然的,和企业管理制度无关,并且两次事件中惠氏都曾强调问题奶粉"从未流入市场",为此曾受到过部分媒体的质疑。

亚硝酸盐事件发生后，惠氏请专家为其“圆场”“亚硝酸盐致癌绝不是奶粉中含量所能达到的”“一杯牛奶中亚硝酸盐含量约相当于一只鸡蛋或半杯豆浆中的亚硝酸盐的含量”。言外之意就是消费者没必要大惊小怪，产品虽然不符合质量标准，但吃了也没关系。上海惠氏有关人士再三强调，问题奶粉对儿童健康没有影响。中国农业大学某专家反驳说：“吃一杯也许没事，如果小孩长期吃这种超标的奶粉，当然会影响孩子的免疫力甚至可能致癌。”可以说，惠氏犯了一个致命的错误：忽视了消费者的安全，但却说“没关系”。对于亚硝酸盐事件，惠氏认为“它本身与工厂的质量管理没有关系，在中国是因为国家现行标准的原因而被召回的”，而惠氏的这个产品是“同时向世界十多个国家和地区供应的”。言外之意，惠氏认为产品不合格的部分原因是因为中国质量标准太苛刻。

亚硝酸盐事件后，有关机构调查显示，2002 年 5 月份之前，上海地区惠氏奶粉的市场占有率高达 7% ~8%，2002 年底下降到 5% 左右。惠氏在上海的市场容量为 10 亿人民币，几个月内，惠氏仅在上海的损失就很令人吃惊。惠氏危机不久，新浪网对惠氏的两次事件进行了一次调查。结果显示，在 3600 多名受调查者中，超过 85% 的人认为惠氏“拿消费者的生命安全当儿戏”。

与上面两个案例形成鲜明对比的是，美国亨利公司在发现自己的产品中有安全问题的时候，没有先想到自己的利益，而是从公众的利益出发，自曝家丑。最后不但没有陷入困境，反而使其成为自己发展的良机。

美国亨利食品加工工业公司总经理亨利·霍金士先生很偶然地在化验鉴定报告单上发现，他们生产的食品配方中起保鲜作用的添加剂有毒，虽然毒性不大，但长期服用仍然对身体有害。

如果悄悄地从配方中删除添加剂，食品的新鲜度就会受影响；如果将这件事情公布于众，又必然会引起同行们的强烈反对。

到底该怎么办呢？亨利·霍金士先生召集高层管理人员进行讨论。

“如果公开了，食品界的同行一定会全力攻击我们，公司发展到现在这个水平也不容易，我们冒不起这个险。”

“可是，如果现在不公开，早晚会被人发现，到时就难以收拾了，很可能会引起一场危机。”

大家各抒己见。

最后经过权衡利弊，亨利公司向社会毅然宣布：添加剂有毒，对身体有害，以后本公司的食品将不再用这种添加剂。

这一举动，立即引起整个行业的反感，所有食品制作的老板都联合起来，用尽一切手段来攻击亨利公司，指责他们别有用心，打击别人抬高自己，那些食品商业公司还联合起来抵制亨利公司的产品，使亨利公司几乎倒闭。

但是，亨利公司真诚对待消费者，重视消费者健康的行为，得到了广大顾客的大力支持。这一场关于添加剂的行业争论持续了 4 年，亨利公司在近乎倾家荡产的时候却使自己的名字家喻户晓。

最后，亨利公司得到了政府和民众的支持，产品成为人们放心的热门货。在很短的时间里，公司不仅恢复了以往的生机，规模还扩大了两倍。

除了饮料，安全问题在医药行业也十分多见，美国强生公司的泰诺止痛片也曾发生过影响深刻的危机,从它的处理中我们业也可以看出重视公众利益的作用。

1982年9月,美国芝加哥地区发生有人服用含氰化物的泰诺药片中毒死亡的严重事故,一开始死亡人数只有3人,后来却传说全美各地死亡人数高达250人。其影响迅速扩散到全国各地,调查显示有94%的消费者知道泰诺中毒事件。

事件发生后,在首席执行官吉姆·博克的领导下,强生公司迅速采取了一系列有效措施。首先,强生公司立即抽调大批人马对所有药片进行检验。经过公司各部门的联合调查,在全部800万片药剂的检验中,发现所有受污染的药片只源于一批药,总计不超过75片,并且全部在芝加哥地区,不会对全美其他地区有丝毫影响,而最终的死亡人数也确定为7人,但强生公司仍然按照公司最高危机方案原则,即“在遇到危机时,公司应首先考虑公众和消费者利益”,不惜花巨资在最短时间内向各大药店收回了所有的数百万瓶这种药,并花50万美元向有关的医生、医院和经销商发出警报。

对此《华尔街日报》报道说:“强生公司选择了一种自己承担巨大损失而使他人免受伤害的做法。如果昧着良心干,强生将会遇到很大的麻烦。”泰诺案例成功的关键是因为强生公司首先考虑公众和消费者利益,这一信条最终拯救了强生公司的信誉。

事故发生前,泰诺在美国成人止痛药市场中占有35%的份额。事故发生后,泰诺的市场份额曾一度下降。当强生公司得知事态已稳定时,公司并没有将产品马上投入市场。当时美国政府和芝加哥等地的地方政府正在制定新的药品安全法,要求药品生产企业采用“无污染包装”。强生公司看准了这一机会,立即率先响应新规定,结果在价值12亿美元的止痛片市场上挤走了它的竞争对手,仅用5个月的时间就夺回了原市场份额的70%。

强生处理这一危机的做法成功地向公众传达了企业的社会责任感,受到了消费者的欢迎和认可。强生还因此获得了美国公关协会颁发的银钻奖。原本一场“灭顶之灾”竟然奇迹般地为强生迎来了更高的声誉,这归功于强生在危机管理中的高超技巧。

以上的案例让我们看到,公众利益无小事,企业必须把公众利益放在第一位,在渡过暂时的困难之后,一定会得到应有的回报。

第五章 头脑精明：善于思考才能轻松赚钱

真正的富人，往往目光锐利，判断准确。这些，都来自他的思考。不善于思考的人，永远跟在别人的后面，永远成不了富人。

像富人一样思考

思考，对富人来说，是一种乐趣，是一种习惯，更是一种财富。

爱思考的人不一定是一个富人，但富人一定是一个善于思考的人。因为思考是让一切做出改变的开始，也只有通过思考，才可以让一切改变。

穷人，只要是真正的穷人，都是不善于思考的，他不会去思考别人为什么能变成富人，更不会去思考自己为什么会是一个穷人。他会把自己穷的原因简单地归结于社会和他人，从不会觉得与自己有任何的关系。

穷人肯付出力气，但却不舍得动自己的大脑，他认为思考是一件很痛苦的事情或者是自己不能做的事情。穷人因为不善于思考，所以就不能做出改变，所以就成不了富人。

思维是一切竞争的核心，因为它不仅会催生出创意，指导实施，更会在根本上决定成功。它意味着改变外界事物的原动力。如果你希望改变自己的状况或是获得进步，那么首先要做的就是改变自己的思维。

犹太人中富人众多，实际上就是由于他们具有富人的思维方式。这不是什么实用的技术，而是一种处世哲学。要想成为富人，我们就应该变换一下考虑问题的角度。

香港领带大王曾宪梓也是这样一个典型。

在商业竞争十分激烈的香港，曾宪梓正是因为独辟蹊径，抓住生产高档领带这个商机，才取得了事业上的成功。曾宪梓出生于广东梅县的一个农民家庭，从小生活极其艰苦，家中经济困难，无钱支付学费，从中学到大学的学费全靠国家发给的助学金。他1961年毕业于广州中山大学生物系，1963年5月去泰国，1968年又回到香港。在这段时间中，他的处境甚为艰难，曾给人当过保姆看孩子挣钱。空余时，他抓紧时间阅读有关经营方面的书籍，向一些内行人请教经营的基本常识和技巧，他还注意研究香港的工商业及市场情况。经过长期的琢磨思考，终于有一天从市场的“缝隙”中找到了发展的机遇：香港服装业很发达，400多万香港人中，有不少人有几套西装。香港比较流行的话，叫作“着西装，捡烟头”，捡烟头的人都穿西装，可见西装之普及。可曾宪梓发现，在香港没有一家像样的生产高档次领带的工厂，于是他决定开设领带厂。

曾宪梓在决定办领带厂后，遇到了一系列想象不到的困难。

最初，他从人们的价格承受能力考虑，准备生产大众化、低档次领带，试图以便宜的价格来吸引顾客，领带的批发价低至58元一打，减去成本38元，心想还可以赚20元。可惜，现实却偏偏开他的玩笑，买主拼命压价，利润所剩无几。尽管这样，还不容易销出，他的领带厂一度经营不顺。

他吸取了产品“受阻”的教训，决定尝试一下生产高档次领带。他用剩下的钱，到名牌商场买了4条受顾客欢迎的高级领带。买回后逐一“解剖”，研究它的制造过程。他根据样品，另外制作了4条领带，并将“复制品”与原装货一起交给行家鉴别，结果以假乱真，行家也无法识别。这样一来，进一步坚定了他生产高级领带的想法。

他立即借了一笔钱，购买了一批高级布料，赶做了许多领带。岂料，领带商因怀疑产品质量而不从他这里进货，一度造成了产品的积压。

曾宪梓想，别人不买我的货，主要是不认识这些货，如果将它放在高档商店中显著位置，以引起别人的注意，可能会打开销路。他把自己缝制的4条领带寄存在当时位于旺角的瑞星百货公司内，要求陈列在最显眼的位置，供顾客选择。功夫不负有心人，他的领带受到顾客的广泛好评，随之而来的是销量的大增。

像富人那样思考吧，只有经常像富人那样思考问题，我们才能跨越成功路上的那些障碍，让自己的人生更加精彩纷呈。

善于思考就能获得财富

智者往往善于思考，而善于思考的人往往能拥有智慧。大脑因为思考才变得聪明，人因为思考才变得睿智。财富往往会跟随思考的脚步，藏在那些奇思妙想当中。

华若德克是美国实业界大名鼎鼎的人物。在他未成名时，有一次，他带领属下参加在休斯敦举行的美国商品展销会，令他感到懊丧的是，他被分配到一个极为偏僻的角落，而这个角落是很少有人光顾的。为他设计摊位布置装饰的工程师劝他干脆放弃这个摊位，认为在这种情况下要展览成功是不可能的，唯一办法只有等待来年再参加商品展销会。沉思良久，他觉得自己若放弃这一机会实在太可惜，而这个地理不好的位置带给他的厄运也不是不能化解，关键就在于自己怎样利用这不好的环境使之变成整个展会的焦点。他觉得改变这种厄运需要一种出奇制胜的策略，可是怎样才能出奇制胜呢？他深深地陷入了思考。他想到了自己创业的艰辛，想到了自己被展销会的组委会的排斥和冷眼，想到了摊位的偏僻，在他心中突然想到了偏远的非洲，自己就像非洲人一样受到不应有的歧视。第二天，他走到了自己孤独的摊位前，心里充满悲哀又有些激奋，想到你们既然把我看成非洲难民，那我就给你们打扮一回非洲难民，于是一个计划就产生了。

华若德克让他的设计师给他设计了一个古阿拉伯宫殿式的氛围，围绕着摊位布满了具有浓郁非洲风情的装饰物，把摊位前的那一条荒凉的大路变成了黄澄澄的沙漠，他安排雇来的人穿上非洲人的服装，并且特地雇用动物园的双峰骆驼来运输货物，此外还派人定做大批气球，准备在展销会上用。还没到开幕式，这个与众不同的装饰就引起了人们的好奇，不少媒体都报道了这一新颖的设计，市民们都盼望开幕式尽快到来以一睹为快。展销会开幕那天，华若德克挥挥手，顿时展厅里升起无数的彩色气球，气球升空不久自行爆炸，落下无数的胶片，上面写着："当你拾起这小小的胶片时，亲爱的女士和先生，你的运气就开始了，我们衷心祝贺你。请到华若德克的摊位，接受来自遥远非洲的礼物。"这无数的碎片洒落在热闹的展会现场，华若德克大获全胜。

俗话说：只有想不到，没有做不到。这个故事告诉你，思路决定出路，它是人生最大的财富。

致富的因素很多：思维、学历、智商、文化水准、资金、技术、性格、口才、社会关系、机遇等。但在众多的因素中起决定性的是思路，一切成功都是因为有一个正确思路，也即有一个好的思考方式、内容才实现的。

有的人认为在知识经济时代，高学历、高智商或身怀某种特殊技能是取得成功的重要因素，但起关键作用的还是人的思路。否则就无法解释，在我国改革开放以来，一些只有小学、初中文化，也没有什么特殊技能的人，是如何在短短的一二十年中发迹起来，把事业做大的。当然，这并不是说文化学历不重要。相反，高学历者有了新思路，成功的概率就会大大增加。例如，丁磊1997年刚刚从大学毕业时，还是一个穷学生，但经过几年的艰苦创业，到2003年就一跃成为中国的首富。他在坦言自己的成功经验时说："因为我在大学里学会了思考。"

可见，成功的首要因素就看你有没有一个人生发展的正确思路。新思路带来新方法，新方法带来新机遇，新机遇带来新成果。

在我们的周围到处都有赚钱的机会，但要由敏锐的眼光和头脑来发现它。

新泽西的纽瓦克有一位善于观察的理发师，他觉得理发的剪刀有待改进，便发明了理发推子，由此发了大财；缅因州有位男子不得不帮助卧病在床的妻子洗衣服，他感到传统的洗衣方法既耗费时间，又消耗体力，便发明了洗衣机，这样他也成了富翁；有一位先生受尽牙痛之苦，心想应该有一种方法把牙塞起来止痛，便发明了黄金塞牙法。

如果你想致富，就必须研究自己和自己的需要。你会发现千百万人也有同样的需要。风险最小的营生总是同人类的基本需求相关。衣、食、住是我们必不可少的。但我们也需要娱乐、教育和文化设施。一个人，只要他能满足人类的一项需要，改善人类采用的方法，或对人类的生存状态作出贡献，那么他就可以有成就，而且，就在他所在的地方有成就。当然，这一切都需要动动脑子来思考，只有思考才能成功。

财富来自积极的思考

积极思考的人不只是设法克服障碍，而且是将它们变成垫脚石。消极思考的人，对于任何问题或阻碍都感到束手无策。

一个著名的烟草公司派推销员赴美国推销香烟，但是当推销员到美国后，正逢戒烟月，又是阴雨天气，广告也不让登。在这里等一个月，住旅馆的费用太多不说，运来的香烟也会全部霉变受损。正当推销员急得团团转的时候，忽然看到房间里"禁止吸烟"的标语。于是，他灵机一动，想出了一个"逆中求顺"的促销高招。他找到当地一家有影响的报纸，登了这样一则广告："禁止吸烟，就连××牌香烟也不例外。"广告连登三天，引起了当地市民的极大兴趣。吸烟者心想："连XX牌也要禁止是怎么回事？倒要试试XX牌香烟有什么不同之处。"于是，推销员带来的香烟很快被抢购一空。

路易斯安那州有一大片土地种满了竹子。地主觉得没有什么价值，准备出售。他给出这片土地的出售价，等待人来买。一个人却出了比地主高两倍的价钱，他买到土地之后，把竹子锯掉制成钓竿出售，收入足以支付土地的价款！

积极地思考，能招来成功致富的机会，而消极地思考，却将机会赶走，即使有机会也多半白白错过！

伍渥斯本来只是一家五金行的店员。每年盘点存货时，他都发现店里囤积了许多早已过时，甚至无法再使用的货品，金额高达数千美元。

"我们举办一次大拍卖"，他向店主建议，"把旧的货品都卖掉。"

店主拒绝他的想法，但是伍渥斯并不死心，他极力说服店主，最后店主只同意他试卖一些非常旧的存货。

他们在店里摆了一个长桌子，放在上面的每一种东西，标价都是10分钱：东西很快就卖光了，店主让伍渥斯进行第二次拍卖，仍然抢购一空。

然后伍渥斯向店主提议，俩人合伙开一家五金行，所有的东西都只卖5分钱或10分钱。由店主出资，伍渥斯负责经营管理。

"不行！"店主吼道，"这项计划绝对行不通，因为你找不到那么多只卖5分钱或10分钱的东西。"

后来伍渥斯毅然自己开店，赚了不少钱；他开始用自己的名字，经营大型的连锁店。几年以后，谈到这件事情，伍渥斯原来的老板悔不当初地说："我算一算，当时我对伍渥斯所说的那些话，每一个字大约使我损失10万美元。"

自古房子出售，都是先盖好房，再出售，对此，霍英东反复问自己："先出售，后建筑不行吗？"正是由于霍英东这一顿悟，使他摆脱了束缚，迈出了由一介平民变为亿万富豪的传奇般的创业之路。霍英东是中国香港立倍建筑置业公司的创办人。在香港居民的眼中，他是个"奇特的发迹者"。"白手起家，短期发迹"、"无端发达"、"轻而易举"、"一举成功"，等等，这些议论将霍英东的发迹蒙上了一层神秘的色彩。霍英东的发迹真的神秘吗？不，他主要是运用了"先出售，后建筑"的高招，而这一高招来自于他的思考和顿悟。

番茄酱是日本人最爱吃的一种调料，因此销量非常大。同时，生产番茄酱的企业竞争也相当激烈。在众多的经营者中，森永与可果美的规模最大。长期以来，森永的销量不及可果美的二分之一。森永的老板反复研究自己的销量不如可果美的原因，并请了专门的市场调查机构，但调查结果是：质量与可果美相当，广告宣传比可果美的投入还大。

在找不出原因之际，老板宣布了这样一条指令：从即日起，取消公司所有的会议，原会议时间内，公司全体成员，不论职务高低，都要停下手头上的事，做同样的一件事——动脑思考我们销量不及可果美的原因及应对之策。

自发动全体员工分析原因和出谋献策一个月内，全公司收到了几百份建议书，其中有一名推销员提出：将番茄酱包装瓶的口改大，大到汤匙可以伸进去。老板觉得这一建议是难得的奇招，立刻采纳，并投入生产。果然非常成功！销量急剧上升，不到半年，森永公司的销量就超过了可果美，便占据日本大部分市场。

以上事例足可以显示出积极思考的力量。通过思考，你便能找到解决问题的最好方法，这就是为什么同样一件事一个人成功了，而另一个人却失败了的重要原因之一。

致富需要远见卓识

有这样一个有趣的故事：

有一个美国人，一个法国人，一个犹太人，在同一天被关进了监狱，刑期都是三年。有一天，监狱长对他们说："你们现在每个人可以向我提一个要求，只要合法，我一定满足。"

美国人说："我要够我3年抽的烟草。"

法国人说："我要一个美丽的女人。"

犹太人说："我要一部联网的电脑。"

三年过去了。

美国人从监狱中冲了出来，满脸烟末，狂吼着要打火机。

法国人和一个女人从监狱里出来，他抱着一个孩子，那个女人领着一个孩子，女人的肚子里还怀着一个孩子，两人都一脸愁容——3个孩子，怎么养活？

只有犹太人出来时满面春风，他握着监狱长的手说道："谢谢你了，多亏了这部电脑，3年中我的生意不但没有中断，还扩大了两倍，为了表示谢意，我送你一辆奔驰。"

上面故事中的犹太人，在考虑问题时，富于预见性，最终获得了成功。而那个美国人和法国人，走一步看一步，只考虑眼前的快活，不为以后打算，结果虚度了三年时光，并给以后的生活留下了负担。这就是不同的思维习惯带来的不同结果，如果你考虑得不够长远，那就得承受短视带来的苦果。这就像我们买房子一样，冬天时你看到楼旁有一条可供溜冰、玩耍的小河，不要高兴地认为这所房子再理想不过，城里的小河一般都受到不同程度的污染，在买之前，你还应该考虑一下，这条河到了夏天是否会让你感到不舒服。

考虑问题只看眼前的另一个后果，就会使你陷入被动。

李某想开一间饭店，可是手里却没有本钱，妻子的意见是李某最好先去别人的饭店打工，一边挣些钱，一边学点经验，总不能全靠借贷开店啊！但李某却不同意："船到桥头自然直，还是借钱先把店开起来再说，还钱啊什么的以后再考虑！"就这样李某从朋友和亲戚手里借了八九万，饭店就开张了。一段时间后，一个朋友家里出了事，就来找李某要当初借他的3万元钱。李某这下子可着了急,向银行贷款是不用想了,唯一的办法就是托人借"高息贷款",妻子劝他多想想,他却说:"先借来还给朋友,这3万块钱慢慢再还吧!"饭店开张两个月了,可客人却稀稀落落,挣来的钱勉强够维持日常支出,这样下去可不是办法,李某又有了一个新想法:允许赊账,他认为这样做一定会招徕顾客。朋友们纷纷劝他一定要慎重,因为赊欠就像一个雪球,总是越滚越大,它可能会解决眼前客人少的问题,但时间长了,它也会给经营带来困难。然而李某依然没有听从大家的劝告,允许赊欠后,店里的生意果然火了起来,街坊邻居都来凑热闹,可是好景不长,两个月后李某就支撑不住了,店里连买菜的钱都不够,他开始收账,但那些常客翻脸像翻书一样快,再也不登门了。就这样,开店四个月后,李某低价把饭店转让了出去,他没挣到一分钱,却欠了很多债,惹了不少麻烦,现在夫妻俩还得每天出去讨账呢!

李某的失败就是由于对问题的考虑不够长远造成的,我们看到他在解决问题时,总是只顾眼前需要,而不看后果如何,他借贷开店,不考虑日后的还款能力,为了解决顾客少的问题,竟然采取允许赊欠的方法,既不考虑可能会给资金流动带来的影响,也不考虑日后收账的困难,他这种拆了东墙补西墙的方式,虽然解决了眼前的问题,却给日后的经营埋下了隐患,最后终于导致了经营的彻底失败。

我们常把只看眼前不顾以后的做法称为短视,一个短视的人很难正确处理生活中遇到的各种问题,而且也很难有什么成就。在不断前进的人生旅途中,一个人如果总是想一步走一步。那么他一定会碰到很多障碍。只有抛弃短视的恶习。多做一些长远打算的人,才能掌握自己的人生,拥有一个不可限量的未来。

学会从重点问题突破

妻子要在客厅里挂一幅画,请丈夫来帮忙。画已经在墙上扶好,正准备钉钉子,丈夫说:"这样不好,最好钉两个木块,把画挂在上面。"妻子遵从他的意见,让他帮着去找木块。

木块很快找来了,正要钉,丈夫又说:"等一等,木块有点大,最好能锯掉点。"于是便四处去找锯子。找来锯子,还没有锯两下,又说:"不行,这锯子太钝了,得磨一磨。"

他家有一把锉刀,锉刀拿来了,他又发现锉刀没有把柄。为了给锉刀安把柄,他又去花园边上的一个灌木丛里寻找小树。要砍下小树,他又发现那把生满老锈的斧头实在是不能用了。他又找来磨刀石,可为了固定住磨刀石,必须得制作几根固定磨刀石的木条。为此他又跑到外边去找一位木匠,说木匠家有现成的。然而,这一走,就再也没见他回来。当然了,那幅画,妻子还是一边一个钉子把它挂在了墙上。下午妻子出去买菜的时候见到了他,他正在街上帮木匠从五金商店里往外搬一台笨重的电锯。

这个丈夫思考问题的习惯存在很大问题:没有重点,想到什么就做什么。他看似忙忙碌碌,一副辛苦的样子,其实,他也不知道自己在忙什么。生活中,一些人也存在着类似的问题:他们不知道该把精力放在哪一方面,头脑里一片混乱,做事没有成效。

其实正确的思维方法包含了两项基础:第一,必须把事实和纯粹的资料分开。第二,事实必须分成两种,即重要的和不重要的,或是有关系的和没有关系的。

在达到你的主要目标的过程中,你所能使用的所有事实都是重要而有密切关系的,而那些不重要的则往往对整件事情的发展影响不大。忽视这种现象,那么机会与能力相差无几的人所作出的成就大不一样。

那些有成就的人都已经培养出一种习惯,就是找出并设法控制那些最能影响他们工作的重要因素。这样一来,他们也许比起一般人来会工作得更为轻松愉快。由于他们已经懂得秘诀,知道如何从不重要的事实中抽出重要的事实,这样,他们等于已为自己的杠杆找到了一个恰当的支点,只要用小指头轻轻一拨,就能移动原先即使以整个身体和重量也无法移动的沉重的工作分量。

卡尔森就是一个具有重点思维习惯的人。他1968年加入温雷索尔旅游公司从事市场调研工作,3年以后,北欧航联出资买下了这家公司,卡尔森先后担任了市场调研部主管和公司部经理。由于他熟悉业务,并且善于解决经营中的主要问题,使得这家旅游机构发展成瑞典第一流的旅游公司。

卡尔森的经营才能得到北欧航联的高度重视,他们决定对卡尔森进一步委以重任。航联下属的瑞典国内民航公司购置了一批喷气式客机,由于经营不善,连年亏损,到最后就连购机款也偿还不起。1978年,卡尔森调任该公司的总经理。担任新职的卡尔森充分发挥了擅长重点思维的才干,他上任不久,就抓住了公司经营中的问题症结:国内民航公司所订的收费标准不合理,早晚高峰时间的票价和中午空闲时间的票价一样。卡尔森将正午班机的票价削减一半以上,以吸引去瑞典湖区、山区的滑雪者和登山野营者。此举一出,很快就吸引了大批旅客,载客量猛增。卡尔森任总经理后的第一年,国内民航公司即扭亏为盈,并获得了丰厚利润。

卡尔森认为,如果停止使用那些大而无用的飞机,公司的客运量还会有进一步的增长。一般旅客都希望乘坐直达班机,但庞大的"空中巴士"无法满足他们的这一愿望,尽管Ⅸ－9客机座位较少,但如果让它们从斯堪的纳维亚的城市直飞伦敦或巴黎,就能赚钱。但是原来安排的是DC－9客机一般到了哥本哈根客运中心就停飞,旅客只好去转乘巨型"空中客车"。卡尔森把这些"空中客车"撤出航线,仅供包租之用,辟设了奥斯陆——巴黎之类的直达航线。

与此同时,卡尔森的另一举措也充分显示了他的重点思维能力,这就是"翻新旧机"。

当时市场上的那些新型飞机引不起卡尔森的兴趣,他说:"就乘客的舒适程度而言,从DC－9客机问世之日起,客机在这方面并无多大的改进,他敦促客机制造厂改革机舱的布局,腾出地盘来加宽过道,使旅客可以随身携带更多的小件行李。"卡尔森不会想不到他手下的飞机已使用达14年之久,但是他声称,秘诀在于让旅客觉得客机是新的。北欧航联拿出100万美元更换内部设施,让班机服务人员换上时尚新装。靠着那些焕然一新的Ⅸ－9客机,招来了越来越多的旅客,当然,滚滚财源也随之而来。

从重点问题突破,是成大事者思考的习惯之一,因为没有重点的思考,等于毫无主攻目标。赚钱也要养成思维的正确方法——进行重点思维。

赚钱需要突破定式思维

一个人的思维能力总体处于发展、变化的趋势中，但也会存在一种相对稳定的状态，这种状态是由一系列的思维定势构成的。

人们发现问题、研究问题、解决问题往往都是凭借原有的思维活动的路径（即思维定势）进行思维的。人们认识未知、解决未知，都是以已知或已知的组合变换为阶梯。但要想提高思维能力，就要突破原来的思维定势，更新原来的思维模式，优化、深化思维的品质。

思维最大的敌人是习惯性思维。世界观、生活环境和知识背景都会影响到人们对事物的态度和思维方式，不过最重要的影响因素是过去的经验。生活中有很多经验，它们会时刻影响我们的思维。无数事实证明，伟大的创造、天才的发现，都是从突破思维定势开始的。不被条条框框所限制是成功最需要的精神所在。固执于原有的思维，过分依靠原有的优势和经验是成功的大忌。

有位年轻人乘火车去某地。火车行驶在荒无人烟的山野之中，人们一个个百无聊赖地望着窗外。前面有一个拐弯处，火车减速，一座简陋的平房缓缓地进入他的视野。也就在这时，几乎所有乘客都睁大眼睛“欣赏”起寂寞旅途中这特别的风景，有的乘客开始窃窃议论起这座房子。年轻人的心为之一动。返回时，他中途下了车，不辞辛劳地找到了那座房子。主人告诉他，每天火车都要从门前“隆隆”驶过，噪音实在使他们受不了，房主很想以低价卖掉房屋，但多年来一直没有人问津。

不久，年轻人用3万元买下了那座平房，他觉得这座房子正好处在转弯处，火车一经过这里时都会减速，疲惫的乘客一看到这座房子精神就会为之一振，用来做广告是再好不过的了。很快，他开始和一些大公司联系，推荐房屋正面是一面极好的“广告墙”。后来，可口可乐公司看中了这个广告媒体，在3年租期内，支付年轻人18万元租金……

成大事者常常能突破人们的思维常规，反常用计，在“奇”字上下功夫，拿出出奇的经营招数，获得出奇的效果。

对于一个成功者来说，他通过不断发明创造、改进技术和开发新产品等方法来竞争主动权，想别人所没想过的，做别人所没做过的事。“奇”的行动是别人未料到的行动，“奇”的计谋是别人还未意识到的计谋。

做事不可墨守成规，因为条条道路通罗马。你是一个顺应潮流、听天由命的人吗？要知道，这种人是做不好自己的事的，更难进入成功者行列。因此，要努力打破固定的思维方式，采取逆向思维、横向思维、发散思维等多种方式思考问题。有这样一个故事：

德国一家造纸厂出了一批废品，墨水一接触纸就洇了，根本无法写字。一名职工经过思考反其道而行之，利用其易渗水的特点来做吸墨水纸，并申请了专利，结果取得了良好效益。

可见，打破常规的方式思考往往可以产生新的发现与创造。要打破思维定势，要改变原来的思维方式，就必须学会抵制促使你顺应社会习俗的各种压力。要打破思维定势，别人或许会认为你这是离经叛道，然而，要自己思考问题，就要准备付出敢于挑战世俗的代价。人们可能会说你别出心裁、标新立异，“正常”人可能不赞许你，甚至会孤立你。其实，既然你否定了其他人所信奉的行为标准，他们自然会不以为然。你会听到人们经常提出这样的一种论点：“如果每个人都仅仅遵守自己愿意遵守的规定，那我们的社会将会成为什么样子呢?”对这种说法的一个简单答复便是“大家不会都这样做的”！我们社会中大多数人都习惯于依赖世界、循规蹈矩，因此他们不可能都这样做。我们要努力打破各种压力形成的“围城”，不必总是按“规矩”办事，不必时时刻刻考虑社会环境的需要。否则，你就是一个毫无主见、随波逐流的人。

重复性的活动使人们逐渐形成习惯性的思维方式和比较固定的行为规范，从而造成思维障碍。如果打破常规，就可取得意想不到的效果。

有一个女人，是卖花的小贩，她每天都要去赶早市卖花。这个工作既辛苦又赚不到多少钱，因为卖花的人实在太多了。有一天，一个老人在买花时，不高兴地说：“你们哪，只顾自己搬运方便，就不考虑买花的人！你看花盆土铺得这么薄，回头我还得到处挖土。这城里又不是农村，花盆土哪那么好找啊!”老人的话给了她一个启发：“为什么我一定要跟这么多人抢着卖花呢？我可以改卖花盆土啊!”第二天，她和丈夫挖了一车黑土，又把它们装到一个个塑料袋里，每袋两元，结果早市上，那车土被一抢而空，所得的利润比她卖一个月花所得的还要多！

这个女人实在很有眼光，她没有一直跟在别人的身后，而是动脑筋另辟蹊径，结果找到了另一条更宽的生财之道。

一位商人走进一家银行的贷款部。

“请问先生有什么事吗?”贷款部经理一边问，一边打量着来人的穿着：华贵的衣服、锃亮的皮鞋、昂贵的劳力士手表，还有镀着金的领带夹子。

“我想借些钱。”

“借多少?”

“1 美元。”

“1 美元?”

“不错，可以吗?”

“当然可以，只要有担保，再多点也无妨。”

“好吧，这些担保可以吗?”

商人说着，从他的皮包里取出一堆股票、国债，等等，放在经理的写字台上。

“够了吗？总共 50 万美元。”

“当然，当然！不过，你真的只要借 1 美元吗?”

“是的。”说着，商人接过了 1 美元。

“年息为 6%。只要您付出 6% 的利息，一年后归还，我们就可以把这些股票还给你。”

“谢谢。”

商人说完，准备离开银行。

一直在旁边冷眼观看的银行经理，怎么也弄不明白拥有 50 万美元的人，会来银行借 1 美元这种事情。他问商人说：“我实在弄不清楚，你拥有 50 万美元，为什么只借 1 美元呢？要是你想借三四十万美元的话，我们也会很乐意的……”

“请不必为我操心。只是我来贵行之前，问过了几家金库，他们保险箱的租金都很昂贵，所以嘛，我就准备在贵行寄存这些股票。租金实在太便宜了，一年只需花6美分。”

贵重物品的寄存按常理应放在金库的保险箱里，对许多人来说，这是唯一的选择。但就有这样的一个人没有墨守成规，而是另辟蹊径，找到将证券等锁进银行保险箱的办法。从可靠、保险的角度来看，两者确实是没有什么区别的，除了收费不同。

其实我们每个人都有另辟蹊径的能力，只不过由于我们拘泥于已学过的知识，所以总是在某个范围内按照已知的规律进行判断和推理，结果很难有什么突破，这也正是大多数人赚不到钱的原因。

创新思维能带来财富

经商赚钱是需要创新意识的，尤其是在充满竞争的现代社会里。墨守成规者是自掘坟墓，在市场角逐中是没有立足之地的。现在，国内外许多在商务上或其他领域内的成功者，他们都是最有创意的人。

“破烂王”王洪怀，在捡破烂的过程中，悟得了一个道理：收一个易拉罐，才赚几分钱。如果将它熔化后当金属材料卖，又能赚多少钱？于是他请人做了个化验，得知易拉罐是一种很贵重的铝镁合金。他算了一笔账：当时市场上的铝镁合金价格每吨在1.4～1.8万元之间，每个易拉罐重18.5克，5.4万个就是一吨。他得出一个结论：将易拉罐熔化后当金属材料卖比直接卖易拉罐要多赚出7倍的钱。

于是，他决定熔炼易拉罐，并把回收价从每个几分钱提高到一角四分，又将回收价和指定收购点印在卡片上，向所有收破烂的同行散发。

由于价格上的优惠，空易拉罐的收购十分顺利，最多时一天达13万多个。王洪怀在兴奋之际立即办了个金属再生加工厂。就这样，他在一年内用空易拉罐熔炼了240多吨铝镁合金，3年内就挣了15万元。

人类社会和自然界中创富的源泉是取之不尽的，面对一些看起来没什么利用价值的事物，你只要细心观察，用心分析、体会，就会发现其中潜藏的商机，从而得到出乎意料的收获。

闹钟，其传统意义只在于“催醒”，这是众所周知的。然而，英国一家钟表公司在此基础上，增添了一种与之相矛盾的“催眠”功能。这种“催眠闹钟”既能发出悦耳动听的圣诗合唱和鸟语声，催人醒来；又能发出柔和舒适的海浪轻轻拍岩声，催人入眠。使用者可以“各取所需”，这种新颖独特的闹钟深得失眠者的宠爱。其成功之处在于它体现了一种创新意识。现代生活已为不同层次的人们开拓了多种方式的创业可能与创业前景。力主创意生存的个性奋起创业，将是未来生存的主要样式。

其实，创新并不是高不可攀的事，每个人都有某种创新的能力。但大多数人都有一种惰性，没有创新精神，压根儿就没有去想创新的事。他们一切都按固定的模式去做，结果做来做去，都是平平庸庸，没有丝毫改变和进步。

伊夫·洛列1960年开始生产美容产品,到1985年,他已拥有960家分店,这些企业在全世界星罗棋布。他的企业是唯一使法国最大的化妆品公司“劳雷阿尔”惶惶不可终日的竞争对手。

这一切成就,都有赖于他的创新精神。伊夫·洛列经过辛勤的劳动和认真的思考,找到了走向成功的突破口和契机。化妆品市场竞争的激烈程度令人触目惊心,如果亦步亦趋、墨守成规,那肯定只能成为落伍者。

伊夫·洛列设计出与强大的竞争对手完全不同的产品——植物花卉美容产品,使化妆用品低档化、大众化,满足众多新老顾客的需要,所以他把竞争对手远远地抛在了后面。洛列力求同中求异,另寻蹊径,他打破传统的销售方式,采用全新的销售方式——邮售,赢得了为数众多的老顾客,从而为不断扩大生产打下了坚实基础。

如果你想迅速致富,那么,你最好具有创新思维,去独辟蹊径,不要在摩肩接踵的人流中拥挤。

创新思维,既超越,又超前,比别人先看到,比别人先走到前面去,如“小超人”李泽楷的大创意——用“数码港”的概念来包装房地产,给房地产注入高科技的色彩,使他能够创造出房地产业的神话。当香港八大地产商在指责李泽楷独占了这等好事的同时,有没有想到为什么自己不早点有这样绝妙的构思呢?李泽楷就是一个创新思维很强的人,他勤于思考公司的发展前景,能在别人之前想到更好的主意。如果等到别人都想到了,那么就不可能先人一步、抢占先机了,创新思维的“新”也就无从谈起了。

一个有独到眼光、独立头脑的人,一个不随大流、不人云亦云的人,一个敢于批判、敢于说“不”的人,一个大胆创新、超前思维的人,是最受机遇女神青睐的人。

日本大阪的富豪鸿池善右是日本大财阀之一,然而当初他不过是个东走西串的小商贩。

有一天,鸿池与他的佣人发生摩擦。佣人一气之下将火炉中的灰抛入浊酒桶里(德川末期日本酒都是混浊的,还没有今天市面上所卖的清酒),然后慌张地逃跑。

第二天,鸿池查看酒时,惊讶不已地发现桶底有一层沉淀物,上面的酒竟异常清澈。尝一尝,味道相当不错,真是不可思议!后来他经过不懈地研究,认识到石灰有过滤浊酒的作用。

经过十几年的钻研,鸿池制成了清酒,这是他成为大富翁的开端,而鸿池的佣人永远不能知道,是他给了鸿池致富的机会。

只要善于观察,勤于思考,就会发现身边这样的机会其实很多。

住在纽约郊外的扎克,是一个碌碌无为的公务员,他唯一的嗜好便是滑冰。

纽约的近郊,冬天到处会结冰。冬天一到,他一有空就到那里滑冰自娱,然而夏天就没有办法,他只好去室内冰场去滑个痛快。去室内冰场是需要钱的,一个纽约公务员收入有限,不便常去,但待在家里也不是办法,他深感日子难受。

有一天,他百无聊赖时,一个灵感涌上来:“鞋子底面安装轮子,就可以代替冰鞋了,普通的路就可以当作冰场。”

几个月之后,他跟人合作开了一家制造RollerIskate的小工厂,做梦也想不到的是,产品一问世,立即就成为世界性的商品。没几年工夫,他就赚进100多万美元。

一个叫兰德的人为了满足他女儿的要求，同时也是为了他的理想，他向有摄影经验的人请教，询问是否有一种办法，可以在拍完照之后立刻看到照片，他锲而不舍地追求着。

最后，他经过不断地研究、试验，终于完成了，这种相机的作用完全依照女儿的希望，因而，兰德企业就此诞生了。

如果兰德依照他人的想法，绝不会发明出同时显影的照相机，他打破了他人的常规思维，开辟出了自己的新路子，走上了创新致富之路。

赚钱需要一点想象力

每个人都拥有想象的空间，只是有的人从来都不光顾这个尘封的世界，任由思维荒废，久而久之，想象力变得匮乏、僵直、枯涸了。其实，当你走在大街上，当你在看一部电影、当你处在一个陌生的环境的时候，你的想象力随时会爆发，让你欲罢不能。那么，为什么我们不能合理地去运用呢？去拓展想象力的空间呢？让想象空间拉大、扩充，或许财富就离你不远了。

有一个农民，当地人都说他是个聪明人。因为他爱动脑筋，所以常常花费比别人更少的力气，获得更大的收益。秋天收获土豆后，为了卖个好价钱，大家都先把土豆按个头分成大、中、小三类，每家都起早摸黑地干，希望快点把土豆运到城里赶早上市。而这个农民却与众不同，他根本不做分拣土豆的工作，而是直接把土豆装进麻袋里运走。他在向城里运土豆时，没有走一般人都经过的平坦公路，而是载着装土豆的麻袋，开车跑一条颠簸不平的山路。这样一路下来，因为车子的不断颠簸，小的土豆就落到麻袋的最底部，而大的就留在了上面，卖的时候大小就能够分开了。这样，他的土豆总是最早上市，因此，他每次赚的钱自然比别人家的多。他的创造就来自于他的想象力。

心都到不了的地方，脚永远不会到。在别人看来许多所谓的奇迹，其实对于一些人来讲，是水到渠成的事情。比如，麦当劳的创始人雷·克洛克，在他之前，谁能想到能有麦当劳连锁餐厅在世界各地拔地而起？再比如陈天桥，仅靠着网络游戏就风生水起，令很多老江湖们自愧不如。还有江南春，通过在楼宇里做广告，也一飞冲天。他们的成功都是想象力的成功。

做任何一件事，都会有很多种选择，哪一种才是最正面的？要发挥想象力，不断地超越自我。不少员工总认为自己是对的，比较偏执，牢骚满腹、夜郎自大、不知反省，他们固守着自己的想法，而不去寻找最好的路径。为了找到最佳解决方案，卡莉曾不惜打破惠普公司的先例，坐飞机到处去调查，会见客户，她说："你永远有更好的思路去寻找。"

罗特是美国一家制瓶厂的设计师。有一天，他的女友穿了一套膝盖上面部分较窄，腰部显得很有魅力的裙子来厂里看他，一路上，人们频频回头欣赏着这条裙子。

罗特也注意到这条裙子，他越看越觉得线条优美。他想，要是制成这条裙子形状的瓶子也许销路不错。想到这里，他马上转身跑回设计室，连声"再见"也没说。女友也感到奇怪，很不高兴地独自走了。

罗特回到设计室就在图纸上画了起来。后来，这种瓶子制造出来以后，不仅外形美观，而且里面的液体看起来比实际分量要多。

没过多久,美国可口可乐公司看中了这种瓶子,并且以600万美元的高价收买了这项专利权。

在上个世纪80年代,随身听成了年轻人最宠爱的娱乐工具。但有很多人不知道,它的发明,也是想象思维的杰作。

年轻人大都酷爱音乐,但在随身听发明以前,他们只能在室内听,一旦离开了房屋、走下了汽车,音乐就会离他们而去。日本索尼公司董事长盛田昭夫想象着:如果我们开发出这样一种产品,人们只要戴上轻巧的耳机随时随地便可以听到音乐,那该多好。他把这一设想在公司产品设计委员会上提了出来,人们认为他简直在异想天开,这是根本不可能的事!

盛田昭夫说服了委员会成员接受了他的提案,进行产品试制。产品试制成功了,异想天开变成了鲜活的现实。第一批随身听生产了3万台,一上市,立即引起了年轻人的抢购,销售量势如破竹,到年底就突破了40万台,成为索尼获利的最佳产品。

商场的逻辑首先就是:心有多大,舞台就有多大。在中国,众多的企业不是被撑死的,而是饿死的,因为钱每个人都想赚,没有一点神通,如何像八仙一样过海?

生财有道的逆向思维

按照常理,"循规蹈矩"地做生意,往往成效甚微,甚至蚀了老本。倘若打破常规,逆向思考,独辟蹊径,想人之所未想,为人之所未为,很可能会出奇制胜,赢个盆满钵盈。下面,我们就来看看逆向思维究竟如何生财有道。

逆"美"求"丑":近年来,美国新开设了一个特别新颖的旅游项目,名叫"丑闻旅游"。此项新业务一经推出,竟火得不得了。参观丑闻旅游的人,只要交纳20美元,便有导游接待,带你去参观。旅游的内容,既包括政治丑闻,又穿插桃色新闻。无论是哪一种内容,都是曾经轰动世界的,要不是毁了当事人的前程,便是夺取了当事人的生命,都是人们最感兴趣和举世瞩目的。

比如"尼克松与水门事件"的旅游点,就是参观水门住宅区。1972年,在此处发生的窃听民主党总部事件,导致了当时任总统的尼克松下台。又如"哈特别墅"景点,是参观一座曾经在此处发生过一起轰动一时的桃色事件的别墅。1988年,被不少人看好的民主党总统候选人哈特,在与共和党总统候选人激战犹酣时,曾在这座别墅里与迈阿密模特儿莉斯幽会。不料这一切均被新闻记者察觉,经大肆渲染后,使哈特不得不放弃竞选,由此断送了政治前途。

"丑闻旅游"所聘请的导游人员大都具有喜剧演员的才能,他们能把政治讽刺和小道消息融为一体,将权力、肉欲、嫉妒、报复等种种丑闻,渲染得淋漓尽致。

逆"吉"求"凶":美国的一家中国饭店生产了一种饼,取名叫"幸运饼",每个饼里都有一条类似“祝您健康”的祝词，开始尚有新鲜之感，但日子久了便令人生厌。后来一位名叫海莉的广告商，也办了一家专门生产销售大饼的饭店，她别出心裁地把大饼取名为“不幸饼”，并把饼里那套传统的祝词改成诙谐之语，或令人兴奋，或使人捧腹，或使人瞠目，或使人尴尬。这样，寻趣的顾客纷纷前来购买，海莉大获其利。

在世界各个城市里，都有出售鲜花的商店，人们在这里购买各种鲜花，作为祝贺喜庆和安慰病人的礼品。但在智利首都圣地亚哥，却有一家专门出售“死玫瑰花”的商店。该店里出售、寄送枯死的玫瑰花瓣和花叶，以文明礼貌的方式为失恋者、受骗者、失意者、落魄者行使慰藉。

这家“死玫瑰花”商店的创办人叫凯文，他创办这家商店是有着自己切身经验的。一次，他失恋了。在痛苦与愤怒的彷徨之中，他发现窗台上一盆美丽的玫瑰花枯萎了。他觉得这是他死亡了的爱情的象征。于是，他灵机一动，剪下那朵死玫瑰，用一根黑色的丝带扎好，寄给了以前的恋人。他这样做了以后，感到心情有了明显好转，失恋的创伤有了很大程度的平复。

富有经营头脑的凯文从失落感中解脱出来后，决定开办“死玫瑰花”商店，专门出售、寄送枯花和死花。每寄一束枯萎的玫瑰收费40美元，虽比购买一束鲜花价格高出一倍，但这家花店确实有其独特的魅力和奇妙的用途，所以自开张之后，博得了各界人士的欣赏，每天顾客盈门，应接不暇。那些垂头丧气、心存报复的人源源不断地从全国各地涌来，要求凯文寄枯萎的花瓣给感情骗子、下流老板、卑鄙的生意合伙人以及把感情当儿戏的轻薄姑娘。那些收到死玫瑰花的人，大多数都有不同程度的愧疚感。所以司法机关还对凯文的事业给予了充分的肯定。

逆“热”求“冷”：第二次世界大战后，日本经济发展较快，当时很多公司都以人们急需的生产和生活用品作为开发对象，许多经营者都梦想成为钢铁大王、汽车大王、电器大王。多川博却独具慧眼，选择了当时大企业不屑干，小企业不愿干，利润低微的尿垫作为企业的专营产品，成立了尼西奇尿布公司。公司成立后，多川博不断采用新材料、新技术、新设备，研制了“尼西奇尿垫”，投入市场后，深受孩子妈妈的欢迎。不久，公司就在竞争中站稳脚跟，垄断了日本尿垫市场，并使产品远销70多个国家和地区。目前，尼西奇尿垫已同丰田汽车一样在全世界享有盛名。

前些年，日本经济出现危机，许多餐馆纷纷倒闭。可有一位叫平松广义的餐馆老板偏偏不信邪，不但不停业，反而利用当时经济不景气、开餐馆费用较低的时机，一口气在东京繁华地段开了六家法式高级餐厅。平松广义自信地说：“不管经济形势有多糟，有钱人总是有的。”他认为，越是在经济衰退时期，越是会有很多人减少去一般餐馆的次数，省下钱去高级餐馆消费。事实也证明了这一点，尽管在平松广义的餐馆就餐花费较高，但仍然顾客盈门，最多一年盈利高达2500万美元。

逆“常”求“反”：成功的经营者善于逆“常”求“反”，以有悖常理的反常规的经营手法和技巧来吸引公众，顺利地实现了经营目标。1974年的香港，“大降价”的彩旗挂满街头，“七折”、“八折”的标签俯拾即是，而顾客却很少问津，市场极不景气。在这种情况下，金利来有限公司却反其道而行，大幅度提价出售领带，此举被同行们当作不识时务的笑料。结果提了价的金利来领带，不仅没有因提价而影响销售，反而使销路大开，并从此创出了国际市场的名牌产品。

如法国维也登公司是家有100多年历史的老牌企业，生产的“LV”皮箱闻名世界，畅销不衰，这家公司一反通常做法，不是大量地增产名牌皮箱，而是有意识地保持其在市场上供不应求的态势，这样反而刺激顾客的购买欲，使产品永葆名牌优势，长盛不衰。

经营酒店的人，一般都希望顾客喝的酒越多越好，但在德国有一家叫“凯伦”的酒店却反其道而行之，在酒店的经营规则中明确表示绝不让顾客醉酒。这家酒店供应的各种美酒也都经过特殊处理，虽然酒香浓郁，但所含酒精度很低。因此吸引了大批好奇而来的顾客，特别是那些厌恶丈夫酗酒的妻子，更是喜欢这家酒店，有的还经常陪着丈夫来就餐。

逆“新”求“旧”：与产品创新相反，利用人们的怀旧心理，使产品“回归复古”，也能获得成功。如敞篷轿车，从初兴经二次世界大战至60年代中期，曾在美国经历过三起三落的变迁。70年代以后，装有空调、音响设备的封顶车日受欢迎，因此几家大的生产企业先后停止生产敞篷车。1976年4月21日，底特律市长科尔曼·扬甚至煞有介事地为美国最后一辆敞篷轿车举行了“告别仪式”。从此，敞篷轿车在美国大街上又一次消失。1981年，出任濒于破产的美国第三大汽车公司克赖斯勒公司总裁兼董事长不久的艾科卡，独具慧眼，他看清了汽车造型“高岸为谷，深谷为陵”的变化规律，大胆决定重新生产敞篷轿车。他先让技术人员改造了一台旧式的敞篷车，投石问路。当他第一次把这辆车开进市中心广场时，就引起极大轰动。由此，他摸到了美国人想重新坐敞篷车兜风，重温旧梦的心理，回到办公室后，他立即通知制造部，不再做市场调查，马上生产。1982年，“道奇400”新型敞篷车先声夺人，投放市场，十分畅销，竟一下子卖了2.3万辆之多。

逆“缺”为“优”：缺点与优点，是一对矛盾，利用二者之间的转换，正是逆向思考的方向。这种方法并不以克服事物的缺点为目的，相反，它是将缺点放大，化弊为利，从而找到解决方法。

欲“赚”先“亏”：香港有一家花旗参店，推出了“一元超值销售”法，他们把原定价一百元左右的每包参类商品，分拆装成小包出售，每包一元。每位顾客每次只能买一包“一元商品”。这样，再穷的顾客也买得起高档的商品，富有的顾客也愿意这样少量多次地购买。很快，不同层次的顾客都成了他们的回头客。后来，这家店又推出了一元一斤的蜜枣、一元一枝的当归、一元一两的淮南山药，等等。渐渐的，光顾这里的顾客络绎不绝。

确实，一元商品都是物超所值，店家卖这些商品，都是亏本销售。但是，因为绝大部分顾客不会只买“一元商品”，结果店家吃了小亏占了大便宜，最终仍是大赢家。

若干年前，在美国一座城市郊区有一块荒地，而这块荒地的地产老板，一直感叹卖不出好的价钱。他突然灵机一动，想出一个点子。他跑到当地政府，说：“我想把这块土地无偿送给政府建一所大学。”但他同时提出的条件是，学校附近的商业、文化娱乐等设施应由他来建设和经营，当地政府自然表示同意。不久，一所颇具规模的大学城便矗立在这块荒凉的土地上。有大学就有学生，有学生就有消费。地产老板随之在学校附近修建了饭店、商场、娱乐设施等，结果生意十分红火，地皮的损失很快就从商业收入中赚了回来。

事实证明，做生意和做事是一样的道理，不要故步自封，应该打破常规，换另外一种方式，也许更适合企业的发展。

第六章

审时度势：赚钱要善于抓商机

赚钱一定要审时度势，善于捕捉商机、把握时机。敏锐的观察力和准确的判断力是经商者财富的永不干涸的源泉，也是经商者必备的能力之一。

陶朱公的择地生财之道

古人说："不务天时，则财不生；不务地理，则库不盈。"讲的就是自然条件对商业的影响。自然条件、地理条件及各种政治、经济、交通、文化等因素，对于商业经营的成败，有着至关重要的影响。

作为春秋战国时期的大谋略家的范蠡，更是深谙此道。他以战略家的眼光，认为陶地为"天下之中，诸侯四通"，是理想的货物贸易之地，遂选陶地为经商点，果然，19 年后他就成为巨贾，"陶朱公"的美称也由此而享誉古今，留名青史。

范蠡是中国历史上著名的谋略家与商人。他出身贫寒，为人有智计、识时务，受到越王重用。他为越国称霸中原立下了汗马功劳，越灭吴后被授为上将军。此时，范蠡急流勇退，开始了弃官从商的后半世生涯，因善于经营成巨富而名闻天下。

范蠡弃官后，举家来到鲁国曲阜郊外的一个村庄安家居住下来。他购买了一处三重院落，稍加扩建，自名曲庐。曲庐坐落在泗水之滨，十分宽敞、幽静。又购置了桑园，仅桑蚕收入，除了供家常开支外，还有数十金的剩余。

吃住安排好后，范蠡即开始到宋国、楚国、郑国、洛邑、晋国，其中还包括邹、滕、单、曹、许、杞、卫等小国考察商业贸易。通过游历考察，他把齐、鲁、吴、越、晋、宋等国的首都做了比较，觉得商丘比起薄姑、曲阜、姑苏、晋阳这些国都来货物更全，处处都使人感到宋人不愧为善于经商的人，宋国不愧是商人之宗。但仔细观察，发现当地各种货物的来源，大多数都不是从各国直接运来的，而是从陶邑（今山东定陶）转运而来的。难道陶邑会是一个货物齐全地吗？这就勾起了他对陶邑考察的念头。经过亲自考察分析，范蠡发现，陶邑不仅是宋国最大的商业都市，也是天下的商业中心。它地处"天下之中，诸侯四通，货物所交易也”。来自远近各国的富商巨贾，小商小贩，均能够找到自己所需要购买的货物，是天下最理想的经商之地。他决定在陶邑西门外的陶庄定居，因陶丘上有丹朱陵，为表示对丹朱的敬慕，范蠡自称“朱公”，时人则称他为“陶朱公”。他还把新宅命名为“朱公宅”。朱公宅建在陶丘脚下风景秀丽、避风向阳处，门前道路直通陶邑西门。精心选定的朱公宅，位置环境，极便利于经商。

不久，朱公宅建成，范蠡举家迁往宋国的陶邑。从此便在这个当时处于交通中心的商业城市永久定居下来。范蠡在在陶丘山下置买了几片桑园。农商结合，开始致富之路。

至于鲁国泗水之滨的曲庐，范蠡则派几个家人留守那里，作为在鲁国经商的一个货栈。以后又相继建立了商丘、兖州、单国、曹国货栈。以货栈为联系纽带，与各诸侯国工商业户联系起来，这就铺通了商道，结成了稳固的进货网。其中，曲庐、商丘两处货栈最大，分别向鲁、宋两国国都供应着大量货物。曲庐货栈是对齐、鲁等国经商的货物总栈、商丘货栈，不仅商丘百姓从这里可以买到天下各国的如意物品，而且，南方各国的商贾还可以从这里贩运北方的货物，北方各国的商贾则可以从这里贩运南方的货物。后来生意又从齐、鲁、宋一带，扩大到晋、燕、楚、越一带。从此，范蠡的事业就进入大发展时期。

范蠡经营的商品非常广泛，与时逐利，变化无常。陶邑、商丘、越州，曲阜四地开设的店铺，主要经营绢绸、布帛、粮食、油盐、酱醋等物。这些生意看起来是小买卖，而且利小，但人人要用，天天要用，而且范蠡卖得比别人的便宜，这样，宋、鲁、曹、单等大小国家的百姓，都对范蠡的店铺怀有好感，对他的货物踊跃购买，所以，其实获利甚大。

又过不久，范蠡认为中原各国已安宁几年了，估计两年后，一些国家就难免有内外战事，军需物资很快就会出现旺盛的需求。因此，应多贩运储存一些铜、锡、犀革、箭竹、筋角、象齿等货物。当这些东西贩回来的时候，各国的关系就已经开始恶化。他趁楚、宋等国竞相备战之机，大做军需生意，南方的铜、锅、犀革、矢羽等十分好销，一次即可获利3000金。几年下来，仅陶邑积累的家产，就有数万金之多，再加上各处货物、房舍、车马、奴仆，家资有十多万。

此后他又改做粮盐生意。因为各诸侯国的又一轮战争已经开始，秦晋之间有战争，齐楚之间有战争，楚越之间小战也不断，此时已经不是备战时期了。混战期间，各种生意都难做。数月之后，齐楚战争结束，各国安宁下来。范蠡把各地被战争破坏的货栈恢复起来，改建仓库，经营粮盐。他把所有能调度起来的粮食、食盐都投入市场，并派两路人马分别到晋、楚、宋大量采购日用货物，到海滨大量采购粮食、海盐，以满足战后市场之需求。就这样，范蠡来到陶邑后，又积累了大量财富，成为闻名天下的善于经商理财的大富翁。

这陶邑是天下的中心，东北面是淄水和济水河，与齐相邻，西面是卫、晋两国以及周都洛邑，西南是宋、蔡两国，东南徐、吴两国，可谓纵横天下，四通八达。如此有利的地理条件，加上范蠡细心经营，想不发财都难。

选择理想的经营环境

卓家是西汉前期著名的冶铁世家，是手工业和商业兼营的大企业。史书记载，鼎盛时期卓家曾有奴仆800多人,从中就可知道卓家是多么富有了。

但是,创建卓家商业王朝的卓氏最初只不过是一个"迁虏"。秦始皇攻灭其他国家之后,为了防止各国的遗民叛乱,强行将六国富豪迁徙到关中定居。所谓"迁虏"就是指这样的一群人。

当时的卓家已被剥夺到全部家产用一辆独轮小车就能装满的狼狈地步。在去四川的途中,卓氏夫妇一个人在前面用绳子拉车,一个人在后面推,境况相当凄惨。

就是在这样一种情况下,卓氏仍然没有放弃重振家业的念头。他一路走,一路寻找机会。当时,其他迁虏都争着向押送的官吏行贿,希望能把自己安置在靠近中原的地方。唯独卓氏愿意远迁。他一直走到临邛(今邛崃),才要求定居在那里。

因为临邛在岷山脚下,距离铁矿很近,开采较为方便。卓氏认为,在这里定居,可以充分发挥卓氏冶铁世家的专业特长,便于自己重操祖业。而且临邛靠近西南少数民族聚居区,精明的卓氏一眼就看出,这里不仅有足够的廉价劳动力可供自己使用,还可为自己打造的铁制工具提供广阔的市场。因为当时少数民族地区种田普遍采用石制、骨制或木制工具,所以先进的铁器容易打入并占领这里的市场。

于是卓氏就在临邛安顿了下来,重操旧业,以打制铁器为生,经过几年艰苦的创业,卓氏终于富裕起来了。到了汉武帝时期,卓氏已成为滇、蜀一带的首富。到卓王孙时,不仅为卓家冶铁的工匠已有千人之多,而且卓家的土地和园林也多得无法统计。

西汉著名文学家司马相如在卓家做客时,和卓王孙新寡的女儿卓文君一见钟情。虽然司马相如已经是当时著名的文人,又擅长剑术,还曾做过汉景帝的武骑常侍,而且生得一表人才,但财大气粗的卓王孙仍不把他放在眼里,最后迫使卓文君只得以私奔的方法去追求自由的爱情。

据司马相如说,卓氏子孙在自己的家中宴饮行乐,在自己的土地上钓鱼打猎,其生活的奢侈程度可以和君王相比。

卓氏的这种"不惟任时,且惟择地"的观念已为后世商人所接受。百年老店瑞蚨祥甚至为了布店的地理位置而与同行争得热火朝天。

瑞蚨祥是我国著名的老字号,"瑞"是吉祥的意思,"蚨"据说是一种招财进宝之物,"祥"当然就是吉祥如意的意思。新中国成立那天,在天安门广场上冉冉升起的第一面五星红旗就是用瑞蚨祥的红绸子做的。

瑞蚨祥刚一开业的时候,便与同行展开了激烈的竞争。当时,前门一带已有不少布店,如祥义、成祥、瑞生祥、瑞林祥、谦祥益,等等。其中最大的竞争对手就是谦祥益。瑞蚨祥与谦祥益争斗的时间最长,也最激烈。而瑞蚨祥能够取得最后的胜利则也是凭着自己对地利的控制。

最初,瑞蚨祥开设在大栅栏这一北京最繁华的商业地段,而谦祥益则开设在"背街"的廊坊头条,地势稍差,为了争取更大的发展,便欲挤进大栅栏。

"虎狼之侧,安容酣睡",瑞蚨祥知道若让谦祥益挤进来,自己的优势便会受到威胁,便千方百计从中"作梗"。例如,谦祥益打算购买大栅栏西段某地皮时,瑞蚨祥立即下手在那里开办了分号,当谦祥益看上大栅栏中段的某地皮时,瑞蚨祥便又抢先一步,在那里开了一家皮货店。

两家争夺最为激烈的要属争购街中广乐戏院的地皮了。虽然这次是谦祥益先行一步,买得了那块地皮，但财大气粗的瑞蚨祥干脆出高价，把广乐戏院门前的地皮买下来。声言若开设其他字号，这条路可以免费使用，如开布店，他则要盖房子，将其出路堵死。无奈之下，谦祥益只得忍痛将这块地皮转让了。

由此可见，在可能的条件下，经营商业都要尽量选择地理条件好的地方。理想的地理位置，往往能为经营者取得事半功倍的效果。

乐观时变，人弃我取

商祖白圭认为，"时贱而买，虽贵已贱；时贵而卖，虽贱已贵。"强调商人要善于捕捉商机，把握时机，不失时机地买进卖出。商业的利润源于买卖的差价。一旦发现买卖的时机来临，就要"趋时若猛兽鸷鸟之发"，当机立断。

白圭是战国初期大商人，出生于当时的商业大城市洛阳。魏文侯时为魏相。以后曾在秦国做官。他"乐观时变"，擅长经商致富，主要经营农产品和农村手工业品及其原料的大宗贸易，并以个体小农为交易对象，堪称范蠡以后自由商人的杰出代表。

司马迁曾说："盖天下言治生祖白圭。"（《史记·货殖列传》）白圭被商界尊称为祖师。与陶朱公相比，他有一套更为完整、更有理论色彩的商业经营谋略。

白圭治生之术的核心是"乐观时变"，即善于预测市场行情，并据以进行经营决策。"时"主要是指市场行情，在对市场行情预测的基础上，白圭把他的经营方略概括为八个字："人弃我取，人取我予。"

"人弃我取"是指供过于求，人们不愿问津的商品，则应趁其价格低廉时买进。"人取我予"是指当自己手中存贮的某些商品供不应求，价格大涨时，应趁机卖出。从这一高一低中获取丰厚的利润。

白圭的这一经营谋略是基于"贱下极则反贵，贵上极则反贱"这一原理，与陶朱公的"贵出如粪土，贱取如珠玉"如出一辙。在这里，白圭实际是从经商实践中总结了价格涨落与供求变化的关系。

白圭所说的"时变"，在当时很重要的方面是包括农业丰歉对商品价格和供求的影响。在农副产品经营上，他有自己的一套方法，即在凶灾之年，粮食歉收，但其他农、副产品未必减产。因此，就会出现丰年粮价比其他农副产品价格相对较低，灾年粮价比其他农副产品价格相对较高的情况。所以，在丰年买进价格较低的粮食，而卖出价格较高的丝、漆、茧，在灾年则卖出粮食，而买进帛、絮。这即是运用市场规律，正确地决定取舍，以便从年岁丰歉和季节差异所造成的价格变动中获取利润。白圭的这种经营思想对中国后来的商人影响极大。

白圭不但善于"观时变"，而且还敏于"趋时"。确切地说，他不仅善于预测行情，而且在看准行情之后，能够及时决策，迅猛行动，不失时机地利用行情来达到自己的目标。当然，白圭的经商魄力，是建立在对"时变"看得较准的基础上，并非轻举妄动，随意冒险。

对于商业经营，白圭曾经说过："我做买卖，就像伊尹和姜太公那样有计谋，如孙膑和吴起那样善于判断，还能像商鞅执法那样说到做到。有些人的智慧不能随机应变，其勇敢不能当机立断，其仁爱不能恰当地取舍，其倔强不能坚持原则。所以，这种人跟我学经营之道，我也不会教他的。”这段话，把他这种“人弃我取，人取我予”的商业智慧阐述得淋漓尽致。白圭的经商原则和经验，都被后世商人所称道，也非常值得我们现在的企业家所借鉴。

20世纪80年代，某医药工业研究所开发研制了一种具有国际先进水平的新型胃药，当时，因该所急需一台制剂干燥机，但苦于资金缺乏，于是就提出：谁家能提供这台时价3万元的干燥机，谁就可以分享科研成果，作为这种胃药的共同研制者，并获得生产权。武汉市某制药厂与该医工所是近邻，“近水楼台”，他们最先求得这个花3万元就可以“分享”的讯息，曾与该医工所多次协商，但厂里决策层在“花3万元是否划算”问题上，统一不了认识，最后只得放弃。

1990年，广东“丽珠”制药厂得知这个被人“遗弃”的消息，有关领导具体分析了这种胃药的药理性能，联系自己厂里的生产设施和技术条件，预测开发生产此药的前景，认为：把此项技术的内在价值变成现实价值，是“病人得乐，厂里得发”的大好事。决定抓住人家“放弃”的时机，不惜重金独家买断此药。厂领导亲自到武汉，以40万元与湖北省医工所拍板成交，获得该药的生产技术和新药证明书，并将原来药名“迪乐”，改为和厂名、药物效应相和的“丽珠得乐”，迅速投产。第二年，“丽珠得乐”的产值便达到了1.2亿元。

这类“人弃我取”的事例全球范围内更多。

意大利某航空公司一架客机在地中海上空失事后，曾请美国飞机制造公司紧急提供一架新型客机，该公司鉴于时间太紧、太急而拒绝了。意大利航空公司转而向波音飞机制造公司紧急求援。波音公司弄清事情的缘由后，认为抓住解危帮困之机，就是抓“明天的订单”。这“一”机，可能是个序数，后面跟着二、三……于是，他们马上调整了供货计划，迅即满足了意大利客户的要求。事情的发展果如所料，意大利航空公司得到一架波音727型客机，解燃眉之急后，取消原定某飞机制造公司订购的计划，转而向波音公司订购了9架747型客机。

在抓机遇、用机遇中，人们常说“捷足先登”，甚至埋怨别人“抢先一步”抢走了机遇。从上述两则事例中可以看出，并非全然如此，“捷足”固然重要，可以先与机遇碰面，然而关键还在“货”，正确认识机遇所隐含的价值和作用，立即抓住。否则就会“眼不识泰山”，送上门来的机遇也会失之交臂，被轻易抛弃。这两例都是捷足者弃之不用，终为后到一步者所得。

“人弃我取”的成功者的共同点是有胆有识，慧眼识机遇。从逆向思维角度看，胆识来自思维方法从封闭到开放，视野从只看眼前到放眼长远。目光短浅，固定在一个点上想问题，就只能看到“花3万元不划算”，“时间太紧难以供货”等消极因素。于是，近在眼前的机遇，也就随障目之“叶”，无声飘失。而开放式思维，就像一把张开的伞，由伞心向四周发散，空间宽广了，时间延伸了，内容扩展了，看到“病人得乐”里有“厂家得发”，也就有了比3万元多10多倍的40万元一举买断“迪乐”的决心。“丽珠得乐”也因此而成了病人、生产厂家都“得乐”的产品。同样，看到“今天解危帮用”中有“明天的订单”，就有临时调整供货计划的决心，于是，就有紧跟而来的订购9架波音747客机的生意。因此，面对机遇，要有开放式思考，在广阔的背景下，看到明天的前景和趋势。这就是“人弃我取，后来居上”的奥秘所在。

因势利导，借势而为

沈万三是中国历史上的四大财神之一，他能从一个默默无闻的乡下小子，迅速变成一个富可敌国的巨商，传说是因为他有个聚宝盆，不管将什么东西放在盆内，都能变成珍宝。

沈万三为什么能得到多少人梦寐以求的聚宝盆呢？《挑灯集异》中说，沈万三为人虔诚，不好杀生。一次见人贩卖青蛙，他就将它们全部买下放生。这些青蛙有感于沈万三的恩德，第二天全部聚在一只瓦盆中，沈万三见到后十分惊异，便将瓦盆拿回家。他妻子偶然将一只银钗掉落在盆里，立即银钗满盆，于是放入金银来试，又生出满盆金银。沈万三方知这是一个聚宝盆，从此就发财了。

传说终究是传说，聚宝盆也只能是神话故事中的道具。如果非要说沈万三有聚宝盆的话，那么这个聚宝盆就应该是沈万三发现机遇、抓住机遇的能力。

沈万三生逢乱世，各地为了推翻元朝，纷纷起义，沈万三就是靠这个机会，将一部分失去业主和佃户的土地归为已有，改良土壤，兴修水利，拥有了良田数千顷。有了第一桶金之后，沈万三开始放高利贷，元代末年盛行放高利贷是其他任何历史时代所不及的，聪明的沈万三认准了这个时机，广放高利贷，达到迅速致富的目的。此外，沈万三还通过商业贸易赚钱。当时朱元璋已经统一了天下，人民的生活渐渐安定下来。沈万三敏锐地看到，在人们生活日趋稳定之后，商业贸易一定会复苏。于是他来往于徽州、池州、太平府、常州等地，和徽商进行贸易。

因为能够把握住这几次机遇，所以沈万三发财的速度更快了。只花了不到十年时间，就一跃成为了“资产巨万、田产遍天下”的江南首富。

由此可见，聪明的商人都善于明势，并因势利导地借势而为，这样赚起钱来不但省心省力，而且往往能获得巨大的利润。

汉高祖刘邦在称帝之后，便立即动手铲除曾经有功于他的异姓王侯，同时分封自己的亲属为各地的王侯，目的是让他们一起来保卫皇室。但他万万没想到的是，他死后不久，这些同姓的王侯却成了中央政权的最大威胁。汉景帝后元三年，刘姓王侯中势力最大的吴王刘濞，认为推翻中央皇权的时机已经成熟，就联合楚、赵、胶东、胶西等王，公然发动了叛乱，这就是历史上著名的“七王之乱”。

消息传到当时的京城长安之后，朝野上下非常震惊。在和平解决无望的情况下，汉景帝派出了以太尉周亚夫为主帅的政府军前去平定叛乱。居住在长安城中的其他王侯，为了表明自己忠于中央政权，也纷纷请求带领亲兵随军出征。这些王侯的领地多数都在关东，而长安却在关中地区，一时难以置备足够的车马、武器等军用物资，急需筹措金钱去购买。为此，他们只好向长安城中的高利贷商人去借贷。

不想，那些唯利是图的高利贷商人都推说自己手中没有现钱。因为当时中央皇权正准备派兵去和叛军作战，战局如何发展，一时尚难判断。他们担心关东地区一旦全部失守，这些王侯的领地就会化为乌有，怕到时候收不回贷款，白白蒙受损失。

对战争形势，无盐氏也做了认真的分析。他认为，汉王朝建立已有50年的历史，建国初期虽也发生过异姓王侯的叛乱，但很快就被镇压了下去，因为经过秦末的长期战争后，叛乱已不得人心，这次的叛乱也会遭到同异姓王侯叛乱一样的下场。自己应该抓住这个难得的机会，大大捞上一把！

但在表面上，他却装作对战争前景很不乐观，一再向要求借贷的人表明，战争何时能结束尚难预料，因此，他不能像和平时期那样出贷自己的金钱，除非人们肯出10倍于本金的利息，他才敢冒风险，否则绝不出借一文。

那些王侯们明知无盐氏是在趁火打劫，无奈能否立即随军出征去平息叛乱，是向皇帝表明自己立场和态度的关键时刻，所以只得忍痛让无盐氏宰割。就这样，无盐氏向长安城中的王侯们共贷出千两黄金。

无盐氏对时局的预测果然高明，仅用了3个月的时间，“七王之乱”就被平定了下来。那些随军出征的王侯也到期偿还了贷款和10倍于本金的利息，多达万两黄金之多。这次贷款，使无盐氏一下子变成了关中地区的首富。

从以上事例中可以得出这样的结论：懂得变通，善于借力打力，也不失为一种有效的生财之路。

见端知末，趋时观变

在现代商业活动中，商机的获得与战场上战机的获得是同一个道理的。“机不可失，时不再来。”信息孕育机遇，机遇孕育财富。在迅猛发展的信息社会和科技创新时代，激烈的市场竞争大潮时刻都在淘汰落后者，谁能抢先得到信息、抢先抓住机遇，谁就能赢得竞争的胜利。

第二次世界大战爆发时，战争造成市场粮食和谷物紧张，美国政府下令禁止用谷物酿酒。

精明的哈默得知这一消息后，马上预测到威士忌酒将要成为紧缺货。当时，美国酿酒厂的股票为每股90美元，而且以一桶烈性威士忌酒作为股息。哈默当机立断，立即买了许多威士忌酒。

果然，市场上很快就短缺威士忌酒。哈默不失时机地将他囤积的酒由桶装改为瓶装，并贴上“制桶”的商标，然后卖出去。意想不到的是，哈默的“制桶”牌威士忌酒竟然大受欢迎，买酒的人群排起了长龙般的队伍，几乎围着马路绕了一圈。

这时，哈默又及时采纳了一位工程师的建议，大量购买生产过剩的廉价土豆以生产土豆酒精，兑制含有20%的好威士忌酒的“金币”牌混合酒，再次大获成功，赢得了巨额利润。

一个具有敏锐洞察力的人，往往能够发现大好商机，并能抓住机会，获得财富。有这样一个故事：

欧洲人涌入澳洲开拓殖民地时，有一个冒险者在澳洲奋斗多年，一事无成，以至于穷困潦倒，流落街头。一天，他偶然在海边碰到一条死鲨鱼，发现鲨鱼肚子里有个小皮包，包内有一张50天以前的英国报纸，上面报道说英国和一个国家爆发了战争。他从这条信息想到，战备物资需要大量羊毛，羊毛价格肯定会上涨，而当时澳洲羊毛严重滞销，价格极低。

从英国开来澳洲的船，至少要一个星期才能到达。于是，他开始大量收购羊毛。一星期后，消息传来时，许多经商的人都转而做羊毛生意，羊毛价格直线上升。这位冒险者靠这条信息一夜之间成了百万富翁。

李光前是著名爱国华侨陈嘉庚先生的女婿，新加坡的华人企业家。一次，一位英国商人要回国，打算把1000英亩胶园以10万元价格卖出。李光前调查之后决定购买，却受到岳父陈嘉庚先生的反对。陈嘉庚先生认为胶园附近经常有猛虎出没，危害人的生命安全，许多工人都不敢去割胶，即使胶园再便宜也没有什么价值。而李光前则通过调查了解到，政府已经计划在该胶园附近修建公路，有了公路，人来车往，老虎就不会轻易出现，胶园价格也肯定会涨起来。他坚持己见，筹钱把胶园买了下来。

不久，李光前的预言变成了现实。政府在此胶园附近修建公路，胶园价格暴涨了2～3倍。第二年，李光前把这个胶园以大约40万元的高价售出。这样，在短短的一年内，李光前就净赚了30万元左右。他用这笔钱创办了自己的公司。

1975年3月的一天，美国亚默尔肉食加工公司老板亚默尔正坐在沙发上翻阅当天的报纸。突然，一则几十个字的消息让他差点跳了起来：墨西哥发现了瘟疫病例！他由此想到：如果墨西哥发生了瘟疫，就一定会传染到与之相邻的美国的加利福尼亚州和德克萨斯州，而从这两个州又会传染到整个美国；加州和德州是美国肉食供应的主要基地，这样，肉和肉制品一定会大幅度涨价。他马上叫来家庭医生亨利，让他到墨西哥去实地考察瘟疫情况。几天后，亨利回电证实那里确实发生了瘟疫，而且非常厉害。亚默尔接到电报后，立即集中全部资金购买加利福尼亚和德克萨斯州的牛肉和生猪，并及时运到美国东部。

不久瘟疫传染到美国西部的几个州，美国政府发布紧急命令：严禁一切食品从这几个州外运，当然也包括牲畜在内。一时间，美国市场上肉类奇缺，价格暴涨。亚默尔在短短几个月里，净赚了900万美元。

鲨鱼肚子里的一张旧报纸，政府计划修建公路，某地发现了瘟疫……这些大众信息或潜信息与商界绝非无关。这里有两点值得注意：

（1）挖掘潜信息，并不等于直接获得了效益，有时，还必须对它强化处理，努力使信息产生增值效应。善于捕捉和挖掘潜信息是重要的，善于采取果断的措施也同样重要，而且可能更重要。

（2）挖掘潜信息必须有非凡的逻辑推导能力和对显信息的综合分析能力。亚默尔的成功，就在于他有效而及时地挖掘了潜信息——肉类会涨价。于是他果断采取了领先一步的对策。我们从这里可以看出：有慧眼，才能把这纷扰世界看个清清楚楚明明白白真真切切；有思想，才能洞微烛幽，见微知著，把信息转化为商机。

从上述这些人身上，我们可以总结出"见端知末，趋时观变"的赚钱智慧。在商业经营中，成功者必须具有"见端知末"的预见性眼光，有了这种眼光才会有正确的经营策略。而把握这一原则的关键在于能够见微知著，知道眼前发生的现象会引起日后什么样的结果。也就是说，眼前的社会变化对今后的市场需求有什么连锁反应，在此基础上预见、捕捉未来的市场需求，这样就能事事抢先一步，把握住别人把握不住的商机。

独占信息就能独占财源

一条信息可救活一个企业，在充满变化的经济市场上，信息是宝贵的资源。商业的性质决定了它尤其要依靠迅捷可靠的信息来确定自己的发展方向以及做出各个方面的决策。

要想获得竞争的胜利，第一个应遵循的法则就是加强了解，掌握情报。中国有“知己知彼，百战不殆”的老话，现在有“信息爆炸”的新语，不论是新语还是老话，都告诉我们信息的重要。

在古代，在通讯极不方便的情况下，有眼光的战略家就已指出，既了解自己又了解敌人，打一百个仗都不会输；不了解敌人但了解自己，会有一半获胜的机会；不了解自己又不了解敌人，就会每战必败。商场如战场，战场的作战法则也适合于商场的激烈竞争。

我们已处于信息社会，信息的交流与传递已成为我们这个社会的典型特征，谁不了解最新的信息，谁就会滞后于时代的需求。在一个供大于求的社会中，谁滞后于时代，谁就会被时代抛弃。现在如果还有人在那里“闭门造车”，他会赔得车、人全无。反之，掌握了准确的独有的情报，就会获取巨大的独享的利润。

在20世纪80年代，世界500强中就只有10%建立了竞争情报系统；到20世纪90年代，500强中已有80%以上建立了竞争情报系统；现阶段，500强中已经有90%以上的公司建立了竞争情报系统，竞争情报在企业中的应用表现出了强劲的生命力和蓬勃发展的势头。

日本是最早进行竞争情报研究和应用的国家之一。战后日本经济的迅速崛起并发展成为资本主义第二大经济强国，得益于日本政府及日本企业对信息产业的极大重视与支持。日本政府引导、鼓励、支持企业建立信息服务系统，并为企业提供信息支持。日本的松下电器、索尼公司重视竞争情报的工作，总能在竞争中把握最佳时机，在竞争中出奇制胜，后来居上。他们对情报收集的态度是：“无论收集信息，了解行情，还是从事销售都必须亲自掌握第一手资料。”这些公司的工作人员不是为征求订货而访问用户，而是为收集用户的信息进行访问。他们无论有无业务性工作都经常接触用户、顾客，收集信息。

日本本田汽车公司是最早成功进入美国市场的日本汽车公司，并取得了骄人的成绩。他们对美国汽车市场竞争格局有了全面的分析与充分的把握，成功地叩响美国汽车市场大门。丰田汽车公司能成为全球最大的汽车企业之一，并成为全球最受人尊重十大品牌中亚洲唯一的品牌，这与其在美国市场的成功是分不开的。通过对竞争情报的研究，丰田公司准确地把握着全球汽车市场。

最具有代表性的例子是日本三菱商社的情报消息工作。日本三菱商社拥有世界一流的情报收集和传递系统，每年在情报搜集上的花费达到6000万美元，其情报人员以“旅游者”、“摄影家”、“投资商”等身份遍布全球，他们对各自周围的一切，甚至一张报纸、一本杂志、一幅广告都要研究个透，并能在5分钟内将世界各地的相关情报传至公司总部，素以高速度、高效率著称。在20世纪80年代，三菱商社的情报专家曾根据从欧美各国汇集的综合情报做出预测，正遭受西方国家严厉制裁的伊朗将在近期内获得全面解禁。据此，三菱商社加大了对伊朗环境情报的分析研究并做出了重大举措：就在以美国为首的西方国家宣布取消对伊朗实行经济制裁和贸易禁运之前的一个月，由三菱商社总裁率领的代表团秘密飞往伊朗，立即与伊朗商业、工程、运输、机械等部门进行。贸易或投资合作协商，并以“防止美国人阻挠”为由，要求谈判秘密进行饱受多年制裁和禁运之苦的伊朗人欣喜若狂，在谈判中全面合作，并提供了各种优惠条件，仅一个星期，双方就签署了数十亿美元项目的协议。这正是三菱商社开展环境调查、先声抢占伊朗市场，使世界商界为之震动的典型范例。

所以说，了解情报是经商的必要条件。那么又应该怎样去进行了解呢？若有可能当然是信息量越大越好，因为哪怕是一些现在看似无用的信息，将来在某个时候，都会以或明或暗的方式，给你以帮助或启迪。但在精力有限的情况下，了解对手的情报和了解经营的外部环境自然是首要的。

就了解对手来讲，需要了解谁是自己的对手，了解对手的经营规模，了解对手下一步的经营方向，了解对手的优势，了解他的短处……总之对对手的情报了解得越多，对自己就越是有利。从了解外部环境而言，就得知道市场需要什么，需求量有多大；市场缺少什么，缺口又有多大；哪些东西是市场即将淘汰的，哪些又是急需的……只有这样，才能正确判明经营方向，掌握生产的主动权。

这里需要指出的是，公司的对手是来自多方面的，广义的对手不仅仅是指同行竞争，还包括劳动力市场的变化情况，国家有关法律法规的变化与发展，国家投资方向和投资政策的变化，顾客消费习惯的转移与变化，等等。这些看似与已无关的东西，其实无一不与公司的前途命运息息相关。公司只有掌握尽可能详尽的情报，才有可能使自己长时间地处于不败之地。

获取情报的方式各种各样，在商海中摸爬滚打的人是各有各的高招。从了解对手而言，有观察分析法，设计用间法等。而要了解外部环境，除了直接观察、发放调查问卷等方式以外，还可用投石问路、打草惊蛇等办法。这些方法的共同目的都只有一个：用掌握的情报制定出战胜对手的策略方法。下面简单介绍设计用间法和调查分析法。

（1）设计用间法

这是战场厮杀和商海拼搏都常用到的方法。国家之间互相驱逐不受欢迎的经济间谍已是大家熟知的了，而且是可以理解的。但公司之间互派商业间谍却是大多数人不太了解，同时也不太赞成的。其实，公司在竞争中，如果能用计获取对手的情报，对自己是大为有利的，而且绝不需要有什么心理障碍，你不用，别人也会用，关键是看谁用得巧。

日本人是精于此道的高手。在日本人心目中，“情报就是生命，情报就是金钱”，而日本的迅速崛起，在很大程度上就是得益于经济、科技情报的源源不断。

他们获取情报的方式，有的是窃取，有的是通过研究分析。以计算机生产为例，20世纪60年代末70年代初，这个行业都还是为国际商用公司所垄断的，该公司的IBM电子计算机占有商用电子计算机市场75%的份额。这一点为日本人所眼红，所不容。可是IBM之所以称雄，是因为他们生产的电子计算机，无论是硬件还是软件，都是最适用于商务的。以日本人当时的技术实力，一时半会儿之间，是无法超过国际商用公司的，他们甚至连达到对手的水平都很难。

在这种情况下，靠正常途径，日本人绝无可能在短期内打破IBM的垄断，也就不能在电子计算机市场中分一碗粥了。可眼睁睁地看着国际商用公司独享这丰厚的利润，又是日本人不能容忍的。

他们想自己研制，但太慢，仿制技术又达不到，也很难。于是他们派出最精悍的队伍，组成情报搜集小组，以期“获得”有关情报。结果这个小组使出了种种手段，最终窃取了国际商用公司有关电脑生产的27本指导手册。没过多久，日本人就打破了国际商用公司在商用电脑方面的垄断地位，他们依靠窃取的情报战胜了对手，不管这样做道德与否，很多公司还是乐此不疲，因为这些情报一般都迅速地转化成为利润，而追求利润是每个企业家的天职。

(2)观察分析法

当然，获取有关对手的情报并不是都要用商业间谍这种极端方式的，高明的竞争者常常可以通过自己的头脑，综合分析从正常途径获得的信息，最后得出准确的结论，作出正确的反应。

20世纪50年代初期，我国成功地开发出了大庆油田，我国政府只是宣布发现了油田，但对于油田的具体位置、生产规模等都作为绝密情报，严加保密。可日本制造石油生产工具的公司，还是得知了有关油田的相对位置和规模。

他们是从公开发行的《人民日报》上合法地了解信息，然后再综合分析得出情报的。《人民日报》上刊登了一幅工人站在油罐旁的照片，照片没有注明地点，更没有注明油田产量等具体数据，只是用这么一张普通的照片，来宣传我国摆脱贫油国的事实。

照片上的工人是站在油罐旁的铁梯上的，日本人就从工人身高与油罐高度的比例，算出了油罐的大小，从而进一步估算产量。他们又从工人身着厚厚的棉衣，戴大厚棉帽，推出油田的位置大体在东北或华北。

从这些分析中，他们得出结论，中国肯定需要大量的防寒油田工作服，以及在较冷地区采油的相关工具。结果，通过这样的分析，日本及时而且基本上是独家地向中国提供了这些物资，并且大赚了一笔。

抢出来的赚钱机会

“时间就是金钱”，这句话都被人说滥了。但是，知道说不等于明白做，说这样的话只需要上下嘴皮动一动，真正做到事事领先，却是要有敏锐的判断力、坚强的毅力，以及最重要的、果敢的行动能力。

在强手如云的商业社会中，机会都是稍纵即逝的，只有先抓住它的人，才能把握成功。稍有经验的人都知道这样一个常识，在水的流量不变的情况下，流得快的水势能量大，因此在洪峰来临时，常常能见到咆哮的水裹着平时看来不可能挪动的巨石飞速向前。竞争，在很大程度上是速度的较量。

上世纪末的中国，流行的时尚千变万化，让人目不暇接。在其中，跳舞毯、跳舞机挟雷霆万钧之势，由南到北，转眼之间席卷了全国。从年底开始，就不断有来自广州、上海、无锡、南京以至北京等各地的消息说：“跳舞毯卖疯了！”据了解，北京中关村电子市场的柜台上，一个商家热销时一天能卖出200多条跳舞毯。紧跟着，跳舞机也火了起来，许多商场、游戏厅都安上跳舞机大把敛钱。一时间全国上下，均被“跳舞”两个字弄疯了。

乍一听，一块毯子也能卖火，让人难以思量，其实这中间自有玄妙。

发明跳舞机的始作俑者是日本的KONAMI公司，过去一直排在日本游戏机行业的第4位，无法与任天堂、世嘉、南梦宫等公司相比，但该公司在发明了跳舞机之后，已成为该行业利润第一的游戏机厂商。

日本游戏机公司的通病是贷款比例高，它们为扩大生产规模而大举贷款，为了占领市场即使利润再低也在所不惜。东南亚经济危机之后，几家大的游戏机公司逐渐支撑不住，纷纷裁员，呈现出一片退守势态。这给了KONAMI公司一个天赐良机，因为公司规模较小，受到的冲击不大，它利用自己的闲余财力大肆吸纳其他公司裁员下来的软件开发人员，并在市场的一片萧条之中，开发出自己的新游戏产品——跳舞机，一投向市场即受到热烈欢迎。之后，跳舞机连同其孪生姐妹跳舞毯迅速在韩国及我国上海、北京等地传播开来。

当时最流行的跳舞机是KONAMI公司推出的DDR机型，跳舞毯则是从跳舞机分化出来并经过改良之后的产品，由游戏软件及可以插在电脑上的跳舞毯组成，相对于跳舞机，由于价格低廉而颇受欢迎。

KONAMI为推出跳舞机，可谓大耗心血。为了组编机上的舞曲，他们特意推出一款音乐点歌机，免费提供给许多娱乐场所，并要求这些娱乐场所也不能收费，让消费者随意点播。当时，很多商家并不明白该公司葫芦里卖的是什么药，可是当1998年KONAMI公司正式推出跳舞机时，大家才了解到：当人们点歌时，记录就已经传送回公司总部，经过统计分析，公司知道人们最喜欢什么舞曲，因此跳舞机的成功凝聚了不少智慧与汗水。

在北京西单商场的地下游艺厅里，两台新安装的跳舞机已经排起了长队，不少衣着新潮、前卫的少男少女焦急地等待着在跳舞机上一显身手。正在疯狂跳舞的女孩按照屏幕上箭头所指方向不停地在踏板上移动双脚，屏幕上的电脑模拟小人也随着音乐翩翩起舞，箭头踩得越准，舞技便越高，相比之下，游艺厅里的其他游戏机大都受人冷落。北京的长安商场、双安商场、崇文百货都已安上了跳舞机，双安商场还在厂商的鼓动下颇有兴致地举行了跳舞机表演大赛。

小小一张跳舞毯，撬动了一个这么大的市场，值得深思。

这个案例给人的启示最重要的一条就是每个人的身边都是无限商机，关键在于你能否把握得住。跳舞毯的风靡，有点类似于早年的呼啦圈、电子宠物之类的小玩意儿，当然有了好的创意，还得有个好的切入点和时机，否则也是没有用的。

今天的市场竞争法则就是，仅仅满足消费者的需求已经远远不够，要取得市场的主动，你必须取得竞争的主动。市场即战场，先机即战机。你永远也不可能满足消费者，但你可以成为市场上的行业领导者，进而引领消费潮流。

随着市场竞争的加剧，经济活动的节奏越来越快，其结果是每个企业都感到用户对时间方面的要求越来越高。如果一个企业对用户要求的反应稍慢一些，很快就会被竞争对手抢占先机。因为对现在的企业来说，市场机会几乎是稍纵即逝，留给企业思考和决策的时间极为有限。所以私营企业更要抓住市场机遇，以求得更大的发展。香港厂商抢占美国电话机市场的胜利就充分说明了这一点。

在1982年以前，美国是禁止私人购买电话机的。美国的法律规定，所有的电话机用户，都只能向美国电话公司租用电话机，所有私人购买电话机的行为都是违法行为。可是电讯业发展到1982年，这样的规定已不能满足人们的需求，更不适应电讯业的进一步发展。于是，美国政府取消了电报公司的专利权，允许私人购买电话机。这一法律政策的转变，使得美国一下有了8000万个家庭及公司机构成了有可能购买电话机的主顾。在世界各地的厂商中，香港厂家是最先得知这一政策变化的，并首先采取行动。他们在得知美国电讯行业的新政策后，马上就将原来生产收音机、电子表的工厂迅速转向，全部改为生产电话机。再将生产出的电话机迅速运往美国市场。结果其他国家和地区的厂家动作都没有他们快，他们很快以迅雷不及掩耳之势占领了美国的电话机市场。先行一步的回报是丰厚的，他们摘到了美国电话机市场这个大桃子，口袋鼓鼓。

弗兰西斯·培根有一段名言："机会在把前额的头发给你捉而你不捉以后，就要把秃头给你捉了，或者至少他先把瓶子的把儿给你拿，如果你不拿，它就要把瓶子滚圆的身子给你，而那是很难捉的。在开端时善用机会，再没有比这种智慧更大的了。"

行军打仗讲究的是"制敌先机"，闯荡江湖讲究的是先抢码头，做生意就一定要有比别人更快的动作才行，因为商战不仅是力量的角逐，智慧的角逐，更是速度的角逐。有速度，才有优势。

商机是创造出来的

机遇对每个人都是公平的，但是对于渴求成功的企业，机遇的质量重于数量。一个成功的商人，不但要善于选择对自身成长最有效用的机遇，而且还要主动放弃那些对成功帮助不大的机会，尽可能使机遇在成功的路上发挥出最大的作用，而且对机遇的到来必须要有敏锐的洞察力和判断力，一旦把事情审查清楚，计划周密，就不再怀疑，敢于当机立断、果断决策。这样，当别人对机遇的到来还麻木不仁时，你便能捷足先登，抢占先机，不但抓住了机遇，而且大获成功。

1973年3月，非洲国家扎伊尔有一股叛乱的军队借着月色逼近了赞比亚，一场激烈的战斗已经不可避免。日本三菱公司一个采购商获悉这一消息后，及时把消息电传公司总部，大本营立即命令各驻外分公司大量收购铜。此时的伦敦黄金交易所也得到了这一消息，然而并没有引起重视，交易所的铜价依然照旧。过了一段日子，叛军与政府军的拉锯战严重影响了铜矿生产，加之交通受阻，铜运不出来，致使铜价猛涨，此时，三菱公司便大量地抛售铜，从中赚得一笔巨额利润。

从这个事例可以看出，机遇隐藏在一切事物中，有时是一句话或一个看似不相关的事情就包含着一个成功的机遇！三菱公司就是依靠当时的局势，迅速创造了机遇，并且牢牢地抓在了手中。

机遇确实很重要，因为它能改变人眼下的处境，甚至改变一生的命运。对机遇，可谓人人皆盼之、求之……有种观点说"机遇可遇而不可求"。其实，平白无故的机遇能"遇"到的不能说没有，就是有恐怕也是微乎其微，毕竟机遇不会无缘无故地降临。机遇的出现，私营企业决策者只要有足够的勇气、睿智的脑袋、敏锐的观察力、判断力，机遇就可以被"创造"出来。善于等待机遇、抓住机遇是一种智慧，善于创造机遇更是一种大智慧。据说亚历山大在一次战斗胜利之后，有人问他，是否等待机遇来临，再去进攻另一个城市，亚历山大听了这话竟大发雷霆，他说："机遇？机遇是要靠我们自己创造出来的！"创造机遇正是亚历山大之所以成为亚历山大的原因。

要想学会创造机遇,必须具备超前意识和远大见识,在机遇来临前,便已看到了它的必然。爱因斯坦曾说过:"机遇只偏爱有准备的头脑。"有准备的头脑指的就是个人的主观条件,包括个人知识的积累和思维方法的准备。从客观条件讲,机遇的产生和利用需要有良好的社会环境,如自由的科研氛围,平等的择业、工作机会,良好的家庭环境和教育程度等。牛顿见苹果落地,触发了灵感,发现了万有引力;伦琴在实验时,从手骨图像中,发现了X射线。历史上无数科学家成功的例子告诉人们,一个始终在努力创造主观条件和改善客观条件的人,比哪些只会等待机遇出现的人更容易捕捉到机遇。

1981年,英国王子查尔斯和黛安娜要在伦敦举行耗资10亿英镑、轰动全世界的婚礼。消息传开,伦敦城内及英国各地很多工商企业都绞尽脑汁想利用这一千载难逢的发财机遇。有的把糖盒上印上王子和王妃的照片,有的把各式服装染印上王子和王妃结婚时的图案。但在诸多的经营者中,谁也没赚过一家经营"望远镜"的商号。这位老板想,人们最需要的东西就是最赚钱的东西,一定要找出在那一天人们最需要的东西。盛典之时,要有百万以上的人观看,将有一多半人由于距离远,而无法一睹王妃尊容和典礼盛况。这些人那时最需要的不是购买一枚纪念章、一盒印有王子和王妃照片的糖,而是一副能使他看清人和景物的望远镜。于是他突击生产了几十万副马粪纸和放大镜片制成的简易望远镜。那一天,正当成千上万的人由于距离太远看不清王妃的丽容和典礼盛况,急得抓耳挠腮之际,千百个卖童突然出现在人群中,高声喊道:"卖望远镜了,一英镑一个!请用一英镑看婚礼盛典!"顷刻间,几十万副望远镜抢购一空。不用说,这位老板发了笔横财!

机遇对任何人都是平等、公正的。主要就看准抓得准、用得好。其实,在这个事例中,众多的英国商人也不是没抓准机遇,只是不如生产简易望远镜的那位老板更会创造机遇罢了。说到底还是那位老板比别人研究得更细一层,他看准了那一天人们最大的需求、最需要的东西——望远镜。

所以,卡耐基认为,一个企业家关键时刻一定要抓住机遇,并且更深一层地研究、利用机遇。这样,同一机遇,谁都可以利用。

第七章

人脉是金：赚钱一定要有好人缘

拥有广泛人缘的人，就有了一种巨大的资源。这种人际关系上的资源可以让他比别人获得更多的信息、机会或者财富。

交情是经商生财的资本

徽商作为中国商界中的一支劲旅，曾活跃在大江南北、黄河两岸，甚至日本、东南亚各国。徽商是很善于经营自己的人缘的，他们总是与当地的达官贵人、名流闲士、文人墨客联系紧密。攀缘权贵是为了寻找靠山，而结好文士是为了增加自身的声誉，力求营造一个良好的外部环境。为了广结良缘，徽商经常慷慨解囊，在经营所在地内兴办各类公益事业和慈善事业，热情万分地建桥、修路、筑堤、救灾、赈荒，他们经商一方，往往是造福一方，赢得了当地民众的赞誉。

徽商还注重保持内部的团结精神、和谐氛围。徽州商帮是以血缘、地缘为联系纽带发展而成的。相对于商海的狂风巨浪，个体的商人只是一叶扁舟，而在徽商这样的集团里，他们追求着和谐的人际关系，依托着宗族的势力共进退。他们依靠商帮作为后盾，同舟共济，以众帮众，以商帮的整体力量雄踞商界。

此外，众多的徽商还慷慨解囊，在各地建立许多的会馆、公所，从而增强了徽商之间的凝聚力，发扬光大了互相帮助的和谐精神。因此他们能够上下同心，配合默契，使得江南地区的盐、茶、木、粮、典当诸行业几乎全为徽商所垄断。

在人际关系这个问题上，徽商对外对内都做得非常好，所以他们能在人生地疏的地方先生存后发展，生意越做越顺手，越做越兴隆。

徽商的代表人物胡雪岩认为，交情是经商生财的资本。如果缺了交情，就犹如满盘的棋子缺了一口气，摆得再多也是死的。

胡雪岩是一介商人，但他的经商生涯从来都是与官场交融在一起的。从王有龄到左宗棠，他攀交的权贵一个比一个大，这使得他在官场与商场之间游刃有余。通过这些权贵的大力荐举,他也成了一名世所罕见的"红顶商人",还被皇帝赏穿黄马褂。胡雪岩游刃商界,步步为营,节节上升,最终登峰造极,以"红顶商人"名播天下,凭仗的就是自己拥有的广博人脉。尤其值得称道的是,胡雪岩并不只知道结交权贵,对自己的生意伙伴、下属甚至曾对不起自己的人都能善待。有人曾评价胡雪岩是"容人饶人得人心。"

胡雪岩出道之初,就显出了这种特点。王有龄用胡雪岩捐助的500两银子捐官成功后,回到杭州,得知胡雪岩为此丢了饭碗,落魄不堪,他当时就要还上信和钱庄的500两银子,为胡雪岩洗刷恶名。他穿上官服,吩咐跟班备轿,让人准备鸣锣喝道,要和胡雪岩一同前往。按他的想法,自然是要耍一下自己的威风,为胡雪岩扬一扬名,顺便也替他出口恶气。

但胡雪岩却拒绝了。他并没有得理不饶人,而是设身处地地为别人考虑。他不去的理由很简单,信和钱庄的掌柜就是当初将他开除出信和的张胖子。如果此时他和王有龄一同前往,势必会让张胖子非常尴尬,大失面子。而如此一张扬,张胖子在同行、在东家面前的面子也就没有了,这是胡雪岩不愿意看到的事。他不仅不与王有龄同去,而且还叮嘱王有龄捧信和几句,也不要告诉他们已经见到了胡雪岩。这使王有龄对他的做法不禁赞叹道;"此人居心仁厚,至少手段漂亮。换了另一个人,像这样可以扬眉吐气的机会,岂肯轻易放弃?而他居然愿意委屈自己,保全别人的面子,好宽的度量!"

在对待吃里爬外的朱福年时,胡雪岩还是牢牢记住"饶人一条路,伤人一堵墙"的道理,使这件事处理得极为漂亮。

朱福年做事不地道,不仅在胡雪岩与庞二联手销洋货的事情上作梗,还拿了东家的银子"做小货",他的"东家"庞二自然不能容忍,依庞二的想法,他是一定要查清朱福年的问题,狠狠整他一下让他滚蛋,但胡雪岩觉得不妥。胡雪岩说,一发现这个人不对头,就彻底清查之后请他走路,这是普通人的做法,最好是不下手则已,一下手就比他厉害,让他心服口服,就像诸葛亮"七擒孟获"那样使人心服口服。胡雪岩的做法是:先通过关系,摸清朱福年自开户头、将丝行的资金划拨"做小货"的底细,然后再到丝行看账,在账目上点出朱福年的漏洞。然而他也只是点到为止,不点破朱福年"做小货"的真相,也不再探究,让朱福年感到自己似乎已经被抓到了把柄,但又不知实情。同时,他还给出时间让朱福年检点账目,弥补过失,等于有意放他一条生路。最后,则明确告诉朱福年,只要尽力,他仍然会得到重用,这一下朱福年真就感激不尽,彻底服贴了。

胡雪岩对朱福年的做法,确实十分高明也十分有效。俗话说,人怕破脸,树怕剥皮。人做了坏事,既已被老板揭穿,虽然不给处罚,他也心存惧怕,终归落下痕迹而无法相处,如此一来,自然无法再做下去。从这个角度看,既然还当他是个人才,同时还有不能请他走路了事的原因,那还不如为他留下面子,同时又让他心存感激,这样既达到堵漏补缺的目的,又等于救了 个人,于己于人,都善莫大焉。

但是,这种办法只能针对那种有本事,又有良心的人才能奏效,对于那些在本质上已经坏死的人,还是请其另谋高就为好。否则,到头来还是自己受害。

如果胡雪岩在还钱时真像王有龄开始准备的那样,为了自己扬眉吐气而使张胖子下不了台,别的不说,他至少不会让王有龄看到他的居心仁厚和"好宽的度量"。更重要的是,为别人留一条退路,也是为自己开一条出路,所谓"饶人一条路,伤人一堵墙",说的就是这个道理。别的不说,这一次为张胖子保全了面子,就使张胖子对胡雪岩不胜佩服,在其后胡雪岩的经商过程中,他真心实意以自己掌管的钱庄的力量,为胡雪岩解决了不少的难题,比如为海运局垫付漕款项,出面为漕帮作保向“三大”钱庄借款以使漕帮渡过难关,等等。这些,都是胡雪岩容人之过、善结人缘的结果。

客源就是财源

宝元通的全称叫宝元通兴业股份有限公司,1920年开始招股,当时的资金只有840银元,到了1937年,已增至100万银元,是当时西南地区最大的民营企业。

当时,一般的大商店都不愿意经营小商品,宝元通却既经营昂贵的外国毛呢,又经营廉价的鞋带,既卖3块银元一块的檀香皂,又卖3分钱一块的小肥皂,而且陈列十分醒目。卖小商品虽然无利可图,但该店的总经理肖则可却认为,这一能博得顾客青睐,二能让门市热闹,何况购买小商品的人还会顺便购买其他商品。

让顾客称好是宝元通一贯的宗旨,这在接待顾客上非常明显。顾客进门,售货员要礼貌接待,有问必答,而且不准只报价,不取货。顾客在挑选过商品之后仍不满意,售货员不但不能表现出不高兴,而且还要向顾客道歉:“这次没有您合适的,实在对不起,请下次再来。”至于在展示商品或找补零钱时,顺手扔给顾客,那是绝对不允许的。有的顾客带小孩来买东西,难免会拉屎拉尿,店员绝不能因此责备顾客,而是由清洁工负责打扫处理。

与宝元通一样,瑞蚨祥广结人缘的秘诀就是对顾客要态度和蔼,笑脸迎送。瑞蚨祥非常重视员工对顾客的态度,在这方面的要求是十分严格的。瑞蚨祥规定,无论春夏秋冬,所有售货先生都要求一律穿长衫,不能吃那些会发出异味的食物,如大葱大蒜之类。不准在顾客面前摇扇子、不准吃零食、不准吸烟,等等。

瑞蚨祥还要求员工在顾客进门时,先由四个年纪较大的职工拉开大门,笑脸迎接,然后由售货员上来请坐、看茶,根据顾客需要,送上商品,顾客要不要都没关系。售货员对想买布又拿不准主意的顾客,要先询问清楚顾客是自己买还是代人买,然后多拿些样品供顾客挑选,耐心解释,不厌其烦,直到顾客满意为止。

买卖成交时,如果需要找零钱,也要像宝元通那样把钱整整齐齐地放在柜台上,不准直接地交到顾客手中。成交之后,要检查一下布料有无残损,还要当着顾客的面量好尺寸,他们采取“买布放尺”的策略来吸引顾客。所谓“买布放尺”,就是顾客到瑞蚨祥买布,买一尺给一尺一寸,买一丈给一丈一尺,这种做法,为瑞蚨祥招来了大批购买力不高的普通顾客。

瑞蚨祥还十分强调“来者即是客”这一点,对那些到店里来,但还没有下决心买货的顾客,只要是来店里看了一看,售货员都热情接待,不会怠慢,要给他们留下好印象。对那些货比三家的顾客,也百问不厌,细致耐心,引导他们促成交易。对那些享受了周到服务后仍然一点东西也没买的顾客,也不会表现出不满和冷淡。临别时,仍热情地说“欢迎下次再来。”无论如何,都会使每一位顾客满意而去。

宝元通与瑞蚨祥真正视顾客为上帝,既为自己带来了源源不断的客源,也带来滚滚不断的财源。

赚钱需要善用人缘

老北京有句顺口溜:“头戴马聚源,身穿瑞蚨祥,脚蹬内联升,腰缠四大恒”。意思就是,只有戴上马聚源的帽子,穿上瑞蚨祥所卖布料缝制成的衣服,脚上再蹬上内联升制作的鞋子,同时腰包里装上“四大恒”(当时四家著名钱庄的银票),这样才可以称得上气派。由此可见,内联升的鞋子不仅远近闻名,而且还是一种身份的象征。

内联升至今有将近150年的历史,它的起步与发展,尤其是建立顾客档案的做法,现在仍可供我们借鉴。

清朝道光年间,河北武清县一位名叫赵廷的年轻人从农村来到北京,进入一家鞋铺当学徒。他是个有心人,既聪明又能干,很快就学得了一身做鞋的好手艺。这时,他幸运地遇到了“财神爷”——丁大将军。

一天,赵廷将丁大将军定做的鞋子送到丁府,丁大将军非常满意,便将赵廷叫到跟前,问道:“这鞋子是你做的吗?”

赵廷点点头。

“我这儿有一个尺码,你按照这个尺码给我做一双朝靴。一定要做好,定有重赏。”丁大将军说。

离开丁府后,赵廷选用最好的布料,下足功夫,几天以后,终于将一双精心制作的朝靴送入丁府。丁大将军一试穿,满口叫好,不由得上下打量起赵廷来,发现这个小伙计虽然穿着朴素,但全身上下干净利落,眼睛里也透着一股精明劲。丁大将军对他很有好感,便笑着对赵廷说:“你有这样的好手艺,还愁赚不到钱吗?干吗还当小伙计?”

赵廷红着脸说:“实不相瞒,我早就想自己开店了,可惜没有本钱。”接着,赵廷将自己开店的一系列想法全盘托出。丁大将军对此产生了浓厚的兴趣,决定借钱给赵廷开店。

清朝咸丰三年(1853)冬天,内联升鞋店在东交民巷开张了。赵廷认真分析了北京当时制鞋业的现状,认为制作朝靴的专业鞋店很少,于是决定主营朝靴。

有一次,一位有权势的人派仆役来内联升买鞋,由于这个人的脚型特别,所以一时间没买到合适的鞋,仆人很是不高兴。赵廷赶快按照他带来的鞋样,赶制了一双,并亲自送到府里,事后这位有权势的人非常满意。

因此,赵廷想:我为什么不把这些人所需的鞋的型号和特点记下来呢?一来可以赚更多的钱,二来也可以使他们不用现量脚样,这样,他们就能在内联升买到合适的鞋。这样一来,那些没时间量脚样的“贵人”买鞋时,不就更加会想到内联升了吗?

于是,他又找到丁大将军,通过各种关系,专门收集了许多王公贵族、京都和外地官员所穿朝靴的尺寸、样式以及他们的特殊喜好,积久汇集成册,取名《履中备载》。像袁世凯等当年达官贵人们的朝靴的尺寸,《履中备载》中都有详细的记录。所以,以后这些人再需要朝靴,只要派人说一声,要几双、什么材料的,内联升就可以根据《履中备载》中的资料很快制作出来,使他们十分满意。

《履中备载》也为官场上那些善于钻营的人提供了方便。各地进京的举子为巴结在京为官的“恩师”,或为谋取外放的肥缺,想尽办法讨显贵的欢心。他们听说内联升的老板秘藏着一本《履中备载》,于是纷纷前来打听显贵的足下之需,不惜花重金为上司、恩师定制几双朝靴送去。接受礼品的人见对方连自己穿多大尺码的鞋都知道,自然感到意外,就对他们好感倍增。

于是一双小小的朝靴便演变为催化剂,成为某些人飞黄腾达的必备品。因此,内联升生产的朝靴身价倍增,一双可以卖数十两白银。所以,很快内联升就名声大噪,不仅在京的官员喜欢购买内联升的朝靴,就连外省的一些官员也成了这里的顾客,财源自然也随着滚滚而来了。

中国有句古话:“小才不知有缘,不懂用缘;中才知有缘,但不善用缘;只有大才,知缘而且善用缘。”这句话正是人缘就是财源的生动写照。

积累人脉就是积累财富

四通八达、错综复杂的血脉网络,是人生命赖以存在的基础。在人们追求财富和幸福快乐的生活过程中,同样也存在一个类似血脉的系统,我们称它为人脉。如果说血脉是人的生理、生命支持系统的话,那么人脉则是人社会生命的支持系统。常言说“一个好汉三个帮,一个篱笆三个桩”、“一人成木,二人成林,三人成森林”,都是说,要想做成大事,必定要有做成大事的人脉网络和人脉支持系统。这是发生在美国的一个真实故事:

一个风雨交加的夜晚,一对老夫妇走进一间旅馆的大厅,想要住一晚。

无奈饭店的夜班服务生说:“十分抱歉,今天的房间已经被早上来开会的团体订满了。若是在平常,我会送二位到备用客房睡一晚,可是我无法想象你们置身风雨中的场面,你们如果不介意的话,就睡在我房间里吧!它虽然不是豪华的套房,但是还是蛮干净的,因为我必须值班,我可以待在办公室休息。”

这位年轻人很诚恳地提出这个建议。

老夫妇大方地接受了他的建议,并对造成服务生的不便致歉。

隔天雨过天晴,老先生要前去结账时,柜台仍是昨晚的这位服务生,这位服务生依然亲切地表示:“昨天您住的房间并不是饭店的客房,所以我们不会收您的钱,也希望您与夫人昨晚睡得安稳!”

老先生点头称赞:“你是每个旅馆老板梦寐以求的员工,或许改天我可以帮你盖栋旅馆。”

几年后,这位服务生收到一位先生寄来的挂号信,信中说了那个风雨夜晚所发生的事,另外还附一张邀请函和一张纽约的来回机票,邀请他到纽约一游。

在抵达曼哈顿几天后,服务生在第5街及34街的路口遇到了这位当年的旅客,这个路口正矗立着一栋华丽的新大楼,老先生说:“这是我为你盖的旅馆,希望你来为我经营,还记得吗?”

这位服务生惊奇莫名，说话突然变得结结巴巴："你为什么选择我呢？你到底是谁？"

"我叫威廉·阿斯特（William Waldorf Astor），我没有任何条件，我说过，你正是我梦寐以求的员工。"

这旅馆就是纽约最知名的Waldorf华尔道夫饭店，这家饭店在1931年启用，是纽约极致尊荣的地位象征，也是各国的高层政要造访纽约下榻的首选。

当时接下这份工作的服务生就是乔治·波特（George Boldt），一位奠定华尔道夫世纪地位的人。

是什么样的态度让这位服务生改变了他的命运？毋庸置疑的是他遇到了"贵人"，可是如果当天晚上是另外一位服务生当班，会有一样的结果吗？

人间充满着许许多多的因缘，每一个因缘都可能将自己推向另一个高峰，不要轻忽任何一个人，也不要疏忽任何一个可以助人的机会，学会对每一个人都热情相待，学会把每一件事都做到完善，学会对每一个机会都充满感激，我相信，我们就是自己最重要的贵人。

一棵小树苗要想长成参天大树，成为栋梁之材，必须要有粗壮厚实的根脉供给大地的营养，必须要有充足丰富的枝脉和纤细纵横的叶脉供给自然的空气、阳光和雨露。没有叶、没有枝、没有根，也就没有树。根脉、枝脉、叶脉的死亡最终导致了树的死亡。而栋梁之才的形成必须要有根深叶茂的支撑环境。

你在工作中最大的收获不只是你赚了多少钱，积累了多少经验，而更重要的是你认识了多少人，结识了多少朋友，积累了多少人脉资源。这种人脉资源不仅对你在公司工作时有用，即使你以后离开了这个公司，还会发生作用，成为你创业的重大资产。拥有它之后，你知道你在创业过程中一旦遇到什么困难，你该打电话给谁。假设你是个业务经理，那么，你的最大收获就不只是工资、提成以及职务的升迁，更重要的是你积累起来的人脉资源。它是你终身受用的无形资产和潜在财富！

投资人脉，利润丰厚

某中小企业的董事长长期承包那些大电器公司的工程，对这些公司的重要人物常施以小恩小惠，这位董事长的交际方式与一般企业家交际方式的不同之处是：不仅奉承公司要人，对年轻的职员也殷勤款待。

谁都知道，这位董事长并非无的放矢。事前，他总是想方设法将电器公司中各员工的学历、人际关系、工作能力和业绩，作一次全面的调查和了解，认为这个人大有作为，以后会成为该公司的要员时，不管他有多年轻，都尽心款待。这位董事长这样做的目的是为日后获得更多的利益作准备。

这位董事长明白，十个欠他人情债的人当中，有九个会给他带来意想不到的收益。他现在做的"亏本"生意，日后会利滚利地收回。

所以，当自己所看中的某位年轻职员晋升为科长时，他会立即跑去庆祝，赠送礼物，同时还邀请他到高级餐馆用餐。年轻的科长很少去过这类场所，因此对他的这种盛情款待自然倍加感动，心想：我从前从未给过这位董事长任何好处，并且现在也没有掌握重大交易决策权，这位董事长真是位大好人！无形之中，这位年轻科长自然产生了感恩图报的意识。

正在受宠若惊之际，这董事长却说：“我们企业公司能有今日，完全是靠贵公司的抬举，因此，我向你这位优秀的职员表示谢意，也是应该的。”这样说的用意，是不想让这位职员有太大的心理负担。

这样，当有朝一日这些职员晋升至处长、经理等要职时，还记着这位董事长的恩惠。因此在生意竞争十分激烈的时期，许多承包商倒闭的倒闭，破产的破产，而这位董事长的公司却仍旧生意兴隆，其原因是由于他平常关系投资多的结果。

查尔斯·华特尔，就职于纽约市一家大银行，奉命写一篇有关某公司的报告。他知道某个人拥有他非常需要的资料。于是，华特尔去见那个人，他是一家大工业公司的董事长。当华特尔被引进董事长的办公室时，一个年轻的妇人从门边探出头来，告诉董事长，她这天没有什么邮票给他。

“我在为我那十二岁的儿子收集邮票。”董事长对华特尔解释道。

华特尔说明了他的来意，开始提出问题。董事长的说法很含糊、概括、模棱两可，可以说没有什么有效的信息。他根本就不想把心里话说出来，无论怎样试探都没有效果。这次见面的时间很短，事实上也没有什么实际效果。

“坦白说，我当时不知道怎么办。”华特尔说，“接着，我想起他的秘书对他说的话——邮票，十二岁的儿子……我也想起我们银行的国外部门收集邮票的事——从来自世界各地的信件上取下来的邮票。”

“第二天上午，我再去找他，一传话进去，我带来了一些邮票要送给他的孩子。我是否能被很热情地带进去呢？是的，他满脸带着笑意，客气得很。‘我的乔治将会喜欢这些，’他不停地说，一面抚弄着那些邮票。‘瞧这张！这是一张无价之宝。’”

“我们花了一个小时谈论邮票，看他儿子的照片，然后他又花了一个多小时，告诉我所想要知道的全部资料——我甚至都没提议他那么做，然后，他又叫下属进来，问他们一些问题。他还打电话给他的一些同行，告诉我很多事实和数字。用一位新闻记者的话来说，‘我大有收获。’”

事情就是这样，当你无法与关键人物建立关系时，事情往往很难取得进展，可一旦你与他建立联系，事情就好办多了。

不断扩大自己的人脉网

在人生中，要想获得财富，机遇和贵人都是不能缺少的因素。所谓机遇和贵人就是在你需要帮助之时适时出现的人、事、物的组合体。我们无法控制这种完美的巧合在何时出现，我们唯一可能做到的是通过控制自己的人脉来给自己制造更多的机遇和贵人的可能。人脉网络好比是一个八脚章鱼，每个八脚章鱼在每一天每一分钟里都在不停地集合着、交错着，只是我们自己常常不自知，不在意，常常和贵人擦身而过！所谓贵人，并不是指人脉中的高官显贵，而是包括更多的普普通通的人，正是这些看似普通的人往往会在你意想不到的时候帮上你的大忙。总之，多结识一些人是有好处的，当我们一筹莫展、走投无路的时刻，也许一个普通人可能成为为我们扭转乾坤的“大贵人”。

有一个人很喜欢跟别人聊天，特别是他在旅途中无聊的时候。有一次，他去广州出差，在坐火车时，和邻座的素昧平生的人聊了起来。朋友待人非常热情，又是给人端茶到水，又是给人削水果。在攀谈中，他了解到，邻座原来是个大学讲师，干讲师的工作时间长了，逐渐地有些厌倦了，于是就辞职自己开办了一家公司，自任这家公司的总经理，现在这家公司发展得非常红火。他们聊得很投机，各自感到非常愉快。到广州站后，他们匆匆交换了名片。其实他们只是萍水相逢，谁也没有想到今后可能会用到谁。天有不测风云，人有旦夕祸福。没想到过了几个月后，这个人所在的单位倒闭，他也就成了失业游民，找工作找了几个月仍无满意合适的。房租也该交了，工作还没着落，他急得像热锅上的蚂蚁。有一天他正心烦，忽然想起了那位在火车上遇到的人，于是就给他打电话，说明了自己的情况，问他们那里有没有适合自己的岗位。那个人回答说，目前他的公司不缺人，但他非常热情地介绍了另一家公司，让他去面试。就这样，这个人很快找到了一份很满意的工作，一个普通得甚至还不能称其为朋友的人帮他渡过了难关。

无论在什么时候，我们都要养成和任何人都说话打招呼的习惯。即使在街上碰到的陌生人，都可能成为我们成就事业生涯的贵人，即使对方表面上看并不是你心里所想象和期待的人。我们要有与人为善的态度。对人好是自己的事情，至于别人对我好还是不好，我们不要去过多地计较，因为那是他的选择。在建立人脉网络的过程中，很多人常常陷入一种情绪，就是对人家好就希望获得对方的回报，万一结果不如预期，马上就会产生心理上的不平衡，感觉自己吃了大亏。有了这样的情绪，久而久之，就会丧失对人的热情或是在感情上做选择性的付出。而全心全意待人，是我们获得人脉和财富的法宝。

有一位业余从事房地产买卖的人，住在某大厦，当时那里是名列豪宅的物业。每次有人要买房子时，第一个就是问大门口的保安：“这里有没有人要卖房子？价钱多少？”结果，每一次保安都说：“你去问住在八楼的某某（就是那位业余从事房地产买卖的人），她很喜欢买卖房子，你就不需要再去找其他中介了！”结果这个人在大楼住了18年，一共买卖了60套楼房，赚了几百万元。

这个人在回忆为什么保安总是对她这么好，并把她推荐给买房子的顾客时说，因为在这之前，每一天只要经过大门，她一定会向保安打招呼，她把这些保安当成自己的朋友，不但逢年过节送红包，平常有好吃的，一定记得与他们分享，这都是出自她内心的感谢和友爱。当时那栋大楼住了600多户，保安偶尔也会唧唧喳喳交换心得，讨论关于哪一户人家比较客气、态度好之类的事情，最终保安们一致认为住在8楼的那位小姐是这全楼最好的住户，而且，又做房地产的生意，所以，每次来人问房子的事，他们总是把顾客推荐给这位小姐。

真正成功的人，就是对最卑微的人都是毕恭毕敬的！那位小姐做梦也没想到顺手送一盒饼给保安，会使她赚进几百万元！其实，致富的关键并不在于你多么聪明、多么懂得算计，或是找多少专家、顾问，这些都是其次。最重要的是，如果种下好的因缘，老天爷自然会送给你美好的果实。

常听到抱怨,某某人屁本事没有,仰仗着有个好爸爸,或者好哥哥、好姐夫什么的,从此就一路顺风。虽然这样很让人不服气,可是古今中外这样的例子很多。如果你生在普通人家,又没有机缘巧合结识什么势微时的王有龄(同治时期的浙江巡抚,胡雪岩因结交他而起家),是不是就没有赚钱的机会了?其实不然,我们可以逐步建立"人脉网络"。用这样的方法为人处世,不但能独善其身,也可能兼济天下。有一个人,他帮助了很多人,有很多朋友。这个朋友不能说很顺利,但是他确实能逢凶化吉。他的朋友实在太多,所以他的机会也多。要记得这样一句话:我们的体能会下降,知识也会落伍,但唯一增长的就是人脉。

人脉网络为人们提供了这样的可能:即让你结识他人,也让他人认识你。当彼此间的品行、才干、信息得以了解的时候,就可能结出两个甜美的果实:珍惜彼此的友谊和获得发展的机遇。交际活动是机遇的"催产术"。着意开发人脉资源、捕捉机遇,成功的彼岸离我们就更近了!京城"火花"首富吕春穆就是很好的例子。

吕春穆原是北京一所小学的美术教师。一天他在杂志上看到有人利用收集到的火柴商标引发学生们学习兴趣和创作灵感的报道,他决定收集火花。于是,他展开了广泛的交际活动。首先油印了两百多封言辞中肯、情真意切的短信发到各地火柴厂家,不久就收到六七十个火柴厂的回信,并有了几百枚各式各样的精美的火花。

此后,他主动走出去以火花为媒,以火花会友。1980年,他结识了在新华社工作的一位朋友。这位热心的花友一次就送给他二十多套火花,还给他提供信息,建议他向江苏常州一花友索购一本花友们自编的《火花爱好者通讯录》,由此他欣喜地结识了国内100多位未曾谋面的花友。他与各地花友交换藏品,互通有无。他利用寒暑假,遍访各地藏花已久的花友,还通过各种途径与海外的集花爱好者建立起联系。就这样,在广泛交往中他得到了无穷无尽的乐趣和享受,为他成名创造了机会。

他先后在报刊上发表了几十篇有关火花知识的文章,还成为《北京晚报》"谐趣园"的撰稿人。他的火花藏品得到了国际火花收藏界的承认,他本人也跻身于国际性的火花收藏组织的行列。1991年他的几百枚火花精品参加了在广州举办的"中华百绝博览会",他以14年的收藏历史和20万枚的火花藏品,被誉为火花大王而名扬于京城、独领风骚。

很显然,吕春穆的成功得益于交际。他以"花"为媒结识朋友,通过朋友再认识朋友,一直把关系建立到全球,从而,一次次机会降临,使他走向了成功。事实证明,人们的机遇的多少与其交际能力和交际活动范围的大小几乎是成正比的。因此,我们应把开展人脉活动与捕捉机遇联系起来,充分发挥自己的交际能力,不断扩大自己的人脉网,发现和抓住难得的发展机遇,进而拥抱成功,让每一次交往都成为提升自己的机会。

人脉资源越丰富,你的机遇也就越多;你的人脉档次越高,你的机遇就来得越快、越多。这已经是有目共睹不争的事实!而且经常是成功与否的关键。人、技术和资金这三大条件的核心就是"人"。如果你有足够丰富的人脉资源,那么资金和技术问题就容易迎刃而解。所以"人"才是担负起你事业成功的关键。这种与关键人物取得联系的有利条件,就是"人脉力量"。事实上,人脉网络越宽广,做起事来就越便利。每个业务人士都希望那些有影响力的大人物能够助自己一臂之力,使他们在事业的发展上,能够少遇些障碍。

比尔·盖茨真正成为世界首富的原因,是他掌握了世界的大趋势,他在电脑上的智慧和执着。但是,人脉对于比尔·盖茨的成功也起到了非常关键的作用。比尔·盖茨的人脉资源是相当丰富的。在他20岁时签到第一份合约,这份合约是跟当时全世界第一强电脑公司——IBM签的。当时,他还是位在大学读书的学生,没有太多的人脉资源。他是怎样钓到这条大“鲸鱼”的呢?原来,比尔·盖茨之所以可以签到这份合约,中间有一个中介——比尔·盖茨的母亲。比尔·盖茨的母亲是IBM的董事会董事,妈妈介绍儿子认识董事长,这不是很理所当然的事情吗?假如当初比尔·盖茨没有签到IBM这个单,相信他今天绝对不可能拥有几百亿美元的个人资产。

人脉有多大,机遇就有多大

俗话说:“心有多大,舞台就有多大。”而在今天我们不得不承认“人脉有多大,你的机遇就有多大”。就算有你能力的支持,魅力的展现,有上天的本领,也难以凭借你自己一个人的力量去好好地实现目标,而如果你广结善缘,说不定到处都有赚钱的机遇,成功的捷径。

当很多年轻的女孩子刚刚走出大学准备进入职场的时候,朱艳艳已经是兰生大酒店的公关部经理了。她可谓是中国改革开放以后第一批在本土成长起来的公关人才,但当时的她并不理解自己的真正职责。她每天都是在忙碌中度过的,“比如说我们要把中国文化介绍给外国客人,圣诞节的时候举办餐会,举办各种新闻发布会”,工作的跨度很大,从举办各类宴会到媒体联络,从企业关系维护到政府关系维护。维护但是几年风风雨雨的历练使朱艳艳对当初自己的角色、对今后的目标不再懵懂。她变得成熟了,她变得自信了,她变得善于交际了,她拥有一张无所不包的关系网。

朱艳艳拥有一大帮记者和编辑朋友,娱乐、经济、体育记者面面俱到,办宴会、展会,她的人脉资源可以一直从主持人、明星延伸到诸如食物安排之类的所有流程,还有政府部门上上下下的工作人员,朱艳艳也都混了个脸熟。人生中的第一份工作,为朱艳艳打开了一扇通向成功的大门,也为她积累了第一桶“金”——人脉的无形资产。

不过真正体会到人脉资源的价值,还是由于一件小事。“当时有一个朋友在策划记者招待会和新闻发布会,但是他自己和媒体不熟悉,就找我帮忙联系相关的记者。”朱艳艳说,这是她第一次强烈地感受到市场对于公关服务的需求,有需求就有市场,这令她萌发了创业的念头。

公司逐渐步入正轨之后,被朱艳艳称为“转折点”的客户是美国的家用电器巨头惠而浦。“外国公司对公共关系是非常重视的,而且也有请公关公司服务的习惯。当时惠而浦进入中国市场没几年,几乎是一年换一家公关公司,但一直没有找到一家满意的。”1997年底,眼看着上一家公关公司的合约即将到期,朱艳艳的一位在惠而浦工作的朋友向老板引见了她。

对这次早已期待的见面,朱艳艳做了充分的准备。短短的十几分钟内,她妙语连珠般的讲述恰到好处地解释了公司能为惠而浦提供的服务。老板随即拍板,OK,就用你们吧!

之后就一发不可收拾了。联合利华旗下的诸多品牌,比如力士、多芬、奥妙,还有其他世界500强公司像三菱电机、通用等,都成为朱艳艳的客户,而且最令她骄傲的是,这些客户的“忠诚度”极高,至少到现在还没有放弃和她的合作。而随着经验的丰富,他们的业务也从原来简单的媒体联系，发展到策划活动、政府关系和公共事务、社区关系、危机公关、全球新闻发言人，等等。

卡耐基训练大中华负责人黑幼龙曾经说："完整的人际关系包含三个阶段——发掘人脉、经营交情、出现贵人。"其实说起来，等待"出现贵人"的阶段，除了人缘关系处理的艺术外，更重要的还是内涵。如果朱艳艳不是一个值得帮助的人，想来那些曾经帮助她的人也不会提供这样的机会。

无论做什么都是向别人传递信息的机会，一个懂得把握机会，同时又能善于经营人际关系的人，最后才能依靠人脉开创事业的舞台。

人与人的能力总有高低之分，而能力的大小不是一个有限值，如果利用得好，它可以无限发挥，所以关于"能力"的"利用"也就成了一个大家永远都关心的话题。如果你够细心，你会发现其实人脉也是延伸你能力的一大法宝。

有的人可能觉得自己天生就没什么能耐，所以只能天天劳碌奔波，挤公车上班，坐地铁回家，然后到菜市场买菜，有时为了分分角角和摊主斤斤计较。其实他也想住豪宅、开洋车，但他觉得自己没有能力去赚取这么多的钱。天下真有笨得赚不到钱的人吗？如果有，你甘愿那个笨蛋是你吗？每个人都会回答"不"！

大家都看过《射雕英雄传》吧，郭靖看似呆头呆脑的，比起会耍心计耍阴谋的杨康差远了。但是他却成了人人佩服的大英雄。因为郭靖的师傅既有以侠义自称的江南七怪、擅长内功心法的马钰道长，又有武功盖世的洪老帮主、童心未泯的周伯通，并且身边还有聪明过人的黄蓉。这简直是天时、地利、人和都具备，不想成就一番事业都不行了。郭靖虽然脑子反应比较慢，但他深深懂得，独腿走不了千里路，要真正在江湖上闯出一条路来，立稳脚步，必须兼收并蓄，集众家之长。因此，他用心地、真诚地"学"出了自己的人际网络，并最终成为一代大侠。

其实，郭靖一点都不笨，他比谁都聪明，因为他懂得人脉的重要性，深知众人拾柴火焰高，集聚众人的智慧延伸自己的能力，何乐而不为？

赚钱需要朋友帮

李嘉诚曾经说过："成就事业的关键，在于有愿意帮助你的人，而且他们乐意与你一起工作。"确实如此，赚钱不是单枪匹马闯江湖，他需要有人与你合作，有人在一旁全力协助你。否则，一个天才没有别人的协助，也只能做个平凡的人。

雅虎的成功是偶然的，而这种偶然是缘于其创业人之一杨致远结识了大卫·费罗。

杨致远上中学时学习不算勤奋，甚至有点懒，但成绩却相当优秀。1990年他以优异的成绩考进了斯坦福大学，只花了4年就取得了学士、硕士学位。毕业时觉得自己还欠成熟，就留校从事研究工作。正好，大卫·费罗也留校从事研究工作。两人的邂逅和结交无疑成为Yahoo成功的关键因素。

杨致远和费罗其实是旧识。费罗1988年毕业于杜兰大学，而且曾当过杨致远的助理教授。一向全拿"A"的杨致远在费罗的判官笔下却只得了"B"。对此，杨致远至今还发牢骚。后来两人同班听课,还在作业方面开展合作。以此为起点,两人成了最佳搭档。费罗内向,善于思考,而杨致远活跃,是社团中的领袖,他们的性格能力有了完美的互补。费罗善于在屏幕上整理资料,有一种“只要在终端前,就能统治全世界”的感觉。不久,他俩同去了日本。在那里两人都成了外国人,友谊与日俱增。

回到斯坦福,两人在一辆学校拖车上成立了一间小型办公室。两人都想建立自己喜欢的网站名单。后又决定集合起来,形成了“致远万维网导航”。不久,网站招来了许多用户。人们纷纷反馈信息,还附上建设性意见,使内容更加完善。“要不是有这么多外来的回应,我们就不会继续下去,更不会有今天的雅虎。”

当时,网上有许多竞争者,但他们都靠软件自动搜索。范围虽广泛,但不准确。而雅虎则纯粹是手工制品,搜索准确,更加实用。实际上到1994年底,雅虎已成为搜索引擎的领导者。

1995年上半年,两人与好几家风险投资公司接触。此时,他们的网络已是世界上网络访问率最高的网址。最后是“美洲杉”慧眼识英雄。这家公司曾投资过许多国际知名的大公司,如今他们骄人的业绩上又添加了Yahoo。

1995年4月,在“美洲杉”资助下,他们成立了自己的公司,资产约400万美元。

杨致远赢了,他赢得的不光是金钱,还有名誉、声望,更重要的是朋友的加盟。有了朋友的鼎力相助,不赢也得赢,这已经成为一个定律。而赢家手中的第二个秘密则是着眼于长远,在对待盟友和竞争对手时善于处理好眼前利益和长远利益的关系,不四面出击,而是广交朋友,周密考虑,谨慎从事。

萨耶最初的时候在明尼苏达州一条铁路做货物运输代理业务。做这种业务,有一件令人头痛的事情,那就是有时收货人嫌货物不好而拒收,收不到货款不说,还倒赔运费。萨耶是一个善于动脑筋的人,他想到了邮寄。

出乎意料的是,这一方式竟然非常成功,同行也纷纷仿效,大有超越他这个创始人的势头。萨耶意识到必须扩大规模。可扩大规模就得有人手,去哪找这样的人呢?

在一个月光皎洁的夜晚,这个人出现了。

他叫卢贝克,到圣保罗购物,没想到迷了路,正在夜色下徘徊。这时,萨耶正好也在月光下散步,他冥冥中觉得这个人会是他的事业伙伴,于是邀请他到自己的小店中休息。

两人一见如故,一席话竟然谈了个通宵。卢贝克非常欣赏萨耶的经营思路,萨耶万分激动,盛情邀请卢贝克加盟,两人一拍即合,“萨耶·卢贝克公司”就在那个夜晚诞生了。

两个人搭档,生意突飞猛进,开辟了多种经营,突破了运输代理范围。

合作的第一年,营业额达到40万美元,为萨耶单干时的10倍。他们当时还是一家小店,这样的营业额,在同行中已经是遥遥领先了。

合作的第二年,生意更加红火,公司规模的不断扩大使两个人开始感觉到力不从心了。

有一天,萨耶苦笑着说:“也许,我们两个都不是天才。”

“这句话我早就想说了,可怕你泄气才没有说,”卢贝克说,“我们去请一个有能力的人一起干,如何?”

萨耶当即表示同意,可是,去哪找这么一个人呢?他们要找的是一个能够经营上百万美元业务的总经理,而不是一个小伙计。这样的人,在这个行业中本来就很少,即使有,也早被更大更有实力的公司请走了,哪轮得到他们这样的小公司啊。

经过好长一段时间,他们都没有找到合适的人。

“我们是不是换个思路呢,到平凡的小商人中去寻找吧?”有一天,萨耶说。

这一提议马上得到了卢贝克的赞同,他们一致认为这个思路很好,因为知名的人才,是不屑于到他们这种小店来工作的,即使不惜代价请来,也未必能够长久干下去,而从平凡的小商人中物色的人,如果委以重任,他一定会尽全力报效。

思路有了,但目标还是难确定,两个人谈论了半天,激动了半天,最后还是只好暂时搁下来。

不久后的一天,萨耶下班回到家时,看到桌子上放着一块妻子新买的布料。

“你要的布料,我们店里多得很,你干吗还花钱去买别人的呢?”他有点不高兴,因为他经营的小店确实有很多同样的布料。

“这种布料的花式很特别,今年很流行!”妻子说。

“就这种布料,也能流行起来?它不是去年上市的吗?一直都不好卖,我们店里还压着很多哩。”

“卖布的这么说的,”妻子说,“今年的游园会上,这种花式将会流行。瑞尔夫人和泰姬夫人到时将会穿这种花式的衣服出场。这可是秘密哦,你不要告诉其他人。”

萨耶感到有些好笑,所谓的流行,不过是卖布的骗人罢了,抬出当地的两位贵妇人,也不过是促销罢了,想不到他这样精明的商人,竟有这么一个轻易上当的妻子。

“你真的不能说出去哦。”妻子又强调。

萨耶摇摇头,没当回事,也没有打听那个卖布的人是谁。就连萨耶店里的那种花式的布料被人买走时,也没有引起他的注意。

到了游园那一天,果然如妻子所言,当地最有名望的两位贵妇瑞尔夫人和泰姬夫人穿上了那种花式的衣服,其次是他妻子和其他极少的几个女人穿了,那天,他的妻子出尽了风头。

更奇特的是,在游园会上,每一个女人都收到一张宣传单:瑞尔夫人和泰姬夫人所穿的新衣料,本店有售。

这哪是什么新衣料啊?但萨耶突然开窍了:这一切,都是那个卖布的商人安排的!手段可不同凡响啊!

第二天,萨耶和卢贝克带着妻子的传单,到那家店去,想看一下那个商人到底是谁。远远的,他们就看见那个店被女人们挤得水泄不通。等他们挤进去时,却看到一张招贴:

“新衣料已售完,新货明日运到。”

那些妇人,害怕第二天买不到衣料,都纷纷预付衣料款。伙计一边收钱,一边还假意说:“不收了!不收了,怕明天到的衣料不够。”

其实,那种布料去年以来,一直是积压货,整个镇上多得不得了——当然,现在已经全部集中到那个神秘商人那里去了。商人故意说明天才到货,不过是刺激跟风的女人们,让她们快些交钱,而不要挑三拣四罢了。

萨耶和卢贝克一下子对那个商人佩服得五体投地。

“这个人就是我们要找的人,不管他长得高矮胖瘦,不管他是老是少,也不管他是男是女!”萨耶说。

但当他们见到那个商人时,却不禁哑然失笑:那个商人竟然是老熟人路华德——经常和他们做生意的人。

由于没有深交,他们对路华德没有什么印象,可这回仔细一瞧,竟觉得路华德身上具有一种强大的吸引力。萨耶和卢贝克意识到,路华德如今的生意虽然做得比他们两个的小多了,但这个人的才能在他们两个之上,如果不能成为伙伴,日后必然成为最强大的对手。

寒暄之后,萨耶和卢贝克开门见山:“我们想请你去做我们公司的总经理。”

“请我?做总经理?”路华德简直不敢相信这个事实,因为萨耶和卢贝克的生意在当地做得太好了。

路华德要求给他三天时间考虑,因为他自己正做着生意,面临着选择。

“当然可以,”萨耶说,“不过,这三天内,你得保证不能到其他公司工作啊。”

“那是肯定的,”路华德笑了,“我还没有那么俏,不会有人找我的。”

事实上,萨耶的担心一点也不多余,因为他们刚刚离开,就有两家化妆品公司登门邀请路华德加盟了。

路华德也是一个守信之人,因为萨耶有言在先,他拒绝了那两家化妆品公司。

出身于市井小店的路华德对萨耶和卢贝克深怀感恩之情,工作十分投入,很快做出卓越的成绩。他和萨耶、卢贝克三个人团结协作,公司业务蒸蒸日上,10 年时间,营业额增长 600 多倍。

俗话说:“一个好汉三个帮。”我们处在这样一个多文化的社会中,难免会交到一些可靠的朋友。因此,在事业的发展中,可以适当地得到朋友们帮助。“独木不成舟”说的也是这个道理。

第八章

百折不挠：赚钱需要永不放弃的精神

日本知名企业家盛田昭夫曾说："看了伟大人物的回忆录，得知他们在遭遇危机时怎样东山再起后，我才开始明白：做生意和做人一样，遇到困难都永不绝望、放弃。"

知难而进，愈挫愈勇

一位父亲很为他的孩子感到苦恼。因为他的儿子已经16岁了，可是一点男子气概都没有。于是，父亲去拜访一位禅师，请他训练自己的孩子。

禅师说："你把孩子留在我这里3个月，我一定可以把他训练成真正的男子汉。但是，在这段时间里，你不可以来看他。"父亲同意了。

3个月后，父亲来接孩子。禅师安排孩子和一个空手道教练进行一场比赛，以展示这3个月的训练成果。

教练一出手，孩子便应声倒地。他站起来继续挑战，但马上又被打倒，他就又站起来……就这样来来回回了16次。

禅师问父亲："你觉得孩子的表现够不够男子气概？"

父亲说："我真感到羞愧，想不到他那么不经打，被人一打就倒。"

禅师说："这只是表面的胜负，你怎么没有看到你儿子倒下去立刻又站起来的勇气和毅力呢？这才是真正的男子气概啊！"

事实上，很多人都像这个故事中的父亲一样，只关心表面的胜负，而忽视了胜败背后实质的东西。勇敢和有魄力并不仅仅表现为打倒别人，同样也表现为一种愈挫愈勇的战斗精神，只要站起来比倒下去多一次就是成功。

这个道理在企业界同样适用。任何一个企业，在其漫长的经营道路上，失误和暂时的失败是不可能杜绝掉的。从外部来讲，企业能做的是使它在发生的时候造成尽可能小的损失，并能及时补救。从内部讲，企业必须做到不灰心、不绝望，以积极乐观的心态和知难而进的精神来克服危机、战胜失败。

从所有优秀企业的生命历程中都能发现，在它们生命中的某个时刻都曾有遇到危机、犯过错误的经历，甚至现在它们中的一些公司正经历着困难。然而，关键是它们能用积极乐观的态度来激发全体成员的挑战精神和战胜各种困难的勇气，从而不会被一两次失败所吓倒，使自己能够成功地战胜危机，东山再起。

2001年9月11日，美国发生了近年来最大的危机：恐怖分子驾机摧毁了世贸大楼，伤亡惨重。事发后，美国政府当机立断停飞了所有的飞机，各机场也受到管制，美国的经济社会开始受到非常大的冲击。其中受到恐怖分子攻击而受到影响的体育赛事就包括赛车、拳击、大学体育赛事、正值热季的美式足球以及即将迎接季后赛的美国大联盟，各大赛事纷纷决定停赛。

从几个角度来看，美国政府停飞所有飞机不仅帮助了航空的安全，也间接影响了体育赛事的进行，美国的职业赛事各队往返球场大都是靠飞机运输，失去了主要的交通工具，比赛也无法顺利进行，而职业赛事一向观众非常多，动则三、四万人，若比赛无法进行，有可能遭受恐怖分子攻击的人群群聚地点就会变少，这对人民的安危也多了一层保障，因此可以看出美国政府决策之细密与周严。

虽然暂时停赛，不过to play or not to play的两种声音仍旧一直在争执。有人认为不继续比赛就代表向恐怖分子低头，美国人应该要勇于面对恐怖主义，继续过自己平日正常的生活。另一方面，有人认为现今继续进行体育竞技已经失去了意义，一来球员心思受到了影响，观众在遭到刺激后是否会进球场观球也不见得一定，在此国难同时，不应再进行竞赛。

争论最后以前者的胜利而告终，9·11伤痛后一周，9月17日晚上，当世界各地仍有许多体育场沉浸在恐怖事件的哀伤与恐惧中时，美国职业棒球赛决定开打，而美国其他的体育竞技赛事也将陆续开始运作。17日当天涌入棒球场看棒球的平均人数超过两万，丝毫看不出恐怖事件对美国人民精神活动的影响。场上的球员为光荣而战，试图用自己最精湛的球技重新唤起美国人民的活力与爱国心，球员在场上的竞技也确实唤醒了球迷的热情。疯狂的球迷脸上、身上的涂鸦不再是各队的队徽或是吉祥物，而将其改成美国的国旗以及象征美国国家精神的图章，所有的球迷和场上的球员一同展现爱国心，共同体验美国最好的球赛竞技。

在此，我们看到了美国人民面对危机时积极乐观的态度，在短时间内便能重新恢复正常的轨道。

日本丰田汽车的创始人丰田喜一郎为了生产出“日本自己的汽车”，经历了无数次的失败，几次陷入重重困境，甚至濒临破产。

但是，正像丰田喜一郎在接受日本著名传媒《每日新闻》的采访时所说的一样：“我早年立志以创造日本汽车业为毕生事业，这的确令我付出了毕生的心血。一次次的失败，令我失望，也感到颓丧，但却没有使我打退堂鼓。”

在这些打击和失败中，尤以日本刚战败时最为严重。当时，丰田集团被列入“财阀解散令”的名单中，企业面临被拆散的命运。同时，由于当时经济十分低迷，已经卖出去的汽车也无法收回货款。但是，与这些困难相比，丰田喜一郎的得力助手赤井久义突遭车祸身亡，这对他的打击更大。

在丰田集团，赤井久义便是丰田喜一郎的右臂，他处事干练讲策略，在丰田集团中有很高的威望。他的突然过世，使许多人深为悲痛，尤其是和他患难与共的丰田喜一郎。到晚年时，他还感伤地说："5年、10年之内日本一定会恢复的话仍然萦绕在耳边，赤井就去世了。倘若他没有遇到车祸，丰田1950年发生的不幸(濒临倒闭)说不定就可以避免了。"

但是，丰田喜一郎并没有被危机击倒，他果断地采取了以下3个措施，使企业避免了破产倒闭的命运。

(1)顺时应变，暂停生产汽车，改为与民生密切相关的衣、食、住、行方面的生产。

(2)锲而不舍、历尽艰辛争取出口丰田自动织布机，打开了英国市场。

(3)巧换公司名，换汤不换药，躲过"财阀解散令"一劫。

丰田公司度过了此次危机，虽然在以后的发展中遇到更多的打击，但丰田喜一郎依然凭着愈挫愈勇的积极态度成功地坚持了下来。今天，全球约160个国家的道路上都行驶着丰田汽车，丰田集团还成为了全球最具竞争力的企业之一。

与丰田喜一郎一样，美国联合保险公司的董事长和主要股东克莱门蒂·斯通也正是依靠积极乐观、知难而进的精神渡过了一个又一个危机。

斯通出生于1902年，幼年时，父亲就去世了，他只能与母亲相依为命，自小就为生计操劳。初中毕业后，母亲让他作保险公司推销员，因此他便爱上了保险业这一行。起初，他逐门逐户地跑，尽管收获不大，但获得了经验。以后，他拉的客户群不断增加。他自己认为之所以能拉到越来越多的客户，就是依靠不怕吃闭门羹、迎难而上、积极进取的精神。

1922年，20岁的斯通只身来到芝加哥，开办了自己的保险公司，取名为联合保险代理公司，从此开始了他投资保险业的历程。由于斯通已有丰富的经验，保险公司一开业，生意就十分兴隆，开业第一天就拉到50多个投保客户，最多的一天拉到120多个客户。公司业务也扩展到芝加哥以外的地区。

正当斯通雄心勃勃地拓展其公司业务时，却遇到了前所未有的危机，这就是发生在20世纪20年代末、30年代初席卷美国以及其他资本主义国家的特大经济危机。由于经济不景气，居民收入大幅度下降，工商企业纷纷倒闭、或大幅度削减投资和生产，给保险业造成了沉重的打击。可想而知，在那种情况下，公司要拉客户是何等艰难。一些推销人员纷纷打退堂鼓，对前途悲观失望。这时，斯通鼓励推销人员说：如果你在遇到麻烦或困境时，以乐观的态度来对待，你就有可能成功；推销能否成功，关键看推销员的态度，而不在于市场环境的好坏。他还亲自到纽约等地去拉客户。他认为，如果一遇困难，就退缩不前，那么公司非垮不可。正是凭借斯通和公司推销人员这种知难而进的精神，他的保险公司不仅避免了破产，而且还在危机中获得了新的发展。

此后，斯通的公司又购买了宾夕法尼亚伤亡保险公司，实力不断壮大，最终发展为规模庞大的美国联合保险公司。斯通除经营保险业外，还向其他行业发展，现在除拥有美国联合保险公司外，还拥有霍斯恩出版公司和阿波特—柯维尔公司。尽管在事业发展的过程中，他遇到过许许多多的困难和危机，但却从来都不畏惧，不退缩，而是积极面对、迎难而上。他曾经出版过《永不失败的成功之道》，在这本书中，他反复强调，遇逆境而不灰心，迎难而进，以积极向上的态度克服经营中的每一个困难。

也许积极乐观、迎难而进不是什么新鲜的话题，但是要实实在在地做到这一点并不容易。很多私营企业在遇到困难时总是抱怨环境不好、运气不佳、失望、悲观，实际上这都是害怕困难的表现。以这样的态度对待危机，即使困难微不足道，企业也没有振兴的希望。

松下幸之助也反复强调，企业经营遇到困境时，不要责备外界环境，不要怪运气不佳。他认为：

“做生意跟真刀实枪比武一样，不是你死，就是我亡。在拼杀中谁也没有胜利的把握……如果赔本，其原因绝不是‘时’与‘运’不好，而是经营方法不得当。所以，如果将经营不当的结果，看作时运不济……这根本就是错误的。”

他认为，作为优秀的企业，优秀的经营者必须有迎难而上的精神。他说：

“在被称为‘动荡不定时代’的今日，的确不容易预测将来的趋势。因此经营困难当然较多。但严格说来，这种困难不仅现在才有，过去有过，将来也会每天都存在。困难愈多，社会愈动荡，才越能让有雄心、有志气的人觉得有意义……没有这种雄心或志气的人，在面对逆境时会动摇、迷惘，而被时代淘汰。如果经营者如此，他所主持的公司，必然不会成功。”

松下幸之助的这段话可谓十分有道理。的确，企业在经营过程中，每时每刻都可能会遇到危机，如果见难而退，企业就没有成功的希望。只有不畏惧困难，迎难而上，才不会“被时代淘汰”，才能从困境中重新站立起来。就像前面所介绍的丰田喜一郎和斯通一样，在遇到危机之时，要乐观地以积极的思维来解决问题。当受到挫折而感到绝望时，其实正是站在一个新起点，迎来一个绝佳机会的时候。

只有自己才能拯救自己

有一天，某个农夫的一头驴子不小心掉进一口枯井里，农夫绞尽脑汁想办法救出驴子，但几个小时过去了，驴子还在井里痛苦地哀嚎。最后，这位农夫决定放弃，他想这头驴子年纪大了，不值得大费周折地把它救出来。不过无论如何，这口井还是得填起来。于是农夫便请来左邻右舍帮忙一起将井中的驴子埋了，以免除它的痛苦。农夫的邻居们人手一把铲子，开始将泥土铲进枯井中。

当这头驴子意识到自己的处境时，刚开始叫得很凄惨。但出人意料的是，不一会儿这头驴子就安静下来了。农夫好奇地探头往井底一看，出现在眼前的景象令他大吃一惊：当铲进井里的泥土落在驴子的背部时，驴子的反应令人称奇——它将泥土抖落在一旁，然后站到泥土堆上面。就这样，驴子将大家铲到它身上的泥土全数抖落在井底，然后再站上去。

很快，这只驴子便得意地上升到井口，然后在众人惊讶的表情中快步地跑开了！

犹如驴子的情况，在激烈的市场竞争中，企业难免会陷入“枯井”里，也会有各式各样的“泥沙”倾倒下来，想要从这些“枯井”脱困的秘诀就是：自己将“泥沙”抖落掉，然后站到上面去！

经营中所遭遇的种种危机就是加诸在企业身上的“泥沙”，它们可能会将企业埋没。然而，换个角度看，它们也是一块块垫脚石，只要能够锲而不舍地将它们抖落掉，然后站上去，那么即使是掉落到最深的井，企业也能安然地摆脱危机。从驴子的遭遇我们就可以看到，在陷入绝境的时候，只有自己才能挽救自己。如果企业能以这种态度去直面危机的来临，往往就会在危机中挖掘出潜藏的力量，化危机为转机。史玉柱从负债累累到东山再起的经历就充分说明了这一点。

1991年，史玉柱在珠海注册成立了巨人新技术公司。1992年，巨人公司的M6403汉卡卖出了2.8万套，实现利润3500万元。公司员工很快发展到二百多人，都是清一色的青年，平均年龄24岁，97%的人是研究生和大学生。这个时候，珠海巨人新技术公司正式升格为珠海巨人高科技集团公司，注册资金1.19亿元，下设8个分公司；同时，M6405型汉卡、中文笔记本电脑、中文手写电脑等多种产品也陆续推出。到1993年，巨人集团下属全资子公司已经发展到38个，迅速成长为全国第二大民办高科技企业。那一年，史玉柱才31岁，他作为唯一以高科技起家的私营企业代表，被列为《福布斯》大陆富豪第八位，而这一切，他只用了短短5年时间。

1993年也是巨人集团出现大转折的一年。由于集团发展一帆风顺，史玉柱的头脑开始发热，他下令全方位出击，向房地产和生物工程领域进军。他的计划是到2000年，让巨人集团的资产发展到100亿元。然而，市场经济的竞争是无情的，往往会出现“一着不慎满盘皆输”的局面。史玉柱连着下了两步致命的“臭棋”，为“巨人”的倒下埋下了伏笔。史玉柱的第一步“臭棋”是建一座号称全国最高的“巨人大厦”，采用世界最流行的“智能型”概念。然而，这座大厦的建设后来也演变为冒进方式，从当初自用改为房地产开发，楼层从原来的38层改为64层，后又增为70层，预算投资飙升至12亿元。尽管这已超过了他的资金实力的十几倍，史玉柱仍然决定不用银行贷款，靠自己的力量来解决资金问题，其后果直接导致了后来的资金危机。

1995年，史玉柱亲眼目睹了巨人事业从辉煌的顶峰走向了大溃败：从这年的下半年开始，巨人集团的计算机产品和楼房的销售形势出现逆转，生物工程全面亏损，财务状况吃紧，又加之工程由于下雨延期，首期合同未能按时交付，债主纷纷要求退赔，巨人集团就此陷入深深的危机……

那些日子里，史玉柱将自己封闭在帷幕低垂的总裁办公室内，仿佛陷于一座孤岛。失去并不可怕，可怕的是拥有后又失去。那种极大的心理落差是很多人所难以承受的。

一个英雄之所以被人们尊称为英雄，不是因为他战胜了多少的敌人，取得了多大的成绩，而是因为他能够于绝地里奋起，于危机中迸发，战胜自己，做自己以为做不了的事情。英国的惠灵顿将军某次战败后看见蜘蛛在风雨飘摇中不懈地结网，他大受鼓舞，重整旗鼓，成就了一世英名。现在的史玉柱和他的巨人集团就如同那只风雨飘摇中的蜘蛛一样，他非常清楚地意识到，现在只能依靠自救来使巨人集团重新崛起。

但是，仿佛命运偏偏要让史玉柱多受些磨难，几乎所有的自救措施都用尽了也无济于事，史玉柱悄悄地一个人躲进南京东郊的一个不起眼的内部招待所“疗养”。在此之后，昔日“十大改革风云人物”、时年35岁的巨人集团董事长史玉柱从公众视野中彻底消失了整整3年。

在那段“疗养”的日子里，史玉柱明白了什么叫卧薪尝胆，他经常白天独自一人开着一辆旧吉普到东郊，随身带上矿泉水和面包，还有几本被他翻烂了的书，有《毛泽东和第五次围剿》、《太平天国》、《洪秀全》、《长征》。所有这些历史人物及他们的成败得失，都给他以巨大的震撼和启迪，同时，他还看了不少经营管理方面的书，反复揣摩自己的问题在哪里。他认识到了，失败的原因是自己盲目地追求速度，盲目地扩大多元化生产，在一些不是自己优势的领域里搞大摊子，做“阵地战”，致使有限的资金分散跨度太大，被“各个击破”，最终陷入财政困境，而且掉进了传统的陷阱——房地产上。

失败的原因找到了，史玉柱的下一步计划就是如何能够东山再起。毕竟，他还欠着将近3亿元的债务，这可是老百姓们买楼花的钱。

1998年初，有一家名为康奇的公司出现在江苏江阴市，在这个县级市，它是一家注册资金50万的企业，这些资金是史玉柱弄来的，但他没有股份，只有一份可以帮他实现还款方案的合同，他说，这是一个公平的合同。这时，史玉柱下决心准备用10年时间把“欠老百姓的钱”还清，这是他最大的目的，也是他此生之愿。脑白金就是在这样的还债的心理背景下产生的。脑白金是1998年5月份问世的。史玉柱再一次选择保健品行业作为一个突破口有他自己的理由。在当时资金背景下，投资长线的项目没有那么多资金，加上他的许多伙伴对保健品行业比较熟悉，生产质量非常好的保健品应该没有问题。史玉柱一直抱着只要质量好，保健品市场就能做得开的逻辑去开拓市场的。

在运作脑白金项目的过程中，史玉柱吸取了上次失败的教训，他稳扎稳打，成功地导演了保健品领域的神奇现象，仅2001年1月就创下了2亿多元的佳绩，突破了中国保健品行业单品单月的销售纪录。

依靠脑白金，史玉柱不仅还清了历史债务，还成功完成了与四通的控股购并，成为了四通的新CEO，再次为自己博得了十几亿的身家。

可以说，史玉柱是在废墟上为自己打开了复兴之门，实现了自己的诺言：从哪里跌倒，就从哪里爬起来。

与史玉柱的经营阅历相比，雀巢公司已经有130多年的历史了，在一个多世纪的市场搏杀中，雀巢也面临过无数的危机和困境，其中不乏灭顶之灾。但是，雀巢公司和它的管理者们不仅依靠自己的力量成功自救，还在不断与困难的抗争中逐渐强大起来。

雀巢的第一次危机始于第一次世界大战，虽然战争并未影响人们对雀巢产品的需求，但它带来的运输困难使进出口受阻。战争中，牛奶成了紧销商品，雀巢不愿放弃这个大好时机，于是在美国和澳大利亚等地买了一批工厂，以提供原料和初级产品，为此公司开始大笔借债。但战争结束时，政府不再大量采购罐装牛奶，社会需求取向也发生了变化，已经负债累累的雀巢及时地改变产品策略，以迎合战后繁荣所带来的商机。1920年，雀巢在巴西投资建厂，以开发有价值的发展家中国市场。至此，雀巢已拥有了很多个工厂和300多个分销处、代理处，但它的债务总额也达到了8500万瑞士法郎。如果当时经济形势稳定，这场负债经营的博弈也许可以安全获利。但这时，令雀巢始料不及的事情发生了：1921年1月，世界性的经济危机使宏观环境变得十分恶劣，汇率波动，原料价格飞涨，加之股市中流传出将不分红的谣言，使上年1月价格为1020瑞士法郎的雀巢股票跌到当年1月的550瑞士法郎，过速膨胀带来的财务危害显现出来，公司损失惨重。这次危机给雀巢一路高歌的拓展敲响了警钟，一边是生产能力闲置造成损失，一边是生产得越多赔得就越厉害，不能发挥生产能力。此时，雀巢公司已经到了破产的边缘。为了挽救危局，雀巢做了两件事。

第一，果断关闭了一部分工厂；第二，变革组织方式，放弃了过去董事会成员大多有父子或联姻关系的传统，开始选拔有商业和管理经验的人才——公司的管理大权被交到了瑞士金融奇才达普勒的手上。达普勒的对策很简单：各国分公司自理收支平衡——自行控制生产成本，想办法还自己欠的债。这一招很快见效，一年之内，雀巢公司负债额迅速降至5447万瑞士法郎。到1925年，雀巢终于偿清了商业银行的债务。

这次的教训之后，雀巢得到了这样一些经验：一是要保持并增强长期潜力，公司的财务状况就很重要，因为集团的活动能力全系于财务的健全与否。只有健全的财务状况才能给公司提供有弹性的调度空间，使得收购能够在完整的基础上进行。这意味着要严格控制存货和应收账款,即散落在国外的各分公司要对利润负责,不能只对销售收入负责。而现金的掌控越集中越好,这样才能在需要时及时支援,而不是散落保管于集团的各个分公司。二是自此雀巢引进了职业管理者的观念,让更专业的人士来管理公司。三是根据自己的实力选择战场,以免盲目扩张拖垮自己。

雀巢的历任管理层都一致认为,在这次事关生死的危机中,最有价值的经验就是:企业的命运掌握在自己的手里,无论遇到多么严重的困难,只有敢于面对它,才有机会解决它。

坚持到底、绝不放弃

众所周知,二战时期的英国首相丘吉尔是一个著名的演讲家。他生命中的最后一次演讲是在一所大学的毕业典礼上,这也许是世界演讲史上最简单的一次演讲。不知是当时丘吉尔太过年迈,还是他将人生的最大体会进行了浓缩,在整个20分钟的演讲过程中,他只讲了一句话,而且这句话的内容还是重复的,那就是:

"永不放弃……绝不……绝不……绝不!"

当时台下的学生们都被他这句简单而有力的话深深地震撼住了,人们清楚地记得,在二战最惨烈的时候,如果不是凭借着这样一种精神去激励英国人民奋勇抗敌,大不列颠可能早已变成纳粹铁蹄下的一片焦土。

丘吉尔的这次演讲是在用他一生的成功经验告诉我们:成功根本没有秘诀,如果有的话,就只有两个,第一个是坚持到底,永不放弃;第二个就是当你想放弃的时候,请回过头来再参照第一个秘诀去做:坚持到底,永不放弃。

英国劳埃德保险公司曾从拍卖市场买下一艘船,这艘船1894年下水,在大西洋上曾138次遭遇冰山,118次触礁,207次被风暴扭断桅杆,然而它却从没有沉没过。

劳埃德保险公司基于它不可思议的经历,决定把它从荷兰买回来捐给国家。现在这艘船就停泊在英国萨伦港的国家船舶博物馆里。

不过,使这艘船名扬天下的却是一名来此观光的律师。当时,他刚打输了一场非常重要的经济官司,委托人也于不久前自杀了。尽管这不是他的第一次失败辩护,也不是他遇到的第一例自杀事件,然而,每当遇到这样的事情,他总有一种负罪感。他不知道该怎样安慰这些在生意场上遭受了不幸的人。

当他在萨伦船舶博物馆看到这艘船时,忽然产生了一个想法:为什么不让他们来参观这艘船呢?于是,他把这艘船的历史抄下来,和这艘船的照片一起挂在他的律师事务所里,每当商界的委托人请他辩护,无论输赢,他都建议他们去看看这艘船。

在大海上航行的船没有不带伤的,同样,在商海中拼搏,也会遭遇到各种危机。但那些能够最终取得成功的企业,无一例外地都做到了四个字:永不放弃!

玫琳·凯·阿什,一个被报刊称为"娇小女人"、"像木兰花一样好看可爱"的女人,在化妆品行业上烙下了自己独特的脚印。她是在自己退休之后,创办了一家化妆品公司。公司从无到有，从小到大，在激烈的市场竞争中，玫琳·凯正是凭着永不放弃的坚韧精神，几经风雨，终于站住了脚跟，并且发展成为美国最有实力的化妆品公司。

玫琳·凯在退休之后，就一直梦想自己创办一个公司。她想，那应该是一家“为妇女服务的公司”。因为在她工作期间，有关妇女和男人一起工作时该做什么和不该做什么的陈规陋习往往束缚她的手脚。她想：或许，她能够用自己的经验帮助其他妇女克服这些障碍。

于是她亲自起草了两个单子。第一个单子列举男子占统治地位的种种弊端；第二个单子中列举了通过照顾劳动妇女，尤其是劳动母亲的需要来改革这种弊端的方法。由这两个单子，玫琳·凯形成了一个“理想公司”的初步轮廓，这个公司将不会妨碍一个妇女不断升入较高社会阶层，并使她获得更多的经济报酬。

在作了自己创办公司的决定之后，玫琳·凯便开始寻找所要推销的东西，她需要一种高质量的产品——一种对其他妇女有益，同时也是妇女愿意推销的东西。她花了几天的时间，思考到底哪种产品最合适。有一天晚上，她终于想到了一种绝佳的产品——皮肤保养品。

那还是在10年前，玫琳·凯在斯坦利公司工作时期曾参加过一次聚会。聚会的地点在达拉斯的一个贫民区。在那里，她发现参加聚会的妇女们个个容色美丽、皮肤润滑。她经过询问，才知道女主人原来是一位美容师。她制造了一种护肤产品，并在她的客人身上进行试验，效果极好。这个美容师的父亲是一名皮革制造者，他注意到自己的双手有如年轻男子一般，因而猜测也许是在每日处理皮革的过程中，有某种因素导致了这样的结果。于是，他开始实验，最后发明了一种可以用来擦脸的改良产品。所以当他去世的时候，看起来比实际年龄要年轻许多。后来，这位美容师利用父亲的配方开发了一种护肤剂来为她那间家庭式的小型美容院的顾客服务。

现在，这位美容师已经去世了，玫琳·凯就向她的家人买下了这种化妆品的配方。她了解这种皮肤保养品质量极佳，如果经过改良，再加上精美的包装，她确信它们会非常畅销。

玫琳·凯投入了她一生的积蓄，创办了玫琳·凯化妆品公司。但是，在公司开业前一个月，她的丈夫突然去世，这给了玫琳·凯非常沉重的打击，她几乎要放弃自己的事业了。

在这个关键的时刻，她的儿女们给了她有力的支持，纷纷鼓励她要坚持下去，并且，她的两个儿子和一个女儿都陆续辞掉了原来的工作，并且来到母亲身边，帮助她一起经营公司。

儿女们的支持令玫琳·凯十分感动，她想她一定不能辜负孩子们的期望和信任，她一定要坚持下去，绝不放弃。

1963年9月13日，即玫琳·凯的丈夫葬礼一个月后，她的化妆品公司终于成立了。

为了树立玫琳·凯化妆品公司的产品在消费者心目中的美好形象，使它被更多的消费群体所认知、接受，玫琳·凯选择了举办展销会这条捷径。为此，她全力以赴地投入筹备工作，四处奔波忙碌。准备工作的顺利进行使她心里充满了信心，即将成功的喜悦覆盖了身心的劳苦。

但是，沉浸于喜悦之中的玫琳·凯迎来的却是彻底失败的残酷现实，整个展销会只卖出了1元1角钱的商品，这几乎使玫琳·凯陷于崩溃的境地。她感到无地自容，疯狂驱车离开举办展销会的地方，停在一个角落，伏在方向盘上失声痛哭。这一刻，她又想到了放弃。

回到家里，她开始回想展销前的一幕幕，认真思索每一项工作的筹划、设施的细节，最后她终于找到了死结所在：问题出在展销会上自己没有主动请别人来订货，同时也忽略了发放订货单这一关键步骤。仅仅指望女士们自己主动上门买东西，别说是初出茅庐的玫琳·凯化妆品公司，就是根基雄厚的大企业，这样做的效果也是微乎其微的。

找到了问题的症结所在后，玫琳·凯又想到了自己所知道的那些商界名人，也都经历了很多挫折和失败，他们坚持下来了，才最终获得了成功。想到了这些，玫琳·凯打消了放弃的念头，从失败的痛苦中振作了起来，并领导着她的公司继续前进。

在玫琳·凯的不懈努力下，现在玫琳·凯化妆品公司已经成为一个在全世界37个国家建立分公司，拥有超过上百万名美容顾问的企业。“玫琳凯”品牌也成为美国面部保养品以及彩妆销售最好的品牌，曾多次被评为“全球100家最值得工作的公司”，同时也被列为最适宜妇女工作的10家企业之一。

可以想象，假如玫琳·凯在遇到丈夫去世或首次展销会失败等挫折后选择了放弃的话，这些耀眼的成就将永远不会属于她。

巴斯德有这样一句话：“告诉你我达到目标的奥妙吧，我唯一的力量就是我的坚持精神。”当我们查阅历史上那些如明星般耀眼的企业家时，往往会得出一个平凡而简单，又合情合理的论断——成功者无一不是坚持到底、战胜挫折的佼佼者！

松下幸之助二十几岁时，办了一个小厂，生产改良插座。可是，生产出来后，却卖不出去，工人们都走了，只剩下他自己仍在努力支撑。他用最原始的方式挨门挨户地推销。一个月下来，只卖出几个插座。

为了维持生计，家里值钱的东西都快卖光了，松下幸之助躺在床上，痛苦得无法入睡。他问自己：“难道我就此放弃了吗?”一个声音在心底响起：“不，绝不放弃，一定要闯出一条道路。”一次，松下幸之助奔波一天回到家，累得躺在床上休息。妻子给他一张订单，说是川北电气制作所托阿部转交的。松下幸之助一骨碌爬起来，一看，真是一张订单：要求在年底制出1000个风扇底盘。他很奇怪，就去问阿部：“阿部老板，他们怎么会找到我呢?”阿部老板笑着回答：“因为他们知道松下君是个值得信赖的人，接到订单后，一定会全力以赴地生产出他们所要的产品。”松下幸之助激动得连连鞠躬，感谢他们的信任与鼓励。

这张订单救了松下幸之助，他后来回忆起这件事时说：“我相信任何时候都要不畏惧困难，绝不放弃任何成功的信念与机会。绝不放弃！”

世界上的事情很容易开始，但很难有圆满的结局。因为圆满意味着必须走完全程，意味着必须历经千难万险，意味着遍体鳞伤也绝不放弃。因此，当面临危机和困境的时候，只有坚持到底，绝不放弃，才能最终品尝到成功的喜悦。

压力其实也是动力

危机对企业来说虽是一种阻碍，但它又能催人奋进。磐石之所以坚硬，是因为经历了风雨雷电的“洗礼”；美玉比沙石坚硬，是因为它曾在地壳运动中承受过更大的压力；金刚石比砂石坚硬，则是因为它是在几万个大气压和几千度超高温中诞生的！

在激烈的市场竞争中，陷入危机的企业家要面对各种各样的压力，这个时候，能够成功摆脱危机的往往是那些能够在令人窒息的高压中坚定信念、积极战斗的人。

前香港特首董建华出身豪门，上世纪80年代初，第二次石油危机降临，随之一场经济灾难便悄然而至。首先是船价大跌，这使董建华名下的财富大幅度“缩水”，其资产净值在1982年为25.1亿元港币，到1984年则只有18亿港元。

为了应付来自股民的巨大压力，使公司盈利更高一些，董建华不得不卖掉新加坡、纽约、悉尼的物业和11条船，以所得资金注入下属企业“东方海外”。但是，虽然采取了多种挽救措施，董氏企业的负债仍高达90多亿港元。

1985年所面临的家族灾难，可以说是董建华经历中最为黑暗的日子。这一年，尽管董建华用尽一切办法进行补救，但财务危机之漩涡还是将董氏家族卷入了海底。这个时候，他不仅欠银行的钱，还欠股东和日本造船厂的钱。当时汇丰银行是董家最大的债主，仅此一家，董建华名下的债务就高达百亿港元。150多个债权人接连不断上门催债，董建华在东京、纽约、伦敦之间穿梭飞行，说服债权人和银行不要冻结资产，让他有个翻身机会。这要承担多大的压力，该忍受多少的白眼和冷面孔！有时连续和债主开会，打20多个小时的电话处理纷乱的事务，又该是多么的辛苦。何况在业绩低落的情况下，还要面对美国轮船公司低价抢货的挑战。内忧外患一齐涌来。

面对这样的危机，董建华心情之焦虑，人们可想而知。然而，董建华的进取之心没有泯灭。在这最失意、最孤独的时刻，董建华念念不忘的还是如何拯救濒于败亡的企业。他要在危机中奋发，绝不向压力低头。董建华的坚持终于感动了“上帝”，香港的汇丰银行终于向董建华伸出了援助之手。看到董建华苦苦奋斗，汇丰银行决定冒一次险。1985年9月，汇丰银行会同中国银行向董建华贷出38亿美元的备用贷款。

虽然汇丰银行在董建华几乎绝望的时候扔下了一个救生圈，使其重获一线生机，但是能否顺利爬上岸真正再生尚未可知。当时船价继续下跌，国际航运持续不景，对今后发展如何，无论是汇丰银行，还是董建华本人，都心中无数。

1985年，董建华开始对公司进行一连串的债务重组，本集团的船舶也由100多条迅速减少至65条。

1986年那次债务重组，董建华个人所承受的压力决非凡人可以想象。

首先是空缺大笔资金。尽管汇丰银行在此之前已注入38亿港元，但对欠债达200多亿港元的董氏集团来说，只能暂缓燃眉之急。但此后，汇丰也不可能再追加借贷了。

其次是日本逼债。这时候，董建华的父亲董浩云生前向日本订下的多条船舶已相继造好，无论董建华怎样诉苦求情，但日本人一概不管，就是要他赶快交钱，把造好的船开走。

再次是业务在激烈竞争中日益萎缩。当时他们最强有力的竞争对手是美国轮船公司，该公司拥有当时全球体积最大的货柜船，而且背后有强大的财团支持，其经营状况与自身纵向比较，虽然同样每况愈下，但在它的压价挑战之下，董建华的企业仍然不是它的竞争对手。

最后董建华家里这时又出了一件大事。

1985年10月左右，董建华的母亲顾丽真经医院诊断，发现患了肺癌。

据董建华的妹妹董建平后来说，他虽然为重组债务忙得焦头烂额，但他只要没离开香港，仍然坚持每天去探望母亲一次。

在四面求援、四面碰壁的绝境中，董建华终于决定向政府呼救，并开始与内地有关人士接触。

1986年3月，香港富商霍英东，毅然向董建华伸出了援助手，向其注入了11.56亿港币。

于是，1986年5月17日，董建华决定再次重整公司债务。他将所有的业务资产，全部注入重组后的董氏集团。他准备破釜沉舟，全力以赴，尽力一搏。董建华首先要做的，是说服150多个债权人同意他的重组方案。董建华进行的重组战略中，一个重要手段就是使企业不断"减磅"，也就是不断去掉造成负债的累赘型船舶和公司。

通过不断减磅，在1990年卖掉英国公司之后，董建华的债务果然大减，这一年，董家私有的金山轮船公司宣布偿清了所有债务。无债一身轻，此时董建华振奋精神开始大干一场。1991年，公司终于拨云见日，开始赚钱，税后赢利有740多万美元。在重重压力之下，董建华终于摆脱了沉重的财务危机。

与董建华一样，被称为米老鼠之父的沃尔特·迪斯尼也是在顶住了重重压力之后，才使迪斯尼公司走上了辉煌之路。

1922年，沃尔特·迪斯尼创办了一家动画片制作公司。为了自己心爱的事业，他迈出了坚强的第一步。

公司最初拍摄的都是取材于童话故事的短片，上映后，在当地引起了不小的反响。于是，沃尔特·迪斯尼又聘请了两名推销员向全国推销动画片，孰料这两个人拿了公司的钱却逃之夭夭，沃尔特·迪斯尼一度陷入了困境，公司也宣告破产。为了生活，沃尔特·迪斯尼在环球新闻片公司做特派记者，拍些新闻图片维持生活。

沃尔特·迪斯尼的叔叔罗伯特·迪斯尼在洛杉矶生活，1923年夏天，沃尔特·迪斯尼从堪萨斯乘火车前往，他决心在那从头开始，目标仍是动画片。叔叔租给他一间车房作为厂房，公司以自己的名字定名为"沃尔特·迪斯尼动画片公司"。迪斯尼公司的动画片产量随着市场的青睐而不断增加，售价也从原来的1500美元提高了一倍。三哥罗伊主管财务，沃尔特·迪斯尼则全力以赴，迪斯尼公司的业务开始蒸蒸日上。但兄弟俩仍省吃俭用，因为他们还有更远大的目标。

随着业务的不断扩大，沃尔特·迪斯尼聘请了一位动画片画家尤布·伊沃克斯来做助手，他对沃尔特·迪斯尼来说如鱼得水，这样的人才实再难得。

后来在沃尔特·迪斯尼创想下画了一只小兔子后，两人倾注所有的精力和热情，开始了《幸运的兔子奥斯瓦尔德》的设计制作。经过一番改进后，片子获得了众多电影租片商的一致好评，上映后，引起了不小的轰动。兔子奥斯瓦尔德一时成了孩子们心目中的偶像，奥斯瓦尔德的名字和形象不时出现在各类商品上，甚至小学生们的上衣领上也配有奥斯瓦尔德的徽章。不过，沃尔特·迪斯尼竟没有想到这份专利应是属于他的，他只觉得这是为他的影片做广告宣传而惬意。

"木秀于林，风必摧之。"正在沃尔特·迪斯尼事业蒸蒸日上之时，一个由影片商明茨策划的阴谋正在暗暗进行之中：奸诈的明茨派他的内弟乔治·温克勒暗中与尤布接触，实施金钱诱惑的手段，承诺如果他参加明茨组织的一项新事业，他的工资将为目前的两倍。他还向尤布透露：沃尔特·迪斯尼手下的好几位动画片画家已接受建议，都准备转入他们公司，有的已经签了协议。

经济一直很紧张的尤布面对这个不小的金钱诱惑，却一口回绝了，并将明茨的阴谋转告了沃尔特·迪斯尼。不料年轻的沃尔特·迪斯尼认为这样的事绝不会发生，尤布面对沃尔特·迪斯尼的天真真是既吃惊生气，又无可奈何。

此后，当沃尔特·迪斯尼和他的妻子莉莲到纽约与明茨谈判续订新合同时，明茨在价格上表现了强硬的态度进一步印证了尤布的忠告，他气愤地回到饭店，跟罗伊通了电话。过了一会儿，罗伊回电话证明明茨并不是胡说，当时除了尤布和另外两位动画片画家外，其余的人都跟明茨签了约。这对他来说是个可怕的打击。正当他不知所措时，明茨的妻子温克勒太太也打来了电话，她说她的丈夫还有一个新的建议，希望沃尔特·迪斯尼去考虑一下，慎重地面对即将的合作。明茨的新建议中，他不仅要独自占有《幸运的兔子奥斯瓦尔德》的全部版权，甚至还要插手迪斯尼制片厂的全部业务，企图吞并沃尔特·迪斯尼的制片厂，让沃尔特·迪斯尼和他的助手们成为他的马前卒。这一切对沃尔特·迪斯尼来说无疑是个致命的打击。发行商的口是心非、背信弃义的行为激怒了沃尔特·迪斯尼，而那些曾经与他同甘苦、共患难的一些动画片画家的集体叛变更是使他凉透了心，他明白了一切。几天后，他突然闯进查尔斯·明茨的办公室，把自己辛勤经营的兔子奥斯瓦尔德的证章扔在他的桌子上说："给，你可以拿到这个小崽子了，它全是你的了。我现在宣布放弃我的权利，再也不去想它了——祝你好运！"说完后头也不回地走了。回到家，罗伊听到这个消息，大吃一惊："你知道我们现在的处境吗？我们失去了画家，没有了构思，钱更是所剩无几。我们还能干什么，我们怎么办呢？"

沉思了片刻，沃尔特·迪斯尼很自信地说："你放心，我们不是还有三位画家吗？我已经有了新的构思。"他在一张纸上随手画了一个大耳朵的老鼠，"请他当未来的主角，怎么样？"罗伊看了看，认为这只老鼠的确很可爱，他们给老鼠起了个好听的名字叫米奇。

接下来，沃尔特·迪斯尼和尤布便紧锣密鼓对米老鼠进行设计。为了避免新角色米老鼠被窃，他们躲到一个车库里工作，生怕走漏一点风声。终于在 1928 年 5 月，米老鼠在好莱坞一家电影院秘密预演，观众反应强烈，深受租片人的欣赏。

随着科技的进步，有声电影的问世，电影行业的性质发生了革命性的变化，有声影片一时成为电影院的老板们的急需之品。好莱坞的制片人都想方设法给自己的最新之作配上音乐、音响效果和对白。此时的沃尔特·迪斯尼也在酝酿着给米老鼠配上音响的想法。他们为了省钱自己研制配音，经过多次的试验，但都是以失败而告终。后来，沃尔特·迪斯尼找到一个叫帕特·鲍尔斯的人，这人似乎很有办法，他知道沃尔特·迪斯尼需要的是什么，而且，他拍着胸脯对沃尔特·迪斯尼说："只要把片子交给我，保准能让你们满意。"不过，鲍尔斯的名声却是一败涂地，在好莱坞几乎所有认识他的人都认为他是个骗子，但为了一个理想的配音效果，沃尔特·迪斯尼依然诚恳地接收了他。

果不其然，鲍尔斯几乎弄得沃尔特·迪斯尼倾家荡产，但配音最后总算达到了理想的效果。有了配音的米老鼠系列的第三部片子《威利号汽船》在剧场首映后，反响极为强烈。第二天的各大报刊上争相报道，影评家们对之更是赞不绝口，称它是"一部富有娱乐性的精巧之作"，"天衣无缝的不朽之杰作"。

苦尽甘来，沃尔特·迪斯尼的力作终于得到社会广泛的认可。沃尔特·迪斯尼因为配音大获成功，对鲍尔斯是怀着无尽的感激之情。尽管有许多人提醒他鲍尔斯是个不可信赖的家伙，他依然对这人抱有好感。沃尔特·迪斯尼毕竟还太年轻，他轻率地与鲍尔斯签订了一份关于以后一切制片都租用鲍尔斯的“电影声”音响设备的合同。

签订合同之后，米老鼠系列片如雨后春笋，一部一部地涌出，而大赚特赚的鲍尔斯，对沃尔特·迪斯尼却始终不肯公开他的账目。实际上，他已扣下了应该属于沃尔特·迪斯尼的收入约20万美金。“路遥知马力，日久见人心。”沃尔特·迪斯尼后来彻底看清这人卑鄙的嘴脸和无耻的行为，毅然和他断绝来往。但他的损失是巨大的，也是无法挽回的。

尤布的离去，是沃尔特·迪斯尼的另一重大损失。公正地说，这件事是他自己一手导致的。他的事业离不开尤布的支持，在动画片的制作上几乎可以说是完全依赖于他，沃尔特·迪斯尼曾有的辉煌，尤布可谓是功不可没。但同时，他对待尤布就像一个小伙计那样，随意指使他、挑剔他、责骂他，尤布的脾气虽好，但却从来没有反抗的表示，长此以往，他的眼神中却时常流露出仇恨的目光，心中对沃尔特·迪斯尼充满了敌意。实际上，他当然知道自己在沃尔特·迪斯尼心目中的价值，他一直忍受着沃尔特·迪斯尼的冷眼与暴虐。就在米老鼠系列动画片的制作过程中，他和沃尔特·迪斯尼的关系异常紧张，一触即发。沃尔特·迪斯尼的妻子觉察事有不妙，极力劝说丈夫应该对尤布态度好一点。听不进去的沃尔特·迪斯尼，自以为是的认为尤布绝不会生他的气。当沃尔特·迪斯尼与鲍尔斯即将决裂时，鲍尔斯暗中却与尤布接触，以周薪300美元的待遇签订了合同，忍无可忍的尤布终于离开了沃尔特·迪斯尼。这对沃尔特·迪斯尼是一个致命的打击，为此，他大病一场，卧床不起，精神濒临崩溃的边缘，动画片米老鼠的生产被迫中断。这次挫折无时无刻不在痛击着沃尔特·迪斯尼的心扉，但沃尔特·迪斯尼的表现较前几次成熟多了。沃尔特·迪斯尼没有绝望退缩，他并没有因此放弃生活的勇气，而是不屈不挠地顽强奋斗着。他有自己的信念，那就是：“谁笑到最后，谁笑得最好。”事实的确也正如此。

在经历了合作伙伴背叛和得力助手离开的阵痛之后，沃尔特·迪斯尼又重新拾起了昔日的米老鼠。他的看法是：“米奇是一个好先生，从不做伤天害理之事。他常身陷困境，但最后总能化险为夷，而且面带笑容。”的确，米老鼠更像沃尔特·迪斯尼，它有着沃尔特·迪斯尼的正直诚实、冒险精神、缺乏处世经验及能够承受多重压力的坚韧意志。迪斯尼手下的卡通画家早已看出了他们的相似之处，他们的笔下总有这些特性。这些画家都心领神会极力去捕捉他的每个动作与神情。偶尔，他们把摄像机拍下来的沃尔特·迪斯尼的表情作为某一动画的表情，效果果然很好。

米奇的成功使沃尔特·迪斯尼信心倍增，同时在米老鼠的装扮下，沃尔特·迪斯尼的制片厂发生了翻天覆地的变化。厂房进一步扩建，新建的办公室还是一幢两层小楼，精致而又漂亮。

制片厂的规模日益扩大，纽约许多资历深厚的卡通画家也都加入了沃尔特·迪斯尼的阵容，如此，沃尔特·迪斯尼更注重提高了卡通制作的质量。在卡通角色方面，除了米尼和米奇之外，又创作了笨狗布鲁图、贺瑞斯马和母牛克娜贝等一些有名的形象。事业蒸蒸日上，尽管沃尔特·迪斯尼还不满30岁，但在卡通这一行里却已是资格老的人物，在同行业内，无论年长、年幼，大家都非常尊敬他，尊他为领袖。

沃尔特·迪斯尼的经历给了我们一个重要启示：成功的硕果往往是在危机的压力下迸发出来的，一种积极进取的心态，能使你迸发出巨大的力量，激励着你昂扬奋进，你会为了理想目标全力以赴，你会认为一切都在你的掌握之中。

逆境是成功的必经之路

别林斯基说过:“不幸是一所最好的大学。”逆境本身就是企业发展过程中的组成部分,是企业的必经之路。没有逆境就没有成功的收获和喜悦。

对一个企业的领导者来说,经历一番坎坷,受一点苦难,更能激发进取心,促使他学会思考并为改变境遇而奋斗,从而锻炼出坚强的性格和意志。摩托罗拉的创始人高尔文就是在苦难中创造了自己的辉煌。

摩托罗拉公司总部设在美国伊利诺伊州,是美国最著名的电信电子公司,同时也是美国和日本进行竞争的堡垒。

高尔文的成功也并不是一帆风顺的,他的辉煌是在一次次的失败中堆积而成的,这其中,他付出了无数的汗水和心血。多少次,他因为失败而心酸地倒下,但他依然咬紧牙关,鼓起勇气重新爬起来,继续前进,直至达到成功的终点。

让时间倒转回1920年,在当时,全美国从事无线电行业的人很少,仅有一些业余爱好者在活动,而实际上也并没有家用的无线电。1920年11月22日,匹茨堡KDKA电台开始广播。虽然这个电台最初只播音乐和棒球赛结果,可是这个新的媒介的巨大潜力很快受到了重视。

1921年初,爱德华·斯图尔特,这个曾在哈佛镇同高尔文相识的人向高尔文提议办一个收音机蓄电池厂,高尔文欣然接受了斯图尔特的建议。1921年7月15日,斯图尔特电池公司就在马什菲尔德诞生了。当时,这个公司拥有两个部门,一个是斯图尔特－高尔文电池公司,是个合伙关系的制造厂;而另一个是斯图尔特蓄电池公司,是个销售产品的代理商。

但是,当时全国各行业的生意都不景气,所以,几乎所有的企业都濒临倒闭的边缘。而此时此刻,尽管斯图尔特和高尔文再如何发奋图强,也无法摆脱命运所给予他们的无情挫折。面对这突如其来的挫折,他们的内心也几乎随之破碎,两年来含辛茹苦所打下来的江山,顷刻之间灰飞烟灭,实在是心酸。但为了心中多年的梦想,他们并没有丝毫的气馁和消沉,而是咬紧牙,坚强地爬了起来,重新鼓起勇气,竭尽全力地去克服公司内外的各种困难。就这样,他们苦苦地撑过了1923年的头几个月。但是残酷的末日还是来临了,而且来得是那么的突然,那么的迅速。还没等高尔文他们来得及反应过来,他们工厂的门一个接着一个地被政府人员封了,原因是工厂未缴纳蓄电池的货物税。

在以后的两个月时间里,虽然高尔文和斯图尔特东奔西走,鞋不知磨破了几双,嘴皮也不知说破了几层,可是他们依然无法挽救公司倒闭的命运。一腔热血付诸东流,高尔文的内心留下的只有失败的痛苦和命运的感慨,心中的滋味,酸甜苦辣一应俱全。走投无路时,他只好轻装回到了哈佛镇。但他还是不甘心于自己的失败,不甘心留在这个哈佛小镇,去适应这小镇上平淡无奇的生活,更不甘心从此埋没自己的才华和前程。他时刻坚信:一旦有机会的话,他一定会东山再起,干出一番轰轰烈烈的大事。

于是,高尔文又踏上了那块伤心地——芝加哥。而此时的他已经完全脱胎换骨,生活的阅历和经验使他走向了成熟。此刻,在他的心中坚信:在哪里跌倒了,我一定再从哪里坚强地爬起来。不久,高尔文在他的姨母凯特·坎宁安的丈夫埃米尔·布拉赫的帮助下,担任了布拉赫的私人秘书,从此,干起了销售工作。

1926年,布拉赫退休,公司举荐高尔文担任主管销售的职务。他认真地考虑了这个举荐,就在这时,从马什菲尔德到来的爱德华·斯图尔特又同他联系上了。于是两人商定,重新进行第二次合作,从两人的热情的结合中迸出了希望的火花。原来,斯图尔特通过他的父亲,在政府执行取消抵押品赎回权的法律手续时,将马什菲尔德电池公司的残余部分买了下来,并把它们搬到了芝加哥,放在皮奥利亚街的一处房子里,这就为公司解决了地点问题。于是高尔文断然辞去了在布拉赫处的工作,又一次走上了自己的创业征程,从此,他就专心致力于蓄电池的生产工作。他相信:他一定会再次崛起。

为解决干电池的充电问题,1926年斯图尔特发明了一种替代器。高尔文出资买下了斯图尔特电池公司的一小部分股份,他购买股份的这笔钱被用来购买零部件来装配生产线,并开始了替代器的生产。由于适应了当时人们的需要,销量不错,产量因此一直持续上升,高尔文和斯图尔特一度达到了繁荣的顶点。但是在用户的实际使用中,由于在替代器上使用的整流器过大,于是好多的产品被退了回来,斯图尔特和高尔文的境况又变得不妙了。

公司开始使用另一种较小的整流器,同时斯图尔特和高尔文夜以继日地加紧工作,因为他们想致力于搞出一种新的替代器来替代蓄电池。但缺乏资金是他们的问题的关键所在,而这种替代器能不能在破产以前生产出来成了当务之急。斯图尔特建议增加一个合伙人,条件是能提供所需资金。但是,由于他们和提供资金的合伙人都不愿意放松控制权,于是这种办法失败了。然而公司的财务压力不断趋紧,时刻面临着破产,他们不得已采用了另一个减轻财务压力的方法,即将他们应收而未收的账款以70%的折扣卖出,还有就是在账款总数上加收一笔利息。由于新替代器在销售上的潜力,再加上公司有人看好而投资入股,斯图尔特和高尔文终于渡过了难关,暂时应付了他们的债权人施加给他们的压力。可是好景不长,由于关于金融利率的谈判失败,行政司法官封闭了公司。讨债的债权人就像雪山崩塌一样立刻蜂拥而来,替代器连同一些机器和工具一起被判为通过拍卖处理。

高尔文认为替代器有着巨大的市场潜力,因此,他决心要将替代器的生产权买回来。1926年在芝加哥的南州街,高尔文和他的兄弟约瑟夫,访问了所有他们能找到的无线电商店的经理。经过几天的努力,他们终于找到了十几个主顾,这些主顾表示愿意以合理的价格购买他们的替代器。与此同时,高尔文四处举债,到替代器拍卖的那一天,他以765美元的代价买下了这些资产。往后若干年,出现了一个传说:“保罗·高尔文创办摩托罗拉就仗着765美元起家。”

买下替代器的生产权后,高尔文就马上为公司找地方,为此,他们几乎费尽了所有的精力和心血,最终,他们租下了芝加哥哈里森街847号大楼一层楼的一半面积和地下室一部分作仓库的场所。1928年9月25日,就在这个租来的房屋里,高尔文制造公司诞生了。

由于高尔文的不断努力,替代器的销售额逐渐上升,公司一度处于较好的发展势头,对此,高尔文并没有盲目乐观,他知道替代器为他们赢得市场的时间不会太长了。因为这时交流电收音机已经开始在普通家庭中使用,有许许多多的设计人员创制出多种多样的机型，同时强大的制造商竞争和主宰着市场。

高尔文认认真真地进行了一番市场调研，后来，经过长时间的深思熟虑，他认为家用无线电市场有巨大的潜力，今后发展的方向将是家用无线电市场的开发，如果抓住这次机会，将来一定会取得辉煌的成就。于是，高尔文孤注一掷，对家用无线电的领域进行了一次冒险的进军，重新开始生产一种交流电收音机，他打算制造一种标准的机型，主要的品种是未加配品牌的九管底座的机型，供多家公司选择，由这些公司加上品牌后，作为这些公司的产品进行销售。

1927～1929年间，股市的股票行情之所以上涨，买空的证券投机市场之所以能兴旺起来，是由于人们未经分析有关公司的赚钱记录而纷纷盲目投资。各种富于幻想的计划更为各公司编织了一种不正常的、欢快的虚假前景。

1929年10月25日是一个"黑色的星期五"，股票市场好像是大海的狂潮一般，在疯狂的涨潮之后，忽然之间又迅速地退却了。一夜之间，世界几乎脱胎换骨大变了模样，企业界的形势也随之急剧发生变化，人人都争先恐后地去力图减少自己的损失，纷纷抛出所有的存货，为排除自身的困难，市场上掀起了一场疯狂的斗争，从此，高尔文又一次走上了人生中最困难的时期。面对众多的敌手，如何才能够生存和发展下去成了一个重要问题。

在早期市场的混战当中，高尔文还没有受到什么比较重大的影响。但是，随着1929年经济的崩溃，一些大的制造商为了减少自己的存货，去找那些过去买过没正式商标的产品的销售商，将产品以低于过去价格一半的价格卖给销售商。这些销售商当然愿意干了，以极便宜的价钱买一些正牌货，既能帮助一些巨头减少他们的存货，同时对销售商自己也很有好处。而对像高尔文制造公司这样的小企业来说，这一行为无疑是雪上加霜，眼前大好的形势顷刻间又变得严峻了起来。而且，由于高尔文的存货巨大，在价格上缺乏竞争力，致使一些积存高尔文制造公司产品的客户还要把货退回来，同时高尔文发现自己定购了一些不是马上就能用到的部件。他再一次陷入了困境。

那一年，高尔文做出了个令大家都感到惊奇的决定：就是要跻身于汽车收音机的生产。在经历了无数次的失败与改进后，高尔文终于率领着他的员工们制造出了安全的、运行可靠的汽车收音机。

1930年期间，高尔文制造公司向市场投放了它第一个型号的收音机，使用的商标是"摩托罗拉"，这一商标名称有"开动"与"收音机"双重含意，这在高尔文看来既醒目又有效益。同年，第一个摩托罗拉推销机构建立起来了，这个推销机构以其对公司及其产品的忠诚，显示出非同寻常的活力，它变成了批发商组织的核心，并取得巨大的成功。

经历多年的奋斗后，高尔文认为自己已经脱离了最坏的境遇，他对自己艰难的经历并不悔恨，他认为自己已经建成了一个巨大的宝库，在这个宝库中，储藏着他经历的胜利与失败的经验。高尔文看到了企业发展的有利模式。他理解了企业基本规律的真谛，那就是：一个公司不是向前，就是后退，没有停止不动的时候。成功总是垂青于那些富有远大理想和坚定信念的人。当你面对重重困难的时候，当你感觉到危机来临的时刻，你如果放弃理想，你面临的就会是失败；而你如果能够坚持信念，不懈地与困难作斗争，那么，成功的曙光就会照耀在你的身上。

第二次世界大战的爆发，对于世界来说是残酷的，可对高尔文制造公司来说却是一个良好的发展时机。高尔文抓住这个机遇，全力以赴为美国军队提供了大量的无线电装备，并由此奠定了公司今后发展的基础。1947年公司更名为摩托罗拉公司。1959年摩托罗拉公司的创始人保罗·高尔文去世后，由他的儿子罗伯特·高尔文接替了公司的董事长和首席执行官的职位。随着公司不断发展壮大，公司已在美国的电子电信行业确立了不可动摇的地位，成为了在这一行业中的佼佼者。

纵观摩托罗拉创业初期的经历，我们可以看出，高尔文是一个不断进行努力和追求的人，而事业的成功也正得益于他不懈的努力与追求。高尔文曾说过："如果我们要做这件事，那就让我们立即去做。"失败，并没有消磨他的锐气，而是成为了他继续追求理想的新的动力。当他在失败的悬崖边上徘徊甚至被击下深渊时，高尔文并没有心灰意冷，而是不断地调整自己，向命运发起新的挑战和冲击。在高尔文的顽强面前，命运也不得不退却，而将成功的桂冠戴在了他的头上。

因此，对理想的追求和对事业的执着，再加上不懈的努力，是通向成功之路的唯一途径。当你克服了艰难险阻之后，你会惊奇地发现，你的前进道路正逐渐变得平坦了起来，你的成功之路也正逐渐宽阔。只要你抓住机遇，永远不逃避困难，畏惧失败，直面事业中所遇到的一切障碍，一个崭新的世界将会为你敞开。

在黑暗中寻找希望

在一次航行中，由于海风卷起巨大的浪潮把船打沉了，船上人员死伤无数。有一个人却侥幸获得一个救生艇而幸免于难，救生艇在风浪上颠簸起伏，如同树叶在狂风中被吹来吹去。他迷失了方向，救援人员也没有找到他。

天渐渐黑下来，饥饿寒冷和恐惧一起袭上心头。灾难使他除了这个救生艇之外，一无所有，甚至自己的眼镜也丢了，他的心灰暗到了极点，无助地望着天边。

忽然，他隐隐约约看到远处有点点灯光，他高兴地几乎叫了出来。他奋力地划着小船，向远处的灯光前进。然而，那灯光似乎很远，天亮了，他也没有到达那里。

但是他没有死心，仍然继续艰难地划着小船，他想那里既然能看到灯光，就一定是一座城市或港口，生的希望在他心中燃烧着。

白天时，灯光看不清了，只有在夜晚，那点点灯光才在远处闪现，像是在对他招手。

就这样，三天过去了，饥饿、干渴、疲惫更加严重地折磨着他。有几次他都觉得自己快要崩溃了，但一想到远处闪烁的灯光，他又陡然增添了许多力量。

第四天，他依然向着那片让他有生还希望的灯光划着。最后，他实在支撑不住了，就昏倒在救生艇上，虽然如此，但他的脑海中却始终闪烁着远处的灯光，依然认为自己能够活着到达那有灯光的港湾或码头。

到了晚上，终于有一艘经过的船把他救了上来。当他醒来时，大家才知道，他已经不吃不喝在海上漂泊了四天四夜。

当有人问他是怎么坚持下来时，他指着远方的灯光说："是那片灯光给我带来了希望。"

大家顺着他指的地方望去，那里哪是什么灯光，只不过是天边闪烁的星星！

在商海拼搏的过程中，一定会遇到各种危机与困难。但只要不放弃希望，心中有一个坚定的信念，努力地去寻找，就一定会渡过难关。

华人首富李嘉诚在他辉煌的经营史上，也曾经遇到过很多危机，但他却从来没有失去过希望，总是能够顺利地化解各种危机，使自己的企业继续前进。

李嘉诚14岁就因父亲早故而辍学打工，当过茶楼伙计、钟表店学徒、推销员，以做推销员积蓄的5万元创办长江塑胶厂。李嘉诚给自己的工厂取名为“长江塑胶厂”其寓意为“长江不择细流、故能浩荡万里。长江之源头，仅涓涓细流，东流而去，容纳无数支流，形成江洋之势。日后的长江塑胶厂，发展势头也会像长江一样，由小到大。”

办厂必须经过租借厂房，招募工人，购买机器设备、原料这几个过程。首先租借厂房就遇到了困难，只凭他5万元的创业资本只能到偏僻的地方租几间廉价房。好不容易在港岛的莆其湾租了几间房，厂房却破旧不堪，没有一扇窗户是完好无损的，没有一块瓦片是整齐的。买来的机器是欧美淘汰的第一代塑胶设备。因为只有这种机器他才买得起。至于招来的工人，全是门外汉，好多都是农民，没有半点塑胶技术，李嘉诚的小厂还雇佣不起有技术的工人，没办法他只有自己充当师傅。把机器安装起来，调试好，凭借他干塑胶多年的经验，指挥着工人把第一批产品生产了出来。有了艰难的开始，就要继续干下去。他没有更多的钱雇佣出纳、采购、推销员，这些工作就自己一个人担起来，常常是忙得脚不沾地，白天去做推销员，采购原料，指导工人们的生产，晚上住在厂子里做账，设计新款式，调试机器。他把自己完全交给了长江塑胶厂。有时你很难想象一个人能干那么多工作，而且样样干得好。李嘉诚很清楚自己创业靠不上任何人，只有靠坚忍不拔的毅力和勤奋刻苦的精神。

第一批产品很快就卖了出去，接下来第二批、第三批。工厂顺利运转，订单也逐渐多了起来。李嘉诚又招聘了一批工人，扩大了生产规模，招聘了推销员、采购员、会计等管理人员。长江塑胶厂经过李嘉诚的努力，已像模像样。然而，意想不到的危机还是到来了。有一个客户找到李嘉诚，要求退货，说：“你们的产品质量太次了，我们不需要这样的产品。”正如当头一棒，他这才清醒地认识到，盲目地扩大生产，不断地接订单，已完全忽略了产品质量，试想没有质量保证，厂子还能生存下去吗？李嘉诚放下手头的工作，亲自蹲在机器旁监督，但一点儿用也没有，长江厂的机器太陈旧，靠这些老掉牙的机器，产品质量怎么能提高呢？更让他麻烦的是推销员带回来的消息是客户提出退货并要求赔偿。李嘉诚一筹莫展。仓库里堆满了客户退回来和因质量差销不出去的玩具，原料商上门催款，银行也来催贷款，倒霉的事连锁反应似地发生，长江塑料厂面临着倒闭的危险。

越来越多的债务和越来越少的客户，使长江厂不得不裁减员工，以减少开支。被解雇的工人无处再谋生，就天天到李嘉诚的办公室哭闹，弄得他焦头烂额。留下来的员工也人心涣散，就像一盘散沙。

怎么办？难道自己辛辛苦苦创办的厂子就这样毁在手里吗？当然不能！那么靠什么来渡过这次危机呢？这时，母亲给了他一个有益的启示：遇到困难、面临困境不可怕，就怕不敢面对困难，只要有希望，就一定会有转机。

李嘉诚找到了战胜困难的玄机。第二天，他来到厂里，把全体员工召集起来开会。他首先向员工道歉，长江厂的这次危机，完全是他急于求成、盲目扩大规模造成的，是他连累了大家。尤其是那些被裁减的员工，只要厂子恢复了生机，他承诺一定要让大家回来。他的这一番坦诚的话感动了员工。大家重新鼓舞士气,振作精神,与老板同甘共苦、同舟共济。然后李嘉诚又一一拜访了原料商、银行、客户,他坦白地向他们讲了长江厂现在的状况,以及自己的对策和想法,请求延缓缴款日期,给长江厂一点儿支持,日后一定加倍偿还。李嘉诚还对客户真诚道歉,保证以后的产品质量一定过关,绝不出现次品。一家家的上门拜访和苦口婆心的游说终于使大家相信了他。银行放宽了偿还贷款的期限,原料商也不再步步紧逼。长江厂是暂时喘了一口气,接下来便是如何东山再起了。

他把仓库里的积压品拿出来,分为两类:一类质量稍好点的,他自己像当年那样沿街推销;一类是质量次的就以极低的价格推销给专营旧货的批发商,把所得的货款偿还了债务。工厂就这样一步一步地重新上了轨道,获得了新订单,并且筹到了买新机器设备的钱,李嘉诚再也不敢马虎了,开始严把产品质量关。好产品自然受欢迎,长江塑胶厂重现生机。他慢慢还清了债务,又把裁掉的员工请回厂子,补发了离厂期间的工资。大家都为他在困难中不屈不挠的精神叹服。有他掌舵,“长江”这条小船一定会变成一艘巨轮胜战商海的。

经历过这次挫折,李嘉诚又成熟了许多,他给自己立下座右铭:“稳健中寻求发展,发展中不忘稳健。”

企业的主人,就像一船之长,决策即是航向,任何失误都可能把航船引向灭顶之灾。李嘉诚承认,他创业之初不是个出色的船长。他说:“人们过誉称我是‘超人’。其实我并非天生就是优秀的经营者,到现在我只敢说经营得还可以,我是经历过很多挫折和磨难,才悟出些经营要诀的。”

长江塑胶厂在李嘉诚的苦心经营下,度过了濒临倒闭的危机后,生产经营步入了正轨,而且订单也如雪片般不断飞来,工厂通宵达旦开足马力生产。有了上次的教训,不管生产产量多大,李嘉诚都严把质量关。他深知,上一次,危机就是在春风得意时发生的,如果这一次仍然头脑发热,肯定没有上次那么幸运了。而且李嘉诚敏锐的目光和他的远见卓识已经看到依靠款式和质量赢得客户只是暂时的,如果不将产品提高一个档次,“长江”是没有未来的。香港日益增多的塑胶厂已将香港市场的需求填满。“长江”要想长盛不衰,必须放眼世界,打开国际市场。而这又谈何容易,没有高档次的优质品,国际市场是不会接纳你小小的“长江”的。

“长江”的出路在哪里呢?李嘉诚苦苦地思索着。

一日,英文版的《塑胶》杂志上的一则消息让他眼睛一亮,茅塞顿开。“意大利一家公司已开发出利用塑胶原料制成的塑胶花,即将投入成批生产推向欧美市场。”李嘉诚立即乘飞机到意大利考察。

他顾不上欣赏意大利美丽的风光,而是急不可待的去寻访那家公司。找是找到了,可他又犯难了,去这家公司是学技术?不可能,新产品技术是公司的生存之本,是保密的,去买这项专利?不可能,“长江”这么小个工厂,还没有那么多资金去买昂贵的专利技术。聪明的李嘉诚很快想出了办法,他以一个经销代理商的身份进入这家公司。公司的接待员自然十分欢迎这位香港人。接待员将李嘉诚带到产品陈列室……

李嘉诚干了一年塑胶业,才真正领略了处于塑胶业尖端的塑胶产品。各种塑胶花不仅逼真、色彩鲜艳,而且光泽亮度上也做得非常好,给人以清新透亮愉悦之感。紫色的葡萄串仿佛还滴着露珠。他一边看,一边仔细询问有关知识,想趁机学习。最后,这位挑剔的“港商”差不多在公司待了一整天,才购买了各种款式和颜色的塑胶花,准备先带回香港试销。

然而样品有了,脑子里也装满了塑胶花的常识。但仅仅是常识,具体的生产工艺及配方调色怎么办?李嘉诚知道自己好不容易来一趟意大利,不把这些生产工艺和配色掌握了等于一无所获。情急之下,他想到这家公司里当“间谍”,把工艺技术悄悄学下来。又怕接待员认出他来,李嘉诚只好到公司的塑胶厂当了清洁工。公司谁都不会想到整天推着小车在厂里忙碌的清洁工是香港的塑胶小老板。

李嘉诚特别勤快,分配的工作很快干完,余下的时间就是推着小车在厂子四处走动,观察各个生产流程,晚上回到旅馆仔细记下来。他诚实憨厚的性格也让他交到了很多朋友,这些朋友也会将生产的一些知识告诉他。一个月后,他基本掌握了自己需要的东西,就辞了工,登上了回港的飞机。

李嘉诚回到长江塑胶厂,他不动声色,只是把几个部门负责人和技术骨干召集到他的办公室,把带来的样品展示给大家看。众人为这样千姿百态、栩栩如生的塑胶花拍案叫绝。随后,李嘉诚宣布,长江厂将以塑胶花为主攻方向,一定要使其成为本厂的拳头产品,使长江厂更上一层楼。

李嘉诚相信,塑胶花的生产会给长江带来一片繁荣。该是大干一场的时候了。他有三步路要走:第一步,吸纳香港塑胶业中的高级人才,重金聘请让他们把配方调色、成型组合、款式品种把好关;第二步,让产品设计师做出不同款式的蜡样。他带着这些蜡样走访不同层次的家庭,确定客户喜欢的品种花色,然后生产成品;第三步是拿上样品,走访经销商。李嘉诚根据自己的计划,快马加鞭地把工厂运作了起来。终于不久之后,长江厂自己生产的塑胶花问世了。

由于香港历来塑胶制品比较单一,即使有部分厂子生产塑胶花,也是粗糙得很。当李嘉诚把他的塑胶花摆到经销商面前,大家都惊讶不已,这些塑胶花不仅色彩艳丽逼真,而且在外观上似乎比真的花朵更水灵、更鲜嫩、更完美。在赞赏的同时,大家又有点怀疑,凭长江厂那么简陋的厂房,那么陈旧的机器,能生产出这么漂亮的塑胶花吗?不会是从意大利带回来的吧?李嘉诚笑了:“我怎么能用意大利的东西来哄你们呢?长江虽小,虽简陋,但我们有新的技术人员、新的制造工艺技术,我们的目标是:用全新塑胶花来打开香港市场、国际市场。”一听这些,经销商都相信了,纷纷提出预约订货,而且价格也十分低廉。他们估计长江厂的这些塑胶花会让他们赚上一笔。

就这样,一夜之间,长江塑胶花进入了商行、写字楼、家庭、旅店……漂亮的花草藤叶给人们的工作、生活带来了生气和绿意,而且它不要人们去浇水、照料,常开不败,非常受欢迎。李嘉诚可以说出师得胜,长江塑胶花已享誉港岛和东南亚等国家。“长江”这两个字也愈来愈响亮。李嘉诚的第一桶金也得到了。

此后,李嘉诚运用在意大利考察时学到的欧洲企业结构、管理方式以及融资渠道,在1957年,把长江塑胶改名为长江工业有限公司。这是李嘉诚成就未来“塑胶大王”走出的又一关键一步。之后,他绕过香港洋行这个中介商,直接与欧美经销商建立了长期合作关系。长江公司的塑胶花牢牢占领了欧洲市场,营业额及利润成倍增长。1958年,长江公司的营业额达1000多万港元,纯利润为100多万港元。塑胶花为李嘉诚赢得平生的第一桶金,也赢得了“塑胶大王”的称号。

到20世纪70年代,塑胶花工业走向了衰退,李嘉诚及时把握时机,将自己的事业逐步转向新兴产业——房地产。最终为他赢得了“华人首富”的称号。

面对危机，悲观主义者会说：“危机像大山一样，压在人的头上，使人永远也不会有出头之日。”乐观主义者会说：“危机只不过是一级一级的台阶，人们可以践踏而上，登高望远，领略到无限风光。”如果是在前进中，跌断了一条腿，悲观主义者会说：“只有一条腿，如何能爬山越岭呢？”而乐观主义者会说：“幸好还有一条腿，我可以拄着拐杖爬山越岭。”于是前者痛苦地坐下来休息，后者则精神抖擞地继续前进。于是前者跌入了失望，后者拥抱了希望和成功。

因此，不管遇到多么严重的危机，最重要的一点就是不能在危机中丧失希望，让希望的力量来促使自己认真地考虑克服危机的办法。否则，再小的危机也能使企业陷入万劫不复的境地。

从失败中获取财富

在美国，有这么一位年轻工程师，他独立负责一项新塑料的研究。正当这位工程师踌躇满志地准备大干一场的时候，不幸的事情发生了：实验的研究设备突然爆炸，3000多万美元的实验设备连同厂房瞬间化为灰烬。面对爆炸后一片狼藉的现场，年轻的工程师精神濒临崩溃。他想，自己的梦想就此结束了。他非常沮丧，忐忑不安地接受公司总部派来事故调查的高级官员的谈话。但让他没有想到的是，这位高级官员问的第一句话是：我们从中得到了什么没有？年轻工程师先是一惊，然后回答：“得到了，我们这个实验走不通。”调查官员说：“这就好。可怕的是我们什么也没有得到。”

一场惊天动地的“重大事故”就这样解决了。

这位年轻工程师就是日后带领GE实现20年高速增长、被誉为世界第一CEO的杰克·韦尔奇。

毋庸置疑，任何企业可能都会有遭遇失败的时候。但那些卓越企业与一般企业的区别在于，它们能够从一次次失败中吸取教训，准备再次崛起。因此，我们应该宽容失败，容许犯错误，但前提是要让这次错误变得有价值，从而让失败也成为一种财富。

可以说，勇于承认失败是企业生存的法则。市场不是两军对垒的战场，企业更不是军队。承认失败，企业可以避免更大的市场损失，可以重新调整自己的市场策略，也就可以重新取得市场机会。当然，宽容和允许失败并不是不负责任、无目标无目的的行为，而是激发员工们的挑战精神和战胜各种困难的勇气，以及不被一两次失败所吓倒，冷静分析失败原因，从而实现成功的积极性。

美国管理学家彼得·杜拉克认为，无论是谁，做什么工作，都是在尝试错误中学会的，错误越多，人越能进步，这是因为他能从中学到许多经验。杜拉克甚至认为，没有犯过错误的人，绝不能将他升为主管。

微软公司一直处于持续增长的态势，但比尔·盖茨认为习惯于失败是成功的基础。因此，比尔·盖茨常常雇佣在其他公司有失败经验的人做其助手，借用他们的经验避免重蹈覆辙。比尔·盖茨最为欣赏的人是福特汽车创始人福特和通用汽车创始人斯隆。在他的办公室有一张福特的照片，作为激励，也作为警惕——福特梦想做出便宜好用的交通工具，创造出汽车世纪，但最后因执着地坚持原来的信念而不能持续进步，20年后霸主地位被后起的通用取代。悬挂一张福特照片，既是对他普及汽车全民化的崇敬，又是对他失败的一种反思。

日本汽车第一次尝试进军美国市场时以失败告终，但面对失败，它们不埋怨、不相互指责，而是举国一致、重新部署，反复斟酌查找失败的原因，在总结经验教训的基础上重新确定了向美国提供油耗低、质量好、符合美国人的操作习惯、具有美国风格的美式汽车的战略，最终一举成功。

1995年，由于种种原因，联想(香港)出现巨大的管理、产品和财务危机。在有被投资者抛弃危险的时刻，联想没有恐慌，他们冷静分析了出现问题的原因，果断将香港联想和北京联想合并，使联想整体渡过了难关。从这件事情中，联想掌舵人柳传志领悟到：中国内地市场在相当长时间内都应该是联想的主战场。正是基于对失败和危机的反思，联想重新部署了中国本土市场的策略与布局，他们终于搭上中国PC市场快速增长的快车，成为中国快速增长的PC市场上最大的赢家。

世界上恐怕没有人心甘情愿地去承担风险，因为风险常常会是失败的导火线。风险可以使一个人的事业前功尽弃，也可以促成一个人身败名裂。但若要能化险为夷，那么他获得的回报率远远要比不冒风险做事所取得的回报率高得多，正源于此，市场的风险对于企业家才有着无穷的魅力。

近年来，一些成功的企业提出了一些与传统观念相悖的思想。例如，对企业聘用的人员，尤其是管理人员，如果在聘用一年内不犯“合理错误”将被解雇。这里所说的“合理错误”，是指员工在经营管理的过程中敢于冒风险。如果受聘员工不犯这种“合理错误”，则说明这个人缺乏创造性，更没有竞争力。一个平庸保守的人是绝对不可能有所建树的，然而更重要的是，一个不敢冒险的人，在竞争中丧失的机会要比捕捉到的机会多得多，对企业可能造成的损失将不可估量。

这样不畏风险、允许失败的企业文化，一方面表现出企业领导敢于承担责任的胸怀，另一方面则增加了员工的工作信心，激发他们更加努力工作的热情。

在英特尔公司的企业文化中也有一项准则，就是鼓励尝试冒险。当然，这里指的是“深思熟虑”的冒险，而非盲目地一头扎入废弃的深渊之中。然而尝试风险，就难免会有失败。英特尔很难得的一点是，不会看轻“常败将军”。1975年，英特尔64K元组电子耦合存储器开发小组推出了可以上市的存储器产品，然而由于种种原因，其作用受到了限制，只好半途而废。但是，英特尔公司却认为，高科技公司在开发新产品时，有时总会出现失误，这种风险难以避免。更何况，研制的血汗也不会白流，部分研究成果可以应用在微处理器与只读存储器的发展上，算是失之东隅，收之桑榆。

20世纪70年代中期，电子表开始盛行的时候，英特尔公司又有过一次失败的冒险经历。那时，正值电子表将要取代传统机械式手表之际，组成电子表的基本数字电路非常便宜，而英特尔是主要的供应商，无限的商机隐藏的风险似乎是有限的，因此英特尔决定尝试发展消费性电子表的事业。可是，由于英特尔一向以技术取胜，对消费性市场和流行风尚毫无了解，因此最后是彻底失败了。不过，为这次扩充业务而招募进来的员工却没有因此受到责备。如此一来,员工的冒险意愿没有受到影响,以后英特尔顺利发展存储器、微处理器事业,进而进入新的通讯事业。可见,许多重要的里程碑都是在风险中树立的。

事实上,在英特尔公司成立初期,原先想开发的产品也没有成功,但是却发展出了相关的产品或技术。如果没有这种鼓励尝试风险、允许经历失败的文化环境,就很难说能有今天这样成功的英特尔。

因此,在商海中要想获得成功,就不应该讳言失败。就像跳高运动员需要经过千百次的失败,才可能越过一个新的高度一样,只有在失败的教训中找到正确的方向,才能最终摘取成功的花环。

实战篇

最经典的赚钱方法

SHI ZHAN PIAN

第一章

从无到有：创业投资中的非常手段

投资创业是一个从无到有、以少聚多的过程，在这个过程中，如果你只知道跟在别人的后面，恐怕成功只能是遥遥无期了。

烂鱼塘里能捞钱

武汉人周密德是一个“奇人”，因为承包了一个烂鱼塘而赚了几十万元，但他并不是用鱼塘养鱼，而是从烂鱼塘中牟取暴利。周密德所在的村前有一片四五亩的烂鱼塘，村委会对此非常头疼，一直想请人填埋，可是又拿不出钱来。

1998 年，周密德却突然提出要承包该烂鱼塘的要求。当时，村民们都认为他发疯了，因为这鱼塘白送都没有人要，于是村民们都等着看他的笑话。但周密德没有理会亲友的劝告和他人的讥讽，毫不犹豫地和村委会签订了 30 年的承包合同，5 年后向村委会上缴 2000 元的土地承包费用。

其实，周密德并没有发疯，之所以敢这么做，是因为他有着灵敏的商业嗅觉和灵活的商业头脑。他仔细考察过烂鱼塘周围的环境，他发现烂鱼塘旁开有一家废品收购站。同时他捕捉到的信息是：有关部门正在为没有地方填埋垃圾而头疼。

承包鱼塘之后，周密德首先争取到了有关部门允许他在烂鱼塘里填埋垃圾，然后，他和废品收购站的老板签订合作协议：

由废品收购站老板负责雇人挑拣并填埋垃圾，回收的废品所得双方五五分成。为了吸引更多的废品货源，周密德还给运送垃圾的司机一定比例的提成。

结果，仅用了半年的时间，周密德就将烂鱼塘填了起来，并因此赚了 2 万元。

烂鱼塘填起来后，周密德又在此处修建小房子进行出租，几年下来，他前前后后赚了 30 多万元，这可比养鱼的利润要大得多了。

周密德的经历告诉了我们这样一个事实：不要被传统的经济观念和固有的思维定势所束缚，而是要“异想天开”、独树一帜，这样才能找到商机。

永远超前一步

有个年轻人，想法总是和别人不一样，在别人热衷于做某种生意的时候，他偏偏选做其他的生意，结果赚得比谁都多。

当村里的人开山卖石头的时候，这个年轻人却专挑奇形怪状的石头，卖给城里那些搞园艺或养鸟的商人。

三年后，他在村里第一个盖起了水泥楼房。

后来，此地不准开山，只许种树，于是这里成了一片梨园。秋天，漫山遍野的雪梨、鸭梨引来四面八方的客商光临，因为这里的土质好，出产的梨果汁浓、果肉脆甜，味道纯正无比，颇受人们的喜爱。

正当当地人因种鸭梨、雪梨带来滚滚财源时，年轻人却将梨树卖掉，开始种柳。因为他发现，这里种梨的多，来这里做生意的客商不愁买不到好的梨，只愁买不到装梨的筐子。

后来的事实证明他做对了，他种柳比种梨花的时间少，而且更赚钱。几年后他成了当地第一个在城市里买房的农民。

后来，一条铁路从他所在的村子贯穿南北，这里的交通变得极为方便。于是，当地果农由过去单一的种梨卖果，进而发展为建果品加工厂及批、零市场，变成以种梨为基础的多元化生意。

就在大家忙于集资办厂、办公司时，这个年轻人却在他的地头上砌了一面3米高、100多米长的墙。

这面墙面朝铁路，背靠他的翠柳，两旁及周围是一片一望无际的梨园，坐火车的人，春天可以欣赏到盛开的梨花，夏秋可欣赏到漫山遍野似呆瓜的梨子，同时也会突然看到：可口可乐四个大字，就凭这面墙的广告，他每年又比别人多收入4万元。

过了几年，年轻人在城里开了一家西装门市，但门可罗雀，生意出奇地差。原来就在他家对面也有一家西装门市，相同牌子的西装，对方要比他这里便宜几十元钱，因此，两家经常发生口角，经常引得路人围观。就是这样，年轻人每年还是要赚不少钱，为什么呢？因为对门那家西装店也是他开的。

事实证明，如果总是一味地走在别人后面，那么只有被别人牵着鼻子走。所以，要想让企业发展更快，只有创新才可以开辟新途径，从而走上致富之路。

钓鱼池中的顿悟

台湾天仁名茶创办人李瑞河，不但给茶叶冠上“天仁”的品牌，而且还创办了茶行连锁经营的模式。

今天的李瑞河已拥有了54家连锁店,20年前的他为选择第一家店的地点,曾伤透了脑筋。当时,有人建议他到台南市开业,但那里已有许多茶行,竞争激烈,也有人建议他到台南的佳里镇或麻豆镇开业,理由是这一带尚无茶庄和竞争对手,比较容易成功。李瑞河由于年轻,见识少,一时间犹豫不决,不知如何是好。

有一天,他又到佳里、麻豆一带去调查市场,黄昏时回到台南市。他跑了一天觉得很累,正好路过天仁儿童乐园,于是便走进去休息。他想到开业地点尚未决定,内心很烦。

突然,他看到了一个奇怪的现象。在儿童乐园的旁边,有大小不同的两个钓鱼池,小鱼池热闹非凡,挤满了人;大鱼池则冷冷清清,只有两三个人。

经过打探,李瑞河才明白,原来是小池鱼多,不断有人钓到鱼;大池鱼少,很少有人钓到鱼。所以大家都拼命往小鱼池挤。

就在一瞬间,李瑞河想通了。大池就好比佳里与麻豆,虽无竞争对手,但喝茶人口稀少,所以"钓"不到顾客。

在钓鱼池的启示下,他抛开了犹豫,立刻决定在台南市开业,终于获得了成功。

通过以上事例可以说明:不管做生意还是做事,都要随着市场的行情走,这样才能满足顾客的需求。

"小钱"中的大生意

不少人都有这样的愿望,总梦想自己有朝一日财源滚滚来,潇洒地做一回大老板。但大多数人终其一生,却难以梦想成真。这是什么原因呢?是因为有些人的赚钱心太急切了。小钱不想赚,大钱赚不来,看不到小溪汇集在一起能积聚成大海。

日本明治时代,有一个出了名的船舶大王河村瑞贤,年轻时好长一段日子无所事事,在家赋闲无聊。后来生活日渐拮据,他想:"我不能这样贫穷下去,应该干一番事业出来。"于是他拿出少许钱给乞丐,叫他们到处去拾人家丢掉的生菜。然后卖给贫穷的劳工们。当他开始做这项生意时,不少人讥笑他,讽刺他,甚至有的朋友拒绝与他来往。而河村根本不在乎这些。他认定这些"小钱"是他事业的全部基础。

就这样,没过几年,河村靠这种"小生意"积攒了一大笔钱,然后又投资船舶业,成了著名的船舶大王。

河村瑞贤正是用这种细致、认真,不齿于从小事做起,不齿于赚"小钱"的做法,使他日后财源滚滚。如果我们抓住身边的小钱,不让赚钱的机会从身边溜走,莫以利小而不为,由小钱到大钱,终有一天我们也会拥有大钱的。

我们会经常听到一些感慨:"我很想做成一件大事,让父母和朋友对我刮目相看。可是我的运气不好,一直也没有碰上重大的事情,使我的才能得不到发挥。"这使我们想起古人的一句话:"一屋不扫,何以扫天下。"是的,任何成功的人都是从小事做起的,一件小事看似不起眼,但却有可能决定一个人的命运。无数成功者的经历证明:能做大事的人常常是那些不厌烦小事的人。

许多日本人都知道广东人徐子安的"安记"粥店。徐子安原本是个船员,25岁的时候离开了家乡广东，来到日本。刚到日本的时候，他也曾经雄心勃勃，想做一番大事业。他把目光盯在日本著名的大老板们身上，他羡慕人家的机遇好，祈祷自己也能找到几件大事来做。可是，等待、寻觅了一段时间后，他认识到要做大事并不是那么容易的，许多大事都是从小事开始的。于是，他决定从小事做起。

他发现日本横滨的唐人街上住的多是华侨，就在那里开了一家小小的粥店。卖粥能赚几个钱？人们都笑他目光短浅、胸无大志。可是，徐子安却干得很起劲。他熬粥很有自己的方法。他先用猪骨头、鸡骨头炖汤，再把汤过滤好备用。前一天晚上，他就把米洗好淘好，泡在骨头汤中，第二天天还没亮，大约4点多钟他就起来熬粥。为了把粥熬好，需要用文火，并且长时间守在炉火边，直到粥变成了泥糊状才行。华侨们都特别喜欢徐子安的粥，每天早上8点钟，徐子安的小粥店门前都排了长长的队伍。

苦心经营了3年后，徐子安积攒了一些资金，他把店面扩大了，还在三岛设立了分店。

美国商人斯太菲克本是一个退役军人，在医院疗养期间，他读了《思考和致富》一书，深受启发，他很想实践一下书中所说的话，通过自己的思考变成一个有钱人。

躺在医院的床上，他苦思冥想，一连想了许多主意：创办一个信息中心、开办一所疗养院、与别人合伙搞一个广告公司、建立一个电视台……他为自己的种种想法兴奋不已。可是，他很快就高兴不起来了，因为他发现要做的事情虽然看起来很美，但尽快实现的可能性极小，自己连起码的资金都不具备。辗转反侧，他认识到自己还是应该先从小事着手，等到把资金筹够了再做大生意也不迟。

一天，护士给他送来了洗好的衣服。衣服是送到洗衣店里去洗的，洗衣店洗好熨烫好以后由护士帮助领回来。看到叠得整整齐齐的衣服，斯太菲克的眼睛一亮。原来，洗衣店总是把烫好的衣服折叠在一块硬纸板上，以保持衬衣的硬度，避免打皱。正是这块纸板使斯太菲克点燃了智慧的火花。他有了一个新奇的想法。

他给洗衣店写了信，得悉这种衬衣纸板每千张的价格需要4美元。他想以每千张1美元的价格出售纸板，但要在每张纸板上刊登广告。登广告的人所付的费用归他所有。这件事在许多人看来都是一件小得不能再小的事情下，谁会在意每千张纸板才1美元的生意呢？斯太菲克的朋友甚至讽刺他说："如果你不是做生意的材料就认输吧，站在马路上说不定一天也不止捡到1美元！"可斯太菲克却不这样看，他知道自己还有更大的目标，但是无论什么样的目标都必须从小事做起。

从疗养院出来后，他就把全部精力投入到行动中，把想象的事变成了现实。

过了一段时间，斯太菲克的客户越来越多，他自己也积累了一些经验，这时，他决定把生意做得再大一些。他发现衬衣上的纸板一旦被去除后，就不会为洗衣的顾客所保留。怎样才能使顾客保留登有广告的纸板呢？他又想出了一个新办法：在衬衣纸板的一面仍然印广告，另一面印上有趣的儿童游戏或主妇菜谱、字谜、谚语、小常识等。这一招果然很奏效。许多家庭主妇不等衣服穿脏就又送到洗衣店去洗。洗衣店也很高兴，愿意定购斯太菲克的纸板。

小事正在渐渐变成大事。为了扩大业务，斯太菲克又想出了一个高招，把出售衬衣纸板的收入全部捐给美国洗染学会，洗染学会给他的回报是建议每个成员店及同行业的工会只购买斯太菲克的衬衣纸板。这样斯太菲克几乎垄断了市场，他的曾经被别人瞧不起的小生意在人们惊讶的目光中变成了大生意，他也一跃成为美国有名的富商。

有句话说得好："奔腾的河流都是由无数条小河汇聚成的。"做大事也是一样，大事也是由一些小事组成的，只有认真地面对小事，将来才能成变大事。

利用欧元做生意

2002年1月1日，欧元正式启用、流通。各媒体爆炒、特炒之际，许多人不以为然地说："欧元是欧洲人的事，离我们远着呢，炒那么热乎有什么用?"

然而，早有目光敏锐的商人将欧元启用化为自己的商机，狠赚了一把令同行扼腕慨叹的"欧元钱"。

这是我国浙江一家民营企业。早在两年前，该企业捕捉到一条商业信息——十几个欧洲国家正在流通的货币的尺寸将小于统一后的欧元主币。这条看上去平淡无奇的消息，该企业却如获至宝，立即敏锐地意识到：欧洲市场原有的钱包必将被淘汰。

与此同时，他们还得知欧盟各国的皮件生产企业正在加班加点设计、生产适用于欧元的专用钱包。另外，欧洲的本地产钱包成本很高，生产的产品远远满足不了当地市场的需求。

于是，该企业立即抓紧时间，开发生产了四十多款230万只欧元专用钱夹，并在欧元正式启用前，迅速投放欧洲市场，一举成功。230万只钱包转眼间就被抢购一空，而且大批的订单随着这次成功源源而来，该企业的生产任务不断增加，已经满满地排到年底。

国际市场细节性的信息变化对于企业来说都是很好的商情。同样条件下，谁先抓住商情谁就能得到先机。可往往很多时候，我们都会因为这样那样的原因而失去先机。失去先机并不可怕，先机过后还会有商机，只有举一反三，细心研究，才有可能不会一再失去这些宝贵的商机。

"欧元钱包"事件过后，许多企业猛然醒悟。他们触类旁通，开发出一大批"趋时商机"。他们针对欧洲各国大力宣传欧元的市场行情，在商品花形设计上引入欧元图标，设计推出了各种款式的印有欧元图标的旅游礼品、礼品盒等，也受到欧洲市场的欢迎。这些生产企业能够抓住这些商机，可见他们对商情研究很充分，亡羊补牢，为时未晚。

许多商机隐藏在市场行情的变化当中，静静地等待我们去利用。精明的商人不会只把目光局限在行情的起伏上，他们会通过研究和考察挖掘出隐蔽的"角落商机"。本案例"欧元钱包"事件也正是如此。

国际市场变幻莫测，产品时效性特别强，独树一帜的热销产品需要结合宏观市场变化，在无穷无尽的变化当中，有无数的"角落商机"等待着你去开发、去利用。

"瞄准女人"的创业经

丹妮丝在没有创业之前是一名普通的银行职员。当时，她与其他职业女性一样，很喜欢穿一种刚刚流行起来的长筒丝袜。这种长筒丝袜配着裙子穿，又凉快又不失庄重，这使众多的职业女性在炎热的夏季彻底告别了古板、闷热的长筒裤子。

可是，丹妮丝不久就发现了穿这种长筒丝袜所带来的不方便，如果穿的时间稍长了一些，袜子的顶端就会缩回来。有时，丹妮丝正在为顾客服务，有时正在与客户谈判，那长筒袜竟然会不听话地缩回来。每当这时，丹妮丝就要不得不借故去卫生间。面对这种尴尬，丹妮丝想到，别的职业女性也一定遇到过，那么，如何才能解决这一问题呢？

有一天，丹妮丝正站在大厅里同一个很重要的客户谈话，却又感到裙子里面的丝袜在下滑了，她实在被这个问题搞得心烦意乱，只好又借故上卫生间。这一次，丹妮丝随手解下了扎在头上的一根丝带，一撕为二，然后用发夹在自己丝袜的跟部分别穿了两个洞，用丝带将它吊在内裤上。结果，这种很简单的应急方法很管用，整整一天，她的丝袜再也没有掉下来。丹妮丝马上意识到了这将是难得的商机，只要在长筒袜的顶端加上一个吊带，便可以成为一项新的发明。于是，丹妮丝毅然辞了工作，开了一个袜店。一双袜子仅用5分钟便可改完，结果，深受其苦又舍不得丝袜的女士们纷纷涌来改制，丹妮丝收益相当不错。

有了资金积累以后，丹妮丝便自己开工厂生产专门的吊带丝袜，后来又在吊带袜的基础上研制出了更方便的裤袜。现在，丹妮丝已拥有了在美国和加拿大的十几家分店，固定资产达到500万美元。

随着吊带裙、露背装的盛行，越来越多的女性选择轻盈的雪纺蕾丝胸衣，不仅样式时尚，而且透气性好。可这种文胸也有缺陷，就是湿水后容易“走光”。

一次，女大学生徐露当空姐的姐姐从国外带回了一些花型乳贴，它没有吊带和搭扣。专贴在乳房上防止“走光”用的，在国外非常流行，如果要穿露背装或吊带裙，一定要有这个装备。

联想到上次一个女同学因为裙子不小心弄湿后胸部透明得依稀可见的尴尬场景，徐露就将姐姐带回的十几对乳贴拿到学校试着销售，结果被一抢而空。没有买到的同学甚至还纷纷要求订货。

徐露由此感觉到这里面大有生意可做，于是她通过姐姐联系到了国外的进货渠道，并找到学校旁边一家内衣店请求店面合租。由于乳贴属于一次性消费品，不干胶层使用几次后就失去了黏性，所以来此购买的回头客很多，徐露的生意十分红火。

一家五星级宾馆业务经理闻讯找到徐露，说要代销这种产品。因为这家宾馆的消费群多为女性白领，她们对这种花型乳贴非常感兴趣。业务经理开出的条件很优厚，给徐露10%的返点，如果销量加大，可增加到15%，徐露只管供货就行了，并且按月结付。

这又给徐露赚钱打开了思路。接下来，徐露把眼光瞄上了各大商场的内衣柜台，她马不停蹄地去找商场经理谈判。两个月后，多数商场的内衣柜台都摆上了徐露的乳贴产品。

在不耽误上课的情况下，徐露在短短9个月的时间里就赚了12万元。

由此可见，“瞄准女人”是一个非常重要的创业思维，这当然还是要瞄准女人的潜在需要、消费心理、生活特点、购物方式，等等。丹妮丝看到妇女丝袜往下掉，徐露看到内衣的“走光”就想到要解决女人这些小小的尴尬，结果成就了大业。

逆市而动占先手

1893年,杰克·史邦德出生于一个贫寒之家。为了生存,他在18岁时来到一家大家具厂做技工。他干得很卖力,不到两年时间便升为领班。不久他又升为家具厂厂长,把生产管理得井井有条,不仅赢得了老板的赏识,也赢得了属下的一致爱戴。杰克·史邦德积攒了一点钱,买了这家厂的股票,想就此开创一番事业。

然而,1929年美国的经济大萧条却让杰克的股票投资一败涂地,工厂也倒闭了,他成了一个失业者。1931年,经济大恐慌的形势似乎好转了一点,但在这个时候来开设一家新公司,尤其开设家具公司,在很多人看来,还不是时候。原因是为了节省开支,不少家庭都"合并"了,不是父母搬来和子女一起住,就是子女搬去跟父母一起住,如此一来,家具的销路当然大为减少。

面对这样一种市场情况,杰克仍筹划开家具公司,很多人笑他在发疯。他夫人露丝一向对丈夫怀着坚定的信心,也不禁产生了疑虑。

而杰克乐观的理由是:他一开始不求做多,但求做精。经济固然萧条,但有些殷实的商人和贵族世家,并没有完全失去购买力,只要做的家具能中他们的意,照样肯出钱买。露丝听了他的分析,不禁信心大增。

"其实,这些还都不是我现在要开店的真正目的。"杰克带点神秘地说。"哦,"露丝好奇地问,"那么你的真正目的是什么呢?""我真正的目的是为将来着想,如果现在不设法把生意开起来,等到市场恢复了再开,就比同行慢了一步。"

杰克又进一步谈了他的想法,他认为这次经济萧条,就像是一次大地震,把很多历史悠久的企业都毁掉了,将来经济恢复之后,大家都要从头再来。他如果在这个时候成为家具制造业的一员,至少有两点好处:一、这次不景气过去后,政府一定会采取很多救济措施,他也可以有资格享受。二、他的"重质不重量"的经营方针,不但可以节省开支,而且可以趁此机会跟有钱的大户拉上交情。将来一旦生意好起来,这些人必定成为他的可靠顾客,同时在他们繁忙的社会活动中,有意无意间,会替他把公司的名声宣扬出去。

听了杰克的分析,露丝再也不说什么了。

新开的家具店看起来很不起眼,但它的名声却很快传播开来。因为杰克在波士顿开工厂时,已建立起很好的声誉,不管是家具零售商,还是材料供应商,都对他颇有好感,这使他的公司慢慢地走上了正轨,并成为当地最大的家具公司。

但是由于经济并未恢复,大家谋生都很困难,要开拓家具市场的确很不容易,本来就心存疑虑的露丝,此时发出了怨言。

一天晚上,夫妻俩爆发了结婚以来的第一次口角,而且吵得很凶,杰克拿起衣服愤然走了出去。他沿着一条较僻静的街道向前走去。这是通往郊外的街道,愈向前走愈暗。在前面不远的地方有一座桥,桥下面有一家杂货店,杰克因为仓促离家,忘记了带香烟,就到杂货店里去买了一包。杂货店的老板正在拆卸一把长木椅子,看上去椅子还很新。杰克忍不住好奇地问:"这椅子不是很好吗,为什么要把它拆掉?"

“你不知道，先生，”老板叹了口气，“这两天我儿子要带着孩子来跟我们一起住了，我把椅子拆掉，想给小家伙们钉张床。这年头日子难过，哪里有钱再去买床，所以不得不穷凑合了。坐可以随便一点，小家伙们睡觉总要有张像样的床才行。”

杰克望着被拆散的椅子出神，突然他心头一亮，一个新的想法跳了出来：如果能设计一种既能当椅子又能当床用的家具，这个问题不就解决了吗？就他所知，为经济所迫，家庭进行合并的情形太多了，正需要这类两用家具来应急。一下子，杰克找到了未来的发展方向。不久之后，杰克的沙发便问世了。这一经营方针的巨大改变，使杰克在经济大萧条期间，获得一枝独秀的发展，他生产的多用途家具呈现出供不应求的情形。

杰克非常清楚他现在制作的家具是过渡时期的产品，一旦经济恢复繁荣，大家的生活水准提高了，很少有人会再用这些东西，所以即使用再好的材料，它们的寿命也不可能长久。他采取“大量生产以减低成本”的方式，把所有的材料都裁成统一规格请工人钉起来就可以了。

杰克又考虑到，因为人们在买便宜货时固然高兴，但用不久就坏了话，他们又会马上骂做生意的人，倘若“查尔登公司的家具都是最差的”这一名声传扬出去，那将来他的生意就没有办法做了。在经过一番考虑之后，他又采取了两项措施：一是采取“样品陈列法”，二是“丑话说在前面”。

所谓“样品陈列法”，就是用上好的材料，用他自己的高超手艺做一部分高级品，陈列在他的店面和零售商那里，当然价钱贵得惊人，如果有人要的话，绝对有品质保证。至于“丑话说在前面”，就是告诉顾客，如果准备长期使用，就要买高级品；如果仅是为了应付当前的不景气，就不妨买廉价品，将来用不着时，丢掉也不会觉得可惜。

他这种诚实的作风，不仅赢得了消费者的信任，也使代销商对他产生了好感，即使在那种萧条情况下，大家也都愿意代销他的产品，而且有很多人都愿意预付货款，以供他周转。这使杰克的公司生产非常红火，规模越来越大，即使第二次世界大战时期也依然如此。到了战争后期，杰克决定投入所有的资金，建设一个现代化的家具厂。他认为随着战争的结束，会迎来一个经济增长的高潮，家具业会迎来一个黄金时代，现在就得做好准备。果然，战后随着经济的发展，那些采用人工生产的家具厂纷纷破产，而查尔登公司的家具价廉物美，很快占领了新的市场，成为全美国规模较大的家具公司。

杰克·史邦德的成功名言是：逆向迂回。经济危机，市场萧条，杰克·史邦德逆市而动，抢占先手，正如他说的“我真正的目的是为将来着想，如果现在不设法把生意开起来，等到市场恢复了再开，就比同行慢了一步。”他从相反的方向，开出一条创业之路。

事实上，当我们创业无门，有许多问题用常规思路无法解决的时候，摆脱困境的最好、最有效的方法就是把我们的脑袋反转一下，用杰克·史邦德的逆势迂回思维，看看能不能打开创业之路。

瞒天过海，主仆易位

美国的克罗克没读完中学就出来做工，在一家工厂当上了推销员，走南闯北，增长了见识。一段时间后,他开始不满足于给别人当雇员了,因为他想创办自己的公司。可选择哪一行呢?克罗克通过市场调查发现,餐饮业很有发展前途。面临的首要问题是启动资金,可他一时拿不出来。

克罗克找到做推销员时认识的开餐馆的麦克唐纳兄弟,请麦氏兄弟留他在餐馆做工,并主动提出在当店员期间兼做原来的推销工作,并把推销收入的5%让利给老板。麦氏兄弟见有利可图且又考虑到眼下店里确实人手不足,便爽快地答应了他的要求。

克罗克进入快餐店后,为取得老板的信任,工作异常勤奋,起早贪黑、任劳任怨。他曾多次建议麦克兄弟改善营业环境,以吸引更多的顾客;并提出配制份饭、轻便包装、送饭上门等一系列经营方法,以扩大业务范围,增加服务种类,获取更多的营业收入;还建议在店堂里安装音响设备,使顾客更加舒适地用餐;大力改善食品卫生,狠抓饮食质量,以维护服务信誉;认真挑选店堂服务员,尽量雇佣动作敏捷、服务周到的年轻姑娘当前方招待;而那些牙齿不整洁、相貌平常的人则安排到后厨工作,做到人尽其才,确保服务质量。

他的每一项改革都使老板感到满意,因为,他的言谈举止总是表现得那么坦诚,那么可信赖,给人留下谦虚谨慎的极好印象。由于他经营有道,生意越做越好,老板对他更是言听计从、百依百顺。餐馆名义上仍是麦氏兄弟的,但实际上餐馆的经营管理、决策权完全掌握在克罗克的手中。这一切正是通向其最终目的的铺路石。

不知不觉,克罗克已在店里干了六个年头。他羽毛渐渐丰满,翅膀越来越硬,展翅腾飞的时机日趋成熟,便暗暗加快了行动步伐。他通过各种途径筹集到了一大笔贷款,又充分做好了与麦氏兄弟谈判的思想准备。1961年的一个晚上,克罗克与麦氏兄弟进行了一次很艰难的谈判。起初,克罗克先提出较为苛刻的条件,对方坚决不答应。克罗克稍作让步后,双方又经过激烈的讨价还价,最终以270万美元的现金达成交易。麦氏兄弟尽管有种种忧虑与不安,但面对如此诱人的价格,他们终于动心了。270万,整整270万美元呀!这么优惠的价格,傻瓜才会不接受呢!双方很快进行了产权交割,由克罗克单独经营。

第二天,该餐馆的主仆易位事件,在当时可以说是一特大新闻,引起了巨大的轰动。到此为止,克罗克的“瞒天过海”之计基本达到了预期目的。克罗克入主快餐馆后,经营、管理更加出色,很快就以崭新的面貌享誉全美,没多久,270万美元就全部收了回来。又经过二十多年的苦心经营,总资产已达42亿美元,成为国际十大知名餐馆之一。

克罗克实施易主战的成功,就在于他了解麦氏兄弟的脾气性格,仅以让利5%就轻易打入了麦氏快餐馆,随后通过长时间的潜移默化,对老板刻意逢迎,换取了麦氏兄弟俩的信赖,消除了对他的猜忌,愉快地接受了他的多种建议。经过逐步渗透、架空,老板已“名存实亡”,最后一场交易,双方谈判以克罗克大功告成而宣告结束。克罗克的易主战可谓用心良苦。

从“负翁”到千万富翁

文先生在一年时间内,就从负债累累到完成原始积累,之后又用掘得第一桶金投资房地产,资金如滚雪球般在一年之内迅速膨胀,最终成了千万富翁。

1998年,文先生还是一位机关工作人员,1999年单位裁员不幸被列入下岗名单。

文先生决定下海经商,谁知因为没有经验,他借款10万元做服装生意,钱没赚到反而欠下了50万元的巨债。

一次他偶然得知,现在成都的房地产市场很热,文先生就想:欠50万元款与欠100万元款在本质上是没有什么区别。于是,文先生果断地决定投资房地产,但因为借不到钱投资,他只得四处溜达,留意新楼盘的开盘、预售等信息。

当时,有的楼盘排号登记不要钱,文先生就会一口气订下好几套房子。没想到,等到楼盘正式发售时,文先生预订的房子往往就升值了,这时文先生便来个转手买卖,赚取其中差价,利益还不小。

2000年是文先生发展的高峰期,前期靠转手买卖赚来了好几万元,文先生没急着还款,而是继续思考着投资方式。当时棕北小区的某花园一二楼都修建了商铺,由于受传统经商都喜欢底楼临街铺面的影响,二楼的20余间商铺销售很困难。

开发商在变换策略后仍然销售不出去的情况下,将二楼铺面的价格降到了与普通住宅同等的每平方米3000余元,但还是卖不出去。

这时,文先生主动找到开发商谈条件,将20多间二楼商铺全部买下。急于脱手的开发商给了文先生最优惠的价格和付款方式,还答应了文先生提出的一些整改方案。

接下来,文先生便对这20多间商铺进行了简单的包装,承包出去做了茶楼和会所,整个过程才一个月左右的时间,文先生就稳赚了800多万元。而且茶楼和会所的经营一年下来还有100多万元的收入。

就这样,在一年之内,文先生从"负翁"一跃而成为了千万富翁,资产可以说翻了千万倍。

从上述事例可知,一次失败并不意味着什么。遇到困难要百折不挠,敢于尝试才是正途。文中的文先生并没有因为下岗而失去信心,而是敢于尝试,敢于奋斗,才获得了最后的成功。

空手变出油轮来

奥地利有个名叫图德拉的工程师,他一无关系,二无资金,居然想做石油生意,而且居然做得很成功,他是怎样做的呢?

当时,图德拉了解到阿根廷牛肉生产过剩,但石油制品比较紧缺,他就来到阿根廷,同有关贸易公司洽谈业务。

"我愿意购买2000万美元的牛肉。"图德拉说,"条件是,你们向我购进2000万美元的丁烷。"

因为图德拉知道阿根廷正需要2000万美元的丁烷。因此正是投其所好,双方的买卖很顺利地确定了下来。

接着,图德拉又来到西班牙,对一个造船厂提出条件说:"我愿意向贵厂订购一艘2000万美元的超级油轮。"

那家造船厂正为没有人订货而发愁，当然非常欢迎。

图德拉又话头一转，“条件是，你们购买我2000万美元的阿根廷牛肉。”

牛肉是西班牙居民的日常消费品，况且阿根廷正是世界各地牛肉的主要供应基地，造船厂何乐而不为呢？于是双方签订了一项买卖意向书。

然后，图德拉又到中东地区找到一家石油公司提出条件说：“我愿购买2000万美元的丁烷。”石油公司见有大笔生意可做，当然非常愿意。

图德拉又话锋一转，“条件是你们的石油必须包租我在西班牙建造的超级油轮运输。”

在产地，石油价格是比较低廉的，贵就贵在运输费上，难也就难在找不到运输工具，所以石油公司也满口答应，彼此又签订了一份意向书。

由于图德拉的勇于周旋，阿根廷、西班牙、中东国家都取得了自己需要的东西，又出售了自己急待销售的产品，图德拉也从中获取了巨额利润。细细算起来，这项利润实质上是以运输费顶替了油轮的造价。三笔生意全部完成后，这艘油轮就归他所有。有了油轮就可以大做石油生意，图德拉终于梦想成真了。

只是简单的签署三个意向书，就可以不要本钱而赚钱，可见，图德拉把“空手道”运用到了极致。

第二章

出奇制胜：营销一定要用奇招

赚钱是最讲谋略的，因此，有人在市场上风生水起，也有人面对着满仓的积货发愁，只有想出好方法，才是产生差距的最本质的根源。

环球嘉年华的秘密武器

环球嘉年华与迪斯尼主题公园、环球影城并称为现代世界三大娱乐品牌。

环球嘉年华是世界最大型的巡回移动式游乐场，汇集了上百种游玩项目，分为大型游艺机和竞技类，在它的世界巡游活动中，“狂欢”是它在每一站的主题。

在许多人眼里，嘉年华就是一件盛事，到处可以听到阵阵尖叫声，看到的是抱着大大小小毛绒玩具的人，每个人都显得很兴奋。嘉年华的创办人汉斯·洛德斯说：“我们的特色除了够狂、够劲、好玩之外，最重要的是气氛。嘉年华不是每天都有，种种部署都是为了营造一种期待的心情，一种终于等到、可以尽兴的狂欢气氛，这种气氛才是真正的卖点。”

这就是嘉年华的魅力，在目前中国90%的游乐项目亏损的情况下，嘉年华却是“想不赚钱都很难”。

“盛事”的一大要求是要保证人气旺盛。嘉年华如何做到这点呢？首先在城市选择上，只选择经济发达、人口众多、人们乐于尝试新鲜事物的城市，这些条件北京都符合，但选择在雕塑公园举办却令人难以理解，因为许多北京人在此之前都不知道有这样一个公园存在。

雕塑公园两头都是地铁，地上、地下交通很便利。而且记者注意到，地铁已经成为最好的流动宣传媒体，在地铁口和车厢里，抱玩具的人通常能得到令人羡慕的眼光，从而也促使更多的人来此消费。

另外，就如同我们去超市本想买瓶水，结果却买了一堆计划之外的东西，为什么？这源于超市的卖场设置及其所营造的氛围。嘉年华也同样如此。嘉年华里的大多数游艺项目同别处并无实质区别，不过就是换了个名称罢了，但嘉年华却把这些设施装饰得华丽无比：使原本生硬的机械变得具有强烈的视觉冲击。嘉年华从中获得了什么呢？同样的项目比近在咫尺的石景山游乐园贵几十元。

嘉年华的宣传重点通常是那些刺激性很强的游戏，但其实玩的人并没有想象中的多而且都被布置在公园的外围，核心部分全部是以毛绒玩具为彩头的竞技类游戏，占到园区总面积的60% ~70%。

这样的布置显然是别有用心。有人形容嘉年华是通过"硬游艺"吸引游客，通过"高价贩卖毛绒玩具"赚取利润。

让我们看看它是如何贩卖玩具的？玩具布置仿效的是大卖场的堆头，讲究抢眼，半米高的玩具堆得跟小山一样，让人觉得随手可得。在现场氛围上，从灯光到音乐，还有工作人员不断欢呼和游客的尖叫声中中奖的现场气氛，让人认为随时可以中大奖。玩具造型又可爱得让人走不动路。2003 年嘉年华上海站夏季版的 1 个月里，毛绒玩具所消耗的代币总额为 6000 万元，其中的毛利是 3700 万元。

面对如此巨大的利益，许多人开始动了心思，试图模仿嘉年华模式。但这显然是不太可能成功的。因为嘉年华有自己的秘密武器，可以保证自己的独立性。

(1)用"移动"模式制造新鲜和饥渴感觉：环球嘉年华一般每个地方仅仅停留 2 个月的时间，作为游乐场，"移动"几乎是最好的模式。新鲜感和有限的时间，可以获得最高的单位时间客流量。只有时间短，才能让消费者的消费欲望最大限度地爆发出来，"今年结束，明年再来"，还能起到积蓄消费能量的功能。

(2)"虚拟"操作换来低成本设备虚拟：租赁大型游艺机，避免淡季维护，又可以更换世界上最新的设备；人员虚拟：全球固定员工只有 180 人，负责运作中国区嘉年华项目的仅有 28 人，其余 1000 多工作人员都是临时雇来的，平时不需养着；地点虚拟：只在人均收入高，流量有保证，政府支持的城市开展狂欢活动；附加值虚拟：眼球经济已被企业认可，一件被广泛关注的事情肯定具有极大的附加值，冠名权、专卖权之类都能带来利润。

(3)偷换概念，用代金币代替钱在嘉年华游乐场里，除了代金币外，任何货币都没有价值。之所以用代金币的形式，是因为在人们的意识中，代金币毕竟不是钱，感觉不到花钱时的"心痛"感觉，因此这种支付手段可以最大限度地刺激参加者的消费欲望。

目前，中国游乐业 90% 的项目都在亏损，全球亦是如此。既然环球嘉年华运作得如此之好，那能不能"复制"呢？

现在，已经兴起了一阵"嘉年华跟风运动"。除环球嘉年华外，现在行动的还有乐翻天嘉年华、泛洋嘉年华和城市嘉年华，除城市嘉年华是上海的环球嘉年华组委会一部分成员另立的山头外，所有这些嘉年华，都是因为上海嘉年华太过成功才纷纷跟风的。

泛洋嘉年华曾在厦门办过一次，游客总数为 50 ~60 万人，比预计人数少 30%，泛洋嘉年华的主办方成都嘉年华泰有限公司的副总经理薛建宇强调项目很好，但就像围城一样，只有进来的人才能体会到风险有多大。

嘉年华的风险有天灾人祸，比如 2003 年的 SARS，然后是天气、选址、消费力、城市习俗等因素。泛洋嘉年华失败原因之一就是选址偏僻。嘉年华是短期项目，投资在 5000 万元以上，必须在很短时间内收回赢利，就必须保证一天至少有几万名游客，这样前期宣传也要投入很大，而它的不可控制元素过多。

一样东西能够数十年长盛不衰，必然有它的独到之处，也显然不可能通过简单的形式的复制就可以做到的。就像成功无法复制一样，成功的方法也同样无法复制。一个事物区别于其他的事物而独立存在，它的独特性和生命力才会长久，否则，很容易被人遗忘。

吃美元的芭比娃娃

在美国市场上曾出现过一种注册为“芭比”的洋娃娃，这洋娃娃也确实设计得很漂亮，大人也都喜欢，小孩子见了总是要买一个，每个售价也仅10.95美元。就是这个看似寻常的洋娃娃，竟弄得许多父母哭笑不得，因为她并不像一般的洋娃娃那样简单，这是一种“会吃美元”的儿童玩具。芭比怎么会吃美元？我们来看看一对父女的故事：

一天，父亲买下物美价廉的芭比娃娃作为生日礼物赠送给女儿后，很快就忘了此事。可没几天，女儿就向爸爸提出了新的要求：“芭比需要新衣服。”原来，女儿发现了附在包装盒里的商品供应单，提醒小主人说芭比应当有自己的一些衣服。父亲想，既然芭比真像一个活生生的小孩似的，让女儿在给娃娃换穿衣服的过程中也能得到某种锻炼，再花点钱也是值得的。于是，第二天，又带着女儿去了那家商店，花了45美元买回了“波碧系列装”。

几天以后，女儿又提出了新的要求，说是商店的提示，应该让芭比当“空中小姐”，还说一个女孩在她的同伴中的地位，取决于她的芭比有多少种身份。为了提高她的地位，其实也提高自己在其他孩子心目中的地位。看着泪汪汪的女儿，父亲实在于心不忍。于是，父亲为了满足女儿不算太过分的虚荣心，只好又掏钱把芭比上下再重新打扮一番。花钱买了空姐制服。接着又是护士、舞蹈演员的行头，这一下，父亲的钱包里又少了35美元。

芭比是变成了更漂亮的空中小姐，可父亲的腰包里却也瘪进去了一些。

然而事情并没有完。有一天，女儿得到“信息”，说她的芭比喜欢上了英俊的“小伙子”凯恩，不想让芭比“失恋”的女儿央求父亲买回凯恩娃娃。望着女儿乞求的神情，父亲还能说什么呢？只好又花费了11美元让芭比与凯恩成双结对。

凯恩与芭比一样也是一个会“吃”美元的洋娃娃，同样也附有一张商品供应单，提醒小主人别忘了给可爱的凯恩添置衣服、浴袍、电动剃须刀等物品。没有办法，父亲又一次打开了钱包。

事情总该结束了吧？可女儿又眉飞色舞地宣布芭比和凯恩准备“结婚”了，父亲显得无可奈何。既然结婚是每一个人的愿望，当初买回凯恩就是让他与芭比成双结对，现在就没有理由拒绝女儿的要求。为了不给女儿留下“棒打鸳鸯”的印象，不得以，父亲忍痛破费让女儿为婚礼“大操大办”。

父亲想，谢天谢地，这下女儿总该心满意足了。谁知有天女儿又收到了商品供应单，说她的芭比和凯恩有了爱情的结晶——米琪娃娃，又冒出个会吃美元的“第二代”。

聪明的老板就是以这种连环套，把美元从大人的腰包里一点一点地掏走！

当初，家长们也许是因为那不贵的10.95美元而一下子掏腰包的，到最后，回头一算，这只洋娃娃已经“吃掉”上千美元了。

这是一种链条式的消费方式，它的营销方案充分利用了攻心为上的谋略。女儿喜爱洋娃娃，父亲疼爱女儿，从这种心理出发去策划“芭比吃美元”，设计者往往把最初的消费水平定得很低，一旦你进入这个链条，他就会层层加码，而这时你已经欲罢不能，只有被他牵着鼻子不断花钱了。

市场营销，既需要寻找消费者所需的产品，也需要有猜透消费心理的策划。消费心理是一个复杂的动态化过程，它因人、因地、因时而异。只有抓住这一特点进行产品形象设计，才能使产品与消费心理紧密相连，融为一体。芭比娃娃作为一种玩具是不可能吃美元的，真正吞吃美元的是女儿的“童心”和父亲的“爱心”。物美价廉的芭比，可以说是“童心”和“爱心”的一种载体，否则，父亲怎能为了芭比一再掏出美元呢？因此，搞好产品的市场营销，首要的任务就是以“攻心为上”为基本谋略，在充分了解和分析某一细分市场消费心理的过程中，构思心理型适需产品和实施其所需的营销方案。

这种策略在保险业务的推销中也比较常见。

有位保险业务员，他在向准客户推销保险时，总是以一些保费最便宜的保障型保险打头阵，设计所要交的保费也远低于客户的经济能力。这样一来，一般不费多大的精力他就能把保单签回来。然后，通过回访，才告诉客户说，自己太保守，为客户设计的保障还很不充分，还会编出一套具有说服力的话来，引得客户再加保。但他也不是一次就加“足”，总是不停地利用回访的机会千方百计地让客户再加保。客户看到业务员如此关心自己，也就放松了警惕，不断地依他所言加了保。

以上事例堪称最经典的、典型的欲擒故纵、逐步深入的销售策略。

到什么山上唱什么歌

我们常说，“到什么山唱什么歌”，其实，营销同样也不例外。就好比西方人爱用叉子，中国人爱用筷子，如果换着用，不论西方人，还是中国人都会觉得别扭。有些人总是喜欢以不变应万变，那确实有时会收到一定的成效，但未必就是真理。要真想获得最大的价值，还得以万变应万变。该招数的成功几率很大，但在实践中要先摸清市场，对症下药，方能百战百胜。

日清食品公司是日本一家食品产销企业集团，他们始终坚持“只要口味好，众口也能调”的独特经营宗旨。在它的营销历程中，最令人感到不可思议的是他们竟然改变了美国人“不吃热汤面”的饮食习惯，使日清公司的方便面成为美国人的首选快餐食品。

日本日清食品公司在准备将营销触角伸向美国食品市场之前，为了能定海外扩张的最佳“切入点”，曾不惜高薪聘请美国食品行业的市场权威机构，对方便面的市场前景和发展趋势进行全面细致地调查和评估。

美国食品行业的市场调查权威机构所得出的调查评估结论，让日清食品公司大吃一惊，由于美国人没有吃热汤面的饮食习惯，而是喜好吃面条时干吃面，喝热汤时只喝汤，绝不会把面条和热汤混在一起食用。由此可以断定,汤和面合一的方便面,是很难进入美国食品市场的,更不会成为美国人一日三餐必不可少的快餐食品。

日清食品公司虽然感到了问题的棘手,但并没有盲目迷信这种结论,而是抱着求人不如求己、自强自立的信念,派出自己的专家考察组前往美国进行实地调研。

经过千辛万苦的商场问卷和家庭访问,专家组最后得出了与美国食品业的市场调查权威机构截然相反的评估结论——美国人的饮食习惯虽然"汤面分食,绝不混用"的特点,但是随着世界各地不同种族移民的大量增加,这种饮食习惯在悄悄地发生着变化。

再者,美国人在饮食中越来越注重口感和营养,只要在口味上和营养上投其所好,方便面有可能迅速占领美国食品市场,成为美国人的饮食"新宠"。

日清食品公司基于亲自调查的结论,从美国食品市场动态和消费者饮食需求出发,确定了营销策略,全力以赴地向美国食品市场大举挺进。

首先是食品的定位。他们针对美国人热衷于减肥运动的需求,巧妙地把自己生产的方便面定位于"最佳减肥食品",在声势浩大的公关宣传中,刻意渲染方便面"高蛋白,低热量,去脂肪,剔肥胖,价格廉,易食用"等种种食疗功效,针对美国人好面子、重仪表的特点,精心策划出"每天一包方便面,轻轻松松把肥减"、"瘦身最佳绿色天然食品,非方便面莫属"等极具煽情色彩的广告语,挑起美国人的购买欲望,获得了"四两拨千斤"的炒作奇效。

为了满足美国人以叉子用餐的习惯,日清公司果敢地将适合筷子夹食的长面条加工成短面条,为美国人提供饮食之便,并从美国人爱吃硬面条的饮食习惯出发,一改方便面适合东方人口味的柔软特性,精心加工出稍硬又有劲的方便面。这样便堂而皇之地打上了"为美国人特别设计"的旗号。

调查中发现,美国人"爱用杯不爱用碗",于是日清公司别出心裁地把方便面命名为"杯面",并给它起了一个地地道道的美国式副名——"装在杯子里的热牛奶",期望"方便面"能像"牛奶"一样,成为美国人难以割舍的快餐食品。他们根据美国"爱喝口味重的浓汤"的独特口感,不仅在面条制作上精益求精,而且在汤味作料上力调众口,使方便面成为"既能吃又能喝"的二合一方便食品。

美国人吃面还有一个习惯,那就是他们在食用方便面时总是"把汤喝光而将面条剩下"的偏好,日本人灵敏地捕捉到了方便面制作工艺求变求新的着力点,一改方便面"面多汤少"的传统制作工艺,研制生产了"汤多面少"的美式方便面,并将其副名更改为"远胜于汤",从而使"杯面"迅速成为美国消费者人见人爱的"快餐汤"。

就这样,日清食品公司改变了美国人的饮食习惯和就餐需求。他们以"投其所好"为一切业务工作的出发点,不仅出奇制胜地突破了"众口难调"的产销瓶颈,而且轻而易举地打入了美国快餐食品市场,开拓出了一片新天地。

著名营销学大师科特勒就入乡随俗有过一个形象的假设,他假设主人公是美国一家公司的副总裁哈里,他将要到欧洲去为新产品开拓市场。他去了英国、法国、德国、意大利,用自认为最合适的方式与他们打交道。对于自己的表现,哈里感到非常满意,但几个月过去了,除了收到一堆账单外,这次旅行没有任何结果。在欧洲,没有人对哈里着迷。

为什么呢?因为他没有真正明白谈话对象的需求、风俗习惯以及文化背景。可怜的哈里确实尽了力,不过都是以错误的方式。

日清食品公司的成功在于操作者对人们心理的探求、把握和随机应变。由于国家民族的不同，人们的生活习惯也有很大的不同，例如人们在味道上的差别、审美观的不同、立场、观点的区别……所以应学会站在消费者的角度去看问题已然成为当前商业销售的关键点。

亲兄弟的“双簧戏”

美国费城有两家廉价货商行——纽约廉价货商店和美国廉价货商店，两家正好门挨着门。有道是同行为冤家，两家店主犹如死敌，他们之间经常爆发舌战和价格战。

一天，纽约廉价商店的橱窗中挂出一幅减价售货的广告，居民们看到后，纷纷奔走相告，趋之若鹜。但同往常一样，没过多久，隔壁美国廉价商店的橱窗里赫然出现了这样一则广告：我店的被单与隔壁的相比，犹如罗密欧与朱丽叶的亲密关系一样，注意价格：每床5.95美元。

这样一来，拥向纽约廉价商店的人们看到隔壁卖的比这里更便宜，马上放弃了这里的交易，转而拥向廉价商店，一起挤进店内，只消片刻，被单就被蜂拥而至的人们抢购一空。

像这样的竞争在这两家商店之间可以说从未间断过。忽而东风压倒西风，忽而西风压倒东风，无尽无休。而当地的居民也总在盼望他们之间的竞争，因为这会给人们带来好运气，可以用很少的钱就买到十分“便宜”的商品。

除了利用广告相互压价竞争外，两家商店的老板还常常站在各自的商店门口，相互指责、对骂，甚至拳脚相加，场面十分激烈，但最终总有一方败下阵来，才能停止这场残酷的“战斗”。这时等待已久的市民们则好比在比赛场上听到起跑令一般拥向胜利一方的商店，将店内的商品一抢而空，不论能买到什么样的商品，他们都感到很惬意。

就这样，两家商店的矛盾在当地最为著名、紧张，也最为持久。而附近的居民却从中获得了巨大的利益，买到了各种物美价廉的商品。

一晃，几十年过去了，两家商店的主人也老了。突然有一天，美国廉价商店的老板失踪了，铺面上了锁。大家再也看不到他们相互竞争的精彩场面了，感到很茫然，心里好像缺点什么。每一天，都在盼望出现奇迹：铺面又开张了，两家店主人开始“战斗”，但奇迹没有出现。过了一段时间，纽约廉价商店的老板也将自己的商店拍卖了，随后也搬走了。从此，附近的居民再也没有见到过这两个带给他们刺激和利益的怪人。

终于有一天，商店的新主人前来清理财产时，发现了一桩令人费解的事情：两家商店间有一条秘密通道相连；在楼上，还有一道门连接两家老板的卧室。这是怎么回事？后来人们终于查明：两个死敌，原来竟是一对亲兄弟。

商战如戏。这对亲兄弟数十年的双簧戏目的只有一个：促销。他们平时的咒骂、威胁、互相攻击，都是人为扮演的，因为在他们两个人的“战斗”中，不论哪一方胜利了，只不过是由胜利一方把失败一方的货物一起卖掉罢了。但如果仔细思量一下，其间还有点学问。首先，兄弟俩营造了竞价氛围，将顾客引入“二择一”的圈子，非此即彼，使人误以为捡了便宜；其次，见好就收，善得其终，连上当数十年的顾客也只能一笑了之。

星巴克:跟着感觉走

2003年10月中旬,时任华盛顿州州长的骆家辉一行到广州作短期访问。在紧张的行程安排中,这位美国首个华人州长仍然抽出了近两个小时的宝贵时间光顾了星巴克在广州的第一家分店。其间,骆家辉不仅当着众媒体亲自DIY咖啡煮法,同时还把自己在竞选过程中借星巴克提神的心得与大家分享无遗。

这毫无疑问又是一次成功的营销,因为它再次让追随星巴克的消费者感受到与国际时尚的接轨,同时它还借助骆家辉的形象传达出"我们都是黑头发、黄皮肤的华人,我们都喝星巴克"的平等讯号。

在中国,星巴克已真正将自己变成一种咖啡文化的载体,通过这个载体,它把星巴克文化像"病毒"一样地传递给他人,并以几何级的增长速度在北京、上海扩散。如今,这个1971年创始于美国西雅图的咖啡店,只用了短短几年时间,就在中国就成了一个时尚的代名词。它所标志的已经不只是一杯咖啡,而是一个品牌和一种文化。星巴克咖啡几乎等同于"小资"一词,但凡追求小资生活的人群都会把星巴克列为经常活动的场所,而且家中必备星巴克的咖啡杯或小饰品。否则,会被人嘲笑为学绘画的不知道毕加索,学音乐的不了解肖邦。

现在,星巴克已经在北美、欧洲和南太平洋等地开出了近万家店,近几年的增长速度每年超过500家,平均每周超过10000万人在店内消费。目前,星巴克是唯一一个把店面开遍四大洲的世界性咖啡品牌。

作为一个市场跟进者,进入的又是一个充满竞争的完全成熟的市场,星巴克靠什么从一间小咖啡屋发展成为国际最著名的咖啡连锁店品牌?

首先是模式,星巴克会根据世界各地不同的市场情况采取灵活的投资与合作模式。同麦当劳的全球扩张一样,星巴克很早就开始了跨国经营,在全球普遍推行三种商业组织结构:合资公司、许可协议、独资自营。星巴克的策略比较灵活,它会根据各国各地的市场情况而采取相应的合作模式。

星巴克在世界各地的合作伙伴不同,但是经营的品牌都是一样的。这样做的好处是,"它可以借别人的力量来帮它做很多事情,而且是同一个时间一起做。"

另外,星巴克采取多以直营经营为主。30多年来,星巴克对外宣称其整个政策都是:坚持走公司直营店,在全世界都不要加盟店。

星巴克在某一个国家或某一个地区,比如新加坡、北京(授权经营星巴克在中国华北地区的市场)等,寻找一个比较有实力的大公司进行授权合作,双方是合作的关系,这种方式不属于平常所说的加盟连锁。

事实上,星巴克的直营路子更多地体现在另外一个层面:星巴克合资或授权的公司在当地发展星巴克咖啡店的时候,"顽固"地拒绝个人加盟,当地的所有星巴克咖啡店一定是星巴克合资或授权的当地公司的直营店。

它的理由是:品牌背后是人在经营,星巴克严格要求自己的经营者认同公司的理念,认同品牌，强调动作、纪律、品质的一致性。而加盟者都是投资客，他们只把加盟品牌看作赚钱的途径，可以说，他们唯一的目的就是为了赚钱而非经营品牌。

如果这些还属于战略的范畴的话，那不花一分钱做广告就是其独有的特点了。

在各种产品与服务风起云涌的时代，星巴克公司却把一种世界上最古老的商品发展成为与众不同的、持久的、高附加值的品牌。然而，星巴克并没有使用其他品牌市场战略中的传统手段，如铺天盖地的广告宣传和巨额的促销预算。

“我们的店就是最好的广告”，这就是星巴克的经营者们坚信的广告理念。据了解，星巴克从未在大众媒体上花过一分钱的广告费。但是，他们仍然非常善于营销。

星巴克认为，在服务业，最重要的行销管道是分店本身，而不是广告。如果店里的产品与服务不够好，做再多的广告吸引客人来，也只是让他们看到负面的形象。星巴克不愿花费庞大的资金做广告与促销，但坚持每一位员工都拥有最专业的知识与热忱的服务。“我们的员工犹如咖啡迷一般，可以对顾客详细解说每一种咖啡产品的特性。只有通过一对一的方式，赢得信任与口碑。这是既经济又实惠的做法，也是星巴克的独到之处！”

另外，星巴克的创始人霍华·舒尔茨意识到员工在品牌传播中的重要性，他另辟蹊径开创了自己的品牌管理方法，将本来用于广告的支出用于员工的福利和培训，使员工的流动性很小。这对星巴克“口口相传”的品牌经营起到了重要作用。

对于市场营销而言，最重要的事在于了解消费者的思维，并通过有效的途径，将产品信息以最有效的方式传达到消费者那里。商家通常的做法是尽量借助于媒介，提高信息传递的能效，希望以最大程度的宣传力度来实现大众信息的最快传达。但有专家发现，社会上总有一些非正式的团体，他们创造出的生活方式或消费趋向经常会对大众产生好奇心理，在经过短暂的“口口传播”或“草根传播”之后，不久就变成时尚最新的潮流。

在广州，新自由主义在蔓延，他们崇尚“DIY”，喜欢突出的个性，这实际上是“小资情结”在广州地域的不同表现形式。星巴克以高成本投入在广州黄金地段选址，并装修成随意舒适的休憩环境，同时店内配有个性鲜明的音乐背景，消费者可对每一款咖啡进行现场加工，并且想在店内待多久就待多久，这些恰恰都符合新自由主义者的消费观念。

星巴克的风格充分运用“体验”。星巴克一个主要的竞争战略就是在咖啡店中同客户进行交流，特别重视同客户之间的沟通。每一个服务员都要接受一系列培训，如基本销售技巧、咖啡基本知识、咖啡的制作技巧等。要求每一位服务员都能够预感客户的需求。

另外，星巴克更擅长咖啡之外的“体验”：如气氛管理、个性化的店内设计、暖色灯光、柔和音乐等。就像麦当劳一直倡导售卖欢乐一样，星巴克把美式文化逐步分解成可以体验的东西。

“以顾客为本”：“认真对待每一位顾客，一次只烹调顾客那一杯咖啡。”这句取材自意大利老咖啡馆工艺精神的企业理念，贯穿了星巴克快速崛起的秘诀。注重“one at a time”（当下体验）的观念，强调在每天工作、生活及休闲娱乐中，用心经营“当下”这一次的生活体验。

星巴克还极力强调美国式的消费文化，顾客可以随意谈笑，甚至挪动桌椅，随意组合。这样的体验也是星巴克营销风格的一部分。

星巴克另一个突出之处为善于推广教育消费者。比如在一个习惯喝茶的国度里推广和普及喝咖啡,首先遇到的是消费者情绪上的抵触。星巴克为此首先着力推广"教育消费"。通过自己的店面,以及到一些公司去开"咖啡教室",并通过自己的网络,星巴克成立了一个咖啡俱乐部。

顾客在星巴克消费的时候,收银员除了品名、价格以外,还要在收银机键入顾客的性别和年龄段,否则收银机就打不开。所以公司可以很快知道消费的时间、消费了什么、金额多少、顾客的性别和年龄段等。除此之外,公司每年还会请专业公司做市场调查。

星巴克的"熟客俱乐部",除了固定通过电子邮件发新闻信息,还可以通过手机传简讯,或是在网络上下载游戏,一旦过关可以获得优惠券,很多消费者就将这样的讯息,转寄给其他朋友,造成一传十、十传百的效应。

星巴克的店内设计同样体现他独特的文化。如:星巴克在上海的每一家店面的设计都是由美国方面完成的。据了解,在星巴克的美国总部,有一个专门的设计室,拥有一批专业的设计师和艺术家,专门设计全世界所开出来的星巴克店铺。他们在设计每个门市的时候,都会依据当地的那个商圈的特色,然后去思考如何把星巴克融入其中。所以,星巴克的每一家店,在品牌统一的基础上,又尽量发挥了个性特色。这与麦当劳等连锁品牌强调所有门店高度统一截然不同。

在设计上,星巴克强调每栋建筑物都有自己的风格,而让星巴克融合到原来的建筑物中去,而不去破坏建筑物原来的设计。每次增加一家新店,他们就用数码相机把店址内景和周围环境拍下来,照片传到美国总部,请他们帮助设计,再发回去找施工队。这样下来,星巴克才能做到原汁原味。例如上海星巴克设定以年轻消费者为主,因此在拓展新店时,他们费尽心思去找寻具有特色的店址,并结合当地景观进行设计。例如,位于城隍庙商场的星巴克,外观就像座现代化的庙,而濒临黄浦江的滨江分店,则表现花园玻璃帷幕和宫殿般的华丽,夜晚时分,可以悠闲地坐在江边,边欣赏外滩夜景,边品尝香浓的咖啡。

星巴克能够盈利并且迅速推广的真正理由是什么?它的成功主要在于很好地利用了市场这只"无形的手"。星巴克充分运用和仅仅抓住了目前最热门的"体验"来作为其制胜的"营销工具"。也就是紧随市场的潮流,紧跟着市场的感觉走。

在星巴克,产品并非完全是产品,它更多成分是"体验一种感觉"。很多星巴克的主流消费群目前已经习惯多元文化的重叠感觉,坚持视觉统一的观点似乎有些"老土"了。

星巴克的做法在很多的方面就像一个格格不入的怪胎,但正是由于这种坚持自己风格的做法成就了它的与众不同,独特的文化和体验也成了吸引消费者的巨大磁石。

谁说天下没有免费的午餐

据美联社报道,在伦敦一家饭店别出心裁地推出了一项"DNA 寻找成吉思汗后人"的促销活动,结果大受食客欢迎。

这家饭店的新规定是:你是成吉思汗的后人吗?如果是,你将得到一顿免费美餐。不过,在享用美餐之前,请接受一次DNA测试来证明你的身份无假。

伦敦这家名为“羊肉串”的饭店别出心裁地推出的“DNA寻找成吉思汗后人”的活动广受欢迎,人们抱着好奇的心理纷纷前来就餐,这也说明了我们中国的一代天骄成吉思汗在去世数百年之后,仍然在世人心目中享有很高威望的事实。

众所周知,成吉思汗是中国历史上赫赫有名的人物,他有着雄才大略和崇高的人生目标,于公元1206年统一蒙古各部,建立蒙古汗国。通过大规模的军事行动,他所领导的蒙古铁骑曾将领土版图扩展到中亚地区和南俄。元朝建立后,成吉思汗被追尊为元太祖。他的威名远播世界各地,为世人所知晓。

“羊肉串”饭店的柜台经理雨果·马利克说,经常有蒙古游客特意找到他们的饭店,告诉他们有关成吉思汗和自己家族关系的细节。这些人会说:“祖父曾经说过我们是成吉思汗的后代。”也正是这个说法,提醒了饭店的经理,使他想到了这样一个寻找成吉思汗后人来宣传的好机会。

当然,这些游客的祖父说的也许是真话。不过,负责为“羊肉串”餐厅顾客进行DNA测验的“牛津祖先”公司所做的,是为这些人的说法找到科学证据。这家公司的研究表明,在中亚,有1600~1700万人的遗传序列中有一种共同的Y染色体,表明这些人可能是成吉思汗的后代。

由牛津大学遗传学家布赖恩·赛克斯成立的“牛津祖先”公司已开始为世界各地希望“寻根”的人提供DNA测试。最近,赛克斯推出了有关男性染色体(或Y染色体)研究的新书《阿当的诅咒》,他在书中声称成吉思汗可能是历史上最成功的“播种者”,英伦三岛也有可能发现他的子孙。

在赛克斯的这本书中,科研人员从亚洲16个地区抽取男性居民的DNA样本,结果发现8%的居民拥有同一男性染色体。“牛津祖先”公司负责人、遗传学家戴维·阿什沃思认为,成吉思汗是“一代征服者,攻占过无数城池、占领过无数土地,得到过无数女人的芳心,”因此,他在中亚留下很多后人完全可能。由于没有任何成吉思汗的组织标本,“牛津祖先”公司的DNA测验只能建立在对一些可能因素做综合评估的基础上。这样的测试属于生物考古学的范畴,也就是利用生物技术了解人类祖先的情况。

这也是人们为什么对这件事情感兴趣的原因。

在通常的情况下,只要花上180英镑(合330美元),“牛津祖先”公司的工作人员就会告诉客户他们的父系祖先是谁。

“羊肉串”饭店利用这个大好的机会,在伦敦的两个分店从周一到周五为客人提供DNA测试,来确定哪些顾客有资格作为成吉思汗的后人享受一份免费美食。餐馆的老板雨果·马利克表示,他有意用成吉思汗这块“金字招牌”吸引西方食客,而免费DNA测试也激起部分西方人验证自己身世的好奇心。这个创意果然让饭店生意大有起色,当时,“测测自己是否与成吉思汗有血缘关系”几乎成了伦敦的“新时尚”。

商业社会真的是无奇不有,许多甚至让人觉得不可思议,但也许这不可思议才是其能够成功的原因之所在。我们不得不佩服“羊肉串”饭店的精明,抓时机的手段之高明,但同时这也让我们看到,在当今高速发展的社会,各种各样的信息纷繁复杂、无所不有,关键是你有没有发现的眼睛和抓住机会的手。

卖梦想:“拥有一片美国”

在当今商业社会中,几乎所有的东西都可以作为商品参与交换,梦想也不例外。这看似有些玄虚,但却是实实在在发生了的。

1992年,是哥伦布发现美洲大陆的第500周年,美国土地公司推出“拥有一片美国”的销售活动,消费者只要购买一份美国土地证书,就可以在美国50个州都拥有一平方英寸的土地。这些土地可以自由进出,也可以赠与、转让、继承,但不可以开发建设。话又说回来,一平方英寸的土地,一巴掌就能把它盖住了,如何去搞房地产开发!

所以,有人说,这种证书销售纯粹是在销售一种梦想。

想出这一高招的是美国土地公司的史考特·摩格,他用了10年的时间才在美国的各个州各买下一英亩的土地,并办妥了所有土地的法律手续。他的这一计划虽说花了不少的钱。但因为他买的土地都比较偏远,价钱很便宜,所以大部分都花在律师费用上了。

“拥有一片美国”的活动在美国推出时,有平装和精装两种规格,分别卖29.95美元和49.95美元。对于一个富翁来说,花一杯咖啡的价钱,就可以了却尚未实现每州“插针”的缺憾;而对平民百姓来说,花一两个小时的工钱,就可以买到一份不俗的送人礼物,真可以说各得其所。摩格开始也是这样介绍他的这一奇特的商品的,他说,这是“赠给一个已经无所不有人士的最佳礼物”。

这样的梦想销售在比较现实的美国是不是卖得很火,我们不得而知。但在远隔万里的中国,销售的火爆情况,却是“发明者”所始料不及的。

1992年3月,一个偶然的机会,深圳海王药业公司的总裁张思民听说了这一则土地销售活动,他立即意识到这是一个新的发财机会。因为他知道,“拥有一片美国”的证书虽不能作为赴美签证的依据,但它却实实在在地是一份美国的地契,上面清楚地记载着持有者的姓名、编号,以及根据美国哪条法律条文拥有多大面积的土地,等等,可以实实在在地圆了很多中国有钱人的美国梦。

张思民马上与美国方面取得联系。远在大洋彼岸的中国有人要代理销售他的梦想,摩格自然十分高兴,他很快就把这项活动的中国代理权授予了海王集团。

海王集团为证书的销售做了大规模的广告宣传,广告着重在文化参与、纪念收藏、保值增值、馈赠佳品等方面做宣传,还打出了出国旅游的诱惑:每10万份为一组,通过摇奖抽出幸运者,免费去美国亲自看一下属于自己的那块土地。从1994年起,连续10年,每年都举行一次全国性的抽奖,抽出10名免费去美国考察的名额,如果被抽中者因故不能成行,组织者则补回相应的美元。

保值增值,对很多有钱的中国人来说,是非常有吸引力的。当时,中国的民间收藏热刚刚兴起。中国人也都开始知道了原始股票的魅力,只恨自己没赶上,美国的土地哪有不增值的道理?

当然,组织者不会忘记吃喝这一活动,最有号召力的卖点——花几千元人民币,就可以“拥有一片美国”。

事实证明,张思民的判断是正确的。1992 年 10 月,证书首先在深圳和海南销售,马上成为当时炙手可热的最畅销商品。

1992 年 11 月 18 日,证书在南京销售,当时正值寒流侵袭,但仍有几百名南京市民通宵排队等候购买。1000 份证书 3 天内即售罄。1 个月后,第二批 1000 份证书又是一抢而光。

“拥有一片美国”并没有让持有者真正拥有美国,但却使其发明者和销售者着实赚了个盆满钵满。

从卖实物到卖思想、卖创意,再到今天的卖梦想,真可谓是什么都能卖,也什么都敢卖。商业社会只要有人卖,就会有人买,商品的范围甚至于是任何的实物和非实物。

卖梦想,真是前所未有之事,在此之前恐怕也没有几个人想到过这一点。但现在不光有人想到了,而且做到了。

这个美国梦之所以能卖得出去,一是具有主观和客观的条件。客观的条件是:中国人普遍崇洋及向往美国的心理;主观的条件是:组织者紧抓住了人们的心态。二是充分地利用媒体来炒作,为自己的营销服务。

抓住了人心,打动了消费者,那也就成功了一半。任何的商品,只要你能迎合了消费者的需要和欣赏心理,就会掀起购买狂潮。千方百计地发掘消费者的消费心理,认真研究消费者的消费需求,发现它、满足它,你就可以大赚其钱。

点“虾”成金的商业眼光

商业眼光是能否对一个市场作出前瞻性预测的关键,它在很大程度上决定着后面工作的方向和规模。

菲律宾有一种雌雄同穴的虾,其生存特征很奇异。

一对虾自幼从有隙的石头中钻了进去,待长大之后,再也无法从隙缝中钻出来,于是双双对对在隙缝里共度一生,走完生命的历程,而成为风干的“木乃伊”。

这种东西在菲律宾俯拾皆是,人们视之为普通的虾,根本没有人考虑其经济价值。

但有个日本商人却独具商业眼光。

他想,如果将这种“从一而终”的虾开发为结婚礼品,一定十分畅销。

为挖掘出这种虾的商业价值,日本商人首先给它起了个“偕老同穴”这个听来很合人心意的名字。

结果,这种虾从菲律宾进口时进价只需 1 美元,而在日本市场上售价却高达 3000 日元。

人们趋之若鹜,争相抢购。

人们常说,世界上不是没有美,而是缺乏发现美的眼光。同样的道理,商机随处会有,就看你是否具备发现商机的眼光。这种虾已经不是一般意义上的虾,而是会给夫妻带来幸福的象征物,同时这种礼品新颖又奇巧,满足了人们求新求异的心理。

“咬苹果大赛”的功效

不同的国家、地域、民族,有着不同的文化背景和消费观念,对于外来者来说,要想打入这些市场,就必须先了解这些不同的因素。否则,这些东西将可能成为你打入市场的定时炸弹。

为了成功地打入日本市场,美国的苹果种植主协会仔细调查了日本市场的状况。首先,美国人发现日本人吃苹果的方式与美国人大不相同。大多数美国人把苹果当作午餐或零食,咬着吃,不削皮。然而在日本,苹果大多用作饭后甜食,削了皮切成小块再吃。此外,日本苹果一般比美国苹果大得多。针对这些市场特点,美国苹果种植主协会为苹果作的产品市场定位是:有益于健康的方便零食。

很明显,美国苹果在日本的市场定位,目的在于创造新的市场需求,从而有利于最大限度地销售。但要改变日本人的消费习惯,创造市场需求,谈何容易。

美国苹果种植主协会认为,日本消费者能否把美国苹果当作方便零食来吃,关键在于他们是否接受咬着吃整个苹果。针对这个问题,美国人在日本开展了一系列改变日本人消费习惯的促销活动,其中一项是“咬苹果大赛”。

美国苹果在日本上市的第一天,美国苹果种植主协会在东京闹市区搭起了高台,人们自愿登台参赛,能一口咬下最大块苹果者,获得一件印有美国苹果图案的运动衫,旁观者每人赠送3个美国“红元帅”苹果。这项有趣的竞赛活动获得日本大众媒介的充分报道,日本消费者在一笑之间了解了美国人吃苹果的方式,并留下了深刻印象。

与上述促销活动相配合的是定价策略。日本苹果的价钱每个从1.5美元到5美元不等,而美国苹果在日本的售价为每个75美分。尽管价格低,但吃过美国苹果的日本人并不认为美国苹果的质量差。而事实上,每个75美分的价钱仍高于美国国内市场上的苹果价格,美国苹果在日本市场上的赢利大约为美国市场的4倍。

美国人在对日本市场认真做过调查之后,找到了美日两国消费者在消费苹果这一商品上的差别。要使美国苹果能够受到日本人的欢迎,就必须首先让日本人了解美国的苹果,实际上也是让日本人了解美国的“苹果文化”,使日本人真正接受美国的苹果。

在上述案例中,美国的苹果种植主协会想出了一个看似简单却非常巧妙的促销方法——“咬苹果比赛”,使消费者不仅喜欢上了美国的苹果,还同时学会了美国人吃苹果的方式,从而为美国苹果的大规模进入日本市场埋下了伏笔。

美国人采取竞赛促销的方式推销“新产品”,能够很好地激起消费者的好奇心和参与意识,使他们以娱乐的形式不知不觉地接受了新事物。

牵着"皇马"进中国

西班牙的皇马马德里足球俱乐部是世界上最著名的足球俱乐部,它的球迷是世界上最多的,也是最富有的俱乐部之一。为了拓展市场的需要,他们把目光转到了遥远的东方古国。

2003年"非典"过后不久,刘宏伟就把皇家马德里足球请到了中国,成为迄今为止中国体育商业操作最辉煌的一笔大单。

早在几年前,北京体育局就有意让皇马足球队来中国比赛,当时西班牙的伊莎公司一直在运作这件事情,但并不顺利。而刘宏伟和他的高德公司也一直在关注着事态的发展。

从1999年以来,中国的商业赛事处于低谷,北京更是落在了上海和广州的后边。作为一个技艺娴熟和有广泛知名度的体育经纪人,刘宏伟知道什么时候是操办这类比赛的最好时机,2003年,观望已久的刘宏伟终于出手了。

申奥成功两周年,北京需要用一定社会影响力的体育赛事来纪念这一时刻,打进世界杯后的足球热也把老百姓和体育界的胃口吊了起来,这为举办一场有影响力的商业赛事奠定了足够的社会基础。而一路高歌下的中国经济突飞猛进,有太多的商家希望借助有影响力的营销事件来提升品牌的知名度和美誉度。

社会各界的力量在逐渐汇集,都在寻找着一个爆发点。

2003年3月,刘宏伟等人筹划赛事,4月就签订了合约。在这个合约的签订中,有两个人起到了至关重要的作用,一个是前中国队主教练米卢,一个是ASD(亚洲体育发展公司)的CEO史蒂文,刘宏伟与他们有着相当不错的私人交往,当得知ASD与皇马签订了在亚洲的开发计划后,刘宏伟就下决心要把皇马请到中国。

在"非典"肆虐的几个月里,高德公司有两个团队分别驻守在马德里和英国开展工作,当北京"非典"解除后,刘宏伟、刘军等4位高德高管层组成的一个小组立即飞赴马德里,迅速展开公关活动。

中国政府战胜SARS的消息和刘宏伟提出的"携你们手,让我们一路同行"的口号,使皇马深深被打动了。在后来的工人体育场,罗纳尔多举起了写着"携手同行,战胜SARS"的标语牌。

以刘宏伟为核心的高德团队从1994年起开始活跃在中国体坛,先后运作了国内球队与阿森纳和英格兰国家队之间的商业比赛,而范志毅、张恩华、孙继海等球员在刘宏伟等人的一手操作下,先后登上了英伦三岛的绿茵场。高德公司在体育经纪界树立了自己的独特地位。

在刘宏伟等人运筹皇马中国行时,日韩两国也与刘宏伟展开了激烈的竞争,为将皇马训练营开设到他们的国家去,日韩开出每天倒贴10万欧元的条件,皇马也颇为看中购买力更强的日韩。

但当刘宏伟他们把一篇写着“1亿中国球迷等待皇马”的新闻报道转给皇马球队时，皇马动心了。

他们问“真的有一亿中国球迷要看皇马吗？”

刘宏伟说：“还远远不止这些！”

成功的商业操作需要很多因素的综合作用，但时机的选择却是其中尤其重要的，这甚至决定着操作的成败。一个好的商业操作必须有一个绝佳的时机来配合，才能收获成功的果实。然而这时的金钱往往不起决定作用，因为长期的投资比这短期的收益更可观。

欲擒故纵的美味香食品店

所谓的“缺货”效应是商家炒作常用的手法，就是故意制造产品的短缺，吊着消费者的胃口，拴住他们急切想得到商品的心理，从而达到炒作的目的。但下面这个案例却不是自己故意制造缺货，而是从保证产品高品质的角度出发，每天定量，保证了质量，顾客信赖就不足为奇了。

在台湾台北市的博爱路，台北邮局的旁边，有一家经营了50多年的老店——“美味香食品行”。几十年来名声在外，深得顾客的青睐，总是顾客盈门。

特别是到了年节时分，许多台北人想买些食品、罐头等礼品走亲访友，或买些腊肠、肉松等自己享用时，就会自然想到“美味香食品行”。

“美味香食品行”的食品色香味俱佳，让人垂涎欲滴，久久不能忘怀。

但是，老顾客都知道，到这里买东西有一个特点，就是必须早点去，否则去晚了只会白跑一趟。因为，食品已经卖完了。而且，这种情况几十年来从未改变过，但人们还是一样信赖有加。

那到底“美味香食品行”究竟凭借什么使食品店的生意几十年保持长盛不衰、红火异常呢？

究其原因，除了具有特色新奇、质量绝佳之外，“美味香食品行”还有一个重要的法宝——食品店采用限量生产，即每天只生产有限的产品。

那可能有消费者会有疑问了，既然他们的食品那么受欢迎，为什么不多生产一些去满足顾客的需要呢？

这正是一般人的想法。而美味香食品行的想法却与常人迥异。“宁缺毋滥”是他们奉行的经营原则之一。

这家食品店的当家食品是烟熏火腿。烟熏食品是一门艺术，佐料、卤汁、火候等都很讲究。哪一道工序不过关，都不可能做出高质量的熏制品来。美味香食品行很重视烟熏制品的工艺，从老板、师傅到店员，全店上下通力合作，从原材料的选购、加工、制作，到接待顾客，每一步都做得十分精心、细致，使顾客从心底里觉得，到这里购物有一种深厚的可信感，而不会有受骗的顾虑。他们制作熏制品，只求精良，不求量多。为了让顾客满意称心，宁可少做一些生意，绝不把火候不够的东西拿出来卖。他们每天保持只做300条左右的火腿，除非你抢先一步，否则总要失望而归，因为那些火腿刚一出炉，就被等在那里的顾客抢购一空了。

“敬请明日光顾”，如果你晚去了，你只能得到这句客气的回答。而这一招也十分有效。人总是这样，愈得不到的东西愈想要。美味香的食品本来就以品质优良而闻名遐迩，赢得了广泛的信任，而吊人胃口的“明日光顾”更是把人的内心需求激发起来。很多顾客闻香而来，如果不能如愿，则第二天必须早来不可！

所谓“欲擒故纵”，“明日光顾”的做法可谓深得其精髓——不让所有的顾客都一下子得到满足，先“纵”走了今天未能如愿的顾客，却“擒”住了明日势在必得的顾客和每日稳定的消费群体。“纵”而放弃近利，但却能取信于人，“擒”住了50年长盛不衰的声誉和50年延绵不绝的顾客群。

纵和擒看似相矛盾，但却是矛盾统一的：“擒”是目的，“纵”是手段。纵，是为了最后的擒。纵，并非完全放任不管，只是一种策略罢了，不能强调一味地纵。美味香食品店深得“欲擒故纵”的精髓，别有用心地不让所有的顾客都得到满足，今天先“纵”，即故意让一部分顾客不能如愿，放走了这一部分的人，但却把他的胃口高高地吊起来，来日再“擒”住他们。人总是这样，越是得不到的东西，他心里面就越想得到它，所以说，第二天他会来得更早，这样，正好是撞到了经营者的“枪口”上来了。

所以，他们的成功也就不足为奇了。尽管难免炒作，但他们数年保证质量的做法还是值得赞许。而许多商家的做法却正与之相反，他们一看到自己的产品热销，就不断地扩大规模，增加产量，结果盲目地一味追求数量，而忽略了质量的保证，反而丧失了消费者的信任。所以，搞营销，并不是什么东西都做到尽头，有时候故意留一手，更能抓住人心！

“被遗忘女人”不再被遗忘

一说起时装，人们马上想到的就是各式各样的女装，时装店里面展售的女装也几乎全是给苗条女性“量身定做”的，这可苦了那些身材过于肥胖或高矮胖瘦不成比例的女士们，她们就只能望洋兴叹了。特别是在肥胖女性较多的美国，胖女们都为买不到合身的衣服而发愁，她们仿佛被时装市场给遗忘了。

一个精明的美国商人看准了这一商机，开办了一间名为“被遗忘女人”的大尺码高级时装店，专门为肥胖女性提供各种特体时装，结果，生意出奇的好。

服装设计家们认为，人的体重与高度是成近似正比例的，因此，在设计、制作时装时，要按比例裁剪和缝制。这在理论上有其一定道理，但实际上往往行不通，因为每个人的身高、体型都有不同程度的差别，尤其是这样的设计很难照顾到肥胖等特体女性的需要，据美国统计部门透露的数字表明，超过1/3的美国女性是穿大码服装的。可见，大码服装和特体服装的市场是一个被遗忘的角落，而这个角落却具有很大的发展潜力。

事实证明，这个“被遗忘女人”时装店“钱”途真的无限，其分店也不断增多。他们的兴盛也带动了这一市场，别的时装店也专门开设了大码服装和特体服装的专柜，营业额都有所提高。1986年1月，第一本名为《魅力》的大码时装杂志在美国面世。“被遗忘女人”不再被遗忘了。

“被遗忘女人”时装店的成功，说明了市场具有多层次性和不饱和性，只要善于发掘，表面饱和的市场仍有许多空当可以填补，照样可以创造营销奇迹。当下国内市场营销模式雷同者多，热门的盲目跟风，冷门的乏人开拓。然而，人们苦苦要找的宝珠却常常藏在被人遗忘的角落里，成功靠的往往就是出奇制胜。

所谓“踏破铁鞋无觅处，得来全不费功夫”，不要盲目跟风，也许蓦然回首，商机就在灯火阑珊处。

不脱衣服的“脱衣舞”

美国布兰尼佛航空公司主要飞行航线包括美国的中南部、墨西哥以及南美洲等地。由于经营手段陈旧，在20世纪60年代知名度迅速下降，公司面临着危机。

这时公司请到美国WRG广告公司的创办人之一，著名的女强人玛莉·维尔丝，寻找新的解决危机的方案。

经过详细地分析，玛莉·维尔丝发觉布兰尼佛所面对的竞争对手，几乎每家都采用同一类型喷气客机，在“硬件”上没有独特的销售特点，难以借题发挥。但是，她发现乘坐飞机的大多数乘客，包括第一次搭乘飞机的人，飞行时间如果超过3小时，就会感到枯燥乏味、无所适从。

但是，当时多数航空公司给消费者的销售承诺是“飞行安全感”，没有一家航空公司针对“飞行乐趣”进行市场策划。于是，她大胆地设计了空中小姐在飞机上大跳不脱衣服的“脱衣舞”计划，以此改变航空服务的困境。

你能设想不脱衣服的“脱衣舞”是什么样子吗？

玛莉·维尔丝的计划其实不难，就是请服装设计师为空中小姐设计出各种可以逐件脱换的美观大方的时装。在登机时空姐们穿着具有航空公司特色的服装；在飞机航行时，她们脱下时装，展示华丽的晚装；乘客进膳时，她们又脱下晚装，展示活泼可爱的便服……

空姐们在整个飞行中来来往往，不同时间，不同场合，脱下一件，换上一件，在轻松悦耳的音乐声中，轻盈地跳着不脱衣服的“脱衣舞”，让乘客尤其是男士充分地幻想，享尽了空中飞行的乐趣。本来默默无名的布兰尼佛航空公司，从此名声大振，营业额及旅客人数成倍增加。

玛莉·维尔丝独特的措施，使旅客在枯燥无味的飞行当中，感受新乐趣，留下良好的印象，达到了突出公司独特形象的目的。这一措施在创造学中属于“增添法”。即在原有的事物运行轨道上进行花样翻新或增减扩缩，一是为添其功能，一是为改革弊端，从而促使事物的内涵、功能、作用等方面产生飞跃，达到既定目的。

一天换一件衣服是人们的习惯，一天换两件衣服已让人有种新鲜感，而一天换多件衣服怎不让人倍感新鲜？只是应注意要锦上添花，不要画蛇添足。

先做培训，后卖产品

日本的索尼公司是电器行业的开路先锋，很多新产品都来自索尼，赢得了“索尼产品永远是最新的”这一美誉。索尼在做市场推广之中，一个重要的环节就是培训消费者。

日本的索尼公司主要以生产电视机、摄像机、游戏机等声像器材和家用电器为主，虽然从1946年创建至今不过60多年的时间，但其产品已经在世界100多个国家占有了重要的位置。

索尼能有今天的成就，关键在于它很懂得如何来吸引消费者。1948年，美国企业制造了一种磁带式录音机，可这东西对当时的日本人来说还是闻所未闻。这件事被索尼的创始人井深知道后，他第一个看到了这种磁带式录音机的潜力，并立即申请了在日本生产的专利权。

产品出来以后，由于宣传不到位，其销量几乎为零，因为消费者不知道该如何来使用这种新鲜的玩意儿。聪明的井深意识到要想消费者购买自己的产品，首先必须教会他们怎么使用才行。井深认为应该先从学校开始做起，因为学生最容易接受新奇的东西。

然而，令人烦恼的是他们的录音机体积庞大，价格又高，这种又笨重又昂贵的缺点一定会成为销售的阻碍，必须先对它进行改进才可能占领学校这块市场。于是，井深召集工程师们深入研究，终于用9个月的时间生产出一个大小如手提箱的手提式磁带录音机，因为成本降低了，其价格也降到原有价格的一半。于是，井深亲自出马，带上这种新式录音机四处游说，并不厌其烦地为教师们演示操作步骤。在他的引导和劝说下，在一年半的时间里，差不多4万所学校中的2/3学生都购买了录音机，随后，机关、银行、电台都纷纷加入到了使用录音机的行列中来，许多人以能拥有这样一台别致的录音机为荣。需求也要不断地挖掘、引导和开发，看来，井深的这一步棋是走对了。

但井深并没有因此而满足，当他听说美国的贝尔实验室研制出一种叫作晶体管的神奇宝贝时，他立即飞赴美国花费近3万美元买下了专利权，他的目的是要将录音机产品微型化。功夫不负有心人，当第一台微型立体声录放机、第一台微型电视机、第一台微型放像机相继诞生并风靡全世界时，索尼已为自己在商界的霸主地位奠定了坚实的基础。

培训大众消费者，是将科技成果转化为商品的重要步骤。如果你只知道发明，而不能让更多的人使用和了解你的发明，那么，你就只能做一个发明家，而不能做一个企业家。索尼首先是企业，然后才是创造科技成果的集体。培训产生市场，这话一点不假。

有两个年轻人，一个叫史蒂文，一个叫海斯。20世纪90年代初，他们到非洲去推销电脑。他们所到的地方十分落后，当地的人们连什么是电脑都不知道。

史蒂文在一个人口密集的地方开了一家商铺，摆上各种规格和配置的电脑。商铺一开张，就挤得水泄不通。但是，史蒂文在3个月时间里，只卖出1台电脑。

问题出在哪里呢？当地人听说电脑是高科技，都觉得好奇，所以才有了史蒂文商铺门前的热闹场面，但是，人们却并不知道电脑有什么用途，更不知道如何使用，自然没有人购买——3个月里唯一的买主，也只是冲着电脑的外观好看，买回去做装饰品的暴发户。

海斯却迟迟没有把电脑运到非洲。在史蒂文忙着应付好奇的人们时，海斯走访了当地所有的学校，向学校领导和老师介绍电脑的功用，并游说他们开办计算机专业。通过两个多月的努力，当地12所中小学中，有8所被他说服而开办了计算机培训专业。培训就得用电脑，海斯立即将电脑运到非洲。他先向8所学校捐出了8台电脑，一个星期后，这8所学校都从海斯那里购进了一批电脑，总数近100台。

有趣的是，计算机培训班的学生成了电脑迷，每一个电脑迷又影响着他身边的一大群人，他们都来买海斯的电脑。当然，他们之所以买海斯的，而没有去买史蒂文的，是因为培训班所使用的软件中，有相当一部分是海斯自己编制的程序，这些人只会使用海斯卖出的电脑。

培训消费者的同时，其实也是在培育自己产品的市场。当然，这是针对新出现的产品而言。人们总是对新的东西容易产生兴趣，但也容易产生抵触情绪，如何把人们的兴趣转变为实在的消费行为，就需要首先让人们认识到新产品的优点和使用方法。一旦会用了，那么人们就会很自然地想到购买，来满足自己的兴趣。所以，培训不但是一个培育市场，更是促进销售的好方法。

摆李逵，卖李鬼

一天上午，广州一条平时比较僻静的小街忽然间变得热闹起来，人来车往，让小街里的居民都大为惊奇。

出什么事了？住户们都互相打听、猜测着。直到所有的人和车都涌向同一个地方——佳佳服装店的时候，住户们这才恍然大悟，原来是到服装店买高档服装去呀，看来马老板登的广告还真管了大事儿了。

的确如此。在登广告之前，佳佳服装店的生意不太兴隆，一方面是服装行业竞争激烈，另一方面是服装店地处偏僻，客源先天不足。不得已，马老板在广州的几家报纸同时登了一则广告：佳佳服装店新进一批超豪华男女服装，具有贵族风范，每件价格5000~20000元不等，地址在××街38号。

广告内容及用词是马老板精心斟酌、酝酿的，通过这个广告，他不单要增加商店的知名度，还要让来店的顾客心甘情愿地掏出腰包里的钱。奇高的服装价格顿时吸引了广州那些高消费或高收入的“贵族阶层”。第二天他们便纷纷涌入这条小街，要看看究竟是什么服装，能值这么高的价。

小店经过马老板一晚上的精心布置，第二天已是富丽堂皇。真丝手工绣花女式套装、男式毛料西服套装、进口高档名牌服装……款式新颖、做工精细、用料考究，的确是一流服装。但是那价格也让多数人感到贵得离奇，许多人只是为饱眼福，并不是真心要买，所以实际上这些超豪华服装成了展览品。

在与超豪华服装面对面的衣架上，则挂满了仿名牌服装、仿超豪华服装，与真货相比，这些服装用料及做工都稍逊一筹，但不仔细看，许多人还以为也同样是“超豪华系列”呢！

再看价格，每件只有200~500元不等。几乎所有的顾客都对仿真品产生了兴趣，与真品相比，它的价格太便宜了，但又足以以假乱真，不买一套回去，否则，岂不白跑了一趟？

于是，仿超豪华服装很快就脱销了，连着一个月，小店每天都是人头涌动，最高纪录一天曾销售仿超豪华服装5000多套！这在广州的大商场也是绝无仅有的。

在这里，马老板运用的是对比战的策略，这是由前计和后计两个方面构成：前计是诱惑术，利用顾客的好奇心将他们引诱进店；后计是对比术，高价与低价形成鲜明对比，激发顾客的购买欲。对比战利用了人们思维过程中的比较心理，反差越大，对比越鲜明，效果越好。

廉价的“骑士”体验

商人的智慧是无穷无尽的，为促进商品的销售，什么花样都能想出来。

加拿大埃德蒙顿市的某香烟公司在举办宣传推销新品“运动家”牌滤嘴香烟时，设计了一个“英雄救美”的花样。

店前玻璃小屋里有一位美人，对着店前来来去去的行人大叫：“救救我！请把我从这救出去啊……”这位美丽的女郎声音响亮，含有一抹若有似无的幽怨，听起来格外动听而迷人。

于是过路的人都围上来看个究竟。他们看到好似一幅名画里走出来的美丽少女，被困在狭窄不堪的玻璃屋里。不一会儿，看热闹的人越来越多了，玻璃小屋四周挤满了人。

玻璃小屋里的美人在好奇的群众面前，指着身旁的“运动家”牌滤嘴香烟说：“这些香烟不卖光的话，我是没法出去的，请帮我一个忙好吗？”声音清新悦耳，表情可人。

她虽然没有讲几句话，但是却道尽了她的辛酸，众人对她的怜爱之心不禁油然而生，几乎每个人都神气十足地掏出钱来买她的香烟了。

一到晚上，这位女士就在里面睡觉。很多人对她睡觉的美妙姿态或者换衣的镜头，都想大饱眼福，就像中了魔咒似的，在深沉的夜里还舍不得离开。

更有众多的人想欣赏她甜蜜的微笑，看她吃饭的举动，看她羞怯的神态，中午的时间也不休息，争相围着玻璃小屋徘徊不去。

这样，100 万包香烟在 130 个小时后就被争购一空了，不仅收到令人吃惊的结果，同时亦是最好的宣传。新香烟一问市就大为轰动了，比历史悠久的老牌香烟知名度还高。

英雄救美属影视套路，老掉牙了，但用在营销上又显得新颖招人。少女的凄厉哀求，唤得路人同情和支持，买两包香烟既能帮其解脱困苦，又能过一把"骑士"瘾，何乐而不为呢！

过一把"绿林好汉"的瘾

罗马尼亚有一家享有盛誉的"绿林好汉餐馆"，餐馆以独有的布局、奇特的经营风格引得顾客盈门。

绿林好汉餐馆位于罗马尼亚布拉索夫市郊的密林中。在简陋的草木棚上，高高悬挂着"绿林好汉餐厅"的招牌。餐馆建筑布局全部模仿古代绿林好汉宿营、就餐的房屋样式，在一个大草棚内。草棚以石垒基，四周墙壁用浑圆的树干拼合而成，大大小小的野鹿头骨、角叉挂满屋内四壁。餐厅中央放着一只古色古香的炉灶，桌子全用粗木钉成，椅子上铺着兽皮。顾客一进来，就仿佛踏进古代绿林好汉的房子。更有趣的是，餐馆伙计们个个身穿翻皮衣，手持明晃晃的钢刀，腰上插着古式手枪，完全是副当年绿林好汉的打扮。

顾客们在这样的环境和气氛中进餐，品尝着当年绿林好汉们吃的野味、山货，让那些拿刀枪的人供自己差遣，另有一番情趣。因此，绿林好汉餐厅开张以来，一直生意兴隆。

在北非的突尼斯有家不同寻常的"海盗餐馆"。这家餐馆在地中海之滨，四周绿荫繁密、鲜花盛开。相传，在罗马时代，这里曾是海盗的宿营地。如今，海盗的传说和秀丽的风景已将这里变成了旅游胜地。海盗餐馆刻意仿照当年海上神出鬼没、杀人越货的盗贼们的生活习惯建造布局，与现代餐馆大不相同。没有围墙，只是在平地上竖着一个大门，大门两边的地上各放了一条 5 米长的大铁链和一个大铁锚。迎面的一堵墙旁边砌有两座一人多高的壁炉。据说，这正是当年古代海盗们烤肉煮汤的地方。烹调时，烘、烤、煎、熏、煮，厨师就用这个炉子。到了晚上，熊熊的火光映红了夜空，景色十分壮观。

大门的左侧是长着椰子树和棕榈树的一个庭院，树下放着木制的椅子和桌子供客人进餐。游客在这里可以一边品尝佳肴，一边欣赏海上景致。下雨时，可将桌椅搬至旁边的小屋中。小屋盖成山洞模样，窗户很小，里面点着油灯，亮光如豆，随风摇曳，别具风情。

游人想在这里吃上一顿，必须提前一个星期订座。在"海盗"酒店进餐，花费昂贵，6 人一桌的酒宴，收费 3250 美元。晚上，到这里进餐的客人，都点些好吃且价钱不低的名菜，再要几瓶香槟，由身穿海盗服的侍者服务。不过，他们到这里来并不是为了吃平静的烛光晚餐，而是为了"娱乐"。他们吃了一些东西后，就开始用香槟互相喷射。晚餐后，则是真正"娱乐"的开始：首先，他们将自己坐过的椅子用力在地板上摔打、砍碎，然后将各种家具堆在一起放火焚烧，接着，又把玻璃器皿和窗户打烂、捣毁。在这里，即使你是一个循规蹈矩、仪表斯文的人，也会受到感染，变得疯狂。这些被毁坏的东西，酒店则根据程度大小，由顾客酌情赔偿。自开业以来，这里吸引了不少好奇的人们前来就餐，目的是想在此尽情地疯狂一番。

人除了有一般的需要外，还常有特殊需要——追求新异刺激。因此有特点的，或者说有特色的服务就比一般的服务更能吸引人。“绿林好汉”、“海盗”，它们都是以人类潜在的文化情结作为设计刺激的重要依据。也就是说，它能把传说中的或仅仅在文学作品中出现的怪诞离奇的场景现实化，使人们置身其中，满足猎奇心理。

总之，只要看准社会的消费要求，适时地投其所好，就一定可以使生意愈做愈旺。

“高钙牛奶”折桂香港

如今的市场竞争异常激烈是不言而喻的，真正可以说是“僧多粥少”，因而要想在市场上立足实属不易。而众多商家只知道千方百计地拼命去挤占现有的狭小市场，却不知道转换经营思想，如何把这个现有的市场“蛋糕”做大。那样岂不是自己的获益会更多？

我们常说“退一步海阔天空”，这里说的并非是去退而求其次，而应该是转换一下思路，找到市场机会也许就在你的一转念。香港牛奶公司成功推广“高钙牛奶”就是个很好的佐证。

“高钙牛奶”的说法来源于公司经过周密的市场调查得来的。这份调查结果准确反映了消费者的消费需求，也就是说是消费者为企业的发展提供了新的思路。这在今天的市场经营中已经很常见了。香港牛奶公司的一份消费者调查结果显示，相当多的香港人开始意识到钙元素在预防骨质疏松症中所起的重要作用。这条信息给敏感的牛奶公司以创意的灵感：何不在牛奶里加入人体易吸收的钙质，向市场推出“高钙牛奶”呢？当时，“高钙牛奶”在一些发达的工业国家并不算是什么新产品，但在中国的香港特别行政区，“高钙牛奶”则是全新的概念。牛奶公司惊喜地发现，一旦消费者能够接受这个全新概念，那么牛奶市场将会出现新的市场空间，同时，作为产品创新者，牛奶公司很容易在消费者心里产生“先入为主”的效应。另外，一些消费者担心喝含脂牛奶会摄入过多脂肪，而低脂牛奶的口味通常又不够鲜美，“高钙牛奶”脱脂且味美的特点正好可消除他们的顾虑。

创意确立后，他们开始了精心地计划。一个新产品的出现，让消费者一下子接受显然是不可能的。因而应该通过市场细分找出最适合销售的目标市场。为此，牛奶公司做了大量的调研工作，结果发现，香港有骨质疏松隐患的人以25～40岁的女性居多。基于“高钙牛奶”能预防骨质疏松症的功效及脱脂、味美的特点，牛奶公司决定在这一年龄段的女性中寻找目标市场。“高钙牛奶”在香港是一种全新产品，因而只有创新型消费者才可能尝试购买，而通常受过教育又具有较高收入的人才有可能成为创新型消费者。综合以上考虑，牛奶公司把目标消费者定为年龄在25～40岁的、受过教育的、有较高收入的女性。这个目标市场在前几年并未受到重视，因此牛奶公司将面对一个全新的消费群，这是一个不小的挑战。

市场找到了,还必须有完美的产品销售策略,否则产品销售不出去,一切只能是空谈。这就要以产品的特点为依托来进行全面的策划包装。“高钙牛奶”除富含钙质之外,还保留了新鲜、可口、脱脂的特点,以便为那些重口感又担心脂肪摄入量的消费者提供选择。作为新产品的一部分,还对产品的包装做了全面更新,对新产品的特点做了有力地宣传。

价格是另一个不容忽视的因素,可以说在一定程度上,价格的高低很大地影响着消费群体的心理。牛奶公司采用了折中的方式合理定价,将价格定在主要竞争者的平均价格水平上。

一切准备停当,下面主要的工作就是尽快将产品推向市场。销售的方法和策略很重要,成功的分销策略是将产品铺在目标消费者能够方便购买的地方。公司的分销策略很好地体现了这一点。他们将“高钙牛奶”集中铺在目标消费者经常光顾的主要街区的许多超市、连锁店,顾客在这些店购物最容易发生品牌兴趣的转移,极利于新产品“高钙牛奶”打入市场。而在众多的便利店,牛奶公司主要投放小包装产品以便于购买和饮用。

产品的销售离不开宣传,不论是多么好的产品,消费者不了解,甚至不知道有这么一个产品,那必然影响销售。“高钙牛奶”带给消费者的最终利益是强身健体。要把这一信息传递给消费者不仅需要大众传播媒介的广告宣传,而且也需要医学专家的推荐。

牛奶公司主要通过电视媒体进行广告宣传,广告中,中青年妇女骨质疏松的隐患用一种高雅的方式准确地表现出来,而“高钙牛奶”的利益承诺也以一种直接的、非常可信的方式传递给广告受众。虽然广告费用投入不大,但在目标受众当中产生了很大的效应:品牌认知率和广告认知率分别高达87%和76%。

除了电视广告的宣传之外,牛奶公司还在香港各大报纸和杂志上刊登了广告,更加详尽地说明“高钙牛奶”的功效。

牛奶公司向全香港1800多名医生和营养学家发送了宣传资料——有关骨质疏松症和新产品简介的宣传单。为得到医学专家有效的支持,公司经常赞助一些医学论坛活动,博得了医学界人士的好感。在1993年食品博览会上,牛奶公司还成功地通过资深营养学家对“高钙牛奶”的功效进行了宣传,获得了良好的反响。

产品从创意到真正进入市场是一个庞大的系统工程,每一个环节都马虎不得。当然,不可否认广告宣传在其中起着更重要的作用。香港牛奶公司推出“高钙牛奶”取得的巨大成功,归功于出色的广告活动和医学专家的宣传,再一次证明了营销理论、方法和策略的有效性和价值。不能光凭感觉、冲动或运气,更重要的是依靠营销的科学和专业化去赢得市场。这正是“高钙牛奶”成功的意义所在。

先给甜头再收网

在世界饮料市场中,路人皆知的要数美国的可口可乐了。1981年,50岁的尤兹达以其

“超常识”能力被任命为公司董事长。他上任后办的第一件事就是要把可口可乐打进拥有11亿人口的中国饮料市场。为此,尤兹达及公司的经销人员制定了周密的推销计划。他们依照我国古代思想家的“将欲取之,必先予之”的思想,采用了投饵垂钓市场的推销策略,获得了巨大成功。

可口可乐公司先与中国粮油进出口公司签订合同,无偿向其提供价值高达400万美元的可口可乐罐装设备,提供价格低廉的浓缩饮料。当中国生产的可口可乐罐装饮料,以它独特的“可口、清爽”的特性投放市场时,铺天盖地的广告战术拉开了。电视里、报纸上以及广告牌等,随处可见那特有的红色瓶底上印有白色的可口可乐英文字母的商标。很快,可口可乐在中国城市以及部分发达的农村家喻户晓了。由于产品质优价廉,中国的厂商都乐于生产和推销可口可乐,可口可乐就这样一举打入了中国市场。

可当市场打开以后,生产企业再要进口他的设备和原料时,可口可乐公司就要根据需要情况来调整价格了。从20世纪80年代至今,美国可口可乐产品在中国一直畅销不衰,销售价格也由几角达到几元一瓶。

可口可乐公司用这种方式在中国发了大财,当初无偿向中国提供设备的投资早已翻了不知多少倍了。这种先给甜头再收网的销售策略并非可口可乐的专利,日本的佳能公司也深谙此道。

有一天,人们突然发现上海各大报社摄影记者的脖子上,都挂上了日本产的“佳能EOS”照相机。拿起相机一看,才见机身上面标着“佳能赞助器材”的字样。原来是日本佳能公司上海事务所免费借给他们使用的,为期40天。

佳能相机本来是世界名牌,可他们进入中国市场却慢了一步,中国报社记者早已使用上了别的牌号。但是,精明的佳能公司是不会因此而放弃广阔的中国市场的。他们了解到中国广大的摄影工作者、爱好者只能从样本资料上读到EOS的性能,从商店橱窗里看到EOS的模样,而其性能到底如何,还是很陌生的。为了使中国消费者熟悉EOS这位“陌生的朋友”,佳能公司上海事务所把大批相机借给记者,请维修部的专家讲解功能。记者们最初还小心翼翼,过了几天便随心所欲地“咔嚓”起来。40天一晃而过,记者们交还时还真有点依依不舍。

事后,当有的报社告诉事务所准备购买一批EOS时,事务所的工作人员并不感到意外。他们不过是把中国摄影记者这些特殊的公众作为佳能销售战略进攻的重点目标,他们真正看重的是摄影记者身后潜力巨大的照相机市场。

从表面上看,佳能公司是白白地把自己的产品借给记者使用40天,但事实上,这些相机行业的重点消费者从这40天中了解了佳能相机的优点,并且在心中也有了一个较好的印象。这正是佳能公司所需要的。这个先予后取之计用得漂亮。

“将欲取之,必先予之”的意思是说,想要取得更大利益,必须先给予,这样就可以达到全盘获胜的目的。可口可乐公司也好,佳能公司也好,所用的都是“投饵战术”,先让对方尝到甜头,欲罢不能,接着打开市场,占领市场。

“傻”得可爱的经营招数

美国的服装商德鲁比克兄弟二人开了一家服装店，他们的服务十分热情。每天，哥哥都站在服装店的门口，向行人推销。但是，这兄弟二人都有些“聋”，经常听错话。

经常是两兄弟中的一个热情地把顾客拉到店中，反复介绍某件衣服是如何地物美价廉，穿上后又是如何地得体和漂亮。

经过这样劝说一番之后，顾客总会无可奈何地说：“这衣服多少钱？”“耳聋”的大德鲁比克先生把手放在耳朵上问道：“你说什么？”顾客又高声问一遍：“这衣服多少钱？”“噢，你问多少钱呀，等我问一下老板。十分抱歉，我的耳朵不好。”他转过身去向那边的弟弟大声喊道：“喂，这套全毛的衣服卖多少钱？”

小德鲁比克站起身来，看了顾客一眼，又看了看服装，然后说：“那套嘛，72 美元。”“多少？”“72 美元。”老板高喊道。他回过身来，微笑着向顾客说：“先生，42 美元一套。”顾客一听，随即赶紧掏钱买下了这套便宜的衣服，溜之大吉。

其实，德鲁比克兄弟的耳朵一点也不聋，而是借“聋”给想占小便宜的人造成一种错觉来促销。事实上，这两兄弟采用此种方法经营得非常成功，赚了不少钱，供着他们的三个孩子上大学。

在日本富士山下，有座亚洲大饭店。这座饭店曾经推出了一项傻乎乎的经营方案：“凡是投宿本店的旅客，如果在白天连续一小时看不到富士山顶，那么本店将免收当天的住宿费。”

在日本，雾天、雨天、雪天经常有，一旦碰上这样的天气，连续一小时看不到远处的东西是很平常的事。因此一些人开始为饭店担心起来，也有一些人对饭店予以嘲笑。

当这项旨在招徕顾客的策略实施后，前来投宿的旅客一天比一天多。有意多住几天去碰碰运气者不乏其人。一段时间过去了，这座饭店不但没有亏损，反而以此为转机，更加兴旺起来。

为什么会这样呢？原来富士山地区气候凉爽，不同于其他地区。饭店老板根据这一特点，抓住旅客侥幸、好奇心理，从而推出了这一招，饭店老板因此发了大财。

彭尼是美国一家零售商店的老板，由于各种原因，商店的生意很不景气，以致仓库里堆满了积压的货品，成了老鼠栖身的场所。彭尼不得不经常去仓库灭鼠。

彭尼是个有心人，一天，他突发奇想：为何不去利用老鼠来推销产品呢？很快，他将想法付诸实施。他找来一块胶合板，在上面凿了 50 个洞，洞边分别编上 10%、20%、30%、40%的号码。胶合板旁边放了一些瓶子，瓶子里装着他从仓库里捕捉的活老鼠。当他把这些放在柜台上时，吸引了很多顾客来看热闹。彭尼对围观的顾客说，他把瓶子里的老鼠放出来，老鼠钻进哪个洞，便按洞边标明的折扣出售商品。

围观的顾客感到非常有趣，便纷纷要求购货，彭尼便一次次放出老鼠。这些放出的老鼠很快钻进凿好的洞里。

彭尼的做法是不是有点傻呢？因为他所卖商品的标价并不高，如果按照30%、40%进行折扣的话，肯定会亏本的。其实不用担心，因为这些老鼠钻进去的洞都是标明降价10%或20%的洞，那些标着30%或40%的洞老鼠根本不进。没过多久，彭尼的库存货物便销售一空。

这是什么原因呢？原来，彭尼在灭鼠中发现了一个规律，就是老鼠喜欢群居，不喜欢独居。彭尼利用这种并非人所共知的老鼠特性，在需要它们钻进的洞里涂上一些老鼠的粪便，于是老鼠就自然而然地往里钻了。

在商品销售中，用相反的表现形式来掩盖自己的聪明才智和高超技艺，从而达到凡人莫及的成功或效应，这是高水平的销售手段。大智若愚的前提是“大智”。谋于前，工于计，隐于心，不显山露水。大智若愚的表现形式是“愚”。或痴或癫，或呆或傻，或聋或哑，其作用是麻痹、诱惑、利用对方，促使事物沿着谋划好的目标转化。如“写错”是装傻，“听错”是装聋。如果你的外表够“傻”、“写错”、“做错”，一路“糊涂”到底，可以获得奇效。如果你的年纪够大，“听错”、装糊涂也能大有收获。

以上经营事例有一个共同点，便是他们的经营招数从表面上看是傻得可爱，可实际上却非常的精明独到。这种经营方式方法我们不妨叫作“扮傻经营术”，实属一种上乘的功夫。要想运用扮傻经营术，并不很难，关键是寻找一个少为人知、难以辨清而且还能和经营联系在一起的客观规律。其实，对于任何一项经营活动来说，都可以找到这样的规律，关键是用心。

让客户无法说“不”

好多地方人们早上都有吃豆浆的习惯。清晨我们到豆浆摊上一坐，卖豆浆的总是这样问：“甜的，咸的？”听到我们的答复以后便开始做鸡蛋生意。由于卖鸡蛋所获的利润远远大于卖豆浆，因此无不极力推销鸡蛋。他们大致有三种问法：

第一种：问：“要不要加鸡蛋？”这是一种可否问答法，得到的回答多数是：“不要，不要。”除非是顾客早就打算吃豆浆泡鸡蛋，否则多半是做不成生意的，因为人们都有一种节俭的习性，这种问法是下策。

第二种：卖豆浆的用手抓着鸡蛋问：“来两个或是一个？”顾客往往来不及拒绝并且总是认为：怎么一次吃两个，太多啦！太多啦！同时会不由自主地说：“一个足够了！”于是卖豆浆的便做成了一个鸡蛋的生意。这是中策。

第三种：上策者，除了问“甜的，咸的”以外，只要听到顾客说“甜的”或是“咸的”，他便一手抓住碗，一手抓住蛋，用迅雷不及掩耳的速度说：“来个鸡蛋啊！”并且说时迟，那时快，只听得“咔”的一声，鸡蛋就打进豆浆里去了，接着便听到“咔、咔、咔”的搅拌声。这时顾客眼巴巴地看着鸡蛋已经下了碗，也不好意思当众计较。就算真的碰上坚决不要的顾客，也不过说声“对不起”，把这碗给其他的顾客就是了，并没有损害顾客的什么利益。

上面所说的中策与上策就是销售中的“推定承诺法”，是在营销活动中，用语言框限对方的思路和选择范围，使对方的应答符合设定的程序，从而达到促销目的的销售方法。这是根据行为心理学原理而采用的推销方法。

我们不能说使用“推定承诺法”会得到百分之百的成功，但是我们有绝对把握说，使用“推定承诺法”的成功率远远高于“可否问答法”。问题在于使用“可否问答法”的时候，极易引出对方的一个“不”字。由于使用可否问答法对方的回答只有两种可能：是或否。所以充其量来说，成功与失败平分秋色。

使用推定承诺法要注意两点：首先，必须明确得到对方的购买信号，如果对方原无意购买，我们便推定他要购买，那就有点主观主义了；其次，巧妙但不要乞求，不要向顾客提出有损于个人身份及人格的要求。如：“帮一帮我的忙吧！”、“求求您啦！”这种乞求促成的方法是无能的表现。

没影的生意也能谈成

台湾某保险公司的推销员江先生，有一次去访问某五金行的李老板，目的是劝其投保。在听完江先生的自我介绍后，两个人进行如下对话：

李：“保险是很好的，只要我的合同储蓄期满即可投保，10万、20万是没有问题的。”（其实，李老板是虚晃一枪，准备溜之大吉）

江：“李先生的合同储蓄什么时候到期？”（江采取迂回战术，顺藤摸瓜，毫不放松）

李：“明年2月。”（说话时为今年3月，即还有差不多一年的时间，是真，还是假？）

江：“虽说好像还有好几个月，那也是一眨眼的工夫，很快就会到期的。我们相信，到时您一定会投保的。”（给对方先吃颗定心丸，使之心情放松。然后两人开始闲淡，很是投机。江抓住时机，以“李一定会投保”作为前提，开始用二择一法促成）

江：“李先生，既然明年2月才能投保，我们不妨现在就开始准备，反正光阴似箭，很快就会过去了。”说完，拿出投保申请书来，一边读着李先生的名片，一边把李先生的大名、地址一一填入。李先生虽一度想制止，但江不停笔，还说“反正是明年的事，现在写写又何妨。”（江用的是推定承诺法，半推半就拉着李跟他走）

江：“李先生，您的身份证可以借我抄一下号码吗？来，麻烦一下，反正是早晚都得办的事。”（李无奈，掏出身份证交给江）

江：“李先生，保险金您喜欢按月缴呢，还是喜欢按季缴？”（又一个二择一法的应用）

李：（想了一下）“按季缴比较好。”（江在申请书上填好）

江：“那么受益人该怎么填写呢？除了您本人外，要指定公子呢，还是太太？”（又是二择一法）

李：“太太。”

剩下是保险余额的问题了，江试探性地问道：“李先生刚才好像讲的20万？”（做出填写的样子，但这时千万要注意，没有等到对方明确答复时，绝不能想当然填写，那样就要弄

巧成拙了）

李："不，不，不，不能那么多。"

江："以李先生的财力，本可投保100万……现在只照您的意思20万……"

李："10万好了。"

江："3个月后我们派人到府上收第二季度的保险费。"

李："哦！那不是今天就要交第一次的吗？"

江："是的。"

于是李也早已忘了明年投保的事，当即就缴了保金，江开好收据，互道再见。

聪明的江先生，把一件眼看没了影的生意终于谈成了。他使用的就是半推半就的推定承诺法和二择一的方法，一步一步地把李先生由明年抽回到今天成交。这个方法的妙处在于，以质询的方式将对方的思维框定在一定范围内，形成有利于己方的思维定势，只要顾客答出其中一种，即可认定他已经决定接受了，按完成交易的手续办理。这样，一笔生意就谈成了。

反客为主，掌握主动

美国推销高手、畅销书作家罗伯特·舒克通过电话与"肯德基家乡鸡"的创始人——哈南·桑德斯上校约定了一个会面时间，准备访问他，以作为撰写《完全承诺》一书的资料。当时，桑德斯已是85岁高龄。他答应去路易维尔机场接舒克，然后两人一起到上校家畅谈。

飞机在周五早上的9点58分准时到达了路易维尔机场，舒克走向机场正门，一眼认出大名鼎鼎的桑德斯上校，因为他早已在肯德基餐厅门口见过桑德斯的塑像。他热情地向上校打招呼，伸出了手。但是上校悲叹地说："今天没办法接受你的访问了，我在冰上跌倒，脑袋撞个正着。"

"桑德斯先生，我真的很高兴看到你，"舒克完全无视桑德斯要取消访问的话，"我实在很抱歉，听到你受伤了。""今天早上，我在冰上滑倒，头上一大片淤青，"上校继续说，"我没办法通知你我要取消这次访问。我不想留你在机场苦等而我却没有出现，所以我在前去看医生的途中先到这里见你。""没有关系，上校，"舒克仍然忽略对方要取消访问的事实。他可没有忘记自己大老远跑过来的目的是什么，因此他要赶紧想办法达到自己的目的。"哎哟，好大的一块淤青！"舒克看到上校的后脑勺上一块明显的肿块，"我们走吧，让医生替你包扎好，我们现在就到你的医院去。"他完全不给桑德斯任何说话的时间。

上校和司机主动地跟在舒克身后，一行三人便往诊所的方向驶去。在医生为上校的头部稍做处理后，舒克和上校就开始了他们的访问工作。结果，他们都度过了非常美好的一天。

上述事例说明，不要被突发事件或突如其来的异议吓倒，要敢于反客为主，就会让局面朝对自己有利的方面转化。

有位经理飞了几千英里去做一次销售拜访，事情从一开始就很不顺利。好几个与会者宣布自己只能待一会儿，20分钟以后就有另外的约会。不凑巧的是会议室里录像机又无法放映这位经理带去的介绍产品的录像带，最糟糕的是没有谁知道是什么人在管理这些录像机。

这位经理迅速地扫视了全场，然后站起来告辞。他说道："我乘了4个小时的飞机来见你们，所以我不愿意慌慌张张地敷衍了事，那样做实际上是在浪费我的时间，同样也在浪费你们的时间。"

"你并不是在浪费时间。"一位小姐说话了，她介绍自己是销售经理，"这儿我可以做决定。"这是一个十分珍贵的信息。了解这个情况后，这位经理建议另外举行一个小范围的会议，并且很快获得了成功。

西方有个"骆驼进帐篷"的故事：一只骆驼夜间请求进入一个帐篷内而被拒，它就先要求伸进一个鼻子，被允许后再请求伸进一个头，又获得同意，它进而将上半身、前腿、后腿、尾巴都挤进帐内，反而把主人赶出了帐篷。

这个故事与我们讲的反客为主很类似。所谓主是什么？就是主人，掌握主动权的人；所谓客，就是宾客，被主人招待、处于被动状态的人。主与客是人际交流中礼仪上名分的区别，本来是不能混淆的。但是，中国自古就有"强宾压主"一说。古代中国的智者曾论道："故反客为主之局：第一步须早得客位；第二步须乘隙；第三步须插足；第四步须把握时机；第五步乃成为主。"客本来处于被支配的地位，但设法争取主动权，完全可让主受客的支配，原先拥有主动权和控制权的主，就大权旁落，任人摆布。

"大卫"雕像的启示

米开朗基罗的大卫雕像，可谓是一尊惊世之作。可是当初，米开朗基罗用大理石精心雕琢出大卫雕像后，一位高层人士竟然嫌大卫的鼻子太高了。于是米开朗基罗拿起锤子和凿子爬上了脚手架，随着他一下一下抡锤的动作，石头粉飘了下来。米开朗基罗回到地面后，那位高层人士满意地说："现在好看多了。"其实，米开朗基罗是事先偷偷抓一把石头屑后才上去的！

有一个美国人叫艾逊，靠推销装帧图案给纺织公司为生。纽约有一家大纺织厂是他的目标客户，他每星期跑一次，可始终一笔生意也没有谈成。老板总是看一看草图，双手一摊，说："很抱歉，艾逊，我看今天我们还是谈不成。"

后来，艾逊学习了影响他人行为的心理学，就故意带着未完成的装帧草图，再次去见那位老板。

"我想请您帮个忙，如果您愿意的话。这里有一些未完成的草图，希望您能指点一下，以便让我们的设计师们根据您的意思修改完成。"

这位老板答应看一看。三天后,艾逊再次去见那位老板,老板中肯地提了意见。不久,根据老板的意见,设计师们修改了图案。

结果,这批设计图案全部推销给了这位老板。

从此,艾逊用同样的方法,轻松地推销了许多图纸。

每一个人都希望自己为某些事物的发展和形成出一份力,特别是对那些美好的事物。这就是"参与心理"。当一件完美的事物摆在人们面前,人的第一个反应是震惊。如果这件完美事物的形成与他或她没有一丝一毫的关系,他们会感到恐惧。要是他或她得知这件事物已经没有更改余地,他们的内心深处极可能产生排斥心理。这是人性的特点所决定的。

第三章

别出心裁：好产品也要会吆喝

大家都知道酒香也怕巷子深，只有非常讲究如何吆喝，这样的品牌宣传才能成为行销中无坚不摧的武器。

哈利·波特的魔法

哈利·波特施展他的魔法，像旋风一样席卷全世界，所到之处都引发了前所未有的狂热！

J. K. 罗琳的《哈里·波特》在英国出过3本，大都基本上无声无息，被 Scholastic 弄到美国之后就突然之间变成了众人疯抢的香饽饽。之所以前后有如此大的区别，就是源于宣传炒作。

《哈利·波特》系列丛书第四册《哈利·波特和火焰杯》是出版史上卖得最快的一本书，第一批印刷的380万册在开售三天后就不得不重印，重印数也创下了300万册的历史纪录。

该系列丛书在亚洲市场也是出手不凡，台湾皇冠文化出版公司的《哈利·波特和魔法石》上市20天就加印到10万册。

中国内地多家出版社也为竞争该书中文版权，几近“头破血流”。2002年10月，这本神奇的书的前三集开始在中国一些重点城市同时销售，神奇的故事依然在上演。北京王府井新华书店出现了6年来未曾有过的火爆场面，2小时售出500套；3天以后，北京王府井新华书店售出250套，西单图书大厦售出300套，贵州的贵阳书店售出500套……据购得该书国内发行权的北京人民文学出版社介绍：该书第一次印数为20万套，共计60万册，两个多星期就已销售54万册。《哈利·波特》在台湾的繁体中文版前3集的销量合计超过200万册，2001年底出版的第4集也高达60万册。难怪有人惊呼：会魔法的小男孩哈利·波特一定对小读者施了魔法，让他们全都围着他的魔棒转。

故事情节并不是非常特别，也并没有太多吸引人的地方。应该说，与这个故事立意相近的儿童读物以前也有过，但均未有如此巨大的影响。那么，哈利·波特到底有什么特异功能呢，搅得世界各地如此风生水起？其实，哈利·波特的魔力关键在于成功的商业炒作，并且随着第四册书《哈利·波特和火焰杯》的上市而达到了高峰。

既然能造成如此大的轰动，那炒作手法自然有其独到之处。

先从美妙的首发日说起。

《哈利·波特》刚露面的时候没什么动静，但到了第四册书《哈利·波特和火焰杯》上市时它已成为席卷全球的神话。首发日被塑造成一个圣诞节般令孩子们期待的节日。当天零点，从伦敦到纽约到渥太华，成千上万的孩子打扮成小巫师的样子聚集在书店门口要先睹为快。可以说首发日是吊足了读者的胃口。

书店销售已经形成的最好途径就是组织活动了。哈利·波特系列图书的销售经常被搞成大 party。美国休斯敦市蓝窗书店重新布置了店面，老板和雇员穿起了小巫师的服装，顾客们化了装来买书。有4000多人参加了约瑟夫－贝斯书店的午夜魔法聚会，结果书店卖掉了2000册书。纽约某书店的店员化了装向排队的读者分发谜语、巧克力、干草棒糖和蛋糕。伦敦一家书店宣布购书就可以得到特制的T恤衫，并能观看魔术表演。

书店之间的激烈竞争也在客观上造成哈利·波特的升温。最大的网上书店亚马逊宣布要在首发日当天将25000册《哈利·波特和火焰杯》送到读者手中，各独立书店立即表示提前开门，保证全美读者能最早看到由他们提供的新书，用优质服务击败那些不可一世的强敌。

当然，如果仅仅靠这个还不能掀起太大的风浪，更大的炒作才真正登场。“自动裂变式”炒作来引媒体主动上钩。

首先，《哈利·波特》传播范围更广，报道类型更多，自然关注人群也就更多；其次是节省广告费，哈利·波特本身作为世界级的热点，自己不需要造“点”就很容易被炒起来。新闻媒体自知是替人炒作，因为有“新闻卖点”也愿意自动上钩。因此，发行者用新闻卖点抵了广告费，在宣传上根本没花太多的钱。这种全世界新闻媒体“自动裂变式”的报道炒起了哈利·波特的神奇。

大量长时间的炒作必然会带动各种副产品的热销，比如充分利用产品冲击波来发行电影及相关副产品。

这样的大热点自然会引起电影界的关注，当传闻好莱坞大导演斯皮尔伯格要接手这部电影时，新闻炒作到了白热化的程度。然而斯皮尔伯格又放弃了这一计划，另由他人担纲。而伦敦的某电影公司则很有先见之明地在1998年就买下了系列小说前两册的改编权。哈利·波特的鼎鼎大名也促成了相关产品的开发，如玩具、糖果、收藏卡片及音像、电子产品。商家有计划将产品的销售与电影档期相协调。主流新闻媒体为哈利·波特成为明星推波助澜。《新闻周刊》将它作为封面故事，详细讲述小男巫传奇的来龙去脉。权威的《纽约时报》特意开设了儿童畅销书排行榜，以便更好地观察儿童书的走向。此前《哈利·波特》已在成人书排行榜上雄踞榜首81周，并获得部分成年读者的青睐。《哈利·波特》的作者J. K. 罗琳成为媒体笔下的“灰姑娘”，她穷困之时写作的小咖啡馆成为当地名胜，有人预测她将是未来英国最富有的作家。

如果仅仅全凭炒作火起来，那它持续的时间不会太久。真正打动读者的还是书中瞄准人性的弱点，着力渲染的亲情回归。

西方世界认为哈利·波特创造了一个奇迹，它把生活在电子世界里的孩子们重新带到书本之中,父母与子女共读一本书增进了两代人的感情,它已然成为传递亲情的纽带。

“非智力”儿童读物这一准确定位填补了市场空白。哈利·波特一书热销其实源自儿童读物市场中“非智力”读物市场的空白。长期以来,中国儿童类图书大多以知识性、教育性为主,不重视儿童的纯真天性。儿童教育理论家认为,“寓教于乐”不是不可以,但现实操作中具有很大难度,需要同儿童心理学家合作才有可能成功。《哈利·波特》这本书正好弥补了这个市场的空白,孩子们看完后,想象力得到充分发挥和满足。

另外值得注意的一点是,《哈利·波特》同样吸引了许多成年读者的注意,这体现了目前一部分读者的心理需求,许多人越来越不喜欢长大,都想回到童年时的美好,从漫画读者的年龄层次日渐扩大可以看出。《蜡笔小新》、《史努比》等漫画在成人读者中成为超级热点话题便不是什么新鲜事了。

“我们的生活是平淡的,但我们的心灵是不甘于平淡的,小时候的梦想其实一直没有泯灭,它一直在心底萌动寻求释放的机会。”《哈利·波特》给了大家这样的一个机会,使每个人的内心在现实与想象间自由奔放,这应该是哈利波特可以风靡全球的魔力所在!它的魅力在于:它让人重拾阅读的本质,它没有道德教化,不是知识工具书,单纯地让人看得快乐、高兴。

类似于哈利·波特这样成功的商业炒作的幕后人无疑是最有发言权的。它们一般广告投入金额都不大,甚至有时候在大产品里算小的,但它们是用一种策略取胜,让你感觉这个量很大。

同样深谙此道的还有娃哈哈总裁宗庆后。在一次全国糖烟酒订货会上,有人对这位商界奇人说:“没有带300万元,别想在此次广告大战中出人头地。”宗庆后笑了笑,答:“可我只带了7万元。”会议高潮时,人们惊奇地发现街头忽然冒出一队金发碧眼的外国人,高举娃哈哈的横幅,一路分发宣传品。原来是宗庆后从当地外院雇来的外国留学生。不出几天,他们的产品便传遍当地的大街小巷,销量大增。同样,哈利·波特更是不费吹灰之力,就众星捧月般地成为了引领市场的先锋,连作者本人罗琳都感到大吃一惊。

由此可见,他们的成功不是偶然,而是必然。他们的高明之处在于使小钱,照旧搞出了大名堂,这就不得不叫人佩服了。

惊世骇俗的男性内衣秀

21世纪初,一种薄而保暖的内衣相继在国内推出,一时间,各种各样的保暖内衣堆满了大小商店的柜台,保暖内衣的广告更是铺天盖地。那怎么能让消费者在这么多的同类产品中关注自己的品牌,从而做到保暖内衣成功营销呢?

为了打响自己品牌的知名度,一些厂家想尽了办法。比如生产北极绒牌保暖内衣的上海赛洋科技实业有限公司的老板吴一鸣就找到了著名的营销策划人叶茂中先生,委托他进行营销策划,并指定要请著名笑星赵本山来做自己产品的形象代言人。

用明星做广告,在今天已经是见怪不怪了,何况赵本山是家喻户晓的著名笑星,深受广大观众的喜爱。但叶茂中认为,赵本山的形象已经被定位,其传统、憨厚甚至于有些老土的形象已深深地扎根于老百姓的心中。但北极绒保暖内衣作为21世纪高科技产品,所要传达给消费者的是高科技、年轻化、时尚感的信息。所以,赵本山这个老土形象与保暖内衣之间有点格格不入的地方。

但赵本山又有着很强的号召力,如何把赵本山"土"的形象与保暖内衣"时尚"的形象结合起来,就变成了营销的关键。只有两者结合好了,才能发挥明星的巨大市场号召力,才能发挥广告的巨大效应。

要使两者结合起来,最好是赋予赵本山一个全新的、别致的形象联想。秉承着这样的思路,一个特别的创意终于产生了,那就是让赵本山被一群外星人劫持。

这个乍看起来似乎有些荒诞的创意,经过营销人员的讨论和补充后,一个极具创意的"赵本山被外星人劫持篇"的广告终于被创作出来了:

幽暗的太空,在激光的"嗞嗞"声中,巨大怪异的冰状飞碟缓缓向宇宙深处驶去。

激光光波打出一排蓝色数码字幕:18时58分8秒,著名笑星赵本山被外星人劫持。

飞碟内部:寒气逼人,一群外星人正围着一个巨大的圆柱晶体指指点点。晶体内,隐约可见被冻住的头戴帽子身穿中山装的赵本山。

外星人一齐伸出手臂指向晶体,蓝色激光束闪过,在激烈的爆裂声中,晶体呈雾状散开,活灵活现的赵本山出现在外星人面前。

赵本山左看右看,既好奇又紧张。

外星人发现赵本山没有感到丝毫寒冷,就通过电子输入方式向赵本山发出嘀嘀的电子提问声,屏幕上出现一行中文字幕:"你们地球人为什么不怕冷?"同时,机器以变调的金属声发出了话音:"你们地球人为什么不怕冷?"

赵本山扯了扯外衣,露出内穿的保暖内衣一角:"北极绒保暖内衣,地球人都知道!"外星人同时伸出手臂发出一道道蓝色光束射向赵本山,赵本山的外套不见了,只穿一身北极绒保暖内衣立于外星人当中。

所有的外星人好奇地簇拥上前围住赵本山,纷纷伸手去触摸赵本山身上的北极绒保暖内衣。

摸着内衣的外星人骤然被融化,赵本山左顾右盼,盯着地板上一摊冰水嘟囔着说:

"北极绒暖融融,怕冷就穿北极绒。"飞碟里只剩下身穿北极绒保暖内衣裤的赵本山,他背着手悠闲地转来转去,东摸西摸……良久,赵本山抬头对镜头说:"外星人咋不知道呢?"

按计划,在这则电视广告播出之前,又先在北京、上海、武汉等地出一期的报纸平面广告做烘托。报纸广告刊出后,立即引起了轩然大波,一些读者反映,该广告没有明确说明是广告,所以,看后都觉得"莫名其妙"、"受到愚弄"、"不能接受"。第二天,新浪网抢先对此进行报道,随即被全国许多报纸转载,《北京青年报》更是连续两天报道这一事件及其争议讨论情况。

随后,广告在显眼位置突出了"科幻广告"的字样,这才平息了这场风波。广告播出后,即由于其强烈的新奇性而引起观众的注意。

著名策划人叶茂中向来以其营销策划案新奇独特著称。"为客户竭尽全力,没有好创意就去死吧!"这正是他的写照。

广告的目的是为了吸引人们的注意，所以，做广告的人总喜欢制造一些噱头，这本是无可厚非的。但制造噱头的时候应该注意分寸，应该以不引起人们的反感为准。在这个案例中，虽然这个噱头还不至于到了引起受众反感的程度，但它已经引起了人们的议论，虽说这在一定程度上可以提高广告的关注度，但这样的议论也关乎广告的美誉度的问题，而美誉度对广告及其所张扬的商品来说也是至关重要的。但不可否认，这是一个极其成功的营销策划。

无独有偶，有这种“语不惊人死不休”做法的还有在上海淮海路的一家“女性百货”连锁专卖店。那里的女士内衣柜台里，竟破天荒地出现了6位男性营业员。据介绍，他们都是商场通过招聘、考核后选拔出来的。正式上岗前，商场还对他们进行了为期两周的业务知识培训。

在惊讶之余，我们不禁为这个新颖的商业炒作叫好。女营业员卖内衣并不稀罕，但如今由男营业员来卖，那就是新闻了。难怪一个小小的内衣柜台，就因为站了几个男营业员而衍生出各种意味来。比如创新、人性化，等等。

这一举措的巧妙之处在于除了进行大胆创新还非常体贴人。许多男士都有过类似的尴尬经历，既想悄悄买内衣给自己的太太或女友，又不好意思与女营业员讨论内衣的尺码。但如今有男性营业员在，一切就方便了。其实，无论是男性卖内衣，还是女性卖内衣，总会有愿意找他或她的顾客群。

“只有想不到，没有做不到”。这句话被很多人提起，但真正敢做的却并不多。新事物取代旧事物是社会发展的必然结果，所以有些时候需要我们果敢一些，尝试一些他人未曾想到的事情，那样才不至于随波逐流，被潮水吞没。

青岛啤酒踩着筷子闯美国

美国是一个商业极其发达的国家。美国更是一个饮料大国，尤其是有可口可乐和百事可乐这样的巨头坐镇，让那些饮料企业望洋兴叹，更别说那些打算闯入这个巨大诱人市场的外来者了，这是不争的事实。因此，各国的饮料能挤进美国市场并站稳脚跟相当不容易。

由于存在着文化背景、价值观念等方面的差距和影响，亚洲产品欲进入美国市场更是难上加难，啤酒就是一例。十几年以来，尽管亚洲啤酒经过努力终于使其市场份额有所提高，但成效并不特别显著。而在所有的亚洲啤酒中，日本的SAPPORO和中国青岛啤酒一直是在美国销售最好的两种啤酒品牌，这两种啤酒在美国市场中占整个亚洲啤酒75%的份额。那是什么原因使得青岛啤酒能一举打入美国市场并占据了一定的位置呢？这其中有一个很重要的原因就是青岛啤酒独特促销手段的运用。

它的独特之处到底在哪儿呢？当青岛啤酒刚进入美国市场的时候，促销人员在如何开拓市场方面做了许多策划，花费了不少的心思。在广告形象等方面进行了大量调查后，促销人员认为筷子不仅代表了中国的历史，代表了中国的吉祥，而且还代表了中国人独特的进食方法，其作用与西方人惯用的刀叉相当。如果将筷子与青岛啤酒合二为一，一定会有助于更好地宣传中国餐饮的形象。基于这一点，公司设计了一双筷子与青岛啤酒构成的招贴画，广泛地张贴在美国的各种餐馆、超市以及部分酒吧中，特别能引起视觉冲击。这一创意成为现实的画面后，不但在美国的中国餐馆引起轰动，而且在美国人居多的餐馆、超市和酒吧中也引起很大的反响。美国人本来就对中国人使用筷子的技巧感叹不已，而且怀有浓厚的兴趣和尝试心理，由此，他们同样爱上了青岛啤酒。

除了啤酒的风味和品质能够迎合美国众多消费者的口味和爱好之外，青岛啤酒着力在文化上面做文章，成功地运用了文化促销，取得了市场的成功。

我们常说“只有民族的才是世界的”，那就是说，每一个民族的文化都有其精髓的东西，在世界越来越像地球村的今天，人们对其他民族的文化从好奇转到了渴望了解、学习上，因而融合民族文化的品牌更容易取得他们的好感和认同。这就是所谓的文化促销。文化促销就是运用文化理念、文明与传统、道德与法制、文化产品与品牌等进行商品销售的经营艺术，运用得好就能迅速开拓市场，扩大社会需求。企业在利用文化进行促销的过程中，不能生拉硬套，而应结合消费者的需要，培育出既能体现企业自身特色又能满足消费者需要的具有竞争力的企业文化来，把企业文化与竞争战略联系起来。

提高企业文化促销艺术，需要商家们因地制宜，不断进行创新。应当充分看到文化促销的巨大魅力，要制定企业文化经营策略，对世界文化进行研究，有针对性地采取文化促销方略，不断创新文化产品与文化经营，提高国际竞争力。在当今全球化经营与竞争日益强化的时代，企业创新和运用文化促销的经营艺术，将起到积极的作用。企业在选择文化作为促销方式时更应注意企业自身文化所处的大环境，尽可能多地引起消费者的共鸣。

在青岛啤酒的文化促销中，产品成了一种文化的象征和结晶，与外国消费者之间形成了良好而有效的沟通。在文化促销中，有时候文化的差异反而会成为引起消费者好奇心理从而产生购买欲望的直接因素。青岛啤酒正是利用了中国文化对美国人的神秘感，为自己的产品打造了一层独特的魅力，从而在竞争激烈的社会中占据了一席之地。

当然在利用文化进行促销活动时也应尽量避免走极端，否则会引起一些消费者的反感，对产品的销售带来消极影响。

好名字也是生产力

如果一个人有个好名字，不仅读起来朗朗上口，且品味起来或气势不凡，或意味深远，就能使初次见面的人有非同一般的深刻印象。同样的道理，一种产品在诞生之后，还必须得有个好名称，好牌子，只有当商品有一个有特色、易读、易记的名字，它才容易被消费者接受。

俗话说得好：“名不正则言不顺，言不顺则事不成。”同样，对于企业而言，给产品起个好名字也是至关重要的一个环节。名字起得好，消费者容易记住，再加上其他生产经营环节也做好了，产品走俏了，那也就快成为名牌了。所以说“名字也是生产力”实不为过。

名字起得好、优美、响亮，叫起来顺嘴，听起来好听，既有个性，又与时代新风尚合拍，树立品牌良好形象，最终有益于促进销售，堪称是门高深的学问。可以说，命名也是一种低投入高产出的投资,这一观念今天正被不少经营者从教训中所认识。

美国有一种著名饮料"Apple Sidra",在台湾地区设立大西洋饮料公司及工厂负责产销。1966年,这种饮料在试销一阵后,便计划运用广告以促进市场发展。当该公司主持人和国际工商传播公司商议广告中该商品在台湾的译名问题时,双方发生了激烈的争论。广告主提出,用"美国苹果西打汽水"这一名称。因为"西打"(Sidra)这个名词在当时的饮料界,对消费者来说是非常陌生的,加上"汽水"的两字,可以便于消费者了解,这是一种有苹果味道的汽水,而且容易产生印象,加以台湾人信美国货,所以要加"美国"二字。而公司主持人却不愿用这个名字,因为在研制产品时,他们就已对市场作了调查,发觉在国际各大都市里,汽水已逐渐被人们视为一种低档饮料,其地位已被各种可乐或果汁所代替。"Apple Sidra"是一种新型果汁饮料,所以它绝不能和汽水混同,否则这种新产品将无法在市场中创出新路。更何况"美国苹果西打汽水"这个名字实在太长,听起来费事,读起来拗口。广告人士因坚信自己的"专业知识",而与公司主持人争执不下,最终因实在拗不过公司主持人,只好用了公司的建议,叫这种饮料为"苹果西打"。后来的事实证明,这一品牌很快被台湾民众接受。这不俗的名字,正符合该商品不含色素的高品质,成为中、高收入家庭的首选饮料。

由此看来,公司主持人之所以不同意广告人的译名,确实是因为公司作为产品的制造者和最终利润的享有者,深知一个商品的名称是否妥当,是否完善,对销售前景很有影响。尤其是在现在这个讲品牌的社会里,有个响当当的名字更为重要。

品牌命名是为了有利于消费者的选择,使它们在同类产品中具有万绿丛中一点红的效果。因此,新颖性和独特性无疑是品牌命名的第一原则。

有一种名叫"小鱼军团"的袋装小食品,该食品并没有什么特别之处,就是一些油炸小鱼。十几条一袋,4块多钱,价格不便宜。但它的名字却吸引了不少儿童。一旦买上一袋后,孩子们便会一条一条地"消灭",口中还不时大叫:"爸爸妈妈,我又消灭了一个军团成员。"有时,家长也会加入对付"小鱼军团"的战斗,直到把整个"军团"消灭干净。在消灭"小鱼军团"的过程中,一家人都会感到快乐了。这一切统统都是"小鱼军团"这个新颖、独特、有趣的名字所带来的。

我们可以看出,一个新颖、独特的品牌名称能使普通的商品变成富有强大吸引力的商品,它能给顾客带来意料不到的欢乐和享受;一个新颖、独特的品牌名称就等于给商品做了一个绝佳的广告,它能给企业带来滔滔不尽的丰厚财源。

"绝对"的玛丽莲·梦露

诞生于公元14世纪俄国的伏特加酒是驰名世界的名酒,它的酒精度一般在40度~55度之间,属于低度烈性酒,纯度极高,如今已跻身世界十大名酒行列。在人们的印象中,只有俄国制造的伏特加酒才是最正宗的伏特加。所以,当1978年美国Carillon公司要代理生产于瑞典的绝对牌(Absolut)伏特加时,很多人都坚定地发出预言:绝对失败。

然而,Carillon公司总裁却非常相信自己的直觉,他认为这种产品与消费者印象中的伏特加形象有着很大的不同,他认为现在需要做的就是用强劲的广告赋予其品牌个性!于是,一场持久的关于“绝对”的创意诞生了。

最初的创意是要把品牌建立在瑞典400年的传统文化上,但负责广告宣传的创意总监认为:品牌要成功,广告不能随波逐流,必须冲破一般酒类广告的传统模式,只渲染产品本身的质量已经远远不够了,必须创造它的附加价值,把绝对牌塑造成时下兴起的——人人都想喝的全新酒形象。

最后,他们得出结论,创意思路要从“酒文化”的创意转到“绝对的完美”的创意上去。他们决定避开“瑞典”(Sweden),而全力宣传品牌名称“ABSOLUT(绝对)”,好好地利用品牌的名称来做一番文章。“ABSOLUT(绝对)”这个词具有双重的意思:瑞典文“绝对”是品牌名称,英文“绝对”是绝对的、十足的、全然的意思。

正像它的名字“绝对”一样,创意人员认为,广告要揭示出绝对牌与市场上其他品牌的差异点,就要把绝对牌捧为人们热衷的品牌,并使之成为成功和高级的象征。秉承这样的创意思路,并以此为中心,平面广告的创意都要以“绝对”牌伏特加的本来有些怪异的瓶子为中心,加以适当的处理,使之更加怪异,以引起人们视觉上的注意,而在其下方则加了一个以“ABSOLUT”与其他表示品质的词的组合词,如与“完美”组合成“绝对完美”等,以作为该平面广告的广告词或主题词。如第一则广告是在酒瓶上加个光环,下面的标题为“绝对的完美”。第二则广告则在瓶身加上一对翅膀,标题为“绝对的天堂”。

最先是怪异的瓶子引起了人们的好奇和注意,一语双关的广告词突出了其特点。15年间,他们以这样的“标准形式”制作了多达500多张的平面广告(在美国,不能在电视或电台上做烈酒广告,所以,只能在杂志和户外媒介上做平面广告),虽然“格式”不变,但主题却是千变万化——绝对的产品、物品、城市、艺术、影片、文学、时事,等等。

如“绝对的物品”这个主题,是将各种物品扭曲或修改成酒瓶状,例如将某滑雪场的山坡,从山顶至山脚被滑出一个巨大的酒瓶状,标题为“绝对的山顶”,意味着酒的品质是绝顶的。

而“绝对的城市”则取材于不同的城市景观,并使之幻象成绝对牌的酒瓶,使绝对牌成为与城市环境和谐一体的美妙景观。如:手表的内部有一酒瓶状的小零件——“绝对的日内瓦”;“尿尿的小孩”的画中喷水柱变成了绝对牌酒瓶——“绝对的布鲁塞尔”;石狮子的右前脚踩着平放的绝对牌酒瓶——“绝对的北京”,等等。

“绝对的艺术”这一广告先后请了300多位艺术家为绝对酒瓶作画,并将画作制成广告,为绝对牌塑造了一个又一个全新的形象。

“绝对的影片”中有一则广告,玛丽莲·梦露在影片《七年之痒》中的经典造型——站在地铁通风口被风吹起的裙裾,这一经典曾让多少人为之倾倒。而在“绝对的影片”的广告中,玛丽莲·梦露因地铁通风口的风吹而飘起的裙摆之下居然露出了一个绝对牌的酒瓶。这个广告被标为“绝对的玛丽莲·梦露”。

“绝对的话题”主要是以时事为广告的主题。例如在美苏和平高峰会议期间,就制作出一则和平鸽停在绝对牌酒瓶上的广告,标题为“绝对的高峰会议”。

这些创意可谓优秀,但是,光有好的创意还是不够的,技术上还要做到完美的配合,才能完全地把创意表现出来。创意人员深谙这其中的道理,所以,他们请来了高水平的摄影师对广告的主角——奇特的酒瓶做了完美的摄影，务必使人们从平面的纸上也能感觉到酒的荡漾，酒的吸引和酒的震撼！

绝对牌的这种独特的广告创意，为产品创造了一种外观上持久的时尚。“总是相同，却又总是不同”广告创意，使品牌产生出历久弥新的效果。1980年“绝对”牌伏特加刚到美国时，它在美国还只是一个微不足道的品牌，每年销售量不过1.2万箱，而后来已暴增至每年300万箱，在美国市场上的占有率达到65%，名列第一。

独特的创意，造就了“绝对”牌的绝对业绩。

有意思的是，多年的广告积累，培养了一大批“绝对”迷，他们近乎疯狂地迷恋与收藏绝对牌的广告。图书馆新书上的绝对牌广告经常被撕走，以至于管理员要进行专门的防范，而纽约有一报贩居然将新进杂志的绝对牌广告割下另行单张出售，有不少人购买。1996年底，关于绝对牌广告——《ABSOLUT——绝对牌伏特加平面广告的故事》一书正式出版。虽定价高达60美元，但仍然是人们争抢的对象。

“绝对”牌伏特加的广告创意真可以说是绝对的：绝对的创意，绝对的艺术性，绝对的与众不同，绝对的出奇制胜。

“绝对”多达500多幅的平面广告的绝对之处就在于，完全避开了对酒的吹嘘，更避开了对诸如产地、厂家、商家等的吹嘘，而完全将它抽象出来。抽象到最后，只剩下一个与酒还有点相关的、但已经被抽象化成了无所不包的奇特的酒瓶，这样的广告完全达到了艺术的程度，以至于人们近似疯狂地喜欢上了它，总是想尽办法去得到它。

这样的创意和广告已经不单单是宣传品牌，而是成了一种艺术和文化。营销不仅需要依赖逻辑、理性的决策手段，也需要艺术、创造和想象的翅膀。

当人类毁灭的时候

可口可乐是无可争议的世界饮料业霸主，不光每年的销售额大得惊人，同样在新产品的广告宣传投入上也是毫不吝啬，而且看其新产品的广告也是一种很大的享受。因为它的广告总是那么出人意料，新奇而夺人耳目。

其中有这样一则广告更是让人胆战心惊、过目难忘。

大战过后，整个地球覆盖着一层厚厚的核灰尘。

幸免于难的美国核动力潜艇“自由女神”号的全体官兵成了最后的一部分人类。

面对着满目疮痍的地球，“自由女神”号的指挥官杰克逊对手下人发出了征询：你是不是愿意回到故乡去？

回答是肯定的。于是核潜艇穿过漂浮着腐臭尸体、支离破碎军械的大洋，向美国海岸驶去。

突然，战斗警报响了，士兵们条件反射般地奔向各自的岗位。杰克逊少将通过传声筒向全艇官兵下达指示：“我们的报务员收到了无法破译的电台讯号，它来自我们的祖国。这只能被理解为‘自由女神’号并非诺亚方舟，在我们的国土上，完全有可能有敌军在活动。”

“自由女神”号做好了战斗的准备,继续驶向预定的目标。

而那道神秘的讯号依然不断出现,它变得越来越清晰,只是时隐时现,叫人捉摸不透。

潜艇在美国的海岸外浮上水面。眼前是一片废墟。水兵们在甲板上默默地排成横队,向毁灭了的城市致哀。

突击队出发了,杰克逊握着瓦尔特手枪走在最前面,他的后面是戴着防毒面具、端着冲锋枪的突击队员。

突击队慢慢地接近一所倒塌了的楼房。可以看出,那原来是一个超级市场,但现在它已经变成了一片残垣断壁。

杰克逊痛苦地闭上眼睛,于是在眼前显现了几幅画面:他的女友最喜欢在这样的超级市场里购物,但现在她已经死去多时。此前,他曾经收到他弟弟寄给他的一张照片,照片上的她倒在像眼前这样的废墟中,几乎被烧成了焦炭……

杰克逊少将顽强地把眼睛睁开,把痛苦的回忆赶走。然后示意报务员最后确定“敌人”电台的方位。

经过一段时间的沉寂后,神秘讯号终于又出现了。报务员明白无误地指认,信号就是从前面的废墟中发出的。

于是,杰克逊指挥突击队员们迅速地包围了上去,他自己则一马当先,一路前冲,并攀沿着纵身跃上二楼。

眼前是一扇紧闭的门,杰克逊没有犹豫,用力一脚就把门踢开,紧接着手中的枪就是一梭长长的连发,紧跟而上的突击队员又连连扔进了几颗手雷。

等硝烟散尽,杰克逊和队员们冲了进去。可里面并没有发现什么敌人的尸体,也没有任何的战争设施。有的只是一架搁在桌子上的发报机和一个被窗帘下端牵住的罐头盒。海风正吹拂着窗帘,把它扬起,带动着那个罐头盒撞向发报机,发出一串串无规则的电码声。

紧张的情绪散去,枪口一个个垂下,突击队员们啼笑皆非,相视无言。

这时,镜头推近罐头盒,最后,整个画面被那个惹是生非的罐头盒所占满——那是一个可口可乐的盒子。两行字幕紧跟着推出:

当整个人类毁灭的时候,

可口可乐依然存在!

这是一则可口可乐的新产品推广广告。广告利用美苏冷战、人们对核战争的恐惧心理,精心地表现出可口可乐“永恒”的魅力。整个广告没有一句可口可乐的说辞,只通过一个戏剧性的悬念,紧紧地抓住了公众的心,使公众对广告留下了深刻的印象。

我们常说“大千世界无奇不有”,这句话在厂家的产品广告宣传中得到了真正的体现。可口可乐的这则广告用一个充满悬念的情节,从一开始就紧紧抓住了观众的心,使他们随着情节的推进,心情忽起忽落,到最后发现只是可口可乐罐在作怪后,紧张的心情随之释放。在心情放松的同时,可口可乐则深刻地刻在了观众的头脑里。

调查表明,人们对广告的注意力是在最初的5~10秒钟内决定的,这一短暂的瞬间能否紧紧地吸引住观众的目光,使他不至于掉头他顾,就成为广告成功与否的关键。

人类虽然非常爱好和平,但对反映战争的文艺作品总是有长盛不衰的狂热爱好,对情节性强的战争电影尤其情有独钟。

从结构和情节上看，这一则广告像是一部战争片的一个片断。满目疮痍的场景，扣人心弦的情节，比起真正的战争片来说，有过之而无不及。

这样引人入胜的“电影”，自然从一开始就紧紧抓住了人们的注意力，特别是最后镜头中出现的可口可乐空罐，肯定会长久地出现在人们的记忆中。

广告不仅要吸引人，还要讲究美誉度的问题。尽管这种做法可能会招致人们的非议，但它的这种开阔、创新的思路是很值得学习的。

死囚为时装做广告

广告宣传真是无所不用、“无所不能”，为了宣传自己的产品，打响知名度，厂家真是想尽了方法。

身陷囹圄的人，总给人一种与正常世界格格不入的感觉，可偏偏有人就顶上了他们，还利用他们来宣传自己的品牌，真是让人觉得不可思议！

在时装界，说到贝纳通这个意大利时装巨人，几乎可以说是无人不知的。它的成功，除了得益于紧跟潮流的时尚设计外，很大一部分也得益于其独到的有创意的广告炒作。该公司最新的一个广告再次引起轰动成为舆论的热点，招来一片哗然之声。这个广告竟然出现了美国监狱中死囚在等候处决的情景。这一系列死囚照片也能称之为时装广告？这着实让消费者感到匪夷所思。

一般来说，广告宣传就是为了宣传自己的品牌和产品，广告中当然都会出现自己的产品，但如果又出现了死囚，却又没有要宣传的产品，那消费者就会问了，他们做广告的目的到底是什么呢？广告与产品没有任何瓜葛，这样的广告对推广品牌有用吗？回答都是肯定的。贝纳通的最新广告就是这样的：

一个美国黑人坐在等候处决前的一个小屋子里，眼睛茫然而绝望地盯着镜头，是对生的依恋？还是对死的恐惧？观众只能去猜测，却不得而知，反正表面看来与贝纳通的时装毫无关系。

在广告推出的新闻发布会上，该公司播放了一段在监狱中拍的镜头。冰冷的钢丝铁门快速关闭，隔离出两个世界。这则广告以贝纳通又一次向人类道义呼吁的形象出现，它是为最近的意大利宣布支持死刑而推出的。对于死刑这种人间至刑是否该存在，人是否有剥夺另一个人生存的合法权利，一直是西方许多国家争论的话题，有一些国家已废除了死刑。

但针对贝纳通这一行为，许多人士不禁提出疑问：“广告的目的是推销产品，以这样严肃的国际社会问题来作服装广告，是否合适？”一直在帮助贝纳通制作广告的女摄影师奥丽维亚图是此系列广告的始作俑者，她说：“我不是来这里看谁有罪无罪的，只是拍摄出一种客观事实。”“我这两年以来一直在美国各大监狱中寻访，并推出了一种客观事实。”确实，她这两年以来一直在美国各大监狱中寻访，进行摄影活动，并推出了一个题为“写在脸上的死亡”的系列作品。广告上的主题人物，那位美国黑人阿皮纳说：“我认为公平是存在的。但最后倒霉的总是穷人，如果你不能请大律师，那你一定会被送上断头台。这就是我主张要废除死刑的原因。"

议论总是存在的,尤其是关于政府各种决策的议论,更是人们津津乐道的话题,也更容易引起人们的兴趣。这也许是贝纳通的初衷,但正是由于对社会敏感问题的关注,树立了品牌积极的社会责任感,也同时赢得了人们的好感。

其实,贝纳通服装的炒作一直在寻求一种试图超越性、社会等级、种族和国别的生活哲理理念。多年来其广告一直在关注社会敏感问题,力图在宣传产品的同时改变一些社会观念,其内容涉及恐怖主义、种族主义、艾滋病、同性恋等话题,唯独没有提及贝纳通的服装。而这些方面的举止却大大提高了贝纳通的知名度。尽管不断地遭到一些团体和相关舆论的批评,这则关于美国监狱死囚的广告仍然已在全球推出,并引起极大的反响。

这种剑走偏锋的炒作手法,着实让人佩服其勇气。他们敢想别人之不敢想,敢做别人所不敢做的精神是值得肯定的。但这种炒作成功的概率很难把握,但成功一次就可以有非常大的收获。

其实,市场竞争固然激烈,但总会在某一个领域留下空白,就看你有没有胆量和勇气去开拓它了。你可以利用别出心裁的概念优势,或者用宣传改变人们的观念,或者排除一些太软弱的概念占领这块市场。这样的做法是非常冒险的,但如果做得好,反倒能够起到异军突起、绝处逢生的奇效。

百岁老人登长城

在大陆的娱乐圈里,邓建国一直是一个颇受争议的人物,他的许多炒作手法被许多人所置疑。但不可否认的是,他的炒作几乎每一次都能掀起大的波澜,达到极佳的宣传效果。

沉寂了多年的影视大亨邓建国2003年8月出现在八达岭长城上,为一位据称是世界上最长寿的118岁的老太太李彩容老人圆一个夙愿:登上长城。同时在场的还有一位号称"世界最高人"的身高2.45米的王峰军,此举意味着邓建国新一轮商业炒作攻势的序幕已经拉开。

虽然,人们明知道是炒作,但这样的炒作依然能够吸引众多人的眼球。

据邓建国介绍,老人已与巨星影业签约成为合同艺员,将在下部戏中出演角色。世界上最长寿的人攀登长城并成为签约艺员这可能会创造两项世界纪录。炒作高手邓建国此举显然是醉翁之意不在酒,但这一老一高两位奇人仍然吸引了国内外百余名记者的聚焦,在北京骄阳似火的"桑拿天"里争睹老人和巨人的风采。常人不敢想象的事情却被邓建国轻而易举地搞定了。

既然要做,就索性把它做大。他们在长城上举行了发布会。想想长城这个中华民族的象征和图腾就会让人热血沸腾,在这里开发布会,真是选对了地方。长城的声名,再加上大力的炒作,不火都难。

来自广州南海区西樵镇的李彩容一生务农,生活清淡,她在媒体人士紧密的簇拥下艰难地行走着,众多记者们一边捕捉精彩的镜头,一边感到有些残忍,他们最多的感叹就是

“真不容易”。老人来到门楼之上就象征性地完成了登长城的任务，坐在椅子上歇息。

面对着长枪短炮、重重叠叠的摄像机、摄影机，老人非常从容，配合地望着镜头，在别人替她扶正脖子上的珍珠项链后，她露出了持久的笑容。对于登上长城，老人的高兴之情溢于言表，丝毫没有那种为别人做嫁衣裳的感觉，她对此行的果断评价是：“很开心！”当一位外国记者给李彩容看数码相机中她自己的影像时，老人的脸更是笑成一朵花。

与此同时，一同前来“受苦受累”的还有“亚洲第一巨人”，2 米 45 的王峰军，这位巨人并没有因为“大步”而“流星”，相反，他每一步都要消耗一定的精力。

据邓建国介绍，李彩容的“百岁秀”还只不过是个开始，巨星影业准备在 8 月 10 日在广州开拍一部“非典下的玫瑰式爱情片”《众志成城》，李彩容将在其中出镜，她还将在电视连续剧《野蛮格格》中出演角色。其实老人对于拍电视、拍广告并不太理解，只是知道能从电视上看到自己而已，更多的时候她呈现的是任人摆布的状态。对于许多人提出李彩容是否真能演戏的质疑，邓建国却笑而不答。

随后，活动组织者邓建国还借给老人演节目的机会介绍了一位男演员，他将在电视剧《中国活宝》中出演邓建国本人。到头来旁观者们才恍然大悟，原来老人秀、巨人秀，秀来秀去邓建国还是在秀自己。炒作对于邓建国而言，似乎已经搞到了炉火纯青的地步，除了他这位当局者清外，旁人们却是越来越糊涂了，真不知他还有什么事是不敢做的。

炒作在当下的商业圈和娱乐圈可谓屡见不鲜，也正在以迅猛的态势向其他领域扩展、蔓延，比 7 月的骄阳还要炙热。

炒作的手法也是不断翻新，无所不用其极。百岁老人签约演艺圈，说出去几乎没有人会相信，可邓建国却实实在在做到了，不管老人将来在某一部电视剧中会出演什么角色，会有多大的戏份，她都将在一段时间里吸引人们的眼球。这其实也就等于关注了邓建国和他所投拍的电视剧，这才是他想要的。

巴乔的世界杯之旅

意大利的著名足球运动员罗伯特·巴乔是世界知名的球星，深受全世界球迷的喜爱，他的一举一动都被人们所关注。在 1998 年和 2002 年两届足球世界杯之前，围绕他的入选资格问题引起了人们的广泛关注和呼吁。

不同的是，1998 年巴乔最终去了在法国举行的世界杯，而 2002 年韩日世界杯，老将巴乔不幸落选了。但他同样经历了这届世界杯，只不过他的这届世界杯之旅是在意大利航空公司的“帮助”下完成的，他们高兴地把巴乔带去了日本。意大利航空公司代表了意大利，他们却选择了不代表意大利出战世界杯的巴乔作为广告代言人。很新奇，但广告炒作要的是动人，不必考虑什么状态，遵守什么规则。

年纪稍长一些的球迷肯定都会记得，在 1994 年美国世界杯上，7 月 5 日的波士顿，是巴乔在比赛结束前两分钟的进球帮助意大利逼平了尼日利亚。之后，他另外的一个进球把意大利带进了下一轮。挽救了意大利的巴乔说：“我把所有人都从(回国的)飞机上拉了下来。”这一次,还没有出发去日本,国家队的那些人就把巴乔从飞机上拉了下来,但意大利航空公司依然决定让巴乔作他们在2002年世界杯的广告代言人。

负责这次炒作策划的是THOMPSON广告公司。该公司总经理阿尔贝尔吉解释这样做的原因时说:“这来自上星期四电视新闻后的‘瞬间灵感’。当时我们看到巴乔不在23人的国家队名单中,第二天就把广告制作了出来。国家队不带巴乔去世界杯,我们带巴乔一起去……巴乔听到我们的计划后非常喜欢,因为这则广告很动人。我们选择了巴乔一张比较特别的照片,眼睛特别有神,像个斗士。意大利航空公司是所有意大利人的,那些不参加世界杯的人也一样,因此我们选择巴乔。”

“巴乔在日本非常受爱戴,这是我们选择巴乔的最大原因。我们有10个航班去东京,5个航班去大阪,是日本本国航空公司之外航班最多的。”意大利航空公司负责对外联系的莱普利说:“我很喜欢这个创意。这个广告将在日本广为人知,多少可以弥补一下喜欢巴乔的球迷们的遗憾。”

当然,意大利航空公司并没有得罪意大利国家队的意思,相反,莱普利说:“意大利航空公司和意大利国家队的关系非常好,而且将在自己的航班上出售国家队的球衣,5月21日,意大利航空公司还要出专机送特拉帕托尼的意大利国家队去日本。”据莱普利说:“我们以为巴乔会开出天价,因为我们是国家航空公司,因为他是巴乔,中间还有世界杯,但他的出价非常低,因此,我们没理由放弃。”意大利航空公司不肯放弃,巴乔表示完全同意,于是就出现了那一幕。巴乔的广告出现在各大报刊上,特拉帕托尼的球队在那一天集中,两个人的目光都炯炯有神。

最终的结果是,基于球迷对巴乔的喜爱,意航空公司选择了巴乔做代言人,不仅只花费了很少的钱,而且大大提升了自身的知名度。他们行于刀刃上,却又能如此从容不迫,值得国内某些商家借鉴。

巴乔被国家队淘汰,失去了参加世界杯的机会,但他为世界球迷喜爱的程度却并没有因此而降低,反而因为落选,人们在喜爱的同时更加上了同情、惋惜、遗憾的感情,可以说是不降反升。意大利航空公司的做法不但为自己提升了知名度,还讨好了一大批支持巴乔的球迷,这些都是未来的商机。

举个例子,在一条街上有三四家规模相似、经营品种相同、价格水平相近的便利店。后来这里新开了一家店,各个方面与其他没有太大区别,唯一不同的是,这家店抓住了顾客担心买到假冒商品的心理,对店里卖出的商品实行售后签字保质行动,很快就在销售上占据了优势。在商品同质化的时候,不是只存在降价获微利和高价压货两种情况,还存在另外一种既能保证价格又可获利的情况,这就需要厂家具有独到的眼光。

在商品环境中,一种商品是用另一种商品来权衡的,顾客们肯定会将苹果与苹果比,剑走偏锋的关键是不让他们这样比。而是让你的对手成为苹果,而你是桃子。

请不要今天买摩托车

我们常看到广告是鼓动,甚至诱导消费者去购买自己的产品,但却很少看到有广告劝消费者不要买自己的产品的。当然，他们不是真心希望消费者不去买，而是利用这种独特的方法宣传，最终的目的仍然是让消费者购买他们的产品，而且买得更多、更痛快。

1974年，台湾三阳工业公司开发出一种新型的125重型摩托车。

三阳公司的决策层自信地认为，他们的这款新车在技术和性能上完全可以与其他公司的同类产品媲美，但要在十几家摩托车厂的竞争中脱颖而出，一定要有过人的广告手段。

于是策划工作马不停蹄地展开了，经过周密的布置，他们使出了当时还颇为新奇的一招。

1974年3月26日，在台湾的两家主要日报上，同时登出了一则奇怪的、没有标明厂家的摩托车广告，广告占了半版的篇幅，四周是宽阔网边，中间留有一大块空白，其上端是一幅漫画式的摩托车，下端则是几行字：

"今天请不要买摩托车，请您稍候六天……有一部意想不到的好车就要来了。"

第二天，在相同的位置，广告继续刊登，只是文字上稍改为"请您稍候五天"。

第三天，广告再出现时，也只稍改为"请您稍候四天"。

连续三天的"今天不要买摩托车"引起了人们极大的好奇和兴趣，也吊足了人们的胃口，使人们如坠雾海，他们急切地想知道为什么不能买？这是什么公司？他们有什么样的摩托车？在还没有把这些问题搞清楚之前，消费者只能像广告指引的那样，都不去买摩托车了。

第四天，广告中取消了"今天不要买摩托车"，而是改为："请再稍候三天。要买摩托车，您必须考虑到外形、耗油量、马力、耐用度等。有一部与众不同的好车就要来了。"

在广告热火朝天的同时，各摩托车销售公司的销售额这几天来直线下降，连发布广告的三阳公司自己也快顶不住了，因为他们的销售公司几乎门可罗雀了。

终于，在人们的不耐烦之中，广告图穷匕见了——第五天，广告变成了"让您久候的这部无论外形、冲力、耐用度、省油等都令您满意的野狼125摩托车就要来了，烦您再稍候两天。"

这时，消费者的注意力早就被广告紧紧地抓住了，所以，"野狼125"一出现，就把它牢牢地记住了。同时，人们的胃口已被它吊得高高的了，很多人都憋了一口气，一定要去看一下这让人等得心焦了几天的摩托车到底是什么样子。

第六天，广告更明白地告诉人们是什么公司的摩托车，同时，也再考验一下人们的耐力："对不起，让您久候的三阳野狼125摩托车，明天就要来了。"

第七天，广告扩大成整版的篇幅，画面是一辆威风凛凛的野狼摩托车。与此同时，这匹来自三阳的野狼也冲上台湾各地的市场。很快，几百辆"野狼125"被期盼已久的消费者抢购一空。

接下来的一段时间里，野狼摩托车在台湾所向披靡，成为市面上的头号畅销货。

这种宣传手法在当时是很新奇的，其成效是明显的。在那以前，台湾总共有12家的摩托车生产厂家，虽然三阳无论从生产规模、机器设备、员工技术、售后服务等方面都不亚于人，但不知何故，在销售方面硬是不如人。经过这次重拳出击，三阳很快就跃升到台湾摩托车销售三甲的行列里。

广告是一个激起消费者注意的过程。好的广告设计，总是能抓住消费者心理活动的特点和规律，巧妙地切合消费者的心理活动规律，使广告真正打动人心，具有更强烈的冲击力，从而强力地吸引消费者的注意，取得理想的效果。

设置悬念是比较常用的手法，因为人们对新奇的东西总是表现出很大的兴趣。这个广告的最成功之处就是利用悬念。一般的广告总是诱导人们去买自己的商品，而野狼的广告却一而再、再而三地告诫人们，暂时不要去买摩托车，这就大出人们的意料，好奇心促使人们非要去探究一下不可，所以他们必定认真地去追着看广告。

野狼广告还充分利用了消费者求新求异的心理特点，每天刊载不同的广告，给人一种清新的感觉。但这七种广告方案并不是截然不同的，而是在内容和形式上保持着一定的连续性和完整性，这样就加重了广告的戏剧性和故事色彩，可以更有效地把广告的内容作更好、更详尽的传播，从而获得了强烈的广告宣传效果。

广告和卫星一起升空

以前有人用飞机做广告，用飞船、热气球做广告，现在有人盯上了卫星。

20世纪50年代，美国一企业试制成功一种新产品，但却苦于无法提高其销售量。当时，恰逢美国研制成功人造地球卫星。在卫星即将发射升空之际，企业的老板一本正经地给五角大楼写信，请求将其新产品在卫星上做广告，并询问其广告价格如何、费用如何支付等。

五角大楼的官员们收到信后，大感好笑，他们认为卫星升空后就踪影全无，在上面做广告无异于拿钱往水里扔。于是便断然拒绝，这事被当作一个笑料在五角大楼里传开了。

也许那位老板只是一时兴起，也许他事先就想到了不会成功。但即使没有成功，也不意味着没有效果。无孔不入的记者打听到这个消息后，便写了一篇报道，各地的报纸也都争相报道或转载。于是，这件事便与举世瞩目的卫星发射联系到一起，成为全美国乃至全球所谈论不休的花边新闻。

企业看似"歪打正着"，却让各地的报纸都义务为其作了宣传。结果是，他没有花一分一毫的广告费，其新产品也被广播得人人皆知。知名度提高了，其产品的销量也蹭蹭地猛增上去。

在当时这被很多当成是一个花边新闻，甚至是一个笑话，但今天却有人真的做成了这件事。20世纪90年代，随着电视的出现，在卫星上做广告变成了可能。

1992年3月22日，中国西昌卫星发射中心第一次为澳洲发射商用通信卫星。因为这是国际商用卫星发射，所以发射中心决定将发射过程通过中央电视台向全世界直播。

但是很可惜，这次发射却因为火箭故障而未能发射成功。按计划，5个月后还要重新发射。

虽然卫星没有发射上天，但在几千里外看直播的一个年轻人却从中看出了商机。他发现，偌大的一个发射场，"干干净净"的，没有一块广告。

他想："既然是商业发射，为什么不可以发布广告呢？"。

这个人有这种想法也毫不奇怪，因为他的生活无时无刻不充满着广告。原来，他是一个南下淘金者、广东中山怡华广告公司的老板。

想到就做！他立即与卫星发射中心联系。经过一番周旋，基地终于答应了他的要求。这年的11月7日，消息特别灵通的北京报纸抢先发出报道说：12月的澳星发射现场将第一次出现广告牌，而广告的发布事宜由广东怡华公司代理。

消息一出，立即引起国内外各大企业的热烈反响，很多企业纷纷与怡华公司联系，表示可以赞助广告。

12月14日，两条巨大的红绸条幅终于挂到了基地的发射架上，条幅上书："五粮液、小霸王向航天人致意"、"万家乐、丹丽洁具祝卫星发射成功"。

这件事通过媒体的渲染而被散播得举世皆知。五粮液、万家乐等自然通过报纸、电视的报道而跃上世人的视野，而怡华公司更因此而一炮走红。

美国人不知道是否还记得他们自己国家曾发生的类似的事情，中国发生的这件事连好为人先的美国也称赞这是首开先河的壮举。3个月后，美国航天局决定将其准备发射的"康尼托加"火箭的箭体表面用来做广告，报价50万美元。后来被美国的哥伦比亚电影公司租来为其新片《英雄的最后一次行动》做宣传。

经过这件事，中山怡华公司从一个无名的小公司一跃而变成了具有世界影响的大公司，后来终于发展成为为著名企业进行广告代理、能邀请到国际巨星成龙等为其拍摄广告片的大公司。

广告和卫星这两个看似没有一点联系的事物，却有人将它们联系在了一起，而且产生了极大的影响。想想广告上卫星，这是多么刺激人们神经的事啊！

卫星发射总是万众瞩目的焦点。虽然发射的时间只有短短的几十秒钟，但却最能集中吸引人们的眼光。也正是由于时间短，它才成为了一个刺激"点"。

设计利用卫星发射进行广告发布的人深谙此一点，巧妙地将广告附着在卫星发射这个刺激点上，强烈而高度集中地把广告硬灌给人们，引起他们的注意。

任何事情的被广为人知，都离不开新闻媒体的大力宣传。这一事件的另一个成功之处就在于充分地利用了新闻媒体，把自己的活动大肆炒作，给人们留下了悬念，留下了期待，当人们在看发射报道或直播时，都不自觉地去关心一下这个广告到底是什么，又是怎么做的，这就大大提高了广告的关注度。

不过，这种方法不是谁用都能产生那么好的效果的。人们总是对新出现的事物抱有极大的兴趣和关注，等见过了，再一次出现就不那么热心了。所以，所有的这一切，只能属于第一个这样做的人。

第一个吃螃蟹的人，总是需要很大的勇气，但也总会得到一些意想不到的好处。

恐怖的脑白金风暴

脑白金这个神秘的保健品，犹如一阵旋风，在短短的两、三年的时间里就创造了十几亿的销售奇迹。

“今年过节不收礼……”、“今年孝敬咱爸妈……”,想必人们听到这些广告词的前半句,就会脱口而出它的后半句“……收礼只收脑白金”、“……送礼还送脑白金”。脑白金称得上是“地毯式炒作”的成功典范。正是这种炒作使“早就应该死了”的脑白金迸发出强大的生命力。

首先,厂家选择了一个全新的概念——脑白金。这是一个全新的概念,一听到这个词,可能每个消费者都想知道脑白金到底是什么?脑白金的厂家康奇公司适时地给出一个答案:脑白金是由大脑中心的脑白金体分泌的一种物质。大脑是人体的司令部,脑白金体位于大脑最中央,是司令部里的总司令,脑白金分泌的多少主宰着人体的衰老程度。随年龄的增长,分泌量日益下降,于是衰老加深。30 岁时脑白金的分泌量快速下降,人体开始老化;45 岁时分泌量以更快的速度下降,于是更年期来临;60 ~ 70 岁时脑白金体已被钙化成了脑沙,于是人就老态龙钟了。

这一答案让人们一下子意识到脑白金对延缓人体衰老是多么重要。

接着,康奇公司解释为什么“饮用脑白金,可享受婴儿般的睡眠”。他们的解释是夜晚饮用脑白金,约半小时后,人体各系统就进入维修状态,修复白天损坏的细胞,将白天加深一步的衰老“拉”回来。这个过程必须在睡眠状态下进行,于是中枢神经接到人体各系统要求睡眠的“呼吁”,从而进入深睡眠。脑白金可能是人类保健史上最神奇的东西,它见效最快,饮用 1 ~ 2 天,均会感到睡得沉、精神好、肠胃舒畅,但又必须长期使用,饮用几十年还要每天饮用。

这一解释让消费者有种恍然大悟的感觉的同时,也引导出了一个共同的话题:谁都想让青春离去得慢一些,那暗示的答案就是:噢,要想年轻只要喝脑白金就可以。

光有概念只能引起人们的一定兴趣,让人们接受还必须在这个铺垫的基础上,开始真正的炒作。

脑白金的精彩问世是以几篇大块的新闻文章开道的,他们制造了一个非常新奇的新闻亮点,引出了人体脑白金的话题。不仅如此,还善于制造新闻,引导热点导向。

与一般产品销售不同的是,脑白金没有急于铺货,而是先启动市场,创造市场拉力,等消费者行动起来后,迫使商家用现金提货,始终确保应收款项为零。历经数个春秋,长盛不衰,在 2001 年 1 月更是创下了单品销量 2 亿多元的佳绩,突破了中国保健品行业单品单月的销售记录,这不能不说是一个奇迹。

接下来,公司在营销之初,大规模派送《席卷全球》一书,在消费者的脑海中造成脑白金畅销全球的假象。随即又将《席卷全球》一书中的精华部分汇集,夹在当地有影响的报纸中派送,为接下来更加猛烈的舆论攻势打下坚实的基础。

此举的巧妙之处在于它成功地回避了单纯广告可能带来的负面效应,以更加生活化的方式迎合人们追求健康的心理。通过推出《人类可以长生不老吗》、《两颗生物原子弹》、《本世纪两大震撼》、《一天不大便等于抽三包烟》、《女人四十,是花还是豆腐渣》等数篇短文,将脑白金体这一概念植入消费者的脑海。

利用科普专题片造势在报纸炒作的前一天,脑白金便开始在当地最有影响的电视台播放科普专题片。第一个月播放四部新闻片《生命领域的两大震撼》、《20 亿美元的太空试验》、《小白鼠立大功》、《美国人为什么疯狂》;第二个月播放四部功效性专题片,并与四部新闻片交叉炒作。

产品的名称是消费者最先接触到的信息。脑白金产品名称对于品牌的建立以及之后的商业炒作起到了支持作用,对品牌的建立更是起到了事半功倍的作用。产品名称表达了两种信息,一是该产品是作用于脑部的;二是该产品非常珍稀可贵。脑白金三个字识别度高,记忆度高,容易引起人们关注。因为大脑是人体生命的司令部,而白金也是珍稀之物,二者结合当然更是贵中之重了。

在产品的包装上也是煞费苦心。脑白金的包装主色调是海洋深蓝色,衬托了产品的科技色彩,以及人类追求永恒、回归自然的心态。包装不求变化,保持淳朴,也符合产品消费群体——中老年人的审美习惯。人物造型既有国人也有洋人,既反映了产品国际化的品质又不会令人产生陌生感、排斥感,迎合消费者实用第一的原则。

产品的宣传自然离不开广告。脑白金的宣传策略追求最有效的途径、最合适的时段、最优化的组合。比如脑白金的平面广告贴到了大街小巷,几乎是有门必贴,以拉网式的宣传方式为品牌树立推波助澜。

在产品进入成长期的时候,他们的媒体选择从最开始的报媒、小册子向报纸、电视广告为主的媒体组合转变。小册子也成为集团购买和传播产品知识的有力手段。

在产品成熟期,转向了电视广告。每天滚动播出,不断强化产品印象,使更多的中老年人有更多的机会接受产品信息。

脑白金将产品目标群定位于中老年人。随后的广告宣传中辅之以亲和战术,"礼尚往来"、"孝敬爸妈"、"给你婴儿般睡眠"。其次是时间策略,每晚黄金时段播出,暗示人们"睡觉前千万别忘了服用脑白金"。第三,版本更新快,常常不定期更新广告,改变创意,保持消费者的新鲜感。

同时,户外广告成为其中后期新增长的媒体亮点。户外广告根据各区域的市场特点,有选择地展开,营造氛围,让脑白金随处可见。

脑白金的宣传策略注重时段性、时效性。如节日着重宣传礼品概念,非节日宣传功效。

在产品打开一定销路后,脑白金通过市场调研、对消费者进行跟踪建档等方式来聚集人气,稳步提升了市场占有率。

脑白金的这一招叫"地毯式炒作",它是使陌生品牌在最短时间内获取最大认同的绝招。比如说,当一位消费者面对同类的两种从未购买过的商品时,会优先考虑那些宣传力度大、社会知名度高的品牌,这就是"地毯式炒作"所要达到的目的——通过炒作,让消费者对产品增强感性认识,进而在他们需要购买时赢得优先选择权,最终实现对市场份额的占有。该招数对诸多公司形象宣传、新产品推广都具有极高的参考和使用价值,但是,在实际应用中还要准确掌握好"火候",不要炒得过滥,否则消费者会产生逆反心理。

明贬实扬:"我们只是第二"

我们常听到企业宣称自己在某行业处于领先的位置,甚至就是第一,这样的企业不免让人产生怀疑。而那些不明说的企业,其实都在朝这第一的目标在努力。如果有人宣称自己只是第二,那就是在告诉人们自己离第一不远了,要么就是出于谦虚才这么说的,无非是换了个思路而已。

爱菲斯公共汽车公司就是这么做的，他们的广告文稿是这样写的：

在汽车出租业中，爱菲斯只是第二。

如此，为什么仍乘坐我们的汽车？

这是因为我们更为卖力。

我们只是无法忍受肮脏的烟灰碟，或是半空的油箱，或是用旧了的拭雨刷，或是未加洗刷的轿车，或是充气不足的轮胎。

显然，我们在全力以赴地争取完美。让你出发时能有一个活泼、马力充足的福特新车及愉快的旅途。嗯，让你知道在什么地方能买一个又好又热的五香牛肉三明治。

为什么？

因为我们无法让你白白地照顾我们，下一次请乘我们的车，我们柜台前排的队比较短。

全文写得紧凑、简练，富有情趣。乘客坐车的根本要求就是舒适、干净、方便、服务周到。这也是所有公共汽车公司服务的宗旨。然而，爱菲斯公共汽车公司的广告文稿却写得别具一格，它没有写什么"服务周到"、"乘客之家"、"包您满意"、"清洁卫生"、"安全舒适"等客套语，而是采用第一人称的手法，直接提出消费者乘坐出租汽车的希望和要求，使人感到亲切、自然。

爱菲斯在汽车出租业中，规模虽然不是最大，但是却能竭诚为乘客服务，全力以赴地满足乘客的各种需要，使乘客获得最大的满足——旅途愉快，这也是爱菲斯的最大特点，迎合了乘客的心理。

全文看起来似乎平淡无奇，不加修饰，其实每句话都是经过写作者深思熟虑，确切地表现出了爱菲斯的特点。

有时候就是这样，一件事情发生过后，人们才恍然大悟对方的别有用心。拿炒作而言，在真相大白后，人们往往是既感到惊讶，又不禁要对炒作者高明的炒作技法啧啧叫绝。

爱菲斯的聪明之处就在于，他们明明知道乘客想要的是什么，但却不直接说出来，这样看似绕了个弯，但实际上效果更好。就像反问句比肯定句的语气更强烈一样，从相反的方面来说，比直接说出来让人印象更加深刻。

相信没有人会轻易称第一，那样不给自己留下回旋的余地，所有的目光都盯着你，一点小的失误就会被无限放大，没有了弥补的机会。

炒作的技法千奇百怪，妙法无限，只要是在不背离道德、法律轨道前提下的炒作都是应该鼓励的。

越长越年轻的麦当劳

麦当劳是全球快餐业的巨头，它已经走过了一个辉煌的历程。但是近年来在全球各地市场受到了其他快餐品牌的挑战，在中国市场，麦当劳一直屈居老乡肯德基之下。

2002年的麦当劳可谓麻烦不断，10月，麦当劳股价跌至7年以来的最低点，比1998年缩水了70%，2002年第四季度公司第一次出现了亏损。2002年11月8日，麦当劳总部宣布，公司将从3个国家中完全撤出，并关闭其他10个国家的175家连锁店。在中国大陆，麦当劳各方面的表现一直比老乡肯德基逊色不少。近两年，麦当劳在本土被汉堡王等快餐店抢去了不少市场份额，在亚洲、中东等地销售额下降明显。

麦当劳面临的最大困扰就是“品牌老化”的问题。营销专家米尔顿·科特勒先生说：“麦当劳以前并没有首席营销官的职位，50年不变的‘麦当劳叔叔’就是麦当劳的‘首席快乐官’。以前，笑容可掬的‘麦当劳叔叔’对于儿童、青少年、父母等细分市场都非常有亲和力，是不错的‘品牌代言人’。”

但是，随着时间的推移，麦当劳的定位以及品牌的概念随着社会外部环境的变化已经很陈旧了。根据麦当劳做过的一次顾客调查，很多年轻消费者认为“麦当劳叔叔”的形象非常老土、可笑。年轻的嘻哈一族觉得麦当劳是小孩子去的地方，他们更喜欢“酷”、刺激和冒险的举动。麦当劳如果不品牌更新的话，只有慢慢地老去。

于是麦当劳准备进行品牌的更新，改变着自己，以迎合市场和消费者的需求。

2003年下半年，面对“世界各地水土不服”、“品牌形象老化”等方面的批评，麦当劳公司在全球发动了“我就喜欢”的品牌更新战略。麦当劳全球广告总代理德国慕尼黑的海熙广告代理公司召集了世界主要的广告公司开展了一场名为“永远年轻”的广告峰会，通过一次“创意竞赛”产生了麦当劳新的全球营销主题。上海李奥贝纳的创意夺得了在中国内地的广告设计权。

麦当劳中国大陆地区的品牌广告创意有点像是在写一篇命题作文，麦当劳全球总部规定了这次广告活动的主题——“I'm Lovin' It”和广告的目标受众，他们根据这个题目来设计广告片和策划品牌活动。麦当劳公司希望新的广告创意能够放下人们原来熟悉的麦当劳，然后以现在的顾客为对象，带来更多新颖的思维。

设计人员花了近9个月的时间来设计这组品牌广告，随后还会有一系列更多的电视和平面作品推出。他们希望通过这组广告把麦当劳以往“微笑、亲切”的品牌形象，转变成“酷、特立独行”的全新形象。

麦当劳在全球同步推出的“我就喜欢”品牌更新活动，被很多人称为麦当劳的“变脸”行动。麦当劳一改几十年不变的、“迎合妈妈和小孩”的快乐形象，变成年轻化、时尚化的嘻哈形象。

在广告语中更加突出了一个“就”字，显然是经过了深思熟虑和反复掂量的，这个“就”字尝试从消费者的角度说话，表达了他们的所思所想，诉说了他们不一样的个性，已经成为了很多年轻人的口头禅。另外，在平面广告中，设计人员运用一些与众不同、极具个性的人物形象（如瑜伽教练、专业录音师等）来诠释麦当劳的各种产品，海报在上海推出后，受到了年轻人的追捧。

“我就喜欢”把目标顾客定在了麦当劳流失得最快、公司最需要抓住的年轻一族，所有的品牌主题都围绕着“酷”、“自己做主”、“我行我素”等年轻人推崇的理念。以在中国地区为例，首先，广告语就赢得了很多年轻人的好评，一个中学生在被问及对麦当劳广告的看法时说：“‘我就喜欢’里面的‘就’字很酷，我特别欣赏。”中文麦当劳歌曲的创作者及演唱者王力宏在年轻人中很有号召力，是有主见、有活力、有上进心的年轻人的代表。王力宏创作的带有嘻哈和R&B曲风的《我就喜欢》主题曲，推出之后登上了很多歌曲排行榜，在年轻人中非常流行，为麦当劳赢得了不少关注。

与此同时，麦当劳连锁店的广告海报和员工服装的基本颜色都换成了时尚前卫的黑色。配合品牌广告宣传，麦当劳推出了一系列超“酷”的促销活动，比如只要对服务员大声说“我就喜欢”或“I'm Lovin' It”，就能获赠圆筒冰激凌。一些大学生认为这样的活动很新鲜、很有意思，很受敢作敢为的年轻人欢迎。

为了配合麦当劳的品牌更新活动，2003年11月24日，两个“M”——麦当劳与“动感地带”（M-Zone）结成了合作联盟，并共同推出了一系列的“我的地盘，我就喜欢”的“通信+快餐”的协同营销活动。中国移动副总裁鲁向东在活动发布仪式上，用“最酷、最炫、最动感”来形容这次营销活动。

虽然这两个2003年非常出位的品牌经营的业务范围根本不相干，但是共同的目标受众和它们希望传达的品牌个性，让它们成为了“同道兄弟”。麦当劳中国餐厅推出了只有动感地带成员才能以15元价格享用的原价21.5元的“动感套餐”。每月的“动感套餐”由会员通过短信、彩信和网上投票的方式进行选举，既有新意又有实惠，让消费者感受到自己的特权。

动感地带一直宣传一种很鲜明的品牌态度——“我的地盘听我的”，在年轻人中的认同感非常高，麦当劳极为看重这一点。而对动感地带的客户来讲，购买麦当劳的产品在价格上可以得到优惠，这是一种特权感，可以得到双赢。以前他们来麦当劳只是吃汉堡、薯条，麦当劳儿童游乐场的设备让他们认为自己不属于这里。现在，由于动感地带的介入，使得他们更加有满足感和归属感。

在当今竞争非常激烈的市场环境中，创新是企业保持发展的活力和市场竞争力的一大法宝。这个世界上唯一不变的就是变，谁也不可能靠吃老本一直存在着，否则总有一天会被别人吞并掉。企业要不断发展，就必须不断地作出改变，有所创新，增加利益的增长点，这样才能保持企业发展的需要。否则，就会坐吃山空。

女人也能以旧换新

位于纽约古老的34街区的奥尔巴克百货公司，一向因价格低廉而为人们所熟悉。奥尔巴克先生不满意自己的经营状况，他希望能通过广告改变人们的固有印象，能够将奥尔巴克百货公司塑造成品位很高的时尚商店，于是请来著名广告人伯恩巴克。

伯恩巴克经过周密调查，发现顾客之所以将奥尔巴克的公司作为廉价商场而少有光顾，主要是受到传统观念——便宜没好货的影响。伯恩巴克经过认真地思考，决定为奥尔公司确立一个鲜明的广告主题——精致服装，低廉价格，也就是人们常说的价廉物美，并亲自创作了精美的系列广告作品。其中，有这样一则广告：

标题：慷慨的以旧换新。

副标题：带来你的太太，只要几块钱……我们将给您换个新女人。

正文：为什么你硬要欺骗自己呢，认为你买不起最新与最好的东西？在奥尔巴克百货公司，你不必为买美丽的东西而付出高价钱。有无数种服装供你选择——一切都是全新的，一切都会使你兴奋。现在就把你的太太带给我们，我们会把她换成一个可爱的女人，仅仅只需花上几块钱而已。这将是你有生以来最轻松最愉快的付款。

口号:做千百万的生意,赚几分钱的利润!

这则广告刊出以后,引起了消费者们的极大兴趣,人们纷纷来到奥尔巴克百货公司。有的消费者还给奥尔巴克打来电话,半开玩笑地要奥尔巴克履行承诺,给他们一个"新的女人"。就这样,随着广告的深入人心,奥尔巴克的公司被人们牢牢地记住了。

亲情、爱情和友情是人类永恒的美好情感。用关注家庭、爱情和朋友之间的感情作为内容的广告最能打动人,吸引人。这种广告不但能够营造气氛,激发情感,而且还引人注目。创作情感广告要刻意渲染气氛,引发人们的内在情感,焕发人们的热情,从而使消费者产生购买欲望。巴克不愧为优秀的广告创意人,他将一则服装广告创作得如此极具诱惑力:花钱买衣服"换一个新女人"。既符合男人心理,也投合女人需要,营造了既温馨又浪漫的情调。

当姚明遇到侏儒

美国苹果电脑公司为了宣传12英寸和17英寸两款大小不同的高级笔记本电脑,推出一则别出心裁的产品广告——"大东西和小东西"。请来了在美国NBA效力的篮球明星姚明和侏儒明星弗思·特罗伊尔。这也是姚明趁比赛间隙飞赴好莱坞拍的第一部商业广告片。

好莱坞头号侏儒明星特罗伊尔身高只有81厘米,比姚明足足矮了1.45米,但他在美国的名气一点也不逊于姚明。他当年33岁,1993年投身好莱坞,第一部影片是在《宝贝出街》中担任特技替身。后来和2.31米的穆雷山搭档出演《我的巨人》,这是他第一次被放在一个巨人身边演电影。

此外,他还主演了两集电影《王牌大间谍》、《泡泡人》,与黑人巨星威尔·史密斯合演首集《黑衣人》,并在《哈利·波特》等一批电影中扮演侏儒角色。

"苹果"的广告片只有短短的55秒钟,姚明演完了还不忘幽默一句:"可他(指侏儒明星特罗伊尔)占了科林的座位。"科林是他的翻译,和姚明天天在一块儿,也是个矮子。

苹果公司特地将这部广告片在半年一次的世界商贸会上推出,广告的主题是——来自"苹果"的下一个大东西和小东西。

现在,广告中一出现篮球明星姚明和侏儒明星弗思·特罗伊尔,人们自然就联想到"苹果"的"大东西和小东西"——两款大小不同的笔记本电脑。

广告刺激在强度、形状、大小、颜色、持续时间等方面要形成强烈的反差和对比,形成强烈反差和对比的事物容易引起人们的注意。用两个世界级明星——巨人和侏儒同台演出,其本身就富于喜剧性。加之美国苹果电脑公司的目的也是为了宣传12英寸和17英寸两款高级笔记本电脑——"大东西和小东西"的,两者有一种内在的关联,使人们自然产生了联想。

有一家大服装店,一批过时的时装积压在库,直令经理愁眉不展。

这天,他走在大街上,对面走来两个一美一丑,却穿着款式一模一样服装的女郎。经理一眼看去,职业的敏感性使他在心中将这两个女人着装的效果比较了一下。对比之间,他的脑海里电光石火般地冒出了一个灵感。

经理立即招聘了十几个美丑不同的姑娘，将美与丑搭配在一起，分成几个小组，让丑女穿上各式各样的新款服装，美女却穿上积压的服装。然后，让她们一组一组地在热闹的大街上走来走去，做起了“活广告”。果然不出所料，价格低而又美观的服装在中下层顾客中引起了强烈的反响，这家服装店里掀起了抢购热潮，积压的服装几天之内销售一空。

不得不说，这个广告与苹果公司的广告有异曲同工之妙。都是通过对比来获得效益，真可谓是经典的致富手法。

罗曼蒂克的诱惑

法国现代广告大师布勒斯坦为 Rosy 乳罩设计了一则出色和美色的性感广告：

在画面中，一位双臂抱胸的裸体模特，臂上有一朵绽放的玫瑰，气质清纯，体态优美。整幅广告并没有出现乳罩，但用花朵叠加在胸口的位置上，以美丽温馨这个意念与花朵(Rosy)相关联，很容易使人产生联想。这一先锋创造之举，直令当时还比较保守的舆论界一片哗然。但是，Rosy 却很快成为法国名牌，一个名不见经传、只有几名女工的小工厂，迅速跨入了欧洲内衣业诸强之列。

台湾“兰薇尔”春夏系列睡衣的诗意广告主题：罗曼蒂克的夜晚，兰薇尔与你共享，创造温馨甜美的意境。

广告画面上，一个美丽的青春少女身着睡衣舒适地躺在床上，悠闲自得地在灯光下翻阅画报。正文是：

月色淡柔，灯影相偎，夜的绮思悄悄升起……在这个属于你的季节里，兰薇尔轻飘飘的质感，高雅、精致的刺绣更见纤巧的慧心。尤其是其清丽脱俗的设计，让你一眼就喜欢。今夜起，穿上兰薇尔，让夜的温柔轻拥你进入甜美的梦乡！

这则广告充满感情的色彩，它把睡衣的美和夜色的美水乳交融般合在一起，少女的情思和美丽衬托着睡衣的温馨与甜美。广告的标题、画面都有力地着眼于情感渲染，给人如诗如画的美好心理感受，因此很能打动人心。

1981 年下半年，美国的加尔文·克莱因时装公司聘请了年轻貌美的时装模特儿波姬·小丝拍了个极富性感的广告片：

波姬·小丝身穿加尔文贴肉牛仔裤，线条优美、风姿绰约，全身散发出迷人的魅力。波姬·小丝还极富挑逗性地对消费者说：“你们知道我和加尔文牛仔裤之间有什么东西吗？什么也没有！”由于波姬·小丝的美艳和性感，迷住了成千上万的年轻人，这则广告产生了难以抵御的诱惑，他们都为身上穿有加尔文贴肉牛仔裤为最大的满足与荣耀。

此广告之后，竟然带来了 40 万条牛仔裤的销售成绩。虽然有许多美国妇女组织指责这则电视广告“是用一个年轻模特儿的性感作为诱人手段，这样大登广告，有描写色情之嫌”，但却丝毫无损这则广告的巨大成功。

情势诱惑,能给人们带来欢乐、美感、激动和人生体验,直接地诱导消费者。这类广告往往能够直接激发消费者的情感,形成心理导向,诱使他们采取行动,是一种应用广泛而富有成效的广告。单从广告而言,创意很好,所达到的效果也很好。但运用这类广告要特别注意掌握好分寸,适则为美,过则为淫,千万不要招惹麻烦。

怀孕的男人

众所周知,日益增长的人口问题已经成了人类面临的最严峻问题,人口增长带来的一系列负面影响正在越来越严重。

地球已不堪承受人口的急剧膨胀,衣食住行、公共设施和教育等都已无法赶上人口暴增的需求。具有远见卓识的国家和地区,早已在运用传播媒介向群众进行计划生育的宣传教育。常见的宣传计划生育的海报,大多是把妇女作为宣传对象,把计划生育的主要责任放在妇女一方:

画面上多是子女众多的母亲,背上驮一个,怀里抱一个,手里拉一个,后面还跟一个,神情疲惫,行动艰难,而她的凸出的肚子,羞惭地告诉人们:“我又有了。”正面宣传的海报,则往往突出孩子:活泼可爱的孩子,手捧着鲜花,投向父母的怀抱,下配广告词“还是一个孩子好”!

但是这样的广告宣传由于缺乏新意和采用的频率太高,已经无法引起人们的注意了。要想让人们重新引起对人口急剧增长问题的警惕和认识,就必须打破以往的正面宣传,用出其不意的方法才能达到目的。

有这样一则让很多人都大吃一惊的广告——怀孕的男人。看到这样一个标题,所有人会在奇怪、惊讶的同时,更想尽快知道到底是怎么回事。

20 世纪 70 年代,英国家庭计划指导会一反传统观念,出了一则面对男性的宣传海报。画面上,一位男士左手撑腰,右手摸着大肚子,十足像个怀孕的妇女。广告词是:“假如怀孕者是你,你是否会更谨慎?”(Would you be more careful if it was you that got pregnant?)

这张海报一刊出,即引起强烈反响,产生了很好效果。这张很久以前的外国海报,对中国的计划生育宣传似乎有一些启示。由于长期形成的封建观念,还在有意无意地起着作用,特别是在农村,不论生育还是不生育,生多还是生少,生男还是生女,责任似乎都在女方。因此,夫妻之间,女方采取避孕措施的比例远远高于男性。

这是一个公益广告,要说炒作,它炒作的也是一个造福人类的观念。

这个公益广告的独特之处在于:

首先,在于不落俗套,由不可能怀孕的男士扮演主要宣传角色,提醒男士要重视计划生育。画面幽默,意味深长,让人过目不忘。

其次,突破传统。海报向千百年来根深蒂固的大男子主义和重男轻女的观念提出挑战。尽管海报出现之后,一些英国绅士认为是家庭计划指导会向男士们开玩笑,然而就是这则玩笑震撼了那些绅士,从而产生了效果。

当然,出奇制胜的前提是出奇,也就是提供的这个话题必须能够迅速地引起人们的关注,并且意识到更深层次的原因所在。否则,老生常谈,说得再多也是无济于事的。

网球高手的鞋带

阿迪达斯是享誉世界的体育品牌,它的品牌推广,一般都是请一些具有很高知名度的体育明星来参与广告的制作和营销活动的推广。

伊万·伦德尔曾经是世界上数一数二的著名网球运动员。著名的体育用品公司阿迪达斯自然不会放过他,很快就盯上了他,让他来做公司的形象代表。但这一次,他们决定改变以前惯用的做法,搞出一点新意来。

网球比赛现场,看台上座无虚席,通过电视转播,全世界有数以亿计的观众正在观看比赛。

伦德尔出场了。当然,他全身上下都被阿迪达斯的产品包裹着,就连手上的拍子也是阿迪达斯的产品。

比赛开始了,伦德尔与对手你来我往,打得正紧张激烈,观众也都为他们的精湛球艺而鼓掌喝彩。

突然,伦德尔向裁判示意了一下,比赛暂时中断了。人们不解地注视着伦德尔,不知道他到底要干什么。

只见伦德尔弯下身,仔细地把鞋带系好。原来是他的鞋带松了。

但由于之前的突然打断比赛,此时包括现场和电视机前的观众都把目光聚焦在他身上,他的一举一动都被电视机以大特写镜头拍了下来。在这20秒钟的时间里,"无意"中,鞋上、护腕上的阿迪达斯标志就明显地显示在亿万观众的面前。

很快,一些人意识到这是广告重心,很多人都禁不住赞不绝口,太绝妙了!

这还真是伦德尔的广告招数。原来,1986年,阿迪达斯公司就与伦德尔签订合同,要求伦德尔在未来10年里参加比赛时都得使用阿迪达斯的产品,并希望他在比赛时能够千方百计地制造或利用时机,巧妙地为公司做广告。

伦德尔答应了公司的要求,于是就有了鞋带松了的"突发事件"。但这不过只是伦德尔众多"小把戏"中的一个。以后,伦德尔曾不止一次地制造时机,把观众的视线牵到"阿迪达斯"上去。

在另一次国际比赛中,伦德尔与一位"无名之辈"相遇了。奇怪的是,伦德尔居然大有招架不住的感觉。

眼看就要"阴沟里翻船",这时,不可思议的事情发生了。只见伦德尔倒拿球拍,把拍杆当"枪筒",像拿枪一样地瞄准正全神贯注准备接球的对方。

观众先是一愣,继而发出哄堂大笑。

对方起先也是大惑不解,后来恼羞成怒,愤然离场。最后虽经教练劝说继续比赛,但水平发挥大为失常。最后,伦德尔竟然借此机会反败为胜。

而伦德尔的"射击"动作已被摄像机以特写镜头一览无遗地"现场直播"了出去,球拍上的阿迪达斯商标自然也随之在无数人眼中"大出风头"。

还有一次,在决赛中,伦德尔费了九牛二虎之力,终于险胜对手。在扣杀完最后一个球后，也许是已经精疲力竭了吧，伦德尔一下子直挺挺地躺在地上。

这时候的电视镜头自然全部集中在伦德尔的身上。在球迷暴风雨般的掌声和欢呼声中，伦德尔身上那醒目的阿迪达斯商标又一次被千万人尽收眼底。

伦德尔的精彩“表演”后来也被人识破了，但由于广告已经无孔不入了，所以，观众也就接受了。没有人知道阿迪达斯给伦德尔的“片酬”是多少，但曾有报纸猜测那肯定是一个天文数字。

一位心理学曾经说过，注意有指向性和集中性两大特性，只有两者统一了，注意才能充分发挥其作用。

虽然伦德尔浑身上下都已经被“阿迪达斯”包裹着，指向性不可谓不明确。但这些商标很小，再加上伦德尔总是满场跑，集中性就很差了。而伦德尔的小花招却巧妙地克服了指向性和集中性相割裂的矛盾，他一搞小花招，他身上的商标就会通过摄像机清晰地传送出去。这样一来，指向性和集中性就都有了，“阿迪达斯”一下子就被人注意到了。

广告界流行这样的一句话：人们注意到你的广告，就相当于你的产品销售出了一半。我们常说“好的开始是成功的一半”，那这里就可以说是“好的广告是营销成功的一半”。

花钱替别人打广告

广告需要创意，这是大家都知道的。但再怎么创意，恐怕也没有下面这个创意离谱：自己花钱替别人打广告。

华雪制药有限公司研制出了一种最新的产品——“杨柳”牌减肥冲剂。为了打开市场，公司不怕花钱，广告的制作与宣传费就用了30万元。虽然这样用心良苦，但市场反应平平，库存日益积压了。销售部的女经理余娜小姐正为此而苦恼呢！

一天中午，余娜吃完饭后，漫不经心地拿起一张报纸浏览着，其中的一篇幽默小品文引起了她的哈哈大笑：

一个警察听到居民楼传来呼叫，忙循声而去，只见一对夫妇你揪我的头发、我扯你的衣服，打得不可开交。见此情景，警察并不忙于向前劝阻，而是直接向屋中桌面上摆放的鲜嫩大烧鸡奔去，拿起来就大啃大嚼起来，两夫妇不觉一愣，松开对方，同时扑向警察抢夺烧鸡，警察一转身拉开房门拔腿就走，这时两夫妇恍然大悟，顿时怒气全消，握手言和。

余娜笑得眼泪都要掉下来了，突然间，她想到如何为产品做广告了。第二天，她在报纸上登载了一则广告：本人减肥成功，过去最瘦小的衣服现在也显得肥大，不得已才决定以半价转让一套某某名牌服装。

广告登出后，电话、信函应接不暇，来人来客络绎不绝，但没有一个是来要买衣服的，而是纷纷向她打探减肥的秘诀。当然余娜小姐是不会失去向他们推出“杨柳”牌减肥冲剂的好机会的。

就这样，一传十、十传百……“杨柳”牌减肥冲剂迅速打开了知名度，销售额直线上升，余娜的这一离奇的广告创意发挥了奇效。

上述老板这招“借力打力”可谓是又高又绝，她只是间接地宣传自己的产品，让自己的产品在大众心里有一定的关注度，进而使自己的产品走向市场，从中获取更高的利润。

广告也要“抖包袱”

有家药店因为地处偏僻，生意一直不是很好。店老板很是着急。

这天店老板来到闹市区，发现各商家已用了各式各样的手段促销，也不过是什么“跳楼价”、“吐血卖”、“买一送一”之类的陈词滥调。而在销售药品时，这些都不能用，因为药品是特殊商品，谁也不想图便宜，将自己的健康甚至生命作为代价。店老板一时没有了主意，回到家中，他打开收音机，想放松一下大脑。

这时，电台正在播放着相声，店老板听着听着，不由一拍大腿：“相声之所以吸引人，不就是因为会抖包袱吗？我也给药店设上一个。”他立即跑去做了一块牌子。从这以后，这家药店几乎把所有过往的行人都拖了进去，因为在它的门外高悬着一块醒目的大牌子，上面写的是：

“奉赠一万元！”

见到这个牌子，大家都觉得新奇，谁能摆脱这个诱惑呢？

进入店内，却又见一块牌子：“凡在本店发现所售药品，有以次充好、以劣充优、不合规格的，本店奉赠一万元。”原来这才是关于“奉赠一万元”的详细说明。

这则说明对那些抱着能发一笔意外之财的人必定十分失望，可不管怎样，谁都会对该店药品的质量和信誉产生深刻印象。如果什么时候需要买药了，难道首选的不是这家药店吗？

虽然外国人对中国的相声不是特别了解，但他们也有人采用了类似于“抖包袱”的广告手段——设置悬念，并且取得了非常好的效果。

一年的夏末，刚从海滨度假村休假回来的一群法国公民开始上班了。突然，他们发现在他们的工作区四周，贴满了三米长的大海报，一位穿着三点式泳衣的漂亮女郎，双手叉腰，向着来往的行人微笑。身旁写着：“9月2日，我把上边的脱去！”

人们都等待着第二天，9月2日，这一夜似乎特别长。

第二天，上班的人发现海报上的女郎依然叉着腰微笑，但是“上边的”果真不见了，露出健美的胸脯。女郎身旁又有一行新的说明：“9月4日，我把下面的脱去。”

人们开始窃窃私语，究竟是怎么回事？新闻记者四处打听，也探不到内情。

9月4日，人们起得特别早，窗子向着广告牌的人，一早便起来向外张望。映入人们眼帘的女郎，一丝不挂，她修长的身材在晨光中闪着健美的光芒。“下边的”果然没有了，身旁写道：“美国海报广告公司，说得到，做得到。”

你知道设计者是怎么处理画面的吗？是一个背转了身的女郎。这样既做到“把下面的脱去”，又不会太出格。

这个广告的创意者利用公众的猎奇心理，一步步设置悬念，既实现了“说得到，做得到”的诺言，又以精妙的设计使美女裸之不俗，实现了广告的初衷。美国海报广告公司借此名声大噪，财源滚滚而来。

化劣为优的广告词

伯恩巴克是广告界公认的第一流的广告大师,美国"广告创意革命"的代表人物。为大众金龟车设计的广告,是伯恩巴克的杰作之一。

1956年,德国大众汽车公司的金龟车进入美国市场已经十年了,却仍被消费者冷落,因为它的马力很小,结构简单,造价低档,而形状也古怪得像一只甲壳虫,既没有劳斯莱斯的豪华气派,也没有马自达的优越性能,更没有尼桑的美观时髦。

同时,金龟车无法打开美国市场的另一个重要的原因,是人们的政治心理障碍——这种汽车曾经被希特勒当作纳粹时代的辉煌象征之一而大加鼓吹。经历过第二次世界大战浩劫的人们,自然要从心理上排斥它。

伯恩巴克接下了这项难度系数极高的广告业务。他以热诚的态度与广告主一起冷静地思考,并提出一个问题:"既然已有那么多同样的产品,为什么还要有这个产品?"

经过了认真分析,细心的伯恩巴克发掘出了金龟车独特的优点:"价格便宜,马力小,耗油低,是一种可靠的车子——结构简单而实用,质检严格而性能可靠。"

随即他推出了一个系列广告。如"想想小的好处":画面上大片空白,只有左上角有个小小的金龟车图案。广告标题是"想想小的好处",正文是:

我们的小车并不标新立异。许多从学院里出来的家伙不屑一顾;加油站的小伙子也不会问它的油箱在哪里,没有人注意它,甚至没有人看它一眼。其实,驾驶过它的人并不这样认为。因为它耗油量低,不需要防冻剂,能够用一套轮胎跑完40000英里的路。这就是你一旦用上我们的产品就会对它爱不释手的原因。当你挤进一个狭小的停车场的时候,当您交纳那少量的保险金的时候,当您支付那一小笔修理费账单的时候,或者当你想用"大众"换辆新"大众"的时候,请想想小的好处。

这则非凡创意的广告使大众金龟车在美国的销路打开了,而且长盛不衰。身为广告大师的大卫·奥格威羡慕不已地说:"就算我活到100岁,我也写不出像金龟汽车的那种策划方案,我非常羡慕,我认为他的广告开辟了新的途径。"

宣传产品时,如何将其最具优势的一面示之于众,是广告人孜孜不倦地追求的目标。广告大师伯恩巴克反用其意,从"小"这个看起来的劣势入手,进而以极具说服力的广告明示受众,使之化劣为优,果然收效不凡。

缔造"2.26米"品牌

姚明是一个非常有天赋的篮球运动员,登陆NBA后有了更好的展现自己篮球才华的舞台。

在商业越来越发达的今天,像姚明这样具有国际影响的体育明星是很多人眼中的“摇钱树”,再加上他身处美国那样一个商业极度发达的社会,更何况他的身后是庞大的、有着巨大潜力的中国市场,他的商业价值同样潜力巨大。

但要挖掘一个运动员的商业价值不仅靠他的天赋、球技,还需超人的个人魅力。因此,“姚明”的品牌形象被姚之队定位为:一个球技精湛且年轻有为、蓬勃向上、勤奋好学、有责任心的中国青年。为了使这个品牌形象被全世界球迷认知、接受,姚之队进行了一系列的公关活动。

2003 年最成功的公共活动是非典肆虐的 5 月,由姚明和上海电视台发起的“超级明星超级爱心——抗击非典直播节目”。

当时,中国正进行一场“没有硝烟的战争”,正在上海休整的姚明也有为抗击非典活动做点事情的想法。他的想法马上得到姚之队的响应。经过精心策划,姚之队发动与“姚明”品牌存在利益关系的组织,邀请国内外众多文体明星参与。于是,5 月 11 日,乔丹、罗纳尔多、成龙、李宁等 100 多个熟悉的名字通过上海卫视出现全国观众面前。近三百万人民币的募捐善款对于非典这场大灾难来说,也许算不了什么,但通过这次活动,姚明热心公益的形象借助非典、众明星在公众中的影响,得到了充分的放大。

登陆美国的姚明显然已经不是一个纯粹的运动员那么简单了。众所周知,“姚之队”是姚明所有商业活动的始作俑者。“姚之队”将姚明作为一个品牌来经营,确立姚明品牌的特征,采取有条不紊、循序渐进的市场开发战略,逐渐使品牌价值达到最大。短期战略目标是,确立姚明 NBA“未来之星”和代言人的地位;长期目标则是,让姚明成为跨国公司在世界范围内的代言人。市场战略与目标的确立,对“姚明”品牌的传播沟通策略也提出了相应的要求。五年之内将把姚明塑造成与高尔夫球巨星伍兹及篮球之神乔丹平起平坐的商业巨擘。

而提到“姚之队”,就必须提到它的几位身手不凡的成员。

章明基,姚明的远房亲戚。他 11 岁时赴美,现在美国芝加哥大学商学院攻读工商管理硕士学位。2001 年夏天出任姚明代理人。

海逊格博士,芝加哥大学商学院副院长,在 NBA 几十年了,了解所有的 29 支球队的历史和人员状况、球队打法,等等。

比尔·达菲,美国著名经纪人,他被 ESPN 体育网认为是当今最有影响力的经纪人之一,他代理了不少 NBA 明星,其中包括斯蒂夫·纳什、奥诺沃坎迪、内斯塔诺维奇等人。

陆浩,姚明中方经纪人,1997 年任厦门足球俱乐部副总经理,接手两年多时间,把该足球队从乙级带到甲 A;2000 年,创办厦门飞人体育推广有限公司,任总经理。

王晓鹏,律师,和姚明有亲戚关系。

比尔·桑德斯,美国 BDA 体育经纪公司市场主管。

在这样几位精兵强将的共同努力下,“姚明”品牌得以迅速地提升。“姚之队”成立之后策划了一系列的商业运作:

2002 年 6 月 9 日到 12 日,休斯敦火箭队代表团访问中国,与上海东方俱乐部及中国篮协就姚明赴美打球的有关事宜进行商谈。6 月 21 日中国篮协举行新闻通气会,宣布正随国家队集训的姚明将不赴美出席 NBA 选秀大会。之后,在“姚之队”努力与让步下,有关部门大开绿灯,姚明成功登陆 NBA。2002 年底,“姚之队”委托芝加哥商学院新产品战略管理实验室,就姚明的市场开发进行调查和评估,制定了经营"姚明"品牌的长期营销策略。

2002年、2003年,当多家企业找上门来,邀请姚明出任他们品牌的形象代言人时,"姚之队"进行了谨慎的选择,最后,VISA信用卡、苹果电脑、百事可乐、锐步等著名品牌有幸被选中。这也为姚明带来了可观的利益。

从2003年上半年开始,"姚之队"的成员就一再与损害姚明商业利益的可口可乐进行不懈的斗争。最后终于迫使对方停止了侵权行为。这不仅维护了"姚明"品牌的合法权益,也保证合法使用"姚明"品牌的企业的利益不受侵犯。

我们不得不佩服"姚之队"的"良苦用心"和他们精明的商业头脑。但有一点必须引起所有人的注意,那就是这一切的大前提是姚明首先是一个运动员,必须用优秀的表现来维护"姚明"品牌的价值,进而提高品牌价值,否则,一切将无从谈起。

一个企业的品牌必须是用自己高质量的产品和优质的服务等来树立、维护、提升自己的品牌价值,偏离了这个基础,只是盲目地宣传品牌,扩大品牌的影响,就像在不稳的地基上盖房子,盖得越快,塌得也越快。

创维炒作家电新概念

再好的东西见得多了,也就不新鲜了,会使人们产生审美疲劳。而商家对一个概念炒作的次数多了,会使消费者产生免疫力,甚至产生反感心理。因此,就必须制造一个全新的概念来重新引起消费者的兴趣。

家电业对新概念的炒作可谓是层出不穷。它们之间的价格战打久了,连消费者都觉得有些厌倦,消费者渐渐把目光集中到一些高科技产品上来。商家自然也是闻风而动,将重点放在新概念上。

家电厂家对于新概念的炒作大致包含以下几点:

(1)时尚功能。以中国彩电厂家为例,针对这一点先后推出了"AV立体声"、"RGB三基色输入"、"神指键"、"丽音"、"多媒体/全媒体"、"智能控制"、"卫星电视接收"、"图文电视"、"低音炮"、"DSP环绕声"、"音响单独听"、"防雷击"、"拉幕式开关机"等全新功能。其实,有些功能对于消费者而言,可能用途不大,但追求时髦的心理还是在一定程度上左右了他们的最终选择。

(2)迎合全社会提倡的环保概念,炒作环保。随着社会的进步,人们对健康生活愈发渴望。家电业正是瞄准这方面的巨大潜力,拾起了环保这块金字招牌。据不完全统计,环保型家电每日销售的数量已经是一般型家电的数倍。

(3)竞争的加剧,开发成本的下降,厂家推出平价产品,满足更多消费者的需求。按照以往的思维逻辑,这些新概念家电问世后的市场价位应该是普通人不敢问津的。现今,一方面由于市场冲击,另一方面开发成本的下降,使得厂家转变观念,以一种更加务实的方式,使消费者感觉到他们始终在真心地为百姓办实事,不断赢得人心。

(4)新的科技产品也是炒作的目标。近年来纳米技术的成熟,使得很多产品都采用这一技术。2000年以来,纳米技术在全球范围内成为新的科技竞争重点。美好的市场前景让精明的厂家随风而动,相继推出了加以纳米概念的产品,纷纷把纳米技术作为新的卖点。据统计,在2004年左右,中国已有200多家企业举起纳米大旗,家电行业的反应尤为迅速。纳米冰箱、纳米空调、纳朱洗衣机、纳米热水器等纷纷亮相,家电市场悄然流行起一种"纳米保健"的新概念。继信息技术、基因重组等之后,纳米一时间成了商家炒作的法宝。

姑且不论这些新概念的技术含量到底有多少,但这一方法确实吸引了不少消费者的眼球,也为提升产品知名度起到了很大的作用。创维就是一个成功的典型。

创维提出的新概念——"不闪的,才是健康的"逐渐成了公众判定标准,也成了公众购买电视的一个心理预期。明晰简洁的健康标准的建立,使创维健康电视能够脱颖而出,也使健康电视概念更容易传播,更使创维这个二线知名品牌摆脱了尴尬的境地。

这一切的成绩无疑得益于创维的新技术引进,但如果没有商业宣传也绝对不会取得如此显著的效果。

首先,创维打出健康品牌这一最突前的概念。中国的彩电市场早在几年前就已明显地处于供过于求的局面。行业竞争异常激烈,产品的同质程度很高,以及过量的生产,导致各彩电企业之间竞相降价。产品降价,是以牺牲企业利润为前提的,实为企业的无奈之举。

就在此时,创维集团在深圳发布了"数码之春"宣言,正式将创维品牌定位在以研发数字技术、网络为基础,数字电视为主导,带动传统彩电产业升级的国际化品牌上。

他们的目的在于,在产品同质化的情况下,提高概念的含金量来形成差异化,这也是二线品牌经常使用的武器。概念含金量体现在概念是否具有首创性,是否能够树立起一种标准,是否能给消费者以较强的利益承诺。对于好的概念来说,谁抢先谁就先受益。创维通过健康电视的率先提出,抢占了概念制高点,从而使创维电视在这个阶段的推广工作有了灵魂和主线。

有了好的概念和形象,只是成功了一半,要形成销售热点,要得到受众接受,还需要强有力的传播支持。创维的广告代理公司蓝火广告协助创维举办了高规格的"健康"发布会(重点在北京、上海、广州三个城市),与会人员(创维企业高层人员,卫生部负责人,中华预防医学会负责人)共同面对中国各大媒体,把"健康电视"的概念,上升为"国家"对"人民"的健康关爱的呼声。

另一亮点就是他们提出的全新概念——"不闪的,才是健康的"。这一概念使消费者很容易直观感受到,也很容易引起消费者共鸣。中国是全球近视率排第二的国家,目前青少年近视患病率已高达50%以上,严重影响到身心健康。所以中华医学会百名专家才会呼吁"保护孩子,保护眼睛"。看电视久了伤眼睛,是绝大多数人的共同体验,消费者可谓深有感触。

当然,仅仅提出这样一个概念难免有光说不做之嫌,成了概念泡沫,经不起市场的考验。因此,新概念必须要有明确的概念支持点来支持。只有强大的支持点,才会真正放大闪光点,使之成为具有实效的销售力。当然,概念支持点首先是产品支持点,创维的概念支持点是GMD1250和100Hz彩电具有的逐行扫描技术和倍速扫描技术。这个新技术将使创维提出的"不闪的,才是健康的"的新概念成为可能。

一般普通50Hz电视由于扫描频率慢，造成图像在视觉上的不连续，从而产生大面积闪烁现象，长时间看电视，会使视力下降。创维GMD1250和100Hz彩电具有逐行扫描技术和倍速扫描技术带来的无闪烁画质，相对于普通50Hz电视是一次质的飞跃。但这两项技术并非创维独有，这是技术同质化的表现。创维人敏锐地发现"无闪烁"正是创维电视的"闪光点"，但如果不对它加以放大，它还是无法引起人们的注意。于是，经过一系列的创意，他们从"无闪烁"挖掘出有效保护视力的利益点，与其他同类产品以清晰为诉求点区别开来，并把它放大，提高到"健康电视"的高度，显得独特而引起了市场的注目。

新技术的应用，如果有权威部门或者权威人士的证明，那自然就更具有说服力。为增加创维健康电视的可信度，创维广告代理蓝火公司建议创维与中华预防医学会联盟。中华预防医学会是公共卫生与预防医学领域的全国性学术团体，受卫生部直接领导，是科学技术协会和世界公共卫生联盟成员，学会宗旨是"预防为主"，为提高中华民族的健康水平做出了贡献。中华预防医学会设在北京，有33个分支机构及33个专业委员会，涵盖了预防学和保健领域的各个专业。作为国家权威机构的中华预防医学会认证创维健康电视有效保护视力健康，并将创维电视纳入中华预防医学会健康金桥重点工程。此前中华预防医学会曾对佳洁士牙膏、六神沐浴露等日化品进行过认证，但对家电产品进行认证，在全国尚属首次。创维健康电视有了这张王牌，巩固了创维健康电视与同类产品的差异化。至此，健康电视的另一个制高点又被创维占领。

有了这些优点，接下来就是更大范围地告知消费者。对此创维电视采取了明星路线，他们适时推出以健康清朗著称的郑伊健，身着一件令人赏心悦目的绿色T恤，微笑着告诉大家："不闪的，才是健康的。"现代人的眼睛由于有太多的东西需要关注，显得太过劳顿，每一个人，尤其是做父母的，谁不希望自己还有自己的孩子眼睛明亮如初呢？有了健康清爽的郑伊健的号召，更唤起了不少人的同感，他们会在不知不觉中接受创维所倡导的保护视力健康新观念。

创维的广告主题也很新颖，很吸引人们的注意。2000年创维电视新一轮形象整合的成功典范，国际巨星郑伊健和章子怡联袂上演"城乡之恋"广告巨片。因此还荣获了《人民日报》主办的"中国首届企业著名策划案例暨策划人评奖活动"评出的《中国十大策划案例》的称号。

除此之外，创维还采取了不同媒体的广告组合，联合出击市场。首先他们进行全国性的软文宣传，利用企业公关部及150多个办事处大力宣传健康概念，形成大面积的舆论导向。

在媒体的投放方面，创维首先主力购买中央电视台最高收视率5秒、15秒时段，时间为9月1日~10月31日。其次兼顾凤凰卫视，9月份以奥运会为主，10月份平面广告，再次购买全国各大报纸的金牌榜栏目，以达到最大覆盖率。29家大型报纸媒体统一格式，同时出击冠名奥运金牌榜。

创维的户外广告则通过各大城市的候车亭广告全面出击，加强地面攻势。

广告可以极大地提升产品的知名度，让更多的人了解产品的性能、优势等，但据权威统计，有70%的消费者是在销售点才会最终决定购买什么品牌，因此终端渗透非常重要。创维为此特意设计了现场健康电视五步推介法，在更好地引导消费者认知和购买方面取得了积极的效果。

第一步：现场介绍。您好，这是创维最新研制的高密度健康彩电，它同时具备1250

线逐行扫描和100Hz倍速扫描两大技术，画面清晰度是普通电视的4倍，基本无闪烁现象。

第二步：现场讲解。画面不闪烁，就能保护视力，维护您和家人的健康。

第三步：现场演示。请您跟我来（把顾客带到指定位置），请您按我的示范来比较两台电视有无闪烁现象，亲身感受一下（将健康GMD 1250电视打到100Hz显示状态）。通过“大家比比看，哪台更健康”的现场验证，增强了互动参与，强化了健康电视的卖点。

第四步：现场进一步的讲解。其中有闪烁的就是普通50Hz电视，不闪烁的就是创维健康GMD1250彩电（讲解两个原理）。

第五步：打出王牌。创维健康电视得到了中华预防医学会的独家评定，比普通电视更保护视力。请看评定标志，让您买起来放心，看起来舒心（主动向前递上宣传单张，并重点推出评定标志，开展健康电视联合促销）。

2001年元旦来临之际，在中央电视台、湖南卫视及全国150余家地方报纸的强势配合下，创维联合中国太平洋保险公司深圳分公司，再掀强劲健康风暴，展开以“买创维健康电视，送10亿健康保险”为核心的联合促销攻势，轰轰烈烈的创维健康电视之冬季大会战又全面打响。

在促销活动期间，消费者购买一台创维健康电视，就可以获得一份保额8万元的健康保险，共送出2万份保险，总保额高达16亿元之多。之所以选择送保险这一促销方式，一方面从“健康电视”到“健康保险”都是在讲健康概念，另一方面以保险进行促销，在当下市场颇有创意。本次联合促销活动对创维健康电视的传播和销售，是一次强有力的推动，既大大提高了创维健康电视的知名度，也有力地刺激了销售。

在市场竞争激烈的情况下，推出新产品是大势所趋，但新产品缺乏稳定性，受外界影响波动较大。而相比较“老”的产品则拥有先天的深厚底蕴，可是一味地倚老卖老、不思进取也会被市场所淘汰，所以老产品要紧跟市场的变化，不断地推陈出新。

新瓶装旧酒的例子多得数不胜数，老产品也只有不断地进行包装翻新，才能使老品牌焕发出新的商机。但要注意的是，不能只是炒新包装、新技术，还要真的做新技术，否则只能是自己给自己脸上抹黑。

时势造就《英雄》

《英雄》曾是当年利用炒作最火，也是最成功的一部电影。它上映10天，1.3亿元的票房在中国影视史上创下了全新的记录。《英雄》的成功，不仅仅是张艺谋的成功。而且从其筹拍到推广各阶段的运作方式中会发现《英雄》的成功，与其影视制作推广有大胆的突破是分不开的。

当然，所谓“树大招风”，张艺谋的名字本身就是一个很好的招牌，他在中国电影市场整体不景气的今天，能为自己的影片制造出那么多的卖点，不得不叫人感叹他高深的炒作才华。

其实,早在几年以前,他的这种炒作就已经开始,只不过没有《英雄》这么惹人注目而已。比如1999年,章子怡长得像巩俐的说法为大家所熟知,这个说法来源于《我的父亲母亲》。最能证明张艺谋有意炒作的是他默许暗示与章子怡有恋情的电影海报出街。一时间,两人有恋情的绯闻沸沸扬扬。当然张艺谋否认了恋情之说,这也是商家利用绯闻炒作的通常结尾。

2000年,在《幸福时光》低调处理了一段时间后,张艺谋突然对媒体声称:我要在网上公开招聘女主角!并且公开谈了招聘条件:"我对女主角的设想很简单,她会有一张生动的脸,她可能演过一些戏,也可能从来没有演过戏,甚至也不曾想过演戏。但她的气质和相貌却非常适合这部戏,我相信一定会有这样一个女孩子。"

一石激起千层浪,他此言一出,无异于在全国那些梦想通过这位"造星"大师一举成名的青春美少女中扔下了一枚重磅炸弹。一时间,一封封来自北京、上海、深圳、武汉、成都、重庆等国内大城市甚至美国康奈尔大学、夏威夷的"应聘信",一张张充满青春朝气、神采飞扬的"生动的脸"挤爆了该招聘网站。有媒体统计,短短数日内,就有200多名女孩上网应聘。

据业内人士统计,对影片《英雄》的报道,力度已经超过当年对《泰坦尼克号》的宣传。而有关《英雄》的话题,大致可分为两类:一是影片本身,二是商业炒作。前者的成败暂且不论,而后者无疑是中国影视史上的一大成功案例,并与"上海申博"等一并入选中国国际公关协会评选的"2002年中国十大公关新闻"。

好酒也得靠吆喝。《英雄》的宣传创下了多个之最:最昂贵的首映式;600多家各国媒体到场的最大宣传阵容;最史无前例的包机宣传;最严格的进场验证方式;最令人意外的音像版权拍卖天价。《英雄》的整合推广应该算是十分全面的。

首先,媒体的投入。以电视广告这种纯商业形式对影片进行强化性宣传在国内是首次,先是中央电视台一套、三套、八套,接着是北京电视台、广东电视台、上海电视台等,强大的媒体宣传与各类娱乐新闻的花絮共同渲染着氛围。

另外多普达手机在网站、灯箱、地铁、电视全方位投放广告,总量近1000万元,新画面在多普达广告中打上《英雄》片名、何时上映等字样,这对《英雄》新片上映也起了推波助澜的作用。

其次,众多大型的公关活动。如每天花费租金11万元在人民大会堂宴会厅举行首映式。2002年12月14日,《英雄》剧组在人民大会堂隆重举行了影片首映式,国内外共700余名记者参加了随后的新闻发布会。

张艺谋说:"选择人民大会堂,是因为那个地方对于任何一位老百姓来说都是一个神圣的场所,出于这样的考虑,我们选择了它。另外,由于这部影片是要拿到国外去发行,是去竞争奥斯卡的,所以我们也必须将它的规格提升到一个档次上。这个'档次'并非指影片本身,而是指我们自己对自己的作品的一种肯定程度,以及一种信念。这不仅是做给我们自己看,更是要给那些外国媒体看。准确地说,这一步是我们为了走向世界而进行的必不可少的商业炒作。"

《英雄》剧组还包了目前国内顶级公务机——"挑战者604号"参加各地首映式。2002年12月16日至18日,包括张伟平、张艺谋、李连杰、张曼玉、梁朝伟、章子怡、甄子丹等在内的近30位《英雄》剧组人员包租了两架顶级商用小型客机,先后飞往上海和广东进行影片宣传。张艺谋说："很多人不理解我们为什么要这么做，他们只是一味地认为我们是在讲排场，而我也不否认这其中有炒作造势成分，但是还有一个很重要的原因，我们会经常看到某位明星由于种种原因出席新闻发布会迟到而导致媒体不满的报道，而你也知道，我们这一行人明星众多，如果都单飞过去，会造成什么样的一种状况？最后是你等我，我等你，那样的话，新闻发布会根本开不成，而包下飞机，一切由我定，说几点就几点，能够做到准时行动。这对我们的整体形象绝对是有利无弊。"

广东伟佳以1780万成功竞得《英雄》内地音像版权。2002年11月29日，在中国大饭店，《英雄》VCD、DVD的国内音版权以80万元起价，1780万元落锤，创下了国内故事片音像版权拍卖最高纪录。

这些策划成功的大型公关活动又一次吸引各大媒体大书特书，为《英雄》的公映奠定了基础。

还有，就是对售点的布置。2002年12月上旬，由影片《英雄》的编剧李冯撰写的书版《英雄》先期登陆市场。

张艺谋说："这本书与电影是同名、同提纲。所不同的是它的内容更丰富，交代了更多残剑与飞雪是如何认识的等情节。但这本书与以往书的不同之处在于：一是老百姓看到这本书的时候，一定是在看电影之前而不是之后；二是这本书是文学作品，不像以前那种干脆就是电影剧本的改写，它本身具有一定的文学价值。这一招看似没有什么创意，实与以往的操作截然不同。目的是开发影片的周边产品来为影片造势，而这同样要归功于防盗版的成功。"

接着，《英雄》摄制的纪录片《缘起》在各大影院播放；随后，12月中旬，以导演张艺谋和其他主要演员构成的一联精装《英雄》版邮票以及一系列的豪华海报印制完成并发售。其中绝大部分都有导演及各位主演的亲笔签名。

张艺谋说："这两样东西也属于影片周边产品的开发。那不是简单的招贴画，海报的纸张都是我们从英国进口的。我们用它们作为宣传的一个切入点，可以争取到更多的影迷，比如，我们在上海和广东都曾把签了名的豪华版海报作为礼品送给现场观众。而这种东西本身也具备广告效应。"

同时，各大影院也以大型户外喷绘、POP挂旗、人型立牌等诸多终端宣传手段大力营造现场气氛。

另外，《英雄》也引得各大媒体纷纷讨论，进行文章的炒作。在全国各大报纸、电视、电台、网络的娱乐版块中不停出现类似李连杰九寨沟撞人，张曼玉、章子怡不和等花边新闻，实际上是在一次次吊起观众一睹《英雄》的胃口。

当然，这些炒作手段固然给《英雄》打出了很大的知名度，但说到底观众要看的还是影片本身，《英雄》非常重视主创人员的选择，并成功地把它当作一个卖点来进行营销。著名国际导演张艺谋挂帅，这本身就成为一个很大的卖点。但这还不够，制作方一不做二不休，还把李连杰、梁朝伟、张曼玉、陈道明、章子怡、甄子丹等一批国际影星及国内大腕全都请过来。另外，电影的摄影、音乐、动作设计、后期制作等，也无一不请著名的高手来完成。所有的这些，经过宣传部门的有力宣传，都成了一个个张力极大的卖点，牢牢地吸引住了人们的目光和注意力。

随着盗版的猖獗，防盗版已经成立时下娱乐圈的重头戏，《英雄》自然也不例外，而且做得更彻底。影片通过审查后，《英雄》首次在深圳亮相，试映一周，票价50元，每人限购两张，入场凭身份证。影片放映期间，还采取了人盯人的防守策略。

这些炒作吊足了观众的胃口，人们急切地想一睹为快。等影片一公映，票房急剧攀升也就不奇怪了。

那些精明的商家自然也不会放过这样一个大好的机会。搭《英雄》战车的企业很多，形式也很多。此次搭《英雄》车的一是国际品牌，像宝洁、联合利华的几个品牌的洗发水，雪铁龙集团的毕加索车，韩国现代集团的新款车，还有丰田的威驰等；二是国内品牌，以通信产品、日用品牌化妆品和保健品品牌居多，如联想做了三个产品——手机、电脑和数码相机，中国移动做的是彩信，盘龙云海做的排毒养颜胶囊，还有北京网通、长城干红等。这些品牌和所属领域都是当时时尚产品消费热点。这些知名品牌的共同贴片，提升了《英雄》的号召力，同时相互都有积极影响。这么多品牌捆绑《英雄》，一方面是借势宣传，另一方面就是有着共同的目标群体。

《英雄》之所以取得这么巨大的成功，从营销的角度看，《英雄》的营销已经进入了整合营销的高度。

海尔骑“狼”驰骋世界杯

我们常说“好产品还得好吆喝”，产品再好，没有知名度，没有人知道，也一样达不到营销的目的。但是，吆喝还要分个三六九等，谁吆喝，在哪儿吆喝都很重要。有的品牌用明星的知名度来吆喝，有的放在大舞台上来吆喝，等等，不一而足。

海尔是国内乃至世界知名的品牌，但也并不意味着他们就不需要再宣传自己的品牌。他们要不断地冲击人们的眼球和耳膜，保持在消费者心目中一定的知名度，并进而使其得到提升。“七匹狼”作为中国知名的服装品牌，拥有服装品牌“七匹狼”、“与狼共舞”等多个子品牌，但获得市场认可的品牌目前只有“七匹狼”，而且在消费者心中的分量还根本不能和“范思哲”、“鳄鱼”、“罗宾汉”、“真维斯”、“U2”等品牌相提并论，所以急需提升品牌的知名度。2002 年世界杯，为他们提供了一个非常好的吆喝舞台，这个舞台本身的魅力就意味着世界范围的影响力。于是，七匹狼公司抓住这一大好机会，通过一系列营销活动来改变这种现状，极大地提升了品牌的知名度。

面临世界杯这个巨大的商机，可口可乐、雕牌、百事可乐、非常可乐等都悉数出击抢占广告锋线，民族品牌健力宝更是以 3000 万元夺得央视“特约播出”的资格。世界杯还未开战，赛场之外的广告硝烟已经弥漫开来，甚至比赛事本身还要激烈。

大多数厂家都会采取独资赞助的方式，而这一次与绝大部分商家“单挑”不同的是，海尔集团与七匹狼公司却显得无比的冷静。他们悄悄结成了“世界杯策略联盟”，联合抢占世界杯广告市场。他们还致力于把所有的广告活动“落地化”，即重点耕耘终端，获得销售的最大化。七匹狼公司和海尔集团的合作包括终端促销的互动和部分广告资源的互动，目的在于使顾客资源与广告资源的最大化，在最大程度上利用这些资源，给消费者以最大的实惠。

他们的世界杯营销活动从世界杯打响前的一个多月就全面展开了。海尔集团从2002年5月起,在其上万个专卖点赠送由七匹狼公司提供的30万张、价值1500万元的“酬宾券”活动。七匹狼公司则从2002年5月开始在1100多家专卖网点推出“买七匹狼T恤,赠海尔彩电,品国足精神”的大型刮奖活动,赠送1000台海尔最新款宝德龙彩电及百万份的礼品。

为了配合此次活动,海尔总部与七匹狼公司已将各自网点全面铺开,在专卖店,海尔集团的销售人员把奖券递到顾客手中,处处体现“真诚到永远”的企业精神,而“七匹狼”的品牌形象也已嫁接到海尔的服务当中去了。“七匹狼”与海尔这样的大品牌进行合作,既增加了产品的含金量,又对产品销售起到联动的作用。这种互融与象征意义使海尔集团的1000台彩电打上了“七匹狼”的英文标识,优势互显,共同带动终端市场的启动。七匹狼公司还推出一两个面积在300平方米以上旗舰店,增强终端优势,打造“七匹狼”的品牌形象。

七匹狼公司在世界杯期间加强终端服务、店铺形象、物流管理,建立快速通畅的物流渠道,强力提升产品的商品力和品牌的含金量。“七匹狼”终端市场销售的最终目的就是让零售商乐得卖,知道如何卖,并乐意去卖;让消费者乐得买,买得轻松,买得愉快。

“七匹狼”卖的是一种生活方式、一种文化、一种奋斗中的男人的前行精神。“七匹狼”品牌内涵确立了正确的发展空间,无疑也为企业销售带来了广阔的市场空间。

这无疑是一个双赢的结局,海尔也利用这次机会很大地提升了产品知名度。

两个品牌的合作在最大的程度上利用了互相的资源,这就扩大了市场的范围,不仅取得了营销的成功,还培养了一些新的消费者。

当然,选择一个舞台很重要,这个舞台本身就会注入品牌一定的成功因素,但是,有了好的舞台还得充分发挥自己的实力,把戏演好。否则,不但达不到预期的效果,还会产生负面作用。

“仕奇”设擂一声吼

在国人的心目中,国外品牌有着很高的认可度。似乎只要是国外的品牌,那质量、信誉都会有保障。而反观国内的品牌,似乎怎么努力,也总是比国外品牌差一个档次。这也成为许多国内厂家打入市场的一道难跃的坎儿。所以,国内品牌总是想尽方法来做广告。

1994年年末,当人们在一片祥和的气氛中准备迎接新年的时候,中国经济界最权威的报纸《经济日报》上刊载了一则十分引人注目的广告,标题只有两个字——“宣战”!

这充满火药味的宣战,激起了人们极大的兴趣,人们纷纷猜测谁在宣战?宣什么战?向谁宣战?一时间议论纷纷,人们的目光都集中在这则广告上,纸面上透出的一股浓烈的火药味,就是平时不怎么喜欢看广告版的人都会被这则广告吸引住了。

那事情的真相又是什么呢?原来,这是内蒙古青松制衣公司生产的“仕奇”牌西服在打广告,在向国外品牌叫板,它以“长国人志气,灭洋货威风”的气概,在广告中宣称:在同等价格上,“仕奇”的质量要高于国外品牌;在同等质量上,“仕奇”的价格要低于国外品牌。

欢迎任何在中国市场销售的国外品牌应战;欢迎任何权威机构以国际通行标准,对“仕奇”及市售国外品牌进行比较检测;欢迎消费者参加评判。

青松公司的这一广告,以设擂的形式,引起人们的好奇,就好似上台大喝:“国际名牌,谁敢来比!”这一声吼,吼出了国人的志气,更吼出了“仕奇”的威风——中国企业敢于参与世界竞争,中国企业也能创造出中国自己的名牌。

“仕奇”的这一声吼,标新立异、出奇制胜,在广告泛滥的中国商海中实在显得是独树一帜。以独特的个性,巧妙的创意,达到了“于无声处听惊雷”的巨大妙用。

果然,广告一刊出,立即引起国内外众多新闻媒体的极大关注,纷纷从不同角度进行报道和评述:不但国内反响强烈,一些敏感的外国通讯社纷纷报道这一事件,甚至称此举“可能是中国企业民族商业意识苏醒的征兆”。

更有甚者,在国内,一些媒体和各方面的专家把这当作一个事件,给予了前所未有的关注,很多新闻媒体都从多角度报道了这一事件。据青松公司统计,国内媒体报道这一事件或对事件进行评论的文章多达百余篇,有些媒体上甚至出现了读者参与讨论的情况。从全国范围来看,这一广告引发了一场不大不小的社会震动和舆论风波,有人将它称之为“仕奇现象”。1995 年 1 月初,《中国青年报》以整版的篇幅,刊出了北京各界名人关注“仕奇现象”座谈会的发言摘要。同时,内蒙古自治区政府、驰名商标保护组织和《中国质量万里行》杂志联合在北京人民大会堂举行了“仕奇现象与中国名牌战略恳谈会”。3 月,北京又举办了一场“仕奇现象与名牌发展战略高级研讨班”,国内许多著名的经济学家都参与了研讨。

“仕奇”的设擂做法从效果来看无疑是成功的,它新颖的立意,使看惯了那些一味赤裸裸宣传和强调功能及优点的广告的人们耳目一新,也激起了广大国人的民族感情,谁也不愿意眼睁睁看着自己的品牌受外人的“欺负”。这一广告“广而告之”的作用是明显而巨大的,其效果超出了常规广告,它大大地提高了仕奇的知名度。在广阔的市场大潮中,要想自己的产品能被人们很快认知并记住,不出点奇招是不行的。当然,像“仕奇”这样的奇招,虽然看似很夸张,但实际上是稳赚不赔的生意。因而,出奇要出得合理,不能搞无厘头。

“仕奇”广告刊出后不久,即有国内外的许多大公司、大财团主动找上门要求合作,如光大银行就提出出资 2000 万元搞“仕奇专卖店”。

其实,“仕奇”的这一奇招最终的结果必然是不战而胜的,他们显然是算准了没有哪一家国外品牌真的蠢到要出来应战。这样,仕奇的一声吼,就把自己轻松抬高到世界名牌的高度,而没有一个人会提出异议,这才是最绝的!

这就有点好似一个在明,一个在暗,而“仕奇”又以这样充满气势和自信的姿态出来挑战,即使是实力超强的高手也得掂量掂量:他那么气势汹汹地来挑战,没有充足的把握是不可能的。首先在气势上就压倒了对手,也震慑了其他一些潜在的对手。因而,仕奇的这一声“宣战”一出,就已经决出了胜负。

谁都想摸清了对手的情况再出手,可谁也不愿当第一个冒险的人,都希望别人先上,自己从他们的争斗中多了解对手的情况。而没有人轻易应战,这也正是“仕奇”所希望看到的。

谁都想出奇、出新,但不是任意所为的,必须把握两点:一是要事先有一个全面、周详的调查分析，确保胜利的筹码在自己一方。“仕奇”的这一声吼吼得很出奇，因为它早知道不会有人出来真的应战的，但同时却平地一声吼，收到了石破天惊的效果；二是它善于利用后劲。善于制造新闻，这一招已经不新鲜，很多企业都已学到。但制造以后怎样呢，很多企业就不知怎么办了。所以，我们很多企业的活动，往往都给人一种虎头蛇尾的感觉。“仕奇”引领先河，炒成了一种现象，这种效果具有很长的延长期。

许多企业也会绞尽脑汁，创意不可谓不新，但效果并不明显。原因在于广告没有延展性，他们在自己处于领先地位时，就会逐渐减少后劲，那结果往往是丧失领先地位。有的企业也知道拼尽全力也要完成最后的冲刺，但却没有把握好时机，显得有心而无力。因此，抓住时机，再加一把劲，把活动搞得尽善尽美，更大的胜利就会随之而来。

第 四 章

借势造势：利用可以利用的一切

在赚钱高手看来，天下事总能为我所用。有现成的事，他们能巧妙利用。如果没有，他们也能制造出各种事件来促进产品的销售。

第一山上第一品牌

泰山是中国的第一名山，位于山东省泰安市境内，位居五岳之首，同时也是世界文化遗产之一，在自然、历史、人文、综合景观上都无愧于中国之最。作为旅游胜地，每年都吸引数百万海内外游客前来观光膜拜。

由于泰山海拔较高，山上和山下温差很大，山上气温明显偏低，所以，在一年中的大部分时间里，游人上山后需要租用棉大衣来御寒，特别是在黎明观看泰山日出时，棉大衣更是不能缺少。这种情况已持续了几十年，穿军大衣观日出已成为泰山的另一“景观”。但是，山顶各宾馆和店铺出租的全是老式军大衣，由于长年租用显得陈旧肮脏，这与壮丽的自然景观形成了极大的反差，显得很不协调。许多游人也对此表示了不满，并向有关的政府部门发出了呼吁，希望早日解决这个问题。而有关部门也早已觉察到了问题的严重性，但由于方方面面的原因，却又一直没能找到一个好的解决办法。

问题终于在迎接新千年之际得到了解决。为了让人类与自然更和谐，改善旅游环境，提高服务水平，1999 年 9 月，山东大弘公司产生了以羽绒服取代棉大衣的创意，提出了“第一山上第一品牌”的概念，这个创意立即得到江苏康博集团的响应，也得到了泰安市政府及有关部门高度重视和大力支持。

江苏康博集团生产的“波司登”牌羽绒服，是享誉全中国的名牌产品，并且成功打入了国际市场。在国内连续 4 年销量第一，市场占有率、知名度、美誉度都很高。面对这样一个绝佳的宣传机会，怎么能轻易放过呢？他们知道如果真能实现第一山与第一品牌“联姻”，名山与品牌将各有所得、相得益彰——泰山解决了实际问题，波司登借助泰山扬名，进一步提升品牌形象。

于是，康博集团积极行动起来，他们要充分利用这个难得的机会，加大“波司登”品牌的宣传，提升品牌的知名度。本次活动由山东大弘公司全权代理，为此，康博集团先后免费提供了上万件的羽绒服，全部投放到各租赁点，取代原来影响景区容貌的旧棉大衣。

康博集团免费赠送的这些羽绒服产品都为大衣式，颜色、款式新颖多样，洗用方便。而且，他们在所有羽绒服胸前都印上了“波司登”的标志，背后印有“波司登”及“登第一山，穿第一品牌”的宣传口号的字样。

一切准备停当后，于1999年12月18日，“波司登万件旅游防寒服营造泰山亮丽风景线”新闻发布会正式举行，这也标志着活动正式全面展开。

到了年末的12月31日，在泰安市领导的直接支持下，中央电视台，省、市台联合在泰山山顶举行了“迎世纪曙光”的直播活动。依照活动安排，波司登羽绒服也要出现在这千年庆典上。在这一有数万人登山参加的世纪庆典上，有近万名游客穿上了波司登牌的羽绒服，就连庆典总指挥及众多嘉宾也是身穿波司登牌的羽绒服。在中央电视台全球直播的镜头里，满眼所见到处都是身穿波司登牌的羽绒服的游人。

通过全国各地新闻媒体的大量报道，“波司登”品牌扩大了知名度，使品牌通过这次活动深深地印在了全国人民的心中。

泰山被誉为中国第一名山，江苏康博集团巧妙地利用这个“第一”举行营销活动，把自己的品牌和这个“第一”紧密地联系在了一起，轻轻松松地就把自己的波司登品牌标上了“第一品牌”的标签。

由此可见，这次营销活动的广告作用会是更明显且长久的。因为，每天登上泰山顶的游人不计其数，其中的很多人都会穿着印有“第一品牌”的波司登羽绒服去看日出，而且这样的举动还在一直上演下去，它的广告效果一定是持久而强烈的。

波司登能取得这样的成功，究其原因，是他们找到了绝妙的切合点——泰山的防寒军大衣有碍美观，而自己的羽绒服既漂亮又保暖，正可以作为替代品。当然，这一切还应该归功于他们具有的敏锐的意识和高超的联想。如果没有敏锐的意识，任你防寒军大衣换几次，也没有人想到要拿自己的品牌去替代它。而从“第一山”联想到“第一品牌”更是绝妙的主意，正是这个创意的火花促成了这一活动变成了现实，也成就了一个生动的营销案例。

做营销就如同记者抓新闻素材一样。记者需要绝对敏锐的新闻洞察力，才能发现容易被人们忽略的新闻线索。而做营销有敏锐的触角和超群的联想，才能发现可以充分利用的宣传商机。

天上掉下个“西铁城”

“西铁城”是日本一个钟表的品牌，在世界钟表界中只能算是一个后起之秀，而美国向来有“世界钟表博览展示会”的美称，世界各大名牌手表都争相在美国市场占据一席之地。所以，西铁城表为了实现打入美国市场的愿望，在异国他乡占据一席之地，可以想象得到，它刚走向美国的时候，所面临的形势是强手林立，竞争对手倾轧极其惨烈的。

而西铁城表能够迈出国门，挤进美国，这要归功于一个人——山之内。山之内是一位侨居洛杉矶的日本商人，他做的生意主要是代理日本商品向美国出口，著名的日本西铁城表就是最先由他代理的。

一个外来品牌要进入本土的市场，而且面临那么惨烈的竞争，怎么样才能虎口夺食，在美国市场分一杯羹呢？山之内想出了一个鲜为人知的绝招。

他先是不露声色地秘密筹划了一番，然后透露给美国的各大新闻媒体，声称：明天中午12时，将有一架神秘的直升机掠过某著名的海滩游泳场上空，演出一幕震惊世界的特技，并且，现场的观众将可以得到一份终生难忘的惊喜和收获。

美国的新闻界向来喜欢报道各种奇闻轶事，在接到山之内的电话后，自然是喜不自胜，便立刻将这一消息公之于众，并纷纷组织起一批阵容强大的记者队伍，派往现场进行专题采访报道。

由于参加新闻报道的媒体众多，而观众显然已经知道了这一消息。第二天，海滩里果然汇集了比平时多得多的游客。大家的眼睛和记者的镜头都注视着万里晴空，翘首盼望那架神秘直升机的出现。

中午12时，随着一阵阵引擎的轰鸣声，期盼已久的直升机果然准时出现在游泳场的上空。它在人们的头顶上不停地盘旋了几圈，然后选择了一块无人的空地，开始向下抛洒一些在阳光的照射下显得闪闪发光的小物品。

这就是新闻里所报道的"意外的惊喜和收获"！人们蜂拥般地朝那块空地跑去，纷纷抢夺那些晶光闪亮的东西，捡起来一看，原来是石英表。

让游客们惊讶的是，不管是在海滩上捡到的，还是从海水里捞起来的，那些石英表一个个都还是完好无损的，走时准确无误，外壳也没有丝毫的损伤。游客们在欣喜之余，无不对这西铁城石英表优异的抗震性能和防水特性赞不绝口、叹为观止。

真是天上掉下个"西铁城"！这一场精彩的空投石英表的表演，通过新闻记者的现场采访报道，迅速传遍美国的各个角落。像它的出现一样，西铁城表也空降在了消费者的心里。从此享誉美国，人们无不把拥有一块西铁城石英表视为荣耀的事。

就这样，西铁城表在众多的竞争对手还未回过神的情况下，大举挤进广阔的美国市场。

多么奇怪的营销手段！让人在惊讶之余，却又不得不惊叹于策划者的精明之处。当然，这样的空投代价一定不菲，但是很值得。因为，这似乎比其他的方式更能引起人们的注意。同时也让人们亲眼看到了西铁城表的高品质。

心理学告诉我们，当刺激物的刺激达到一定的强度时，就能引起人们的注意，且刺激物的刺激强度越大，人们对其注意就越集中。所以，做广告时要千方百计地增加品牌刺激的强度，比如多用鲜艳的色彩、醒目的文字、新颖的画面、动听的声音等。在搞营销活动时，则注意采取新颖、独特的方式，以别致的方式增加活动的刺激性，激发人们的参与性和记忆力。

高空抛表这样的活动既需要勇气，也需要魄力，更重要的是形式的新颖独特，具有很强的刺激性，自然很容易就引起人们的注意和记忆。

"西铁城"事件先向新闻界打了招呼，经过新闻媒体的一番炒作，就把事件变成了一个万众期待的事情。事件发生后，再经过新闻媒体的广泛报道，更加把整个事件传扬了出去。这样就突破了现场秀影响面有限的局限，进一步扩大了活动的影响面。对媒体的事先透露情况，不但没有减小事件的影响力，反而在催化人们的好奇心和关注度方面起到了重要的作用。

“拍立得”闪亮登场

有的人利用事件来做营销，而有的人却是“制造”事件，创造条件来做营销活动，无论哪种形式，都必须要抓住人们的视线，但又不能做得太过而引起人们的反感。

风景如画的迈阿密海滩，每年都吸引着无数来自世界各地的游客。

像平常一样，风和日丽，蔚蓝色的海水与湛蓝色的天空融合在一起，海天相连，间或有几朵洁白的云朵飘浮而过。金色的沙滩上满是晒日光浴的游人，缤纷的遮阳伞，五颜六色的泳装，交织在蓝天碧海之间，构成一幅美妙的图画。人们像往常一样享受着这恬淡的时光。

突然，几声凄厉的呼救声从海里传来，人们不约而同地把视线转了过去。只见海面上一顶红色的泳帽在浪涛间时隐时现。显然，是有人不幸溺水了。很多人纷纷朝出事地点奔去，准备救人。

在大家的共同协助下，不一会儿，溺水者被一位健硕的救生员救了上来。人们发现被救者是一位身材苗条、面容娇好的年轻女郎。虽然她还没有从刚才的惊慌状态中恢复过来，但女郎惊恐的表情依然掩盖不住惊人的美貌。时髦的泳衣被水湿透，紧贴在女郎的身上，越发把她身体曲线衬托得更加迷人。如此一位迷人的少女，却差一点被海浪吞没，不由得使人们产生出无限的怜惜和同情来，很多人纷纷向前，向姑娘表示问候。女郎逐渐缓过神来。正当人们争相问候的时候，一位手持相机的年轻人挤进人群，将一沓照片拿给众人浏览。

照片所拍的正好是女郎获救的全过程。优美的沙滩，惊险的场面，迷人的溺水女郎和身手矫健的救美英雄，一张张是那么的逼真，那么的清晰，顿时吸引了全沙滩人的眼球。

但是，很快有人产生了疑问：“这是怎么回事？照片这么快就洗出来了？”

“我正好带着‘拍立得’相机，使用这种相机能在一两分钟内就得到照片，”年轻人得意地举起相机，“这些照片都是这架相机拍出来的。”

人们看这年轻人手中举着的相机，再对照一下图片，不禁大为赞叹，“哇，还有这么一种相机呀？”“这种相机使用简单吗？”

人们的好奇心完全被调动起来了，他们纷纷围着年轻人打听相机的功能，“它跟普通的相机一样吗？可以借给我看一下吗？”

相机被人们传来传去，人们惊叹着，问出一连串的问题，年轻人都一一进行了回答。

可是又有谁知道这只不过是普拉公司为宣传“拍立得”相机而策划的一场精彩的现场表演呢？当然，这场表演的目的是向公众推介这种“拍立得”（也译宝丽来）的新相机。这场现场“秀”表演得实在太好了，不露一丝破绽，恐怕没有人会想到这是在做宣传。“拍立得”相机的宣传无疑是成功的，相机一露面，便赢得人们的一片喝彩声。

1948年11月26日，在波士顿的一家大百货公司里，这种“拍立得”相机首次上市。人们争相抢购，就连货架上的样品也被顾客买走了。

在今天奇招迭出的商业营销中，这样的手段也许算不上有多么奇特和新颖，但在半个多世纪以前，这可以毫无疑问地被奉为经典。这样的手段既新颖、独特，也确实达到了效果。但必须注意的是，一定要“做”得很像，不能露丝毫马脚，否则，消费者会有一种被愚弄的感觉，自然效果就会大打折扣。不一样的是，一般的品牌宣传都是让消费者一清二楚的，而这则品牌宣传案例则是在消费者毫不知晓的情况下进行的。但不论哪种方式，达到最好的效果就是好方法。

借势搭上“顺风车”

2000年，北京、上海、广州三个主要城市的街头上，突然耸立起巨大的广告牌，明星谢霆锋赫然在目，他问道：“4月18日，谁让我心动？”画面上除了“蓦然回首”的谢霆锋形象，以及他的签名，其他什么也没有。同时，主题相同的广告也在三地电视屏幕上同时出现。

从发布这个广告开始，电话几乎打爆了。青年们互相询问谢霆锋演唱会门票的事情，他们真的以为谢霆锋会在4月18日开演唱会。可是，演唱会消息为何还不发布？实在令人难以理解。

就在谢霆锋迷们等待之时，“收藏”迷们竟有非常之举：广州近20个谢霆锋路牌不翼而飞，北京的广告牌也有被盗走的。广告牌遭盗窃，这在中国广告史上恐怕是绝无仅有的。

4月18日，新的广告牌面世，画面上的谢霆锋，伸开双臂迎接着“真情互动，FM365.COM”。至此，悬念终于揭开。原来，这是联想电脑公司发布自己网站FM365·COM的消息。网民们轰动了，就在网站正式发布以后，网站上的BBS帖子就达到了18页之多。

联想作为中国IT业的老大，为什么要用一个年轻人作为自己的形象代言人？联想总裁透露，他们调查后得知，谢霆锋是现在最年轻、发展势头最好、网民们最喜欢的明星。他们想，如果网站选形象代言人，就不妨选他。就这样，他们与谢霆锋只用了两天时间，几乎没有讨价还价，就签订了合约，广告制作得非常顺利。

可联想没想到，百事可乐半路上杀了出来，搭了个顺风车。4月18日，百事可乐在北京某报发布了整版彩色广告，上面是歌星王菲的半身像和一句广告语：“谁令你心动——百事令你心动！”

对此，北京的百事可乐饮料有限公司市场部负责人解释说：“两年来，我们一直使用王菲的形象做广告，这次用这句广告语和谢霆锋的‘谁让我心动’没有任何联系。”百事可乐于此时推出了如此“真情互动”的广告，“无关”的说法实在让人难以相信。

联想要推出一个网站，不是简单地一纸广告公布了事，而是采取“悬疑造势”之法，制造悬念，以虚掩实，慢慢地吊起人们的胃口，等到造足了声势，最后才亮出底牌，迅速地推出了自己的网站。联想选择的形象代言人，由于是青年人最喜欢的当红歌星谢霆锋，而网民又是以青年人居多，这更给这个广告增加了巨大的冲击力。当人们的情绪和注意力由对歌星的“联想”而被极大地调动起来以后，联想所期待的“轰动效应”的目的也就达到了。

最令人叫绝的是百事可乐的“搭便车”。娱乐界炒得沸沸扬扬的谢、王二人“姐弟恋”，早被人们耳熟能详，百事可乐的“借势”看似信手拈来，但将王菲的形象此时推出，再加上广告语，非常耐人寻味。这则悬念广告引起了受众对事物发展和人物命运的一种关切,具有极大的吸引力和感召力,使人不知不觉就进入了喜爱产品的状态,这样也就使产品具有了极大的吸引力。

英特尔公司的“寻人启事”

英特尔公司是享誉全球的著名电脑企业,为众多的消费者所熟知。在2002年5月11日,声名显赫的跨国公司“英特尔”的总裁克瑞格·贝瑞特在成都参加完“数字化西部·成都行”活动后,突然对成都几十家媒体记者发出了一个如下的“请求”:

“我想请各位记者帮忙找一个人。”

这使在场的人都无比惊诧,记者们一时摸不着头脑。贝瑞特举起一张照片——照片上是一个正在操作电脑的小男孩,他解释说:“这张照片是我公司工作人员2001年7月27日在成都某电脑城抓拍的。有人告诉我,小男孩玩电脑时说‘要是我家也有这种电脑就好了’,因此,我要满足小男孩的愿望,送给他一台全世界最先进的、装有Inter2.5GHz芯片的电脑!”

贝瑞特此语一出,第二天,也就是5月12日,在成都各主要媒体上立即出现了“英特尔总裁寻儿童赠送超级电脑”的“特大新闻”。

此消息一发布,立刻引起强烈反响。5月13日,成都大小媒体的显要版面上竟一下子出现了好几个“照片中的男孩”!某早报在第一版登出一位名叫方某的男孩的大幅彩照,还配上了这样的标题:“找我吗?”该报同时迅速与北京英特尔中国公司取得联系,公司请他们将孩子的照片和个人资料发往该公司总部,以便进一步确认。

与此同时,某晚报在一篇《我就是你们找的小男孩》的报道中,配发的却是一个叫汪某的男孩的照片。该报声称,他们是接到孩子母亲的电话才找到他的。报社随后也把汪某的相关情况反映到英特尔中国公司,该公司提出让汪某的家人提供更多能够说明情况的证据。

同一天,某商报也爆出“猛料”:《贝瑞特,娃娃找到了!》。这家报社找到的是一个王姓男孩。该报提供的“最关键的证据”是:孩子的母亲找到了和照片上一模一样的白色短袖T恤,上面的英文字母与照片上露出的部分完全一致,还找出了与照片上的孩子穿的完全一致的皮凉鞋。

这一切还不算完。5月14日,该商报再抖“猛料”,称北京英特尔公司已将手中的“秘密证据”抛出,就是去年2001年7月27日该公司市场总监庄海鸥所拍的4张照片中的另外3张,是“神秘小子”的脸部正面近景。该报不无得意地说:照片上的小孩子上衣上的图案、英文字母,等等细节,与本报寻找的王某别无二致,孩子的照片去年上商报的事,连电脑城门口开杂货店的大爷都知道。

商报的“独领风骚”令其他报纸愤愤不平,他们产生了“被耍了”的感觉!晚报率先披露“新闻幕后的新闻”:报社前日突然接到“成都某报”记者的电话,称此次寻人活动其实该报和英特尔公司一起做的,几个月前就策划好了。因此他们能迅速找到照片上的小孩并拿出了非常有力的证据——孩子当年拍照时穿戴的衣物!

至此,整个事件的性质很清楚了,实际上就是一场商业炒作。贝瑞特这位“芯片巨子”

此次访华的主要目的是为了推广自己的品牌，于是英特尔选择一张照片并精心策划了这个成本并不高，社会效应却很轰动的寻人活动。

如果从商业炒作的角度来讲，英特尔此举无可厚非，其商业策划也实属高明。事情不管怎样收场，其品牌效应肯定是大大提升了。参与策划的媒体又如何呢？而当蒙在鼓里的读者们明白了“真童”是如何找到的，这种“新闻”又是如何出笼的，掏钱买报的人心里的滋味，真是苦辣杂陈。

在这次媒体对战中，成都的《华西都市报》显得非常冷静，没有过多介入。该报在贝瑞特发表请求的当天就说：“贝瑞特圆这位小孩电脑梦的苦心可嘉，不过IT界人士认为，‘芯片大王’此番来华穿梭外交，当然不会放过树立自家品牌的好机会。据称曾有策划公司考虑寻找在1998年成都电脑节与贝瑞特对话的大学生，但这一方案没有实施，也许相关方面启发，居然升级为贝瑞特寻找‘成都电脑小孩’”——莫非这家报纸早就了解其中的真相？

既是炒作，事实清楚了，事情也就该结束了。但作为一家知名的大公司，尽管是炒作，对于事件本身还是会给出一个满意的结局的。

5月17日上午，成都喜来登饭店，成都20多家媒体的记者参加了“谁是贝瑞特要找的小男孩”新闻发布会。英特尔中国区市场总监庄海鸥首先否认了同某报“联手炒作”的说法。然后，本着不伤害另两个孩子的用心，并没有确认三个孩子中到底哪一个才是真正的主角，而是赠送给3个成都男孩每人1台英特尔世界上速度最快的个人电脑，并享有由英特尔提供的终身免费培训。

当天下午5时，贝瑞特从美国给庄海鸥发来电子邮件，对英特尔中国公司向3位男孩各赠送一台电脑的决定深表满意。

充满戏剧性的英特尔成都“寻童事件”暂告结束了。有人说英特尔给3个儿童都送电脑有人情味，皆大欢喜；有人还气愤地说：“3台高级电脑又有什么了不起的？英特尔明明声称要寻找‘真的小孩’，为啥又含含糊糊，故作慷慨？这样愚弄舆论，不是炒作又是啥？”

不管人们再不平、再议论，都事实上已经没有任何意义了，因为无论结局是否圆满，英特尔公司及其品牌都已在轰轰烈烈的“寻童过程”中获得了“价廉物美”的宣传效应。难怪连在事件中感觉“被耍了”的那家晚报都不得不承认，英特尔人的聪明和善于利用周围条件的能力，由此可见一斑！

事情的后续解决，看似为了平息事情，却实际上仍然是一种炒作，只是换了个角度，没有那么张扬了而已。

市场营销离不开炒作，也许有人指责这种炒作，但这种炒作既吸引了大众，又为媒体提供了“猛料”，再说本身也并未给什么人造成伤害，这在商业社会本无可厚非。而“英特尔”正借此机会大大提高了自己的品牌知名度，目的也达到了。

给富士山一点颜色看看

我们都知道富士山是日本的象征，闻名于世界。但却有人声称要给富士山涂点颜色，是谁这么大的胆子呢？

这还得从SB公司说起，SB公司是日本一家以生产咖喱粉为主的调味品公司，经营状况一直不错，由于近期的产品滞销，导致公司陷入了经营困境，甚至濒临破产的边缘。SB公司新上任的总裁为此而愁眉不展，寝食不安，苦思良策。

新上任的总裁通过SB公司各路销售人员汇报的各地市场情况的缜密分析，决定背水一战，采用一种特殊的手段进行宣传，以挽救即将崩溃的公司。

他把目光对准了日本的"圣山"——富士山。不得不承认这的确是个大胆的举措，并且很快得以开展起来。

接下来的几天，SB公司先后在日本各地的主要报纸上刊登令人吃惊的广告启示："我公司决定租用数架直升机，飞临白雪皑皑的富士山顶，将咖喱粉撒满山头。"天哪！如果真是那样，那白色的富士山顶将不复存在！今后人们看到的将是焕然一新的美妙的金顶富士山啦！

富士山在日本人的心目中有着极其神圣的地位，是绝不容许人来亵渎的。这则启事一经刊出，举国震惊，舆论哗然。很多人纷纷投书报章，对SB公司的行径提出强烈地批评："山不是他一家的私产，绝不容许他为了一己的私利将它改头换面！""这是SB公司无视舆论的非法行径"，"强烈要求政府出面制止这种伤害全国人民感情的行径"。甚至还有一些人走上街头游行抗议，呼吁政府出面来制止。

而实际上，这只不过是SB公司虚张声势而已，目的只是利用此事来扩大公司的知名度和影响。稍有理智的人都知道，即使让SB公司这样做，它也不可能通过撒咖喱粉的方法去改变富士山的颜色，那得需要多少的咖喱粉啊！但很多人根本就不了解这些，被一股义愤冲昏了头脑，不知不觉中就上了SB公司的当了。几天后，SB公司又在报上发生声明："鉴于社会各界的强烈反对，本公司决定取消原计划……"

日本人民都为此松了一口气。

但是，通过这件事，SB公司更加名声大噪，更被很多人误认为是"财大气粗"、"资力雄厚"，以前与它没有业务往来的公司也纷纷与SB公司建立了业务关系。从此，其咖喱粉及其他产品更加畅销市场。

SB公司的这个计策成功关键是"假道"要对路，即要与市场的需求相吻合。谁都知道，富士山在日本人心目中有神圣的地位，对它采取任何行为都会受到人们的议论。老板早就预计到这一点，也正盼望着这一点，人们议论得越多，他的产品的关注度就越高，就被更多的人所了解，这样不断地议论就会在人们的头脑中产生记忆，从而他的目的也就达到了。

其实，这样的计策是很容易被人识破的，但如果假道假得很成功的话，一样可以取得很好的效果。

乳酪中的金币

提起乳酪人们就会想到大名鼎鼎的立普顿，为了打开立普顿乳酪的销路和市场，立普顿的创始人立普顿还引起了一场有关乳酪的金币风波。

风行世界的“立普顿红茶”的创始人立普顿原本是个农民，在有了一定积蓄之后，他开设了一个小货店，贩卖各种食品。由于立普顿善于揣摩客户心理并且管理得当、经营有道，小店逐渐发展起来，声誉也日渐增高。

有一年的圣诞节，立普顿为使其代理的乳酪畅销，他依照欧美传统——“圣诞节前后所吃的苹果中若含有6便士的铜币，来年将会吉利和意”，于是他在每50块乳酪中选择一块，并装进一枚1英镑的金币，同时用氢气球从空中散发传单，造成声势，以招来顾客。

在金币的诱惑下，顾客果然蜂拥而至立普顿的小店来抢购乳酪。但是，立普顿的这一做法却招来同业的联合抵制，他们以立普顿的做法“有赌博的嫌疑”为由向苏格兰警方告发。

警方向立普顿发出了通知，要他停止这种方式的促销，按照正常渠道进行销售。

但立普顿并没有因为同业的抵制和警方的干涉而有所退缩，他反而巧妙地利用了警方的干涉来继续进行他的买卖。这正体现了他的精明之处。他在各经销店门口贴出告示：“亲爱的顾客，感谢您购买立普顿的乳酪。但我们已经接到警方的通知说不能用金币来促销。所以，恳请各位顾客，若发现乳酪中有金币，请将金币退回，谢谢您的合作。”

立普顿的告示巧妙地利用警察的干涉，使“立普顿的乳酪中含有金币”的说法更加可信，而且传播范围更加广泛。这一招就是我们常说的“此地无银三百两”，平常用来形容多此一举、欲盖弥彰，而在立普顿的手中，有异曲同工之妙的是，他的本意就是要让更多的人知道这件事。由此也引来了更多的消费者踊跃前来购买。苏格兰警方认为这纯粹是娱乐活动，没有再加以干涉。然而同业仍不肯罢休，又以安全为由，要求警方立刻制止立普顿乳酪的危险行为。

警方不得不再度进行调查，立普顿又和上一次一样，不但没有任何的收敛，反而又一次在报纸上刊登了一页广告：“警方又来了一道命令，故敬请各位消费者在食用立普顿乳酪时，注意里面有金币，不可匆忙食用，应十分谨慎小心，才不至于吞下金币，造成危险。”警察的又一次调查，就像在印证立普顿乳酪的金币促销的真实性一样。消费者更加确信了，连警察都说乳酪里有金币，那自然又引来更多的人前来购买。

我们不得不佩服立普顿的精明。这个广告表面上是应付警方及同业的抗议，实际上又是利用警方的调查来做促销。警方和同业的每次干涉不仅没能使立普顿收敛其行为，反而被他利用来做促销的好文章，再也没有别的办法了。

这种借力打力的策略的关键在于一个“借”字上，这个“力”的含义是广泛的，可以借友之力，也可以借敌之力，只要是可以为我所用的，都可以“借”来一用。

可以看出来，立普顿之所以“借”得成功，关键在于他变通得快，能将外界的异动很快地转化为对自己有利的东西，这是成功的关键，让消费者没有时间去仔细想事情的真实性。

自导自演的苦肉计

郑绵绵是一个拥有50多亿美元的庞大跨国财团的掌门人，台湾报刊称她是“台湾最会赚钱的人”,在台湾报刊两度推选“最受崇敬的女性”中,郑绵绵的芳名都高居榜首。

台北市环亚大酒店是全台湾最大的饭店,也是争议最多的饭店,原因之一就是环亚大酒店在部分设施未完工,还未取得相关的营业执照之前就擅自提前营业,因此,受到了台湾有关部门的查处,先后三次共被罚款36万元台币。

环亚大酒店的老板就是郑绵绵,作为一个很有头脑的企业家,她为什么要提前营业而遭罚款呢?其中自有妙计!

环亚大酒店被重罚,这可是个热门新闻,台湾各大传媒争相报道此事,引起空前的轰动。这样绝妙的广告策划为饭店节约了数千万元的广告费,而且效果比做广告好得多。为酒店招揽了来自世界各地及本岛的观光游客,使环亚大酒店还没完全竣工,其名声便远播。

不仅如此,酒店还推出了开价50万元的“套宴”以及每天住宿20万元的“总统套房”。这种令人咋舌的价格,需要辛苦普通人工作好几年,才能享受一餐、投宿一晚。

此举同样受到公众、报刊和电台的关注,纷纷对此提出批评与非难。然而,正是这些反常举动引起了全民瞩目,使社会各界人士都知道有个环亚大酒店。这比花几千万元做广告效果不知好多少倍。

结果,环亚大酒店自然是宾客盈门,世界各地的旅客来此投宿,酒店因此也大赚一笔。

从郑绵绵自导自演的苦肉计中我们可以看出,现代人被众多的广告包围得见怪不怪了,要想声名远扬,就必须得别出心裁不可。

把名人玩弄于股掌之间

一位书商手头积压了一批书卖不出去,眼看就要大亏本了。情急之下,出版商想了一个点子:给总统送去一本,并频频联系征求意见。忙得不可开交的总统随便回了一句:“这书不错。”这一来出版商如获至宝,大作宣传:“现有总统喜爱的书出售。”还把“这书不错”四个字印在封面上。于是手头的书很快被抢购一空。

不久,这个出版商又有一批书,便照方抓药,又给总统送去一本。总统有了上次的教训,想借机奚落一番,就在送来的书上写道:“这书糟透了。”总统还是上了套儿,书商又大肆做宣传:“现有总统讨厌的书出售。”人们出于好奇争相抢购,书很快便全部卖掉。

第三次,出版商再次把书送给总统,总统有了前两次被利用的教训,干脆紧闭金口不理不睬。然而出版商还是有话说,这次他的宣传词是:“现有令总统难以下结论的书,欲购从速。”结果,书还是被抢购一空。书商借着有巨大影响力的总统的“评价”推销书,可谓是动足了脑筋。总统都“发话”了,图书还会积压吗?

美国著名的指挥家斯托科夫斯基在巴黎时,常到一家小饭馆去吃饭,老板每天都用好菜好饭款待他,而且收费低廉。后来,斯托科夫斯基终于忍不住问老板:“你为什么对我这样客气?我又不是付不起钱。”“我非常喜欢音乐。”老板热情地回答并表示,“为了音乐我可以牺牲一切,为你服务就是在为音乐做贡献。”斯托科夫斯基非常感动,以后经常到这里就餐。

有一天，斯托科夫斯基突然发现饭馆橱窗里有一块牌子，上面写着："到本店就餐者，能有机会与世界著名指挥家斯托科夫斯基一起共进早餐、午餐、晚餐。"见了此牌，指挥家才恍然大悟，自己被老板当作了一个"活"广告。

一般用名人做广告，都是请名人站出来正面为自己做宣传。可这家小饭馆的老板却只是让名人在自己的饭馆里用餐，同样达到了目的，省了钱，又办了事，妙哉。

两个灯笼值千万

1995年初，名不见经传的宁波金鹰集团，以远远超出普通人心理价位的价格——1380万元竞拍夺魁，成了天安门城楼那对参加过开国大典的退役宫灯的新主人。此举立即轰动海内外，使金鹰集团一举扬名。

细细分析，这一掷千万竞买宫灯换来的回报何止千万。

从中国嘉德国际拍卖公司发布拍卖的信息，到拍卖落槌这近一年的时间内，国内外有500多家新闻单位对"金鹰与宫灯"进行了多角度、多侧面、多层次的报道，使金鹰集团的知名度获得了可望而不可即的裂变效应，一举名扬全国，蜚声海外。如果没有金鹰人竞买夺魁摘走大红宫灯，其名声恐怕还是"养在深闺人未识"。

金鹰集团竞买成功成为天安门宫灯的主人后，金鹰人最突出的感觉是生意好做了，人们不容置疑地相信：金鹰集团是优秀的！金鹰集团的实力是雄厚的！宫灯竞买成功之后，金鹰人到上海某大钢厂购买钢材，对方二话没说，就以老客户的优惠价立即签订了合同。此外，许多著名企业纷纷主动上门同金鹰洽谈合作项目。

花1380万元巨资买回一对旧宫灯，表面上看是制造了轰动性新闻效应，但实质上这是一项战略性的投资。因为这对唯一流入民间而且参加过开国大典的宫灯，本身就具备很高的收藏价值，若干年后，它可能增值到几个1380万元。

企业无形资产的大小强弱甚至比有形资产更重要，它是企业赖以生存、发展和壮大的源泉。而无形资产积累远比有形资产的积累要艰难得多，有许多企业经过数十年的发展，有形资产的实力已经颇为雄厚，但无形资产往往微乎其微。像金鹰集团这样依靠一项战略性投资而使企业无形资产迅速膨胀的商业奇迹，在中外商业经济史上极为罕见。

无伤大雅的"冒名者"

1985年，英国皇室查尔斯王子和戴安娜举行婚礼盛典，这在当时，是英国以及全世界的一个重大事件。

当时，一位精明的珠宝商人利用公众对婚礼盛典十分关注的特点，精心策划了一起有关黛安娜王妃的“新闻”，从而使其生意红火一时。

珠宝商首先找到一位长相酷似戴安娜的模特儿，让她穿上戴安娜王妃经常穿的衣服，头发也梳成戴安娜王妃的发型，并对她在举止言谈上进行了一番严格训练，使这个模特儿与戴安娜达到了几可乱真的效果。

一天晚上，这家珠宝店里灯火辉煌，珠宝商衣冠楚楚、神采奕奕地站在商店大门口，好像是在等候着某位大人物。珠宝商的举动激起了过路人的好奇，人们纷纷向这里涌来。

不一会儿，一辆豪华的轿车停在门口，人们惊喜地发现，是“戴安娜王妃”优雅地从车上走了下来，她向围观的人们微笑着点头致意。这位珠宝商笑容可掬地把“黛安娜王妃”引进他的珠宝店，并彬彬有礼地向她介绍了各式各样的贵重首饰。

“戴安娜王妃”露出了满意的神色，口中还啧啧地直称赞，她甚至还亲自挑选了几件首饰。这个场面，全被珠宝商邀请来的电视台记者拍摄了下来。

第二天，电视台在黄金时间播放了这段新闻录像，应珠宝商的要求，这段录像被拍成了“默片”，因此，人们听不到任何解说。

当时，这则新闻立即引起了轰动，于是，“由于戴安娜王妃曾经到过”，所以，年轻人纷纷来到这家珠宝店抢购“戴安娜王妃”曾经称赞过的各种首饰，一时之间，这家珠宝店门庭若市，生意异常红火。

这件事惊动了皇室内部，皇家发言人郑重声明：“我们仔细查看了日程安排，戴安娜王妃没有去过这家珠宝店。”这家珠宝店的老板却有板有眼地解释说：“新闻录像中并没有说那位女士就是戴安娜王妃，是围观的人们想当然地把她当成了王妃的。”

各国法律似乎对仿形借形都没有严格的规定。模糊借形实质是钻了这一个空子。“默片”也好，“有板有眼地解释”也好，都是在打擦边球，制造模糊，正所谓“进有进路，退有退路”。应该承认，这种模糊借形的确有效。

美国肯塔基州的一个小镇，有一家格调高雅的餐厅，可生意却少得可怜。这天，店老板闲来无事，随便翻阅起当地的电话号簿。他发现当地竟有一名叫约翰·韦恩的人，与美国当时的大明星同名同姓。这个偶然的发现，使他的心为之一动。他立即打电话给这位约翰·韦恩说，他的名字是在电话号码簿中随便抽样选出来的，他可以免费获得该餐厅的双份晚餐，时间是明晚8点，欢迎他偕夫人一起来。约翰·韦恩欣然应邀。

第二天，这家餐厅门口贴出了一幅巨型海报，上面写着“欢迎约翰·韦恩今日光临本餐厅”，这张海报引起了当地居民的骚动和瞩目。当天晚上，来客大增，创下了该餐厅有史以排到大门外，8点钟店内已挤得水泄不通。大家都想一睹“约翰·韦恩”这位巨星的风采。

过一会儿，店里的扩音器广播到：“各位女士，各位先生，约翰·韦恩光临本店，让我们一起欢迎他和他的夫人。”霎时，餐厅里鸦雀无声，众人的目光一齐投向大门口。谁知那儿竟站着一位典型的肯塔基州老农民，身旁站着一位同他一样不起眼的夫人。原来这位矮小的仁兄就是约翰·韦恩。

正当店老板开始后悔这个安排太荒唐时，人们却像是刚明白过来，突然爆发出掌声和欢笑声，客人们簇拥着约翰夫妇入座，并要求与他们合影留念。

从此以后，店老板又继续从电话号码簿上寻找一些与名人同名的人，请他们星期二来就晚餐，并出示海报，普告乡亲。于是，“猜猜谁来就晚餐”，“将是什么人来就晚餐”的话题，为这家生意清淡的餐厅带来了丰厚的利润。

追随名人是普遍存在的社会心理状态。店老板正是利用了这个现象，为自己寻得一个巧妙的机会，有意制造名人悬念，诱人“上当”。这一招与珠宝店老板设计的“戴安娜王妃驾临彼处”有着异曲同工之妙。更可贵的是，他进而“弄假成真”，将自己精心制造的“假”营造成具有真情实感的良好氛围。这样一来，他的生意能不红火起来吗？

借申奥，炒爱心

“多年的媳妇熬成婆”的经营方式在今天竞争异常激烈的市场环境中已经显得落伍了。即使实力再雄厚，公司也只能在很长一段时间里处于摸索阶段，没有影响力，那就无法确立自己的优势地位。所以，借助别人的力量可谓是一条捷径。

中国申奥成功的一个大赢家应属农夫山泉。这是因为生产农夫山泉的浙江千岛湖养生堂饮用水有限公司看中了体育精神与企业文化的同质性。在和平时期，体育是最能集中公众注意力和情感的领域，而体育热闹、紧张、激动包括失望过滤之后留下来的拼搏、平等、快乐、健康等人类情感，都是构成品牌形象的内涵元素。

其实，农夫山泉与体育结缘还要追溯到1998年在法国举办的世界杯足球赛。1998年，中国“水”市场的竞争已是非常激烈，而一个刚成立两年时间的全新品牌，如何杀出一条血路？农夫山泉敏锐地意识到即将举办的1998年足球世界杯赛事是可以集中消费者注意力的好机会，如果利用这次机会进行宣传，就能在短短的一个月的赛事期间让亿万中国球迷知道农夫山泉，这要比平常的广告有效得多。

于是，农夫山泉结合中央电视台赛事节目转播的安排投放自己的广告，并在体育频道高频率播出，给许多球迷和体育爱好者留下了深刻的印象。与此同时，农夫山泉还出巨资赞助世界杯足球赛中央电视台体育频道的演播室，使品牌得到了很好的宣传，也达到了预期的结果。仅一个月的时间，农夫山泉就成为了一个家喻户晓的饮用水品牌，“农夫山泉有点甜”的广告更是传扬在神州大地，市场占有率从原来的十几位跃升到了第三位，真正是一匹“黑马”。

1999年时，农夫山泉瓶装饮用水市场占有率已经位列前茅。通过世界杯尝到甜头后，农夫山泉认识到体育事件是一个非常好的传播载体，于是，农夫山泉进一步寻找与体育的切合点，要把农夫山泉的优异品质和中国最优秀的运动队结合起来。他们盯上了中国的“梦之队”——乒乓球队。1999年春夏之交，中国乒协和国家队实地考察了农夫山泉的水源和生产基地，最终选择了他们为“梦之队”的合作伙伴。当时正好第45届世乒赛在荷兰举行，农夫山泉也随着中国乒乓球队走出了国门，来了一次完美的亮相，给人们留下了深刻的印象，提高了自己的知名度，树立了优质饮用水的美好形象。从1999年起，农夫山泉连续4年成为这个乒乓球队的主要赞助商。

此外，农夫山泉还全力支持这个奥运代表队出征2000年的悉尼奥运会，凭借“天然、健康、安全”的优秀品质成为这个代表团的训练和比赛专用水。

农夫山泉打申奥牌是蓄谋已久的。在2000年奥运会期间，他们就把2001年营销的主题锁定在申奥上。据相关报道,农夫山泉为此狠下了6000万元的赌注。而且农夫山泉的包装策略和广告策略同步进行,整个活动具有很强的整体性。

2001年4月,中央电视台“一分钱”广告如火如荼:“再小的力量也是一种支持。从现在起,你买一瓶农夫山泉,你就为申奥捐出一分钱。”从2001年1月1日至7月31日止,销售每一瓶农夫山泉都提取一分钱,以代表消费者来支持北京申奥事业。随着刘璇、孔令辉那颇具亲和力的笑脸在媒介上频频展现,这个广告每天在渗透着我们的生活;随着主办城市投票鼓点的日渐密集,申奥气氛也跟着一天天升温,而站在申奥队列中的农夫山泉也不知不觉成了一锅沸水。

此外,农夫山泉还在全国33个城市组织了“农夫山泉申奥狂欢夜”的公益活动,进一步加强此次活动的攻势。中国奥委会特别授予养生堂公司“2001~2004年中国奥委会合作伙伴、荣誉赞助商”的称号,并且拥有中国体育代表团专用标志特许使用权。养生堂公司由此成为中国奥委会及中国体育代表团最高级别的赞助商之一,也是最早与中国奥委会建立合作伙伴关系的赞助企业。

在北京申奥期间,中央电视台一直在播放“买一瓶农夫山泉就为申奥捐一分钱”的广告,使人们分不清到底是商业广告还是公益广告。

申奥成为全国人民乃至全世界华人关注焦点的时候,业界内外已对养生堂的此次成功创意给予了关注和肯定:长达7个月的全国范围筹款是一笔非常可观的巨额资金。但这来自千万双手的点滴凝聚,比之于企业直接的捐赠,更是后者数倍的乘数效应。因为这既为申奥注资,又为公民搭建了一条表达心愿和参与申奥的桥梁;最后,作为企业,也在“善行”中提升了品牌和效益。以企业行为带动社会行为,用个体力量拉动整体力量,以商业性推动公益性,这无疑是极具创新性的。企业不以个体的名义而是代表消费者群体的利益来支持北京申奥,这个策划在所有支持北京申奥的企业行为中是一个创举。在商界,农夫山泉的举措无疑是英明的。

申奥成功后,农夫山泉的“一分钱”故事仍在继续,还推出了新版本——阳光工程。农夫山泉阳光工程由国家体育总局器材装备中心和农夫山泉有限公司联合主办,工程计划从2001至2008年开展为期7年时间。2001年,农夫山泉推出了“一瓶水,一分钱”活动,即每销售一瓶水,农夫山泉就替消费者向阳光工程捐出一分钱。2002年,农夫山泉阳光工程捐赠仪式在云南、湖南、安徽、河北、黑龙江等地同时展开。通过捐赠活动,这些地方有80多个市县的96所中小学得到了盼望已久的体育器材,各地的媒体也做了大量的报道,更使“阳光工程”增添了不少公益的色彩。同时,中央电视台“您每购买一瓶农夫山泉,就为贫困地区的孩子捐出了一分钱”广告不断提醒消费者。这个广告增加了“爱”的成分和内容,甚至会将“阳光工程”和“希望工程”联系起来,这不是那些“自吹自擂”的广告所能达到的效果,无疑极大地提升了企业的形象。

所谓“背靠大树好乘凉”,农夫山泉借申奥这样具有很大影响力的事件来宣传自己,使自己在激烈的竞争中能够迅速地确立在市场中的地位。借他人之名并不代表就是甘居人下,待时机成熟,品牌打开知名度后,再行独立,这样既可以省去前期打入市场的大量资金,又能轻而易举地提升自身的知名度,收获更多的经济利益。

另外,值得肯定的一点是,在今天企业承担社会责任已被否定、企业越来越像企业的时候,农夫山泉的“一分钱”活动尽管也是为企业提升品牌,但凸显了松下幸之助所说的“企业是社会之工具”的功能和社会责任感。一个具有强烈社会感的企业更容易赢得消费者的青睐和信任。

当然，这也是典型的以企业为本位的一次资源系统整合。因为要把几千万甚至上亿人次小到一分钱的心愿体现出来，是一项不经济的行为，成本极高，以社会化手段运作，即使不用任何动员，成本也将超过收益。而以市场机制的企业行为来操作，边际成本很低，这是市场经济条件下企业参与公众事务的优势。而在此过程中，品牌包括企业品牌和产品品牌恰到好处地站在公众注意力焦点的边缘，既不喧宾夺主，又巧妙地借用了公众视线的余光，使品牌得到更大范围的传播和认同。

火炬接力送饮料

我们常说机会随时有，就看你抓不抓得住。许多营销就是利用一个有着很大影响的事件而取得成功的。

2004 年雅典奥运会圣火在北京的传递使可口可乐在北京的市场推广提前，因为他们不会放过这么好的一个促销机会的。可口可乐在北京故宫北门提前搭建了一个京剧脸谱的特别造型，这个造型由1000 个奥运火炬传递纪念罐组成，由 20 名工作人员用 8 个小时搭建而成。除此之外，可口可乐还在火炬接力的沿途免费发放可口可乐饮料和大量的火炬接力助威纪念品。

可口可乐中国区的赞助商李晓筠说：“作为奥运会的赞助商，我们的市场推广活动肯定能在短期内产生很好的市场效益，但是我们的目标是长远的，并不是单纯地考虑企业的利润。”据了解，可口可乐已经提前在包括北京在内的全国 9 大城市提前铺货 240 万罐奥运火炬纪念罐，而北京则在 48 家超市上货 50 万罐，火炬传递沿途的 82 块公交车候车亭灯箱也将换上纪念罐的宣传画。

同时，作为可口可乐的对头百事可乐也有一系列促销活动在同期全面铺开。百事可乐的一系列促销活动在北京是从推广“揭盖有奖”、“集盖有奖”活动开始的。百事可乐为了这次促销已经至少花费了上亿元。而中国市场的另一个竞争对手健力宝因其管理层元老蒋兴洲率队集体辞职，有可能要在北京开新闻发布会，借辟谣的机会意欲在北京市场重整旗鼓。

作为奥运赞助商，可口可乐肯定不会放弃奥运商机，只有这样才能在如火如荼的夏季饮料市场占据主动。除了中国奥委会官方外，这次雅典奥运圣火北京传递的火炬手还包括有赞助商可口可乐、三星两家参与。为此，作为饮料巨头可口可乐肯定不愿意错过商机，大肆进行市场推广。

中国品牌联想成为奥运 TOP 赞助商，大概为此付出了 8000 万美元的产品、资金和服务，其中还不包括赞助金额的公关推广、市场活动等 3 倍的经费。而可口可乐肯定也不会置奥运商机给中国市场创造的巨大潜力于不顾。有数据表明，奥运会前、奥运会举办期间以及后奥运时期的 7 年间，北京投资和消费市场的总需求将超过 3 万亿元，其中，投资需求将超过 1.5 万亿元。这显然是一个巨大的市场，也许这才是可口可乐最终的目的。

企业的营销有长期利益和短期利益之分，但从企业的发展来看，一切的短期营销行为都是为长期利益服务的，为其作铺垫的，但这个短期的促销必须打得坚实，才能在实现长期利益的道路上走得平稳。

可口可乐耗巨资利用奥运商机，目的显然是为了 2008 年在中国北京举行的奥运会。但利用好每一次商机，给竞争对手以打击，这是我们应该学习的。

《时光魔琴》的天价神话

哈利·波特席卷了世界的每一个角落，让许多的人为之痴迷、疯狂，这也无疑为那些有着精明商业头脑、灵敏商业意识的人提供了巨大的商机。

于是，一时间各种版本的哈利·波特纷纷登台亮相。

有个奇异男孩名叫高吉拉，出生时爸爸突然失踪，根本不会开花的植物瞬间开了花，电视机竟然收到了外星台。最神奇的是，他拥有一把具有魔力的小提琴，一会儿穿越时空，一会儿上天入地。这是流行一时的魔幻小说《时光魔琴》中所描绘的故事内容，而它的作者，是一名年仅 9 岁的大连男童。

然而最令人惊讶的是，这本 24 万字的少年魔幻小说以 15 万美元的天价，将其境外版权出售给美国一家投资公司，数目恰恰与中国购入《哈利·波特》所付出的版权费用相等，消息一出，立即在国内出版界引起轩然大波，惊讶、猜测之余，人们不禁疑问：这到底是炒作还是神话？

可以肯定的一点是，《时光魔琴》是在借真《哈利·波特》的东风。

对于《时光魔琴》的内容是好还是劣，评论界一直有争议，相信读者也是仁者见仁，智者见智。不过它还真是火了一段时间，究其原因，无论如何也脱不掉《哈利·波特》系列的托举。试想，如果没有同类图书《哈利·波特》在世界范围内的热销，一个名不见经传的 9 岁儿童的作品恐怕很难引起如此大的反响。

《哈利·波特》的风靡一时似乎给幻想作品的生产添加了催化剂，中国的书市上很快就冒出了一大批“幻想文学”。“想象力”和“幻想”，是那个额头上有着闪电疤的英国小男孩哈利·波特踏进中国的土地之后，在此间风靡起来的两个重要词汇。而《时光魔琴》在宣传上，极力推崇的就是小作者非凡的想象力和幻想能力。

尽管有人很理智地分析说，从《时光魔琴》里根本找不到沉甸甸的底蕴，也找不到文学的质感，但这并不能影响人们对这本书的兴趣。“想象力”和“幻想”的概念炒作无疑获得了空前的成功。

另一点，作者的低龄与作品的幻想性质，现在都成了最具号召力的卖点。人们对炒低龄的做法也投入了巨大的热情。

虽然这一点没有像炒作者和书的内容那样明显，但仔细看每一篇报道，都无一例外地提到小作者阳阳的父亲——文坛边氏三兄弟的老三边云峰，这一点从侧面炒作了该书的文学水平，对提高人们的认知度无疑起到了推动的作用。

另外，所有的报道也无一例外地讲述了《时光魔琴》的写作过程，小作者写作速度之快、自信心之强，更是勾起了读者一睹为快的愿望。

不可否认，《时光魔琴》是实实在在地借了哈利·波特的魔力才如此火起来的，但我们依然看到了其中浓重的商业炒作痕迹。但在如今这个商业炒作盛行的时代，倒也无可厚非。许多人也许在后悔自己怎么就没有想到利用这一点，那只能怪你自己缺乏足够的想象力。

新月用“人情”写传奇

月饼是中秋佳节的传统食品，但近年来随着人们消费观念的变化，其主要用途已由家庭消费变为人情消费，成为中秋送礼，联络感情的首选。高额的利润驱动着厂家拼命生产，如此众多的雷同产品一齐供应短暂的时令市场，竞争激烈的程度可想而知，结果便是造成巨大的浪费。

这本是个太过传统的市场，同质化程度又极高，想要创新的确很难。但唯有如此，企业方能获得竞争优势，在同类产品中脱颖而出。香港大班冰皮月饼正是看准了“人情”这一新的消费点，利用“人情”创造了成功。

大班公司为此制定并实施了周密的营销策略。

首先，他们以与众不同的清爽口味为产品定位，以精美包装衬托其独特、高贵的形象。大班冰皮月饼的定位清晰、准确，针对潜在顾客的心理，牢牢把握他们对清淡口味的渴望，其独有的特点迅速深入人心。

价格当然是人们消费最先考虑的因素。秉承高贵的产品定位，他们制定了高价格，高价格也通常意味着高质量。他们对其冰皮月饼采取了高出一般水平的定价，以与其高质量、高档次的形象相称。

作为一种意欲树立良好形象的高档产品，在产品设计、定价、包装、促销等各个环节都必须协调一致，任意一方面的疏漏都可能破坏整体的理想效果。大班公司在这方面考虑得很周密，冰皮月饼高价高质的形象在高档月饼中显得非常突出。

为了配合高价策略，大班冰皮月饼采取了高水平的促销策略，这样有利于建立品牌喜好，同时也向消费者诉求该产品虽然定价高，但绝对物有所值。月饼是一种时令性很强的产品，在竞争激烈的市场上推出高价位的新品种，就必须在最短的时间内实现市场渗透，而高水平促销则有助于加快这种渗透进程。大班公司的做法是在食品博览会以及其专卖店中提供免费品尝，对先期购买的顾客，则给以折扣，优惠售价每盒不到100港元。亲自尝过冰皮月饼美味的人们无不心动，纷纷解囊购买。

这种促销手段只能在较小的范围内达到效果，要打开更大范围的市场，就必须建立畅通的销售渠道。大班冰皮月饼采取了在其专卖店中销售，而不经过任何中间商。这种专卖的形式一方面有助于大班公司严格控制其服务水平，对产品销售进行有效的管理；另一方面也再次体现了大班冰皮月饼的高档次、高品质的高贵形象，显得非同一般。结果人们果然慕名而来，又都满载而归。除了零售之外，大班公司也积极拓展集团消费这另一块巨大的市场，他们为此特别指定了30家机构，专门来服务于集团购买。大班冰皮月饼尽量吸引人们的购买力，却仍尽力保持新月优雅的风度。毕竟，冰皮月饼要告诉人们不是随便哪儿都能买到的。

当然，广告宣传是必不可少的营销的手段。大班冰皮月饼的电视广告颇有新意，虽然仍然少不了反映传统的一面，但整体风格却尽量显得轻松有朝气，充满活力。电台的广告也秉承这一特色，强化这种风格。此外，广泛散发的产品宣传册和传单也不断传达着冰皮月饼独具特色的信息。

通过全方位的策划、包装，大班公司以全新的冰皮月饼上市，精心策划的推广活动也得以准确施行并大获成功。清爽味淡的冰皮月饼在市场上大受欢迎，简直供不应求，在中秋节前几天就销售一空，销售收入超过预期50%，给公司带来了丰厚的收益。当然，这样的结局与大班公司在冰皮月饼上长期的努力、大量的投资和倾心的投入是分不开的。

大班冰皮月饼营销的成功首先是准确把握消费者的需求，那就是在新的环境中人们消费观念的变化，在传统消费品中加入了新的消费理念，在这个基础上，他们迎合消费者的需求，使传统产品也能创出新意。对于这类不存在高新技术垄断的产品，概念上的创新尤为重要，关键在于争先，利用消费者的心理，抢先在消费者心目中占据第一的位置。

大班冰皮月饼的营销成功是因为在销售过程中策略实施的准确、到位。新产品通常是脆弱的，产品开发及推广活动中稍有不慎都极易造成失败，而因为营销活动的非专业和不到位导致失败则最为可惜。

营造一个好的、新的产品概念也需要专业的营销策略去推广，否则就只能停留在纸上谈兵的水平上，难以获得大的成功。当然，最关键的是一开始必须抓住消费者的消费需求，然后很好地利用这一点进行准确、成功的营销就能达到目的。

“沐浴劲歌”变卖点为记忆点

新产品的推广是一件非常花费功夫的事情，因为一旦推广失败，就将满盘皆输，一切为之的工作都全部作废，所以，一般新产品的推广都会利用各种机会和手段，在最短的时间里让消费者知晓，打响产品的知名度。

2002年5月，宝洁公司为配合新推品牌“激爽”(ZEST)沐浴产品的上市推广，在北京、天津、上海、广州、深圳等8大城市举行了“沐浴劲歌”路演活动。活动所到之处，无不引起大众和媒体的广泛关注。

在人们的印象中，一般路演推广的都是一些不太上档次的产品。而且任何路演活动都有着非常明显的商业目的，一个新品推广的路演就更是带有极强的功利性和目的性。“激爽”新品上市推广首先要的就是知名度，这也是一般新品上市最渴望得到的。因为如果没有一定的知名度，消费者就不太可能做出放弃老品牌而去试用新品牌的举动。所以如何将新品策划中的亮点转化为传播中的热点，是新品推广的关键所在，没有一定的功力还真难做到。消费者已经习惯了众多的类似活动，比如在其他领域曾早就出现过美女内衣秀、人体彩绘秀、婚纱秀等，这一次宝洁公司大胆将其他领域的一些成功经验平移到自己的新品推广上倒也无可厚非，但也需要很大的勇气，如若操作不慎，便会在提升知名度的同时丧失产品的美誉度，成为“臭名昭著”的典范，反而是得不偿失了。

即使将亮点变成了传播的热点，但如果没有给消费者留下深刻的印象，像一阵风刮过一样，那就根本没有达到推广的目的。所以还要将事件的热点变为消费的记忆点，这一点尤为关键。“激爽”本身是一个沐浴产品，所以选择沐浴的形式就是理所当然的了，而且还是十分贴切和准确地传递了产品的最为基本的功效。“激爽”的沐浴劲歌方式也倒也不是凭空想象、空穴来风，在校园的澡堂、自家的浴缸、沐浴房，人们一般都有过边洗边唱的经历，这一点就是“激爽”沐浴劲歌的灵感来源，宝洁公司不仅了解到了这一点，同时也把握住了这一宝贵的机会。

把看似公开沐浴这样有些避讳，甚至俗气的形式与沐浴产品很好地结合起来，使得消费者在议论的同时转而深深地记住了一个全新的品牌——激爽，单就这一点来说是非常难得、非常成功的。

产品的推广就像一个连环套，只有每一步都做好，都收到良好的效果，才能很好地展开下一步。热点和记忆点有了，接下来就是如何打动消费者的心，如何激起他们消费的欲望，那就要制造卖点，就是要制造想办法把产品卖出去的理由。“激爽”的路演只是一个亮点，但它通过广告宣传、媒体炒作已经成为了一个热点现象。由于参与、议论、传播等手段，“激爽”突显的记忆点也产生了，但如果不能将最后的销售工作做好，记忆点也会在更多信息量冲击的情况下逐渐变得暗淡。

宝洁公司作为世界最大的日用消费品企业，有着众多产品推广成功的经验，他们依靠自己综合的市场控制能力、合适的定位策略、终端的促销导购等综合工作给消费者传递了许多积极的卖点：比如“激爽”是宝洁的产品，有可靠的质量；“激爽”有产品品质的附加值“留香因子”；“激爽”有产品精神内涵——激情、清爽；“激爽”有产品心理暗示——用“激爽”的你是时尚的、流行的；“激爽”有产品的知名度——你用的是名牌等。这么多的卖点，再有宝洁的金字招牌，消费者不动心都难。

事件营销是现在许多企业开始运用的手段，它的主要优点在于在各阶段的营销推广中确立一条主线，使得广告宣传、促销活动都能紧密地围绕这根主线展开，既相互独立又遥相呼应，真正把整合的作用显现出来。尊重销售规律，针对目标消费者培育忠诚消费、回头消费、招牌消费才是最为实际的营销举措。

事件营销其实是一种亮点营销，是一种热点营销，是一种记忆点营销，是一种卖点营销。它就是要利用可以利用的各种营销传播推广手段，集中、准确地将更多的产品信息及利益点传递给目标消费人群。“激爽”的沐浴劲歌大赛就是这样一个虽有非议但效果显著的事件营销案例。

需要注意的是，这其中的任何一个环节都马虎不得，它们之间是一种因果关系，前一环节直接影响下一个环节的开展，所以，必须步步为营，每一个环节都要把工作做足。

杜撰的美丽传奇

好奇心是人们的一种很正常的心理，尤其是对一些新奇的事物的出现，人们总希望知道更多的相关信息，更多的了解它的发展进程和最终的结果。这种好奇心却正好成了众多厂家销售产品的切入点，他们利用消费者的这种心理，把消费者的胃口吊起来，让他们不断地关注事件的进程。而这种长时间的关注必然给他们留下深刻的印象，厂家也就达到了他们营销的目的。

兰丽绵羊油是美国加州兰丽化妆品公司生产的一种护肤品，它进入台湾市场时，靠的是一个杜撰的故事，吸引了大众的注意力。

1976年10月，台湾的各主要报纸上刊登出了一则广告，画面是用细线条画成的一只手和几只羊，广告的标题是："很久以前，一双手展开了一个美丽的传奇故事！"但广告中并没有再继续讲这个故事，只是说明，这个故事已被编成一本彩色画册，消费者按广告中的地址去函就可索取阅读到。

很多消费者抱着好奇心真的去信索取，他们收到的画册上的故事是这样的：

"很久很久以前，在一个很遥远的地方，有一位很讲究美食的国王。在皇家的御厨里，有一位技艺高超的厨师，深得国王的喜爱。

"有一天，国王突然发现餐点变得不如原来好了，就将厨师叫来，结果才发现厨师的手变得又红又肿，自然就做不出好东西来了。于是国王立即命令御医给他医治，但却是久治不愈，御医和厨师只得离开了王宫。

"后来厨师流浪到一个小山村，帮一位老人放羊。他常常抚摸羊毛，渐渐地，他的手疾竟然神奇地自己痊愈了。

"再后来他离开老人回到国都，刚好遇上国王贴出告示征召厨师，他蓄须前往应征，因为他厨艺高超，做出的厨点都很好，不久就被录用了。当他剃掉胡须时，大家都认出他就是原来的大厨师。

"国王知道了这件事，就召见了他，问他的手是如何治好的。他说，大概是经常用手去梳理羊毛，不知不觉中就给治疗痊愈了。

"根据这一线索，国王让科学家进行了研究，果然从羊毛中提炼出一种油脂，有治疗皮肤病的功能，国王就将这种油命名为兰丽。"

这样的一则故事，让人们一看就知道是不真实的，是杜撰的，但也许是编得很感人，抑或是有人宁可信其有，总之，很多人对这种兰丽油产生了浓厚的兴趣，纷纷购买使用。

接着，为了与这则感人的"故事"相配合，兰丽公司又相继推出了几则富有人情味的广告。

第二则广告是"恭喜你，龙妈妈"。原来，1976年刚好是中国农历的龙年，龙年所生的小孩被称作龙子或龙女，自然地，他们的妈妈就是龙妈妈了。而广告的诉求是："在产前产后每天用几滴兰丽油轻轻按摩腹部，可以收紧松弛的腹部，保持身材苗条。"

一声贴心温暖的"龙妈妈"和几句关心的话语，令龙妈妈们感动不已，自然，她们也加入了兰丽消费者的行列。接着，兰丽公司把广告诉求对象不断地扩大。

一个月后第三则广告又出现了。这则广告是一位主妇站在门口送丈夫上班、孩子上学："在冬天让你的先生和孩子用一些兰丽油，你就不必担心他们的皮肤会粗糙、干裂了。"

春节前夕，他们又相继推出了第四则广告"祖母的心愿——假如我再回到18岁"，画面中坐在沙发上的祖母在翻看过去的相册，广告中说："假如我再回到18岁，我一定要及早注意皮肤的保养。"

母亲节到了，广告又变成另一个样子，画面改用了手画稿，画的是一位女士携带着一包礼品。广告的标题是:"妈妈,我回来了。"广告是兰丽的,人们自然就想到礼品应该也是兰丽油之类的东西。

通过这些极富人情味的系列广告,兰丽油深深地植入人们的心目中。仅仅过了一年左右的时间,兰丽油就变成了台湾最受欢迎的护肤品之一。

故事是虚构的,这谁都看得出来,但恰恰是这个虚构的,却又充满了温情的故事,使人们愿意相信这个善意的谎言,跟着感动了一次又一次。

兰丽能在激烈的市场竞争中脱颖而出,很大程度上要归功于这则巧妙杜撰的美丽故事,以及那几则极富人情味的广告。正是它们巧妙地相互烘托,把兰丽的美好形象树立了起来,从而使它从众多的同类商品中突显了出来,让人们更多地注意到它。

在市场竞争中,使用以假乱真的计谋,让人产生错觉,也是经常使用的方法之一。无中能生有,这才是高明之处,关键是要做到不着痕迹,不会让消费者产生反感。如果能做到让人们对杜撰的东西都不以为假,即使明知道是假的也愿意相信,反而还会津津乐道,那就是高明的手法。

但一定要记住一点,假的就是假的,它永远都不可能变成真的。所以,做假一定要有限度,既然是杜撰的,就要特别地小心,不要编得太过于虚、太过于假,让人抓住把柄,否则将弄巧成拙,自受其害。

Lotto 在重兵包围中脱颖而出

一提及运动服装品牌,人们马上就会想到耐克和阿迪达斯两大国际巨头,此外,像李宁这样的民族品牌也占据了一席之地。随着市场竞争的加剧,众多外国品牌纷纷抢占中国市场,Lotto 就是其中比较重量级的一个。2000 年 9 月份,Lotto 品牌进入广州市场,它所面临的是如何从重兵包围中脱颖而出。

在进入之前,他们进行了周密的市场调查,确定了准确的市场定位和营销策略。他们发现大学生的消费观念感性而讲求实际,前卫且不太定型,接受新品牌、进行品牌转换的可能性较高。这一点在广州这个沿海开放城市表现得尤其突出。另外,大学生大都追求个性化消费,在耐克和阿迪达斯充斥校园的情况下,Lotto 的出现会给人一种独树一帜、前卫的印象,能较快树立品牌。而品牌对于大学生来说,意义远不止身份的象征这么简单,他们更希望通过品牌来表达自我,展现个性。而且他们将是未来十年的消费主体,只要抓住他们的心,就相当于为未来十年的品牌推广铺垫了道路。

通过仔细的分析,Lotto 提炼出一个利用事件宣传的想法,即在广州的许多高校举办由 Lotto 赞助的三人制足球联赛,来宣传自己的品牌。

根据对广州高校的调查,Lotto 最终确定在全市具有代表性的中山大学、暨南大学、广东工业大学和广东外语外贸大学举办"高校三人足球赛"。比赛吸引了 192 支自由组合的球队,4 所大学近万名学生参加。

举办比赛的目的当然是为了宣传和提升 Lotto 品牌,所以,他们对球赛进行了策划包装。

首先,精心组织了开幕式和闭幕式。开幕式和闭幕式的目标群比较集中,也有较充分的时间将品牌理念进行阐述。他们在开幕式上阐发了 Lotto 品牌的发展历史和体育精神,在闭幕式上颁奖,给参与者留下了深刻的印象。

其次,对奖品的设置。用 Lotto 做奖品,既增加了产品曝光的机会,又能给人们留下"优秀、出众、良好"的印象。

另外,还举办了有奖问答活动。在 48 场比赛的每一次中场休息时,都插入对 Lotto 品牌的有奖问答,现场提问、现场回答、现场颁发奖品,使现场观众在潜移默化中形成对 Lotto 品牌的印象和好感。

现场促销也是一个环节。在"Lotto 杯"高校足球三人赛举行过程中,Lotto 不失时机地在四所高校中组织促销活动,学生表现出了极大的热情,还吸引来了大批的外校学生,其影响超过了比赛本身。

除此之外,Lotto 还设立了常年奖学金,使得品牌得以持续传播。

在举办活动的同时,他们展开了大规模的立体宣传攻势。Lotto 围绕广告语"潮流只是短暂,经典才是永恒"设计了海报、传单及潮流手册。画面着力表现 Lotto 的经典美感和时尚风格,把大学生的独特品位刻画得细致入微。活动期间在大学校园内广泛张贴、派送,让学生了解 Lotto。三人制足球赛开始后,又立即在四所高校校园内展开了立体的宣传,以保证活动信息和 Lotto 品牌深入到每一个层面。宣传渠道包括校报、校刊、广播站、宣传橱窗和校园派发。

Lotto 对宣传的内容做了要求,如在各大学的校刊封面宣传 Lotto 的品牌信息;校报用一定篇幅介绍 Lotto 的相关情况;校园广播站定时播报赛事举办进程、赞助品牌的宣传口号。只要置身校园中,就可以感受到 Lotto 无处不在。

当然,仅仅依托校园来进行推广是不够的,Lotto 在赞助高校足球赛的同时,始终注重品牌形象的宣传,在一系列大众媒体上发布广告和宣传文章。

经过一系列的宣传活动,Lotto 迅速打响了知名度。

这一事件推广活动从效果来说无疑是成功的。四所高校的大学生对三人制足球赛都投入了极大的热情和关心,活动信息和 Lotto 品牌得到了大学生的深入了解。通过活动,一个有着巨大成长空间的品牌消费群体正在悄悄地形成。

随着市场的开放程度加大,越来越多的品牌加入其中,一开始必然会遇到与 Lotto 类似的境地。在变幻的市场风云中,企业只要用心去思考、去研究,真正从消费者的需要出发,在追求创意的同时注重实效,就能打出一片自己的天地。

"趁火打劫"的扬名之道

由于公众人物具有较高的社会知名度和一定的社会影响力,所以,很容易吸引公众的注意力。这也成为众多厂家炒作新产品所容易利用的注意点。

台湾 Fido Diao 洗发乳的迅速扬名就是利用了这一点。

1982年5月,台湾发生了一起引起社会各阶层人士广泛关注的事件——著名的女歌星方季惟患甲状腺癌并住院接受手术治疗。

方季惟是当时台湾最红的歌星,所以,她的患病自然成为台湾的焦点新闻。

广告商眼明手快,抓住了这一机会宣传自己的产品。1982年5月5日,台湾著名的Fido Diao洗发乳很快在《中国时报》以大篇幅刊登出广告:

"此时此刻,Fido Diao只想对他亲密的伙伴方季惟说:'别怕,勇敢的小孩,我们永远站在你身边'。

"方季惟——我们深受您的爱心感动,适逢温馨5月,Fido Diao洗发乳决定:捐出为期一个月每日所得总收入的十分之一,作为Fido Diao关怀方季惟医疗基金,Fido Diao诚挚邀请您同时付出您的关怀。

"对于一位独立、坚强、乐观的年轻歌手,Fido Diso关心她不为人知、软弱无助的一面。扛着身为青少年偶像、'梦中情人'的社会责任,Fido Diao知道其实面对生活的搏斗,方季惟有着不为人知、年轻无助的一面。今天,Fido Diao要向方季惟说的是:'勇敢的小孩,别怕,即使不能继续歌唱事业,我们依旧要献上一份Fido Diao最诚挚的关怀。'Fido Diao决定保留方季惟个人拍摄的第一个广告的原音,鼓励方季惟早日痊愈。"

广告词的旁边,则配有几幅为台湾人所熟悉的方季惟长发飘逸、笑容璀璨的大幅照片,以及Fido Diao洗发乳的商标。

当时年仅25岁的方季惟是台湾"蓝与白"唱片公司的红歌星。她涉足歌坛4年来已经推出了9张唱片,而且每张都销售量不俗,均在排行榜中名列前茅。她不仅人长得漂亮,还多才多艺,而且艺品俱佳,因而连年在台湾影响很大的"梦中情人"评选中折桂,是一位公众形象甚佳的"玉女偶像"歌星。尤其是那一头飘逸的长发和清纯、健康的形象,更为无数老少歌迷们所倾倒。很多洗发乳公司都请她出任广告形象代表,其中就有Fido Diao。

这样一位人们心目中的"大众情人",现在突然身患重病,自然引起全台湾人的关注。各大媒体均以大量的篇幅报道她患病及治疗前后的细节,朋友、歌迷们的问候电话及敬献的鲜花更是源源不断,可见其在台湾人心目中的位置。

Fido Diao看到这一点,于是巧妙地利用方季惟曾经为其产品做过形象代表的关系,紧紧抓住方季惟患病住院、无数人都在仔细阅读有关报道的时机,以"关心"为幌子推出自己的广告,自然是备受读者的注意,其宣传效果自然也是不言而喻的。

Fido Diao趁着方季惟患病之机,在报纸上大做广告,虽说是以帮助方季惟的名义进行的,但仔细一想,总给人一种"趁火打劫"的感觉,让人们心里有点不舒服。

商场竞争虽说也很残酷,但还不会像战场一样的你死我活,所以在商场上使用这样的手法,就要更加小心了。这种借公众人物的事件,尤其是对公众人物来说不太好的事件来做广告宣传的营销手法必须慎之又慎,营销者更是要密切注视市场态势的变动,善于寻找外部环境的变化,化危为利。但不管怎么说,将别人的"危"转变成自己的"利",总给人一种"不仗义"的感觉。

而Fido Diao之所以敢于使用并用得较成功,关键在于它巧妙地利用了方季惟曾经做过自己的产品代言人的这一层关系。有了这一层特殊的关系,而且还以关心的名义,Fido Diao所做的一切就变得名正言顺而又天经地义了。

这种宣传手法具有很大的风险,稍有差池就会"偷鸡不成,反蚀一把米"了,因此,必须找到两者之间紧密的联系,尽量把事情做得看起来名正言顺,才能让消费者接受。

总统用的是派克

派克钢笔是享誉世界的品牌,也是尊贵身份和地位的象征。在圆珠笔发明以前,派克钢笔曾经风光全世界。直到匈牙利人拜罗兄弟发明了圆珠笔,派克公司一统市场局面才被打破。由于圆珠笔实用、方便、廉价,一问世就深受广大消费者的欢迎。派克钢笔因而大受打击,身价也一落千丈,公司也濒临破产。

不甘就此下去的派克公司决定奋起反击。首先,派克公司改变广告策略,着手重新塑造派克钢笔的形象,突出其高雅、精美和耐用的特点,使它从一般大众化的实用品转变成为一种显示高贵社会地位的象征,从而使派克钢笔重新焕发了生机。

从这样的战略思想出发,派克公司主要采取了两项战术措施。首先削减钢笔的产量,同时将售价提高;其次增加广告预算,加强宣传以提高派克钢笔作为社会地位象征物品的知名度。为此,派克公司把目光对准了世界名人。

派克公司选择的目标当然是那些拥有尊贵地位和世界影响力的人士。他们最先把目光对准英国女王。英女王是英联邦的元首,其所有物品无不显示其地位的高贵。随之,其用品的商标及生产厂家也就借光打上了高贵的烙印。派克公司深知这一点,经过艰苦的努力,终于使派克钢笔获得了伊丽莎白二世御用笔的资格。

从此,以实用为标志的派克钢笔不存在了,取而代之的是以炫耀、装饰为灵魂的新派克钢笔,派克公司随之也新生了。而派克钢笔也总是伴随着一个又一个的名人出现在世人面前。

1945 年 5 月,欧洲盟军统帅、后来成为美国第 34 任总统的艾森豪威尔,在法国签署第二次世界大战结束协约时所用的签字笔,就是一支笔身镶有 4 颗纯金星的派克,这是派克公司专门为这一场合特制的,那 4 颗星代表的是艾氏的 4 星上将军衔。

1945 年 9 月,太平洋盟军司令麦克阿瑟将军签署日本投降书,宣告太平洋战争结束时,用的也是派克笔。

1972 年,美国总统尼克松对中国做了一次历史性的破冰之旅访问,他赠送给毛泽东主席的礼物也是一对特制的派克 75 型金笔。这对派克金笔在制作时加入了阿波罗 15 号宇宙飞船从月球上带回来的尘土,所以,更加显得与众不同。

1985 年 11 月,里根在日内瓦赠送给戈尔巴乔夫夫妇的礼物也是一对派克金笔。

……

1987 年 12 月 8 日,美国总统里根与前苏联总书记戈尔巴乔夫在冰岛签署关于"消除中程导弹"的裁军协议。这是当时最受世人关注的焦点新闻,全世界的媒体都把主要精力放在这个大西洋的小岛上,世界各地热爱和平的人们则纷纷打开电视机,注视这一具有历史意义的一刻。

在电视中,人们很容易看到,镜头里的两位国家首脑,用的签字笔都是相同的银制笔。如果看得仔细一点,你也许可以发现,那两支银制笔原来是著名的派克笔,因为它那特有的箭型标志在电视镜头里非常醒目。

没过几天，香港的一家报纸上即出现里根和戈尔巴乔夫在冰岛签署协议后互赠签字笔的大幅照片，整张照片几乎占满了整版的报纸版面，在照片的底下，一行大字写着："千军万马难抵大笔一挥，大笔乃派克。"

人们才知道，这原来是派克笔的广告。

几天后的1988年1月3日，前苏联的《莫斯科新闻报》上也刊登出了一整版类似的派克笔广告，广告的标题是用大号铅字印刷的"笔比剑更强"，而广告的主画面也是美苏两国首脑在冰岛用派克笔签署协议的大幅照片。

据说，这还是美国商品第一次在前苏联的媒体上做广告。

有里根和戈尔巴乔夫这两位世界上重量级的人物的现身说法，派克笔以旋风般迅猛之势在消费者中激起了新的波澜。

派克笔总是能与名人结缘，除了其自身的不凡价值外，完全得益于其独特的公关和广告手段。派克不仅善于"出现"在名人出没的各种场合，更善于利用社会关注焦点、名人做广告。派克公司曾经有一则著名的广告，它的画面是美国二战时期的总统罗斯福在一文件上签字的照片，其广告词则是："总统用的是派克。"

当然，让自己的产品与这么多的世界名人搭上关系是非常不容易的，除了产品本身的高品质以外，还需要超强的公关能力。

派克公司的这一招走得险，但却很高，很成功。面对企业利润的下滑和品牌影响力的削弱，必须及早地行动起来。由于派克之前的超强知名度和市场垄断地位，再次出击就必须另辟蹊径，改变人们的固有认识，从而创造全新的概念。

任何产品都有其成长期、成熟期和衰落期。如果善于利用环境条件，借助外力或谋略，进了衰落期的商品也有可能恢复生机，东山再起，重新占领产场。这就是所谓的"借尸还魂"之术。

派克钢笔之所以能做到长销不衰，与它善于利用这一战术是分不开的。钢笔在圆珠笔出现之后毫无疑问已经进入到了它的衰落期。但衰落并不一定就是死，因为钢笔还有它特殊的使用场合。派克充分认识到这一点，扬长避短，借用名人的力量，把自己塑造成一支特别的"书写历史的见证笔"，使它得以一次又一次地重生。

当然，这也是市场细分和产品定位的胜利。要进行市场选择，首先就要进行产品定位，即确定本企业的产品同别的同类产品有什么区别、特点和优势。实际上，从19世纪40年代起，派克就很注意这方面的工作，通过长期的广告宣传，特别是巧妙利用派克与名人结缘的机会，把自己塑造成名贵笔的象征，从而为自己找到了合适的产品定位。

当NBA遇到红牛

红牛是中国饮料市场上一个有着独特个性的品牌，他们也因为这种独特的个性赢得了消费者的青睐，并走出了国门，打入了饮料大国美国的市场，与全球最著名的篮球联盟合作。

2003年11月25日，红牛饮料有限公司举行了盛大的与NBA美国职业篮球联盟的赞助签约仪式，这是NBA首次在中国大陆单独寻求战略合作伙伴，而且一签就是3年。

“困了累了喝红牛”，国际功能饮料第一品牌红牛的这句广告词在中国一打就是8年，由于在品牌策略上的单一性，只强调功能性，而没有赋予品牌更深层次的价值，与近年来表现强劲的其他饮料品牌相比，红牛的表现一直不温不火。在中国市场变化迅猛的今天，随着媒体关注角度的调整、消费者消费习惯的调整、人们对品牌内涵及文化价值认识的调整，红牛面临着品牌老化的危机。

随着奥运脚步的临近，基于功能饮料与运动的天然联系，红牛品牌更加需要运动化的价值体现。朱小明上任以来进行了一系列针对体育的营销动作，为红牛品牌增加了“活力、动感、时尚”的内涵。篮球巨星姚明加入后的NBA已成为在中国最具吸引力的运动，最能代表国际化、动感、时尚的潮流。

红牛以三年近亿元人民币成为NBA在中国的核心合作机构，并成为NBA中国区域指定运动能量饮料，以“我的能量、我的梦想”为中心，展开了一场在广告宣传、终端促销、包装创新上全方位进行的整合营销攻势。红牛花重金抢得的这个头彩，无疑对红牛品牌和市场有着极其重要的战略意义。

其实，在此之前，有众多体育营销的成功案例。比如策划和运营国内单项体育史上最大规模的体育赛事——“步步高杯”泰格·伍兹中国挑战赛，被评为2001年中国成功标杆案例、体育行销最成功的案例。在商业价值开发、资源整合、企业合作及利益最大化方面均创造了前所未有的成绩和经验，是中国高尔夫界的里程碑式的活动。

因而，红牛与NBA的合作有着非常广阔的前景。红牛参与运作的TBBA全国大学生三人篮球赛体育营销项目获得了中国首届杰出营销奖铜奖，并在2004年成功将此活动提升为NBA在中国的地面推广品牌延伸活动。其独到的体育营销观点在业界引起关注。

通过与NBA的接触、合作，使红牛人对NBA的专业、对知识产权的维护以及严谨的工作作风有了深刻的印象。而在如何最为有效、最大限度地利用品牌资源，真正打造品牌联盟，建立共同的品牌资产等方面的深刻的体会才是最宝贵的财富。

NBA的专业、对知识产权的维护体现在他们工作的每一处。合作一开始，NBA中国区总裁Mark Fischer就亲自来到红牛公司，召开了一个包括红牛公司50多人在内的讲座，内容就是如何正确运用NBA的知识产权。紧接着，一本十几页的《NBA知识产权使用原则》又传真到了红牛，详细地讲明了包括图片、音像资料、标志、球员的使用细则，甚至详细到了每个球员的昵称、拉拉队的音乐、卡通等该如何使用。

在实际的操作中，各类的规矩更是不胜枚举，有的时候，甚至让人感觉到了吹毛求疵的地步。比如，在设计活动海报的时候，红牛按照NBA给出的名单在海报上出现了6名球员，球员下面是本次活动的口号。而NBA在审批的时候认为，口号和球员紧挨着放在一起，会给消费者这些球员是红牛公司代言人的误导，坚持要求更正。

在这一次次的修改、更正、磨合、调解的过程中，红牛感受到作为国际第一篮球品牌和顶级体育资产，NBA对品牌所进行的正确、规范、系统、严谨、长远的维护。

通过合作，红牛人看到了自己的不足，有了明确的学习方向。那就是要想将品牌精神和价值渗透到企业最末梢的神经系统，还需要建立一个系统科学的品牌维护体系和一支专业的品牌维护队伍。

企业之间的合作一直是一个双赢的结果。在互相取长补短、互相学习的过程中，企业对自己有了更清楚、更透彻的认识，有了明确的努力方向，这对企业来说，要比眼前的利益更重要。

第五章

不露声色：商业公关的最高境界

谁都知道行销中公关的重要性，但做到不露声色、不着痕迹，才是公关的最高境界。

健力宝公关希拉里

“健力宝”曾经是中国最有名的民族饮料品牌。当年，在其他品牌都相继被可口可乐和百事可乐吞并，“两乐”几乎一统天下的情况下，“健力宝”不但没有被挤垮，反而依然屹立不倒，有与“两乐”争锋之势。不仅如此，它还要反戈一击，打进“两乐”的故乡美国去。

当时，“健力宝”虽然已在中国家喻户晓，占据优势地位，可在国外，除了1984年洛杉矶奥运会时曾有过一次“魔水”的轰动外，可以说是毫无名气，不被国外市场所熟知。而且，“魔水”旋风已过去十多年，时过境迁，在激烈的市场竞争和变化中，善于忘怀的现代人有谁还记得它呢！

“健力宝”知道，在美国“两乐”占绝对地位的情况下，如果与之正面交锋，那无异于从低谷顺着山道慢慢地往上爬，在美国这样竞争异常激烈的社会，也许还没爬到半山腰，已给别人推下山了。

因此，必须得找一个机会，直接空降到这个山头，抢先占据一个制点高，然后确立自己的优势地位。

于是，他们把眼光盯上了被誉为美国最大表演秀的美国总统竞选活动和风头极劲的克林顿身上。

1992年10月1日晚上，美国纽约港湾里一条豪华游轮上，克林顿的助选大会正在举行。

健力宝美国有限公司的工作人员早就知道了有这样一个助选大会，而且知道克林顿夫人希拉里和副总统候选人戈尔的夫人都将到场。他们看到这是一个实施“空降”的绝佳机会，必须全力以赴，精心准备，做到一击见效。

下午4时半，健力宝美国有限公司的总经理林齐曙就和公司的工作人员来到码头。他们当然不是来支持克林顿的，他们对政治没有丝毫的兴趣，他们有着更加激动人心的目的，他们就是想利用一下克林顿的名声和美国这场表演秀宣传自己的产品罢了，要利用这场全世界都在关注的盛会让全世界的人见识一下“健力宝”。所以，他们带来的并不是对于竞选的热情，而是“健力宝”和摄像机、照相机。

在通过了严密地安全检查后，他们才得以上到游轮。趁着活动还没有开始，他们仔细地勘察了希拉里将要经过的路线，并准确地预测希拉里可能停留的位置，并选定了拍摄的角度。

一切准备就绪，健力宝的工作人员各司其职，站在选中的几个位置上等待着，只等希拉里的出现。

当希拉里和戈尔夫人来到现场并与“健力宝”人士握手之际，一旁的礼仪小姐不失时机地利用托盘端上了“健力宝”饮料。

时机来了，就在健力宝美国公司的经理向希拉里和戈尔夫人献上饮料，两位夫人笑盈盈举杯畅饮的当口，只见镁光灯频闪，一个不可多得的镜头——“健力宝”与美国第一、第二夫人结缘的情景便被载入了史册，被传到了世界各地的媒体上，站在一旁的众多新闻记者也把这一场景摄进了他们的镜头。

可以想象得到，就在这一晚，“中国魔水”在高举火炬的自由女神像下是何等的大放光彩。两位华裔小姐身着色彩艳丽的旗袍，披着“健力宝小姐”的绶带，不断将“健力宝”送到热情洋溢的各位宾客手中，掀起了“中国魔水”的旋风，在场的记者也对“健力宝”产生了浓厚的兴趣。

后来林齐曙在接受《美国之音》的现场采访时说：“我们无意关注美国政治和总统大选。我们的目标是让美国人民了解和认识‘健力宝’。如果有机会，我们同样乐于参加共和党的助选大会，让布什总统的夫人芭芭拉女士也喝上这种东方魔水。”说话间，通过这个享誉世界的媒体，“健力宝”又扩大了自己的品牌知名度。

1992年12月20日，著名的《纽约日报》刊登了新当选总统克林顿的夫人畅饮“健力宝”的照片。不久，照片便引起了公众的猜测和想象，同时也拉开了“东方魔水”进军美国市场的序幕。

1993年1月20日，克林顿在白宫宣誓就职，“健力宝”选定这一天作为他们美国分公司正式开业的日子，同时50万箱健力宝饮料被推上美国各地的超级市场。

我们不得不佩服“健力宝”领导人的勇气和智慧。如果你认为“健力宝”是偶然间撞上希拉里的，那你就大错特错了。所有的这一切，都是他们按计划一步一步进行的，是经过了充分准备和策划的。

我们总说“机会是为有准备的人出现的”。营销人员就应该这样，时刻保持着一颗充满准备的心，绝不放过任何一件能为自己扬名的机遇。其实，这样可以利用的事件和机会每天都会在我们的周围发生，就看你能不能抓住它们了。当然，要做到能结识希拉里这样的世界名人，是要费一番苦功的，甚至还需要有不菲的花费才成。但最起码你必须有这个勇气和眼光。功夫是靠不断磨炼出来的！在现在的商业社会里，只要你抓住机会，有投入就会有回报，只要你能想得出来，破费也是值得的。当然，有时候还需要那么一点“异想天开”，像“健力宝”一样，它的回报与它的投入相比，不知要高多少倍呢！

让布什骑上飞鸽

“飞鸽”牌自行车代表了一个时代，也因此成为了代表一代中国人的一段难以磨灭的岁月，只要一提起“飞鸽”，几乎没有人不知道的。“飞鸽”是建立于1936年的一代老厂——天津自行车厂生产制造的。天津自行车厂是中国也是世界最大的自行车厂，它生产的“飞鸽”牌单车享誉神州大地。

然而，就是这样一个世界最大的自行车厂，虽然在中国的自行车行业占据绝对的优势地位，却始终未能以自己的拳头产品——“飞鸽”牌商标的自行车打进自行车需求量很大的美国市场。这一直是他们希望实现的目标，他们也一直在寻找一个合适的时机改变这一状况。

虽然，天津自行车厂的领导决心将这种情况彻底改变，但始终苦于找不到一个突破点。

机会终于等来了。1989年2月，他们听到一个消息，说新当选的美国总统老布什即将访华，于是他们决定选择这位爱好自行车的美国总统来作为他们进入美国的突破点。

老布什是中国人民的老朋友，早在1974～1975年，老布什作为美国驻北京联络办事处主任长驻北京时，就经常和夫人芭芭拉一起骑着自行车游览北京。他认为，骑自行车既可健身，又可直接接触老百姓，了解中国社会。这位“汽车王国”的大使爱骑自行车一时成为美谈，他们夫妇骑自行车在天安门前的留影见报后，很快便获得了“自行车大使”的雅号。

天津自行车厂决定抓住这个绝佳的机会。首先把他们的想法告诉了新华社。新华社也觉得这是一次千载难逢的好机会。以前外国领导人来访问，我们老是送一些工艺品之类的东西，没有多少特色。既然反正礼品总是要送，不如送一件更有实际意义的产品，还要把它搞成一件国际公关活动，既可以借名人宣传“飞鸽”，使全世界都知道“飞鸽”自行车，又宣传了中华民族的好客与热情。所以，新华社非常支持他们的想法，并积极行动起来，提供了很多帮助。

在新华社和其他新闻单位的协助配合下，他们把这一想法形成的报告很快上报到国务院办公厅。这样一件很有实际意义的好事，国务院办公厅自然也是十分支持。最后，他们精心选定了1988年底才投产的新品种——造型美、重量轻、骑行方便的QF83型白绿过渡色男车和QF84型红白过渡色女车作为礼品车送给老布什总统和夫人。

1989年2月25日，在北京钓鱼台国宾馆，李鹏总理将这两辆崭新的自行车送给了老布什夫妇。老布什夫妇也对这一礼品感到了新奇，饶有兴味地仔细察看了自行车，连声说：“好极了，美极了！”老布什总统兴致勃勃地骑上自行车，摆出骑车的姿势，让在场的众多记者拍照，还风趣地对记者们说：“我保证明天早晨要骑一骑。”李鹏总理则不失时机地笑着说：“你以后可以在白宫里骑。”

当布什总统将印有中美两国国旗的靴子作为回送的礼物送给李鹏总理的时候，他说：“比起你们送给我的极好的礼物，我的东西还差点劲儿。”

老布什总统的一举一动，自然是全世界传媒关注的焦点。这次礼物赠送活动，国内外共有上百家的新闻单位进行了报道，有些还刊登了布什总统在国宾馆骑单车和以前在天安门前骑单车的对比照片。

通过新闻媒体的传扬，“飞鸽”自行车扬名全世界，迅速为许多外国人所熟知。天津自行车厂紧紧抓住这一有利时机，加快了“飞鸽”车出口美国的工作进程。不久，造型美观、式样新颖、性能可靠、色彩鲜艳的“飞鸽”自行车便源源不断地飞向美国市场。

这无疑是一次极具意义的成功的公关活动。“飞鸽”的这一招颇有古兵法中的“擒贼先擒王”之意。当然，在这里，不能片面地理解为要擒获竞争对手的领导人，而是千方百计地把自己的东西让公众眼中具有极高影响力的领军人物或知名人士来使用。由于这些人物具有较高的知名度和较大的吸引力，可以引导更多的消费者也来购买。

我们总是看到一些企业花费更多的市场宣传费用，但取得的效果非常有限，甚至投入与支出有很大的出入。原因就在于没有抓住市场的切入点，总在外围打转，即使有效果，也很有限，且持续的时间也很短暂。因此，必须要找到最核心的切入点，也许只要很小的投入就会有很大的收获。但是这个切入点要找得十分巧妙而隐蔽，务必做到让被征服者毫无戒备之心，从而可以一击破之。一旦找到了这个切入点，那么就可以把大量的兵力迅速地渗透进去，以便控制对方。而这个切入点找得越准越巧妙，攻击的威力也就发挥得越充分，效果也就越好，控制对方也就越容易。

天津自行车把一切都做得不露声色、不留痕迹，切入点找得恰到好处。但如果能在这个基础上再加把劲，着力宣传一番，效果肯定会更好。

迪斯尼乐园的道路“设计”

在当今竞争激烈的市场里，许多厂家都挖空心思在产品的设计上创新，以图吸引消费者的注意。他们投入大量的费用，请一些行业知名的专家来设计，但却并不能保证有更好的作用。他们也会广泛地征求消费者的意见来改进，但为什么不能像迪斯尼那样直接请消费者来设计呢？这样不是更经济划算吗？

1971年，在英国伦敦召开的国际园林艺术研讨会上，获得世界最佳设计奖的是迪斯尼乐园的路径设计。可谁又知道，迪斯尼乐园的路径并不是建筑大师们的手笔，它完全是靠游人自己设计的。

迪斯尼乐园的设计者——世界著名的建筑大师格罗培斯先生，在法国参加完一个庆典活动后决定趁此机会带着家人去地中海海滨消暑。但是，格罗培斯的心情有些郁闷，因为由他所设计的迪斯尼乐园就要面向游人开放了，但是各景点之间的路径却还没有具体的规划方案。格罗培斯从事了40多年的建筑研究，也攻克过许多建筑方面的难关，但建筑学中的路径设计问题一直困扰着他。

一路上，格罗培斯望着窗外，欣赏着路两旁不断闪过的诱人的葡萄园。他看到大多数园主们都把葡萄摘下来，摆在路的两边向过往车辆和行人兜售。但是生意却不见得好，因为很少有人停车购买。然而当汽车拐过一座小山时，他发现那儿居然停满了车辆。这时，女儿也闹着要下车采摘葡萄，于是司机把车停了下来。他们看到大家都在葡萄园里忙碌，却找不到园主，难道这是一个无主葡萄园？格罗培斯先生绕了一圈儿才看到一个可以投币的箱子，箱子上贴着的告示上说，园主是一位行动不便的老太太，因年迈无法照料葡萄园，如果你喜欢只要往箱子里投入五个法郎就可以摘一篮子葡萄，在不浪费的前提下，尽管吃饱。

更令人不可思议的是，格罗培斯听说这里是个绵延100多公里的葡萄产区，但总是这个老人的葡萄最先卖完，而且她卖的价格并不算低。原本有些郁闷的格罗培斯一下子豁然开朗。因为他已经找到了灵感，那就是给人自由。

从海滨回来后，格罗培斯马上给施工方拍了份电报："撒上草籽，提前开放。"

施工方按照要求在乐园里撒遍草籽。不久，除了被人踩过的地方外，都长出了绿油油的小草。再看看那些被人踩过的地方，曲折蜿蜒，宽窄适度，自然而优雅。

第二年，格罗培斯让施工方按着这些踩出来的痕迹铺设了人行道。而那个获最佳设计奖的方案，就是格罗培斯按此人行道事后绘制的。

这是一个绝佳的创意，但这个创意却正是来自它的消费者。

世界上很多成功的企业，都善于从普通消费者那里寻找灵感。松下电器公司就是典型的例子。

松下电器经常会请一些家庭主妇参加他们的座谈会，让她们畅谈自己对产品的看法。有一天，在一次这样的座谈会上，一个家庭主妇抱怨说电熨斗的绳太长，用起来不方便。就是这一抱怨，使松下人生产出了无绳电熨斗。

产品知识，必须向用户学习，而且，向用户学习的知识是最正确的知识。当你在产品开发和设计过程中找不到思路的时候，不妨到用户中去，向他们请教。

据说，有一年，天堂里准备举行一次洗衣机设计大赛。比赛的奖金相当诱人，几乎天堂里所有的设计师都报了名。面对人才济济的参赛队伍，很多设计师动起了脑筋，他们把在历届比赛中担任评委的专家请到外面吃喝消遣，或者给专家红包，以拉近关系，请这些评委到时给自己打个高分。

有一个叫达卡的设计师却走了另外一条路子，他先设计出一个初步的洗衣机模型，然后遍访家庭主妇，请她们提意见。每听到一个意见，他就把设计修改一次，到比赛的前一天，他的设计已经修改了1699次。

比赛开始了，出乎很多设计师意料之外的是，他们拉好关系的专家一个也没有到场，倒是有十几个家庭主妇高坐评委席上。

"洗衣机的使用者，主要是家庭主妇，洗衣机好不好，由她们说了算，我们这次评比的标准，也在她们心中，"大赛组委会负责人解释说，"因此，我们这一届比赛请她们担当评委。"

结果当然是达卡取得了比赛冠军。

这是一个寓言故事。故事揭示了一个非常质朴却又非常重要的道理：产品设计的标准不在专家脑中，而在消费者心里。

迪斯尼公司经营者是深谙此道的，他们设计的目的就是为了迎合消费者的口味，而最直接、最有效的方法就是让游客按自己喜欢的来设计。所以，一定要记住：最好的并不一定是消费者最喜欢的，消费者最喜欢的才是最好的。

让高考成为联通的舞台

竞争的激烈迫使厂家挖空心思来吸引消费者的注意，于是我们看到了厂家不断地推陈出新，不断地大力宣传。其实，抓住一个好机会，利用一个好平台进行公关活动，比那些花大钱做广告来得更加实惠、有效。

中国联通和中国移动是中国电信市场上的竞争对手，两家公司为了争夺客户，各使出令人眼花缭乱的公关高招。

为了提高自己的品牌注意力，济南联通公司决定“依附”高考，实施其品牌扩张。

之所以选中“高考”这一事件，主要出于这样的考虑：高考是万众瞩目的重大社会事件。据了解，2000年济南市五区五县范围内共有高考考生17000余名，而每一位考生后面连着十几个亲友，由此计算，高考直接影响到的人数就将达到几十万以上。这个数字比济南当地最具影响的报纸——《齐鲁晚报》的发行量还要大。另外，高考期间各大媒体都将以显著的版面和黄金新闻时段进行报道，由此波及的人群数量将难以估计。

但怎么才能把自己的品牌与高考这件事联系起来呢？他们采取了一系列的招数。

首先是免费发放文化衫。他们挑选质地精良、凉爽透气的纯棉T恤衫18000件，作为高考文化衫分发给考生。文化衫前胸印有联通品牌标志及济南著名“泉标”图案和“2000高考”等字样，后背印上联通标志和醒目的橘黄色的活动主题口号——“心系学子，真情助教”。

除了文化衫，他们还大量印制了挂在考场外的联通标志条幅，并为考场配备了印有联通标志的考场应急包，内有铅笔、小刀、尺子、橡皮、藿香正气水、风油精等，以备考生不时之需，真可谓费尽心思。

他们还为考生请命，与交警达成一致，高考期间，对运载穿着“高考衫”考生的车辆优先放行。

为了扩大事件的影响，他们还充分利用公众和媒体对事件本身的注意力进行品牌宣传。

2000年7月6日，济南市两家影响力最大的报纸《齐鲁晚报》、《济南时报》分别以“高考考生穿上通行证”为题拉开了活动的序幕。

高考前一天，果然有很多考生身穿“高考衫”赴考，引来很多行人围观。而各考场外，更是人头攒动。家长、记者、警察以及考场工作人员奔来跑去，甚是忙碌。印有中国联通标志及“心系学子，真情助教”主题语的考点条幅分外醒目，身着高考文化衫的考生更形成了一条引人注目的流动风景线。

考试开始后，考场外顶着烈日陪考的家长就成了媒体追逐的焦点。这时，身披绶带的联通礼仪小姐不失时机地为他们送去了一顶顶遮阳帽，并说声：“辛苦了！”很多家长都为之感动。

7月7日晚间，山东卫视、山东有线电视台、齐鲁电视台、山东教育电视台、济南电视台、山东人民广播电台等各大媒体,都在黄金时段新闻节目中报道了高考盛况。联通的文化衫,伴随着考生形象,迅速传遍千家万户。

7月8日《齐鲁晚报》也刊发报道,盛赞联通尊师重教、支持教育的义举。7月9日山东有线电视台在黄金时间播出专题节目,对本次赞助活动进行了全方位报道。

在随后的两天时间内,所有有关高考的话题、报道、活动都无不和高考T恤衫、中国联通紧密地联系起来。据统计,仅仅高考3日内,介绍联通的各类新闻电视报道20余次,报刊图片新闻10余幅,电视新闻专题一则,《齐鲁晚报》专题报道一篇。与这些报道紧密相随,联通品牌在济南获得了极高的关注。持续不断的视觉冲击,使联通品牌在广大受众心目中打上了深深的烙印。活动过后的一次随机抽样调查表明,在"您所知道的通信公司"一问中,第一位提及中国联通公司的人数比例竟达80%,比活动前的数字高出了一倍。在"您所愿意接受服务的通信公司"一问中,选择中国联通的比例达60%。

可以计算一下,如果按所获得的新闻报道时间及报纸版面、各媒体的广告价格计算,所需要的广告费总计将达100万元以上,而联通此次活动耗资仅为20万元。

利用高考这样的公众关注度极高的热点事件来宣传自己的品牌,是非常有眼光的。企业参加到这一事件中来,会受到公众的极大关注。如果举办的活动具有积极的意义,更会在消费者的心目中树立、加强品牌的良好形象。而高考也是考生和家长们的一件大事,有企业参与进来,必然会在他们的心里留下长久的记忆,让他们在未来的很长一段时期里,一想到高考这样的人生大事,就会联想到参与的企业。这样一种长期的投资效果,更是花费更多的金钱也不一定会有的。

联通参加高考,可谓是慧眼识珠。高考是社会高度关注的焦点事件,联通选择它来搞公关活动,就已经成功了一半。另外,活动本身的内容能激起人们的好感。给考生送凉爽透气的纯棉T恤衫和考场应急包,为等候的家长送去了遮阳帽,还为考生向交警请命,请考生车先行……虽然一切都打上了广告的烙印,但确实能情暖考生和家长的心,激起人们的好感。

再者选择的展示载体非常得当。联通衫和遮阳帽,再加上现场的标语、横幅,从而成为一道惹人注目的、亮丽的活动风景线,花钱少,却吸引了人们的眼球。当然,这样的宣传必须做好大量的准备工作。他们把当地的主要媒体都调动起来,正是由于媒体的积极参与,才把社会的热情都调动起来,诱导考生们大都能自觉地穿上联通的广告衫应考,使活动得以顺利展开。正是有了这一系列行之有效的措施,才使联通最终取得了成功。

值得注意的是:企业的参与虽然是为了宣传自己的品牌,这本无可厚非,但宣传不能喧宾夺主,尤其是选择高考这样的宣传平台。一旦对考生的情绪产生大的影响,导致他们的反感,那就会适得其反。

借助店庆搞公关

一提起全聚德人们就会想到烤鸭,就像一提到烤鸭人们就会想到全聚德一样。全聚德已经成了人们心中烤鸭的代名词。全聚德这个创办于清朝同治三年(1864)的餐饮品牌,是中国餐饮业驰名世界的老字号。从开始的一个小作坊发展到今天的餐饮集团，它走过了100多年的发展历程。经过几代人的努力，全聚德形成了以烤鸭为代表的系列美食精品和独特的饮食文化。全聚德这家百年老店已成为国家领导人宴请国际友人的主要场所，成为国际、国内朋友了解、认识北京的窗口。

改革开放以来，中国餐饮市场迅速发展。全聚德品牌的发展也面临着严峻的挑战。首先，从经营的角度看，全聚德面临着激烈的经营竞争，仅在北京，以“北京烤鸭”命名的烤鸭餐馆就有400多家，兼营烤鸭的饭店、餐厅更是数以千计，竞争更加激烈。全聚德的经营者认为，在信息大爆炸的今天，你的企业名气再响，如果不注意企业形象的建设和宣传，也有可能逐渐淹没在市场的海洋中。而且，从企业经营的角度看，全聚德已经发展起来的特许经营体系，也要求有统一的企业形象。因此，全聚德管理层认为，很有必要对企业形象进行重整，以保持全聚德在消费者心目中既悠久又常新的形象。

1999年，恰逢全聚德创立135年的大庆之年，全聚德认为，这是个难得的卖点。因此就以此为契机展开了一系列精彩的店庆公关活动。

贯穿全年的系列公关活动共分为三个阶段。

第一阶段是利用元旦、寒假、春节、元宵节等众多节假日的机会，举办“全聚德杯”新春有奖征集对联活动，同时，面向全社会（包括集团员工）开展《我与全聚德》征文及征集店史文物活动，编辑、出版《全聚德今昔》一书。

这一活动分别联合《北京晚报》和北京楹联研究会举办，因而得到市民的广泛参与。

《北京晚报》在其五色土版上开辟了专栏来对活动进行报道并多期选登各种应联及征文，并在1999年2月15日（农历除夕）那一天公布新春有奖征联活动获奖作品及名单。这一既有趣又有文化意义的活动吸引了很多市民参加，收到来自北京及全国各地征联近4000副。

同时，向全社会开展的《我与全聚德》征文及征集店史文物活动也顺利进行。在此基础上，着手整理资料，聘请专家学者编辑《全聚德今昔》一书，在全聚德135周年店庆日当天举行首发仪式。

这样，第一阶段的活动取得了圆满的成功。接下来，第二阶段的公关活动马不停蹄地展开。

第二阶段的活动是店庆，这是全年公关活动的焦点和核心。这个活动选择在农历六月初六，即全聚德创建日的7月18日举行。主要的活动有“全聚德建店135周年店庆暨首届全聚德烤鸭美食文化节开幕式”。这个活动由一系列精彩的小活动所组成，比如主要包括以下几项：

向社会公布权威的资产评估机构对全聚德无形资产价值的评估结果；

向集团总厨师长、副总厨师长、各企业厨师长授聘书；

新编《全聚德今昔》一书首发式；

第135号全聚德冰酒珍藏仪式；

“打开老墙，重现老铺”——全聚德老墙揭幕仪式；

第1亿只全聚德烤鸭出炉及片鸭仪式等。

第1亿只烤鸭出炉成为新闻记者争相报道的热点。10多名摄影记者早早等候在烤鸭炉前，占据最佳拍摄位置。烤鸭出炉时，记者们迅速按下快门，用相机记录下这一有意义的历史时刻，并争相第一时间报道出去。

当天，还举办了全聚德特色菜品推出仪式，请来宾观摩特色菜品制作过程并品尝用餐，集团公司总厨师长亲临现场向吃客讲解全聚德特色菜品的制作、口味特点。

接下来的一周，还举办了“全聚德美食文化节”活动，使店庆活动的影响后延得很长。

第三阶段活动在金秋十月举行，主要是借新中国50华诞举办全聚德品牌发展战略研讨会等活动。这一系列的公关活动，形成了一股全聚德企业形象的冲击波，使全聚德成为人们普遍谈论和关注的话题，也使全聚德品牌的知名度和美誉度进一步提升，强化了全聚德品牌形象，带动了全聚德集团经营业绩的进一步提高，创造了较好的经济效益。1999年下半年和平门店、前门店日均营业额均比上年同期增长了20%左右。

我们常说“顾客是上帝”、“顾客是企业的衣食父母”，企业也充分认识到了问题的核心所在。因而，搞公关和事件营销活动，成功的关键就是要吸引广大消费者参与进来，而且是自觉地参与进来，所以，一定要选择一些有趣、有意义的活动。对全聚德来说，135年店庆也许是一件很值得庆贺的事。但对普通百姓来说，则与自己没有多大的关系。但全聚德聪明地从单纯的店庆中跳出来，想到要借店庆活动来搞公关活动，就把自己的分内事也变成了广大市民乐于参与的事。针对不同目标公众，巧妙设计公关活动，取得了良好的公关效益。活动之所以取得很大的成功，除了有针对性外，还与传播手段的紧密结合有着不可分割的关系。自始至终，所有活动都十分注重与传媒的沟通和合作。正是由于传媒的配合、报道、宣传，才使活动的能量发挥到了极致。

为杀死一头牛辩护

企业品牌的塑造就像一个人的信誉一样，它在很大程度上决定着企业未来发展的方向和高度。如果一个人的信誉受到了损害，那他就会逐渐失去一部分人的信任，如果不能及时地挽回，那它就会像病毒一样不断地蔓延和繁殖，直到使整个系统完全瘫痪。而如果及时挽回了，或者从其他的方面加以补救，那效果说不定会更好，对自己更有利。

企业品牌的树立要花费很多的精力、金钱和时间，但它的摧毁可能只需一瞬间。

2003年，一张照片影响了整个中国熊胆制品的销售市场。即使是吉林敖东这样的大型医药生产企业，也没能躲过这次冲击。照片的内容是一个非法的活熊取胆药厂，把黑熊常年关在铁笼子里，任意取胆，照片上是一只只惊恐、瘦骨嶙峋的黑熊，惊恐地躲在笼子里。

活熊取胆本来就是产品的隐患。在倡导人性、倡导动物保护的社会风气下，生产企业应该考虑到生产工艺人文色彩对于品牌形象的影响。产业的领导者如果不能对品牌的人文色彩危机有足够的准备，受到的影响也会被放大。

事件出现以后，相关企业把问题的重点引向“熊胆的品质”，试图从品质角度化险为夷，但是依然受到了影响。毕竟随着动物保护组织的介入，熊胆产品的品牌内涵里融进了那头黑熊惊恐的眼神。

市场竞争程度的加剧，使许多的企业意识到品牌人文关怀的危机。于是，许多企业开始有意识地在品牌形象的塑造上加入了更多人性化的东西，而这也是最能打动消费者的。

清真皓月集团意识到了这一点，并做了独特的品牌人性化塑造。

他们的品牌推广人员是这样向广告制作公司解释牛的宰杀过程的："展现在牛眼前的是茫茫草原，嫩绿的草地上点缀着野花，瓦蓝的天幕下，几群懒洋洋的牛羊……几秒钟之后，宰杀完成，牛肉进入分割车间，进行排酸处理。一定要突出车间的安静，我们原来还想在宰杀车间里放音乐呢！宰杀的时候是直接切断或麻痹神经，牛根本不会感觉到痛苦。并且在不见纤尘的车间里，一头头肥壮的肉用牛，'主动'走过流水线的过道，没有撕心裂肺的尖叫，有的只是安静和从容。从进入宰杀流程到牛肉分割，所有的牛都不会感觉到一丝的痛苦……"

这看似有些让人啼笑皆非，但不得不承认确实是一个不错的创意。他们要让牛在临死之前看见生活的草原。

皓月集团是中国向阿拉伯国家出口牛肉最多的几家大型企业之一。他们的推广人员介绍说：皓月集团这种叫作"迷幻引导"的先进技术，就是给即将宰杀的牛注射迷幻引导的专用药水。在宰杀过程中，牛将会处在一种愉快放松的状态，没有抵抗、没有恐惧。这种技术的实质原本是为了提高牛肉的品质，因为科学研究发现，如果在宰杀过程中牛出现惶恐和紧张，将会在体内产生很多剧烈的变化，影响牛肉的口感和营养成分。

但是，后来皓月集团发现，所有了解以上宰杀过程的人，对于皓月牛肉都会产生莫名的好感：一个清真企业，如此善待一头被宰杀的牛，让它在梦境中毫无痛苦地死去，其中充满了人道和崇高。尽管人们明白，那些牛可能从未见过草原，更无从憧憬，人们被感动的是企业的良苦用心。一个购买了皓月牛肉的老年消费者说："这样的企业，自然不用担心他们的卫生问题，以及出售病牛肉、出售过期食品这样的事情。对牛尚如此宽厚，做人自然襟怀坦白。"

一般情况下，为了创造企业诚信的品牌内涵，常规的办法往往是进行人物塑造和公益捐助。在广告疲劳的今天，消费者对于常规手法的麻木，大大降低了宣传的作用。在普通消费者心目中，"品牌防范"的意识越来越强。带来的直接结果是，企业投入再多的资金，也未见得能打造一个几年前就可信手拈来的"诚信招牌"。皓月集团的迂回策略，通过对加工工艺上的细节加工，赢得了受众的共鸣，为牛的辩护，换取了品牌建设的成功。

事半功倍的"捕鸽行动"

与日本人利用小燕子做的成功的公关活动有着异曲同工之妙的是美国人利用鸽子策划的营销公关。这一次所不同的是，日本人留下了小燕子，而美国人却赶走了鸽子。

许多年前，美国联合碳化物公司新建了一幢52层高的总部大厦。大楼竣工后，公关部门很想借这个机会为公司做一番公关宣传，但苦于没有合适的切入点。

就在这个时候，发生了一件"怪事"：一大群不知从哪里来的鸽子飞进了这幢新大楼并以此为栖居地。鸽子们自由地在大楼里栖息，到处是鸽粪，到处飘动着羽毛。这又脏又臭的环境让公司里的很多人忍无可忍，准备把它们赶走了之。

正为公关宣传的事搞得一筹莫展的公关人员知道了此事，认为这是上天赐给他们的绝好机会。他们不仅制止了员工们的赶鸽行为，还下令关闭所有的门窗，不让一只鸽子飞走。

接着，他们采取了一系列的行动。

先是打电话通知“动物保护委员会”，请委员会迅速派人前来协助处理这件事关保护动物的大事。

“动物保护委员会”闻讯后，立即派人带来网兜等工具监护鸽子们转移。

接着，公关部又电告了新闻机构，说是联合碳化物公司将发生一件有趣而又有意义的捕捉鸽子的“事件”。

媒体向来是一有风吹草动都不放过的，这一次自然也不会放过。而且这次有一件“大事”将要发生，自然也都赶紧派出了记者前去采访报道。

由于鸽子数量太多，整个捕鸽活动持续了整整三天时间。在这三天里，新闻媒体也忠实地履行了自己的“职责”，绘声绘色的各种报道、消息、特写、专访、评论等每天都源源不断地送到时刻关心鸽子们命运的市民面前。

媒体的报道自然不能不提到联合碳化物公司，所以，这些报道等无形之中为联合公司做了很多的软性广告。

联合碳化物公司自然也十分卖力地配合“动物保护委员会”的行动，还不时地有公司的领导出来关心工作的进展情况、慰问工作人员等，趁机向公众介绍了公司的宗旨和经营情况。

结果，联合碳化物公司不仅不费一枪一炮就将鸽子赶走了，还借着此事为公司热热闹闹地做了几天的广告。

一般来说，化工公司总留给人一种污染环境、破坏生态的排污大户的不良形象，而联合碳化物公司的这个捕鸽行动，无疑在向世人传递着这样的信息：你看，这家公司其实是很注重保护环境的。因为那么几只小小的鸽子，他们都要劳师动众地加以保护。这么一件小事公司都做得如此出色，那么在环境保护、保持生态平衡方面自然也会不遗余力的了。这样一来就将自己在公众心目中形成的不良形象改善了许多，不仅提高了公司的知名度，连同公司的美誉度也提高了。

孙子兵法中有一法叫“明修栈道，暗度陈仓”，美国联合碳化公司将这一计谋使得实在是高明：它不仅不费分文就把鸽子赶走了，还把公司及其新建的大楼很好地宣传了一把。从制造捕鸽新闻，到传递并渲染新闻，足足闹腾了三天的时间，极大地吸引了公众的注意力。

登报追寻受害者

近年来，许多商家惯用找寻所谓的目击证人、第一名顾客、生日或者年龄与之促销活动有关联的消费者等方式来吸引消费者的注意，而其实早在 1972 年就已经有人利用这种营销手段，取得了非常好的效果。

1972 年的下半年，台湾的药皂市场上突然发生了一起 G－11 风波。一种来自美国的浴皂被指其中含有过量的 G－11，有害于人体健康，引起众多消费者的恐慌。其他药皂品种也或多或少地受到影响。在很短的时间内，药皂的销售量就萎缩了近 2/3，各地厂商的营销额大幅滑坡。

在众多的受害厂商中，最严重的莫过于玛莉化工厂。1972 年，玛莉生产的含有 G－11 的药皂占领了台湾市场的 75%～80%，现在，药皂受到抵制，玛莉自然首当其冲，损失也最为惨重。

台湾的药皂市场是业者经过了 20 多年的不断开拓，才逐渐成长起来的，没有想到的是，刚开始培养成台湾人使用药皂的习惯，市场经营也开始有回报了的时候，却经受了这么一场风波。这无异于一个晴天霹雳，让许多的药皂生产厂家都措手不及，又无可奈何。

但损失最惨重的玛莉等药皂厂家并不真的相信药皂会对人体有害，因为药皂是经过科学研究开发出来的，而且在发达国家也是一种不可或缺的日用品。在美国，市场上有400～500 种药皂，它们均含有 G－11，但从未出现过对人体有害的事情。并且就在风波发生的那一段时期，含有 G－11 成分的药皂在欧美市场的销售情况依然很好。

玛莉决定寻找受害者，弄清事情的来龙去脉。于是，他们悄悄地搜寻了 3 年，但只发现了一例因 G－11 而受到毒害的例子。那还是一种法国产的痱子粉，因含有6%的 G－11，在使用时，婴儿吸进了一些痱子粉，从而导致了身体不适。一般的痱子粉中 G－11 的含量均在 0.6%之内，6%的含量显然是太高了，所以才容易引起事故。

但这显然和药皂没有什么关系。因为药皂所含有的 G－11 都很低，由于药皂只在皮肤表面使用，用了以后还要用水冲洗，所以，G－11 根本不会渗入皮肤，更不会对人体造成伤害。这就是为什么始终找不到 G－11 对人体有害的例子的原因。到此为止，事情总算有了一个圆满的交代。

事情的真相很快被揭开了。但如果采用一般的方法登个报、发个消息澄清一下，肯定不会引起消费者多大的注意，相反还以为也像别的广告那样是在"王婆卖瓜，自卖自夸"呢。

玛莉决定将此事做大，既挽回了影响，又进一步做了宣传。于是他们便郑重地发公告寻找 G－11 的受害者，从而使"含有 G－11 的药皂有害人体"的说法在事实面前不攻自破。

1975 年 7 月 1 日，台湾的各主要报纸上同时出现了一则"玛莉 G－11 征求受害人"的广告，面积均为报纸的 1/2 版或 1/4 版，广告的内容是：凡在台湾居住 6 个月以上，过去使用过玛莉 G－11 药皂，有不良反应，经公立医院医师证实是由 G－11 引起的，每一名受害人将获得 50 万元的赔偿。

由于广告覆盖了所有的报纸，因而，它的影响也传遍了全台湾，几乎每一个人都知道有这么一回事。

7 月 4 日，报纸上又刊登出第二则广告，标题是"玛莉 G－11 征求受害人，应征人'0'"，副标题是"截至目前，无人应征受害人"。

7 月 7 日，第三则广告随之出现，大标题是"玛莉 G－11 征求受害人，应征人'2'"，广告内容中说明，其中一例应征者腿上出现红疹，现已指定医师对其进行复检；另一例因没能提供检验报告，与应征资格不符，未予受理。

7 月 10 日，即征求受害人的最后一天，出现第四则广告，标题是"谁是受害人？"广告内文说明：前一例应征者腿上所出的红疹经复检系食用海鲜所致的皮肤过敏，消费者已自动撤回应征信函。

7月15日，玛莉药皂厂刊出第五则广告，大标题是“我是受害人”，下端加了一行副题“未经法院审判的死刑”。广告内容说明：遍寻世界各国，并没有发现因使用G－11药皂而致病的先例。3年前有关G－11药皂为害人体的传说，均查无实据。G－11药皂在此情形下，被台湾若干专家擅自判决死刑，实属不幸。世界各国和地区，包括台湾，从未禁用G－11，而且还制定使用标准。兹特将真相，公诸大众，以正视听。

至此，玛莉G－11药皂用无可辩驳的事实完全证明了自己是无辜受害，药皂的销售开始在台湾悄然恢复。

倒霉的事谁都不愿意碰上，可光躲不是解决之道。为了避免造成更大的损失，甚至挽回以前的损失，那就要及时地采取措施，消除负面影响，淡化事情的严重程度。当然，如果还能利用事情的负面影响，产生正面的、积极的作用，那就再好不过了。

玛莉药皂厂聪明地利用反证法，以无可辩驳的事实，证明了自己的无辜和药皂的无害，为自己挽回了声誉，为药皂重新打开了市场。

玛莉先假设舆论所说的是对的，即先承认有所谓的药皂受害者，然后就公开地寻找这样的受害者，并承诺要给予很高的回报，这样就使人相信，如果真的有受害者，他肯定会出来应征的。但最后寻找的结果，却没有找到受害人。这就毫无疑问地证明，根本就没有所谓的受害人，人们只是以讹传讹罢了。

有时候，就是自己本身没有错，但如果社会舆论都持同一观点，个人或企业的辩白也会变得苍白无力了。遇到这样的危机，如果只是循着一般的途径去辩解，往往会徒劳无功。这时，不如学一学玛莉药皂厂，试着从另一个角度去看，也许就能找出问题的症结了。

难得的是，玛莉药皂厂不仅聪明地为自己辩白了，更把辩白的过程变成了一场营销事件。这才是它的高明之处。

我们常说“事实胜于雄辩”，那就用事实来纠正人们的错误认识，这样的做法是非常有效的。玛莉化工厂的公关手法真是高明，既澄清了事实，又吸引了无数人的眼球，为自己的企业不露痕迹地做了宣传。

快速公关，换回声誉

在高度市场化的今天，企业的生存和发展很大程度上依赖于它所面临的环境，以及企业与这种环境之间良好的公共关系，这就如同任何树木都离不开生存的土壤一样。

任何来自企业外部的不利因素，如果任其恶化，就随时可能置企业于死地。如何面对不利因素、科学有效地建立和维护良好的公共关系，已经成为一项生死攸关的经营课题。

因此，企业在处理可能影响到新闻媒体、社会大众、消费大众等事情时，一定要站在公共关系大局的角度来衡量得失，绝不能以一时的利益来衡量，而应优先考虑消费者的利益得失以及这个问题对公共关系的重要性，以积极的态度去赢得时间，以正确的态度去赢得顾客，创造妥善处理危机的良好氛围，重塑消费者对企业的信心。

可以说，当企业遇到危机，面临困境的时候，良好的公关就是帮助企业在外部的社会和市场环境中重塑形象、赢得人心的有效武器，是企业从外部复原的最佳途径。

如果想要在危机中尽快复原，企业首先要明白速度等于一切，每一个部门、每一个合作伙伴都要跟随危机而行动起来，牵一发而动全身是解决危机的首要条件之一。如果企业及时地进行有效的公关，那么危机的影响力就会随着公众的种种猜测以及媒体报道的推波助澜而一发不可收拾。因此，在危机发生之后的最短时间内，企业必须集中一切能利用的资源，来进行公关活动。许多公司在危机管理制度中都规定了危机发生后专门新闻发言人的人选以及最晚新闻发布时间，要求在危机发生后赶在媒体种种猜测之前立即向公众通报当前情况和处理进展，并向公众承诺迅速解决危机。必须使公众能直接从公司处而非新闻媒体处了解事件处理情况。

任何危机的发展过程均包括突发期、扩散期、爆发期、衰退期这样四个时期。如果在危机开始的突发期和扩散期就及时进行公关，扼制危机，往往成本较低，效果也理想。一旦到了爆发期，情形就很难收拾了。

因为，随着危机的不断加深，各种不可测因素也会随之增加，通常是屋漏偏逢连夜雨，即便是一个原本与危机并不相关的事件也会被公众认为是危机的原因。危机一旦爆发，往往会引起公众和新闻媒体关注，此时企业如果不能迅速查明真相，或是正常的传播渠道不畅，没有人能出来发布信息，就会造成危机传播中的信息真空，公众就会用想象来填满所有的疑问，必定生出各种各样的“小道消息”。很快，信息真空就被颠倒黑白、胡说八道的流言所占据。特别是食品、保健品之类的产品，谣言可能带来人们的恐惧心理，恐惧带来感觉上的不适应，这种不适应会被怀疑是产品造成的，进而造成另一种谣言的传播。同时，由于时间的拖延会让公众对企业诚信出现质疑，造成不可挽回的影响。

日本雪印乳业公司是业界声誉卓著、信用可靠的一家公司。2000 年 6 月 27 日，它生产的低脂牛奶发生饮用者食物中毒现象。事隔两天之后，雪印才公开承认有此事实，事情过了快一个月，雪印才在报纸以整版广告的形式向公众致歉，而由于其发生问题的原因说得颠三倒四，公众认为其缺乏诚意。日本雪印由于公关活动不及时，产品回收与信息公开太慢，对应措施不利，停工两周造成的直接损失就有 110 亿日元，而间接损失是雪印品牌受损程度严重，据专家所言，要恢复原有信誉需 10 年之久。

那么企业如何在速度上占领优势呢？一般情况下，在危机来临的时刻企业需要采取以下措施：

(1)在第一时间，告知专业的危机公关公司，借公关公司的力量进行危机的控制；

(2)在第一时间，告知企业的全体员工，统一口径，避免企业员工在面对采访时不知所措；

(3)在第一时间，组织危机涉及部门迅速采取措施调查事件真相，新闻发言人发布公司采取的措施安抚公众，组织律师对有受害者的事件进行处理；

(4)在第一时间，把真相告知政府部门或者相关权威机构，进行公众信心的树立；

(5)在第一时间，疏导媒体，让媒体沿着良性的方向进行危机的报道。

通过以上手段，便可以在时间上进行危机的初步控制，这是在任何危机来临的时刻首先要采取的措施。然而中国的很多企业并不懂得如何进行危机公关的处理，他们通常是不知所措，进而导致大量流言的产生。

因为危机状态不仅导致市场秩序失衡，还会带来人们的心理压力、心理紧张乃至心理危机。此时人们缺少安全感，缺乏人际信任，群体意识极易呈现亢奋情绪状态，公众批判能力下降，相互影响感染的程度增强。此时，如果正常的信息沟通渠道不畅通，流言就成为人们传播信息和表达意志的一种方式。

更为关键的是流言往往滋生于消息闭塞的环境。在言论自由受到保障、信息活动多元开展的信息化社会，流言就会慢慢失去生存的环境。西布塔尼从社会学的角度认为：流言的发生和消失与信息传播渠道具有密切的关系。当人们的信息需求大于体制性渠道的信息供给，或对适应环境必不可少的信息无法及时得到时，也就是人们的信息需求得不到充分满足时，流言就容易发生。一旦信息供求恢复平衡，流言就自然而然销声匿迹了。

人际传播是流言传播的最主要渠道。但是流言传播却又找不到具体的、明确的传播人，所以它是“通过人际渠道的非专业的口头传播”。

对流言的防范，最为有效的是不让流言产生。在大众传播极其发达的当今世界，做到这一点也并非难事。那就是将有可能产生流言的事件，提前通过权威的、正常的大众传播渠道，全面、客观地报道其真相。理论上很容易，实践上并不简单。

造谣容易，辟谣的难度相当大。因为即使人们不相信谣言，也会受其影响。反之，人们也可能受辟谣的反面影响，即使他们相信辟谣是真的。

所有的辟谣行动其实都有两种传播：一是使那些未听说过谣言的人知道了谣言，二是试图影响那些已经知道谣言的人。这样无形中形成一个悖论：辟谣首先就是一种传谣，是一种影响更广泛的传谣。在公众获悉辟谣内容后，对于原先就知道谣言的人来说，首先是加深了对谣言的印象，才考虑辟谣的效果；对于原来不知道流言的人来说，首先是获悉了谣言内容，然后才考虑辟谣的内容。正因为怕谣言进一步扩大，所以有些企业会有一种侥幸心理，希望对自己的不利言论能够随着时间而慢慢淡化。但这种做法只会直接造成信息闭塞，使得公众情绪更进一步地高涨，各种猜测性谣言四起，随着事态的发展企业诚信也就严重丧失了。

汾酒，作为我国著名的白酒老字号，也是我国清香型白酒的典型代表。20世纪90年代初乃至以前相当长时期内，其均在白酒业处于遥遥领先的地位。从最早的民间流传关于汾酒的故事传说，到“牧童遥指杏花村”的唐诗美誉，再到建国后众多国家领导人、文人墨客的题词留言，其独特的文化内涵形成了汾酒品牌的魅力。上溯10年，汾酒同为中国八大名酒之一，品牌上与茅台不相上下，而销量上比五粮液要靠前。但自从山西假酒案之后，汾酒便一蹶不振。

假酒案原本与汾酒毫无瓜葛，不幸的是同处一个出事的地点，而且后来又查出了“假汾酒”。如果仅仅是同处一个出事地点也就罢了，毕竟那个“假酒”不是汾酒，喝酒者也可心安理得。“假汾酒”一查出来就炸开锅了，消费者不知道此“假汾酒”非彼“假酒”，但是消费者知道“假汾酒”就是假酒，喝“假酒”轻则失明，重则死亡，有谁还敢喝？

当山西朔州发生假酒事件时，汾酒认为事情与自己无关，并未有所行动。当发现“假汾酒”时，才开始着急，开始声讨制假、贩假者，开始要求加强法制建设——但是这种着急是为自己着急，不是急消费者所急，所以消费者不会领情，不会觉得汾酒是如何伟大的一个企业。“古井贡”就聪明一些，董事长借着假酒事件，在报纸上发表了一封公开信，指出中国白酒行业应该以立法的形式来杜绝造假这股不正之风，并表示将为假酒事件受害者家属捐助20万元人民币的抚恤金，同时告诫消费者在购买白酒时要谨慎。这一举动引起了较大的反响，各大报纸纷纷转载古井贡集团董事长的信，3.15 专题节目也对该董事长进行了专访。很明显，在这样的企业行为之后，就算市场上发现古井贡假酒，人们的同情也会多于抵制。

毋庸置疑，山西汾酒在处理“假酒案”的态度上存有侥幸心理——只要事不关己，便高高挂起。然而这种侥幸的心理不但无助于汾酒渡过那场危机，反而在后来发现假冒汾酒时，让企业处处被动，直至后来的一蹶不振。

在近期的“三聚氰胺”事件中，很多正规的国内奶粉制造企业也是采取一种“侥幸”的心理，认为那是别人的产品有问题，与自己无关。事实上，“三聚氰胺”事件之后，消费者对于国内奶粉的信心必然严重下挫，对于那些不知名的品牌势必造成严重打击。

同时，还有很多企业，在危机来临的时刻总是想着如何躲避媒体的采访，这就是“鸵鸟政策”。一味地躲避，不面对事实，也不配合媒体进行舆论的疏导，这样的做法显然更无助于危机的解决。

面对危机，企业切不可模仿鸵鸟把头埋在沙土里，那样即使回避了一时的问题，却可能为更大的危害播下了种子。像鸵鸟一样的逃避态度，殊不知，自己大大的屁股正露在外面。企业单方面的逃避并不能避免公众对危机了解的渴望，在信息反馈不足的情况下，公众会愤怒地对企业这种行为进行抵抗。

百事可乐在遇到危机时的公关活动就及时得多，从而避免了一场灾难。

当时，西雅图一对夫妇在一听百事可乐瓶中发现了一枚注射器，不久又出现类似事件，使得美国联邦医药管理局发布区域性信息，提醒消费者在喝百事可乐之前先将饮料倒入玻璃杯中。事发后，百事公司立即成立了危机公关小组，不断评估媒体报道及事态的发展，并及时与公众沟通。后来，在证实注射器是被购买者故意放进去的，公司还邀请公众前往西雅图瓶装厂参观，并运用多种媒体的力量使恐慌快速平息。

由于百事公司的快速反应，注射器事件从开始出现后不到一周的时间就结束了。

企业在面对危机时，任何拖沓的行为都可能导致危机蔓延，致使公众产生不信任的抵触心理。因此，企业必须动手要快，通过公关来赢得时间，从而避免造成更大的影响。

公关态度决定一切

在进行危机公关时，企业最重要的是态度，事实有时退居其次，因为舆论总是保护弱者。用积极的态度主动关注应该是企业危机公关必须注意的重要原则，被动地应付只会损失更多。而同仁堂在危机事件中的表现，恰恰忽视了这一重要原则。

细数中国的百年企业，寥寥无几。电视剧《大宅门》热播荧屏，讲述了百年同仁堂的过去种种。同仁堂药店是北京著名的老药店，秉承传统、用料讲究，因而享誉海内外。它对弘扬优秀民族传统，尤其是在维护民族利益方面做出了突出的贡献。

2004 年 2 月底，一条有关同仁堂的消息被众多网络、报纸媒体转载：2 月 22 日，二十多位患者集聚北京一家律师事务所，准备联名起诉拥有300多年历史的老字号——同仁堂。这些同仁堂的忠实消费者在长期服用龙胆泻肝丸后，出现夜间尿量比白天多的现象，并有口渴、乏力、贫血、食欲减退、恶心等症状，医院诊断结果为马兜铃酸肾病。后来他们发现，龙胆泻肝丸中的一种重要原料"关木通"含有可导致肾病的马兜铃酸。

在得知患者准备集体起诉后，同仁堂方面认为自己不需要承担法律上的责任。因为它早于2000年就向有关监管部门报告了马兜铃酸可能导致肾病的情况，并于2001年下半年向国家有关部门提出申请，要求用不含马兜铃酸成分的木通代替关木通；而且《药品不良反应监测管理办法》仅仅要求企业对药品的不良反应做出报告，并没有规定其他的法律义务和责任。所以从这个角度讲，同仁堂觉得已经对患者尽责了。

看到这条消息，很多人都提出了一个疑问：堂堂一个以"济世养生、取利于义"为经营理念的百年老字号，怎么能以这样的态度对待自己的忠实消费者呢？也许同仁堂说得没错，它不需要承担法律上的责任，可从道义上、情理上，同仁堂难道就没有一点责任吗？药是同仁堂的药，而且同仁堂也承认里面含有可导致肾病的成分，不说别的，对受害者表示解决问题的诚意，并尽快采取补救措施总是应该的吧？而动不动就把法律条文搬出来，这不像百年老字号的做法。

不知同仁堂想过没有，它用这种"依法办事"的态度对待消费者，可能会在公众中造成什么样的影响。中国是一个崇尚人情伦理的国度，按照一般人（而非法律专家）的逻辑，吃了厂家的药而引起不良反应，厂家理所当然就应该承担责任，你把冷冰冰的法律条文搬出来是说服不了人的。假若你硬要这样，只会让消费者对你失望、寒心——同仁堂也不得不承认，该事件已经给自身声誉造成了难以挽回的损失。

并非绝无仅有，联想到2003年10月发生在青岛的"同仁堂龙胆泻肝丸水分超标"事件，不难看出同仁堂危机公关方面的欠缺。

2003年10月中旬，青岛市药监局市场监督处在一次例行的产品抽检中发现：由同仁堂集团中药二厂生产的一批龙胆泻肝丸存在水分超标问题。经青岛市药品检验所相关业务科出具检验报告，该药品水分超出标准10%左右。据专家介绍，水分超标可能导致药品在储藏过程中生霉，一些成分会因此分解，从而影响药效。

事情发生后，马上有记者赴同仁堂采访，且来听听同仁堂内部的声音：一位质检人员认为，龙胆泻肝丸质量内控非常严格，在出厂时肯定没有问题，有可能受储存条件、天气、药物本身吸水等因素影响而导致水分超标，而且水分超标对患者服用没有什么影响。一位宣传部的工作人员则表示："目前还不知道这件事，如果真出现问题，我们宣传部门不可能不知道。"当记者联系到宣传负责人时，该负责人的说法是："工艺上可能存在疏漏，最有可能是药品生产受了季节的影响。"

作为同行，国外医药企业又是怎样处理类似事件的呢？

1996年，耶鲁大学的一个医学研究小组经过研究发现：过量服用PPA会使患者血压升高、肾衰竭、心律失常，严重的可能导致因中风、心脏病而丧生。随即，该小组向FDA（美国药品和食品管理局）提出了禁止使用PPA的建议。2000年11月，中国政府下发通知：禁止使用PPA！作为PPA感冒药的最大制造商，中美史克首当其冲。

面对突如其来的变化，中美史克公司迅速做出回应。接到通知那天（2000年11月16日），中美史克立即由10位公司经理等主要部门主管组成危机管理小组，十余名工作人员负责协调、跟进。危机管理小组分工如下：危机管理领导小组，制定应对危机的立场基调，统一口径，并协调各小组工作；沟通小组负责信息发布和内、外部的信息沟通，也是所有信息的发布者；市场小组负责加快新产品开发；生产小组负责组织调整生产并处理正在生产线上的中间产品。

危机管理小组发布了危机公关纲领：执行政府暂停令，向政府部门表态，坚决执行政府法令，暂停生产和销售；通知经销商和客户立即停止康泰克和康得的销售，取消相关合同；停止广告宣传和市场推广活动。

即日，全体员工召开大会，总经理向员工通报了事情的来龙去脉，表示公司不会裁员，由此赢得了员工空前一致的团结精神。同日，全国各地的五十多位销售经理被迅速召回天津总部，危机管理小组深入其中做思想工作，以保障企业危机应对措施的有效执行。2000年11月18日，他们带着中美史克《给医院的信》、《给客户的信》回归本部，应急行动纲领在全国各地按部就班地展开。公司专门培训了数十名专职接线员，负责接听来自客户、消费者的问讯电话，做出准确、专业的回答以打消他们的疑虑。2000年11月21日，15条消费者热线全面开通。

同时，公司还积极同媒体沟通，在北京召开了新闻媒介恳谈会，做出"不停投资"和"无论怎样，维护广大群众的健康是中美史克公司自始至终坚持的原则，本公司将在国家药品监督部门得出关于PPA的研究论证结果后为广大消费者提供一个满意的解决办法"的立场态度和决心。正是因为这些措施落实到位，康泰克良好的品牌形象得以保存下来了。经过几年的努力，2001年9月，中美史克不含PPA的新康泰克重新上市了。

对比同仁堂和中美史可，我们可以得出这样一条经验：企业无论犯错与否，都需要一个正确的态度，出了问题并不可怕，重要的是化解危机的手段和处理过程。主动找出问题所在，给大家一个明确的交代，只要有一种坦诚的态度和行动，公众会理解的。

当天灾不期而至

相对于财务危机、质量危机、客户纠纷、恶性竞争等这些"人祸"来说，自然灾害、流行疾病等天灾对于企业来说似乎是根本无法预见的。但这并不是说，当天灾发生之后，企业就毫无作为了。具有超强公关能力的企业同样能够在灾难降临后采取高明的公关手段，恢复公众对自己的信心。

2003年在中国爆发的SARS事件令很多企业陷入尴尬，一位从外地出差回京的摩托罗拉员工出现SARS感染症状。

公司出现SARS感染者之后，摩托罗拉迅速按照危机管理系统制订出业务持续发展计划。首先对办公设施进行了彻底的清洁与消毒，暂时停止使用北亚中心楼内的中央空调系统，并建议多数员工5月6日至11日在家办公或使用备用的办公设施，少数员工在楼内办公。

摩托罗拉公司的危机管理系统及业务持续发展计划，在关键时刻保证了公司各项业务有序进行。公司实行了"轮班制",安排员工轮流上班,这样,既降低办公室的人员密度,又保证工作持续进行。公司上下充分利用便携式电脑、高速拨号连接、电视、电话会议及其他办公设施,确保了业务的正常进行,成功地克服了SARS所带来的困难。

另一方面,摩托罗拉公关部一点儿没有闲着,不停地对外界通报公司状况,与员工、客户和社会公众保持坦诚的交流,及时向媒体及客户通报业务的发展情况及公司所采取的相应措施。

摩托罗拉的高明之处,也就是公关的最高境界——面对"危机",能够化解其中的"危险",还能把握住其中的"机会"。

2003年4月下旬,正值北京和全国各地齐心抗战"非典"的关键时期,当时担任摩托罗拉(中国)公司董事长兼总裁之职的陈永正向北京市政府承诺:从即日开始,公司将加强对北京集群通信网络现有系统的技术支持服务,同时,向北京市捐赠对讲机,用于城市卫生医疗防疫战线的指挥调度工作。

公司发现SARS感染者不久之后,摩托罗拉公司总裁兼首席运营官麦克·扎菲罗夫斯基造访中国,拜见政府领导人,向中国政府捐赠抗非典设备、现金和物资,与北京市政府签署了合作备忘录,慰问了在中国公司的员工,与客户见面,同媒体沟通。麦克·扎菲罗夫斯基几乎展示了一个处于危机中的公司领导人所必须要做的全部公关工作。

2004年伊始,从SARS阴影中走出来没多久的国人又迎来了一场新的灾难——"禽流感",从一月份开始,禽流感在亚洲部分地区肆虐,不少人"谈鸡色变",导致以经营炸鸡和鸡肉汉堡为主的肯德基连锁店生意受较大影响。面对此种危机,肯德基向人们展示了其优秀的公关危机处理能力。

禽流感发生后,越南由于疫情最严重,2004年1月27日,肯德基被迫宣布暂时关闭越南境内所有9家分店。

同时,肯德基计划从菜单上撤掉炸鸡、鸡肉汉堡等食物,改用鱼肉汉堡填补空白,并准备在1月31日前重新开张,同时还发表声明称,表示会尽快从美国进口冷冻鸡肉作为食品原料,让顾客吃上"放心鸡肉"。

自中国发生禽流感之后,肯德基制订了一系列完善的应急计划。从供应商到库存,从运输过程到烹制过程,从餐具到设施、员工管理层层把关,并且采取集中采购,然后才分配到各调配中心去。

为了消除禽流感给消费者造成的紧张心理,肯德基承诺原料鸡全部来自非疫区之后,又于2004年2月5日首次公开了该品牌食品的基本制作工艺,并邀请农业大学营养专家和畜牧业专家品尝产品,以此向社会承诺,其产品可以放心食用。

面对不可抗拒因素而引起的危机,肯德基的做法值得效仿。由于禽流感的盛行,鸡肉在市场上受到了消费者的自觉抵制,虽然先后有政府高官带头吃鸡的做法,但从企业自身来说,特别是对禽类加工企业来说,如何自身克服市场变化所带来的不利影响,也是体现企业危机管理手段的成熟与否的一个重要标志。

《21世纪经济报道》在评价肯德基的成功时,列举了6种"武器"。

(1)媒介沟通:抢占先机。公关专家帕金森认为,危机中传播失误所造成的真空,会很快被颠倒黑白、胡说八道的流言所占据,"无可奉告"的答复尤其会产生此类问题。

尽管如此,肯德基的警觉还是令人惊讶。当报社的采访提纲传至百胜集团总部,半小时后便接到了对方的电话。

“现在是我为您服务，我非常愿意为您解答一切问题。”百胜餐饮集团公共事务部总监王群用极其诚恳的语调回答。

“9 时 40 分我收到您的采访提纲，在 9 时 46 分我已经给您发去《关于肯德基危机处理的对外答复》《肯德基有信心有把握为消费者把关》等文件，这些文件或许对您了解整个事情有帮助，请查收。”

如何应对媒体的危机提问，肯德基完全是程序化的管理。

(2)提供标准化的声音。面对危机的肯德基，绝不允许有第二个声音出现。在这个“特殊时刻”，所有来自媒体的问题，都统一由百胜的公共事务部出面安排采访。

(3)应急计划首抓源头。成立危机处理小组是第一反应。危机一旦出现苗头，肯德基的危机处理小组就开始启动。其组成人员覆盖了危机可能涉及的一切部门，比方销售部、公共事务部，等等。收集各种信息，比如中国政府出台的有关政策，媒体及社会公众的反应，等等。并及时对危机造成的影响做出反馈，直接向中国区总裁汇报。

对于供货商的控制则是危机处理小组的第一事务。对供应商的每一批供货都要求出具由当地动物检疫部门签发的《出县境动物产品检疫合格证明》和《动物及动物产品运载工具消毒证明》，并证明所有的供货来自非疫区，无禽流感。

一旦发现有任何供应商出现任何问题，肯德基都会立刻转向，改用其他合格的供应商。

(4)向公众传递信心。危机一旦产生，就必须不厌其烦地将必要的细节信息透明化。为此，肯德基专门召开新闻发布会，向公众宣布，世界卫生组织和其他权威机构证明食用烹煮过的鸡肉是绝对安全的。肯德基的所有鸡肉产品全部都经过 2 分 30 秒 ~ 14 分 30 秒、170℃以上的高温烹制，并立刻将其文字制成条幅，挂在餐厅的每个角落。

(5)日常培训贯彻安全理念。肯德基特别指出，预防危机要从企业创办之日起就着手进行那种出现危机才想到危机管理，把危机管理当作一种临时性措施和权宜之计的做法是不可取的。

“长久的营运系统必须考虑危机出现时的情况，并体现在日常操作的基本要求之中。”百胜餐饮集团公共事务部总监王群说，“我们新员工入职培训，给他们上的第一课就是，对于我们来说食品安全永远是我们的第一原则。”

平时，肯德基对供货商严格执行的星级评估系统有重要作用。每 3 个月到半年，对供货商从质量、技术、财务、可靠性、沟通等 5 个方面的全面定期评估和贯穿全年的随机抽查，由公司技术部与采购部合作，以 100 分制进行评定，其分数将直接决定供货商们在下一年度业务量的份额。

(6)使用可替代的产品。肯德基认为，越南肯德基之所以推出了鱼类产品，那也是由于越南政府为控制禽流感而制定了“不允许跨地区运输鸡肉”的规定，所以导致肯德基的鸡肉供应短缺而改做鱼类产品，这完全不是因为鸡肉不安全而进行的改变。

从摩托罗拉和肯德基的公关活动中，我们可以看出，当遭遇天灾时，最重要的就是帮助员工和公众迅速恢复信心，只要有信心，就会有战胜困难、使企业及时恢复正常的机会。遭遇火灾的阿罗公司和遭遇地震的墨西哥旅游业也是这样重整旗鼓的。

阿罗公司是一家经营电子零件配销的企业，1979 年时，市场占有率为全美国第二位。然而，天有不测风云。1980 年 12 月的一天，阿罗公司在一家饭店召开主管人员会议，饭店突然着火，董事长格林、执行副总裁葛伦等13位高级主管人员遇难，只有执行副总裁华德尔幸免于难。这位幸存者伤心地说：

"一场大火等于将阿罗公司'满门抄斩'。"次日，阿罗公司的股票暴跌了19%，几天之内又连续下跌了几次，人们对于阿罗公司的信任急剧下降，竞争对手们幸灾乐祸，虎视眈眈，准备随时吞并这个面临灭顶之灾的企业。

公司内部也谣言纷纷，恐怖的气氛笼罩着整个公司。几年来由于公司业务飞速发展而形成的凝聚力突然解体，公司上下人人自危，有的甚至要求离职。这场飞来的横祸也使阿罗公司的原料供应商驻足不前，他们对公司的前途表示担心，甚至怀疑它是否能够生存下去，他们不愿意冒险，索性停止了业务往来。在这个危难之际，董事会采取了一系列措施。

首先，阿罗公司向死难者的遗孀和亲属提供了可观的抚恤金，那些死难者家属收到的抚恤金、保险金相当于她们丈夫生前年薪的5倍，因此，她们知道公司已经竭尽全力，十分理解公司的处境，从未闹事。

其次，在有关部门的帮助下，公司尽快查明起火原因，并找出足够的证据说明火灾是由于饭店的煤气管道陈旧漏气所致，而绝非人为的纵火，于是，消除了职工的恐惧心理，稳定了职工的情绪。

此外，公司还采取了一系列措施保证机构的运转，走访与公司关系密切的公众，争取银行、原产供应商的支持。经过一系列卓有成效的公共活动，阿罗公司从灭顶之灾中起死回生，恢复了生产。

此后，公司又网罗了一批人才，逐渐恢复了公众的信任，并获得了发展。1993年其营业额上升到5.67亿美元，比1980年遭火灾的营业额增长了61%，同时该公司的股票价格达到了创纪录的高峰。此后，阿罗公司重振雄风，在打入洛杉矶市场配销微电脑系统之后，又收购了加拿大的一个公司，并雄心勃勃地向欧洲市场进军。

与阿罗公司相比，墨西哥在大地震中遭受的损失更大。

1986年墨西哥发生大地震，巨大的自然灾害给墨西哥带来极大的损失。死亡人数众多，房屋倒塌，到处是碎瓦残砖，生活用水供应不上，交通中断，几乎使墨西哥处于崩溃的边缘。

墨西哥本来是世界上有名的旅游国家，旅游业是墨西哥经济发展的重要支柱。而这场大地震使墨西哥的旅游业遭到了空前的损失。加上人们对于墨西哥的损失不甚了解，以为宾馆、饭店不复存在，即便想去观光，恐怕也没有地方住了。

短短的一个月内，墨西哥的外国游客由原来的几千万人几乎一下子降为零。已经事先订好机票、饭店的游客纷纷取消预订，墨西哥损失了近亿元的旅游收入。危急之中的墨西哥政府出巨资请了美国著名的公共关系专家到墨西哥出谋划策，意欲挽救墨西哥的旅游业。公共关系专家到达墨西哥之后立即进行地震损失调查。他发现墨西哥的地震损失并不像人们想象的那样严重，倒塌的房屋多为民宅，而豪华的、供接待外国游客的饭店并无太大损失。

通过一番努力，公关专家策划出了一系列有效措施：通过电视新闻媒介如实向外界报道墨西哥的损失，使外国游客对墨西哥的地震损失有一个正确的了解，以摆脱人们的猜疑和可怕的想象。出巨资到美国、日本等发达国家，邀请文艺、体育和政界名人到墨西哥旅游。在豪华饭店客房里，在景色宜人的风景区，在墨西哥街头，到处都留下了这些名人的身影，然后由墨西哥新闻界将这些录像在世界各地播放，用名人效应来解除其他人的顾虑。

这一招非常高明，当游客们看到这些名人无忧无虑、兴高采烈地出现在墨西哥时，人人都会这样想：“人家名人都不怕危险，我们还怕什么呢？或许墨西哥的损失并没有那么大！”接着，他们又大力宣传自然灾害对人构成的危险，呼吁人们联合起来共同抵御自然灾害，借以引发人们对于灾难恶果的警惕。这一措施引起很多外国游客的探究心理，人们都想知道或是亲眼看一下大地震给人类带来的灾难程度是怎样的呢？地震后的墨西哥会是怎样一种情形呢？既然不存在危险，为何不利用这难得的机会去看一看呢？

公关专家的策划在短时间里取得了极好的效果。墨西哥的旅游业在一个多月的沉寂之后又兴旺了起来，游客人数竟很快超过了地震前的人数。这样，墨西哥地震不但没有使墨西哥的旅游业崩溃，反而获得了更大的盈利。

现在看来，天灾固然可怕，但如果企业能够巧妙地利用公关这个武器，在灾难中重新崛起就并不是一件可望而不可即的事情。

善于利用媒体的新东方

谈到新闻媒体，大多数企业是又爱又恨。因为，企业遇到的很多危机都是通过新闻媒体传播出来的，可是，当企业需要宣传的时候，又离不开媒体这个新闻载体。

其实，只要方法得当，媒体也可以成为企业在遇到危机后迅速复原的得力工具。新东方学校就在遇到危机时充分利用了媒体的力量，使自己转危为安。

提起新东方外语学校，恐怕无人不晓。其神奇的教育模式、教育方法，吸引着无数想借其改变命运的莘莘学子。新东方外语学校于1993年正式建立，到2001年，新东方学校共培训学员25万多人，有几万人的GRE成绩超过2000分。在全球最高得分榜上，有着许多新东方学员的名字；超过3万名的新东方学员TOEFL成绩在610分以上；每次TOEFL考试，都有几十名学员获得677的满分；从中国去美国读MBA的学员，半数以上出自新东方GMAT班。可以说，新东方塑造了一个万千学子走向成功的神话，创造了使穷教师成为百万富翁的奇迹。

新东方的第一次危机发生在1999年，北约轰炸了中国使馆，在北大三角地里面出现了铺天盖地的海报，要打倒新东方，这是一个严重的危机。北约的炮火让新东方面临着争议，中国人要不要到新东方学习。新东方接到了铺天盖地的电话，一些相关人士说：“你们怎么不作发言？”这个也关系到学生命运：如果中美宣战了，新东方的学生还能不能出国？

新东方在处理这个危机时显得成熟而稳重。通过会议的讨论，新东方当天晚上就在网站上发表了一篇新东方校长联席会议公开信，表明新东方的态度，然后请了几个记者在媒体上发表，这是一篇经典的作品，主题是新东方要不要办下去，中国人要不要向西方学习，美国敢不敢炸中国。

新东方在发表的文章中认为，北约轰炸危机就是因为落后。差别越来越大，中国人在这个世界上生存越来越危险，唯一击败对方的方法就是向对方学习。在这种情况下，中国学生出国就是因为我们要学习别人的长处，以此来壮大我们的祖国。这也是中国企业和政府生存的一个方法。我们只有把人才送出去，才能让中国强起来。

这是新东方的第一次危机，他们利用在媒体上发表表明自己态度的文章巧妙地化解渡过了难关。

新东方的另外一次危机是众所周知的ETS危机。2001年1月30日，美国ETS的几位负责人联名发函到美国各大学，信中称："对所有来自中国内地的考生GRE和TOEFL成绩应持小心态度。在当前要特别重要地检查中国申请人的相关成绩。"ETS说中国内地发生了"在考前大量提供给考生尚未授权的历史性试题，可能使大量的中国考生在考试中取得了不公平的优势"。

总部设在新泽西的教育考试服务中心是全美最大的私营教育考试服务机构，为全球赴美学生提供GRE、托福等项考试。该中心认为中国学生的GRE成绩近期突然急剧提高，主要原因是有些学生参加了新东方学校的考试培训，而该校在考试培训中非法使用了他们的教材和考题，其中包括他们正在使用的考题。该中心指出，新东方是中国大陆最大的提供赴美考试帮助的学校，由于新东方的这种非法做法，一些学生得到了高分，这是不公平的，对那些按照合法方式、正常途径复习的学生来说尤其如此。由于美国各校入学名额都是固定的，因此，通过非法途径获得高分的学生如果获得入校的机会，其他学生就会失去机会。

很明显，ETS的矛头直指新东方，因为中国内地的GRE和TOEFL考生大部分出自新东方。一时间，对新东方流言四起，新东方面临严重的企业诚信危机。

新东方认为这不是一个法律危机，也不是一个商业危机，它是一个公关危机，基于中国社会必须理解、必须接受的这样一种背景之下的公关危机。这样新东方一下子把主战场定好，这个战场就是公关的战场，新东方的学生就是公关的舆论或者说是历史平台。当时美国方面的宣传一下子把中国学生的愤怒情绪提起来了，甚至传言说新东方的行为导致学生们的前途受损。当时正值中国加入WTO的最后时刻，假如美国以这个东西作为话题就很危险，事实上，美国确实以这个东西作为话题进攻过中国。

面对这种情况，新东方做出的公关定位是新东方就如一个有缺陷的青春期的孩子，是把他杀了，还是怎么样？在这个战略之下，新东方依旧以媒体作为自己反击的工具，写了一篇文章登在新浪网上，这是2001年1月份的一篇报道，同时在美国也开始传播。之前，ETS在美国宣传说他们注意到中国的学生考试作弊、非法使用考题等相关资料，要美国大学特别小心中国考生的GRE和托福成绩，在目前情况下，有必要连带参考其他的成绩。也就是说，ETS号召美国的大学对中国学生作为一个群体进行特殊的审查，而这是完全违反美国的法律的。而新东方的方法是每天发表一篇文章，并立刻召开记者招待会，一下子就给这件事定了调。新东方紧紧把握住自己的生存基础——学生，召集全体大会，让每个老师讲，新东方确实有这个错误，如果今天停止使用盗版教材，那么学生们出国的时间将取决于对中国市场的开放程度。同时新东方跟政府讲了存在的问题，新东方讲的全是实话。政府问新东方到底怎么样？新东方回答不以为荣，但是也不以为耻，这不是新东方的错误。政府、舆论、学生、老师、新东方从各个方面形成了一个强大的战斗的集团，然后形成了一个稳固的战略。新东方承认错误，并且展望未来，这是解决危机最基本的调子。

在基本调子下，新东方还提出三点：

第一，新东方可以管理，新东方是犯了错误，但是跟中国学生无关，不能够让美国大学伤害中国学生的利益，中国学生的利益不容侵犯；

第二,对中国市场的歧视性政策;

第三,新东方是ETS最重要的保护者,新东方跟学生说,ET5是中国考生的最大的保护者,最大利益的源泉,所以要保护ETS考题的完整性、保密性。

新东方校长联席会议还发表关于ETS公开信的声明。

新东方校长联席会议关于ETS公开信的声明全文如下:

最近,位于美国新泽西州普林斯顿的教育测试服务中心(ETS)向北美各大学发出公开信,要求各学校对于来自中国大陆留学生的GRE成绩给予特别的对待,原因是ETS注意到在过去几年内来自中国的GRE成绩有所提高。特别是1999年10月至2000年9月的成绩有显著的提高,鉴于ETS认为中国的某些个人有盗窃和未经授权使用ETS的考试资料从而获得了不公平竞争优势,因此,ETS要求各校在录取来自中国的留学申请者时,要充分分析其他各种因素,给予全面周到的审视。

作为在全球主持GRE考试以及托福和GMAT考试的ETS机构,发出这样一封旨在怀疑中国留美学生考试成绩信誉问题的公开信,新东方认为是一件严重事件,它构成了对中国学生合法权益和名誉的严重损害。为此,新东方郑重声明如下:

(1)中国留学生的集体荣誉不容诋毁

ETS的公开信,对来自中国的所有GRE和托福成绩作为一个整体提出怀疑,并紧急要求美国大学对之进行仔细检查,此举极大地伤害了数以万计的中国学生的集体信誉和尊严,是ETS傲慢与偏见的产物。众所周知,无论是北大、清华,还是哈佛、耶鲁,都有成绩优秀的学生和成绩不及格的学生。ETS的公开信公开号召美国各个大学对来自中国的学生进行特别检查,是对中国学生集体荣誉的侵犯、是对无数通过艰苦奋斗、通过奋力拼搏得到优异成绩的中国学生的诋毁。

(2)中国英语教育的伟大成就不可漠视

ETS的公开信,对过去几年来,中国学生的GRE成绩有所提高表示怀疑,并把这个现象误认为是中国特定个人(或个体)偷题或盗版的结果,这是对于中国教育在90年代以来英语教学方面取得的突破性进展的漠视。过去十年来,随着中国改革开放的深入推行,在国家政策鼓励下,中国人学习英语的热情日益高涨,中国英语教学水准有了质的变化,中国学生的英语能力取得了大幅度的提高,这是中国英语教育工作者辛勤耕耘的收获,是中国学生艰苦学习取得的结果。ETS把反映了中国学生实际英语水平提高的GRE考分的相应增长,涂上一层通过不正当手段获取的色彩,这是对于中国近年来整体英语教育成就的漠视。

(3)中国学生的考试能力不该贬低

众所周知,中国学生具有优秀的、超群的应试能力。由于ETS主持的几种考试关系到人们的留学前途,中国大学生也倾注了大量的心血,因此相应也获得了比较优秀的分数。ETS独家设置并垄断的GRE考试标准,是中国学生获取奖学金、进入美国大学读书的一个重要途径。中国学生的勤奋、智慧、拼搏和吃苦精神在新东方学校培训班上得到了最感人的体现。2001年的除夕,新东方学校的联欢会上,聚集了上千名为学习英语而不回家的学员。如果ETS的先生们看到这个场面,一定会充分理解中国学生屡获高分的秘诀。新东方为自己学员优异的成绩感到自豪,但新东方最为自豪的,是中国学生身上那种为了学业和前程奋力攻克各种考试难关的拼搏精神与应试技能。

(4)ETS必须改进自己的考试系统

在对中国学生的GRE成绩发出普遍怀疑之后,ETS突然在公开信的最后特别指出:中国考生的托福成绩却没有上述可疑的变化。这一点就给稍有判断力的人留下了难解的迷惘:为什么同样来自中国GRE成绩是如此可疑,而托福成绩却没有类似的问题?众所周知,在中国,大量GRE,GMAT和托福考生都在北京新东方学校接受过这样或那样的考试培训。如果新东方的教学实践有ETS不能容忍的问题,为什么新东方的这个行为偏偏损害了GRE?而偏偏没有危及考试人数更多的托福?这是什么道理?业内人员知道,1999年10月之后,ETS在中国及世界各地考场开始推行计算机化的GRE考试。GRE机考是一种与传统笔试不同的考试方法,在推行之后引发了许多争议并导致了一系列考生针对ETS的法律诉讼(1999年美国考生Amy Cuddy诉ETS误判GRE考分并赢得胜利就是一个例子。中国考生吴其祥也曾经因为ETS错判其考分,收到ETS寄来的免费重考的通知)。对于机考带来的问题,ETS理应认真检查自己的系统,使之做到万无一失,以确保世界各国考生的根本利益。令人遗憾的是,ETS在对1999年9月以来(恰好与机考同时发生)的GRE分数突然增长进行充分调查和解释前向美国大学发出这个公开信,不能不使人感到其行为的轻率和对中国学生留学命运的不负责任。

(5)新东方对于保护ETS版权问题的态度

由于历史的原因,新东方学校在与国际版权惯例接轨的过程中也有一个艰难而痛苦的渐变过程。作为一家历经艰辛而最终成为中国留学生培训中心的民办学校,新东方在版权问题上,可以说走在了中国民办学校的前列。早在1995年年底,新东方校长俞敏洪先生在访问美国新泽西州时,就特地造访了位于普林斯顿市的ETS总部,并主动提出要和负责人谈谈版权合作问题。但ETS对于这位来自中国的访客采取了回避的态度。1998年7月,新东方和ETS达成了一个合法使用其托福资料的协议,至今已经付出了上百万人民币的使用费。至今新东方可能依然是国内唯一一家向ETS支付版权使用费的民办学校。

2001年1月,为了彻底解决和ETS的版权冲突,新东方不惜重金聘请了美国著名的知识产权专家和律师作为新东方的法律代表来和ETS接触并寻求合理解决途径。新东方向世界展示了要彻底解决ETS版权纠纷的决心和远见。但同样不能使人理解的是,即使新东方聘请了这样著名的谈判代表,截至本声明发表之时,新东方依然没有收到来自ETS的任何积极的回应。新东方一再向ETS表明了自己的态度:新东方愿意作为全国同行的表率,与ETS达成合理可行、符合中国市场规则、中国考生能够承受得起的版权协议。新东方再次重申:为了中国考生的利益,为了中国留学事业,我们愿意尽一切努力,来协助ETS共同努力实现其在中国市场上版权规范化的目标。

(6)结论

ETS机构和新东方的版权问题,本来是一个简单的版权纠纷。在新东方积极、公开、坦诚乃至积极配合的态度下,本来可以通过法律途径获得圆满顺利的解决,从而保护中国考生、保护ETS、也促使新东方学校更上层楼。然而,ETS把一个简单的版权纠纷复杂化和政治化,冒犯了中国学生、伤害了中国学生,这是ETS需要认真反思的一个严重错误。

特别需要指出的是,ETS多年来对于中国考试市场就采取了并不公平的版权政策。ETS在美国市场和世界各地,都有其官方授权的正式考题和资料出版销售。但唯独在中国市场,ETS至今没有向任何一家中国出版机构授权过它的资料。ETS对于广大中国学生如何合法获得其考试资料，可以说采取了一个冷漠的拒绝政策。ETS这种错误的和过时的政策，是对于中国考生最大的不公平。而此次发生的ETS公开信事件，更进一步表明了ETS对于中国学生的态度。

尽管新东方对ETS的错误做法表示不满，但是作为中国主要的考试培训中心，我们依然愿意本着最大的诚意和ETS就版权问题进行认真、深入、具体、有效的谈判。我们再次呼吁ETS以中美教育交流大业为重，在符合中国国情、保护中国学生利益基础上，彻底解决这个版权问题。

最后，新东方愿意向全社会表示，中国加入WTO在即。在新的历史时期，新东方除了继续为中国英语教学事业作贡献外，还将努力在知识产权保护问题上，成为新时代的新榜样。作为中国民办教育成功例证之一的新东方，我们将一如既往地为中国留学事业贡献自己的力量，为中国学生的人生奋斗奉献自身的激情！

北京新东方学校校长联席会议声明

2001/2/13 于北京

这个战略很成功。新东方的声明发表以后，所有报纸的主题变成了"ETS对中国考生公平吗"？这样新东方就利用媒体的引导金蝉脱壳了，盗版问题就不是问题了。新东方的一些错误，人们不去计较，这件事就变得非常微弱。最后整个战役以什么结束呢？姜奇平发表了一篇文章，谈知识产权的共享：知识产权是你的，但是要大家共享，ETS在这个地方犯了错误。事情最终的结果是ETS的总裁、副总裁到北京来，那次旅行新东方称之为向中国社会道歉。也就是说这次闹得沸沸扬扬的盗版事件最终是以ETS的道歉结束。

在ETS危机中，新东方的声明赢得了《纽约时报》记者的同情，他作了客观的报道，俞敏洪的照片上了美国的头版，开头是这样的："在中国学生心中，他是英雄，他是领袖，但是在美国人眼中，他是小偷。"

可以说，在新东方的两次危机中，他们把媒体的作用发挥到了极致，通过媒体，使公众了解了新东方的态度、了解了事情的真相。这两次危机不但没有削弱新东方的实力，反而使其赢得了更多人的心。

非常时期的公关手段

2001年10月8日，《北京晚报》上打出一则通栏广告：10月10日上午，在北京市建筑展览馆门前开展"真猫真狗喝涂料"活动，以证明该公司生产的涂料无毒无害。刊登广告的是北京市一家名不见经传的装饰材料开发公司——富亚。

10月10日上午9时，北京建筑展览馆门前已经挂起了"真猫真狗喝涂料富亚涂料安全大检验"的横幅。富亚公司还特地请来了崇文区公证处公证员。一猫三狗已准备就绪。

当时正是北京市"宠物热"方兴未艾之际，广告一出，即在市民中间引起轩然大波。展台前已经拥满了观众，其中不少是跑来“抢新闻”的媒体记者，几位激愤的动物保护协会成员发誓要阻挠此事。

富亚公司总经理蒋和平向围观者宣传：“1998年，中国预防医学科学院就用小白鼠为富亚牌涂料做过无毒实验，结论是：‘实际无毒级。’开展这次活动，是请大家亲眼见识一下，毕竟‘耳听为虚，眼见为实’嘛。”

蒋和平的解释并不能打退动物保护协会，中国环境科学学会动物救助分会的吴会长在现场慷慨陈词：“就算富亚涂料没毒，也不应该给动物喝。因为涂料是工业产品，是一种乳胶漆，会腐蚀肠胃。”这位以爱护小动物为职业的北京老大妈向观众呼吁“不要残害动物”。

在此之前，曾有人给动物保护者协会打了电话通知此事。吴会长知道后大为震惊，亲自给富亚公司打电话，希望取消此项活动，建议未被采纳。10月10日这天，吴会长特意起了个早赶到活动现场，准备阻止小动物受罪。

北京市保护小动物协会的人也一大早赶来，他们在现场举起“请不要虐待动物，孩子们看了怎样想”？的标语，要求立即停止动物喝涂料的实验，几次强行要把正准备喝涂料的小动物带走。据称，“猫狗喝涂料”的广告见报当日，北京市保护小动物协会接到了很多投诉电话，希望他们制止让“真猫真狗喝涂料”的行为。

现场秩序很乱，围观者越聚越多，眼见“真猫真狗喝涂料”就要泡汤了。骑虎难下之际，蒋和平左右为难：活动不搞，广告钱就白花了，如果猫狗真喝了，也会极大地破坏富亚公司的公众形象。

时间已经是9时30分了，蒋和平摆出一副豁出去的架势，大义凛然地宣布：考虑到群众情绪，决定不让猫狗喝，改为人喝涂料，他亲自喝。

话音刚落，场内顿时鸦雀无声。在两名公证员的监督下，蒋和平打开一桶涂料，倒了半杯，又兑了点矿泉水，举在眼前顿了顿。

在四周观众直勾勾地注视下，蒋和平咕咚咚喝下手中一大杯。喝完后一擦嘴，面带笑容。人群中立刻唏嘘不已！用做实验涂料的一只猫和三只狗，已经被观众牵走了。

故事一波三折，并没有以蒋和平“悲壮”地喝下自己的富亚涂料告终。当时，新华社播发了一篇700字的通稿《为做无毒广告，经理竟喝涂料》。此后，媒体纷纷跟风，“老板喝涂料”的离奇新闻开始像野火一样蔓延。北京市各大媒体《北京日报》、《北京晨报》、《北京晚报》、《北京青年报》、北京电视台竞相报道。不同之处只是在于：你正话反说，我就反话正说。最后有人做了一下统计，全国竟然有200多家媒体报道或转载了这则消息。

无论如何，事件本身的轰动效应“造”出来了。北京电视台评选10月份十大经济新闻，“老板喝涂料”赫然跻身其中，与“悉尼奥运会”等同列。

真的是一个突发的经济新闻？非也。“老板喝涂料”，在街头表演的虽是富亚公司总经理蒋和平，躲在幕后策划的却是策划人秦全跃。

曾有策划人评价，秦全跃在策划圈内的招牌一向是“点子刁钻古怪”。出道之前，秦全跃曾开过一家建材企业，专卖地板砖，对装饰材料这块领域并不生疏。据了解，事前，富亚总经理蒋和平找到秦全跃，寻求点石成金之术。秦全跃问：“你说你那涂料环保，你敢喝吗?”蒋和平一拍胸脯道：“敢!”于是双方痛快地商定酬金。最后，北京街头上演了一出“老板喝涂料”的一幕，以及紧随其后的轰炸性新闻炒作。

一些营销人士认为富亚的创意走了独木桥，总经理精神可嘉，但方法欠妥，正和现场反对的动物保护协会的一样，同样坠入了事件策划者的圈套。事实上，“老板喝涂料”堪称是一个经典的新闻策划，其最大成功之处在于：“软新闻”做得不留痕迹，因为事件本身的离奇性已经足够构成一个新闻题材。

其实，蒋和平之所以这么做，也是有苦衷的。要知道，一直以来，洋品牌都占据着国内涂料市场的大部分份额，而此时的国内涂料厂商虽然生产上也有了一定的规模，但由于品牌不响，在与洋品牌的争锋中一直处在下风。

蒋和平认为，自己的产品质量虽然并不比洋品牌差，但名气上却落后很多，如果只靠拼广告，自己也没有那么多资金支持。为了迅速打响自己的品牌，撼动洋货在国内市场的统治地位，他才找到了秦全跃，从而诞生了这个轰动一时的公关策划。

看来，非常时期，还必须采用非常的公关手段，才能取得非常的效果。

第六章

进退攻守：商战要学会见招拆招

商场就是不见硝烟的战场，一个真正的赚钱高手要敢于轰轰烈烈地发动进攻，见招拆招地破解对手的凌厉攻势。

《藏金屋》与《花花公子》的猎兔之战

众所周知，《花花公子》是世界上最出名的成人色情杂志，它在美国出版，发行于全世界，每期的发行量高达几百万册，每年的广告收入更是十分可观。

《花花公子》的巨大成功，让众多的模仿者跃跃欲试。不过，模仿成功并不意味着就会成功，因而，大多数模仿者只是昙花一现。

英国有一份名叫《藏金屋》的同类杂志，虽然在英国的发行量是《花花公子》的3倍，但在欧洲以外的地方却没有多少人知道。

《藏金屋》打算改变这一点，他们首先瞅准了美国这个非常吸引人的巨大市场，决心去分一杯羹。但要想打进美国市场，首先必须面对《花花公子》这个强劲的对手。一般的思维是如何避开《花花公子》的锋芒，逐渐打开自己的市场，但《藏金屋》决心反其道而行之，利用其在美国市场的巨大影响力来打开市场，打响自己的知名度。这是个十分大胆的创意，可以说成败在此一举。于是，《藏金屋》的营销人员把目光盯到鼎鼎大名的同行《花花公子》的身上。

在1969年6月的一天，人们在美国的各大报纸同时看到了一幅巨大的名为“我们在打兔子”的广告。广告的构图其实很简单：一支来复枪的瞄准器里，一只象征《花花公子》的白兔（《花花公子》的刊徽是一只白兔形象）正匍匐在十字准星的死亡焦点上。在图画的下方，一行小字写着：

“一家名为《藏金屋》的杂志将要进行一场猎兔之战。”

而它下面的广告文则毫不讳言地向《花花公子》宣战说：“《藏金屋》在英国和法国捉到了这只兔子。我们的英国版发行量超过了它两倍。现在，围猎场已移到兔子的后院，我们的美国版将于8月12日面世。"

这则看似简单却又创意非凡的广告在整个美国激起了巨大的反响,人们怀着好奇的心理,想看看这个敢公然向《花花公子》叫板的《藏金屋》到底有什么出奇之处。创意的效果很快就得到了验证,在美国出版的第一期一下子就卖出235000册,一举坐上仅次于《花花公子》的第二把交椅,对《花花公子》的权威地位形成了威胁。

《藏金屋》决定乘胜追击,不久,在同一报纸的同一版面上又出现了另一幅广告——"谁惹恼了兔子",广告中画的是一只惶恐不安的、《花花公子》的那只刊徽兔子。在画面的下面,写着粗大的广告语:"兔死谁手?非《藏金屋》莫属!"

紧接着,第三幅广告几天后又出现了,广告上还是那只兔子,但它暴怒了。而在画面的下面,这次却是一行意味深长的星号、着重号和感叹号。而下面的广告词是:

"看到《藏金屋》风行美国,兔子的痛苦和我们的喜悦都是难以言表的。"

三次广告攻势后的情况是,《花花公子》在当时的发行量已超过500万册,年广告收入达2500万美元,仍然稳居头把交椅。看似《藏金屋》好像并没有达到撼动其地位的目的,但是,它的这一系列的广告,却把《藏金屋》这份当时还籍籍无名的小杂志的知名度提高到了与鼎鼎大名的《花花公子》杂志齐名的高度。而实际上这才是广告的最主要的目的,可以说完全达到了。

除此之外,《藏金屋》在展开凌厉广告攻势的同时,还参照《花花公子》经营的优缺点,积极改进自己的不足之处,比如他们针对《花花公子》过于稳重因而读者逐渐离去的倾向,注意调整自己的编辑风格,紧贴读者的需要,不断地调整,使得它的发行量稳步上升。到1971年底时,发行量已上升到127万册,对《花花公子》构成了巨大的威胁。

之后,《藏金屋》又根据市场的变化,制作了几则强烈针对《花花公子》的广告,最"明目张胆"一则广告是:画面中兔子竟然在读《藏金屋》,而广告的标题则是"《藏金屋》真令人羡慕"。

面对《藏金屋》咄咄逼人的进攻,令人奇怪的是,《花花公子》竟然对这一切无动于衷,因为他们认为,不予理睬才是最有效的对付方法。而事实上,这种想法显然是不太合理的。因为,正是它的不理不睬,才使得《藏金屋》的广告攻势有机可乘、屡屡得手,而《花花公子》自己却在对手的强力攻势下节节败退,渐渐失去其垄断地位。

在1975年4月,《藏金屋》的发行量终于第一次在美国和加拿大地区超过了《花花公子》。

《藏金屋》的老板和营销人员都认为这一优势都源于"打兔子"的系列广告。所谓穷寇猛追,到第二年,他们又搬出了那幅"我们在打兔子"的广告,只是这一次在广告的下面用大号的字体再加上了一句广告词:

"砰,我们打中了!"

《藏金屋》的广告形式被称为竞争性广告,这种广告形式是国外营销商战中使用得比较多的竞争手段之一,其做法是把自己的产品与其他同类产品进行比较,尤其是与那些已经稳定占有较大市场份额的优势产品做比较,从而证明自己的产品在某一方面或几方面确实胜过这些产品。由于那些优势地位的产品在消费者中有着很高的认知度,因而这种竞争性广告常常具有很强的说服力,很容易吸引消费者的注意,效果也是很好的。

《藏金屋》采用的是赤裸裸的竞争性广告方式,目标直接瞄准的是同行业里绝对的老大《花花公子》。这种做法,使其迅速引起消费者的注意,打响自己的知名度,使自己一下子就提升到与《花花公子》齐名的高度。

如果只到此为止，那也只不过是引起了消费者的兴趣，但不能形成稳定的消费群体。所以，《藏金屋》的营销方式令人称奇就在于其随后的后续系列广告上。用一步步、一次次深入进逼的广告画面和赤裸裸的广告词，展现出了一场“围猎兔子并逐渐胜利”的猎兔画面，并通过系列广告让消费者逐渐相信这是真实情况，而不仅仅只是广告宣传，从而争取到了消费者。而后面的“砰，我们打中了”的广告，无疑在昭告这场猎兔之战的胜者，从而加深消费者的信任度，并留住进而扩大了消费群。

《藏金屋》之所以能在短短的一年时间里就上升到仅次于《花花公子》、坐二望一的高位，主要得益于这一系列广告。这也是世界营销史上靠竞争性广告在短短的时间内就取得如此骄人的业绩的巅峰之作。

善钻空子的 Lee 牌牛仔

会开车的朋友一定都有这样的体会，由于车辆的不断增多，停车成了大问题。因此，就必须要善于寻找路边许可停车范围内的空子，而在路边被允许的范围内，把车开进已经停满了汽车的边缝上，可是要有本事。首先，你要去“找空子”，然后下功夫去“钻”，至于能不能钻得进去，钻得好不好，就需要技术了。

人们常把善于钻空子的人认为是比较聪明或者说是比较狡猾的人。因为，他们善于寻找别人说话做事的漏洞。

企业在做营销定位时，更多的就是在“钻空子”，只有充分发挥钻空子的技巧，才能在已经很拥挤的市场上求得自己的一席之地。这种所谓“钻空子”，实际上就是企业的生存努力和定位。无论你的企业在市场上属于领导者还是追随者，你的确都有必要时刻关注这些空子，然后在适当的时间、适当的机会、采取适当的方法把握住它并且钻进去，这样你的企业就会有更多的发展机会。

Lee 牌牛仔是美国的一个牛仔服装品牌，但是长期以来，它的市场份额却远远不及位于牛仔服装排行榜首位的 Live's 公司。为了赶上甚至超过 Live's 的市场占有率，Lee 牌召集和聘请了许多知名品牌、营销和竞争战略专家进行研讨。在研讨中，大家一致认为，要想达到目的，仅仅运用传统的策略是很难的，因为 Live's 的品牌效应已经使它拥有了一大批的忠实消费者，这些消费者很难在短期内对除了 Live's 外的别的品牌产生兴趣。那么，怎样才能突破这一层障碍呢？

一天，Lee 的决策者突然一点灵光在脑际闪过，“适合？”“合适？”“定做？”对！就是一个词“贴身”！于是，一个绝妙的策略诞生了。Lee 抓住长久以来一直被忽略的一个市场——女性市场。对这一市场的主体——25～44 岁的女性消费者的定性研究表明，这一群体对牛仔服装是情有独钟的，而“贴身”是她们最关心的利益。大多数女性都需要一件在腰部和臀部都很合身而且活动自如的牛仔服，而她们平均要试穿 16 件牛仔裤才能找到一件称心如意的。

于是，Lee聪明地定位于这一点，在产品设计上一改传统的直线裁剪，突出女性的身材和线条。在广告表现中充分体现Lee恰到好处的贴身和穿脱自如——“最贴身的牛仔”。

一个“贴”字填补了消费者心智中的缝隙，着实地在Live's牌的牛仔品牌中寻到了消费者心智中的空子。此后，Lee牌的“贴”系列牛仔服一上市便受到女性消费者的追捧，销售量直线飙升。从而，一跃登上牛仔服装第二位的名次。

不但Lee牌的牛仔服“贴”得受宠，Lee牌的这个空子钻得也的确“贴切”。其实，只不过是把裁剪方法做了一下改变，并不是所谓的掀起了一场所谓的“划时代”的革命。但是，为什么效果如此之好呢？

想想看，有一天你去买衣服时拿出来穿上一试，正合适，就像定做的一样，你一定会毫不犹豫地买下来。也许，你本人并没有感觉到企业在创新、在改革，但是只要你感觉到“合适”、“贴身”、“就像定做的一样”，企业的目的就达到了。于是，当许多顾客都觉得这家企业的服装“合适”、“贴身”、“就像定做的一样”时，那选择它就是再顺理成章不过的事情了。由此，“空子”的威力可见一斑。

我们这里所说的钻空子，其实有两层意思：一是在目标消费者的心目中，寻找尚未被满足的空隙；另一层意思是，在竞争对手或欲挑战的品牌为目标的消费群体提供的利益组合中，寻找空隙，然后加以填补。也就是说，在消费者感到需求被满足的前提下，还有一些缝隙没有被填满，所以我们要在预期客户的头脑中寻找空子。这也是营销领域中的最佳战略之一。

比如喜力兹啤酒用“喜力兹啤酒的酒瓶都经过二次蒸馏消毒”，这句他的对手们从未正式提出和宣传过的经典广告词挫败了竞争对手；德国人制造出的“甲壳虫”用“请往小处想”突出“小”的优点，使得那些以豪华、大气、排量、提速、音响、真皮座椅为优势的“大”汽车无可奈何。

在市场中总会有许多的机会，也许是大企业留下来的，也许是市场留给我们的。就看你是否能够找到这些“空子”的入口了。

阿迪达斯与耐克：在挑战与被挑战之间

一提起阿迪达斯与耐克几乎没有人不知道，这两个世界体育品牌的霸主，多年来一直争斗不休，有时候你追我赶，有时候交替领先，他们之间的“战争”从来就不曾间断过，将来也一定还会继续下去。

美国运动鞋市场被看作具有挑战性并已饱和，充满激烈的竞争且增长缓慢，因此对于新进入者只有很小的空间。耐克、阿迪达斯和锐步，这些主要品牌抢占了超过一半的市场份额并保持相对稳定。再加上这个领域存在较高的进入壁垒。美国运动鞋产业由“不用工厂生产”的品牌型公司组成，大公司在广告、产品开发以及销售网络出口方面都更有成本优势。更重要的是，品牌个性与消费者忠诚度都给潜在的进入者设置了无形的屏障。这使得一些较小的品牌根本无法进入美国的市场。

起源于1962年的耐克以领导者的姿态引跑。耐特首创，当时命名为“蓝丝带体育”，20世纪70年代正式更名为Nike，它初步超过阿迪达斯在美国运动鞋业内坐头把交椅，1980

年占据约50%的美国市场份额。从那时起，耐克开始实行积极进取的市场活动，签约顶级运动员，并创造了“只管去做(Just Do It)”这一口号。

耐克将它的运动鞋定位为具有创新设计与技术、高价位的高品质产品。耐克凭借丰富的产品类型以及杰出的设计，2000年占据了超过39%的美国运动鞋市场，几乎是阿迪达斯市场份额的两倍。

从20世纪70年代开始，耐克就从一家产品导向的公司逐渐转变为一家市场导向的公司。它在全球范围内运营，在公司内部设计高技术和高品质的产品，在低成本的国家生产，再成功地通过营销建立起作为青少年亚文化标志的品牌。耐克的独特资源包括专利产品和商标、品牌声誉、公司文化和公司独特的人力资产。

在生产环节上，从20世纪70年代以后，耐克便把制造环节外包给很多亚洲国家。外包使耐克获得了廉价的劳动力，并从供应商那里得到大量折扣。而且，外包使顾客能更快从市场获得新产品，减少资本投入的风险。

另一方面，在销售上，这种“期货”下单计划允许零售商提前5~6个月预先定下运输保证书，保证90%的订货会以确定的价格在确定的时间运到。这个策略成功地将存货减少到最少，并缩短了存货的周转。在2003财务年度，耐克有91%的美国鞋类都以这种方式出货，2002财务年度为92%，2001财务年度为86%。

现在，耐克有三种销售渠道：零售商、耐克城以及电子商务。耐克城建立于20世纪90年代，展示耐克最新或最具创意的产品系列，在主干道上做广告，耐克城与其说是一个销售渠道，不如说是一个营销手段。电子商务始于90年代的Nike.com，耐克也允许其他网络公司销售其产品。电子商务策略使耐克重新点燃了与消费者之间的直接关系。

作为耐克的核心竞争力之一，市场营销不仅是做广告，更是为了吸引并留住顾客。耐克营销团队采用的市场策略始终反映公众意见。在20世纪80~90年代的大部分时期，耐克投入大量资金，请成功、富有魅力的知名运动员为产品代言。例如，当迈克尔·乔丹1984年加入耐克团队，“像迈克尔一样”就成为切合了人们对迈克尔·乔丹仰慕之情的口号。而当乔丹1999年退役时，耐克无法找到一个运动员可以代替他的位置，因此，耐克转向一个名为“Nike Play”的新活动，这个活动由展示个人成就、鼓励所有人参与的系列短片组成。我们可以看到，市场策略要随着消费者的喜好而变。对市场变化做出快速反应，正是保持耐克在鞋类市场的核心竞争力的法宝。

耐克的崛起使阿迪达斯从领导者变成了挑战者。

“为每位运动员提供最好的鞋。”在这个简单而又雄心勃勃的理念的鼓励下，20多岁的阿迪·德斯勒开始做鞋，终于在1948年建立起一家名为“阿迪达斯”的公司。公司生产大量各式各样的高品质的运动鞋，最终在20世纪60年代，成为全世界所有著名赛事的首要运动鞋供应商。20世纪60年代后期，阿迪达斯在运动鞋业内稳坐头把交椅。但是，进入20世纪70年代，阿迪达斯没有意识到平民运动已经成为一种潮流，还是专注于专业运动鞋。由于对销售预期的失败和对市场竞争状况的低估，阿迪达斯的地位受到了挑战，最后在20世纪70年代后期被耐克取代。

1997年，阿迪达斯与所罗门公司联合，1998~2000年阿迪达斯重建了其市场份额，紧随耐克之后，稳居第二的市场位置。不过，在2002年公司的市场位置又跌至第三，比起耐克40.6%的市场份额，它仅有11.8%，2003年依然保持此位置。

阿迪达斯是第一家发起生产外包的鞋类公司。他们的生产公司分布于中国大陆、越南以及拉丁美洲。现在他们的供应链利用3种不同的供应商类型,包括承包商、下级承包商和本地原料公司。他们的外包策略对团体的成功至关重要,并被整个领域仿效。这种策略可以转移风险,降低劳动力成本,并可将主要精力集中到阿迪达斯的核心策略——市场营销和研发上。

市场营销是阿迪达斯的两个核心策略之一。1997年,阿迪达斯宣告收购了所罗门公司,组建成为世界领先的体育用品集团公司之一,公司具有突出品牌的股份。这两家公司在产品和地域协调上互为补充。所罗门在北美和日本表现特别强劲,这对阿迪达斯提高在美国的市场份额很有帮助。他们重新聚焦、重新定位阿迪达斯品牌以全面发掘它的市场潜力,将所有产品整合到3个明确的客户组:永恒体育、独创和器械。这种划分在运动、体育和运动生活方式的顾客中,创造了更强大的市场渗透。阿迪达斯始终坚持邀请名人做产品代言人,并赞助体育联赛。科比·布赖恩特、安娜·库尔尼科娃以及贝克汉姆都是阿迪达斯旗下的超凡的天才。在巴塞罗那奥运会、欧洲足球冠军杯赛、法国足球世界杯、美国女子足球世界杯,等等,阿迪达斯总是最大的赞助商之一。

除了市场营销,研发是阿迪达斯的另一个核心策略。他们建立了一个新的技术创新团队,每年至少投放一个大的创新。2003年,阿迪达斯建立了"大众定制"系统,可以根据顾客脚的不同情况、个人喜好和要求设计特别的鞋,领先者的优势使阿迪达斯在这一领域处于第一位。

但是阿迪达斯显然不会甘居人后,那它又如何挑战作为领导者的耐克呢?

阿迪达斯在研发方面有着非凡的能力,它需要的是更加以顾客为导向的营销策略。即使阿迪达斯和耐克可以相互模仿,它们也应该在有效的执行和协调方面尽量区别于对方。当耐克的营销和研发队伍更多关注北美消费者的需求时,阿迪达斯主动开始塑造自己的市场区隔。因为从两者的整体业绩来看,阿迪达斯的总资产回报率(ROA)和耐克是非常接近的,这就意味着从长期来讲,阿迪达斯完全有潜力与耐克一较短长。

具体做法是:首先,产品美国化。作为一个德国的体育运动品牌,阿迪达斯把它在美国市场上投放的鞋类产品"美国化"。阿迪达斯招纳和培养那些真正了解并且能够预测这个充满活力的市场的人才。这是一种无法模仿的资源。然后根据这些预测的结果来重新塑造自己的市场区隔,这样,一方面满足了美国消费者的需求,另一方面也保证了在这个细分市场上有独到的优势。美国人更强调个人化,所以在广告方面,阿迪达斯形象塑造得更加个性化,而且减少了明星的使用。

其次,加强了质量控制并且开发补充产品。一个企业选择怎样的战略决策依赖于它过往所走的路径。从这方面考虑,因为阿迪达斯长期以来就以其严格的质量控制体系而著称,这个体系保证了阿迪达斯产品的高质量,所以这一传统保持并且得到了进一步弘扬。在重夺全球霸主地位的战略企图的驱使下,阿迪达斯设计了能够赢得所谓"动态效率"的新战略。尽管阿迪达斯已经建立了他的补充产品市场,但他们还通过强化"网络效应"来超越耐克。比如他们设计全系列的运动服、帽子、围巾和手提包来与他们的运动鞋配套。

最后,模仿耐克的订货与分销战略。耐克的未来订货项目帮助公司迅速地成长。阿迪达斯与它的零售商一起实施类似的订货系统来模仿这一战略,将他们的库存保持在一个最优的水平。不过,阿迪达斯也认识到这一机制的成功运作是以许多条件为基础的,比如准确的销售预测,市场的强劲需求,等等。另外,和耐克相比,阿迪达斯在电子商务领域做得不够成功。要想打赢这场关键战役,至关重要的就是阿迪达斯向耐克学习授权专业的电子商务企业来运作其在线销售。

那么,面对阿迪达斯的咄咄逼人之势,耐克是如何维护统治权的呢?

首先,保持在本土市场的竞争力。

阿迪达斯在美国市场上经营是非常有挑战性的,但美国消费者往往会倾向于本国产品而不是进口货。耐克在本土管理实践、组织架构、公司治理以及本土资本市场的掌控方面都有优势。如果它们在白热化的本土竞争当中都能生存,它们在国际市场上就会更有竞争力。为了维护它在美国运动鞋市场的统治地位,耐克持续地专注于它的核心竞争力:营销与研发。在已有的高度的消费者忠诚、品牌意识和庞大的市场份额基础上,他们还在不断开发新产品的同时保持他们的品质标准,实施有效的营销方案以回应市场的变化。

其次,隔离机制。即使阿迪达斯可以模仿耐克的战略,他们也不能简单地复制耐克的那些有企业专用性的竞争手段,比如说专利、品牌和人力资本。

耐克通过提供丰厚的薪酬来留住它的骨干员工,提升他们对公司的忠诚度,以此来保护公司的人力资本。至于产品模仿,耐克采取法律手段,比如说产权、特许权和专利方面的有关规定。但是他们也意识到:“保护知识产权并不是要把产品、流程和技术都模式化,在开放的竞争中最好把它们都看作大海之中散布的岛屿。”如果你的秘密根本就没有机会暴露在你的竞争对手有可能接触的环境中,那岂不是更安全?另外,依靠已有的品牌声誉和市场规模,耐克在获取资源和消费者方面显然比竞争对手有太多的优势。还有,耐克的独特能力很多时候都包含着一些只可意会不可言传的隐性知识,很难为外人所理解。这些东西是它独特的企业历史积淀下来的,而且很难根植于复杂的社会变迁过程之中。

最后,路线与时俱进。和阿迪达斯相比,耐克历史要短很多,它拥有的是以客户为导向的营销和产品。而且阿迪达斯现在面临销售滑坡,耐克利用了这个领先优势加大对NikeID鞋的投入。因为消费者期望值很高,再加上它雄厚的财力和能力,这个市场前途无量。相反,阿迪达斯正处于企业第二个生命周期,它正在为提升市场份额而打拼,后面还有虎视眈眈的锐步。因为路径依赖的缘故,阿迪达斯继承了它以往的产品路线,适应比较广泛的市场人群。

路径依赖会约束一个企业的战略选择,限制它的机会。事实上,一个企业要迅速改变它的路线很难,但是如果它想在竞争中生存,在迅速变化的环境面前它的路线也必须与时俱进。

没有人会甘居人后,谁都想成为领跑者,这也就意味着更多的发展机会。因而无论是领跑者,还是挑战者都必须时刻提高警惕,不断地完善和创新,才能保持自己既有优势的同时,应对追赶者的挑战。总之,作为市场领导者必须避免平庸、保持创新,这样才能永远屹立于竞争的巅峰。

靠骂麦当劳起家的温迪快餐

快餐可以说是美国的特色文化之一,连锁快餐公司自然比比皆是。对于像麦当劳、肯德基等实力雄厚的快餐公司来说，于 1969 年成立于俄亥俄州的温迪快餐公司只能算是个小兄弟。

可就是这么一个不起眼的小公司，却把麦当劳作为自己的竞争对手，一直不忘要寻找对方的缺点来打击一番。

开始，温迪采取的是走缝隙的路线，专门寻找麦当劳的市场空隙展开业务。由于麦当劳向来以青少年为主要市场目标，温迪就把它的消费群体定位在 20 岁以上的青壮年消费群体。为了讨好和拉住顾客，温迪还在肉馅的重量上做文章，有意把肉馅增加那么零点几盎司。没想到，这不起眼的零点几盎司，却成为日后攻击麦当劳的有力武器。

好机会终于来了，一次，美国农业部搞了一项调查，发现麦当劳的号称 4 盎司汉堡包的肉馅短斤缺两，从未超过 3 盎司。

温迪公司决定以此为武器，狠狠反击麦当劳。它请出了著名的女影星克拉拉·佩乐来拍摄了一则后来极其著名的广告片。

广告开始，一位认真好斗、爱挑剔而又风韵犹存的老太太，面对着桌上一个硕大无比的汉堡包眉飞色舞、笑逐颜开。可当她满心欢喜地撕开汉堡包时，发现中间的肉馅只有指甲片那么一丁点大。她始而惊讶、好奇，盯着汉堡包左看右看，继而是气愤、恼怒，最后竟对着镜头大喊一声："牛肉在哪里？"

显然，这则广告是针对麦当劳的。而美国的消费者早就对麦当劳这么大的公司也敢缺斤少两有了成见，所以，广告普遍地在消费者中引起共鸣。加之克拉拉在广告中的表演实在太逼真，把一个斤斤计较的老太太的形象活灵活现地表现了出来，所以，消费者对这则广告片也是百看不厌。因此，它得以深入民心。一时间，"牛肉在哪里"不胫而走，脍炙人口，竟然成了全美流行的口头禅。

这则广告拍得实在太好了，以至于被一年一度的纽约国际广告 Clio 大奖评为"经典作品"，克拉拉也因此成为美国的广告大明星。它给温迪公司带来的好处则更多，不仅提高了产品的知名度和美誉度，更使年营业额上升了 18%。

没过多久，温迪又趁热打铁，请克拉拉又做了一个广告。这次的内容是：克拉拉扮演了一位耳聋的老太太。她出游国外归来，却在繁忙的芝加哥机场因遗失证件而被拒入关。为了验证自己真的是美国人，老太太手忙脚乱地翻遍了所有的口袋，依然一无所获。一想到自己就要被拒于国门之外不得回家，这位脾气本来就暴躁、现在又被验关员的不断询问搞得六神无主的老太太失去了耐性，把头一昂，用美国公众早已十分熟悉而又喜爱的特殊声音冲着验关员大叫："你难道不认识我吗？我可是广告大明星。"稍事停顿，然后就是一句很熟悉的吼叫："牛肉在哪里？"

这一声吼让周围的旅客和验关员们都吃了一惊，而验关员果真从这一句熟悉的吼声中认出了老太太确实是去年的广告大明星克拉拉，忍不住放声大笑，于是便破例放她入关。

于是，温迪公司就依靠这两则攻击麦当劳的广告，使自己的名气大增，销售额直线上升。至 1990 年，它的年营业额达到了 37 亿美元，在美国快餐市场的占有率达 15%。一举跃上美国快餐连锁店第三把交椅。相比之下，麦当劳的市场占有率却一路下滑，到 1990 年，市场占有率只剩下 41.25%。

靠骂名人名店起家，现在已经成为了众多企业挑战强势对手的秘密武器，一个原本籍籍无名的公司或产品，在几声大骂之后，竟悄悄地热销起来。但是，既然存心要靠骂名人名店出名，那么就要选择最有名的人最有名的店。但不管怎么骂，一定要骂得其所，骂得有理有据有节，否则，有可能先毁了自己。

在这一则故事里，温迪就非常明白这一点，它选择开骂的对象是同行业的巨头麦当劳，所骂的内容又是大家都想骂的，这样就使对手找不到反击的地方。如此一骂，让听到看到的人都心领神会。而且它骂得很讲究策略。如果直截了当地骂，那是没有什么意思的。所以，它只要把骂转化成讽，才能使“骂”声长存，因而自己的名气也得以长存。

后发制人，哈瑞尔公司笑到最后

在上个世纪的60年代中期，美国市场上有一种喷雾清洁剂——“处方409”非常受人们的欢迎，畅销全美国，而且久盛不衰。

令人想不到的是，在毫无征兆的情况下，这种极受欢迎、非常畅销的清洁剂却突然有一天在丹佛市脱销了，丹佛市很多家分销店都断了货，并且销售人员也不知道什么时候这种状况才能结束。那些一直以来用惯了这种清洁剂的顾客都急切地询问售货员到底是怎么回事，但营业员总是面带笑容地重复一句话：“很对不起，刚刚卖完了。”

由于这种清洁剂是一种日常用品，并且长期以来已经有了非常稳定的消费群体，它的一时短缺，确实给许多的家庭带来了不便。人们既不习惯，又不认可其他的产品。因而，那些心急的家庭主妇们纷纷抱怨不已。

那么，真实的情况又是怎样的呢？“处方409”到底为什么会突然脱销，它们都去哪里了呢？

原来，这是经营“处方409”的哈瑞尔公司刻意所为，是他们故意放出的烟幕。

事情是这样的，早在几天前，哈瑞尔公司得到了市场部门的情报，大名鼎鼎的波克特甘宝公司要向自己发动进攻了，要和自己争夺清洁消费品市场了。而波克特甘宝公司经营家庭用品已经有上百年的历史，他们一向财大气粗，在这一行业拥有强势地位，同行都对它敬畏三分。波克特甘宝公司看到哈瑞尔公司的“处方409”很有市场，大有赚头，于是就准备也推出自己的同类产品，凭借自己的强大实力，强分清洁剂市场，甚至把清洁剂市场夺过去。

面对如此严峻的形势，一场关系到哈瑞尔公司生死存亡的竞争真正开始了。

哈瑞尔公司并没有因为对手的过于强大就慌了手脚，而是积极做着准备，迎接这场实力悬殊的竞争。他们通过多方打听了解到，波克特甘宝公司的“新奇”喷雾清洁剂已试制出来，并把丹佛市作为其新产品的试验投放市场。哈瑞尔公司知道面对面硬抗是不可取的，必须采取对手意想不到的策略，保持住在消费者心目中的地位。于是他们就决定采取“虚走实留”的策略，他们通知丹佛市的各分销店，把货架上的“处方409”全都撤下来。他们就这样神不知鬼不觉地撤离了阵地。

而那些用惯了“处方409”，又不知道内情的消费者，正在为买不到“处方409”烦恼的时候，他们看到了货架上有“新奇”清洁剂出售，果然感到一种新奇，于是就抱着试试看的心情选择了“新奇”。由于“处方409”脱销的时间已经很久，而市面上又缺乏同类的产品，所以,新上市的"新奇"很快就被抢购一空。

正在做新产品投放试验的波克特甘宝公司测试小组看到这种情景,真是喜出望外,他们被眼前这种喜人的景象给迷住了,于是马上通知总部:"新奇大受欢迎,销量直线上升。"

于是,波克特甘宝公司决定正式大批量生产这种"非常受欢迎"的清洁剂,准备发动席卷全国市场的攻势。

就在这一切进行的同时,哈瑞尔公司也一直在暗中进行自己的攻势,他们见时机已到,便以迅雷不及掩耳的速度,回身杀出一招"回马枪",卷土重来了。他们在所有的分销店里贴出海报:

"特价出售:本店新推出新包装的'处方409',只卖1.48元。"

其实,他们的所谓新包装只不过是把原来的两种大瓶装的"处方409"捆在一起罢了。但由于其售价却是出奇的便宜,再加上以往在消费者心目中形成的良好印象,使人不得不动心。

显然,人们并没有忘记"处方409",现在,本就念念不忘的"处方409"以更便宜的低价又回来了,人们岂能错过这个大好时机,自然都争相购买。

精明的哈瑞尔公司早就已经算过,由于是两大瓶包装,消费者只要买上一次,就得用上半年,这也就是说,消费者在半年内是不用再去购买清洁剂的,他们抢先垄断了半年的消费市场。

不知就里的波克特甘宝公司没有料想到哈瑞尔公司会来这么一手,依然在按原计划把它的"新奇"大规模地投放市场。但市场早已被重新出现的"处方409"占领了。摆在货架上的"新奇"少人问津,不久便被撤了下来,灰溜溜地退出市场,消失在人们的视野之外。

以两个公司的实力对比,哈瑞尔公司显然处于下风,缺乏直接对抗的能力。那么为了不失去自己的市场,就必须采取侧面、迂回的策略,才能达到目的。这就如同在战斗中,如果你的力量强大或双方的力量相当,那自然应当先发制人,先下手为强,一举击溃之,也就是我们常说的"两强相遇勇者胜",谁先动手,谁就占得主动,胜利的天平就会偏向谁。但如果自己的力量明显弱于对手,那只有避免正面冲突,先隐忍住,然后再图良策,伺机反扑,来个后发制人。

先发制人固然能够抢得先机,捷足先登,但后发制人,也能出其不意,力挫强敌。

"处方409"显然深得"后发制人"的精髓。强敌当前,如果与它硬碰,自己只会落得个惨败的下场。所以,它采取的是策略性的撤退,这种策略性的撤退是为更猛烈的进攻积蓄力量。这一招迷惑了对手,使它误以为自己取得了竞争的完全胜利,因而就在市场上放心大胆地全面铺开来。而恰恰在这个过程中,它也把自己最薄弱的部位完全暴露给了对手。只要找准了对方的薄弱环节,反击起来自然就容易多了。果然,哈瑞尔公司后发制人,一招就把对手置于死地,达到一劳永逸的效果。这是多么高明的反击手法啊!

先求输,后求赢

有一次,在保加利亚和捷克斯洛伐克两队之间进行着一场男子篮球赛的半决赛。

这场旗鼓相当的比赛非常激烈,在离比赛结束的时间还有8秒钟的时候,保加利亚队已经领先了两分，而且还是保加利亚队开球，看来是稳操胜券了。可奇怪的是，保加利亚队的教练却忧心忡忡，而捷克队的教练却是非常开心。这是为什么呢？原来，保加利亚队在其他几场比赛中的得分不如捷克队。算起来，这场比赛保加利亚队必须要比捷克队多得5分才能出线，但要在这最后的8秒钟时间里再得到3分几乎是绝对不可能的。

这时候，保加利亚队的教练果断地站起身来，要了一个暂停，他要借此机会对两名队员面授机宜。当比赛继续进行后，保加利亚队员先开球，将球带往中场，这个时候，捷克的队员全都很自然地退回到自己的半场进行防守。突然，带球的保加利亚队员一个转身，回到了自己的半场，纵身一跳，竟然将球投进了自己的篮筐！

这时候，裁判的终场哨音也极富意味地吹响了，全场比赛时间到了，双方战平。然而，根据比赛的规则，双方战平以后，还必须加赛5分钟。在这极为宝贵的最后5分钟里，保加利亚队士气高昂，全力拼搏，终于以超过5分的优势赢得了这场比赛，夺取了决赛权。

直到这时，人们才明白保加利亚队教练非凡的精明——是他故意让自己的队员将篮球投进自己的篮筐里，以求平局，也只有这样，才能赢得这千金难买的5分钟加时赛。

与之相比，商战中的输赢颠倒，不如篮球赛那么明显，其表现形式要隐蔽些。有这样一个故事：

一条街上的相隔不远处，开了三家规模、实力大致相仿的绸布店。在非常清淡的市面上，王家的绸布店首先挂出了"蚀本大甩卖"的招牌，一时间顾客盈门。对门的李家也不甘落后，立即降低了价格。稍远一点的周家就这样被这两家抢走了所有的顾客，迫不得已也只能"降价酬宾"。

但是，过了没多久，王、李两家又竞相压价。此时周老板心生一计：他放出风来说自己赔得太多了，再也不能支持下去，只好关门停业。这样一来，王、李两家更是非要一决雌雄不可，他们不惜血本大幅度降价。

果然，他们的生意出奇地好起来，顾客们不光买的人多，有的甚至成捆成捆地买。等到王、李两家的店被掏空的时候，他们的本钱也大大地赔光了。这时他们才发现，许多顾客都是被周老板请来，专门买他们店里的东西。就这样，王、李两家，一家倒闭，一家成了周老板的分店，他们两家争夺的结果落得两败俱伤，只有周老板从中得到大利。

不管是保加利亚篮球队的教练还是绸布店的周老板，都是在竞争中选择了输赢颠倒的非常手段，也就是说在一定条件下暂时性地放弃既得优势，以期赢得更多的机会、更稳固的地位或更多的利益。输赢颠倒的通常做法是以输求赢、以退求进、以隐求显、以败求胜，等等。输赢颠倒在棋艺中表现为"弃子术"，属常术，但在商战计谋中属险招，非万不得已时不要轻易采用。

比尔·盖茨拉敌人一把

1997年8月6日，IT界传出一个惊人的消息，微软总裁比尔·盖茨宣布，他将向微软的竞争对手——陷入困境的苹果电脑公司注入1.5亿美元的资金！

此语一出，IT界为之哗然。比尔·盖茨大发善心了吗？

作为世界首富,比尔·盖茨在世界各地捐资。但这一回,他却不是捐资,更不是行善,他向苹果注入资金是出于商业目的。

苹果电脑公司诞生于一个旧车库里,他的创始人之一是乔布斯。苹果的成功,在于乔布斯是世界上第一个将电脑定位为个人可以拥有的工具,即"个人电脑",它就像汽车一样,普通人也可以操作。这是一个划时代的产品定位概念,因为在那之前,电脑是普通人无缘摆弄的庞然大物,不仅需要高深的专业知识,还得花大价钱才能买到手。

乔布斯很快推出了供个人使用的电脑,引起了电脑迷的广泛关注。更为重要的是,苹果公司还开发出了麦金托什软件,这也是一个划时代的软件业的革命性突破,开创了在屏幕上以图案和符号呈现操作系统的先河,大大方便了电脑操作,使非专业人员也可以利用电脑为自己工作。

苹果公司靠着这些核心竞争力,诞生不久就一鸣惊人,市场占有率曾经一度超过IT老大IBM。

然而,在进入20世纪90年代后,随着网络经济突飞猛进之际,苹果公司却慢了一拍,未能抓住网络化这一先机,市场占有率急剧萎缩,财务状况日益恶化,1995~1996年连续亏损,数额高达数亿美元。

苹果公司使出全身解数,但种种努力都没有产生太大的效果。就在苹果公司上上下下愁眉不展之际,微软突然伸出了援助之手。难道天下真的有救世主吗?当然没有。

微软自有自己的如意算盘。它知道,苹果公司作为一家辉煌一时的电脑霸主,尽管元气大伤,但它潜在的实力却非常巨大。

在这个时候,很多电脑公司包括微软的一些竞争对手如IBM、网景等,都利用苹果乏力之机,提出与苹果合作,来达到和微软竞争的目的。显然,如果微软不与苹果合作,对手的力量就会更强大。

更为重要的是,美国《反垄断法》有规定,如果某个企业的市场占有率超过规定标准,市场又无对应的制衡商品,那么这个企业就应当接受垄断调查。如果苹果公司垮了,微软公司推出的操作系统软件市场占有率就会达到92%,必然会面临垄断调查,仅仅是诉讼费就将超过从苹果公司让出的市场中赚取的利润。

而和苹果公司合作,则可以把苹果拉到自己这一边,苹果和微软的操作系统软件相加,就基本上占领了整个计算机市场,微软和苹果的软件标准就成了事实上的行业标准,其他竞争对手就只好跟着走了。当然,微软实力比苹果强大,微软不会在合作中受制于苹果。

由此可见,拉苹果一把,是百利而无一害,比尔·盖茨扮演一回救世主一点都没有吃亏,反而获利不少。

人们常说,商场中没有永远的朋友,但也没有永远的敌人。在很多时候,商战中的敌人比商战中的朋友更重要,更能帮上大忙。关键在于你要能够化敌为友,那么,这样的朋友比你以前的朋友更能帮助你。

原因在于:你先前的朋友所占有的资源,你可能已经占有;他所掌握的技能,你可能也已经掌握。而化敌为友产生的新朋友,所占有的资源、所掌握的技能,可能正是你一直想拥有而未能拥有的。

那些干大事业的人,总知道从利害角度去考虑把哪些人当作朋友,把哪些人当作敌人,而不会纯粹从个人喜好上去划分敌友。

拿破仑的外交大臣叫塔里兰,他有一个他生命中最痛恨的敌人——秘密警察首领富歇,他无时无刻不在想着消灭富歇。

但在1807年,塔里兰却主动和富歇走到了一起,成为了盟友。因为塔里兰想推翻拿破仑政权,但他感到势单力薄,而他的敌人富歇却可以助他一臂之力。

塔里兰之所以敢于用化敌为友的方式消灭敌人,是因为他知道和富歇合作,是建立在双方利益和需求基础之上的,这样的合作是非常安全的。

商场中也是这个道理,有你死我活的敌人,也有携手共进的朋友。比尔·盖茨曾经是苹果公司的一员,但最后,微软和苹果却成了死对头,在IT界打得难分难解。但谁也没有料到,在苹果喘息乏力之际,给予其最大帮助的却是自己最大的敌人——微软。

塔里兰和富歇的牵手,是政治上化敌为友的典范,而微软和苹果的牵手,是商业上化敌为友的典范。

因而,在商场中,不一定非要把竞争对手赶尽杀绝,也可以用化敌为友,或者使对手保持中立的方法,减少自己的竞争对手,从而达到同一个目的:让敌人不复存在。

精工掀翻欧米茄

瑞士是举世闻名的钟表王国。提起瑞士,人们的脑海里往往就会马上联想到钟表。而在瑞士众多的名表中,最为人们所知的是欧米茄、劳力士这样的品牌。其中的欧米茄以走时精确而著称于世,因其这一特质,在20世纪60年代以前的历届奥运会中,都是使用欧米茄钟表来做比赛的计时器的。

当1960年,国际奥委会决定将1964年的奥运会放在日本东京举行的消息传出后,日本举国欢呼。日本的著名钟表企业精工公司更是群情激奋,他们决心借此机会在奥运会上大显身手,向欧米茄挑战,将奥运计时器夺到手,从而显示自己的实力。四年一届的奥运会是全世界最大规模的运动会,吸引着所有人的目光,如果能把奥运会计时器换成自己生产的产品,那产品的知名度会有巨大的提高,比打几十次广告的效果还要好得多。同时还打击了一个强劲的竞争对手。

而曾经有过17次独占奥运计时权威的欧米茄自然也不会甘心拱手将这一显示自己实力的机会轻易出让。

为了摸清对手的底细,做好精心的准备,精工集团秘密组织了一支精悍的考察队,前往当年在罗马举行的奥运会进行实地考察。

尽管事先有过一些了解,但到罗马奥运会的亲眼所见,仍然让精工考察队吃惊不已。罗马奥运会简直就是欧米茄表的产品展览会,从马拉松长跑到百米飞人大赛,从游泳池畔的秒表到新闻大厅的大钟,无一不是欧米茄的天下。这一现实也更坚定了精工集团打进奥运会的决心,这是一个再好不过的机会,绝不能错过。

而更令考察队感到惊讶和棘手的是,国际奥委会普遍对欧米茄表有着绝对的信赖。

尽管情况并不很乐观,但经过调查,考察队对对手的情况有了更加直观的了解,他们的心中也更有数了。他们也找到了问题的突破口,他们发现奥运会所用的计时器中,绝大多数都是机械式的,而计时更精确的石英钟表只有很少的几部。

因而,他们决定从石英钟表这一点下手,攻击对手最薄弱的地方,坚信会取得最好的效果,从而确定了自己的主攻方向。

"让欧米茄见鬼去吧!"这是当时他们提出的口号。

精工决定以石英表为突破口,在原来的负责研制石英表的59A小组的基础上,再组织精英力量,投入更多的精力,加紧石英表的研制工作。同时,也组织力量进行高精确度机械表和秒表的研制工作。

不久,就有了令人欣喜的成果,一部当时世界先进水平的951二型石英表果然被研制出来,它的日走时误差仅为0.2秒,是当时世界上最精确的计时器;它重约3000克,当然,以现在的产品来看,它未免太重了,但在当时相对于那些重似一部小卡车那么大的同类计时器来说,确实是进步了太多太多。这种石英表主要是用在马拉松等长跑项目上,裁判可以用手轻松携带,而且,只用两个干电池就可以正常工作一年。

精工集团坚信951二型石英钟这些优异的性能给国际奥委会官员们留下了深刻的印象。果然,不久之后,精工表的这些优点使人们很快喜欢上了它。国际奥委会指定精工公司作为1964年东京奥运会计时器的指定供应商。这一特权的获得也实现了精工人打败竞争对手欧米茄的愿望。

精工人在欢庆胜利的时候,只可惜曾经也有过辉煌历史的欧米茄还躺在过去的功劳簿上睡大觉,就在精工千方百计地找出它的弱点而攻之的当口,它还沉浸在过去的辉煌里,没有对自己的不足有足够的认识而加以改进,一觉醒来,却发现自己给精工拉下了马,自己辛苦打下来的领地已经被对手全面占领,再要想挽回已经不太可能了。

"知己知彼,百战不殆"。这是《孙子兵法》告诉人们亘古不变的真理。

商场如同战场,每个商家都在想尽办法来扩大自己的领地,瓜分占领竞争对手的领地,甚至想最终打败所有的对手,从而完成独占。但要想打败对手,就必须先弄清对手的情况,找到对手的弱点,一击即中。因此,知己知彼,在商业营销中具有非同寻常的意义。"不打无准备之仗"是走向胜利的前提和基础,难怪很多人都把"知己知彼,百战百胜"当作自己进行商业活动的制胜法则。

精工集团之所以能掀翻老牌的、占有绝对优势和垄断地位的欧米茄,关键就在于它对对手有了深入、全面的了解,知道它的弱点所在,并针对对手的弱点而制定自己非常有针对性的战略和战术。而老牌的欧米茄之所以输,就输在它故步自封、满足现状和不思进取,放松对对手的警惕,没有做到与时俱进,也没有深入地了解竞争对手的情况。一个在明处,一个在暗处,一个准备充分,一个麻痹大意,胜负自然早有定论。

从事营销工作,不但要知己知彼,自己也要做到不断进步,才能立于不败之地。

以攻为守的农夫山泉

当企业在一个领域拥有优势后,再转变经营就不是很容易的。这样的情况一般会有两种原因:一是增加利益增长点,扩大经营;二是发现了潜在的危机,及时转产,以避免更大的损失。

“农夫山泉”在2000年时，已经在全国饮用水市场占据老三的地位，而且发展势头迅猛。但就在这时，他们突然向媒体宣布，经实验证明纯净水对健康无益，“农夫山泉”从此不再生产纯净水，而只生产天然水。

之所以作出这样的决定，他们是有根据的，那就是纯净水纯净得连微量元素都没有了，而微量元素是人体健康必不可少的。这同时也是为下一步铺路。当时的人们似乎陷入了一个误区，认为纯净水没有任何的杂质，不会影响身体的健康。但却不知它同样失去了人体所需要的微量元素。那农夫山泉的做法，其实是隐喻了纯净水的不足之处，也为天然水提前做了广告。

“农夫山泉”的做法无疑一颗石子投进水里，立即掀起了阵阵涟漪。虽然在声明中肯定了纯净水是健康的，但他的退出是最有力的说明，其他生产纯净水的众多厂家自然不会坐视不理，他们纷纷站出来指责“农夫山泉”的说法是“诋毁纯净水”的“不正当竞争行为”，违反了《不正当竞争法》。2000年5月19日，广西53家纯净水生产厂家的代表更是汇聚北海，众口一词地谴责“农夫山泉”。5月30日，广东省瓶装饮用水专业协会在广州举行“安全卫生饮用水保健康”的专题座谈会，邀请有关专家和广东近20家饮用水生产厂家的负责人参加。说是座谈会，但会议更像是一次声讨大会，与会人士的发言都是针对“农夫山泉”的，且颇带有“讨伐”的色彩。

另一个最大的竞争对手，国内最大的饮用水供应商“娃哈哈”老总宗庆后也愤然质询“天然水”到底是什么；已坐上饮用水市场老二位置的“乐百氏”的总裁何伯权也作出了激愤的质询：“农夫山泉”的做法是一种非常不负责任的表现。

面对全国同行的同声反对，“农夫山泉”不仅未有所收敛，反而变本加厉。不久，它又推出用意更明显的广告：一群小学生在做实验，分别用纯净水和天然水来养水仙花。几天后，用天然水养出的水仙花似乎长得更茁壮。最后，实验得出了这样的结论：天然水好于纯净水。

“农夫山泉”还在全国范围内举行活动，召集全国小学生参加一项比较实验：将金鱼、大蒜分别放入纯净水与天然水中，然后观察其存活和发育状况；分别用这两种水泡茶，观察24小时茶色的变化。

“农夫山泉”宣称，它此举的目的是为了发动一场饮用水革命，引发人们对科学饮水的探讨，它相信，在进行了这场争论之后，饮用水行业必然出现一种新的平衡，而这种平衡将推动该行业向更加有利于消费者健康的方向发展。

面对着这一场突然生起的波澜，新闻媒体在关注变化的同时，自然是不遗余力地争相报道。新闻媒体的推波助澜、极力渲染，使得事情很快就演变成一场纯净水和天然水之间的大战。

在没有定论之前，消费者在“宁可信其有不可信其无”的自我保护意识下，对饮用纯净水产生了心理恐慌，一些分销商及终端超市也开始拒绝纯净水的进入，真是一石激起千层浪。

本来，喝纯净水好还是天然水好，一直是一个有争议的话题，就好像吃苹果削皮不削皮的问题一样，还没有一个科学的定论。但“农夫山泉”为什么却急于对外宣布呢？事实上，这又是一场精心策划的营销活动。

“农夫山泉”敢冒得罪全国同行的巨大风险，也是出于自身发展的需要。从这一点来看，似乎也是无可厚非的。他们的考虑出于以下两点：首先，虽然“农夫山泉”已经稳坐饮用水市场第三把交椅，可它面临的竞争形势依然严峻。饮用水市场的老大“娃哈哈”和老二“乐百氏”都相继与同一家外资大公司合资，原来的三足鼎立演变成了二对一，形势变得对自己越来越不利；其次，在成本规模上，“农夫山泉”也比两大巨头稍逊一筹，用乐百氏老总何伯权的话说：“农夫山泉”过去生产纯净水时的成本居高不下，售价比其他水高出30% ~50%。

激烈的竞争和潜在的经营危机，迫使“农夫山泉”痛下决心，走出了这一步险棋：停产纯净水，专产成本低廉的天然水。这是迫不得已而为之，但却又是抓住市场空当，扩展领域的必然。在形成一个稳定的市场后，这种做法是非常冒险的，做得稍有欠妥，就可能全盘皆输。那怎样既不丧失原来的市场，又能达到开拓新市场的目的，是必须考虑周全的。如果“农夫山泉”觉察到危机后，悄悄地转产，那算怎么回事呢？消费者一时找不到“农夫山泉”的纯净水，反而会质询、猜测，搞不好，会演变成一场拆自己台的风波。而“农夫山泉”利用纯净水这么一个纯净得连人体所需的微量元素都没有的缺点大做一下文章，既可以名正言顺地转产，又可以让全国的媒体都为自己做一次大规模的免费宣传，何乐而不为呢？

“农夫山泉”的成功之处在于：既攻击了对手，又让对手的反击没有着力点。因为，到底是纯净水好还是天然水好，本就没有定论。而消费者又有所猜疑，那就肯定消费者的猜疑，使消费者坚定自己的认识，从而接受“农夫山泉”的说法。

攻击性的防守，才是最有效的防守。

“农夫山泉”从成本考虑决定不再生产纯净水。从争战的角度看，这属于退守。因而，“农夫山泉”面临着一个进退两难的境地：进，由于成本太高，规模上又明显比不上别人，效益上就差一些；退，意味着承认失败。现在同业竞争这么激烈，如果别人拿这个事来炒作一番，“农夫山泉”可能就要为此付出不小的代价。

那么怎样做到既全身而退，又不让人看到自己的失败，同时还一如既往地支持自己呢？“农夫山泉”的做法就是把“水太纯净反而对健康不好”这个论点搬出来以攻为守地向对手发难，以转移人们的视线。人们本来对纯净水对健康是否有益还有颇多的疑虑，经农夫山泉这么一说，似乎就已经成了定论了。这样，“农夫山泉”就为自己的转产找到冠冕堂皇的理由，又可以趁此狠狠地打击对手一下，真是一箭双雕。

巧换商标壮“神威”

商标是一个企业的生命，也是企业文化和品牌的有机组成部分。而如果你自己的商标被别人抢先注册，那真是如刺在喉，怎么想都难受。所以，一般商家都会不惜血本拿回自己的商标。当然，你也可以使用些手段，在不必花费太多的情况下拿到手。

始建于1970年的石家庄神威药业股份有限公司，是一家中型制药股份公司，集中药品、保健食品及药材加工、提取、药用包装生产、药品批发、零售、运输于一体。公司主要生产“神威”牌颗粒冲剂、软胶囊、水针剂等28个品种的中药制品，他们的“神威”和“五福”两个商标曾双双获得河北省著名商标称号，其中“神威”牌系列产品畅销全国，并有部分产品批量出口。

然而,一直为许多消费者所熟知、令神威人倍加珍爱的"神威"商标,却不是该公司的原始标志。

1992年改革开放的新一轮热潮使石家庄地区制药厂决定率先实行股份制改造。在改制过程中,为寻求社会效应,树立企业新形象,公司通过省内媒体向广大市民征集公司名称和徽标。经多方征求意见和反复推敲,公司敲定了一个响亮的名字——神威,决定以此作为公司及其产品的名称,以实现企业名称和产品商标的统一。

可当他们到中国国家工商局商标局申请注册时,却发现"神威"商标已被海南南台海神国药有限公司先行注册了,并于1993年取得了商标局颁发的注册商标证。

这让神威人很是沮丧,他们也曾想过与海南南台公司交涉,买下"神威"商标。可他们了解到南台公司原来是海南与国家某行业的两家公司合办的,如果这样贸然找上门去,对方有可能会漫天要价,反而使自己被动,不利于以后的工作。况且公司刚改制,资金短缺,实在力不从心。因此,公司决定先施缓兵之计,等待时机。

"神威"商标没有注册成功,他们只好改为申请别的商标,除了以前使用的"五福"商标,他们还一个劲儿地注册了"神苗"、"神童"、"神圣"、"神威玉楼"等12个商标,防止他人侵权与抢先注册。

在注册检索的过程中,他们意外地发现,南台公司仅注册了"神威"商标,而没有注册"南台"商标。于是,他们不失时机地注册了"南台"商标,从而形成了两家企业互以对方厂名为自己产品商标的局面。他们的如意算盘是等到时机成熟,就可以用"南台"商标去和对方换回"神威"商标。

经过几年的快速发展,到1996年,神威公司已发展成为国内最大的胶囊生产基地。这时,他们已不满足只在省内做广告宣传,准备斥巨资在中央电视台等全国性、影响面大的媒体上大做广告,以期迅速扩大知名度。但横在他们面前的一道坎儿就是企业名称与产品商标不统一。以前,广告投入量小,这个问题并不突出。但随着公司发展壮大,广告费用的增多,二者的不统一必然会带来事倍功半的广告效果。而且广告投入越多,"神威"越知名,无疑越会使南台公司受益,使其"神威"商标的无形资产增值,这等于"为他人作嫁衣"。"神威"与"五福",公司名称与产品商标的取舍越来越严峻地摆在神威人的面前。

在这个问题上,公司内部分成了两派,一派人认为干脆将公司名称统一到"五福"上来算了,这样做简单省事,而"五福"商标怎么说也是河北省的著名商标;另一派则认为,经过几年的宣传,"神威"有更大的知名度,应统一到"神威"上来,即使可能花上一笔钱,从长远看也是值得的和必要的。

最后,公司力排众议,决定统一到"神威"上。公司果断决定,要换回"神威"商标。

通过慎重评估,公司认为,只要对方开价不超过300万元就可以买下。为此,他们准备了三个方案:一是将对方公司全盘收购,把他们的"神威"商标及产品全部收归神威公司所有;二是与之合资,将商标作价入股;三是直接购买。

1996年7月,神威药业开始与南台公司面洽。南台公司主要生产两种中药,仅五六十人,经营并不是很景气。神威公司先是向南台公司抛出第一、二套方案,对方不答应。但当洽谈到购买商标一事时,对方表示现在正租借地盘搞经营,愿以"神威"商标换取五亩地,约合100万元。

神威公司高层知道此情况后,认为事不宜迟,要迅速与南台公司进行进一步的谈判。

谈判开始,进展还顺利。在神威公司的一再进逼下,对方被迫降低了自己的要价,但降至50万元坚持不再让步。而这时，神威药业也感到时机已到，便使出“杀手锏”，提议说，我们注册了13个商标，你们可以随便挑一个作补偿，但必须按我方为此商标付出的广告费用作价。对方表示同意，而13个商标中，他们最感到惊讶和感兴趣的自然是“南台”商标了。事到如此，南台公司只好选择“南台”，以便实现自身厂名、商标的统一。

“南台”商标成为神威人在谈判桌上的制胜武器。最终双方达成协议：两家公司互换持有的商标，神威药业再补偿南台公司的先期宣传费共计45万元。神威人多年来希望厂名、商标统一的夙愿终于得以实现。巧换“神威”商标后企业如虎添翼，神威人也能够放手地进行企业和产品的广告宣传，企业的发展更加蒸蒸日上。

人们常说：“起个好名字，受用一辈子。”难怪神威公司为一个商标而不惜重金了。

神威公司的巧换商标，实际上是他们善于运筹帷幄、神机妙算的结果。直接购买商标，肯定会花很多钱，但如果是换商标，则所花的钱会少得多，有时候甚至不需花钱。神威公司早就料到这一点，抢先注册了与对方公司名称相同的商标，造成你中有我、我中有你的局面，为“换”埋下了伏笔。这才是神来之笔。

这样的事情在今天信息发达的环境中并不少见，有的人甚至是恶意地抢注别人的知名商标，造成了市场的混乱。所以，这方面的商业意识要加强。

戴尔与对手玩“柔道”

面对计算机行业的激烈竞争，美国的戴尔公司一直以独特的营销策略保持行业领先的地位。

尽管我们已对戴尔的直销和标准化这两大公开武器有了不少了解，但在不少人眼里，戴尔似乎仍有不少秘密。至少，迈克尔·戴尔那种独特的思维方式也是一个秘密武器，即永远从不同角度看待事物。

比如，在竞争上，面对扩张的新战场，迈克尔·戴尔的原则一直是：与众不同才能脱颖而出。戴尔把这种做法称之为：和对手玩柔道。这一策略的核心是，先了解产业内的利润集中区，也就是竞争对手实际赚钱的范围，看哪一个对手拥有高市场占有率，而且在市场某特定区域获利极高。再想想，如何把对手这项优势当作弱点，集中火力发动猛烈攻势。

戴尔已经向惠普的核心阵地——存储设备和网络设备市场发起了进攻。2003年，戴尔以一组低价位的打印机和墨盒向惠普的核心市场发起冲锋，而且战果辉煌。

戴尔公司在研发上的低投入一直受到批评。比如在技术衰退期的2002年，IBM的研发开支依然高达47.5亿美元，占公司营业额的5.9%，惠普的研发开支也有33亿美元，占营业额的5.8%，而戴尔仅为4.55亿美元，占其营业额的1.3%。

面对批评，迈克尔·戴尔显然不屑一顾，他向媒体描述了他在创新上的“和对手玩柔道”策略，他说：“我想创新可以有很多种形式，并不是说你在创新上花越多的钱就意味着你更具有创新性。我们考察一下很多公司的研发结果，就可以得到很多不同的结论，甚至可以看到有些公司投入了研发以后的结果是对钱的浪费。对人力的利润率和研发的开支作一下比较就可以看出，戴尔公司每花1美元在研发上，会带来5美元的利润，而我们的竞争对手如果每花1美元在研发上，只会带来1美元的利润，而有的公司每花1美元在研发上，反而会带来2美元的损失。”

此外，戴尔在研发上还采取另外的策略，把很多研发工作交给合作伙伴去做。

面对越来越多戴尔的模仿者，迈克尔·戴尔给出的应对之道依然是保持与众不同。戴尔说：“我们不会去模仿其他公司的战略。我认为一项模式是否成功，主要靠每个市场的业绩和客户的满意度来检验。”

迈克尔·戴尔与众不同的思维和行事方式，成就了他独特的管理方式。在今天模仿者越来越多，市场越来越趋同的环境里，保持自身的独特性变得越来越难，而能保持这种独特性的企业却都能在市场中保持领先优势，成为行业的佼佼者。

因此，首先将自己的产品与众多的同类产品区别开来，让更多的消费者注意到你，这是营销成功的第一步。

甩不掉的盖斯门

盖斯门公司生产安全剃须刀的历史不算长，更不是该产品的创始者，其生产的“普洛贝”刀片比这种产品的开创者慢了很久，而且是从本行创始者的产品改良出来的。然而，盖斯门刀片经过多番精心策划和对产品的改良，居然一跃而上，战胜了曾称雄世界的刀片创始公司“吉利”。

美国的吉利安全剃刀公司在20世纪之初首先开发出安全剃刀，几经周折，产品在第二次世界大战期间才风行全球。吉利这个牌子也开始名扬四海，公司从此也财源广进，不久便成为资金雄厚、规模宏大的企业。

十多年过去了，吉利剃刀遇到一件可笑的事，一家叫盖斯门的公司在市场上放出一个信号，大登广告说：“本公司可供新改良的安全剃刀，刀片可两面使用。”

吉利公司的产品此时已经快成名20年了，论技术设备和牌子知名度，在当时世界市场上绝无仅有。该公司的老板看见盖斯门上述的广告，根本不放在眼里。

当时吉利的安全剃刀使用的刀片上有三个洞，以此安装在刀架上。而盖斯门改良的刀片，既能用于盖斯门刀架，亦适用于吉利刀架，乃至适用于其他国家生产的安全剃须刀架。

这样的刀片适用性超越了吉利的刀片局限性，为此大受用户欢迎，一下占据了吉利刀片很多的市场。吉利安全剃刀公司受到了毫无准备的袭击，措手不及，在销量急剧下降时才想方设法迎接盖斯门的凌厉进攻。

经过精心的技术改进和投入新设备后，他们推出了一种新的安全剃须刀和刀片，使盖斯门的刀片不适合使用。这时，吉利公司满以为万事大吉了，岂知，道高一尺，魔高一丈，不到一周时间，盖斯门也改进了他的普洛贝剃须刀，使之又适用于吉利的改进剃须刀架，继续赢得广大消费者的喜爱，吉利对此哭笑不得。

盖斯门公司虽不是新产品的发明者，但却是新产品的优秀改良者。再加上它善于经营，善于捕捉信息和市场动态，应变能力强，所以它的得益甚至胜于创造者和开发者。

“贴身战”是比喻紧步他人后尘，盯住不放，伺机超越的战术。盖斯门正是借用了吉利开创安全剃刀之势，精心改进，终为我用。

当然，这种战术不是抄袭和专利的侵权，它必须改进和提高别人的产品，这样才是商法容许的，才能赢得市场。

类似的“贴身战”，日本人玩起来最有水准。当今国际市场上众多畅销商品，首先开发的多不是日本人，但经过日本人改进提高后均以新的面貌占领了市场。

手表市场的龙争虎斗

在当今世界上，能生产出永不磨损的系列手表的厂家为数不多，而在中国销售的这类产品中，真正货真价实的，只有“雷达”与“飞亚达”这两个品牌。一个是享誉多年的世界名牌，一个是刚出名不久的中国品牌，于是他们在中国以至国际市场上展开了一场龙争虎斗。

从1957年开始生产手表的瑞士雷达公司，确实是一家非同凡响的企业。1962年，他们推出了第一块永不磨损的手表。1979年，该公司又以远见卓识，率先在上海的《文汇报》和上海电视台大做广告，成为中国改革开放后的第一家外商广告。

但是，雷达公司却犯了一个严重的错误，在他们看好中国市场的同时，却忽视了中国钟表业的潜力。

1984年，雷达公司首创了永不磨损表的拱形外壳，虽然已经在世界上的许多国家申请了专利，但在中国却采取了先行在市场上销售的方法。根据我国专利法规定，这就等于他已经无法在中国取得专利权。

这一掉以轻心所导致的失误，终被飞亚达计时工业总公司察觉，该公司对雷达拱形表的外观做了局部改动以后，1989年推出了自己研制生产的永不磨损的超级拱形表，并且迅速将其外观设计申请获得了国家专利。

雷达公司认为：永不磨损拱形外壳手表是他们独家生产，中国的飞亚达不可能有这样的技术能力，对这个事件并没有做出及时的反应。1990年，标价1998元的“飞亚达”表与标价14000元同类型的“雷达”表，突然在中国的许多大商店和钟表商店的柜台上并排出现，并且“飞亚达”表以明显的价格优势和可靠的质量保证开始对“雷达”表构成威胁，雷达公司这才如梦初醒，追悔莫及。

1992年上半年，雷达公司向中国的专利局提出申请，要求取消“飞亚达”拱形表外观设计专利，理由是在他们申请专利之前，雷达公司同类设计已经在国内外的公开传播媒体上出现。

1992年7月，国家专利局正式取消了飞亚达的专利申请，雷达表同时作为永不磨损的拱形表首创的形象得到了承认。但是，雷达公司此时已经失去了在中国申请专利的机会，得不到任何保护。因此，“飞亚达”虽无专利，却仍然可以生产和销售。

“飞亚达”乘机四面出击，纵横南北，在短短的几年里创造了在全国市场中千元以上高档表销售70%占有率的骄人业绩。

“实者实之，奇而复奇”。乘对方不在意之机，以实干精神抓住问题的实质进行突破，在敌强我弱的情况下，往往能达到出奇制胜的效果。

在雷达强飞亚达弱的态势下，强者往往忽略弱者的存在。飞亚达成功的奥妙就在于抓住机会，以“实”的姿态出现，从而逐渐显示出成长的实力。如对方反以为虚，不能及时反应，强弱之势即可能逆转。

两虎相争，不伤反强

“有肯德基的地方就肯定有麦当劳。”如果你在中国的城市街头看到了微笑的肯爷爷，那就意味着不远处麦叔叔正在向您招手。肯德基与麦当劳，谁是老大？

肯德基与麦当劳在中国已是十多年的老对手，肯德基之所以现在占据老大，得益于他的主打产品是鸡，中国人将鸡鸭鱼肉中的鸡排在第一位，而麦当劳在全世界最畅销的是牛肉巨无霸，中国人的口味帮了肯德基的忙。

可是，肯德基的好景不长，麦当劳后发制人，推出了美味的“麦香鸡”、“麦辣鸡腿汉堡”，鲜嫩的鸡腿配上别致的调味品，的确别有风味。而肯德基也不甘示弱，推出了“鸡柳汉堡包”，配上生菜和诱人的吉士。一场“斗鸡”战在中国市场上也从此拉开了序幕。

先是麦当劳的“麦香鸡翅”和肯德基的“香辣鸡翅”展开广告促销大战。结果是消费者开心，两家店内人头攒动，营业额疯长。他们在经营方式上也各有千秋，比如饮料，肯德基如果是可口可乐，麦当劳就肯定是百事可乐。但他们都卖炸薯条和汉堡包。

后来，在深圳电视台轮番的广告中，一对俊男靓女狼吞虎咽地吃起麦当劳香喷喷的麦香鸡翅，麦当劳在深圳的几十家连锁店还打出了非常醒目的招贴，麦香鸡翅如何的鲜嫩可口，如何的香气诱人。麦当劳的两只麦香鸡翅零售价与肯德基的香辣鸡翅同样都是7元钱。

肯德基自然毫不示弱，迅速做出反应。先在电视台作了连续广告，又在市内主要报纸上连续打了半版大小的广告，广告词写得很含蓄：“我的独家神秘配方，整整60年烹鸡经验，不是能够随便克隆的！”

接着，肯德基在全国媒体上也纷纷打出此类广告。最有影响的是南京的《扬子晚报》，它在华东地区发行量高达140万份，上面的广告向来比较引人注目。一段时间，《扬子晚报》不断地以显著位置登出肯德基的这样一则广告：一位胖厨师指着一只小鸡说：“翅膀还没有长硬，就想做炸鸡？”在广东，肯德基对各大媒体宣称：“羊可以克隆，难道肯德基也能克隆？”

同时，肯德基还打出促销广告，凡持有报纸上刊出的优惠图标，可以按照六五折特优价格买一对香辣鸡翅，价格仅为4.5元。

麦当劳立即回击，也找个理由和对手弄成一个价。肯德基又宣布：肯德基儿童套餐大幅降价，最高降幅达到37%，其中现价11元的一款套餐为6.5元，如此降价在肯德基历史上还是首次。肯德基还将冰淇淋价格从2元降至1元。麦当劳随之标出了“一元心动价”。虽说在这场价格战中，受益的是中国老百姓，但他们的营业额也明显全都上升了。

2000年11月28日，肯德基中国总裁在第400家餐厅开业仪式上表示：“中国快餐的品牌中，肯德基第一个突破了400家，而大家熟悉的麦当劳，至今在中国也没有达到300家。我们就是要让中国的消费者真正觉得，或许麦当劳在其他国家是第一，但中国第一是大家喜爱的肯德基。”这是肯德基首次公开宣称自己是中国第一，并直接攻击竞争对手麦当劳。

中国人也看到：这两个一直在世界各地争斗不休的“欢喜冤家”，踏进中国土地上以后，就“入乡随俗”地悄悄地输送着自己的经营理念：肯德基的食品风格在发生着变化，在可乐、芬达等西式饮料以外，出现了地道的中国风味饮料——芙蓉鲜蔬汤，还推出了一种新研制的中国菜“吮指原味鸡”。他们还按中国人的习惯，先将鸡肉腌渍后再做炸鸡。

麦当劳则注意提升自己的亲和力，从店堂布置、装潢格局，到服务方式、食品味道等都严格统一。每个连锁店并不追求规模，而是极为注重营造舒适的就餐环境和文化氛围，消费主体以儿童和年轻人为主体，使之成为孩子们的乐园，年轻人聚会的理想场所。这又非常符合我国现在独生子女居多，大都以“孩子为中心”的观念。

在很多人的眼里，肯德基与麦当劳在中国都有不菲的市场份额，为什么双方还要这样争斗不休呢？这就是市场经济的奥秘之所在。他们之间的竞争，推出了一个洋快餐经营成功的理念——永远都想保住自己的市场份额，永远想超过对手。这样就会千方百计地进行竞争，服务越来越好，顾客越来越多，让更多的中国人习惯于洋快餐，从而扩大了市场，形成了双赢的良性市场竞争格局。

“两虎相斗，必有一伤”是人们对商战的普遍认识，其实不然，市场份额固然重要，市场这块蛋糕的大小更重要。只要蛋糕做大了，就有可能双赢。这一点最值得国内同行们深思。事实证明，肯德基与麦当劳在中国的蛋糕的确越做越大了，他们也的确实现了双赢。

行险棋虎口夺食

京山英太郎兴建了一座游泳池，可以同时容纳一万人游泳。这座游泳池位于京阪电气化铁路线牧野站前方，既巨大又豪华。

然而，在牧野站靠大阪方向的前一站牧方站，已经有了一个由京阪电铁自己经营的游泳池。对来自大阪的游客来说，英太郎的游泳池比牧方站游泳池远了一站。这还不算，最伤脑筋的是，京阪电铁利用车上的播音设备，大力宣传：“下一站是牧方站，牧方游泳池就在那里。”于是，旅客自然而然地在牧方站下车。

京山英太郎感到问题的严重性。为了扭转地理上的劣势，唯一的办法是使游客知道在牧方站的下一个站牧野，有一个比牧方站还好的游泳池。要达到这个目的，最有效最简捷的办法是在游客最多的京阪电铁车上做广告。能够做到这一点，就会有人兴起“到牧野游泳池看看”的念头。

可是，京阪电铁当局拒绝接受做京山英太郎的广告。英太郎只好亲自带上12名职员，在一个星期天的傍晚到牧方站，在由牧方游泳池中尽兴而归的人群中，散发牧野游泳池的免费入场券。此举立竿见影，从第二天开始，来英太郎游泳池的泳客开始增加。

英太郎并没有放松他的行动，第二个星期天，他继续带领职员，在牧方站向那些刚从游泳池出来的人们，散发他的免费入场券。这个战术的效果非常理想，牧方游泳池的游客锐减，而英太郎的游泳池则门庭若市，热闹非凡。

终于，京阪电铁受不了了，要求英太郎停止发放免费入场券的活动。英太郎想，如果这时候提出做广告的建议，对方仍会感到犹豫。于是，他绝口不提广告的事，改用漫天要价的手法，说："可以考虑你们的建议，但是希望你们今后不要在车内广播'牧方游泳池'的词句。作为互惠条件，在车抵牧野站前希望也能替我们广播一下，以示公允。"

对于这个建议，电铁方面当然大摇其头，哪有替对手做广告宣传的傻瓜呢？于是英太郎装出一脸委屈的神态说："既然你们有困难，我也无意强人所难，但最低限度，你们应该同意让我在车厢的把手上做些广告。"不得已，京阪电铁方面怕节外生枝，只好接受了这个建议。

从那以后，牧野游泳池的泳客与日俱增，一年接近25万人次，这个数字相当于整个夏季拥有的到富士山观光的总人数。

在商战中，争取顾客就是争取市场占有率。谁拥有市场，谁的生意就立于不败之地。经营者到竞争对手的地盘争取顾客，如同在虎口夺食。这在商业竞争中是一着险棋，采用此法不仅靠勇，还要靠智，缺一不可。

走"曲线救国"的道路

1987年秋，北京亚美日化厂的"迷奇"系列化妆品刚刚上市，就遭到"奥琪"和"永芳"的两面夹击，在北京几乎无立足之地，企业的生存与发展，面临着严峻的考验。

1988年春，国际市场上掀起一股"回归大自然"的浪潮，一些天然材料制成的食品、日用品备受消费者的宠爱。

亚美日化厂敏锐地感到，"迷奇"系列化妆品是采用天然花粉、人参、当归等多种名贵中药精制而成，而中草药在世界上本来就享有盛誉，并带有神奇的色彩，何不闯入国际市场，走一条"曲线救国"的道路呢？

恰逢其时，一位日本化妆品代理商来京，亚美日化厂便与日本商人牵上了"迷奇"的海外销售之线。

1988年秋，亚美日化厂通过日本代理商在东京大做"名贵中草药——迷奇化妆品"广告，一时间，掀起了"迷奇"热潮，随后席卷整个日本。尽管每瓶售价高达1.2万日元，但消费者仍然踊跃购买，当年10月，竟出现脱销现象。

1989年春，亚美日化厂又到香港市场寻找代理商，把"迷奇"热浪引向东南亚和西欧，每月扩大销售3.5万瓶。

1989年5月4日，“迷奇”又通过了美国权威检测机构FDA(食品药物管理局)的抽样检验，轻而易举地敲开了美国市场的大门，成为在美国的第一种中国高档化妆品，每瓶售价60～70美元。

1990年春，亚美日化厂继续扩大战果，他们借助于FDA检验的声望和美国化妆品之王艾尔曼所给的“它可与国际上任何化妆品媲美”的赞誉大造声势，并以美国市场为窗口，一举打入13个国家的化妆品市场，订单如雪片般地飞来。

此时，他们并没有忘记1987年在国内市场上的凄凉局面，“雪耻”的欲望一直深埋心底。在1990年春，亚美日化厂在北京电视台与中央二台大造“迷奇”在海外受宠的舆论，以强刺激性的广告唤起了国内消费者对“迷奇”的渴求。

1990年的秋天，周游列国的“迷奇”尽管披上了一层洋装，但因思念故土，终于衣锦还乡，出现在东北、华北市场。

重回故土的“迷奇”以“向炎黄子孙作贡献”的口号，以极低的价格，强有力的促销手段，多种多样的销售方式，在东北、华北乃至全国市场，向他的“宿敌”——“奥琪”、“永芳”展开了猛烈地进攻……

我们可以看到，当竞争环境十分不利时，可以考虑空间迂回的战术。亚美日化厂由国内市场转向国际市场，再由国际市场折回国内市场，赢得了生机，走向成功。这就是市场转移的功效，这就是运动战的魅力。

竞争并不排斥合作

Beta是台湾录像机市场的两大系统之一，另一个系统是JVC公司的VHS系统。台湾新力公司一直在电子技术领域占据重要位置，Beta系统就是它成功的发明，但就是在这个发明上，新力公司摔了一个大跟头，输给了对手JVC公司。

新力公司在发明录像机系统之后，一直想垄断录像机市场，不给对手机会，所以他坚持不肯将技术同对手共同分享。

新力公司垄断技术的局面，在短时间里确实造成了行业垄断，给新力公司带来巨大利润。JVC公司的VHS系统无法和新力公司相抗衡，在生产的品质上和技术上都明显落后于对手新力公司。这种情况迫使JVC公司下决心开发出新的系统，以打破新力公司的垄断地位。

由于JVC以公开技术的方式和其他的大公司合作，所以在它周围立刻积聚起一支庞大的技术队伍，世界其他电子公司的技术JVC公司也可以分享，因此世界上采取VHS规格系统的公司越来越多。新力公司处于孤立的境地。

采用VHS系统的厂家，为了同新力公司竞争，联合起来挤占新力公司的市场。由于这支队伍的庞大，输赢立刻就见分晓，新力公司马上就处于下风。

新力公司知道形势对他非常不利，这时如果它立即和其他公司合作，尽管将造成自己的一部分损失，但不至于一败涂地，而且还可以发挥自己的技术优势。但新力公司却不甘心，它决心在这场世纪大战中坚持下去，于是就极力抗拒JVC公司的VHS系统。

为了达到目的，新力用巨额资金投入到广告之中，它的技术水平也越来越高。可是消费者已经使用习惯了JVC公司的产品，要改变这种习惯谈何容易。因此，新力公司的行为不但无法挽回他的劣势，反而越陷越深。这就决定了它螳臂挡车的做法是无法长期维持下去的，它的努力最后宣布彻底失败。

1988年春天，新力公司承认了自己的失败，宣布Beta系统不如VHS系统，决定放弃自己固守的阵营，加入到对方的行列。

1980～1988年将近10年的时间，正是世界上录像机市场急剧扩大的非常好的时期，可是新力公司仅仅为了企业的"面子"，陷入了一场无谓的竞争。这场竞争使对方下决心改变了自己产品的缺点，增强了对手的实力，而自己几近于一无所获。假使新力公司能够在开始的阶段就公布自己的技术，和其他公司共同合作，现在世界上录像机的生产厂家，新力公司一定能够占据显著地位。

瞄准行业标杆，进行追赶，是必要的竞争行为，否则，一旦落伍就容易出局了。但是对于资金和技术能力问题，许多企业依靠自身的力量无法达到较好的水平。如果企业间甚至同行间结成策略同盟，整合资源，共同造船出海，无疑是达到目的的较好选择。企业间甚至竞争对手互相依存的关系将日益主导企业的经济关系。无谓的竞争必然导致无谓的结局，尽管商场的厮杀也非常激烈，但毕竟不同于战场，把对手击败是战争的最高目的，而商业上的合作往往比相互间的恶性竞争更加有力量。

"商场上没有永远的朋友，也没有永远的敌人"。这蕴含哲理的名言揭示了竞争与合作的辩证关系，竞争不排斥合作。

美国商界有句名言："如果你不能战胜对手，就加入到他们中间去。"现代竞争，不是"你死我活"，而是更高层次的竞争与合作，现代企业追求的不再是"单赢"，而是"双赢"和"多赢"。

在我国经济生活中，有一种"龟兔双赢理论"。龟兔赛了多次，互有输赢。后来，龟兔合作，兔子把乌龟驮在背上跑到河边，然后乌龟又把兔子驮在背上游过河去。这就是"双赢"，竞争对手也可以是合作伙伴。

价格战中的心理效应

面对风起云涌的商场竞争，企业在加强自身实力的过程中，万万不可忽视竞争中的心理作用，价格竞争是市场竞争的一条十分重要且直接有效的手段。不过，竞争内涵丰富多变，不少企业只知道低价竞争，而忽视了心理效应在竞争中的作用。

不管向市场推出什么产品，从不考虑其投资额的多少、质量的高低、技术的含量、消费者的心理需求、市场的供求等等，只知道在市场上主动挑起价格战，以低价迅速占领市场，扩大市场占有率，即除了"杀价"就是降价，结果是利润大跌、市场疲软，与同行两败俱伤。

心理价格效应，是价格竞争中的一种有效的竞争策略。不同的心理价格效应产生的基础是不同的消费心理。消费者拥有不同的消费追求，这些追求并非都遵循价格弹性的需求曲线，而是表现为不同的价格效应。经营者在竞争定价时,应根据这些不同的效应来制订不同的竞争策略,单纯的低价竞争是恶性竞争,对企业本身弊大于利。美国阿皮安公司就是恶性价格竞争的牺牲品。

阿皮安公司是一家经营食品零售业务的公司,在美国的食品市场上一直占有重要位置,公司的经营业绩和利润水平也很高,但这种情况从1972年开始发生了变化。

这一年,刚刚接任公司董事长的威廉对公司的经营决策作出了重大调整,将经营重点转移到"廉价销售,薄利多销"的方针上来。美国有影响的《商业周刊》援引威廉的话说:"我们公司现在必须开始成长,而且将以数量取胜,销售量将以吨来计算。"威廉之所以这样决策,主要是阿皮安公司长期以来没有占据最大的市场份额,此番作为就是要消灭对手,成为美国食品零售业的龙头老大。

一夜之间,全美国的消费者和食品零售商人都感受到了威廉旋风的可爱和可怕。

阿皮安公司的所有商品一律打九折,阿皮安公司的商品经营数量从10000种减少到8000种,阿皮安公司的商店面貌也发生了改变。威廉打出"经济仓库式商店"的招牌,英文简称是WEO。这种商店类似自选商场,所有的商店都不做任何修饰,这样就节约了大量的装饰费用,所有商品都摆放在商店内,顾客任意选择,价格非常之低,销量很不错,威廉确实在美国的零售业掀起了一股旋风。自从阿皮安公司改头换面后,一时间销售量确实获得了很大提高,每家改造后的商店比改造前都增加了将近5倍的销售量,截止到1972年底,已经有12家WEO商店推向了市场。

WEO商店除了它鲜明的商店特色外,在内部的商品采购和销售上面,采取尽量缩小流通环节,使商品的生产厂家和顾客直接见面的方式,这样就可以减少中间商的盘剥,使商品的零售价格下降成为可能。这家公司具有这方面的传统。阿皮安公司的创立者哈特福当初创立公司的时候,就坚持这样的经营哲学。1859年,哈特福看到纽约市场上的茶叶售价是每公斤1美元,但通过减少流通环节就可以减少到30美分,聪明的哈特福建立了廉价的直接面向顾客的商店,就一直发展很快,1865年达到了5家,到1930年的时候就达到2万多家。

在当时的零售业价格策略中,有两种方式经常被商家采用。一种是便利店,一种是折扣商店。阿皮安公司属于后一种。在50年代到60年代,由于美国严重的通货膨胀,美国总统曾经对商品的价格有严格的限价措施,其用意在于迫使商人们采取灵活的价格战略,这是廉价政策出笼的另一种原因。

但是在食品领域,这种价格战略成功的希望却非常渺茫,因为和其他商品不同,食品的边际效益只有20%左右,而其他商品一般有40%左右,这就决定了食品的廉价战略存在巨大的风险。

阿皮安公司的降价战略在一定时期确实造成了食品零售业的巨大冲击波。许多比较小的超级市场因为无法和阿皮安竞争而倒闭。大一些的零售商场为了生存,也被迫和阿皮安公司一起降价,尽管这意味着公司利润的灾难性减低。许多商家因此摇摇欲坠,无法维持正常的经营,阿皮安公司的市场占有率却不断提高。与此对应,一家在美国东部地区有较高声誉的公司——克洛哲公司,1972年的利润下降了36%,1973年的头三个月下降了63%,面临破产的边缘。

从市场的占有率变化上,当然是阿皮安公司取得了胜利。但这种胜利的背后是惨重的代价。由于商品零售价格的降低，阿皮安公司的利润也大幅度降低，又加上广告支出的扩大，新扩大商店的经营成本，公司的账本上出现了财政赤字，仅仅在1972年公司就出现了5000万美元的亏损，年底被迫停止发行红利，而即使在1929年的经济大萧条时期，公司也仍然发行了红利，这使阿皮安公司的股东们感到了失望，公司的股票价格也一落千丈。种种迹象迫使阿皮安公司提高自己商品的价格，而这又和公司的宣传政策相违背，使得顾客们也对阿皮安公司怨声载道。

1973年底，阿皮安公司的降价政策已经宣告失败。1973年的销售成绩达到了67亿美元，因为提高了商品的零售价格导致公司的利润出现了增长。但阿皮安公司一统天下的梦想受到重挫。1974年的销售成绩达到了74亿美元，却蒙受了1.5亿美元的损失，阿皮安公司终于走到了它的尽头，年底被其他公司接管，一家有百年历史的老店就这样在商界消失。

在零售业，顾客对价格的敏感超过了任何一种因素，但是价格对顾客购买欲望的影响是有限的，阿皮安公司走进了价格误区。

阿皮安公司的失败告诉人们，纯粹的价格战是失败的前兆，无论在什么条件下，优良的服务和优质的商品才是胜利的必要条件。在阿皮安公司，尽管商品的价格下来了，但是其服务人员年龄老化，商品排列杂乱，不能吸引顾客的注意，对那些收入高的人是没有吸引力的，没有这部分人的参与，那么公司的竞争力就难以强大。

传统的消费者行为理论认为，决定消费行为的第一要素是商品价格，商品的价格与其需求量之间成反比关系并有市场均衡出现。而在经济得到大力发展的今天，决定消费者行为的最主要因素不再是价格，而是需求，即消费者对物质和精神的需求。消费者的精神需求具有无穷性，它会随着消费者已有需求的满足而不断滋生更高的需求，这就决定了精神消费市场或者说是心理消费市场具有无限性。能够把握，预见消费者的心理变化，疏导消费者消费，可以增强品牌效应，反之，则损之。

低价竞争虽然有效，但并不是唯一的方式，竞争中如果实施价格竞争而忽视了心理价格效应，往往得不偿失。

有些商品在市场的长期流通中，已形成了一种相对固定的习惯性价格标准，这一标准已为广大消费者所承认和接受。背离了这一标准，消费者就认为价格不合理。经营者为了取得竞争优势，违背此标准效应则必然会受到市场的惩罚。

找个合适的竞争对手

大多数企业都会把竞争对手视作威胁。企业首先把注意力集中在如何战胜竞争对手、夺取市场份额以及如何防止对手进入市场。按照这种思路，竞争对手是敌人，必须要被消灭掉。虽然竞争对手的确可能会构成威胁，但在许多产业中，合适的和“好”的竞争对手有助于实现许多战略目标，可以增加企业的持久竞争优势，以及改善其所处产业的地位。合适的竞争对手的存在，可以带来许多战略上的好处，对于企业来说，应该善于利用这种资源。

日本热水瓶行业最初由“泰佳”牌热水瓶独霸天下。有一家生产“象”牌热水瓶的公司，规模很小，在市场上没有什么影响，直到一个名叫市川重幸的年轻人接手了公司后，情况开始发生变化。市川要求员工以独占热水瓶业的"泰佳"公司为对手，为此他提出了许多措施，总的目的是要员工相信"象"牌热水瓶可以打败"泰佳"。他甚至要求员工到外地出差时，如果在旅馆或酒店遇到服务员拿着"泰佳"牌热水瓶时，员工应离开那儿，到别的地方去吃饭、住宿。

起初，职工们根本不相信"象"牌热水瓶能和"泰佳"竞争，对市川有些过分的要求更是无法理解。但渐渐地，市川的要和"泰佳"竞争的意识深入到了每个员工的内心，全公司逐渐形成了一致的"战胜泰佳"的思想。

"象"牌热水瓶销售量开始上升，甚至侵入到"泰佳"的地盘。他们气势咄咄逼人，"泰佳"则反应迟缓，等到发现情况不妙时，"象"牌热水瓶的销售量已经和"泰佳"相差无几了。

此后"泰佳"公司换了领导，新任董事长菊池义一上任，就视"象"牌为主要竞争对手，他不断告诉员工："只有战胜'象'牌，我们才能生存。"于是全厂齐心协力，在产品外观、质量和广告宣传等方面都进行了调整，开始收复失地，向"象"牌发动反击。

两家公司展开了激烈的竞争，谁也不甘落后。这样，在日本上百家经营热水瓶的企业中，只有这两家公司销售额不断上升。当有人问及两家公司管理者为什么公司效益这样好时，他们都回答是因为和对方进行了竞争。为你确立一个对手，就等于为你订了一个目标，它可以防止你轻懈怠慢，督促你不断进取。

对于一个企业而言，只要不能垄断整个市场，就不可能消灭全部竞争对手。事实上，老的竞争对手消灭了，又会出现新的竞争对手。既然必定要面对一定数量的竞争对手，倒不如主动选择相对稳定、相对于己有利的对手。

站在巨人的肩膀上

科学巨匠牛顿有句名言："我之所以比别人看得更远，是因为站在巨人的肩膀上。"同样的，在市场竞争中也可以采取这种方法。它并不是靠自己的创新、抢先占领市场的竞争方式，而是一种跟随策略。因为任何一种新产品，都不可能在一开始就完美无瑕，它必然有这样或那样的缺陷有待改进。采取跟随策略的企业，就是不投资抢先研究新产品，抢占市场，而是等市场上出现新产品后，再马上派人仿造或改进，达到迅速超越对方的目的。

跟随策略的好处是显而易见的，首先它省去了开发新产品所费的庞大开销，而且不必担风险，不存在花了大量的人力、财力弄出一个新东西，待到投放市场时，才发现这一发明由于这样或那样的原因，并不对市场的胃口，以至于损失惨重。

其次，它更有针对性，更能做到有的放矢。当别的公司新产品出台之后，它可以做充分的市场调查，了解顾客对产品的反映，对产品到底满意与否，满意程度如何，对产品还有哪些期待等。

这样一来，迟半步的公司就能不冒任何风险地超越对手，能轻轻松松地做到"青出于蓝而胜于蓝"，从而实现在竞争中超越对手的目的。

我们知道，现在日本在高科技产业方面是处于世界领先的位置的，可他们并没有多少世界称道的一流科学家。从理论研究的状况而言,德国、英国等国家都是远远领先于日本的,可在高科技产业领域,他们远不是日本的对手。这一方面固然怪英、德两国在科技转化为产业方面做得不够,另一方面也是因为日本人特别善于学习。

尽管日本没有超一流的科学家,但他们愿意花大价钱把这些大科学家的发明买过来,再加以改造,加进市场调查的因素,将这些改造过的、性能卓越的产品推向市场,获取比发明者所得的更大的利润。

“先引进,后先进,不发明”是日本很多公司和企业的主要战略思想。他们经常是比对手晚半步,推出比对手产品更完美的类似产品。松下公司就是一个这样的典型。

松下公司有将近30个拥有最先进设备的研究室,可它却很少发明新产品。那这些有最新技术的研究室不开发新产品,又去干什么了呢?原来他们是有专门任务的,那就是寻找市场上最新的同类产品,拿过来加以认真分析,研究竞争对手的产品有哪些优点,还有哪些不足。琢磨顾客对这些产品还会有什么更多的需求,然后迅速集中力量,攻克这些不足,完善那些刚想到的新需求。

该公司的“乐声”和PVC两个品牌录像机的成功抢占市场,靠的就是这样的一个运作过程。那时日本的市面上突然出现了录像机这种新电器,这是索尼公司的最新发明,它一露面就成为市场的宠儿。一时间,索尼公司的“贝塔马克斯”录像机垄断了市场。

作为索尼的老对手,松下公司的人并不着急,他们买来录像机进行研究,发现它由于是新产品,技术还未完全成熟,最大的弱点就是录放时间不够长,顾客需要录制4~6小时的录像设备,可“贝塔马克斯”只能录2小时。

在了解到这一弱点以后,他们马上组织本公司最强的研究班子,在“贝塔马克斯”的基础上,研究设计出一种放映时间更长,同时机身体积更小的录像系统。这一系统的性能比索尼的“贝塔马克斯”录像机更为稳定——因为它的技术工艺更加成熟,同时它的价格又比“贝塔马克斯”便宜15%~20%,毫无疑问松下的产品将更受消费者的欢迎。结果松下的“乐声”和PVC两个品牌录像机压倒了“贝塔马克斯”,占领了日本录像机市场的2/3。松下依靠迟半步赢得了这场录像机之战的胜利。

在另外一场丰田与日产的竞争中,获胜的丰田成功的秘诀也是迟半步,后发制人。那是在1978年的时候,日产公司推出了汽车大众化的战役。他们设计出一种叫“尼桑”的大众化汽车,价格较一般的汽车便宜,而功能却更适合于普通大众的需求。

“尼桑”研制成功后,日产又不惜花大价钱,投入大量的人力、财力,在日本国内广做宣传,大力促销。一时间,大家都知道了日产推出了大众化汽车“尼桑”,都知道汽车再也不是富人的专利了,于是在全国掀起了一股购车潮。“尼桑”取得了极大的成功。

这时日产的老对手丰田明显地“慢了半拍”,可丰田不忧反喜。因为他们等的就是这样的机会。他们一直在等待普通大众对购车产生强烈的兴趣,现在时机总算来了。

虽然比日产慢了,但日产实际上是帮助大家做好了开路的工作。丰田不需要付出一分钱的广告费,就尽享日产为大家铺好的康庄之路。于是,丰田马上组织人马,充分研究尼桑的优点与缺陷,然后,迅速推出了自己的新产品“卡罗拉”。这一新产品借了日产汽车大众化的东风,可是不用担任何像日产初始时那样的风险,更兼以在尼桑的基础上更进一步完善性能,所以获得了比“尼桑”更大的成功,占领了更大的市场份额。看来,慢半拍不见得都是坏事。

不少企业采用跟随策略只是企业在从“跟随”向“挑战”战略转化过程中一个特殊的阶段，采用“竞争型跟随战略”的企业，其实目的非常清楚，采取的跟随策略就是为了最后的竞争决战。

不难想象，对于“竞争型跟随者”，现有的行业领导者必然会高度重视，更会利用现在自己的优势加以无情打击，很多竞争型跟随者“出师未捷身先死”。竞争型跟随就像伊甸园的苹果那样诱人，但是却充满了危险。

能否实施竞争型跟随战略，需要具备一些基本的条件，同时，能否充分利用这些条件达成竞争优势的转换，是实施竞争型跟随战略成功的关键。

采用跟随战略的一个前提，就是行业要相对成熟，有一定的垄断度。

过于初级的完全竞争市场，其实反而无法采取跟随策略——首先是不知道该“跟随”谁，行业中都是小不点，所谓的领导者其实也只是“乱世”里面的草莽，自己都不知道明天的早餐在哪里，如何跟随？其次，不成熟的市场竞争秩序也很混乱，企业随时要应付不知道来自何方的“流弹”，很难安心培育市场。在这种市场中，考虑的不是“跟随”，而是如何尽快“占山为王”。

有了相对成熟的市场，还要有可以“跟随”的对象。跟随其实就是“对标”，“对标”的最大好处，一是在于有可以模仿和学习的对象——其成功和失败的经验在那里，跟随者知道应该做什么和怎么做，可以减少前期的摸索，毕竟同样的市场有很多经验是可以借鉴和复制的。二是当紧紧跟随一个行业领袖的时候，已经在大幅度提升自己的品牌和企业形象了。借助跟随和一定的挑战，企业可以寻找到“一举成名”的捷径，这对于企业而言，是一本万利的好事。但是，这样的捷径充满危险，而且绝对不能透支，过早的“竞争”和“挑战”，可能会毁掉一个本来有希望的企业。

在对手的软肋上做文章

大家都知道“打蛇打七寸”的道理，为什么打蛇要打七寸呢，因为那是它防守的最大漏洞。同样道理，当你在与强敌竞争时，如果能够找出他的最大漏洞，再定向施以攻击，定能大获全胜。

美国人威尔逊与人合作，发明出塞洛克斯914型复印机，这是一种干式复印机。当时市面上都是湿式打印机。所谓的湿式打印机，在使用之前必须用专门的涂过感光材料的复印纸，印出的是湿漉漉的文件，需要等它干透才能取走，用起来很是麻烦。威尔逊的发明很好地克服了这一问题，他预料，这一产品一旦推向市场定会大受欢迎。

威尔逊首先申请了生产这种复印机的专利权，为迅速达到用这一产品垄断复印机市场的目的，他准备以成本价推销。结果他的律师提醒他，这是法律所不允许的，因为这属于倾销。

威尔逊不由感到沮丧，但当他坐下来仔细一想，突然发现，法律对价格的规定都是针对出售商品制定的，却并没针对服务定价的。他决定就钻这个漏洞。他将他的复印机定价为2.95万美元，而当时他的干式复印机的成本仅2400美元。这不仅让知情人目瞪口呆，而且高价出售商品也是法律所不允许的。

果然,他的复印机因为定价过高而被禁止出售。可威尔逊却信心十足,因为他坚信,他不出售产品,只出售品质和服务就够了。果然,当他后来独家推出新型复印机的出租业务时,已在展示会上见识过这种复印机的观众蜂拥而至。尽管威尔逊出租机器的要价不菲,但人们对这种昂贵的机器神往已久,认为这种租金价格比起以前的售价而言,已是便宜了许多,都认为租得值。这表明威尔逊的想法是正确的。

到了20世纪60年代,干式复印机的黄金时代来到了。由于此技术为威尔逊的公司独有,尽管此时机器的定价仍然过高,但人们已经租过,觉得它确实是方便,再加上已经习惯了高额租金,所以对于机器的高售价并不以为有多高,反而能够接受。一时间,干式复印机以不可阻挡之势席卷美国。

大量的利润源源不断地涌入威尔逊的口袋。1960年,公司营业额就高达3300万美元,塞洛克斯914型的市场占有率达到15%,5年后,公司营业额近4亿美元,市场占有率达到66%,到了1966年,该公司的营业额达到5.3亿美元。受马太效应的影响,公司的利润像滚雪球一样发展起来,而这一切都可归功于威尔逊一开始就找到了法律的漏洞。

在新兴市场,企业依靠自身力量,可以在与强大的竞争对手的较量中,获得应有的市场地位。而这种比较优势的建立,关键在于寻找对手的弱点,这种弱点并非就是低成本、低价格,还会有其他更有价值的攻击点。

由于中国各大车厂多有国际品牌的血统,因此,汽车原厂漆市场,基本被国际品牌垄断。后来,深圳维新制漆公司在被国外品牌垄断的帷幕中撕开了一个逐步扩大的缺口,维新的高档汽车漆在中国市场占有率已超过四分之一。依靠两大竞争手段,维新打造了自己的比较优势,以此来抗衡强大的跨国公司,并分而食之、取而代之:第一是量体裁衣式的服务。因为汽车漆本身只是一个半成品,涂装的效果与气候环境、涂装程序等许多因素息息相关。维新是到现场设计涂料,与客户的要求一定是最贴切的。第二件法宝是反应速度,这是国际大品牌的另一个软肋,因为他们的公司大,体制相对不灵活,而维新却可以对客户的要求第一时间做出反应。

攻击对手弱点,也可以由挖对方"墙脚"开始,削弱对方战斗力,从而改变力量对比。所以,在西方世界商业竞争中,各方力量不断变换使用这类花招。

1953年夏,一艘当时世界上最豪华的游艇驶进了沙特阿拉伯的吉达港。这艘名为"克里斯蒂娜"的游艇,谁都知道是希腊船王奥纳西斯所有。奥纳西斯夫妇既不是度假旅游,也不是到麦加朝圣,他们来沙特阿拉伯究竟为什么呢?

众所周知,沙特阿拉伯享有大自然赐予的得天独厚的宝贵财富——石油。1953年,世界石油总产量为6.5亿吨,而沙特阿拉伯就占了4亿吨,而且每年增长5000万吨至1亿吨。

西方实业家嗅到了这巨大财富的气息,争先恐后地来到这阳光炙人的国度,意在争取沙特石油的开采和运输权。但阿美石油公司和沙特国王早就订有明确的垄断开采石油的合同:每采出1吨石油,给沙特相当数目的特许开采费,石油采出后,由阿美石油公司的油船队运往世界各地。阿美石油公司的这堵高墙,严密地保护着它的特权,几乎连一点缝隙也没有。其他公司只好望洋兴叹,含恨而归。

然而奥纳西斯在设法搞到合同复制件后,经过仔细研究,却发现合同并没有排斥沙特阿拉伯拥有自己的油船队来从事石油的运输。

这不是阿美石油公司严密防守的高墙的缝隙吗?而且正是奥纳西斯完全有能力钻进

去的缝隙。石油不运出沙特阿拉伯就不能获得它应有的市场价值。因此只要设法垄断沙特阿拉伯石油的海运权,形势就会对阿美石油公司大为不利,从而可以迫使它转让出部分股份,奥纳西斯就可以实现他直接插手石油业的愿望了。

带着美好的憧憬,奥纳西斯在吉达港一下船,就直奔沙特阿拉伯首都利雅得,到王宫作了一次“闪电式”的访问。他和年迈的国王作了长时间的密谈。

几个月后,奥纳西斯和沙特阿拉伯国王签订了震撼世界企业界的《吉达协定》。协定规定:成立“沙特阿拉伯油船海运有限公司”,该公司拥有50万吨的油船队,全部挂沙特阿拉伯国旗。该公司拥有沙特阿拉伯油田开采的石油运输垄断权,该公司的股东是沙特阿拉伯国王和奥纳西斯。

协定的签订宣告了奥纳西斯的成功。这个协定一旦全部实行,沙特阿拉伯和奥纳西斯各自想得到的都将得到,阿美石油公司却将遭到致命的打击,锅底燃烧正旺的柴被抽走了,锅里的水还能开吗?

奥纳西斯在沙特阿拉伯以“闪电外交”击败世界最大的石油公司——阿美石油公司,靠的是“釜底抽薪”——找到对手的弱点,成功地攻击对手的生命线。

隔岸观火、坐收渔利

有这样一个“卞庄刺虎”的典故:

春秋时期,一个叫卞庄子的农民,看见两只老虎吃牛,准备立即把老虎刺死。这时有人向他建议,两只老虎刚开始吃牛,都在兴头上,等一会儿它们必然相争。二虎相斗,两败俱伤。到时你再去刺虎,就能一举两得。卞庄子照计而行,果然得到两只老虎。

隔岸观火,就像卞庄子的“坐山观虎斗”一样,当敌人之间矛盾激化、相互倾轧、势不两立时,切记不可操之过急,否则反而促成他们暂时联手对付你。正确的方法是静止不动,让他们互相残杀,力量削弱,甚至自行瓦解。

在商战中,运用这种方法来渔利的人也不在少数。

当第23届(1984年洛杉矶)奥运会第一次由官办改为商办时,商业奇才尤伯罗斯看到各国大企业绝不会放过通过这次国际大赛宣传自己的机会,利用商家(企业)之间的竞争,使奥运赞助变成稀缺资源,上演了一场隔岸观火的好戏。

其实,奥运会官办改商办,奥委会此举也实属无奈,因为历届奥运会都耗资巨大,承办方不是亏损就是负债。想举办奥运会就要有资金,和以往一样,这次奥运会筹措经费工作又遇到了困难,国际奥委会“急中生智”,这才采用了以商办代替官办的办法。

历届奥运会有这样一个组办原则:欢迎任何厂商赞助,赞助费用多少由厂家决定。尤伯罗斯认为这就是一个最大的弊端,比如1980年的冬奥会,赞助厂商多达381家,组委会却仅筹资900万美元。

尤氏走马上任的第一个决定,就是将正式赞助单位减少为30家,每一行业只接受一家，每家最少赞助400万美元。

这下厂商们都着急了，谁不想利用这次机会光大自己的企业？他们纷纷出高价，以抢得本行业的赞助权，一时间你争我夺，竞相抬价，好不热闹。日本富士公司为了击败美国柯达公司，一口气出资7000万元。尤伯罗斯坐山观虎斗，坐收渔利。

尤氏的第二步棋，是要挣那些广播公司的钱，他采取的办法还是竞争，出个底价，然后让各电视台参与投标，谁出的钱多，谁就买断电视转播权。仅此一项，尤伯罗斯又进账28000万美元。

1984年7月28日，第23届洛杉矶奥运会如期召开。尤伯罗斯心满意足地坐在开幕式的主席台上，他已经没有什么可担心的了，经过计算，除去各种费用，还将稳赚1500万美元。

不过，在生意场上采取“隔岸观火”、“坐山观虎斗”的技巧时，还应注意观察“火势”，善于“煽风点火”，并根据火情的发展适可而止，见好就收。下面就是一个经典案例。

一次，日本富士现代办公用品公司驻东南亚某国的业务代理藤野先生准备与该国的泰恒公司签订一个有关进口日本某型复印机的合同。复印机在这个经济刚刚起飞的国家，还完全是个新事物，有着广阔的发展前景，占领这一市场对公司无疑有着十分重要的意义。

没想到，泰恒公司的老板见到他后只是冷冰冰地抛过来一句话：“对不起，藤野先生，我公司已有新的打算，不准备签订这项合同了，很遗憾。”说完，一摊手走开了。面对这迎面而来的打击，藤野先生不知所措。在他看来，泰恒公司绝对不会轻易放弃复印机这个大生意不做，无缘无故松开牵着财神爷的手，那他们现在拒绝签合同，又该做何解释呢？难道又有了新主顾？对，很有这个可能。哪儿的呢？其他国家的？可能性不大，因为就目前国际市场上的复印机来说，只有日本产品才是一流的，泰恒公司为公司的长远发展及信誉着想不会贪图便宜买进现已淘汰的产品。那么，与泰恒公司做生意的肯定也是一家日本公司。

那么，他们是以什么样的优惠条件吸引泰恒公司舍此适彼的呢？所有这些问题都要一一搞清楚。

藤野先生理清思路，谋划好了行动方案。他首先向国内公司汇报了有关情况，并请公司协助查清事情原委。不久，公司有了回音，证明国内确实有一家公司从中作梗，暗中与泰恒公司取得联系，要为其提供价格更低、性能更先进的某型复印机，致使泰恒公司改变初衷并拒绝签合同。

目前，要战胜竞争对手，需立即着手解决两个问题：一是赶在对方前面尽快拿到与泰恒公司的签约；二是立刻与厂家联系，无论如何都要取得某型复印机在该国的经销权。

作战计划已定，公司便兵分两路，仍由藤野先生负责与泰恒公司签订合同。公司另派人马上去厂家联系进货业务。

当藤野先生第二次出现在泰恒公司老板面前时，还未等对方开口，他便开门见山地说：“总裁先生，别来无恙，我未约而至，您不会介意吧？我这次来是专门与您洽谈关于某型复印机的进口问题，您一定是感兴趣的吧？不错，此复印机确实比其他机子优越，所以，我们决定就这款机型与贵公司合作，而且我还要高兴地告诉你，我们提供给贵公司的产品比贵公司前些天联系的那一家价格要低三成。”

听罢此言，泰恒公司老板好生奇怪：“短短的3天时间，这个日本人就什么都知道了？不过，这与自己又有何关系呢？只要有利可图和谁做生意还不一样？既然富士公司价格比那家公司优惠得多，我又何乐而不为呢?”他马上笑容满面地上前与藤野先生握手成交，并随即签订了进口1500台此机的合同。

待合同一到手，藤野又马上飞回日本，找到复印机生产厂家。其实厂家早已从近日富士公司不同寻常的举动中发现了问题，经过调查才知道他们是在与另一家公司争夺复印机客户及东南亚的独营权。厂家暗自高兴，看来自己发大财的机会来了，他们明明知道富士公司急于促成此项生意，为从中渔利，便对来者不慌不忙地解释：因与其他公司达成协议，授予其在该国的经销权，为了自己的信誉，不能再与富士公司签约，或干脆顾左右而言他。藤野先生当然知道其用意，便告知对方：富士公司已拿到合同，抢先占领了该国市场，请厂家把复印机及辅助材料与设备的经销权授给富士，富士愿意把其进价全部再加一成。

又经过一番讨价还价，复印机生产厂家认为近来一段时间的“坐山观虎斗”这场好戏该收场了，现在对方出价已足够高了，超过了自己的预期目标，若不趁势取利，“时不再来”。于是，便爽快地与富士公司签了约。当然，精明的富士商人也不会吃亏，他高买低卖复印机倒赔的几百美元也最终从随后高价卖出辅助材料与设备中得到了补偿。

回顾整个过程，复印机厂家之所以能以较高的价格与富士公司成交，就在于他巧妙地运用了“隔岸观火”的谈判技巧。先是坐山观虎斗，看两家公司竞相抬高价格，既而又煽风点火，以种种借口迫使买方提价；最后看准时机已到，趁势坐收渔人之利。

上屋抽梯，诱敌深入

“上屋抽梯”是指故意露出破绽，诱使敌人前进而深入之后，将其先头部队与后卫部队之间截断，将敌人全军置于死地，使之遭遇灭亡的痛苦之境，却又无计可施。这里有一个典故。

东汉末年，荆州刺史刘表的儿子刘琦因不容于继母，恐遭陷害，向刘备求救。刘备要诸葛亮为他想出解脱之计。这天，诸葛亮来到刘琦家中，刘琦哀求诸葛亮说继母屡次设法陷害我，务欲置我于死地而后罢休，目下我的处境十分险恶，还请先生相救一二。诸葛亮说此事关系离间母子之情，恐将来说将出去，多有不便，表示拒绝。刘琦便强邀请诸葛亮进入密室之中，一边饮酒，一边仍缠住诸葛亮不放。可诸葛亮还是不愿答应刘琦的请求。这时，刘琦见再三恳求无效，便转过话头，对诸葛亮说：我的住室楼上藏有一部古籍，请先生观赏一番如何？诸葛亮听说有古籍观赏，非常高兴，便答应了。说着便跟随刘琦登上一间小楼，到了楼上，见四壁皆空，并无藏书设置，便问刘琦书在何处。这时刘琦便双膝跪下，承认自己是事出无奈才把诸葛亮骗上楼来，务请指点出路，拯救性命之危。诸葛亮埋怨刘琦不该施行欺骗，便要下楼离去，可不料楼梯已被抽走了。这时刘琦便又再三哀求说：先生最担心的是事情泄露，现在，这里上不着天，下不着地，出君之口，入琦之耳，再没有别人知晓，您应该可以赐教了，说着又要拔剑自刎。

诸葛亮见刘琦如此情景，便给他讲了一条计策，叫他借鉴历史上“申生在内而亡，重耳在外而安”的经验，利用黄祖新亡，江夏一时无人守御的机会，向刘表请求屯兵江夏，如此便可离开继母,脱离危险了。刘琦按照诸葛亮的计谋行事,果然灵验。后人便把这件事叫作“上屋抽梯”。

诱敌“上屋”,是实施此计的关键。一般来说,可以诱骗的对象有四种:一是贪而不知其害者;二是愚而不知其变者;三是急躁而盲动者;四是情骄而轻敌者。

所谓引诱,就是以利益诱导对方。如果只以小利引诱,就非要讲究方法不可,否则敌人会踌躇不前。因此,应先把“梯子”装好,而且表示出非常好的样子,使敌人毫不担心。

1815年的滑铁卢之战,是大英帝国与拿破仑帝国之间的一场殊死较量。在战役进展过程中,伦敦金融市场的中枢机构——皇家股票交易所的气氛异常紧张。

伦敦商业银行的奈森罗斯柴尔德先生是金融界的知名人物,享有“预见行情大师”的雅号。因此,奈森是买进还是抛出公债,受到人们的特别关注。

在6月19日的战斗中,英军大获全胜,这标志着拿破仑的彻底失败。可是,第二天,奈森在皇家股票交易所里却抛出公债。按理说,英军打了胜仗,公债价格必然上涨,奈森买进公债才对。然而,他反其道而行之,到底是怎么回事呢?

原来,奈森为了尽快地了解战争的进展情况,专门雇佣了飞毛腿信使,还配备了快速帆船。当6月19日晚拿破仑的失败已成定局时,奈森的情报员火速把这个消息告诉了奈森,而此时政府方面的消息尚未传到伦敦。奈森火速赶到交易所。在交易所里,因前不久传来英军在卡特尔布拉格失利的消息,公债的价格正在下跌。如果那天奈森马上大批购进公债,人们就会猜到英军打了胜仗,争相购进公债,这样奈森就捞不到多少好处。所以,奈森进入交易大厅后,装出一副他已得知英军彻底失败的沮丧神态,开始抛售公债。人们猜测事情不妙,于是跟着奈森往外抛售公债。

当公债价格跌入最低点时,奈森突然停止抛售而开始大量买进。这时传来了英军胜利的消息,人们才惊呼上了奈森的当。奈森手中的公债大幅度升值,他稳稳当当地赚了一大笔钱。

在商业角逐中,信息就是财富。奈森利用掌握的独家信息,采取“上屋抽梯”的手腕,先抛后买,在炒卖公债中发了横财。这的确是经济领域竞争中的一个成功范例。

李代桃僵,舍小谋大

在古今中外的商战中,每当局势出现不能求得全部胜利的时候,很多人采取李代桃僵的办法,主动放弃一些小的、局部的利益,以求得全局的或大部分的胜利。

李代桃僵语出《乐府诗集·鸡鸣》。诗中说:“桃生露井上,李树生桃旁。虫来啮桃根,李树代桃僵。树木身相代,兄弟还相忘?”此诗的本意是比喻兄弟休戚与共的情谊。后人借李代桃僵的成语,表示为借助某种手段,以一事物的损失、牺牲,来换取另一事物的安全、成功,以局部的牺牲换取全局的转危为安的谋略。

此计以“李”表示做出牺牲的一方,以“桃”表示被保全的一方。因此,“李”与“桃”之间要具备内在的联系,要具有可替代性,否则无法完成替代任务。要注意“李”轻“桃”重,不能顾此失彼，更不能反向替代。如此看来，“李”的角色具有很大的悲剧色彩。

在一定情况下，企业审时度势，采取李代桃僵的办法，可以用来避免更大的损失。

在上个世纪，美国国会通过限制经济垄断的反托拉斯法后，许多大企业被解散。当时在美国数一数二的大企业洛克菲勒财团下属的美孚公司自然也被起诉。但是经过石油公司的上下努力，打通了政界和司法界，案子未能成立。美孚石油公司得以继续经营。由于美孚石油公司的名声太大，所以一直备受人们瞩目。洛克菲勒的对手对于美孚石油公司侥幸未被解散十分嫉妒，一直耿耿于怀，不断制造各种不利于洛克菲勒的舆论，并通过国会、舆论界、司法界向洛克菲勒施加压力。美孚石油公司在这种情况下，顽强经营了20多年后，美国国会迫于舆论的压力，终于又一次对美孚石油公司提出起诉。这一次，洛克菲勒也觉得在劫难逃，面对即将产生的巨大的经济损失，洛克菲勒整天闷闷不乐，无精打采。他多次召开董事会研究对策，又利用各种关系进行疏通，都没有什么好的解决办法。

正当洛克菲勒进退维谷、准备听从国会发落时，美孚石油御用的法律事务所里有一个叫杜勒斯的青年律师要见洛克菲勒。洛克菲勒因为心情不好，本不想见，但出于礼貌还是抽空和杜勒斯见了一面。

一见面杜勒斯就说：“我有一个绝妙的办法可以挽救公司。”洛克菲勒一看是个年轻律师，开始并没有放在心上，但看着这个年轻人一副自信的样子，又不忍心泼冷水，于是就心不在焉地说“：你有什么好办法说来听听吧！”杜勒斯说：“反托拉斯法不过是限制大公司，我们让各分公司独立经营不就可以了吗？”

洛克菲勒一听有些道理，接着反问：“各分公司都独立，我们怎么办，那不等于架空我了吗？”

杜勒斯笑了笑，心想，老洛克菲勒也是聪明一世，糊涂一时。他不紧不慢地说：“各分公司宣布独立，丝毫不影响您的权力，不过是改头换面而已，公司不会有什么损失，损失的恐怕就是您的总裁名分。”喝了一口水，杜勒斯接着说：“我们把各州的石油公司分别改成分公司，如纽约美孚石油公司、新泽西美孚石油公司、加利佛尼亚美孚石油公司、印第安纳美孚石油公司，等等，这些公司分别都有一个名义老板，实际上还是由你操纵。这样一来，美国美孚石油公司虽然名义上已经不存在了，实际上仍然存在。我认为，现在只能采取这种丢名保实的办法才能渡过难关。”

洛克菲勒边听边称赞：“后生可畏，后生可畏。”

主意一定，立即行动，洛克菲勒马上召集董事会，采纳杜勒斯的建议，开始把各分公司进行“独立”。洛克菲勒亲自带领得力助手昼夜工作，替各公司订立独立的账目，供参议院审查。不到一周时间，一个庞大的美国美孚石油公司便不复存在，取而代之的是眨眼间如雨后春笋般冒出的各州美孚石油公司，这一下，参议院也无话可说了，再也不提起诉的事了。

杜勒斯的改头换面术，实际上是一种牺牲表面名分、保全实际内容的做法。在企业竞争中，难免遇到各种挫折，当必须做出部分牺牲时，一定要把握住利弊关系，不要被表面问题所迷惑，而要积极争取主动，牺牲表面的东西，保存实质。

避锐击惰，回避锋芒

《孙子兵法·军争篇》说："故善用兵者，避其锐气，击其惰归，此治气者也。"这里强调了士气的极端重要性。部队作战，初战时气锐，过了一段时间，力量有所消耗，士气也逐渐懈惰，到了后期，士气竟会衰竭。这一谋略要求尽量避开敌人初来时的锐气，待其懈惰、衰竭时，再去打击它。实质上，是应根据敌人士气情况，选择决战的时机。

避锐击惰的谋略，在商战中也被广泛地运用着。

上世纪20年代初，美国汽车工业全面起飞。各个大公司为了进一步扩大销路，获得高额利润，纷纷推出色彩鲜艳明快的新型汽车，以满足消费者的新需求。一时间，各种色彩缤纷的小轿车以锐不可当之势充斥市场，但唯独福特公司的小轿车，仍然保持着过去的黑色，销路自然也受到了影响。因此，出于对公司业务的关心，有些人便主动建议，是否也像其他公司一样，增加一些花色品种，以免在激烈的市场竞争中受到损失。

可是，公司的老板福特却别有所思。每当有人向他建议更改黑色轿车时，他总是不紧不慢地说："福特车本来就是黑色的，我看不出黑色有什么不好，至少比其他颜色耐旧些！"不久，有人又向福特报告，说外界谣传他们公司快要倒闭了。福特仍然微笑着说："让他们去说吧！谣言越多对我们也许越有利。"后来，连福特的夫人也沉不住气了，她特别担心公司人心浮动，有些职员会走掉。福特却胸有成竹地说："我们公司的待遇高于任何企业，职员不会生异心。同时，他们也知道我是个不服输的人，相信我不跟着别人生产浅色轿车，一定另有策略。"

果然，当别的公司靠色彩刺激的销售额逐渐下降的时候，福特在经过大量的调查研究和精心准备后，在自己公司里立即采取了一个较大的动作：廉价购买废船拆卸后炼钢，从而大大降低了车用钢材的成本。

1925年5月，福特突然宣布：本公司中所有生产T型轿车的工厂立即全部停产！这是该公司成立以来第一次停止新轿车出厂，市场上仍然卖着的福特牌轿车都是存货。可是，使人奇怪的是，工厂停产后并未关门，工人每天仍然照常上下班。这种反常情况立即引起了新闻界的极大兴趣，报纸上常常刊登一些有关福特公司的动向和分析文章，也在一定程度上助长了人们的好奇心。同年7月，福特终于透露：该公司生产的一种式样新颖的A型轿车，将于12月上市！这一消息，宛如一颗重磅炸弹，在美国汽车制造业中引起了强烈的震动。

年底，在人们的翘首企盼中，福特牌A型轿车果然面市了。该车不仅色彩华丽，车身轻便，而且价格低廉，质量过硬。很快，市场上刮起了一股购买福特牌A型轿车的"热"潮。

文中的福特老谋深算，避锐击惰，终于在别的公司利润滑坡时适时"出击"，用新的轿车占领市场，从而获取了高额利润。

破釜沉舟，置之死地而后生

《孙子兵法·九地篇》说："帅与之深入诸侯之地，而发其机，焚舟破釜。"意思是，将帅带领军队深入诸侯国土，要像拉开臂弩射出箭矢一样，使其一往无前。砸烂军锅，烧掉船只，就是要表示必死的决心。这一谋略的核心在于根据敌情特点，用置军队于死地的方法，绝其生念，进而奋勇杀敌。一支军队，如果在绝境中团结奋斗，不虑生死，就有可能以一当十，以十当百，绝处逢生。正如《吴子兵法·治兵第三》所说："必死则生。"

破釜沉舟策略，实际上是阻绝人们的退路，使人产生危机感，以此激励人们奋发进取。因此，有些远见卓识者，通过人为的方法制造出某种特定的危机局面，也是对破釜沉舟计谋的一种巧用。

日本日立公司以生产家用电器著称于世。自20世纪60年代以来，由于国际市场对家用电器需求的持续增长，日立公司也发展顺利，产品畅销不衰。为了克服员工的自满情绪，激励员工努力进取，日立公司采用一些措施，人为地制造危机感。例如，1974年9月，公司宣布境况不佳，有2.2万名员工需暂时回家待业一个月，待业者可领到工资80%左右的待业金。1975年1月，公司又决定对4000名管理人员实行减薪，从上层到下层按不同比例减：总经理减15%，部长级减10%，科长级减5%，通过这些具体的手段，使员工们普遍感到了危机的存在，上下不敢懈怠，他们一致认为，只有不断进取，才能保住工作，保持全额收入。这无异于破釜沉舟，不进则亡。日立公司的这一妙策，难道不值得我们借鉴吗？

最后，我们再来看一个在企业经营中破釜沉舟、背水一战的经典案例。

美国的企业家梅考科继承了父亲的一笔遗产，创办了一个小小的农机公司，专门生产收割机。开始，公司的生意非常萧条，一共才卖出7台收割机。于是他用光了父亲的遗产，还欠下了沉重的债务。

梅考科扪心自问：是不是自己工作不努力？不是。是不是公司的收割机质量不好？不是。但问题在哪里呢？他觉得自己的营销策略不得法。他据此采取了一个大胆的举措，实行"保证赔偿"这种新的推销方法，并且使之制度化。

所谓"保证赔偿"，就是购买公司收割机的用户，在头两年中，如果不是人为的事故，机器出了毛病，公司不仅像其他厂家那样免费修理，而且赔偿由机器损坏而造成的耽误谷物收割的损失。

梅考科提出这种"赔偿制度"后，遭到了公司内部高级职员的一致反对。他们说："收割机坏了，是人为造成的，还是机器质量造成的，很难搞清楚，如果要进行调查，将花费多少人力物力？"

梅考科说："那就不必调查了，就算是机器质量造成的事故，我们按章负责赔偿就是了。"

反对的声音越来越高："这样的赔偿法，公司如何负担得起？"

我们应该对自己机器的质量有信心,对顾客也应有信心。难道他们愿意在繁忙的收割季节,无事生非、故意找机器的岔子吗?顾客的损失,也就是我们的损失,我们应该尽力帮助他们,更应该在保证机器的质量上下功夫。

还是有人担心:“这种做法毕竟太冒险了!”

梅考科说:“激烈的市场竞争将我们逼上了这条路,这条路是冒险的,但赔的钱可以用赚的钱来补偿。我希望大家同心协力把产品质量进一步搞上去。”

公司的前途关系到职工的前途,他们把反对的言词变成了实干的行动,严格检验,把可能出现的问题,在产品出厂之前解决。

由于梅考科对顾客有信心,致使顾客对公司产品产生信心,他们都愿意试一试梅考科的收割机。经过试用后,发现这些收割机质量果真上乘。于是,大家纷纷上门订购,梅考科的国际农机公司开始兴隆起来。没几年工夫,这家公司成为真正的国际性大公司,产品远销许多国家。

赚钱也有赚钱的智慧。在经商中,要把眼光放得长远些,不要目光短浅,计较眼前的利害得失。成大事者,不拘小节。只有这样,才能使自己走向成功。

走为上策,主动撤退保实力

“走为上策”,是在敌强我弱的形势下保存实力,也是以利再战的一种明智的谋略。因为此时主动撤退,暂时避开敌人,可以卷土重来,东山再起,对我最为有利。

“三十六计,走为上计”出自《南齐书·王敬则传》:“檀公三十六计,走为上计。”檀公指南朝名将檀道济,相传有《檀公三十六计》,但未见刊本。

此外,中国古代其他兵法也有论述。《淮南子兵略训》:“实则斗,虚则走。”实是指力量强大,虚是指寡不敌众。也是强调在无把握取胜时,要使用一个“走”字。中国另一部兵书《兵法圆机利》也有言:“避而有所全,则避也。”避,指主动回避,撤退;全,是保全。意思是说,撤退能保全力量,就应该撤退。

由此可见,“三十六计,走为上计”是指在我无力退敌的情况下,为保存实力,主动撤退。所谓上计,不是说,“走”在三十六计中是上计,而是说,在敌强我弱的情况下,我方有几种选择:一是求和;二是投降;三是死拼;四是撤退。四种选择中,前三种是完全没有出路的,是彻底的失败。只有第四种,撤退,可以保存实力,以图卷土重来,这是最好的抉择。因此说,“走”为上。

一般来说,走是最后之计,却也是最高之策。细看三十六计之中的“走”,它确实具有实用性,也确实令人有“与其卖弄小聪明,倒不如退为佳”的感觉。

除了应用于军事、政治外,走为上策也同样可以应用于商业竞争之中。

1964年,日本松下通信工业公司突然宣布不再做大型电子计算机。

对这项决定的发表,大家都感到震惊。松下幸之助已花5年的时间去研究开发,投下10多亿元的巨额研究费用,眼看着就要进入最后阶段,却突然全盘放弃。松下通信工业公司的经营也很顺利，不可能会发生财政的困难，所以令人十分费解。

松下幸之助所以会这样断然地做决定，是有其原因的。他认为当时公司用的大型电脑的市场竞争相当激烈，万一不慎而有差错，将对松下通信工业公司产生不利影响，到那时再撤退，就为时已晚了，不如趁着现在一切都尚有可为时撤退，才是最好的时机。

事实上，像西门子、RCA这种世界性的公司，都陆续从大型电脑的生产领域撤退，广大的美国市场，几乎被IBM独占。独占都像这样一个强而有力的市场都绰绰有余，更何况在日本这样一个小市场呢？

富士通、日立电器等7个公司都急着抢滩，他们也都投入了相当多的资金，等于赌下了整个公司的命运。在这场竞争中，松下通信工业公司也许会生存下来，也许就此消退。松下幸之助衡量得失后，终于决定撤退。

交战时，撤退是最难的，如果无法勇敢地喊撤退，或许就会受到致命的打击。松下勇敢地实行一般人都无法理解的撤退哲学，将“走为上”之计运用自如，足见其眼光高人一等，不愧为日本商界首屈一指的大将。

第七章

谈判博弈：赚钱需要锱铢必较

在商务谈判中，当事的双方都希望能够以最少的代价为己方带来最大的利益。想要达到这个目的，还真需要一些特别的手段才行。

虚晃一枪，迂回进攻

几年以前，我国一家公司同美国一家大公司进行一场谈判。我国这家公司谈判的目的，是想从美国这家公司引进一种生物产品的生产技术。可是，美方谈判的目的却是想向我们销售这种生物的产品，并不打算把产品生产技术转让给我国。双方的分歧就在于：一个要求技术转让，一个要求推销产品。

为了在谈判中取得胜利，我方谈判班子事先做好了充分的准备，进行了多方面的市场调查。他们了解到，这种产品在国际市场上基本上是被两家大公司所垄断：一家是美国的公司，一家是法国的大公司。近几年来，这两家公司一直在进行着明争暗斗，他们都想占领中国这个大市场。

谈判一开始，美国谈判代表果然闭口不谈技术转让的事情，却大谈要请我方作为他们产品的进口代理商。显然，美方不希望中国人能够掌握这种生物产品的生产技术，他们担心我方能生产这种产品以后，不会再买他们的产品。这样一来，谈判陷入了僵局。

为了获得成功，我方谈判代表故意把这个矛盾放在一边，不再与美方谈判关于引进生产技术的问题，而是故意向美国人透露我们所掌握的生产同样产品的那个法国公司的情况，向美方展开迂回进攻。

美方深为吃惊，误认为我方已经与法国的这家公司有着不寻常的关系。后来，我方谈判代表又谎称法国公司已经同我方进行了接触和洽谈，而且有着转让技术的意向。美方谈判人员坐不住了，态度来了个一百八十度的大转弯，于是，谈判的话题已不再是产品销售了，而是转到了技术转让上。他们大谈美国的技术比法国公司的技术更加优越。而且还郑重承诺，愿意向我方转让生产技术，强烈要求我方首先选择他们的生产技术。双方很快就达成了技术转让协议，最终实现了我方的谈判目的。

谈判既靠实力，也要有技术支持。上述例中我方虽属虚晃一枪，却也直中对方要害，虚而实之，否则虚晃一枪不仅不得实效，反而会踏空、被动。真正的谈判高手，往往能够充分利用各种有利条件，使谈判向着有利于自己的方面发展，最后达到满意的结果。

不给对方喘息的机会

一位美国商人前往日本进行商务谈判，飞机在东京着陆以后，立即受到了专程前来迎接的日本职员彬彬有礼的接待。他们替他办好了一切手续以后，非常礼貌地把他送上了一辆豪华轿车。这辆轿车十分宽大，却只让他一个人坐在里面，几个日本职员却宁愿挤进一辆小车内。

到达了公司以后，在贵宾室里，那位美国人忍不住问道："你们为什么不和我一起坐车？"日本职员还是彬彬有礼地回答："您是一位重要的客人，坐了这么长时间的飞机，我们不应当妨碍您的休息。"美国人的心理上得到极大的满足感，连声说："OK！OK！"

日本职员又说："看样子您的日语还可以，这样，我们谈判就能够非常成功了。""哪里，哪里。"美国人谦逊地说："日常用语还可以，复杂一点的就不行了，所以我带了本日本字典，实在不懂的就只有靠它来翻译了。"

他们相互之间越说越融洽，日本职员趁机又问道："您什么时候回国，我们还可以安排车辆送您到机场的。""你们想得可真是周到！"美国人高兴了，把机票掏出来让他们看了一看，原来他准备在日本逗留10天。

现在，日本人已经了解了美国商人的基本情况，以及返回美国的日期。于是，日本人用了很大精力来安排美国人四处游览。还安排他参加了一个英语讲解"禅机"的培训班，说是这样可以让美国人更好地了解日本的宗教。

更可怕的是，每天晚上，日本人还让这位美国商人跪在硬地板上，接受他们殷勤的晚宴款待。往往一跪就是好几个小时，美国商人烦透了，但因为他们对自己那么殷勤招待，只好不得不再三地道谢。

就这样过了一个星期，谈判还没有开始。眼看返程的日子越来越近，这位美国商人终于忍不住问："什么时候才开始谈判呢？"日本人却说："您在日本过得非常愉快吗？"美国商人只好回答说："当然非常愉快。"日本人又说："我们生怕怠慢了远方来的客人，既然您要进行谈判，那么我们明天就开始吧。"

第二天上午，果然进行了谈判，可到了下午，日本人又安排美国商人去打高尔夫球。

到了第10天，谈判才算进入了正题。正谈到紧要的关头，小轿车却开来了，原来是去机场的时间已经到了，美国人只好在汽车开往机场的路途中签订了关键的条款。

就这样，在到达机场之前，这笔交易达成了。

在紧张的谈判中，时间是一个非常重要的因素。在特殊的情境中把握好事情进展的迟延或急促以及节奏是一种计谋手段。上述事例中那些日本人先以缓兵之计拖住对方，然后把重要问题压缩到最后时刻去解决，不给对方应对的机会，可谓是张弛有术。

退三进一的日本商人

日本一家公司与美国的一家公司进行技术协作谈判。谈判开始的时候，美方的首席谈判代表拿出各种技术数据、项目、费用等一大堆东西，滔滔不绝地发表自己的意见，完全不顾日本公司代表的反应。而日本公司的代表却一言不发，仔细地听取意见并埋头记录。

美方代表一连讲了好几个小时之后，终于要听取日方代表的意见了，日方代表却装模作样地说，“我们目前还没有准备好”、“我们对于一些技术数据还不太清楚”，等等。于是，第一轮谈判就这样不明不白地结束了。

几个月过后，日本的这家公司以前面的谈判代表不称职为理由，撤换了原来的谈判代表，另外又派了一个代表团到美国谈判。不料这些代表也与上次的谈判代表一样，日本人显得对这个项目准备极不充分，而且技术基础比较薄弱，最后说是还要回去研究研究，就结束了第二轮谈判。

紧接着，日本人又如法炮制了第三次谈判。

美国人见三次如此，再也忍不住了，非常恼火。他们认为，日本人在这个项目上根本没有诚意，轻视了该公司的技术力量。最后，美国人说：如果半年以后日本公司仍然如此，两家公司的谈判将被迫取消。

后来，美国方面索性解散了谈判代表团，封起了所有的技术资料，想等到半年以后再进行最后一次谈判。

可是，美国人做梦也没有想到，几天以后，日本人突然派出了一个庞大的谈判代表团，由前几次谈判代表团的主要人员组成，飞往美国。美方惊愕之余，匆忙把原来的谈判代表团的成员召集起来。这一次，参加谈判的日本人一反常态，他们带来了大量的可靠数据、技术资料，对于人员、物品等一切有关事项都做了相当精细的策划，而且已经草拟出了协议书文件。美方公司措手不及，最后才勉强地签了字。

当然，这份协议书所规定的某些条款，明显倾向于日方。事后，美方代表无奈地说：这是日本人自珍珠港事件以后的又一次胜利。

可以看得出来，精明的日本人在这场谈判中，故意弄出几次拙劣相，装作准备不足的模样，隐瞒自己的真实意图，实际上是以缓兵之计来摸对方的情况，一旦掌握后，便一鼓作气地制定了详细方案，然后在美国人放松警惕的时候，突然出击，取得了决定性的胜利。

在谈判中，像日本人这样的“缓退”实际上是争取时间，即以时间换空间，改变双方的力量对比，使事物朝有利于己方的方向变化。

10分钟打开谈判之门

安徽宁国县有一个校办企业，他们的职工仅有300人，规模也不大，可厂长却是一个很有头脑的人。在一次与美国马里兰州马里兰太平洋投资公司的谈判中,他仅用10分钟就打开了谈判的大门。

那是在一个情况极其不利的条件下举行的一次谈判。当时,美国人从上午8点钟开始就与众多的厂家进行了谈判,等到与他们谈的时候,已经是下午5点钟了。美国人经过十多个小时的谈判,肯定已经达成了许多重要的协议,他们能看得上这个小小的校办企业吗?果然,谈判一开始就陷入了尴尬的境地。

太平洋投资公司董事长布朗先生不经意地看了看他的总裁杰姆斯·麦克纳特先生一眼,他没有反应,又看了看副总裁洪静怡女士,洪女士也是毫无反应。显然,经过了10个小时的谈判,他们早已疲惫了,不准备再进行这场谈判。布朗先生只好说:"今天不早了,明天再谈吧。"

厂长心头一震:今天如果退出谈判,明天有可能就会失去机会了。这位硬汉子厂长当即下了决心,说:"布朗先生,您不远万里来到中国,的确很忙。但我们的企业也很忙,请您允许我再占用10分钟的时间,可以吗?"

布朗先生没有料到对方会这样说,那双不大的眼睛飞快地闪过了一种特殊的神情,他点了点头。这时,厂长感到有一股巨大的力量驱动着自己,他只能是背水一战。于是,他开诚布公地说道:"我只想讲四个问题,其中有三个是我可以不同你们合作的原因。第一,与你谈判的人,大都想通过合作得到资金,可是我不这么想,我们的企业每年可交利税300万元,完全可以养活自己,如果开发新产品资金有困难,我也可以向银行贷款,只需要付出利息。而同你合作,那就必须利润分成,这对我们明显是不利的。"

厂长就此拉开了谈判的序幕,布朗先生不由自主地向前倾起身子,想听听他下面还会说什么。

厂长接着说:"第二,别人想通过与你合作得到优惠政策,可是我不想,因为正如您所说,我们是校办企业,已经能够享受到国家的各种优惠政策。因此与你合作,还不一定有更多的利益。"

听到这里,布朗先生不由得连连点头,注意倾听起来,两位总裁也集中了注意力。

"第三,"厂长不慌不忙地说,"还有人想通过和您合作得到您的先进技术和设备,而我不要,就如同你所知道的那样,我们的项目,是经过大学研制的电热膜开水器,这种产品目前在世界上也是第一流的,所以,在技术、设备以及工艺操作方面,我们也不必担心。"

布朗先生微微张开口,直瞪瞪地盯住了侃侃而谈的这位厂长。

厂长已经感觉到了布朗的吃惊。布朗在想:既然你不为合作,还来谈什么?这不是浪费时间吗?

厂长说完了第三条,停了一下,仿佛完全看出了对方在想什么似的说:"如果我不想同你合作,那么还和你谈什么呢?实话实说,我们厂生产的电热水器,科技含量很高,安全可靠,还可以发展成卫生间洗浴器,比目前各类热水器可靠、方便、节能,开发前景十分广阔。贵公司的工业科技很发达,占有大量的市场,如果我们进行合作,开发这种新产品,进入市场大循环,利用你们公司的巨大影响开发市场,这样,不但可以发展我们的企业,我想,贵公司的利润也是很可观的。当然,只有建立在自愿的原则上、互利互惠的基础上,才能实现合作。"听到这里,布朗先生忍不住脱口说道:"OK! OK!"

厂长接着说:"布朗先生,前面已说过,只占用您的10分钟时间,现在我全部说完了,我该走了，请您考虑好以后，如果有必要请通知我再来。”

布朗先生着急了：“不！厂长先生，我们还要继续谈下去呢！这样吧，我们共进晚餐，好不好？”看着布朗先生诚恳的神态，厂长笑了，不由得心头一阵轻松，他豪爽地说：“好吧，您请客，我付钱，在中国，我是主人嘛！”

美国的企业家们都高兴地开怀大笑。3天之后，中美两国的企业家达成了一项新的协议。至此，一项合资项目谈判成功。

可以看出，在谈判中，当我们用正面或常规的思路达不到预期目的时，欲擒故纵、正文反作的变通方法是值得一试的。

强退促成的谈判之道

有一次，我国与突尼斯STAP公司代表，就建设化肥厂的工程项目进行了一场谈判。

当时，双方都同意利用秦皇岛港口优越的条件建厂。到了10月，当这个项目已准备实施的时候，科威特石油化学工业公司董事长突然出席谈判，提出：“你们以前所做的那些工作都没有用处，我来以后，一切都要从头开始。”

这样一来，不仅是中方，连突尼斯方面也都着了急。要知道，光是编制可行性研究报告，中国和突尼斯双方就投入十多名代表，花了20多万美元，用了3个多月的时间才得以完成，如果现在全盘否定，一切再从头开始，不但费时费力费金钱，而且显然是毫无道理的。

但是，当时还没有人敢于反对这位董事长，因为他的名望实在太高了。他在科威特的位置仅次于石油大臣，而且，他还是国际化肥工业组织的主席。谈判立即陷入了僵局。

这时，中方参加谈判的一位主管工业的副市长突然站起来说：“我代表我国地方政府严正声明：为了使这个项目取得圆满成功，我们特地将这个项目安排在这地理位置极为优越的港口。直到现在，还有许多合资企业想得到这块土地的使用权，我们都没有同意。这说明中方非常重视我们之间的友谊。如果按照董事长今天的意见，这件事情还将无限期地拖延下去，那么，我们只好把这个项目取消了！对不起，我还有别的事情，我现在就退出谈判。下午，我等待你们的消息。”说完，这位副市长拿起皮包，头也不回地就走了出去。

结果是，没过半个小时，那边就有人找到市长，说：“董事长请您快回去，因为大家还是一致强烈要求征用那块土地。”

在上述事例中，优势在自己一方，面对态度强硬的对手，采用“强退”之法来显示力量，很容易使对方改变态度。

“强退”实际上已经包含了“进”的威慑力，表面是“退”，实则是“进”。这位副市长就是用釜底抽薪的“强退”方法，迫使对方做出了让步。

转移视线，声东击西

石家庄棉纺三厂厂长张锡民作为纺织业的全权代表，奔赴香港进行设备和市场考察。随后在上海锦江宾馆同香港华森公司和德国厂商进行了进口气流纺纱机的业务谈判。

由于张锡民厂长事先已做过大量调查，对市场行情可以说了如指掌，为此，当对方提出售价23万马克时，张锡民当即驳回，并压价25%。这一回马枪杀得谈判对手不知所措，没想到中方代表对国际市场信息拿握得如此迅速，准确，摸得这么透，竟把价格压低到德国出厂价，不禁大吃一惊，看来自己是小瞧他们了。

但即使这样，对方仍在寻找种种借口，在价格上不肯让步，双方谈判陷入僵局，连续几天，都没有任何进展。

眼看快要到手的猎物就要溜掉，急得张厂长饭不思、茶不想，坐卧不宁。因为就目前引进的这种设备来看，可以说是当今世界上最先进的纺纱机，质量也绝对是第一流的。这样的好设备丢了实在可惜。但是如果按对方提出的条件高价购买，又要带来额外支出。怎么办呢？怎么样才能让对方高高兴兴地以我方的出价与我们达成此项交易呢？张厂长突然眼睛一亮，为自己猛然想出的一条妙策而欢欣鼓舞起来。

第二天，他迫不及待地找到外商说："我承认我压的价是低了些，但话又说回来，这两台设备你们应免费赠送我们才对呀。"

"此话怎讲？"对方如坠入五里云雾、不解其意。

"我们谈的这两台，是中国第一家。现在到处讲窗口作用，贵公司不是每年都要花上百万元的广告费吗？中国这么大个市场，你们为什么不可以开个'窗口'，做做活广告呢？"

张锡民的一席话，给外商推开了一扇窗，心里顿时亮堂了许多，视野也随着开拓了，不再局限于眼前的蝇头小利，而更着重于有光明发展前景、有远大前程的未来。于是，港商同意了张锡民的良好建议，并答应尽力帮着说服德国厂商。

在我方晓之以理、动之以情的强大攻势和港商不厌其烦趋利弃弊的反复陈述、诱导下，双方终于达成了协议。港商在这笔交易中没收我方一分钱的手续费。张锡民以出厂价格买回所需设备，仅此一项就节省了十几万元的外汇。

分析本项贸易谈判成功的原因，关键正在于张厂长急中生智，巧妙地运用了"声东击西"的谈判技巧，致使对方在售价上做出巨大让步，痛快地接受了我方的建议，顺利签订了合同。

在商业谈判中用好"声东击西"之计并非易事。要能准确洞察对手的动向，并尽量隐藏我方的意图，乘对方不明所以之时，发动攻击，就会做到事半功倍的谈判奇效。否则一旦露出了自己的意图和底牌，就会变主动为被动，让对手玩弄于股掌之间。

巧装糊涂的丹麦商人

丹麦一家大规模的技术建设公司，准备参加德国在中东的某一全套工厂设备签约招标工程。开始时，他们认为无法中标，后来经过详细地的研究分析，在技术上经过充分地讨论，他们相信自己比其他竞争对手有更优越的条件，中标是很有希望的。

在同德方经过一段时间的谈判后，丹麦公司方面想早点结束谈判，抓紧时间争取早日达成协议，尽早和对方签约。可是，德方代表却认为应该继续进行会谈。在会谈中，德方一位高级人员说："我们进行契约招标时，对全额部分采取保留态度，这一点你们一定能够理解的。现在我要说我自己的看法，就是请贵公司再减2.5%。我们曾把这同一个提案告诉了其他公司，现在只等他们回答，我们便可作出决定了。对我们来说，选谁都一样。不过，我们是真心同贵公司做这笔生意的。"

丹麦方面回答："我们必须商量一下。"

一个半小时以后，丹麦人回到了谈判桌旁，他们故意误解对方的意思，并且说他们已经把规格明细表按照德方所要求的价格编写，接着又一一列出可以删除的项目。

德方看情况不对，马上说："不对，你们搞错了。本公司的意思是希望你们仍将规格明细表保持原状。"接下来的讨论便围绕着规格明细表打转，根本没有提到降价的问题。

又过了一小时，丹麦方面准备结束会谈，于是就向德方提出："你们希望减价多少，"德方回答说："如果我们要求贵公司削减成本，但明细表不作改动，我们的交易还能成功吗?"

这一回答其实已经表明了对方同意了丹麦公司的意见，于是丹麦公司向对方陈述了该如何工作，才能使德方获得更大的利益。德方听了之后表现出极大的兴趣。丹麦方面则主动要求请德方拨出负责监察的部分工作，交由丹麦公司分担。这样一来，交易谈成了，德方得到了所希望得到的利益，丹麦公司也没有做出什么实质性的让步。

在这场招标谈判中，丹麦人巧装糊涂，故意误解德方的意思，并且巧妙地转移了德方的兴趣，从而如愿以偿，顺利中标。

从蛛丝马迹中寻找突破

一次，广东省某大型服装制造有限公司和其他制衣商一起参加总额为300万元的合同招标。招标单位同意让这些制造商分别开出底价，而底价最低者中标。当然，对于各个制衣商而言，彼此的底价是保密的，他们中的任何一方都无法知道其他方的底价。在竞标中，这家服装制造公司由于所标底价最低，自然成了中标者。然而，招标单位谈判代表团中有位负责人却认为，他有办法让中标方再降低价格。

这位负责人找到那位谈判代表说:“先生,很抱歉,可是……”那位先生立即警觉起来,马上意识到,可能由于某些原因无法签订这份合同。于是不等对方说完就追问这么说是什么意思。“是啊,先生,如果我能全面负责这项谈判的话,贵方可能今天就能拿到合同了,可是我们的张总……其实,也没有什么,也就是为了区区的运输费用承担问题。这项费用还不到合同总金额的2%,这么晚还来打扰你真不好意思。”

这位先生听到如果解决了运输费用问题,对方就能让他们中标,觉得还是可以商量的。他问是否可以明天再决定。招标方负责人考虑了一会儿,说道:“老实讲,你们公司和康健公司的报价几乎相等,但他们负责人已明确向我方表示,他们不仅可以承担运输费用,而且还可以在以后的合作中给予更大、更多的优惠条件。不过,我们张总要优先考虑你们公司,看一看是否还有办法,我们明天再谈。”

这位先生赶紧把这事电告公司的总经理。总经理听后,显得非常着急,说:“我们无论如何要拿到订单,少赚总比不赚强。现在企业工人发不出工资,完全指望这项合同了,运输费用就由我方承担好了!如果对方还不接受,你可以在条件允许的情况下,考虑适当的让步,但让步限在总金额的0.5%以内。如果有变化,马上打电话通知我,不管怎样,我们一定要拿到这份订单!”

在以后的两天时间内,招标方和中标方终于签订了这项价值300万元的服装加工合同。合同规定:中标方承担全部产品的运输费用。另外,价值总额还降低一些。

可以说,在这次谈判中招标方达到了利益的最大满足,而中标方只能一次次忍让、迁就。原因何在?就在于招标方在蛛丝马迹中发现了对方的秘密!

在谈判前的联谊活动中,中标方人员焦急、忧虑的面部表情全被招标方精明的负责人看到了。此时,这位负责人预感到对方可能有什么困难之处,于是,就走到对方桌前攀谈起来。当然,这种谈话是以朋友的关心方式进行的,对方在毫无戒备的情况下,透露了一些公司目前面临困境的消息。

他们的谈话看似平常,但对招标方无疑是一个重要的情报,他们完全掌握了对方的底。因此,招标方在谈判中充分运用了这个情报,使对方不得不一次一次退让。

让对方处于被选择的地位

谈判,无论是双方中的哪一方,最有利的办法是让对方处在被选择的地位。

地位,是谈判实力的象征,是求人与被人求的条件,是操纵谈判的杠杆,因此,谈判者在谈判的开始阶段即应向对方施加压力,使其处于被选择的地位,从而打破被动局面,制造竞争的机会。

例如,国内一个经济开发区对一块工业用地的使用权进行招标,用以发展高新技术产业。由于该开发区四面环海,地理位置优越,基础设施齐备,而且劳动力资源充足,价格低廉,因而引来了众多的国内外投标者。

有一家外国公司,通过与开发区管理部门初步接触,认真研究了自己的报价和计划建立的产业类型，认为自己公司的条件很符合开发区的需要，因此对中标很有信心，并且开发区管理部门对这家公司好像也十分看好。然而几天后，当这家公司的在华代理看到投标名单上没有他们的名字时，感到非常惊讶，他们要求立即同招标方进行磋商，却遭到对方的婉言拒绝。

所有的投标单位都已正式递标，这位代理人抱着试试看的态度拨通了对方的电话。“可以商量。”对方给了他含糊不清的回答。

代理人见到了开发区管理部门的负责人。负责人对他说：“先生，投标名单上没有你们公司，是因为前次贵公司初步提出的价格没什么竞争力……”

这位代理人为了能得到这笔交易，以便使自己在公司中有更大的管理权限，因而极力劝说公司总部提高标价，在获得批准后，他以一个比较高的价格正式投标。

然而事情还没有像他想象的那么顺利。招标单位在收到标书后，长时间不给答复，招标单位沉默了！时间一长，那位代理人的情绪再次低落下去，以为无法中标了。

在代理人即将绝望的时候，他再一次拨通了招标单位负责人的电话。负责人对他说；“实在抱歉，我们还在继续审核，现在问题主要还是集中在价格上，你们再等一等吧。”

这位代理人不愿再错过机会了，急忙与公司总部联系，经过周密的预算，公司方面终于同意了代理人的修改标书、再次提价的请求。

结果，这家外国公司以远远高于其他投标单位的价格中标。

上述实例中，招标一方为了降低对方在价格方面的期待，将对方不列入正式投标名单，把对手抛向不被选择的地位，让对方由满怀希望到大失所望。然后，又让对手看到希望，进一步施加压力，最后，在对方的一再让步下，将他的希望变成了现实。

在谈判中运用施加压力的策略，把对手挤到被选择的地位是一招妙棋。事实上，这种竞争者可能并不存在或并不马上存在，而是在心理上或舆论上制造一个或若干个竞争者，使对手“感觉”自己落到被选择的地位。

“协商”还是“通知”

由于物价上涨等因素，某机械厂一位供料客户，内定价格要由原来的吨价1645元上涨到1690元。机械厂两位供销科长与客户进行3个多小时的谈判，价格分文没降，只好向厂长汇报情况。

厂长听后与客户只讲了三句话，就以每吨1665元的价格成交，每吨下降了25元，按该厂每年用量6000吨计算，这三句话的谈判为厂里节约成本费用15万元。

那么，厂长用了哪三句话来突破僵局，赢得谈判的胜利呢？

面对客户，厂长先礼节性地倒茶递烟一番客套。随后甩出一句与此项谈判成功最为关键性的话语：“你们作为老客户，供料价格上涨，今天是来通知我们的，还是来与我们协商的？如果是通知我们的，作为老客户，发个函就可以了，用不着来人，如果是来协商的，那我们就坐下来协商。”

按照一般供货者的心理，客户一是想要推销自己的货物，二是尽量想让价格高点，他们自然要选择“协商”这个途径。

在客户回答“协商”之后，厂长又讲了第二句话：“既然是协商，只要我们双方都有诚意，生意就能谈成。如果彼此没有诚意，那生意就谈不成。”客户赶忙说：“那是，那是。”紧接着，厂长又说：“你们非要坚持吨价1690元，那么生意也就协商不成，也没有协商的必要了。”客户连忙说：“可以协商，可以协商。”

客户话音刚落，厂长话又出口了：“咱们是老客户了，一吨上涨10元，吨价1655元。”“那不行，厂里内定价格是1690元，我咬咬牙1670元，不能再低了。”“1660，再多一分我们不要了。”厂长下了最后通牒。

表面上看，厂长这话没有商量的余地，实际上这是谈判技巧，在客户眼看生意要砸的时刻，厂长又说出了第三句话，杀了一个回马枪，使紧张的谈判又出现了缓和的气氛。“你们要坚持1670元，我们要坚持1660元，中间就差这么10元钱，就让生意黄了，值得吗？你们也不要坚持1670，我们也不要坚持1660，二一添作五，各让一步，中间拉平1665。”为了给客户一个台阶接受1665元这个价格，厂长接着说：“你们也不要急于表态，回去请示一下你们的老板，研究一下再定，今天我们就谈到这，生意归生意，朋友归朋友，走，我们吃饭去。”

这之后没多久，客户派人送来了信儿，按吨价1665元供料。

由此可以看出，巧妙地运用“协商”这个词，比生硬地说“通知”要艺术得多。

把自己的欲望掩饰起来

日本的DG公司经理山本村佑与美国一家公司谈生意。美国方面已经知道DG公司面临破产的威胁，就想用最低价格把DG公司的全部产品买下。DG公司面临两难的抉择：如果不卖，公司的资金就无法周转，而DG公司如果以最低价格卖给美方，DG公司就会元气大伤，从此一蹶不振。

当时山本村佑的内心非常矛盾，但他是一个善于把思想隐藏内心深处的人。当美方在谈判中提出这些要求时，山本村佑却若无其事地对随员说：

“你看一看飞往韩国的飞机票是否已经准备好了？如果机票已拿到，明天我们就飞往韩国，那里有一笔大生意在等待我们。”

山本村佑这段话的言外之意，是对美方这桩生意兴趣不大，成不成对他都无所谓。

山本的这种淡漠超然的态度，使美方谈判代表如同丈二和尚摸不着头脑，急忙拨直线电话报告美方总裁，因为当时美方也急需这些产品，总裁最后下决心还是以原价买下了这些产品。DG公司得救了，人们不得不佩服山本村佑惊人的谈判艺术和掩饰自己内心深处矛盾的本领。

山本在此谈判中用这种淡漠超然的态度，暗示自己并不急于谈判，使急于从谈判中谋取利益的美方代表不得不下决心以原价买下这些产品，而山本正是运用了“欲擒故纵”之计才巧妙地战胜美方代表的。

日本某航空公司要在东京建立最大的航空站,想要求电力公司优惠电价。很明显,这场谈判的主动权掌握在电力公司方面。电力公司为提高电价,推说为航空公司提供优惠电价公共服务委员会不批准,导致谈判陷入僵局。

航空公司派专人对电力公司的经营范围及现状作了调查。调查表明,电力公司非常需要大型合作伙伴和资金,其供电量远远大于实际需要量。也就是说,他们的电力处于供大于求的阶段。此时,航空公司表示要撤回要求,并且声称自己要建立发电厂。

电力公司的负责人听到这个反馈信息后,非常着急,立即召开董事会,决定降低电价,保住客户。这次谈判是由电力公司发起的,他们改变了态度,表示愿意给这类新用户提供优惠价格的电力。

可见,此次谈判的主动权发生了质的转移,电力公司从主动变成被动,而航空公司则由被动变成主动。这一局面的形成完全依靠航空公司的"退"一步。最后,电力公司和航空公司达成了协议,协议的结果使航空公司非常满意,因为电价比他们预想的还要低。

其实,航空公司并没有建电厂的动机,他与山本村佑要去韩国谈大生意的意图一样,都是欲擒故纵,目的就是为了把自己的欲望掩饰起来,从而在谈判中把握主动权。

顺手牵羊,积少成多

一次,我国某公司代表团出国订购商品,他们找到日本最大的厂商询价。日方开价每台350美元,这一报价基本接近我方所掌握的国际市场价格。

我方提出能否再优惠一点,日方思忖片刻,提出可以降为345美元,并声明这是最低价了,否则将很难达成协议。

为了获取更多的利益,我方坚持再降为340美元,谈判陷入僵局,双方争执不下。

经过一段时间的反复磋商,日方权衡利弊作出了让步,同意以340美元成交。我方初战告捷,但谈判并未到此结束。

我方转而又提出能否通过增加购进数量而在价格上进一步优惠。又一个难题摆在对方面前。日方反复比较计算成本、费用、利益,最终同意在购货数量从1000台增加到1500台的基础上以每台338美元的优惠价成交。

在接下来的谈判中,我方经过察言观色,发现对方倾向于用日元成交。于是,我方立即表明自己的态度,希望最好用美元成交。如果对方坚持用日元成交的话,那只能按当时汇率的335美元折算成日元,因为当时美元有下跌趋势,日方对此表示理解和同意。接着,我方又提出希望能把原来的CIF条款改为FOB,即由我方负责租船订舱和办理投保业务,运输、保险费另行计算。对此,日方没有表示异议。

最后,我方表示请日方考虑把原来的即期信用证改为见票后120天付款的远期信用证。日方开始露出为难情绪,表示对这个问题没有再讨价还价的余地,对此,我方开诚布公地向对方分析了我方面临的一系列困难,为使本项交易最终能顺利成交,日方又再次做出了一定让步,同意改为见票后60天付款的远期信用证。成交后,我方核算下来,该商品实际进口成本尚不足330美元。

本次谈判中，我方先让对方自己减价，等到对方打出最低价的旗号后，我方再还价。在价格上还得差不多时，再从运输、保险、结算货币、支付方式上下手，终于把350美元的报价还到了330美元以下。

“唯利是图”不足取，“微利是途”却宽广，积少成多，集腋成裘，这也正是“顺手牵羊”之计的灵活运用。

机遇总是光顾有准备的头脑，只有胸中有“羊”才能适时发现“顺手”之机，并能迅速倒出手来进而“牵”之。“牵羊”目的的实现，只是在于“顺手”而为之，如果不“顺手”，而与主要谈判目标发生矛盾，这个“羊”就不能“牵”，以免因小失大。“顺手”也并非容易得之，往往还得靠创造机会——千方百计扰乱其思路，再乘势将其“羊”牵之。

在对手的要害上下功夫

在商业谈判中，如果能够在对手的要害上下功夫，抓住对方的关键部位，就能轻而易举地获得最大的利益。

一次，天津制药公司和美国S公司，就一份总额500万美元的合资进行谈判。

美方代表说：“关于投资构成问题，我方要以专利、专有技术和商标等工业产权作为合资企业的投资构成，这是合乎中国的合资法的。”

我方主谈判人，制药公司副经理孙绍武想了想，没有立即回答。如果对方以这些作为投资构成的一部分，那他们要少拿出一大笔钱来，而每年还要照样分红。美方代表见我方代表没有吭声，就继续说道：“我们的商标在国际上是有信誉的，这有助于合资公司的产品。而且这个商标是在中国注册的，必须受到保护，使用必须付费。”

倘若按照美方的要求，那么中方的损失就太大了。由于这是一个涉及法律的问题，孙绍武经理就请中方法律顾问赵光裕直接答复这个问题。赵光裕深知，现在，一句话就可以决定上百万美元的命运。于是，他凝思片刻，采取“擒贼擒王”策略，攻其要害。

赵光裕说：“美方商标已经在中国依法注册，受到保护是理所当然的，非经议妥代价，任何人无权使用。但是，这与本合同无关。双方经理已经商定，合资企业产品的45%由美方负责出口外销，55%由中方负责内销，内销产品不用美方商标，至于外销部分用什么商标，那是美方的事，反正产品是美方负责销掉。如果美方为了自己销售方便，外销部分采用自己的商标，这怎么能要合资企业付费呢？”

说完这段话后，赵光裕扫视了一下对方人员，只见他们端坐不动，全无表情，于是他继续说道：“关于专利问题，你们的专利大部分都已过期了。至于专有技术的补偿，我们可以在技术合作合同中进行研究。”在这一回合的谈判中，赵光裕抓住了问题的实质，给对方有力的回击。果然短短几句话，但却语重千钧，对方只好低头称是。

美方代表杰克见这个问题捞不到好处，便又提出了另一个问题。杰克说：“合同要求美方保证合资企业技术的先进性，这个美方无法保证。因为，使企业达到国际标准的因素是多方面的,美方无法单方面控制。这个条款是不是可以定为:美方努力确保技术的先进性和达到国际标准。”

杰克提出的这一条款,是一个不可靠的弹性条款,如果对方不提供先进技术,那么合作就失去了意义。再说,企业达不到标准,他们还会说责任在中方,是中方没建设好。因此这一条款绝对不能接受。

但要如何击败对方,让对方放弃这一条款呢?赵光裕仍然采取攻其要害谈判术。说:“杰克先生的意见很有启发,但技术的先进性还是要确保的。是不是可以分成两个问题:第一,美方应保证其提供的设计和技术的先进性。根据合资法,这是合作的前提。第二,双方尽最大努力来保证企业最后达到国际标准。”既有根有据,又合情合理。美方代表只好说:“可以的。”

谈判进行到这里,赵光裕见火候已到,便反问了对方一个问题:“关于仲裁问题,我们原订的是斯德哥尔摩商会,为什么改成了国际商会?请杰克先生解释?”

这是一个实质性的问题,因为仲裁机构关系到谁是谁非,如果请一个跟我方没有建立关系的仲裁机构,那将对我方十分不利。因此,赵光裕急切地提出这个问题。杰克无法逃避,就说:“国际商会是世界上很著名的仲裁机构,在德国,在法国,在很多地方都有分支机构。我们选择它来仲裁是合适的。”

“杰克先生,我们原已认定在斯德哥尔摩商会仲裁。”

“据我所知,斯德哥尔摩商会只仲裁国内经济纠纷。”

“不对吧?”赵光裕说。

“确实是。”

“请看看这个。”赵光裕的助手律师俞云鹤拿出一本英文版的《瑞典仲裁》递过去。“这是斯德哥尔摩商会编的,他们也仲裁国际间商业、经济企业的经济纠纷。”杰克接过书去,草草看了看,点了点头,一本正经说道:“对不起,我没有国际仲裁经验,只是在美国国内处理过一起资产的仲裁。”停了停,他又说道:“那么,可以接受你方所提的仲裁机构。”又一回合结束了,又是攻其要害策略在起作用。

谈判暂告一段落。

后来,杰克一个人来津。在谈判桌上,他忽然在一系列重大问题上推翻已达成的协议,全面后退,并提出了新的要求。但是,赵光裕对此已有准备。他事先已请助手吕常胜与制药公司联系,根据推算,美方已经可以在合资企业中取得合理的利润。据此,他断定,只要我方能坚守住原有协议,美方就会自动退回。

因此,在此后数日的谈判中,他与对手逐条、逐句、逐字地辩论,争夺非常激烈。经过持久的苦战,终于使协议基本保持了原状。而这时,赵光裕却又从容地说道:“关于销售净额一条应补充几个字。销售净额指的是扣除税款后的数额。”这是要害处,杰克一听就叫起来:“为什么要扣除税款?为什么你不早提出来?这样,我们专有技术的提成要少很多。”

赵光裕没有让步,解释说:“销售净额的定义,在贵国就是如此,我只是使它更明确罢了。而且这一条款是你们草拟的,我一直在等你们来纠正这一疏漏,所以拖到现在才提出来。”

“这个,我回去要确认一下。”杰克狠狠地皱了皱眉头。仅此一项,赵光裕就使制药公司在合同期间能够避免30多万元的不合理负担。

双方经过旷日持久的谈判,终于达成协议:先合资建立一个制药公司,再尽快合资续建一个原料工厂。

上例谈判的成功,是赵光裕运用了“擒贼擒王”之计,在整个谈判中,赵光裕始终抓住对方的实质问题或薄弱环节,一针见血。整个谈判有理有据,有理有节,使对方无话可说。

让对方自己找出路

谈判学权威荷伯·科恩曾经历过这样一件事:

一次,荷伯·科恩的居住地遇到台风袭击,使许多家庭遭受财产损失。荷伯·科恩的邻居——一位专职医生请求他道:“荷伯先生,能帮我一次忙吗?保险公司专管赔偿的人明天就要来我家谈保险赔偿金的事了,他很可能会杀价。您最能对付这种情况,代替我同他们谈判行吗?”

“当然可以,不过,你想要多少赔偿金?”荷伯先生问。

“试一下吧,看保险公司愿不愿赔300元,你看呢?”医生说。

“告诉我实话,这场台风你损失了多少?”荷伯先生问。

“单修理房屋我就花了300多元,这是确实的”。医生答。

“如果我能为你讨回350元,你看怎样?”为了避免医生以后埋怨讨回的少,荷伯先生又问。

“哦,太好了,我求之不得呢!”医生答。

第二天,保险公司专管赔偿的人员来到医生家。医生将他带到会客室,介绍将由荷伯先生代他谈赔偿金的事。坐定之后,保险公司的赔偿专管员打开公文包说:“荷伯先生,我知道您这样的专家一向乐意交涉大数目的,而眼下这件小事没多大数额,您不会太感兴趣,根据我们掌握的损失情况,我的第一个报价只有100元,你看怎样?”

荷伯先生默不作声,心里却凉了半截。以往,他对这种过低的第一个报价会立即反驳:“你糊涂了吗?开什么玩笑?我怎么能接受!”但这次他没有这样做,他知道,“第一个”是在暗示会有第二个甚至也许还会有第三个或更多个,而且这次报价很奇怪,在第一个的后面还使用了“只有”二字,可见他连这赔偿100元也不情愿。荷伯先生只是哼下一声,以示不敢相信保险公司赔偿专管员的话。

专管员见荷伯先生如此不满,只得嗫嗫嚅嚅地说:“很抱歉,再多一点,你看200元怎样?”

“就这么一点?绝对不行!”荷伯先生断然拒绝。

“那么300元怎样?”赔偿专管员开始加码了。

“300元?呃……我不知道该怎么对医生说。”荷伯先生停顿了一会儿答道。

“好吧,那就400元。”赔偿专管员又加码。

“400元,呃……我不知道该怎么对医生说。”荷伯先生又答。

“500元,总行了吧?”赔偿专管员再次加码。

“500元,呃……我不知道该怎么对医生说。”荷伯先生再答。

“好吧，那就600元。”赔偿专管员咽了口口水说。

荷伯先生的回答还是：“呃……我不知道该怎么对医生说。”那句话。

这时，他的举止不再是断然给予否定，而是跟着对方的思路，让他继续下去，所以不对保险赔偿专管员换别的什么说法。这种方法疯狂地奏效，当赔偿专管员加码到950元的高点时，荷伯先生果断地答应。

荷伯先生之所以能取得如此的战果，就是在对方第一次报价时坚决拒绝，但又不提出自己的希望，而是让对方自己找出路，顺着对方的意愿走下去，只是追击，但不逼迫他，等到保险赔偿专管员心理上完全失败，加码到950元这一高价时，一举擒之。

将计就计，以诈对诈

我国北方某省进出口公司代表本行一家企业，到M国进行引进LC－1生产线的谈判。

到达M国后，谈判一方M国A公司对我方谈判代表热情款待，并提供了优雅、舒适的宾馆。对这一切我方代表最初认为对方是诚恳、热情的。

谈判的前一天晚上，我方代表在宾馆里详细地分析了谈判步骤。

谈判一开始，对方就对我方事先安排的谈判计划策略了如指掌，并且以一种不容置疑的态度阐述了自己的观点：“我们所生产的LC－1生产线属于世界上最先进科技产品，不论是生产工艺方面，还是产品质量方面，都是无可挑剔的，可以说是世界一流产品，我们也知道你们急需这套生产线，在国内投产……”

谈判的气氛显然被对方操纵，我方代表在第一轮谈判中，没有能够掌握主动权。谈判暂时休息后，我方代表对对方能够掌握我方的谈判意图感到很惊讶。按常识来讲，第一次谈判应该是试探性的，因为双方互相摸不清底细。但从这轮谈判来看，他们好像对我们谈判的细节都非常熟识，怎么回事呢？莫非其中有什么？

他们回想起在宾馆里曾就谈判的内容分析探讨过，但是不是真的有什么间谍？他们决定先试探一下。休息时，他们没有回房间讨论下一步该怎么办，而是换了一个地方制定计策。

果然，在下一轮开始的谈判中，对方对我方的意图就不是很清楚。他们小心谨慎地与我方讨价还价，轻易不做主动进攻。这下就证实了对方确实在我方代表居住的房间里安装了窃听工具。

怎么办，是当面义正词严地指出，然后放弃谈判回国，还是将计就计，利用他们的窃听手段为我所用。经过谈判人员权衡利弊，决定利用他们，把主动权掌握在我们手中，让对方搞不清楚真伪，最终达到胜利。

计划制定后，他们佯装不知道，休息时继续在房间谈论谈判计划，让对方掌握这些情报。在接下来的谈判中，对方自以为了解了我方意图。他们认为我方意在压低价格，所以，谈判一开始，就价格问题谈到：“关于我方LC－1生产线，我们说过，它是一流产品，没有任何国家的产品能和我的产品相比，价格相对要高，但我们本着对你方优惠的原则，已经是最低售价了，您若不信，请看我们的销售记录。”

我方代表不慌不忙地道：“我们且不论生产线的价格，而是先讨论一下 LC-1 生产线的工艺情况。LC-1 真的如贵方所说是世界一流产品吗？据我们所知，目前真正一流产品是 P 国生产的 HB 型生产线，既然你们也称是一流产品，那么在机械性能方面孰优呢？我这里有 HB 型生产线的质量标准备忘录，请贵方过过目。”

对方万没料到我方会提出这么一个问题，令他们措手不及。同时他们也考虑到莫非自己的活动被中方识破了，因为他们也害怕在大庭广众之下被剥去伪装。

我方代表抓住这一有利时机，乘胜追击。终于迫使对方按我们预定的目标达成了协议。

在这个案例中，对方虽然是利用了现代间谍术，但我方识破之后，并没有当面指出，而是利用了它，为我方最终取得谈判的胜利铺平了道路。

明修栈道，暗度陈仓

北国粮油贸易公司刚刚成立时，效益并不太好。为此，张经理十分焦急，四处托门路、找关系，想扩大公司的市场。

就在张经理四处找销路的时候，有人为他介绍来一位日本客户岛村一郎。

岛村是日本一家化工公司的业务经理，此次来华目的是为其公司订购一批公司生产所需的原材料——玉米。这也正是张经理急需脱手的。

双方交谈后又看了样品表示愿意成交，问起价格。张经理报价每吨 32 美元，这个价格是当时的市场价格。岛村却显得很惊讶：“这么高的要价，我看这笔买卖就不要谈了。”说罢离席而去，弄得张经理一头雾水。

以后几天，岛村避而不见张经理，张经理捎话给岛村说价格可以商量，岛村仍予以推辞。正在这时，张经理接到大连某粮油公司的电话：“请问日本岛村先生是否与你公司商谈过进口玉米的事宜？”“是的。”张经理知道这家大连的公司，却没有直接接触过。“请问，你们给的价钱是多少？”“每吨 32 美元。”“好，谢谢，我只是随便问问。”

这时张经理想，看来岛村是另找了合作伙伴。不行，我一定要促成这笔交易。他驱车赶到岛村下榻的宾馆，表示愿意每吨降价 1 美元，即以 31 美元一吨的价格成交。

“张经理，我这笔订货数量是很大的，你这样没有诚意，叫我怎么做呀！”岛村不屑一顾地摇头说。张经理感到进退两难：31 美元一吨，低于市场价格，公司为此已经损失了一大笔利润，可岛村仍然不满意。

在随后几天里，张经理又接到了来自辽宁、黑龙江的两家企业的电话，内容还是询问与岛村谈判玉米的价格。

张经理心想：这笔买卖真不好做，若就此罢休，一笔数额可观的交易就要黄，白白浪费了这么多时间和精力。“不行，我一定要把这笔买卖做成！”他下了决心，又去找岛村，把价格压到了每吨 30 美元，这已经是价格最低点了，利润是微乎其微。

但岛村狡猾地一笑道:“张经理,实不相瞒,我已与黑龙江、辽宁几家公司洽谈过,他们的最低报价是29.5美元一吨。”

张经理心中一惊,暗忖:29.5美元一吨,正是盈亏分界点的价格,也就是说这笔买卖做成既不赔本也不赚,不由得暗暗佩服岛村的精明之处。他盘算着岛村所要货的数量,目前自己没有那么多库存,若此交易成交,再压低一点价格购进一些,就可以有一定盈利。

事已至此,张经理答应了岛村的要求:“好吧,以29.5美元一吨成交,这次你该满意了吧?”岛村的脸上露出一丝笑意,说道:“好吧,张经理,看来你还是有诚意的。虽然其他公司也是同等价格,但因我们联系较早,我决定这笔买卖和你们做,不过我要回去请示老板才能最后决定。这样吧,我马上与公司联系,待请示后,后天一早签协议。”

张经理如释重负般地松了一口气,这笔买卖总算做成了,虽说没有什么赚头,但毕竟在同行竞争中自己胜了。但第三天早上,岛村并没有如约来公司签订合同,张经理又来到其下榻的宾馆,宾馆服务人员讲,岛村先生昨天已退房,不知去哪里了。张经理顿时就愣了。

事情过去了数月之后,张经理在一次洽谈会上,结识了那家大连粮油公司的经理,谈起此事,方明白原来岛村在与张经理周旋的同时,其助手正在大连粮油公司那里讨价还价。为了用最低价格购进,他还同时与数家公司联系,借助各公司之间没有什么联系来相互压价,最后坐收渔翁之利,竟以低于29.5美元一吨的价格与另一家公司签订了合同。

商场如战场,讲究战略战术。“为之以款而应之以张,将欲西而示之以东”,明里在与张某周旋,暗处与别家讨价还价。用张家价格压李家价格,抬李家价格出自己私货。面对如此复杂的商场,必须要学会驾驭的本领。

红脸黑脸皆相宜

霍华·休斯曾经是美国最富有的人士之一,以“不按常理出牌”而闻名。

有一次,他的一家公司需要大量采购飞机,担任董事长的霍华·休斯亲自出马与飞机制造商进行谈判。

在谈判桌上,霍华·休斯态度生硬,提出的条件异常苛刻,要求必须在合同书上写明他所提出的34项要求。

其实,在这34项要求中,大部分是可有可无的。可是傲慢的休斯毫不退让,跟对方没有一点商量的余地,最终发展到互不相让的地步,谈判以破裂而收场。

不久,霍华·休斯派遣他的代表出面谈判,他告诉他的代表,只要争取到34项条件中的11项非得到不可的条件,他将感到心满意足。

新一轮谈判开始后,霍华·休斯的代表态度谦和,语气温柔,使飞机制造商的代表感到格外轻松。

在谈判过程中,霍华·休斯的代表详细说明每项要求提出的理由,谦虚地征求对方的意见,并再三强调谈判应以双方获得利益为前提。当有些要求谈不拢时,休斯的代表总是心平气和地问对方:“这项要求,您是和我协商解决呢?还是留待霍华·休斯跟您解决?”

一提到态度生硬、傲慢的霍华·休斯,飞机制造商的代表就非常反感,他当然愿意与休斯的代表协商解决。

谈判结束后,休斯的代表顺利地争取到了34项要求中的30项,其中当然包括那非争取不可的11项。

在这个谈判过程中,休斯设计了一个双簧戏,以自己的傲慢和强硬衬托出下属的谦和与温柔,使对方在潜意识中形成二择一的思维定势,将谈判的内容选择弱化,将对手的思路误导于对个人态度的选择上,从而使其最大限度地满足了自己的要求。

榜样篇

福布斯
富豪的赚钱神话

BANG YANG PIAN

第一章

战略制胜：把梯子靠在合适的墙上

战略就是创造一种独特的、有利的定位，它是组织在未来发展的基本方向。在某些方面，它具有独特性，其他的企业是难以模仿的。

詹姆斯·帕克：依靠战略取胜

詹姆斯·帕克：2001年3月，54岁的詹姆斯·帕克走马上任成为美国西南航空公司首席执行官，6个月后的“9.11”恐怖袭击事件使帕克经受住了严峻的考验，保持了公司业务的平稳发展，并在继续扩大。

2002年，美国西南航空在《福布斯》“全美最受尊敬公司”榜上荣升航空业榜首，在所有产业集团中排名第二。在此之前，该公司已连续四次获此殊荣。

在谈及公司何以营销得如此成功时，西南航空的首席执行官詹姆斯·帕克说：“我们有着自己清晰的定位和坚定明确的目标。围绕着这些，我们力求在最小的成本范围内提供最好的服务。”西南航空公司之所以在其他大航空公司大幅度削减航班和裁减雇员的时候，仍然保持原来的规模，并在继续扩大，是因为他从一开始就制定了正确、有效的企业战略。

评论家安索夫和德鲁克这样定义公司战略：依据组织所拥有的资源勾画出组织未来的发展方向。也就是说，组织的发展要有正确的目标。在这个前提下，为了把目标变为现实，还需要制订计划和采取行动。合理的战略始自确立正确的目标。

西南航空公司一直专注于以价格为导向的客户服务战略，这些客户希望航空公司能够提供往返各地的短程并打折的航班。为此，西南航空避开了大机场及长距离的飞行，只提供短程、低价和点对点的服务，以频繁的班次与低价吸引客户。这种战略一直延续了好些年。当然，现在西南航空公司的战略发生了一定的变化，但它仍然是在为那些具有与原来有着同样需求的客户服务！

西南航空公司在竞争中取胜的秘诀，就是合理的战略。通过调查，西南航空公司确定了自己的战略目标——在中型城市和大都市的次要机场之间提供短程、低价和"点对点"的服务。西南航空公司避开了大机场及长距离的飞行，其顾客包括商务旅客、家庭、学生等群体。西南航空公司以频繁的班次与低价来吸引那些对价格敏感的顾客，如果价格没有足够的吸引力，这些顾客就会以巴士或汽车代步。

"9.11"事件更加凸显了西南航空公司的这种战略优势，它采用"点对点"模式，即从一个城市直飞另一个城市。只使用一种机型，飞机上没有送餐。而一般的主流航空公司都是以高频率地起飞、快速地连接、宽敞的座位来吸引商务旅客，票价则是低价航空公司的5倍。主流航空公司为了满足旅客的转机需求，提供全套服务的航空公司，就必须以大机场为中心建立轮辐状营运系统。为吸引那些追求舒适的乘客，航空公司还必须提供头等舱和商务舱的服务，对于讲究便利而必须转机的旅客，航空公司还必须为他们协调班机和行李转运的时间，而对于长途飞行的旅客，航空公司还要为他们供应餐点。这都使得运营成本居高不下，在"9.11"事件后的萧条时期，美联航（United Airlines）和合众国航空公司（US Airways）先后申请了破产保护，美利坚航空公司（American Airlines）也仅仅是在破产保护的边缘艰难地与工会达成协议，才得以幸免。

而西南航空公司正好相反，它所有活动的方向设计都遵循自己既定的战略目标：提供特定航线、低成本和便捷服务。西南航空公司的登机时间通常不超过15分钟，以更少的飞机执行更频繁的班次。另外，西南航空不供应餐点，也不受理指定座位、跨航线行李转运或高级舱位的服务。西南航空的另一个高招就是在登机门前设置自动售票机。这样旅客可以不必通过旅行社或其他窗口来购买机票，同时也为西南航空节约了中介费。其标准化的波音737机队也使其维修效率很高。西南航空在各方面进行精简，由此形成了一套独特而又有价值的战略目标定位。

因此，西南航空公司的效率超过了其他所有老牌航空公司。西南航空公司将运载乘客的时间最大化，将地勤人员数量保持在最小范围之内，同时向工会支付有竞争力的薪水，还通过使用同一型号的飞机使零件和培训成本最小化。此外，美国西南航空公司只出售自己公司的飞机票，这使代理费和其他支出最小化。该公司还对经常坐飞机的乘客所积攒的里程规定了使用期限。

西南航空公司采取的运营战略，在最大限度上压缩了运营成本，使他们在困难时期也能平稳发展，所受到的影响也很小。西南航空公司与其他大的主流航空公司运作的差别，最终都体现在成本的差别上。就美利坚航空和美联航来说，可比营运费用是西南航空公司的170%。

"9.11"事件后，在美国航空业濒临崩溃之际，唯有西南航空公司一枝独秀，不仅未裁减一人，未取消一次航班，而且保持了29年来的盈利记录，其成功经验被其他公司所借鉴。

西南航空公司制定了适合自己的、独特的经营战略，使企业在执行这个战略的过程中得到了发展，扩大了市场，在与主流航空公司的竞争中，不但没有败下阵来，还处于优势地位。

哈佛商学院的迈克尔·波特教授认为："能支持合理战略的唯一目标就是超强持续赢利能力。如果你的公司不是从这个目标出发而是直接奔向这个目标，那么，公司很快就会被引到摧毁战略的歧路。公司的目标是赢利之外的任何东西，都会使公司陷入麻烦之中。因此，如果不赢利，企业的战略就没有必要存在。"

利润是公司战略的基石，以利润为前提才能保证公司战略的有效。有效的战略应该是明确的、可衡量的、可操作的、有意义的、有时限的，并随着市场的变化不断进行调整。

作为公司领导者,在制定未来的公司战略时,必须把握两个根本要素:成本和销售。西南航空公司在这方面做得非常好。这也正是他们得以在竞争激烈的市场中确立自己位置,并取得领先的根本。

西南航空公司的创始人赫伯·凯莱赫讲了这样一件事,“在我们的家乡里有一位绅士,他是一家金融机构的首脑。他永远衣着得体,给人的印象是那么正直的一个人。然而他却因为挪用公款而被投入监狱。在商业世界里,我总是尽量避免用表面的标准来判断一个人。”他说他的母亲经常告诫他:“地位和头衔并不能反映出一个人的真实价值。”这与西南航空公司的经营战略有异曲同工之处。那些主流航空公司追求为乘客提供全套的舒适服务,看起来很优越,很有竞争力,但是,在“9.11”事件的考验面前,却一败涂地,而西南航空公司为那些只能买得起机票,做短途旅行的乘客提供服务,看似琐碎,利润空间较小,却能在控制成本和做好销售的情况下,取得突出的收益。

公司战略可以被描述为组织的目标,但目标本身并不是战略,还需要有计划和行动来实现它。公司战略就是一个长远的目标,其中还涉及长远的利益,不能急功近利。

有一个男孩常常遭到同伴的嘲笑,因为每当别人拿一枚5角的硬币和一枚1角的硬币让他选择时,他总是选1角的硬币拿。

同伴们都笑他是一个笨蛋。有一位同伴觉得他太可怜了,就对他说:“我来告诉你,虽然5角的硬币看起来比1角的硬币要小些,但它的价值却是1角硬币的5倍,所以你应该拿5角的硬币。”

而那个小男孩却回答道:“假如我选的是5角的硬币,下一次他们就不会再拿钱让我选了。”

那些往往自以为聪明的人,才是真正的笨蛋。小男孩选择每次拿1角的硬币,因为他的目标是要下一次还有的拿。他明白5角和1角的区别,他更明白欲速则不达的道理。有长远的发展,才有长远的利益。如果只是盯着眼前的利益,想在最短的时间里赚取更大的利益,全然不顾这将会给日后的发展带来怎样的影响。那任凭怎么努力,也是达不到目标,获取不了长远的、更大的利益的。

西南航空公司的经营战略就像小男孩每次拿取的1角钱,看似很少,比起那些老牌的主流航空公司的追求全套服务来说,更似不能相提并论。但是,利益的不断累加,随着时间的延长,将变得十分客观,企业也因此有了长远的发展。而那些主流航空公司一次的收益就可能是西南航空公司的几倍,但成本的庞大和市场的局限,使他们难以有更长时间的发展,赢利很大却只是短时的利益。这样相比,孰优孰劣就会一目了然了。

有些人认为,在强调效率的今天,公司战略的制定显得过时和多余了。公司领导者应该通过边走边看的方法来寻找公司战略:先尝试它,看它是否管用,然后再向前走——这基本上是一个不断试验的过程。实际上这种方法也难以奏效,因为,公司战略的本质就是要取舍、抉择,然后依此指导公司的经营行为。不制定战略目标就进行经营是危险的。

所以成功的企业,都会有自己长远的战略目标,有的甚至坚持几十年不改变。这也正是他们能发展成为国际性大企业的原因之一。我们会注意到,在这样的企业中有一个良性循环:它的战略目标制定得越明确,斟酌取舍的标准越清楚,就越能抓住新的机会,发展壮大自己。

唐沛德:“网”尽财富

唐沛德:生于澳大利亚,大学就读于英国,1996 年出任百事饮料国际集团全球总裁,正是经他之手,百事可乐完成了它百年历史上的一次成功转型,由一个纯碳酸饮料企业变身为全方位的食品饮料集团。唐沛德以准确的市场定位、多元化的经营战略以及不断开拓新的市场使百事走上一条兴盛之路。唐沛德的目标是要让百事无处不在。

在 2005 年《福布斯》杂志“全美最有价值公司品牌”中,百事公司以 561 亿美元位列前十名,在 2005 年《福布斯》排行榜上位居 500 强的第 234 位。

百事饮料国际集团全球总裁唐沛德的愿望是“一个人从一早起来到晚上,喝的吃的最好都有百事的食品饮料。”这个愿望已经在一步步地实现着。

诞生于 1898 年的百事饮料国际集团,已走过了一个多世纪的发展道路。过去数十年间,百事在与可口可乐的竞争中逐步在消费者心目中树立起了品牌形象,用该公司首席执行官唐沛德的话来说:“长期以来,百事公司像是在旷野中奔跑,不停地寻找机遇。”其实,伴随着百事产品的诞生,百事便开始了自己的特色营销。

1941 年,百事可乐推出了第一个促销活动:5 分钱 2 杯。该活动将广告编成顺口溜,收录了 55 种语言。1958 年,百事可乐推出了著名的商业活动:爱社交、喝百事,并以此活动为中心展开促销。此后,百事不断地借用广告效应,成功地将百事精神、百事个性传递给消费者。上世纪 30 年代至 50 年代,百事公司的广告预算仅为可口可乐公司的 1/30,但当时的百事公司曾与美国空中文字广告公司签订了一份排他性合同,独占了空中文字广告市场。1963 年,百事公司率先发起了“生活方式广告”,想出了“百事一代”(Pepsi Generation)的创意,对年青一代的消费者大加褒扬。1976 年,百事可乐成功地运作为美国超市中单一销量最大的软饮料品牌。1984 年百事公司又以 500 万元的广告费聘请摇滚巨星迈克尔·杰克逊帮助其推销宣传印有杰克逊签名的饮料,从而推动了依靠音乐营销的热潮流,“Ask for more 渴望无限”成为越来越多人的呼声。还有我们熟知的“小甜甜”布兰妮演绎的《往日今昔》一经播出,在全美立时引起了不小的疯狂。后来随着足球在全球的狂热,百事又签约具有国际影响的足球明星,推出了百事足球系列广告,球星可以增加产品对年轻人的吸引力,同样掀起了足球营销的热潮流。

从全球战略的角度出发,百事在全球各地都签约知名的人士做代言人,来推广百事的产品,并借助不同的媒介来推广。百事从一诞生,就一直奉行特色营销的战略。20 世纪末,百事公司随着营销模式的不断创新,也尝试着新的方法。伴随着互联网的推广普及,1996 年,百事可乐建立了与其公司形象和定位完全统一的中英文网站,以游戏、音乐、活动为主题,其背景则依然是创新的标志和年轻的蓝色。百事拍摄了世界第一个太空广告,广告片中,宇航员将一个百事可乐罐投入到 MIR 空间站外面的轨道中,寓意百事公司是一个不断探索“新空间”、随着时代不断发展的公司。百事还充分利用互联网将百事的产品推广到世界的每一个角落。

作为具有划时代意义的新工具,互联网的最大特点就是快速与准确,与以往任何一代的信息技术相比,互联网技术更具有优越的不可替代的商业价值,更能有助于企业制定独特而富有成效的战略。互联网的出现改变了所有人的生活,成为所有人的工具,企业和个人都开始充分利用这个新兴的媒体,企业更是不会放过这个有别于传统媒介的媒体,作为自己推广产品的良好平台。

2005 年百事可乐与中国的盛大网站合作,利用盛大《梦幻国度》游戏来推广自己的产品。百事甚至修改了其在中国沿用多年的广告主题“突破渴望”,取而代之的是“百事蓝色风暴突破梦幻国度”。百事可乐已经明确地认识到,在中国当时近 1 亿的网民中,30 岁以下的年轻人占了七成,2005 年 1 月,中国的网络游戏玩家已经达到 2633 万人。这正符合百事可乐在新世纪塑造的年青激情的理念。中国的广大网民成了巨大的潜在消费群体,这也正是百事可乐看准的商机。

在广告的创意方面,百事可乐推崇的是激情。这一点从它一诞生就确立了。它每一个时期的广告都着力体现这一点。与可口可乐的传统广告相比,百事可乐的网络广告较为活泼,无论是画面构图,还是动画运用,都传达着一种“酷”的感觉。在 2000 年这一年间,便有拉丁王子瑞奇·马丁、“小甜甜”布兰妮和乐队 Weezer 先后出现在百事可乐的广告中。从 NBA 到棒球,从奥斯卡到古墓丽影游戏和电影,百事可乐的网络广告总能捕捉到青少年的兴趣点和关注点,这也正是它利用互联网的成功之处。

2001 年中国申奥成功,百事可乐的网络广告独具匠心,气势非凡的画面采用了有动感的水珠,传达出了百事可乐品牌的充沛活力。醒目的文字表达出百事可乐对北京申奥的支持。广告方案利用“渴望无限”和“终于解渴了”的双关语,将中国人对奥运的企盼巧妙地与百事可乐产品联系在一起,使得利用互联网的宣传与其他传统方式的宣传高度一致。

沃尔玛的成本领先战略

李·斯科特:1979 年进入沃尔玛,曾任负责运输的副总裁、负责销售的副总裁、负责后勤的高级副总裁、负责后勤的执行副总裁,2000 年 1 月起任沃尔玛百货公司总裁兼首席执行官。经验丰富的斯科特已经在沃尔玛打拼了 25 年。职员们都直接称呼他为“李”,他喜欢来到沃尔玛商店,混在员工当中。他总是神情轻松地出现在他主持的沃尔玛周六晨间例会或是和他的管理团队共同参与的营销会议上。

2005 年,沃尔玛在《福布斯》世界 500 强企业排名中高居第 2 位。

如何通过有效的手段降低、节约成本,成了增加利润的关键所在。而且如果在成本上取得领先战略,要比在其他的方面优于对手,更能体现竞争的优势,获得更强的竞争力和更大的获利空间,以及那些对价格敏感的顾客的忠诚。

斯科特奉行的策略是:销售的商品总是最低价格。经营宗旨是:天天平价,始终如一。它指的是不仅一种或若干种商品低价销售，而是所有商品都是以最低价销售；不仅是在一时或一段时间低价销售，而是常年都以最低价格销售；不仅是在一地或一些地区低价销售，而是所有地区都以最低价格销售。这一经营宗旨来源于沃尔玛的创始人沃尔顿先生的经营哲学，他的名言是：一件商品，成本是 8 角，如果标价 1 元，那销售数量就得是标价的 3 倍。我在一件商品上所赚的不多，但卖的多了，我就有利可图。

美国沃尔玛连锁店公司发展成为美国最大的也是世界上最大的连锁零售商。2002 年沃尔玛全球营业收入高达 2198.12 亿美元，荣登世界 500 强的冠军宝座。总结沃尔玛的发展，其中一个重要原因，就是成功制定并正确实施了成本领先战略，也就是他们所奉行的"天天低价"策略。1962 年山姆·沃尔顿在他的第一家商店挂上沃尔玛招牌后，在招牌的左边写上了天天平价。多年来，这已经成了沃尔玛的经营理念，从一家门店发展到 4600 家门店，这一原则从未更改过。为实现这一承诺，沃尔玛想尽一切办法从进货渠道、分销方式、营销费用、行政开支等一切办法节省资金，把利润让给顾客。

对于沃尔玛这样的零售商业来说，成本领先战略往往是企业能够后来居上的有力武器。这一战略涉及商品购、存、销流转过程所有环节上的成本和费用控制，因此，必须从每一个环节上都严格控制。沃尔玛将涉及的这些环节，作为实施成本领先战略的载体，并通过对这些环节的集中管理，把整个流程中各个点的成本降至行业最低。

在零售业，进货成本控制是成本控制战略的重中之重。对此，沃尔玛采取直接购货、统一购货和辅助供应商减低成本三者相结合的方式。以大批量进货、大批量销售，享受价格上的批量折扣优惠。然后就可以将这种大批量低成本进货的优势，进一步转化为相对较低的价格竞争优势，从而形成对消费者的购买欲的有效刺激，在竞争中占有主动权，形成经营的良性循环。如沃尔玛对全球范围内销售的高知名度商品，一般是将一年销售的商品一次性签订采购合同。由于数量巨大，其价格优惠远远高于同行，形成他人无法比拟的优势。在辅助供应商减低成本方面，由于沃尔玛采购量巨大，与供应商保持长期合作的关系，通过信息共享，提高了效率，供应商也降低了成本，沃尔玛也就能将从中获得的优惠让利给顾客。

解决了购货的成本问题，紧接着的就是物流成本的控制。这也是衡量零售企业经营管理水平的重要标志。如果由各店铺分散订货、存货以及补货，将产生高昂的库存成本。因此，沃尔玛建立了高效运转的配送中心，由配送中心集中进行商品配送。配送中心实行完全自动化，效率非常高。所有分店和总部实行联网，配送中心从收到店铺的订单到向生产厂家进货和送货，一般不会超过 48 小时。这方面沃尔玛的优势显得更加突出，美国另两家大型折扣商店凯玛特和达格特则需要 5 天。沃尔玛的物流费用率比他们低 60% 以上。这样大大提高了库存周转率，加速了资金的周转，成本也有了明显的降低。

物流成本中有一部分是运输成本。在所有物流成本中，运输成本是最高的。在降低运输成本方面，沃尔玛拥有全美最大的私人卫星通讯系统和最大的私人运输车队，这种做法一方面减少了不可控的、成本较高的中间环节和车辆供应商对运输环节的中间盘剥；另一方面，保证沃尔玛对发生在配送中心与各店铺之间的运输掌握主控权，能够将货等车、店等货等不良现象控制在最低限度，尽量使配送中心的发货与各店铺的收货做到平滑、无重叠衔接，将流通成本控制在最低限度。

由于以上措施的有效和切实落实到位，沃尔玛的分销成本因此降至销售额的 3% 以下，流通费用比竞争对手降低 60% 以上。另外，资金周转速度也得到大幅度提高。据统计，当沃尔玛店铺数达到一定规模时，其信息处理系统和计算机网络辅助的成本管理，可提高月平均资金周转次数5～6次，使其平均利润提高一到两个百分点，而这一两个百分点就是其核心竞争力的充分体现，也是领先同行业的关键所在。

还有一点就是日常经费的成本，这也是许多企业很容易忽略的地方。虽然可能不像其他成本那样数目庞大，但累计起来，仍然是一笔很大的开销，而这部分开销显然也是企业经营成本的一部分，也应该得到控制。沃尔玛对于行政费用的控制可谓达到极致，在行业平均水平为5%的情况下，沃尔玛整个公司的管理费用仅占公司销售额的2%。也就是说，沃尔玛一直用2%的销售额来支付公司所有的采购费用、一般管理成本、上至董事长下至普通员工的工资。为维持低成本的日常管理，沃尔玛在各个细小的环节上都实施节俭措施。高层管理人员，包括总裁都保持节俭作风，比如首任总裁萨姆与公司的经理们出差，经常几个人同住一间房，平时开一辆二手车，坐飞机也只坐经济舱。

沃尔玛从各个方面进行企业经营成本的控制，使费用支出与经营收入比率保持在行业最低水平，从而确保了行业的领先地位，也换取了更多的利润。它的这种成本战略是它能够稳居世界大企业前列的根本。

伊斯曼的“低价攻势”与多样化生存

乔治·伊斯曼：柯达公司的创始人，生于1854年7月12日。1877年，他和相机结下了不解之缘。1886年，他研制出第一架自动照相机，并给它取名为“柯达”，柯达公司从此诞生。1927年，柯达公司实际上已垄断了美国的摄影工业，成为美国摄影工业中最大的公司之一。1932年3月14日，乔治·伊斯曼自杀身亡。

由于乔治·伊斯曼早期为柯达公司打下的坚实的基础，使得柯达公司在2005年位居《福布斯》世界500强排行榜之列。

“你按下快门，其他的事由我们来。”柯达这句动人的宣传广告标语，随着柯达相机跨越时空，成为推销界的一句经典名言。柯达公司的创始人乔治·伊斯曼本着“照相机应像铅笔一般简单，谁都会使用”的愿望开始研究照相机。

1881年，27岁的伊斯曼用节省下来的5500美元，投资设立了干板摄影器材公司，也就是柯达公司的前身。1886年，小型、轻便、人人都会用的照相机诞生了。伊斯曼为它起了个响亮的名字——“柯达”。首批投放市场的手提方盒型照相机，任何人只要揿一下按钮就能拍照，吸引了不少顾客购买。

“人人都会用”这一思想贯穿于整个柯达的经营历程，如何方便消费者使用相机，一直是柯达公司孜孜以求的目标。之后，柯达公司陆续推出了“拍立得”相机和超小型匣式柯达相机（俗称“傻瓜相机”），都体现了柯达公司“人人都会用”的经营目标。

在柯达公司努力实现自己这一目标的同时，他们制定的“低价攻势”的独特经营战略，使柯达公司在短时期里，迅速占领市场，取得优势。

柯达在定价中采用独特的“牺牲打”市场拓展策略，在竞争激烈的市场中取得意想不到的成功。所谓"牺牲打"，就是以一种产品作为扩充市场的先锋，以高质低价在市场上站稳脚跟之后，通过扩大相关产品的销售量弥补先锋产品跌价所造成的损失。柯达的这一策略为其火爆的销售起到了锦上添花的作用。

伊斯曼先生有一个著名的经营理念，那就是他经常对员工说的"低价攻势"。他说，用尽可能低的价格，向广大消费者提供照相器材，使市场需求扩大，市场需求扩大了，企业可以规模化生产，规模化生产可以降低成本，从而让企业赢得更多利润，并可以进一步以低价出售照相器材。这就形成了一个良性循环。

最早研制成功的方盒型柯达相机，体积较大，外出携带和使用还不大方便。1897 年，柯达公司研制生产出了折叠式便携相机。但是价格压得很低。伊斯曼要以高质低价的策略继续占领和拓展市场。进而，野心勃勃的伊斯曼先生想要制造一种操作简单又有效的迷你型照相机，将售价定为 1 美元，而当时柯达相机的市场零售价为 5 美元。进入 20 世纪初，在伊斯曼的努力下，柯达公司终于生产出售价为 1 美元的勃朗尼照相机，这一次的轰动效应远比第一台柯达相机上市更加引人注目，它的欧美市场得到了突飞猛进的扩展。1 美元的相机，显然连成本都不够，但相机带动的胶卷和相关耗材销售，却利润丰厚，这显然是"牺牲打"策略的胜利。

1964 年，柯达推出"拍立得"相机，这就是到处可见的"傻瓜相机"。这一相机的价格也很低，柯达的目的不是要在相机上赚钱，而要想借此培育照相市场，进而在冲印材料上赚大钱，是先牺牲后胜利的做法。"拍立得"相机的定价相当低，最低的 13 美元，8 种机型中，有一半在 50 美元以下。

柯达不仅自己培育市场，柯达还让其他经营者帮助他们培育市场。就在柯达的市场不断扩大，备受欢迎，销售量直线上升之际，柯达做出了一项惊人之举：宣布"柯达相机，人人可以仿造。"并将其 10 年来的研究成果公之于众。这种做法令人大惑不解。

伊斯曼作为一个优秀的商人有着卓越的商业头脑，他首先看到了随着照相机销量的增加，胶卷冲印服务肯定会有大量的需求。而此时生产相机的利润已经很小，可胶卷冲印却是一块有待开发的肥沃土壤。于是，在大家争相生产"拍立得"相机之时，柯达已将生产能力重点放在了胶卷的生产和冲印上。果然，柯达的胶卷销量猛增，同时几乎垄断了整个冲印市场。"迷你型"相机上市后，柯达又以同样方法，降低价格，使人人都买得起，结果柯达的胶卷、照相机及相关器材的销量扶摇直上，尽管富士、樱花不惜血本降价，但总敌不过柯达胶卷的销售量。当众多厂商醒悟过来时，柯达已成功地垄断了整个冲印市场。人们不得不为柯达的精明所折服。

柯达的"低价攻势"，只是暂时牺牲一部分价格，而为了长远的发展目标。有时候，为了取得最终的胜利，需要先作出一定的牺牲，或者为了取得整体的胜利，需要在局部作出牺牲。

在市场的竞争中，往往是不可能两者兼得的，必须明白自己想要的是什么。如果你要在短期获取高额利润，你就得接受市场占有率降低的现实；如果你要的是市场占有率，你就得降低单位利润，像柯达一样用低价冲击市场。柯达牺牲了价格，但赢得了市场。当一个消费者拥有一部柯达相机之后，一般不会再考虑买别的相机了，这等于是把对手的目标客户减少了一个。柯达宣布"柯达相机，人人可以仿造"，牺牲了技术和相机市场，却赢得了胶卷和冲印市场。

在市场的不断发展中，柯达在采用"低价攻势"迅速取得胜利后，开始采取"多元化"的策略来进一步巩固已有的市场，拓展更为广阔的市场。以拓展日本市场为例：

20世纪80年代，在日本市场上，柯达仅有不到10%的市场占有率。为了提高其在日本市场的占有率，柯达采取了本土化的分销策略。

首先，在销售方面，柯达借助日本人的力量进入日本市场。先将销售业务承包给大阪的一家大商业公司，借助它的力量进行销售，结果销售工作十分顺利。其次，柯达开始多方投资，它在日本的分公司向与自己业务有关的企业进行投资，或合股，或吞并，充分利用日本的人力和财力，来扩大自己的实力。

同样的，在中国市场，柯达采取了有计划、有步骤地进入策略。在不长的时间里，树立起了柯达高品质、优质生活的品牌形象。

另外，1990柯达成功开发了Photo CD系统。同时还启动了与之独立的可写光盘业务。MCI是柯达此项业务的第一家商业客户，该公司使用可写光盘为企业（公司）用户生成电话账单。柯达还发布了世界上第一台用于商业用途的低价位2倍速写、6倍速读光盘刻录机。1994柯达发布Creation Station——后来的Picture Maker影像速印系统的前身。柯达还宣布与Sanyo和Ulvac建立战略合作伙伴关系，共同开发OLED（有机发光二极管）平面显示技术。柯达收购了在线照片服务领域的领头羊——ofoto网站。ofoto网站将成像技术与信息技术融合在一起成为信息影像处理技术（infoimaging），为客户能够分享并打印高品质的数码照片提供了更多的途径。2002柯达发布了AM550L显示屏。柯达与专业镜头制造商Schneider－Kreuznach一起合作开发LS443相机——第一款采用专业级镜头的柯达EasyShare数码相机，等等。这一系列与之相关的技术和系统的开发，使柯达巩固了优势，开辟了新的阵地。

默多克：成就梦想的卫星电视帝国

鲁珀特·默多克：1953年，22岁的默多克在伦敦《每日快报》开始了其新闻生涯。在随后的近50多年里，默多克不断收购更多的报纸、更多的电视台。他所创建的新闻集团是当今世界上规模最大、国际化程度最高的综合性传媒公司之一，净资产超过400亿美元，集团经营的核心业务涵盖电影、电视节目的制作和发行，无线电视、卫星电视和有线电视广播，报纸、杂志、书籍出版以及数字广播、加密和收视管理系统开发。

默多克的个人财产在2005年《福布斯》全球富豪榜中排名第49位。

在一次面对《商业周刊》的记者时，当时已经72岁的默多克毫不掩饰自己的得意，他说："我感觉自己是个幸福的人。"他的这种幸福感来自成就了其梦想的卫星电视帝国。300亿美元的年产值和遍布地球每一个角落的网络，足以使他的媒体集团傲视全球。直播电视公司对默多克来说像是"皇冠上的明珠"，带给他独一无二的权势。没有一家媒体集团像今天的新闻集团一样，可以集电视内容供应商和传播通路于一身。

默多克的媒体帝国规模是空前的。他的卫星电视已进入五大洲的数字电视市场，在英国、意大利、中东以及亚洲广大地区居于垄断地位。他掌控着175家报纸，包括《纽约时报》、伦敦《泰晤士报》。在美国，他拥有20世纪福克斯娱乐集团、福克斯电视网和35家电视台，占全美电视台总数的40%等。斥资66亿美元控股通用汽车旗下的DirecTV卫星广播集团，真正成就了他的卫星电视王国。

默多克有着与生俱来的新闻天才。他从牛津大学刚毕业后，就在英国《每日快报》实习期间展现了突出的工作能力，给总编皮克林留下了非常深刻的印象。后接手初创不久的家族最后一个报业公司——《阿德莱德新闻报》，并迅速地扭转了颓势。这份报纸成为未来媒体帝国的基石。从此出发，他开始了营造自己梦想中的电视帝国的征程。

在“敌人”的眼中是“肮脏的挖掘工”、“野蛮人”、“冷血的剥削者”甚至“撒旦”的默多克，自己评价自己不过是个“相当一般、但拥有比一般人多一点点雄心壮志的人”。从很早就开始，默多克一步步展现着他所说的那一点点雄心壮志。1960年，默多克买下了悉尼的《每日镜报》(Daily Mirror)，并且开始试探电视传媒市场。在这段期间，默多克不断进行着买卖。他后来解释了当时的这种不断购买的行为：“我们想买下那些被认为将要倒闭而且不值钱的经营不善的报纸。”而默多克的收购资金全都是借来的。

1964年默多克在澳大利亚创建了第一份全国性报纸——《澳大利亚人报》，他是从头开始做起的，这份报纸使他亏本经营了20年，才开始有所盈利。但他的心中有着更为长远的目标。

1968年对默多克而言，是具有特殊意义的一年，当年他首次将触角伸入美国，同时还拥有了英国的《世界新闻》。默多克真正开始受到国际关注的行动，是他在1981年入主全球报业翘楚《泰晤士报(TheTimes)》，并且对它施以大刀阔斧的整顿。

默多克真正涉足卫星领域，是1983年在英国创办了天空频道公司，准备开播一个电影频道和一个体育频道，计划吸引10万左右的用户。但是由于缺乏经验，没有成功，新闻集团为此损失了2000万美元。默多克并没有因此而气馁。1989年他重整旗鼓，在英国又创办了天空电视台，该电视台次年与英国卫星广播公司合并组成英国天空广播公司。

1991年，在海湾战争和全球经济衰退的双重打击下，新闻集团濒临破产的危险，默多克不得不同意出售杂志和印刷等业务的资产，并对76亿美元的债务进行重新安排。即便在如此困难的境地，默多克也没有停止在全球建立卫星电视网络的步伐，这个梦想是他坚持下来的最大动力。

1998年，英国天空广播公司建立了英国第一个数字电视平台，开播200多条卫星频道，并于1999年推出互动体育频道，使观众成为主导者，改变了传统的电视收看方式，创造了世界广播电视发展史上的一个奇迹。

在自己创办卫星电视的同时，他也没有停止在世界各地拓展帝国的脚步。1984年，默多克来到洛杉矶，重新把目光投向好莱坞的电影、电视制作业。次年，默多克就收购了大都会媒体公司(MetropolitanMedias)和20世纪福克斯电影公司，并大胆创造了独树一帜的福克斯电视网(FoxTV)。福克斯电视网经过8年的努力，突出的业绩促成默多克在过去的几年陆续进行了一系列的收购行动。如1991年购买了英国的天空广播(BSkyB)，1993年7月，又斥资购买了亚洲的STAR TV，并使STAR TV的节目逐步覆盖了印度、日本等亚洲国家和地区。还收购了意大利的Stream、南美洲的星电(SkyTel)、澳洲的福斯电视(Foxtel)，等等。为此，他几乎把全部身家都赌在卫星电视网上。

在那么多的传媒巨头中,默多克是最早也最坚定钟情于卫星电视的。1988 年春天,默多克就租用欧洲第一颗直播卫星上的四个转发器,来传送电视节目。由于缺乏加密技术,最初实行免费收看。默多克一开始就认为,要让尽可能多的接收器进入家庭,其余的商业战略可随后找到。但接收器的销售并不顺利,用户增长缓慢,这使默多克的新闻集团损失惨重,几乎到了崩溃的边缘。卫星电视网每周烧掉 200 万美元,公司负债 80 亿美元。但是,好在他最终还是度过了危机。

默多克是这样评述他从 20 世纪 90 年代初开始的 10 年经营的,他说:"我们已发现了伟大的东西,并致力于把它扩展到其他任何一个我们认为有足够收入支持收费电视的地方。"于是,2001 年默多克成立了 SkyGlobal,综合了新闻集团主要的国际卫星电视及相关资产,截至 2002 年底,英国天空广播公司有 660 万订户,开始显现卫星电视帝国的面目。

到此为止,在默多克的卫星电视版图上,就剩下了美国还没有他的卫星电视。他也为此做过努力。1997 年,默多克通过购买美国第二大卫星电视公司 Echostar 的部分资产创办了 AskyB,作为英国天空广播公司的美国版。但默多克和 Echostar 的查尔斯·厄根在控制权上谈不拢,合作很快就分裂了。最终,默多克不得不将 AskyB 卖给了 Echostar。

默多克把收购直接电视公司视为实现其全球卫星电视战略最重要的一步。在 2000 年,当通用汽车放出要出售直接电视公司(DirecTV)的消息时,默多克看到了实现自己多年来梦想的机会。控股电视公司(DirecTV)对他完成打造一个全球卫星电视帝国的梦想,巩固新闻集团的媒体霸业地位至关重要。默多克之所以如此看重电视公司(DirecTV),是因为电视公司(DirecTV)背后有着 1100 万用户,这个渠道带来的收益将是非常可观的。但除了可观的收益,还关乎新闻集团未来的战略。默多克认为,实现新闻集团全球化战略的技术是卫星电视,这才是迎接传播技术的变革和挑战的有力武器。

2003 年 4 月 9 日,是默多克终生难忘的日子。当美国休斯电子公司同意以 66 亿美元的股票及现金价格将其麾下的直接电视公司(DirecTV)出售给新闻集团时,世界传媒大亨默多克终于实现了其长达 20 年之久的卫星电视网覆盖全球的梦想。默多克在规划多年之后,终于如愿以偿的在美国卫星电视市场获得立足之地。在距离首次进入美国电视、电影事业之后的 20 年,默多克终于能借着直播电视一圆美梦。换句话说,默多克相继拥有上述欧洲、澳洲、亚洲、南美洲的卫星电视后,如今已经完成了构筑全球卫星电视王国的壮举。至此,默多克控制了英国的天空电视台、美国的福克斯电视网和直接电视、亚洲的星空卫视,旗下的卫星电视网络在全球拥有近 10 亿用户。

接手电视公司(DirecTV)后,默多克决定对其进行技术改造,以获取更大的利益来说服更多的投资者。由于有着之前改造英国天空广播公司的技术经验,因此,改造电视公司(DirecTV)有了充足的技术准备。

新闻集团分布在美国、加拿大、欧洲大陆、英国、澳大利亚、拉丁美洲及太平洋地区的业务包括影视节目的生产和发行,电视、卫星、有线广播,报纸、杂志、书籍出版,广告和促销片的生产和发行,数字广播,有条件接入技术和收费电视用户管理体系,以及网上节目的制作。总的来说,新闻集团在全球六大洲从事除音乐之外的所有主要媒体行业。

新闻集团 2003 年总收入将达到 180 亿美元,营业收入达到 20 亿美元,这两个数字都创下公司纪录。

汉斯·欧森追求的“三优”理念

汉斯·欧森：早在1966年，25岁的汉斯·欧森就以工程师身份加入了VOLVO汽车公司，此后相继在瑞典、美国、日本和比利时等国家担任重要职务，并都取得了十分突出的销售业绩。于2000年接替图夫·约那森出任VOLVO汽车公司总裁兼首席执行官。

汉斯·欧森领导的VOLVO汽车公司成立于1927年，总部设在瑞典哥德堡市，是北欧最大的工业集团之一。主要生产重型卡车、大型客车、工程机械、工业、船用及航空发动机。位居《福布斯》世界500强企业之列。

汉斯·欧森在成为VOLVO汽车公司总裁兼首席执行官之前，在日本、北美和瑞典本土都创下了可以称之为辉煌的销售业绩，这固然与他杰出的才干分不开，但也同样与VOLVO汽车公司一直坚持的“优质”的产品和经营理念有着很大的关系。

汉斯·欧森在2000年出任VOLVO汽车公司总裁兼首席执行官后，在公司原有安全至上法则的基础上，提出了更高的“三优”理念，使得偏安一隅的VOLVO轿车成为了世界公认的品质、安全、环保俱佳的精品，在世界汽车业的竞争中占据独特的优势地位。

汉斯·欧森的“三优”理念具体地说，就是“安全优先”、“品质优先”、“环保优先”三个优先。

在汽车世界里，VOLVO汽车几乎已经成了安全的代名词。VOLVO汽车公司创始人古斯塔夫·拉森先生和阿瑟·格布里森先生在创建之初便为VOLVO定下了安全至上的法则——“汽车是由人来驾驶的，因此在VOLVO，我们所做的一切都必须始终立足于安全第一这个指导原则”。30多年的耳濡目染，让汉斯·欧森仍然把这一原则作为自己追求和奋斗的目标。

“安全优先”用汉斯·欧森的一句话来表述，就是“要速度更要保全性命”。本着这一理念汉斯·欧森别出心裁地创办起世界汽车行业绝无仅有的汽车制造厂家自设调研机构的瑞典VOLVO汽车公司事故调查队。调查队成员在世界各地收集有关富豪轿车的事故记载，做到有针对性地提高汽车的安全性能。他们甚至主动和各国交通机构合作，以高昂的价格换取富豪轿车各类交通事故的现场勘察报告，从技术指标角度更准确地找出VOLVO汽车安全性能的各种缺陷，及时对症加以改进。

在此不断精益求精的基础上，VOLVO汽车首先发明了“减缓侧面冲撞系统”、“轿车安全防撞侧气囊”等车用安全装置。这些安全装置都大大提高了VOLVO汽车的安全性能，而且成为世界各大汽车制造厂商争相高价引进的对象，还被许多国家政府立法强制使用。

为了实现自己“安全优先”的理念，汉斯·欧森领导企业在不断创新汽车安全系统的同时，花大力气对这些安全系统进行全方位的严格测试，最著名的就是“实车侧撞测试活动”，人们通过这一实车撞击的演示，更加直观和深刻的了解了VOLVO汽车一直以来所追求的“安全至上”的理念，真正体现了世界车坛“最安全型轿车”的风采。

由VOLVO汽车公司率先推出的“安全旅行车”系列车型的典范杰作——VOLVO C70型旅行轿车，在汉斯·欧森倡导的“安全优先”的理念下，被进一步发扬光大，成为了世界顶级安全旅行轿车，从而扩大了“VOLVO安全旅行轿车”的知名度。

为了改变过于强调安全性而给人留下的没有变化、比较呆板的印象，欧森先生和他的团队进行了开拓创新，VOLVO汽车重新提出了它的全球品牌主题语：“选择VOLVO，因为生命是我们的一切。”这句话概括了VOLVO品牌的精髓，体现了VOLVO公司“为现代家庭带来最安全、最激情飞扬的驾驶体验”的宗旨。在这一主题语指引下，VOLVO更加注重设计、驾乘乐趣和汽车的独特拥有体验，新时代的VOLVO汽车被赋予了更多激情、活力和吸引力。

汉斯·欧森是这样阐述他的“品质优先”理念的，那就是“所有部件都是优等品”。这一理念的着力点在于“舒适性”和“可信性”，贯穿于设计、制作的全过程的是“为顾客着想”的宗旨。大到车的外形和内饰，小到悬架、开关、仪表盘等处，使“舒适性”无处不在。如“VOLVO S70”型系列轿车。橙黄色、黑色、银色、红宝石色、水蓝色等5种外观车漆，搭配银黄色、石墨色两种彩色轮胎，产生视觉的魔幻美感。不同型号的发动机，满足不同需求的驾车人。车内装置的顶尖视听音响，最大限度地减缓了驾驶的疲惫和无聊，等等。

“VOLVO S40”型系列轿车则体现“可信性”的特点。车型紧凑，配备有7种不同型号的发动机，采用独特的专利技术，既省油，动力又十分强劲，再配以优质的其他部件，真正实现了低耗高效的目的。当然，它的安全性能更是“可信性”的有力保证。

在汉斯·欧森的领导下，VOLVO汽车把“品质优先”的理念融入到每一道工序、每一个零部件之中。VOLVO汽车不仅选用优质零部件，以提升每一款轿车各部分及整个系统的可信性，而且不惜巨资在生产线上使用机器人，以确保每一种车型的每辆轿车标准划一。并不计得失地加大了试车力度，以检测每一辆出厂轿车的各种性能指标。真正体现了一个大企业为顾客考虑的风范和严谨的工作作风。

第三个理念是“环保优先”。汉斯·欧森的表述是“轿车不能变成使人窒息的美丽杀手”。为此，他的做法同样独出心裁，又切实有效。首先不同于其他汽车制造商的是，他难能可贵地公开承认了汽车尾气污染的危害。接下来，他开始着手解决这个问题。他不惜人力、物力、财力加大环保宣传力度，在无情揭露汽车尾气污染的各种祸端的同时，又热情地宣扬清洁型轿车的种种好处。在公司的广告公关宣传中，着力体现他所主张的“环保先行，保护自然”环保意识，如一辆人见人爱的“VOLVO V40”型轿车，疾驶在美丽的自然风光之中，没有一丝尾气污染，只有清新洁净的蓝天白云。另外，公司完全不计得失地精心制造出了尾气污染度极低的各种型号VOLVO天然气轿车，如推出的VOLVO S80型轿车，由于安装了经过特别改进的冷却器，配备了高效的空气净化系统，使得这一型号汽车尾气中的臭氧有25%被转化为氧气，从而大大降低了尾气的污染程度，变被动型环境保护为主动型环境保护。而且这款环保型轿车还使用了与美国英格哈德公司合作制造的环保冷却器，对环保起到更积极的保护作用，受到了世界最大清洁空气行动组织——美国加利福尼亚空气资源委员会的高度评价。在与美洲虎S型轿车、梅塞德斯·奔驰S级轿车、奥迪A6型轿车，以及陆虎75型越野车等众多世界级名车角逐意大利《汽车》杂志年度“国际轿车奖”时，VOLVO S80以其在技术设计、安全性能、环保装置、物美价廉上天衣无缝的绝佳组合一举夺冠。不仅如此，他们在公司总部驻地哥德堡市竭力推广VOLVO天然气公共汽车，最终被世界车坛公认为“道义为先的环保急先锋”，体现着一个世界性的大企业对社会和人类的高度责任感，在更高的高度诠释了VOLVO汽车公司“为顾客着想”的经营宗旨。

安全性、产品质量和环境保护已经成为渗透于VOLVO日常运营、产品制造及工作态度之中的核心价值,每一届管理者都将其视为公司灵魂。在瑞典,VOLVO是一家备受尊敬的公司,汉斯·欧森年仅25岁就加入VOLVO时便认可了公司的经营理念和宗旨,他说:"我非常看中这个公司的核心价值,除了注重安全、质量和环境外,它还关爱员工、关爱客户,所有这一切对我来说非常有吸引力。"

甩掉包袱跑得快的约玛·奥利拉

约玛·奥利拉:1979年,奥利拉暂时中断了在伦敦一家银行的工作,开始服兵役。兵役结束后,银行就在芬兰设立了一家分行,奥利拉成了该分行主管。银行的一个大主顾就是诺基亚。通过一次对诺基亚现状的评估,奥利拉发现了诺基亚在与外界交流中存在一个严重缺陷——缺少那些迅速成长的企业所要求的组织形式。于是,他建议当时的诺基亚总裁卡里·凯拉莫进行彻底的组织革新。

1984年9月,凯拉莫邀请奥利拉会面。不久,奥利拉加盟诺基亚。1985年,奥利拉被任命为外联部主管。1986年,奥利拉被提升为财务主管。1990年,奥利拉升任诺基亚移动电话部主管。1991年12月,奥利拉被任命为新的总裁。

在2005年《福布斯》世界500强企业中诺基亚排名154位。

在企业的发展过程中,最容易犯下的错误之一就是,在利润不断增长的诱惑之下,容易求大求全,建立了太多并不是自己特长的一些业务。业务的庞杂,甚至与自己特长业务的不相容,都会给企业的发展埋下隐患。随着企业的不断发展壮大,这些业务渐渐成为企业成长道路上的一个巨大包袱。当它们真的已经成了包袱的时候,选择不失时机地卸掉这些包袱无疑是一个明智的选择。

许多大的企业都或多或少地经历过这样的事情。在企业发展之初,为了使企业能在竞争激烈的市场环境中站稳脚跟,壮大实力不被淘汰,管理者很容易想到为了使利润扩大化,一味地追求规模的扩大化,而且往往会犯盲目追求利润,忽视企业长远发展的错误。

诺基亚公司最初的时候也曾是海纳百川,广泛涉足造纸、化工、橡胶、电缆、电子等多方领域,然而,并没有取得太大的成绩,直到20世纪80年代以后甩掉了所有其他产品的包袱,完全专注于通讯行业以后,诺基亚才开始逐步摆脱了阴影,并最终取得了辉煌。

诺基亚的专业化之路首先是从转型开始的。1865年,诺基亚创建于芬兰。诺基亚最初的核心业务并不是通讯,而最早是一家木材加工厂。1922年诺基亚与生产高统皮套鞋和轮胎的芬兰橡胶厂和制造电力电话电缆的芬兰电缆厂合并。1960年,诺基亚迎来了自己的第一次转型。当时已经发展成为纸张、橡胶、电缆等综合性生产企业的诺基亚,在电缆厂成立了电子部,以光线电传输为发展核心。当时,半导体技术正从实验室走向产业化,今天的诺基亚便由此奠定了基础。诺基亚开始将注意力转向了通讯方面。

1977年卡拉莫被任命为诺基亚CEO,诺基亚给予他的使命就是使Nokia成为一家电气巨人。虽然到1987年时,诺基亚的净收入中已经有65%来自于国外,但卡拉莫认为这并不足以支撑诺基亚成为“国际巨人”，诺基亚必须以国际竞争的眼光来制定战略，才有可能成为国际市场的领导者。

正是在这种愿景指导下，诺基亚开始了它的专业化之路。诺基亚将当时还很小的移动通讯业务放到最重要的位置上来，并将自己的未来定位于移动通讯，开始收缩阵线，集中力量于这一点。1980 年，诺基亚的业务结构是电子行业 4%，化学 2%，机械 3%，电器批发 6%，移动电话 10%，电信 10%，动力 2%，橡胶 4%，信息系统 21%，电缆 11%，消费类电器 27%。

诺基亚制定了未来发展的长远战略，有了面对激烈变化、严峻挑战的经营环境的总体性规划。但是真正落实这个战略的是 1991 年出任总裁的约玛·奥利拉。

奥利拉说：“我们不可能在许多领域都做到世界一流，所以必须要在各种业务中做出一个选择。在电子业，尤其是移动通讯方面，我们具有实力。而在其他领域，许多公司可能比我们更成功。所以我们认为我们最大的成功可能性是在移动电子通讯方面。我们拥有这个技术诀窍，我们在这个领域最棒！”

当时，诺基亚公司已由传统型工业转变为一个经营计算机、电子消费品和电信产品的高科技集团公司。约玛·奥利拉一上任，就果断地提出突出重点、以移动电话为中心的专业化发展新战略。他果断地放弃曾经的核心业务，淘汰传统的生产线，以敏锐的战略眼光将诺基亚转向移动电信行业，集中于手机和移动通信产品。诺基亚公司将造纸、轮胎、电缆、家用电子等业务或压缩到最低限度，或出售，或独立出去。

1985 年，诺基亚已是一个年营业额达到 110 亿芬兰马克的跨行业国际企业，但当时电信设备只占其全部营业额的 14%。而 10 年之后，诺基亚的营业额翻了 3 倍，电信设备的生产和销售占到总营业额的 80%。

1996 年 2 月，诺基亚又一次作出一项忍痛割爱的重大决定：关闭在德国的电视机生产基地，撤销电视机生产业务，集中 90% 的资金、人力加强移动通讯器材和多媒体技术的研究与开发。从此，诺基亚公司走出困境，并且进一步称霸全球无线通讯市场。

诺基亚的管理者以其对移动通讯行业发展趋势的敏锐把握，果断剥离其他业务，确立发展通讯的核心业务，走在了其他竞争者的前头。当别的公司还在加强模拟技术的研究时，诺基亚操作简便的数字移动电话已准备到位。这些电话经过专门处理，能适用于全球范围内的不同频率和标准。而正如诺基亚所预料的那样，世界移动电话的需求量开始进入了一个高速增长的时期，早已领先一步的诺基亚实现了飞跃。

由此可见，每个企业都有自己的核心专长，企业要想获得成功，就必须充分利用这些核心专长，而对于那些自己不擅长，而且与其他业务关系不是很紧密，甚至会危害到其他业务成长的业务，企业最好的办法是出售。

1992 年以前，通信只是诺基亚 13 个多元化经营项目中的一项，约占总营业额 15%。而在 1998 年上半年诺基亚完成的 86.47 亿美元销售额中，有 90% 以上来自通信。到了 2005 年，诺基亚仅第二季度移动电话的销售额就达到了 48 亿欧元，并且预计全年销售手机 7.6 亿部。

众多成功的企业发展证明，专业化才是可取之道。在 2003 年《财富》世界 500 强企业中，只有 5 家是多元化企业，而其中由于 Berkshire Hathaway 公司是一家多元化投资的企业，因此，真正经营意义上的多元化公司，其实只有 4 家，并且，除了 GE 排名第 9 位外，其余 3 家都在 300 名以后。

这一现象说明，在市场化程度越来越高的环境里，企业实施多元化经营的难度是很大的，在世界500强企业中,前8强的企业100%都是专业化,前300强中专业化企业占99%。因此,要想真正做大、做强,专业化无疑是一种更好的选择。企业的专业化经营更能适应激烈的市场竞争环境。通过专注于一个核心领域,将其做深做透,持续培养企业的核心竞争力,是企业长期发展和领先的基础。

美国钢铁大王卡内基说:“成功的奥妙在于你将所有精力、所有思想以及所有资金集中投入到你所从事的一件事情中去。”诺基亚的辉煌验证了这一说法。

桑德斯不做“夹心一族”

罗宾·桑德斯:罗宾·桑德斯1962年生于美国北卡罗来纳州。1984年从佛罗里达州立大学毕业后,她便开始了传奇般的银行家生涯。她曾经供职的单位都是赫赫有名的银行,其中包括北方信托公司、花旗银行(在此工作期间来到伦敦)、化学银行、西德意志银行等。

1998年7月,罗宾·桑德斯在西德意志银行走马上任,她被视为欧洲最具魄力的银行家之一。

西德意志银行在2005年《福布斯》世界企业500强中位居第191位。

尽管西德意志银行已有很多年的历史,但长久以来对战略的疏忽,使得这家银行一直处于“夹在中间”的境地——它既想获得那些看重价格的人的欢心,又妄图给人们提供各种各样的服务。“夹在中间”的最终结果是,20世纪80年代,这家历经百年风雨,但仍然规模不是很大的银行,遇上了十分严重的财务危机。新的首席执行官罗宾·桑德斯此时必须想出办法,把银行从濒临破产的危险境地挽救出来。

在制定新的战略时,罗宾·桑德斯决定不再做“夹心一族”,重新明确企业的定位。她组织全体员工,问了他们三个问题:“我们应该把谁作为客户?”、“我们应该为他们提供什么产品和服务?”、“我们应该怎样有效率地进行工作?”最后他们把工作重点转移到个人客户身上,而将公司客户排除在外,尽管这些公司客户的存款占银行当时总存款的25%,但他们决定放弃这部分客户,他们给所有的公司客户都写了一封信,请他们去找一家更大的银行。

接下来他们又把个人客户分成了蓝领工人、白领工人和学者。尽管蓝领工人占劳动人口总数的70%,但他们却极少使用银行服务,因此,西德意志银行决定放弃蓝领工人,只为后两类客户服务。

当西德意志银行由一家向所有客户提供服务的银行变为只为白领工人和学者服务时,他们发现很多以前所提供的服务并不适合现在的重点客户。于是他们把以前的30多种服务削减为5种简单明了的储蓄和贷款服务。这种削减带来了相当大的竞争优势,使得西德意志银行可以以低于其竞争对手的价格为自己的目标客户提供更优质的服务。

新的战略被证明是极为成功的,仅仅经过3年的时间,西德意志银行就从一家濒临破产的银行,成长为欧洲赢利率最高的银行之一,其市场份额也扩大了4倍多。明确的战略定位,使得西德意志银行在整个20世纪90年代,以及后来都保持着稳健增长势头。

竞争战略的一个核心问题是明确企业在其产业中所处的地位,企业的定位决定了它的赢利能力与产业的平均水平相比的高低。在产业结构不太理想、产业的平均赢利能力较低的情况下,采取适当定位的企业仍然可能获得优于其他企业的较高的投资收益。

瓦格纳在中国的绝地反击

瓦格纳:1977年,瓦格纳开始了他在通用汽车公司的职业生涯,经过数次晋升,1988年10月,他就任集团总监,负责前加拿大通用汽车雪佛兰-庞蒂亚克集团的战略业务规划。

1989~1990年,瓦格纳担任通用汽车公司在苏黎世的欧洲业务部副总裁,负责财务方面工作。

瓦格纳从2000年6月起担任通用汽车公司总裁兼首席执行官。从2003年5月1日起担任通用汽车公司董事长兼首席执行官,主要负责通用汽车公司的战略和经营管理。在2005年《福布斯》世界500强企业中通用汽车公司名列第3位。瓦格纳在2005年《福布斯》全球汽车行业最佳CEO评选中名列第5。

自2000年以来,跨国汽车巨头纷纷加快了在中国市场抢滩登陆的速度,中国汽车市场硝烟四起、群雄逐鹿。

1999年,通用汽车作为中国市场的姗姗来迟者,销量仅为19798辆,市场占有率3%,排名第7。但是到2001年,销量竟然达到58328辆,市场占有率8%,排名跃居第4;2002年,销量更超出了26万辆。作为全球最大的汽车厂商的通用汽车,是如何在丧失中国市场先机的情况下绝地反击的呢?

中国作为一个全新的汽车市场,存在很多的市场空白,获利相对容易得多。因而一些汽车厂商更多的是注重眼前的利益,并没有一个长远的战略计划。如日本厂商,只要有可能就倾销老车型,只要有可能就依靠出口,而不是直接投资建厂。还有一种情况如欧洲厂商,是因为本土市场饱和而必须通过开拓中国市场来加强其在全球的地位。所以,只要可能,他们的车型就决不创新,只要可能就决不转让技术。在这种情况下,最后导致的结果是,这些汽车厂商在短时期的几年内可能大获盈利,但等市场逐渐完善,变得理性后,他们很快就萎缩下去了。而要再重新回过头来占领市场,却已失去了最好的时机,即使强行进入了,也只能是举步维艰。相比之下,虽然通用汽车算是进入中国市场的后来者,但它的战略却更有长远性。

通用汽车20世纪90年代以来的全球战略就是在北美市场和欧洲市场竞争已成胶着态势的情况下调转枪口,将战火烧到日本本土。这当然是基于他们在20世纪七八十年代日美汽车大战中受创最深的缘故。为了走出困境,通用汽车花了最多的代价进行调整,甚至不惜屈尊与丰田合资。因此,在通用人的心中,日本汽车是其头号大敌。

但是,日本本土市场壁垒森严,多次努力均无明显效果,所以在20世纪90年代中后期,通用汽车终于决定重新战略性地定义中国市场，把中国市场看做通用汽车的全球“马其诺防线”，既可以牵制住日本人的手脚，也可以通过中国市场的成长来抵消日本市场的地位，还可以在适当的机会将其作为跳板直接冲击日本市场。

基于这一战略目的，中国市场在通用汽车的眼中绝对不仅仅是一个销售基地，更应当是“同盟军”，要想使中国这个“同盟军”发挥作用，就必须彻底地“武装中国”，为此通用汽车在中国采取了比所有的跨国汽车公司更加“本土化”的措施。

首先，与中国建立平等的伙伴关系。值得注意的是，通用汽车进入中国以来，从未寻求对其本土合作伙伴控股乃至独资的地位，所有6家合资公司的股权比例无一例外都是50:50，保持一种对等的地位。

这是通用汽车从大处着眼的手笔。自从中国放宽对外资企业的股权比例的限制之后，几乎所有的外资企业都通过增资来寻求外资控股或通过买断以成为独资。而通用汽车能够敏感地认识到与中国建立“同盟”战略成功的关键因素是不能因为争夺小利而放弃共同的立场。

“国产化率”问题也极好地反映了通用在协调伙伴关系上的高明手腕。中国汽车工业发展较晚，技术不过关，零部件工业存在着质次价高的弊端，但这只是产业发展初期必然会面临的问题，然而很多整车厂商以此为借口，不厌其烦地攻击通用汽车因本土采购的零部件成本高，而在中国采购零部件，导致性能差，他们便不愿在中国采购零部件。而反观通用，尽管国内采购成本比国际也高出20%，但它却聪明地提出“提高国产化能够加快适应性以及快速反应能力”，这种以小求大的策略自然更能得人心。

其次，着力培育合作方的研发与生产能力。早期进入中国市场的跨国汽车普遍的心态是，想在中国卖车却不想最终卖成中国车，也就是不想把自己的技术传给中国，日本车就是这方面的典型代表。作为中国的近邻和世界第二大汽车制造国，日本车在中国汽车产业结构的涉入程度上却远比欧美车低。许多人总以为这是日本企业缺乏长远战略的表现，实际上并不是这样的。日本企业在欧美市场早已实现本地化经营，但在中国却采用强势的出口战略，以丰田为例，20年来在全国的合资企业达到21家，为每年大量进口的丰田车提供服务，然而竟没有一个整车厂。但随着近年来中国汽车市场的发展变化，日本汽车企业也在逐渐改变这种战略，近两年不得不更深层次地卷入中国汽车产业链。

通用的做法就不一样。1997年，在进入中国市场之初，通用汽车就设立了本土的汽车设计中心，培养本土的设计人才，提高本土的设计能力，并率先给出“一年一个新车型”的承诺。

上海通用从1997年6月成立到1998年12月第一辆“别克新世纪”成功下线，创造了我国汽车工业有史以来的最快速度；连续推出别克GL8、GS、G等三款车型也只用了短短8个月的时间。近乎孤注一掷的15亿美元的巨额投入自然起到了巨大的推动作用，上海通用已经成为通用汽车全球五大样板企业之一，不仅开发了自主的精益生产体系SGM－GMS，而且为泰国通用、印度通用完成了上百人次的培训工作，在通用的亚洲版图里已处于领先地位。

最后，通用汽车采用“区域分割，鲸吞蚕食”的全面布局。通用汽车并没有把中国市场简单地当成一个统一的、不可分割的整体。由于中国地域辽阔，人口众多，中国的版图超过欧洲几十个国家的总和，人口也比整个北美洲还要多，在中国设立一个公司来引领汽车消费，占领全国市场显然是不可能的。

通用汽车认识到了这一点，短短几年，通用汽车在中国的区域布局已经北抵沈阳，南至广州，西及重庆，东达上海，全面地覆盖了中国汽车消费的重点区域。不仅如此，通用汽车从现状和发展的角度对不同的区域进行了不同产品布局（从中高档轿车、紧凑型轿车、休旅车、SUV到微型车)，无论是区域组合还是产品组合都构成了很大的竞争优势，现在通用汽车凭借着上海通用、金杯通用和通用五菱已经占据中国汽车重要份额。

通用汽车公司董事长兼首席执行官瓦格纳充满信心地表示："通用汽车一直以来都对中国的汽车市场充满信心，进入中国市场对于通用汽车来说是在正确的时机下作出的正确决定。通用汽车将继续充分利用我们在全球的丰富资源，以最快和最有效的方式拓展新的业务，扩大产品系列，使中国日益成熟的消费者能够有更多更好的个性选择，同时，继续与在华战略合作伙伴紧密合作，积极推动中国汽车工业发展得更高远更稳健。"

通用汽车中国公司近年来在中国的本土化战略成绩有目共睹，上海通用汽车、泛亚汽车技术中心等本地企业的迅速发展，使得通用汽车及其在华合作伙伴的市场拓展速度以及所提供的产品组合都遥遥领先于主要竞争对手。尤其是当各大汽车公司在华的竞争核心，逐渐转变为进一步追求可持续发展的能力、追求更先进的技术开发能力和产品设计能力时，通用汽车和其在华合作伙伴通过泛亚汽车中心毋庸置疑地走在了所有其他汽车公司的前面。

第二章

塑造形象：好品牌能帮你赚大钱

追求短期利润只会毁掉企业长期发展的根基,而这个根基的建立是以产品的质量做基础的,质量是最好的广告。

张瑞敏为追求声誉不惜代价

张瑞敏:张瑞敏于1984年临危授命,出任青岛电冰箱总厂厂长,使企业迅速扭亏为盈。张瑞敏因而荣获“中国经营大师”称号。1995年获中国科技大学工商管理硕士学位,现任海尔集团党委书记、董事局主席、首席执行官。

1997年荣获《亚洲周刊》颁发的“1997年度企业家成就奖”;1999年被英国《金融时报》评为“全球30位最具声望的企业家”第26名;2002年9月6日,荣获国际联合劝募协会设立的“全球杰出企业领袖奖”和“最佳捐赠者奖”,是国内唯一获此殊荣的企业家。

《福布斯》杂志根据2000年全球厨房家电销量及市场占有率对全球厨房家电品牌进行了排名,海尔雄踞第6位,

2003年8月美国《财富》杂志分别选出“美国及美国以外全球25位最杰出商界领袖”,在“美国以外全球25位最杰出商界领袖”中,张瑞敏排在第19位。张瑞敏将海尔带入了世界500强的殿堂。

张瑞敏的目标是使海尔成为一个真正的世界品牌。海尔的前身是由两个濒临倒闭的集体小厂合并而成立的青岛日用电器厂,由于技术落后,管理不善,人员素质差,企业举步维艰。1984年全厂亏空147万元。在这个时候,张瑞敏调人该厂任厂长,同年企业改名为青岛电冰箱总厂。

张瑞敏的第一个举措是首先提出了与当时的联邦德国利勃海尔工程有限公司“结亲”,专业生产大容积电冰箱的设想。1985年,四星级的“琴岛——利勃海尔”电冰箱正式投产,当年便

赢利248万元。随后连创历史新高——第二年创利税1000多万元,创汇300多万美元,经济效益增长44倍。此后效益便连年大幅增长,至2000年销售收入从348万元“膨胀”成全球营业额406亿元,出口创汇由零“攀升”至2.8亿美元,利税从10万元“裂变”到30亿元,创造了一个令世界震惊的“海尔神话”。2000年,“Haier”品牌的价值评估达到330亿元。张瑞敏把青岛电冰箱总厂“进化”成了集科研、生产、贸易、金融于一体,跨地区、跨行业、跨所有制、跨国经营的现代化大型企业集团,拥有产品包括42大门类8600多个品种,企业销售收入以平均每年82.8%的速度增长。2001年,集团工业销售收实现600亿元。据全球消费市场调查研究权威机构Euromonitor发布的2001年全球白色家电制造商排名,海尔在白色家电制造商中跃居全球第5。目前集团冰箱、冷柜、空调、洗衣机、电热水器、吸尘器等产品市场占有率均居全国首位。

从1984~1991年,整整7年时间里,海尔只做冰箱一个产品。张瑞敏把这7年称为海尔的“名牌战略阶段”。张瑞敏一上任就提出:“有缺陷的产品就是废品。”在这样的思想指导下,1985年,张瑞敏带头把76台有质量缺陷的冰箱全部砸烂。正是那把“闻名遐迩”的大铁锤,把质量意识结结实实地砸印在海尔人的心中。张瑞敏高擎振兴民族工业大旗,坚定不移地实施名牌战略,这是海尔树立品牌形象的关键步骤。

张瑞敏深信,产品质量是品牌生命的基础,海尔的名牌之路就始于质量管理。在整个质量管理过程中,海尔采取了日清管理法——今天的工作务必当天完成,必须比昨天有质的提高,明天的目标必须比今天更高。为了抓好产品质量管理,海尔制定了一套易操作的以“价值券”为中心的量化质量考核体系,行使“质量否决权”。即将每道工序质量责任的大小,编制质量责任价值券,出现质量问题均可当场撕券,罚劣奖优,及时兑现。此外,张瑞敏还给员工灌输“下道工序就是用户”的观念,进而创造出海尔产品的“零缺陷”。1988年,海尔获得了中国冰箱行业历史上第一枚质量金牌。1989年,冰箱企业发生“雪崩”的时候,冰箱厂纷纷降价以求生存,海尔反而做出了将价格提高10%的大胆决策。消息公布以后,海尔冰箱厂门前车水马龙。这出乎很多人的预料,但也充分说明海尔专心致志创名牌的战略符合了消费者的需求。

为了做好每一个产品,张瑞敏要求员工“每天比昨天做得更好”。他们每一个员工都人手一张“三E卡”,就是每天、每件事、每个人。每个人干完了今天的工作后必须填写这张卡片,每个月的工资跟这张卡片直接挂钩。这张卡把整个的工作、大目标分解到每个人身上。比如,冰箱生产共有156道工序,545个责任区,它们都落实到每个人头上,从而使得整个质量能够保证是优质。其中最关键的是员工的素质,也就是只有优秀的员工才能生产出优秀的产品。

当质量真正实现他们所倡导的“零缺陷”后,服务就成了打造品牌的另一个关键。随着家电业竞争日益激烈,国内各家电企业也开始注重产品质量,而这时海尔却把重点转向服务。海尔不仅仅强调售后服务,还强调售前、售中服务,到目前为止已全部实现国际星级服务。基于“向服务要市场”的理念,张瑞敏向消费者作出了“海尔真诚到永远”的全方位承诺,完善了“星级服务一条龙”的新概念,要求售后服务中心做到“电话铃响一遍有人接”,要求售后服务人员在用户家不抽烟、不喝水、不喝酒,不断向用户提供意料之外的满足,让用户在使用海尔产品时毫无怨言。

“用户永远是对的”,这是海尔服务理念的基础。这一理念所承诺的服务使海尔品牌与用户之间形成一种亲情般的关系。为了修一个冰箱,他们可以出动数人,在茫茫的内蒙古草原的泥泞里行进一天,在零点接到客户的维修要求后,他们可以乘坐飞机在天亮前赶到客户家中……这些,无疑增加了成本,减少了利润,但是海尔依然自我地坚信自己的理念。他们为品牌牺牲短期利润,实际上为自己取得长久的高利润打下了坚实的基础。目前在全国各大城市海尔都设立了“9999”售后服务热线，用户只需一个电话，剩下的事全由海尔来做。海尔人的真诚服务得到了用户的赞誉，提高了海尔品牌的美誉度。这是海尔的无形财富，也是海尔的动力源泉。

良好的服务是为了创造更大的市场。海尔为喜欢精致小巧家电的上海人送去了一种名叫“小王子”的瘦长型冰箱，一下子敲开了上海市场的大门；给既爱清洁又想节省水电的消费者献上了一种1.5公斤容量、3个水位、最小水位洗两双袜子的“小小神童”洗衣机，一下子激活了5～8月的淡季市场，给盛产红薯的西南地区设计了一种装有过滤网、加粗排水管，既可洗衣服又可洗红薯的洗衣机，一下子打开了当地的农村市场。

基于过硬的质量和良好的服务，张瑞敏“要么不干，要干就争第一”，他订出了海尔的每一种产品在国内市场中的份额不低于前3名的目标，拿下了亚洲第一代四星级电冰箱、中国第一代豪华型大冷冻电冰箱、中国第一代全封闭抽屉式冷冻电冰箱、中国第一台组合式电冰箱、中国第一台宽气候带电冰箱、中国第一代保温无霜电冰箱、中国第一台全无氟电冰霜……并使海尔电冰箱成为亚洲出口德国第一、海尔洗衣机成为国内出口日本第一，等等。

海尔的发展壮大，还有一个重要的原因是利用名牌优势，实施兼并战略。海尔集团从1988年兼并青岛电镀厂开始，在短短的3年之内兼并青岛空调器厂，4年之后兼并青岛红星电器集团、武汉蓝波希岛公司，到1997年兼并莱阳电熨斗厂为止，共兼并企业14家，投入资金7000万元，扭亏5.5亿元，盘活资产14亿元。凭借“海尔”品牌，盘活被兼并企业的有形资产，使原来已经凝固的有形资产实现快速增值，充分发挥名牌资本巨大的增值潜能。海尔成为了世界100强品牌。海尔的名牌真正树立起来了。

张瑞敏一直有一个梦想，就是不仅要创中国的名牌，也要创世界的名牌。为此，张瑞敏向海尔人提出：打出“海尔·中国造”！他要让海尔真正走向世界，使“海尔·中国造”为世界各地的消费者所喜爱。

实现这个梦想的第一步是张瑞敏设计的“三个三分之一”思路，即“国内生产、国内销售1/3，国内生产、国外销售1/3，国外生产、国外销售1/3”。海尔利用已经打出的名牌做基础，开始挺进世界市场。在很短的时间里，畅销北美、欧洲、中东、东南亚、日本等160多个国家和地区。在德国，一家权威检测机构给海尔冰箱5项8个“+”的成绩，超过了所有德国同类产品，名列第一；世界环境保护组织对海尔的无氟节能冰箱评价颇高，说“世界多一个海尔，地球多一份安全”；在法国巴黎CLIMA博览会上，海尔的空调变频技术轰动了各国客商，形成了一股强劲的“海尔冲击波”。

第一步是迈出去了，但为了真正站稳脚跟，巩固市场，进而拓展市场，张瑞敏决定实施“多元化战略”。这一决定是基于应对国际市场的强大竞争对手作出的。海尔进入了冷柜、空调、洗衣机等白色家电领域，后又进入黑色家电领域，电脑行业。

在确立了一定的基础后，张瑞敏开始了真正的国际化战略实施。前两步的坚实为这一战略的实施奠定了基础。由于海尔坚持创国际名牌，树立国际信誉，因此在国际市场上逐步树立了自己的良好品牌形象，在国际客商中树立了良好信誉。1998年11月27日英国《金融时报》进行的亚太地区声誉最佳公司评比，海尔被评为第7名，成为亚太地区进入前10名的企业中唯一的中国企业。1999年12月，《金融时报》公布全球30位最受尊重的企业家，张瑞敏荣居第26位。2001年第2期美国《家电生产商》杂志对全球家电制造商的前10位排名，海尔排在第9位，列日本日立公司之前。

海尔多年来的品牌塑造获得了成功，良好的品牌也带动了企业的不断增值，是企业扩大规模的有效途径。

赫尔穆特·庞克:毫不妥协的高档品牌

赫尔穆特·庞克:赫尔穆特·庞克曾经是一位核物理领域的专家。在慕尼黑大学取得物理学博士后,他进入瑞士核能研究所从事相关的研究工作。1978年,他开始在管理咨询公司麦肯锡从事顾问业务,成为宝马的咨询师。1982年,庞克进入宝马担任研发计划部门总监,从那以后,几乎在宝马的各个业务领域都留下了他的足迹。

赫尔穆特·庞克于2002年出任宝马CEO。2004年6月,庞克被《商业周刊》评为年度"欧洲之星"之一。2005年宝马公司在《福布斯》世界500强企业排名中位居第114位。

宝马是驰名世界的汽车企业,也被认为是高档汽车生产业的先导。宝马公司创建于1916年,总部设在慕尼黑。多年来,它由最初的一家飞机引擎生产厂发展成为今天以高级轿车为主导,并生产享誉全球的飞机引擎、越野车和摩托车的企业集团,拥有16座汽车制造工厂,员工总数超过10万名,每年制造100万辆汽车。通过分布全球的120个国家的行销公司,宝马公司所建立的顾客群达1000万人之众,奠定了宝马名列全球12大生产交通运输工具集团之一的地位,名列世界汽车公司前20名。宝马标志中间的蓝白相间图案,代表蓝天、白云和旋转不停的螺旋桨,喻示宝马公司渊源悠久的历史。

素以生产豪华轿车、摩托车和高性能发动机而闻名于世的德国宝马汽车公司,其轿车在国际上以高质量、高性能著称。宝马汽车公司经过20世纪50年代的经营困难之后,于20世纪60年代初陆续推出新车型。此后宝马公司就没有再亏损过,还相继收购了英国的陆虎和劳斯莱斯,成为一个后起的跨国大公司。

任何一个优秀的品牌,产品质量都是其赖以生存和发展的基础,宝马自然也不例外。1973年,世界性石油危机突然爆发,宝马公司汽车产量出现了大幅度的滑坡。接着德国政府又对汽车采取限速政策,同时规定星期日禁止汽车行驶,这给汽车销售带来了相当大的打击。

为了应付这次危机,宝马公司的研究人员坚持认为,产品追求质量,只要咬紧牙关,熬过当前的困境,前途就会是光明的。在当时公司有8万辆汽车滞销的情况下,他们还是决定不关闭新厂,继续生产,仍然狠抓产品质量。当时的新任销售主管汉斯·埃德曼·舍恩伯格向经销商们提供全力支持和配合。后来的销售成绩证明他们的决定是正确的。20世纪70年代中后期,宝马汽车的销售增长了30%,销售突破20万辆大关,并直逼30万辆的纪录。

以先进的技术、卓越的品质和优雅的风格而享誉全球的宝马汽车,由第一次世界大战开始,象征飞机螺旋推进器的蓝白圆形标志一直沿用到现在,宝马已经成为成功和信誉的标志,更是精湛的技术和流畅驾车的象征,只要有宝马汽车展示中心和服务中心,就会有BMW的统一标志,展现着"品质、效率和专业化"的品牌价值。

宝马品牌始终不移地将自己的目标客户定位为白领阶层的成功人士,突出其品位和身份。在某种程度上,宝马成为30~40岁之间事业有成的中年男性的象征。汽车的品质透过内在的东西表现出来，经久不衰。

同样的，创新是品牌永葆魅力的有效手段。当宝马从一个小型汽车厂发展成为颇具潜力的汽车公司时，公司高层决定在未来10年之内要使宝马成为德国排名第一的汽车品牌。

宝马在20世纪60年代就开始开发了三个系列的原型发动机，借此宝马在市场上占有了一席之地，但是多年来，他们在创新能力方面却没有明显的进步。就在宝马公司开发创新停滞不前的时候，奔驰公司却推出了一种小型车，并且在市场上反应良好，这对宝马造成了相当大的威胁。为了同奔驰争夺市场，宝马随即推出了最新发展的得意之作——宝马5系列车型，但是在市场上仍然敌不过奔驰汽车。

面对市场的失利，公司高层态度明确、语气坚定地表示，公司业绩不振的最大原因在于有太多的人害怕犯错误而不敢果断地放手去干，他一再强调，只有抛却故步自封的心态，公司才能突破停滞不前的难关。

针对奔驰的迎面痛击，宝马决定全面反击，最后对宝马7系列汽车进行改良。这个系列聚集了宝马30年代汽车的大成，新车一面世，立刻获得了全面的胜利。

1993年，大多数国家的汽车制造业被卷入一个全新调整时期，宝马适时地采取行动，结果成了德国唯一能够避免减时工作却又能创造利润的汽车制造商，交车数量达到534397辆，维持了汽车市场中高级豪华车种最成功品牌的地位。

经过多年的努力，宝马已经成功创立了一种轮廓鲜明的形象。但是为了满足不同地方市场的不同要求，宝马决定采取“品牌全球化——营销地方化”的营销战略系统。

在认同宝马“可靠性，安全性，质量，先进技术”的同时，各国又有所不同，如在荷兰，汽车的吸引力有赖于“内部品质”，如精工细琢的内部配置。与此相反，在奥地利，汽车可能也应该展示个人的自信，什么样的车显示出其主人是什么样的人，“车如其人”的观念在这里比其他任何国家都强。在意大利，人们十分希望车能符合驾驶员的个人风格，他们对设计和审美品质以及行驶中的动力表现的要求，使得人们发现意大利人对车的追求与其他国家的人迥然不同。

上世纪90年代，宝马抓住国际汽车市场调整和亚洲中产阶级崛起的机遇，适时地制定了一系列市场方略，如“最完美的驾驶工具”是宝马别出心裁的品牌定位，具有优雅风格的产品策略，追求成功的高价政策，以及广告宣传策略等。

“最完美的驾驶工具”的品牌定位结合了设计、动力与科技的三大要素。从而树立了宝马有别于奔驰“尊贵、传统、豪华”的形象，而展现“尊贵、年轻、活力”的全新形象，并且针对不同的宝马顾客群而有所侧重，使宝马在亚洲成为“成功的新象征”。

宝马的汽车种类繁多，从较小型、时髦的3系列，到提供安全舒适空间的5系列，再发展适合高级人员的7系列房车，直到独特优雅的8系列双门跑车，所有车系都具备了宝马汽车惯有的优雅风格，潜在的动力、高品质的做工，以及无与伦比的安全标准，从而进一步稳固宝马“成功的新形象”。

宝马的高品质、追求成功的高价政策，是基于宝马优于其他品牌的产品及具备完善的服务特性，以及宝马品牌象征的价值，从价位角度再次折射出宝马“成功的新形象”。宝马对亚洲市场的目标主要在加强宝马的形象，并赋予宝马的顾客一种价值：当和顾客接触时，他们无时无刻不忘传达宝马与生俱来的实力——创新、动力、美感，并通过多层次的广告、直销、不同产品的项目策划等宣传手段，来向潜在的顾客针对宝马的产品提供详尽的讯息，使宝马的品牌定位融入潜在车主中，加强车主与宝马之间的感性联结，在宝马的整体象征之下，一致地勾勒宝马产品与服务的组合等目的。

这一战略的成功实施，仅1994年，在亚洲市场，宝马共卖出2.5万部车子，整个市场占有率从原来的1.6%提高到2.1%，在他们设立的重点区域——印尼、中国台湾和香港3个市场，1994年增长率分别达到86%、70%和31%。

2002年庞克出任宝马CEO后，制定了“力争最优”的策略。他说：“我们的目标非常明确：就是使产品每个环节的质量与档次都成为全球汽车产业中的领先者。”为此，庞克将产品锁定为高档路线，坚决不生产那些节能、质低的某些大众汽车产品。宝马制定了追求个性化，按照订单生产的方针，每个月宝马车在某些方面都要有新的调整。庞克认为：品牌管理不仅仅是一个标志或阶段性的广告活动，而是要渗透到整个组织的精神中。在顾客购买前、购买过程中和购买后的每一环节，宝马都要力求为客户带来一种完美的品牌体验。

宝马集团的品牌战略就是专注于高档汽车品牌。这也是宝马管理高层的共识，宝马集团的优势是服务高档车市场，并且在高档汽车品牌方面有着丰富的经验。因此，公司历来都把主要精力集中在高档汽车品牌。公司最高管理层高度重视品牌管理，这也是宝马品牌成功的关键。正如董事长庞克在接受采访时表示的：品牌需要一种渗透到整个组织的精神，自上而下贯穿到公司所做的每一件事情当中。归根结底，真正的品牌管理需要理解一个品牌就是一个承诺，无论何时何地都必须遵守。如果有些事情同它相悖，必须确保这些事情不会发生。

宝马的品牌延伸也非常成功。近年来举办的宝马高尔夫球公开赛、一级方程式比赛，还有拍摄007电影系列等。此外，宝马还将品牌延伸到了服装领域。宝马服饰和汽车一样瞄准时尚、崇尚健康、喜爱运动的成功人士。宝马品牌之所以能延伸到服饰，是因为宝马品牌不仅象征着非凡的制车技术与工艺，还意味着“潇洒、优雅、时尚、悠闲、轻松”的生活方式，车和服饰都是诠释宝马核心价值观的载体。但无论延伸到那个领域，宝马都力求品牌形象的传播活动同其品牌内涵具有高度的一致性。

“宝马就等于形象、机力和性能”。宝马所代表的，是实际资产、竞争力和将来的丰厚利润。宝马成功的今天，得益于它的策略性管理，优越地位和口碑。

宝洁延伸品牌的无限风光

拉弗里：拉弗里于2000年出任宝洁总裁、CEO，在危机中力挽狂澜，开始了他的温柔革命。拉弗里认识到宝洁公司的新产品对技术的关注超过了对消费者的需求，所以他提出“顾客是老板”的口号，加强对消费者的感受关注。他摒弃了宝洁公司生产高价物品的做法，推出了既廉价又实用的产品。这一策略使宝洁迅速走出了危机。

2005年，拉弗里宣布并购老牌日用品生产商吉列公司，一举把宝洁送上全球最大消费日用品公司的宝座。在2005年《福布斯》排行榜上位居500强的第89位。在《福布斯》评出的“美国最具价值品牌”中，宝洁集团独占鳌头。

宝洁自1837年创办以来，一步步地从一家专门制造肥皂与蜡烛的公司发展成为经营着300

多个品牌并拥有 8 万多个产品及制造技术专利的全球最大日用消费品公司,拥有范围广泛并深受信赖的优质品牌组合,如:帮宝适、汰渍、碧浪、护舒宝、潘婷、品客、佳洁士、伊卡璐草本精华、海飞丝及威娜等。宝洁主要经营日化类护发护肤和婴儿用品,如海飞丝护发液、玉兰油护肤液、佳洁士牙膏、帮宝适婴儿尿不湿等。宝洁公司员工总数近 110000 人,分布于世界上超过 80 个国家和地区。

在 2005 年《福布斯》评出的“美国最具价值品牌”中,宝洁集团独占鳌头。宝洁之所以能有今天的如此成就,与它所倡导的品牌战略密不可分。品牌是开启市场之门的钥匙。宝洁取得成功的关键因素就是有效地利用了品牌战略,它让各种品牌分别占领市场,以巩固宝洁自已在市场中的领导地位。

宝洁在营造品牌方面一直遵循这样的原则,就是:消费者至上,不断创新,以人为本和热心公益、回报社会等。

消费者至上的原则是驱使宝洁深入了解消费者的基本动力。宝洁对顾客的来信一律都予以回应。不论是信件或电子邮件的摘录及来电的摘录等,都会定期传阅给品牌经理、产品开发部门、生产部门及高级主管。宝洁公司前 CEO 约翰·白波先生是这样解释的,他说:“宝洁公司所有产品都要经历两个关键考验:一是当消费者在店中购物之日,二是当消费者在家中实际使用之时。为经受住这两个考验,宝洁怎能不千方百计加强与消费者之间的联系?”

消费者是企业生存的依赖,这一点所有的企业都有着清醒的认识,但却并不是每一个企业都能做到的。宝洁的做法更值得借鉴。宝洁公司制定了品牌经理制。早在 1930 年,宝洁就已经推出了自己的品牌管理系统,迄今为止,宝洁已经培养了数以千计的优秀品牌经理,他们为企业创建、维护品牌作出了不可磨灭的贡献。宝洁后来实行的多品牌战略能够取得成功,很大程度得益于“专人负责、专项负责”的品牌管理系统。

品牌管理制度的建立依据这样的原则:消费者至上的原则;与消费者建立长期友好的合作关系;推出最优秀的产品;创造成功的品牌。品牌经理的职责就是营造一个能够维系与消费者长期友好关系的成功品牌。品牌经理必须深刻、准确了解消费者的需求,了解什么样的消费者才是宝洁真正的目标受众,然后制定相应的市场传播计划,包括产品命名、定价、终端促销策略,等等,这一切都是为了实现“消费者至上”的目的。当然,这一切都应该是能经受长期考验,是可持续发展的。最终的目的是通过这一切的努力在消费者心目中建立起一个好的品牌。

2000 年,拉弗里出任宝洁总裁,他提出的“顾客是老板”的口号就是“消费者至上”原则的延伸。2000 年前的宝洁陷入危机,正是偏离了这一原则,使宝洁的产品脱离了消费者。因此,他才提出要以消费者的需求作为产品研发的第一要务,“顾客是老板”是他始终倡导的经营理念。他还把零售商称作“在第一时间了解真相”的地方,把家庭称作“在第二时间了解真相”的地方,加强对消费者的感受关注。他摒弃了宝洁公司生产高价物品的做法,比如在中国市场生产类似“佳洁士”这样即廉价又实用的产品。

在塑造宝洁品牌的过程中,宝洁的广告更加促进了宝洁的成功,特别是宝洁的广告创意,优秀的创意策略能造就一个品牌,同样能让品牌在竞争中轻松胜出。宝洁的创意包括品牌命名、包装、视觉设计、广告词,等等,这些都赋予宝洁品牌以生命,这就是宝洁品牌长盛不衰的秘密。

企业的品牌和形象是企业的无形财产和无价之宝,一个企业在外界有了良好的信誉和形象后,其产品或服务就能受到普遍的信任和肯定,就能提高并长久地保持本企业在同行中的竞争能力。而企业的产品对企业的信誉和形象起着决定的作用。产品的质量是品牌赖以生存的基础,反过来,好的品牌又能传播企业的产品。树立令消费者信赖和忠诚拥护的品牌后,接下来在品牌延伸的基础上实行“多品牌战略”就要容易多了。

宝洁的做法是在原有的成名品牌基础上,开发新的产品,借助成名品牌推出新产品,使新产品能够沿袭成名产品在市场上的独特形象,这样就使新产品的定位更加容易,新产品的形象就很容易地塑造出来。

宝洁公司在推出每一件产品时,都使用代表公司形象的“P&G”标志并借助 P&G,推出一个个个性鲜明的新产品。上世纪 80 年代,宝洁最先进入中国的产品是“能够去除头皮屑”的“海飞丝”洗发水。这种新产品一上市,就凭借着铺天盖地的广告宣传抓住了中国广大消费者的心。接着,宝洁又不失时机地在中国推出了它的护肤产品:玉兰油。温馨的粉红色和充满人情味的广告画面,加上原来对海飞丝的好感,虽然价格昂贵,但仍使玉兰油成为当时高收入女士们的首选护肤品,购买和使用玉兰油俨然成为身份与地位的象征。

当海飞丝和玉兰油在市场上站稳了脚跟之后,宝洁又相继推出海飞丝洗发水的同类产品:飘柔和潘婷。新老产品交相辉映,让人们觉得不管是海飞丝,还是飘柔和潘婷,只要是宝洁出的产品,肯定是一流的好产品。消费者在信赖某一种产品的品牌时,更多的信赖是生产这些产品的厂家——宝洁的整体实力。

宝洁的这种品牌延伸战略,从香皂、牙膏、漱口水、洗发精、洗涤剂,到咖啡、橙汁、蛋糕粉、土豆片,到卫生纸、感冒药等横跨了清洁用品、食品、纸制品、药品等多种行业。在中国市场上,“舒肤佳”香皂,“佳洁士”牙膏,“护舒宝”卫生巾,“飘柔”,“潘婷”,“海飞丝”洗发精,“汰渍”洗衣粉均是宝洁麾下的品牌。品牌的延伸在于根据不同的市场和目标消费者,有针对地推出新的产品。如宝洁就利用洗衣粉的 9 个细分市场,设计了 9 种不同的品牌。利用一品多牌从功能、价格、包装等各方面划分出多个市场,满足不同层次、不同需要的各类顾客的需求,从而培养消费者对本企业某个品牌的偏好,提高其忠诚度。好比如属同一系列的洗发水:“飘柔”是顺滑,“海飞丝”是去屑,“潘婷”是营养,“沙宣”是专业美发,各类产品选定不同的消费群体。

在这样的战略下,宝洁在全世界自行研制开发了许多的品牌,针对世界范围内的不同消费者。随着竞争的加剧,宝洁开始采用收购的方式,增加品牌来增加竞争力。

拉弗里上任后,于 2001 年 5 月,以 50 亿美元收购了伊卡璐(Clairol)公司,2004 年 3 月又以 70 亿美元将德国的威娜(Wella)公司收入囊中,2005 年初更是收购了吉列。在拉弗里上任之前,通过购并方式获得新品牌或新产品的比重只占宝洁全部新品牌及产品的 10%,拉弗里的目标是要将比重升高到 50%。他大举收购其他公司的知名品牌产品,同时将很多工作转包给其他企业。2003 年 3 月他将全部的肥皂生产部门,包括宝洁最老的品牌“象牙”,转手给一个加拿大合同商,5 月他又将信息技术部门的工作交给了惠普公司。

拉弗里这样阐述自己的战略:“宝洁现在的任何举动都是以消费者推动和市场推动为前提的,我们不会做任何空穴来风的事情。”5 年前,宝洁收购美国第 5 大宠物食品公司爱慕思公司。针对宠物主人对宠物的百般呵护,爱慕思推出了一系列旨在延长宠物寿命的新产品,如减肥配方食品、抗氧化剂及防止牙垢的宠物护齿产品等,并计划研发宠物用的核磁共振成像仪。现在爱慕思已经一跃成为宠物食品的行业老大。

随着沃尔玛这样的大型连锁仓库型超市的不断壮大,及消费者对它们的信赖程度越来越高，拉弗里努力把宝洁和沃尔玛结成战略联盟。他知道，零售商是能够“第一时间了解真相”的地方，产品能为消费者所接触是营销最为关键的环节。

为此，宝洁派出300名员工专门负责监督公司分部向沃尔玛的供货。当沃尔玛面临产品被盗的问题时，宝洁当即对其产品外包装进行调整，以适应超市的防盗。宝洁2004年514亿美元的销售额中有18%来自沃尔玛世界范围内5100家超市的经营业务。另一方面，沃尔玛2560亿美元销售额中的3.5%归功于宝洁产品。

这也是品牌延伸的一种手段。宝洁公司品牌延伸模式的成功，给生产企业带来了全新的启示，但有一个总的原则没有改变：它的产品全是围绕着日用化学类的卫生保健用品。正所谓万变不离其宗。这也是宝洁公司成功的重要因素。

艾萨·坎德勒尔：好名称金不换

艾萨·坎德勒：艾萨·坎德勒1851年生于美国佐治亚州，39岁时，做出了一个令人困惑的决定：所有存货盘点清理，卖了5万美元，集中精力生产和销售可口可乐。从此，坎德勒便与可口可乐紧紧连在了一起。坎德勒有一句座右铭：“今天损失的可口可乐，明天再也补不回来。”正是他的这种思想使他成为大企业家。

坎德勒的广告意识是可口可乐成功的关键，到了1909年，坎德勒的可口可乐公司成了美国做广告最多的公司之一。

在2003年《商业周刊》评选的全球1000家最有价值的品牌中，它以704.5亿美元的品牌价值再次高居榜首。可口可乐公司在2005年《福布斯》世界500强企业中位居233位。

可口可乐公司的创始人艾萨·坎德勒曾经说：“假如可口可乐的所有公司所有财产在今天突然化为灰烬，只要我还拥有‘可口可乐’这块商标，我就可以肯定地向大家宣布：半年后，市场上将拥有一个与现在规模完全一样的新的可口可乐公司。”这句话淋漓尽致地阐述了品牌的巨大价值和影响力。

1886年，在美国传治亚州亚特兰大市，药剂师约翰·彭伯顿偶然发明了一种颇受欢迎的有色饮料。彭伯顿的合伙人之一——弗兰克·鲁滨逊最后想出了“可口可乐(Coca－Cola)”这个名字。这两个字是有意义的，一个代表南美洲的一种药草，一个代表非洲产的一种果子，Coca－Cola是药草与果子名称的结合。

可口可乐商标Coca－Cola名称简洁、明了，符合了人们的记忆规律和特点，另一方面，Coca－Cola同Cock(公鸡)相联系，Cola同Cold(冷的)相联系，一般文化程度的人都熟悉，从而可以强化识别性，加深人们的印象和记忆。Coca－Cola商标名称的最大特点就是不注重词语的含义而注重发音响亮。Coca－Cola词组短小精悍，具有独创性和独特个性，是独一无二、前所未有的商标，从而可以在世界上独领风骚，它能够使消费者把一个企业的产品与另一个企业的同类型产品区别开来。

可口可乐问世之后，以其独特的瓶型和红色的标志吸引了众人的目光，浅棕色的可口可乐在亚特兰大备受欢迎。1888 年，艾萨·坎德勒买下了 Coca－Cola 的专利经营权。1893 年，可口可乐公司成立。一个多世纪以来，随着优美特别的草书名称配成的富有特色的商标图案，以及特制的瓶装，在铺天盖地的强大广告宣传攻势推动下，可口可乐风靡全球，经久不衰。

可口可乐品牌的塑立首先要归功于坎德勒一切为客户着想的商业意识和一丝不苟的优良品格。坎德勒有一句座右铭："今天损失的可口可乐，明天再也补不回来。"客户从他那里得到了足够的自尊，感受到了坎德勒的自信。因此，所有的客户都乐于和他做生意。

坎德勒的广告意识是可口可乐迅速发展的关键。早在 1886 年 5 月 29 日，鲁滨逊就在《亚特兰大日报》上打出第一幅广告，强调它的饮料特点："可口可乐，可口！清新！快乐！活力！该新潮苏打饮料含有神奇可卡叶和著名可拉果特性。""Coca－Cola"第一次出现在广告里是印刷体形式，整个冬天鲁滨逊一直在设计手写体商标，终于在 1887 年 6 月 16 日的广告中第一次使用了今天大众熟悉的斜体字形。还用"活广告"来展示可口可乐怎么配成：一个穿着白色制服的侍者，把糖浆放入玻璃杯中加冰和苏打水，搅拌过后，送到顾客面前。给人一个干净、利落、芳香的形象。

坎德勒接手成立可口可乐公司后，于 1899 年，派其岳父霍华德到堪萨斯市，带去了一百箱带有可口可乐广告的扇子，向所有用得着扇子的人分发。霍华德把扇子拴在绳子上，再搭在肩膀上，从办公楼的最上一层向下走，见人就送。

可口可乐公司是美国南方的公司中第一家在全国性报刊上刊登广告的公司。1908 年，公司在美国建筑物的墙上刷制可口可乐标志的面积达 250 万平方英尺，在古巴和加拿大还有 1 万平方英尺，公司还拥有 1 万多个广告橱窗。公司还制作了最早的雕塑广告。这个雕塑矗立在费城和纽约之间的宾夕法尼亚铁路上，高达 32 英尺。从 1908 年起，成千上万的旅客就看到了这个不知疲倦的"年轻人"，终年不息地向一个玻璃杯倒那永远倒不完的可口可乐。到了 1909 年，坎德勒的可口可乐公司成了美国做广告最多的公司之一。

1923 年，亚特兰大的伍德瑞夫(Woodruff)担任总裁，展开可口可乐另一个重要的新纪元。他一直管理"可口可乐"60 多年，到他 90 多岁逝世为止。他采用了严格的质量管理标准，以保障不论在什么地方生产的"可口可乐"都能保持优良品质。

伍德瑞夫还着手在世界各地广泛进行销售和广告宣传活动。第二次世界大战爆发，美国在日本偷袭珍珠港之后卷入大战，伍德夫马上宣传"无论美兵所到何处，可口可乐公司将会在当地以每杯 5 分钱价格，供应'可口可乐'。"当地不少可口可乐公司的员工，为要实现这个承诺，在战地不幸失去生命。

可口可乐运用多样化的宣传形式，使其品牌深入人心。除了在电视、广播和大报刊定期做广告外，还做了许多赠品，如时钟、收音机、皮包、小刀、表带、纸牌、明信卡、唱片套，等等，还有飞机场的行李推车、超级市场的购物手推车——所有这些赠品均印上了可口可乐的商标。目的就在于树立商品和企业形象，提高知名度，经常保持与消费者的密切关系，从而促进销售。

可口可乐成名后，几乎天天都在电视、广播、报刊及各种活动场所做广告，可以说是不计成本地大量投入。伍德瑞夫有一句名言："可口可乐 99.61% 是碳酸、糖浆和水。如果不进行广告宣传，那还有谁会喝它呢?"1886 年可口可乐营业额仅为 50 美元，广告费却为 46 美元；1901 年营业额 12 万美元，广告费为 10 万美元，如今可口可乐每年的广告费竟超过 6 亿美元。

可口可赞助体育活动是其提升品牌价值的重要举措之一。1928 年在阿姆斯特丹，可口可乐第一次在奥运会登台亮相——1000 箱可口可乐与美国奥运代表团一起参加了奥运。从这一年起，可口可乐就成为奥运会的全球赞助商。2001 年 7 月 13 日，在亿万中国人沉浸在申奥成功的喜悦中时，可口可乐公司的几辆送货车正疾行在北京的街道上，它们的目的地是分别坐落在北京东南西北的几座大型超市，为的是赶在第二天大清早超市开门前将一种庆祝北京申奥成功的特制"金罐"饮料摆上货架。

可口可乐的这款申奥成功特别纪念金罐，以代表喜庆的金红两色作为主调，加入了长城、天坛等北京的代表性建筑以及各种运动画面，罐身图案中央，可口可乐从古典弧形瓶口飞溅而出。纪念金罐共限量生产 3 万箱、72 万罐。

1974 年以来可口可乐公司一直与国际足联保持密切的联系。可口可乐与国际足联合作，成为每届世界杯最主要的赞助商之一。可口可乐公司与所有 6 个洲际足联都有联系，并且赞助欧洲、亚洲、南美、非洲四大足联的重大比赛。

可口可乐让人感到了它的无处不在，正如可口可乐公司前任总经理唐纳德·基欧所言："所有的红白相间的广告标志、红色卡车和自动售货机、喷泉式饮料机和零售商招牌、菜单和冷柜、红太阳帽和 T 恤衫、可口可乐爱好者随处堆放的红色易拉罐和红色标签瓶子，所有这些都保证了可口可乐永远不会被消费者遗忘。"

可口可乐还善于用其包装和巧妙的商品命名，为自己做广告宣传。如造型独特的玻璃瓶，瓶子造型美，容量恰到好处，刚好一杯。但因为造型巧妙，给人多于一杯容量的印象。另外，瓶型易于握紧，不像其他瓶子那样容易滑落；最主要的是，它能起到广告宣传的作用，瓶上除了印有可口可乐的商标、品名外，更因为它的造型独特，易于突出可口可乐的独特形象。

从 19 世纪诞生到现在，可口可乐在全球分销和特许经营的国家已将近 200 个，消费者每日饮用 10 亿杯可口可乐公司的产品。它已成为历年来全世界最著名的品牌之一，而且是世界上最大的软饮料生产企业，在世界饮料市场的前五名品牌中，可口可乐就占了四位：可口可乐、健怡可乐、雪碧和芬达。

如今的可口可乐已经成为了一种全球性的文化标志，但是在风靡全球的同时，可口可乐仍然保持着清醒的头脑，没有一味地传播、销售美国观念，而是在不同的地区、文化背景、宗教团体和种族中采取分而治之的策略。比如可口可乐公司的广告口号是"无法抓住这种感觉"（Can't beat that feeling），在日本改为"我感受可乐"（I feel cola），在意大利改为"独一无二的感受"（Unique sensation），在智利又改成了"生活的感觉"（The feeling of life），广告信息始终反映着当地的文化，本土化随处可见。

可口可乐的这种本土化，并没有改变自身地形象，反而增强了品牌的力度，更好的宣扬了品牌。给消费者的感觉是它到什么地方就变成了自己的产品，如在美国，它会产生"自由、解放和美国梦"的品牌联想；在英国，它则体现"生活愉快、爱情幸福"的品牌个性；在中国，它从来不渲染"美国血统"，而将口味微调至符合中国的口味，甚至南方、北方都有所差异，使品牌和消费者之间产生了亲近感，体现了其"顾客永远是上帝"的理念。

可口可乐公司一贯推行低价策略，从 1886 年到 20 世纪 50 年代，每瓶可乐的价格只有 5 美分，今天它与同类商品相比也不是很贵。因此，第三世界国家的人们也买得起。就是在困难时期，可口可乐仍畅销不衰。在 20 世纪 30 年代经济大萧条和最近的不景气时期，可口可乐的制造商们仍财源滚滚。

可口可乐推行低价的同时，另一个突出特点是随处可见，想买就能买得到，给消费者一种可口可乐就在身边、就在眼前的感觉。要做到这一点，可口可乐采取了如下的策略：从最早的散装改为桶装，又有了瓶装，后来又有了 PT 瓶和易拉罐，对顾客和中间商来讲，可口可乐成了最便于携带的饮料；可口可乐用授予特许罐装权的方法，在全球发展了众多的成品罐装厂，而这些厂必须用可口可乐提供的原浆进行配制与罐装，分销至当地的市场；可口可乐分销通路体系是全世界最为复杂的，该体系有 2 万名员工和相关的 100 万人，主要完成营销的后勤保障工作，将可口可乐分销至世界的各个角落。

畅通全球的营销网络和花样繁多的宣传手段是使可口可乐在市场竞争中一直处于领导地位的原因。100 多年的发展，使其树立了“世界第一饮料”的形象，也使可口可乐的品牌不断升值，凝聚了巨大的品牌力量。

吉姆·坎塔卢波：一切为你

吉姆·坎塔卢波：吉姆·坎塔卢波 1974 年加入麦当劳，1987 年成为麦当劳国际的董事长兼 CEO，随后在 1991 年担任麦当劳全球总裁兼 CEO。坎塔卢波因成功开拓了俄罗斯、中国和东欧市场而广受好评。1999 年，坎塔卢波成为麦当劳全球总裁和副主席。2001 年 4 月，坎塔卢波宣布退休，但他同意继续留在麦当劳 1 年以帮助管理层交替的顺利进行。

在 2002 年 11 月，著名财经杂志《福布斯》全美最大 500 家私人企业排名中，麦当劳以 45 亿美元的业绩位列第 27 位。2003 年 1 月 1 日，坎塔卢波重回麦当劳，出任全球董事长兼 CEO。

美国麦当劳是世界上最成功的连锁餐饮企业之一，它的成功不仅表现在商业运作和收益上，还表现在它体现了一种深层次的饮食文化。麦当劳奉行的是“一切为你”的经营理念，使其在世界范围内迅速扩张，成为饮食业的旗舰。

麦当劳最先由麦当劳兄弟所创立，后来他们将麦当劳的观念、品牌以及汉堡包等产品，卖给从事销售工作的科罗克，让他继续经营。麦当劳以独特的行销策略，迅速发展壮大。1992 年营业额达到 71 亿美元，资产总额为 11 亿美元。麦当劳的品牌也随着经营的扩大，价值在不断上升，1996 年达到 189.2 亿美元，1997 年达到 199.39 亿美元，1998 年达到 262.31 亿美元，近年来也有大幅提高。麦当劳的成功自然有其独到之处。

塑造一个品牌，需要各方面的配合与协作，从各个方面围绕中心品牌来服务。如麦当劳用色彩组合出的独特的品牌标志，金色拱门和大 M 标志，推出的麦当劳叔叔欢迎来客等，这是塑造麦当劳品牌的外在东西。

除了色彩组合的品牌标志，1952 年，麦当劳兄弟为了开展特许经营业务，决定请建筑师梅斯顿进行设计，在凤凰城开设一家标准店。对于梅斯顿的设计，麦当劳兄弟认为缺乏变化，就在画稿上画了两个大拱门。在与梅斯顿的激烈争论后，麦当劳兄弟权衡后，为了既尊重梅斯顿，又坚持自己的意见，在梅斯顿建设标准店的时候不设拱门，待完工之后，又请了霓虹灯公司安装上了双向拱门，这不但使建筑看上去生动、富有变化，后来更成了麦当劳店面的象征。

麦当劳叔叔是麦当劳快餐店的主体标志，它就在门口，很容易引起消费者的注意，尤其是孩子们的好奇，而这正符合了麦当劳紧密围绕家庭为主的目标顾客群。麦当劳叔叔为传播麦当劳品牌作出了巨大的贡献，已成为知名度非常高的公众形象，深受孩子们喜爱。

品牌树立的基础是优良的产品和专业的服务。麦当劳的快餐并不一定是世界上最好的，但麦当劳的专业形象却让人们普遍认为它就是世界上最好的快餐店。而这个专业的形象就来自于专业的服务。“一切为你”的经营理念就是最好的总结。为此，麦当劳要求所有员工一定要做到 TLC 这样的服务。

“T”是英文 Tender 的第一个字母，即细心、仔细。麦当劳的要求是：员工在服务时必须全身心投入，细心地为每一位顾客服务，不忽视任何一个细微环节。“L”是英文 loving 的第一个字母，即爱心。麦当劳不仅注重赚取利润，同时还关注社会公益事业，为此经常出资赞助社会慈善事业，以此来尽一份自己的社会责任。“C”是英文 Care 的第一个字母，即关心、关怀。麦当劳要求对待特殊顾客，如残疾顾客，更要周到服务，使他们像正常人那样可以愉快地享受到在麦当劳用餐的乐趣。在要求这些的同时，员工的工作还必须是高效率的，是勤劳、快捷、准确的。

专业的服务首先要有一个专业的态度，那就是麦当劳的员工必须尽职尽责，服务好每一位顾客。比如，在经营的过程中，必须非常重视一些重要的词汇，保持新鲜、优质、足量、公平、快速、准确、迅速、热情、微笑、充满生机、清洁、整齐、卫生、快乐之家、家庭餐厅，等等。

这些词汇既包含了公司对自身及员工素质的要求，同时又包含了公司所期望提供给顾客的心理感受。这些正好弥补了麦当劳公司经营中的不完善之处，使其深入员工心中，成为了顾客对麦当劳公司形象的认同之处。

这样做的目的就是为了让所有的顾客都满意。顾客永远是上帝，服务务必让顾客感到“完全满意”。作为餐饮零售服务业的龙头老大，麦当劳将服务视为生命。每个进入麦当劳的员工所需做的第一件事就是接受培训，学习如何更好地为顾客服务，让顾客百分之百的满意。麦当劳公司要求员工：

顾客排队购买食品时，等待时间不超过 2 分钟，要求员工必须快捷准确地工作。服务员必须按柜台服务“六步曲”为顾客服务，当顾客点完所需要的食品后，服务员必须在 1 分钟以内将食品送到顾客手中。顾客用餐时不得受到干扰，即使吃完以后也不能“赶走”顾客。

麦当劳专业的形象还体现在其产品的标准化方面。麦当劳是一个标准化的企业，在全世界的每一个店铺的产品和服务都是一致的，这就是麦当劳的魅力之一。麦当劳有一本厚达 385 页的《麦当劳手册》保证运营的标准化。产品标准化是麦当劳标准化体系的重要内容。

一个优秀的品牌要保持长久的生命力，在保持同一品牌的同时，还必须随着市场的变化而有所创新。麦当劳产品标准化并不意味着固定不变，实际上麦当劳在不断地创新产品。在一般情况下，麦当劳总有 20 种新产品处于不同的试制阶段，以保证有源源不断的新产品问世。

麦当劳自成立后，就一直在努力寻找与消费者的契合点，一直在随着消费者的变化而求变，它能很准确地把握住顾客的新趋向，并且随时配合这种动向弹性而机动性地调整，并配合时代的讯息，做企划性的新发展。如开发汉堡早点服务等，许多基本概念都为当今的速食业创造出新的领域。

麦当劳在不久前，又打出 QSCV 的理念，就是：

Q－Quality——以百分之百纯牛肉为代表的高品质。

S－Service——舒适又迅速的服务。

C－Cleanliness——清洁的环境。

V－Value——高附加价值。

多年以来，麦当劳都是紧密围绕家庭为主的目标顾客群，并且成功地确立了“家庭”快餐的全球品牌形象，后来，麦当劳开始转向25～35岁的年轻人群，也是为了顺应市场的变化。“家庭”市场面对激烈的竞争，整个行业的利润也被逐步削薄。而全球社会晚婚晚育和独身的现象，以及单身和丁克家庭日益增多，这个新兴的“年轻人市场”表现出的旺盛消费力。麦当劳开始关注这一消费群体，推出了“我就喜欢”的广告语，道出了现时大多数年轻人的“心声”，符合当下年轻人的消费习惯。而且近年来，麦当劳的宣传广告语从“更多选择，更多欢笑”，到“常常欢笑，尝尝麦当劳”，再到如今唱满全球的“我就喜欢”，都体现着麦当劳的变化和创新。

为了配合新的品牌战略，2004年，麦当劳宣布与NBA休斯敦火箭队的中国球员姚明签约，姚明也正式成为了麦当劳的品牌代言人。麦当劳的执行副总裁拉里.赖特说：“姚明赋予了麦当劳品牌所需要的一切优点：年轻，充满乐趣并且富有运动精神，这和当代消费者以及文化的发展趋势非常吻合。姚明独一无二的伟大人格和超越国界的影响力，非常适合我们最新的全球推广战略。”

麦当劳还成功续约成为2006至2012年夏、冬季奥运会的全球合作伙伴，麦当劳首席执行官吉姆·坎塔卢波表示：“麦当劳作为奥运会的合作伙伴迄今已近30年，因为我们信仰奥运会的精神和理想，而且为此深感自豪。作为每天向4700万顾客提供服务的闻名世界的品牌，我们和奥运会一样坚持团队精神、精益求精、追求完美的原则精髓，这也是奥运会成为全世界优秀楷模的原因所在。”

首席执行官吉姆·坎塔卢波说：“我们继续成为今后8年的奥运全球合作伙伴体现了我们对奥运重要性的支持，鼓励大家通过体育运动受益，形成平衡而积极的生活方式。”

麦当劳的品牌从创立，到真正被人们所认同，走过了很长，也很艰辛的路程。麦当劳仍然在不断地创新，以适应消费的变化，使这个全球餐饮业的旗舰能够长久地发展下去。

希尔顿的无价微笑

康拉德·希尔顿：康拉德·希尔顿出生于1887年圣诞节那一天。1904年，年仅17岁的希尔顿在父母支持下，开始独立经商。1907年，为了摆脱危机，全家腾空房子开办了“家庭式旅馆”。这种经历为希尔顿日后经营旅馆业提供了很好的锻炼机会。第一次世界大战后他收购了莫布利旅馆，后来又与人合伙买下了华斯堡的梅尔巴旅馆、达拉斯的华尔道夫旅馆。希尔顿的旅馆业开始蒸蒸日上。

他所创立的国际希尔顿旅馆有限公司，在全球已拥有200多家旅馆，资产总额达数10亿美元，每天接待数10万计的各国旅客，年利润达数亿美元，雄踞全世界最大的旅馆的榜首，也位列《福布斯》世界500强企业之中。

康拉德·希尔顿说:“你必须怀有梦想。”这位驰誉天下的“旅馆业大王”在晚年的自传中,揭开了他发家的奥秘:“我认为,完成大事业的先导是伟大的梦想。”“我所说的梦想和空想是截然不同的。空想是白日做梦,永远难以实现。也不是人们所说的神的启示。我所说的梦想是指人人可及,以热诚、精力、期望作为后盾,一种具有想象力的思考。”

康拉德·希尔顿正是在梦想的驱动下创造了伟大的业绩,但与他的梦想同样重要的是微笑。因为在他取得了一定成绩之后,却无法再有更大的发展,他为此苦恼不已,是母亲给了他事业更上一层楼的法宝。

经过希尔顿的苦心经营,他的第一家旅馆的资产达到了5100万美元,他自豪地将这一切告诉了母亲,并要求接母亲一起去得克萨斯州居住。他的母亲是一个传统的妇女,在听完儿子的讲述后,她告诉儿子他离成功还很远,想要成大事,就必须把握住比这5100万美元更珍贵的东西。母亲说:“你除了诚实外,还要想方设法让每一个住进你旅馆的人感受到家的温暖,这样,他们会永远记住你的旅馆,他们下次有机会一定会再来住你的旅馆。你要想出一种简单易行的方法去吸引顾客,这样你的旅馆才会有前途。”

母亲的提醒,使希尔顿在苦苦思索后终于想到了母亲所说的就是微笑,只有微笑才能发挥如此大的魅力。于是,他要求企业的员工不论什么情况下,都必须对顾客保持微笑。

第二天,希尔顿的第一项工作便是把手下所有的雇员找来,向他们灌输自己的经营理念:“微笑,我们要让顾客有回家的温暖,微笑是很重要的,以后我们工作的重要标准就是,今天你对客人微笑了吗?”

将“今天你微笑了吗”奉为座右铭,莫布利旅馆的生意一天比一天红火。接着,希尔顿又引进了军队中的团队精神,即荣誉感加上奖励,把旅馆的经营好坏和每一名员工联系起来,并直接和经济效益挂钩,从而大大激发了员工的工作热情。团队精神成为希尔顿经营旅馆业的第二个准则。

随着莫布利旅馆的经营成功,希尔顿又与人合伙买下了华斯堡的梅尔巴旅馆、达拉斯的华尔道夫旅馆。希尔顿也凭着他“一流设施,一流微笑”的信念,使创业之路越走越宽,希尔顿的旅馆业开始蒸蒸日上。在又购买了几家二手货的旅馆之后,希尔顿产生了厌倦感,他内心萌发出一个更伟大的梦想,要建造自己的新旅馆。

1925年8月4日,希尔顿建造的拥有“一流设施”的达拉斯希尔顿大饭店竣工。加上“一流的微笑”,该饭店生意十分红火。到了1928年圣诞节,希尔顿41岁生日这一天,他的梦想都在一一实现着,并且速度大大超过了一年一家旅馆的计划。除达拉斯外,在阿比林、韦科、马林、普莱恩维尤、圣安吉诺和拉伯克都相继建起了希尔顿饭店。

希尔顿的梦越做越大。他成立了希尔顿饭店公司,把所有的连锁店统一起来。他决心向更广阔的世界去扩展。作为这项计划的第一步,就是在西部大城市艾尔帕索建造一座希尔顿大饭店。1929年,随着美国历史上规模较大的一次经济危机的爆发,艾尔帕索希尔顿饭店也完工了,此时美国的旅馆酒店业有80%倒闭,希尔顿饭店也陷入了困境。希尔顿的旅馆也一家接着一家地亏损,一度负债达50万美元。

此时希尔顿“微笑”策略受到严重挑战,他要求员工:“请各位记住,在经济恐慌的年代,万万不可把我们心里的愁云提到脸上,无论旅馆本身遇到多大的困难,我们脸上的微笑都应当成为旅客的阳光。”在经济危机的年代,无论旅馆本身遭遇的困难如何,他的员工始终坚持微笑待客,也只有希尔顿旅馆服务员脸上的微笑永远是属于顾客的,这给人们留下了深刻而美好的印象。希尔顿饭店的服务人员凭借着其永恒美好的一流微笑，感动着四面八方的宾客。优质服务为希尔顿带来了超值的回报，顾客们的口碑使得希尔顿酒店名声远播，客流不断。而希尔顿的成功恰恰就是让每个员工都把“顾客至上”作为工作的最高任务来完成。终于，持之以恒的微笑收到了出人意料的效果。在1933年，顺利地渡过难关。经济萧条过去后，希尔顿旅馆率先进入繁荣时期。很快，他又买下了北山旅馆和朗浮城的葛莱格旅馆。

不久，希尔顿旅馆紧接着充实了一批现代化设备。此时，希尔顿到每一家旅馆召集全体员工开会时都要问：“现在我们的旅馆已新添了第一流设备，你觉得还必须配合一些什么第一流的东西使客人更喜欢呢？”员工回答之后，希尔顿笑着摇头说：“请你们想一想，如果旅馆里只有第一流的设备而没有第一流服务员的微笑，那些旅客会认为我们供应了他们全部最喜欢的东西吗？如果缺少服务员的美好微笑，正好比花园里失去了春天的太阳和春风。假如我是旅客，我宁愿住进虽然只有残旧地毯，却处处见到微笑的旅馆，也不愿走进只有一流设备而不见微笑的地方……”

就是这个“一流设施，一流微笑”的宗旨支持着希尔顿的事业蒸蒸日上。1946年5月，希尔顿成立了他的希尔顿旅馆公司。第二年，这个公司在纽约的证券交易所上市：这是有史以来第一家正式上市的旅馆企业。

1949年10月12日，希尔顿将有纽约“旅馆皇后”之称的华尔道夫－阿斯托利亚大饭店收购，这是当时世界上规模最大、最豪华、最宏伟壮丽的饭店。20世纪50年代，希尔顿不满足于仅在美国创业，他又在全世界营造自己的“旅馆帝国”，伦敦、曼谷、墨西哥、柏林、罗马、马德里、巴格达、雅典、马尼拉、东京、香港、哈瓦那、新加坡、开罗……希尔顿饭店相继开业。到了20世纪70年代末，只有5000美元起家的小旅馆，在先后吞并了号称“旅馆之王、旅馆皇后”等大旅馆后，遍布于世界五大洲各大城市，成为全球最大规模的旅馆业主。

1979年，康拉德·希尔顿去世，留下了遍布世界的“一流设施，一流微笑”的希尔顿饭店。

在国际旅游者眼里，希尔顿是首选，这是由于其独特的选址战略：在世界各大国际机场和各大城市的中心地带、金融商务区，都可以看到希尔顿酒店的身影。更是由于无论在哪里的希尔顿酒店都会让顾客有“似曾相识”的感觉，这种感觉除了比如房间的设置都会被划分为办公区、放松区和盥洗区等，更重要的是来自于希尔顿酒店所有人的真诚微笑。

为了不断提升品牌的价值，希尔顿每年有很多创新产品，如专为商旅人士定做的“希尔顿会议室”，被媒体称为“艺术级”的会议设施。同时，为了提高旅客忠诚度，希尔顿还发起了一个奖励活动，凡入住希尔顿的旅客均可赢得积分，以及50多个航空公司的飞行旅程积分。2004年，希尔顿还打出了“消闲”的口号，添置了一些叫做“希尔顿休息间”的房间。这种新型房间试图营造这样的 种环境：旅客可以在其中恢复体力和精神。在广阔的空间中，可调光的照明设备或明或暗，空气中散发着新鲜的水果味道和花香，有助于旅客从一天中的繁忙中彻底放松，得到最好的休息。现在，连对酒店工作人员的服装要求也大为放松，员工甚至可以穿着自己喜欢的衣服为客人服务。但唯一最严格的要求就是：“你今天微笑了吗？”

希尔顿酒店被评为“全球最佳连锁店”已经不是第一次了，在众多独立调查中，希尔顿都被看作最好的酒店品牌之一。历经多年的风雨，“希尔顿”如今几乎已经成为连锁酒店的代名词。

希尔顿品牌的微笑服务是使得酒店的生意获得空前成功的最大原因。事实上，在全球，凡是光顾过希尔顿酒店的顾客和各种媒体的传播已经使得希尔顿酒店名扬全球。但追究其称赞的原因,却无一例外地都会提到希尔顿酒店的管理宗旨:“你今天微笑了吗?”在希尔顿员工的微笑中,旅客感受到的就是那种像家一样似曾相识的感觉,得到最尊贵的尊重。

酒店的创始人希尔顿每天到酒店工作时,停留的时间最长的不是在办公室,而是在酒店的各个工作岗位上。他会不断地告诫员工:“你今天对客人微笑了没有?”他的这种告诫不单单只是对普通的员工,而是上至总经理和他自己,下至最基层的员工全部一视同仁。

希尔顿酒店之所以发展到如此规模,足以说明“微笑”所产生的巨大吸引力。“微笑”是不见金钱的资本,确实是生意兴隆的法宝。

汉斯·威尔斯多夫追求的经典永恒

汉斯·威尔斯多夫:汉斯·威尔斯多夫1881年出生在巴伐利亚的一座城市。他年轻时就涉足国际商业。开始时做养殖珍珠的生意,19岁留居瑞士拉夏德芬,为一家专门出口的钟表制造厂作代理。1905年,他和一个姓戴维斯的英国人合伙在伦敦创办了“威尔斯多夫与戴维公司”,开始经营钟表业务。

1908年7月2日,威尔斯多夫在瑞士的拉夏德芬注册了劳力士(ROLEX)商标,在2005年《福布斯》世界顶级品牌排行榜中位居第7位。

劳力士表现在是一种身份的象征,这是劳力士品牌所赋予的内涵,也是其品牌价值的体现。在素有“钟表王国”的瑞士,享誉世界的知名品牌有诸如欧米茄(Omga)、浪琴(Longines)、芝柏(Grado Permgaux)、对爵(Plaget)、百达翡丽(Patek Philippe),等等,并且在国际钟表市场上称雄了300多年。这个仅有600万人口的国家里竟开设有7所钟表技术学校,共有1600多家钟表厂,钟表出口额高达10亿美元,成为瑞士的重要经济支柱,更是造就了劳力士这个象征着奢华、地位的世界品牌。

汉斯·威尔斯多夫于1908年注册的劳力士(ROLEX)商标,于1910年上市了第一批经过改进的、精小准确的劳力士手表。为了打响第一炮,劳力士钟表公司作了精密的广告策划,以“人无我有,人有我好”的广告词树立自己的品牌形象,也因它高超的技术质量而立即受到重视。劳力士手表一经推出即引起了消费者极大的兴趣,大家争先购买。

劳力士手表享誉世界近一个世纪,至今仍是全球最负盛名的品牌之一。这首先源于其精工细作带来的上乘的质量。为了实现自己的承诺,使产品具有独特个性,劳力士便在走时准确上下功夫。它使用最优质的不锈钢作原料加工部件,以最精密的仪器设备装配手表。并采用现代科学管理办法管理一切生产流程,使其生产的表走时误差最小,保持了“人有我好”的质量优势。

1914年,劳力士的一款小型腕表获得英国KEW天文台颁发的A级证书,这是权威天文台对钟表精确度的最高级别认可,也是对其质量的高度认可。这一殊荣使得劳力士身价倍增,此后数十年,劳力士成了“精确”的代名词。

劳力士的发展史也是一部不断创新的历史。刚刚结束一战的1926年,劳力士即推出了世界上第一只防水防尘表,即著名的劳力士“蚝式(OYSTER)”表。1927年,一位英国女游泳运动员戴着这种防水表横渡英吉利海峡。在水中整整浸泡了15个小时后,那只劳力士表仍旧分秒不差,运转如常。当时,这件事被英国媒体称为“制表技术最伟大的胜利”。劳力士由此奠定了在手表防水技术上的领先地位。

1929年的经济危机打击了瑞士,但劳力士却没有受影响。它在这一时期又发明了一种自动上链的机制,造出了后来风靡一时的“恒动”(Perpetual)型表。这种自动表拥有一种摆陀,之前在手表上从未用过,它给钟表业带来了一场革命,是目前所有自动表的先驱。其后,劳力士又出产了带有日期的表,及能用26种语言表明日期和星期的表。这些不断的创新,使劳力士的形象不断深入到消费者心中。

劳力士手表在不断增加功能的同时,又推出了特有的专业功能,很快受到了全世界专业人士的推崇。1955年劳力士发明飞行员手表,以便人们在不同时区测量精确的时间。同年,劳力士为深海潜水员研制的潜水表问世,其防水深度达到100米。

其他的专业手表还有:探险家型Ⅱ(EXPLORERⅡ),附带24小时红色辅助针,以方便探险爱好者辨别日夜。潜航者型(SUBMARINER),防水深度超过300米。游艇名士型(YACHT MASTER),配有可旋转外圈,方便计算时差。格林尼治Ⅱ型(GMT MASTERⅡ),其可转动外圈及24小时指针,不仅同时显示两个时区时间,更可将时针独立移动至另一时区,而无须移动分针及秒针。宇宙计型(COSMOGRAPH),为一款多功能手表,能满足工程、运动及商业等多种需要。

面对20世纪70年代兴起的电子表和石英表的挑战,“劳力士”没有畏缩,而采取了奋力抗争姿态,在充分发挥其原有优势的基础上,积极开发劳力士的石英表,保持了市场的占有率。

在不断推陈出新的基础上,坚持不懈而又独特的广告创意使劳力士更加深入人心。最典型的一款广告是1978年推出的。1978年,霍尔德·梅斯纳——全世界公认的杰出登山健将,他创造了令全世界为之瞠目的壮举:他令人难以置信地不配带氧气瓶而登上了海拔8848米的世界最高峰——珠穆朗玛峰,为此创造了人类挑战极限的奇迹。

而当梅斯纳站在珠峰之巅,骄傲而自豪地举腕宣称:尽管我不带氧气瓶,却不会不带上我的“劳力士”。梅斯纳带着“劳力士”去登山,无异于使劳力士手表登上了世界手表业的巅峰,令世人再次为之瞩目,为之倾倒。劳力士也随着这一奇迹传遍了世界的每一个角落。

这体现了劳力士在广告策划上的匠心独具之处。谁都知道“劳力士”手表是高档名牌产品,专供富有的上层社会人士佩戴,而梅斯纳曾经成功地登上过6座海拔8000米以上的山峰,是著名的登山健将,况且登山者不戴上一块可以信赖的、走时准确的表,简直是不可思议。选用梅斯纳戴着“劳力士”手表登山的照片作广告,可以令人信服。其手表性能之优良,与破登山纪录的健将一样出类拔萃。

劳力士手表厂商广告策划的匠心独具一直渗透在其整个的发展历程中。

劳力士最初使用的标志是一只五指伸开的手掌,寓意其产品完全靠手工精制,后来逐渐演变为现在人们所熟知的皇冠,展现着劳力士在制表业的帝王之气。

安德烈·海尼格继承、发扬光大着劳力士,他的灵感和热情,追求完善的性格,都与劳力士有着共同之处。他忠实地继承了劳力士创始人汉斯·威尔斯多夫的事业,不断提高劳力士的质量,进行技术革新,为企业走向国际化奠定了坚实的基础。

他最先决定将企业的总部从市中心搬到了郊区一所漂亮的新楼里。然后,他开始了跑遍世界的远征,开拓新的市场。凭借惊人的预测力,他决定在各大洲的主要城市建立分行,这在当时是个绝对的创举。他还设立了劳力士企业精神奖,这奖项每3年颁发一次,奖励那些在应用科学、创造发明、探索研究、科学发现和环境保护方面作出杰出贡献的人士。

在国际市场上,一只普通劳力士手表的价位从1000~15000美元不等。虽然价格不菲,但人们还是认为物有所值。这不仅由于劳力士的品质精良,而且因为它具有独特的投资价值。尤其是劳力士古董表,在2002年日内瓦举行的一次拍卖会上,一只越南末代皇帝戴过的1952年款劳力士万年历金表,曾以34.2万瑞士法郎(当时约合23.54万美元)的天价拍出。

在上世纪的机械表时代,劳力士一直是全球手表业的领头羊。时至今日,超卓的工艺与技术依旧使得劳力士保持着手表业的翘楚地位。目前,劳力士在全球20多个大城市设有分公司,年产量达到约80万只,销售额稳居瑞士钟表业龙头地位。

劳力士世界总部从20世纪60年代开始策划扩建工程,终于在1995年竣工了,这是80多年创造、革新、进步的标志,是与它的领导人重视的企业精神相匹配的标志。劳力士也必将以其一贯的精工品质,领导世界钟表的潮流,充当航标的作用。

李宁的名牌之路

李宁:李宁1963年出生于广西,毕业于北京大学法学院,获得法学士学位及北京大学光华管理学院EMBA学位。他7岁开始练习体操,17岁进入国家体操队,26岁退役;1981年,他获得了世界大学生运动会男子自由体操、鞍马、吊环三项冠军;1982年第六届世界杯体操赛上,李宁一人独得男子全部7枚金牌中的6枚,创造了世界体操史上的神话,被誉为“体操王子”。

1989年退役后,李宁加盟广东健力宝集团,创立了“李宁”体育用品品牌,并以赞助1990年亚运会中国代表团为契机,开始了李宁公司的经营业务,从而开创了中国体育用品品牌经营的先河。经过多年的发展,“李宁”早已成为中国体育用品的第一品牌。

李宁公司在2004年《福布斯》中国企业100强中位居第76位。

李宁公司1989年创立后,凭借着李宁超强的知名度,公司业绩扶摇直上。李宁的一个更高的目标是:将他的运动鞋公司转变为一家有实力的公司,在广阔的市场上同美国鞋业巨头耐克一决高下。

本着“源于体育,用于体育”的精神,李宁公司一直积极地支持着国内外的体育事业。李宁公司建立之初,就抓住1990年北京亚运会的机会,在产品还没有面市之前,提前赞助了中国体育代表团。在品牌初创期,李宁成功地将一种体育理念注入品牌当中,而不仅仅是利用李宁本人的名人效应,虽然当时对体育理念的认识还比较模糊。中国篮协新闻委员会的副主任刘亚平说:“亚运会启蒙了中国老百姓的体育意识,虽然李宁公司当时刚刚成立,并没有什么经验,但是它抓住了一个全民运动的体育概念。”

公司的初期发展是顺利的，也是迅速的。1992年底，李宁公司分别在北京、广东成立3家公司，各自从事运动服装、休闲服装和运动鞋的生产经营。1996年，公司开始进行资源整合，将3家公司合并，成立12家分公司，将公司总部从广东三水搬到北京，开始了对“李宁”品牌的统一管理。

在经历了一开始的迅猛发展后，市场形势发生了急转。随着更多的中国品牌涌入了商店，来自国外品牌的竞争也加剧了。李宁品牌虽然仍有很高的品牌认知度，但它生产的运动鞋质量低，款式陈旧。连公司管理人士也承认，内部管理一度陷入混乱。到1999年，销售额已从1997年的7600万美元下滑到了6000万美元左右。

从1997年到2000年的三四年间，李宁公司的业绩都没有改善，消费群体出现了部分的流失，使得公司的发展遇到了建立以来的最大危机。

2001年4月，公司总经理张志勇请盖洛普公司为李宁品牌做了一次全面的消费者调查。调查结果显示出李宁品牌的问题在于：

目标消费者不清。李宁公司管理层定位的目标消费者是：年龄在14～28岁之间，学生为主，生活在大中城市，喜爱运动，崇尚新潮时尚和国际化的流行趋势。但真正购买李宁牌体育用品的核心消费者人群年龄在18～45岁之间，居住在二级城市，中等收入，并非“体育用品的目标消费者”。

品牌面临被遗忘的危险。表面上品牌的忠诚度很高，但忠诚的消费者是崇拜李宁的那一代人，李宁的影响对更加年轻的新生代有限，李宁品牌对新生代追逐的流行时尚，存在着隔膜。

品牌的个性不鲜明。真正的消费者认同的，是与李宁本人的形象联系在一起的，具亲和性的“民族的、体育的、荣誉的”品牌个性，并非是最近几年奋力打造的“年轻的、时尚的”品牌个性。

李宁品牌的产品线不断地扩张，但没有突出代表性的产品，或者它的“旗舰产品”是什么，并不清楚。更多的产品反而会使得消费者不能弄清楚“李宁品牌”真正的概念。

这次危机也使李宁开始认识到了确立明确的品牌定位的必要，于是，他开始决心生产最优质的运动鞋和运动服装，想让自己的产品超过耐克。

与此同时，李宁公司也在进行重塑品牌的努力。作为生产体育产品的公司，用赞助体育赛事、体育活动，签约体育明星来宣传自己的产品，是最直接有效的办法。在2000年的悉尼奥运会上，李宁公司赞助了法国体操队，成为其迈向国际品牌的第一步。李宁公司聘请Publicis Groupe SA旗下的国际广告公司李奥贝纳（Leo Burnett）帮助起草了新的品牌认知方案，将目标消费群定位于中国中高阶层的年轻人士以及青少年。

从赞助中国奥运代表团的入场服到专业单项赞助，李宁开始将体育细化。最初李宁公司尝试着赞助了体操队、跳水队、乒乓球队、射击队这些对专业性要求不是太严格的单项，之后又开始将目光投向篮球、足球。李宁品牌还抓住时机先后出现在1992年巴塞罗那奥运会、1996年亚特兰大奥运会、2000年悉尼奥运会上和2004年雅典奥运会上。在2000年悉尼奥运会，当中国运动健儿身穿“龙服”和“蝶鞋”走上赛场的时候，吸引了赛场上的众多目光。中国健儿取得了优异的成绩，而由李宁公司赞助的领奖装备也因完美结合了现代体育和古国文化精髓而被各国记者评选为“最佳领奖装备”，李宁因此在世界范围内被更多的目光所关注。在雅典赛场上，中国健儿身披“锦绣中华”服装，脚踏“极光”鞋，一次次地走上领奖台，而李宁又一次在和国际品牌的对决中吸引世界的关注。李宁公司还与西班牙篮球协会签约，成为西班牙男女篮球队2004～2008年的指定运动装备赞助商。

进入奥运赛场，通过赞助的契机，达到品牌国际化的效应。2003年2月，与国家男足队员李铁签约，共同致力于专业足球产品的开发。李宁公司请了很多体育明星作形象代言人，花巨资推广其足球、篮球产品，包括开发高尔夫运动产品。“李宁”这十余年来花费了1.5亿元做各种各样赛事的赞助。

在不断赞助体育赛事的同时，李宁公司开始针对消费者以青年人为主的情况，着重产品时尚化的设计。如2002年9月，李宁公司为西班牙女篮参加第十四届世界女篮锦标赛提供一体连身比赛服。为了把产品做得更时尚，更年轻，李宁公司还请来了曾经为足坛巨星罗纳尔多参加1998年世界杯设计R9运动鞋的意大利著名设计师玛希米里亚诺，还有法国著名设计师帕维奥特为其设计运动服装。

从李宁公司产品广告的变化上，也能看出其追求品牌专业化的道路。从最早的“中国新一代的希望”到“把精彩留给自己”到“我运动我存在”、“运动之美世界共享”、“出色，源自本色”，等等。相比较耐克“Just do it（想做就做）”和阿迪达斯“Impossible is nothing（没有什么不可能）”经典的广告语，李宁纷繁多变的广告语让“李宁”的品牌在消费者心中的定位显得模糊。直到2002年，李宁推出了“一切皆有可能”的广告，才找到了对运动最好的诠释。

经过这样一系列的改进，李宁公司的收入开始再度增长，2001年达到了8900万美元，公司2002年的收入超过1.2亿美元。据李宁公司估计，耐克在中国的收入大约为1亿美元。李宁公司的发展也开始转入了品牌的专业化时期。

除了与体育相联系，近年来李宁公司开始拓宽传播的渠道，提升李宁品牌的知名度和价值。2005年李宁与网易体育频道（sports.163.com）正式结成战略合作伙伴关系，宣告了以高品质的专业体育用品，让中国人随时随地地享受运动，享受健康生活的“李宁”，与凭借强大的技术优势和多元化服务而取得国内领军门户网站强势地位的网易，正式开始了历时3年的战略性合作。

现在李宁公司的市场人员每天所要做的工作，就是确定希望让消费者见到“李宁”时想到什么，找到它，然后通过各种手段在消费者心目中不断建立这种联想和品牌之间的关系。

市场总监伍贤勇也表示，“一切皆有可能”只是一个口号，现在公司要做很多细致的工作让消费者对品牌的理解落到实处。

在用一些细节来支撑口号的同时，更要与消费者有更多亲密的接触，因为在这个品牌替代极其频繁的世界，你一定要给消费者一个必须选择你的理由。比如说李宁研究中国人的脚型已经有很多年，而且已经推出符合中国人脚型的鞋子。公司也正要推出一些更能体现东方魅力的产品，与国际品牌进行差异化竞争。

李宁公司有意识地与学生多做交流。比如每届奥运会结束后，公司都会安排一些运动员到大学校园做演讲，与学生一起打球，给学生们鼓舞，因此很受学生们的欢迎，还制作了很多明星卡。

大学生仍然是李宁比较重要的消费群体。为此，李宁公司赞助的大学生3对3篮球赛，提出“不服就单挑”的口号，开始安排8分钟3对3竞技，剩下2分钟每队选出最强的人进行单挑。伍贤勇认为这是彰显年轻人个性的方法，很受在校学生的欢迎。

另外，在北京申奥的过程中，李宁公司是一个热心的赞助商，申奥成功之后，李宁公司仍一如既往地去推动中国体育事业的发展。李宁也非常热心于公益事业。

体育用品行业的平均增长率是20%，而“李宁”的目标是保持35%以上的增长速度。因为他们最大的竞争对手耐克公司是33%～35%。如果他们不能超过行业平均水平，不能超过耐克公司的话，两三年之后，他们就不能保证一定是这个行业的第一。

本茨：用质量铸就品牌

卡尔·本茨：卡尔·本茨是世界汽车工业的先驱者之一，德国奔驰汽车公司的创始人。他出生在德国卡尔斯鲁厄一个手工业者家庭。从小喜爱自然科学，曾在机械厂当学徒，在制秤厂里成为“绘画者和设计者”，在桥梁建筑公司担任工长。他用妻子变卖嫁妆和首饰的钱拼命地工作，改革设计方案，组装发动机，并得到了皇家摄影师比勒的资助，改进了奥托四冲程发动机，终于1886年1月29日试制成功世界上第一辆单缸发动机三轮汽车。

1926年他与戈特利伯·戴姆勒共同创立了奔驰汽车公司，在2005年《福布斯》世界500强企业排名中位居第5位。

奔驰公司是世界十大汽车公司之一，是世界上生产汽车资格最老的厂家，也是经营风格始终如一的厂家。奔驰公司创立于1926年，创始人是卡尔·本茨和戈特利布·戴姆勒。它的前身是1886年成立的奔驰汽车厂和戴姆勒汽车厂。1926年两厂合并后，叫戴姆勒－奔驰汽车公司，简称奔驰汽车公司。现在，奔驰汽车公司除以高质量、高性能豪华汽车闻名外，它也是世界上最著名的大客车和重型载重汽车的生产厂家。从创立至今，奔驰公司并不追求汽车产量的扩大，而只追求生产出高质量、高性能的高级别汽车。1997年，在世界十大汽车公司中，奔驰公司产量最小，不到100万辆，但它的利润和销售额却名列前5名。

之所以有这样的反差，是因为仅靠奔驰这个品牌，就可以让消费者相信自己买到的是一流的好汽车，这就是品牌的魅力。

让三叉星徽在全球闪耀，是奔驰汽车公司一百多年来的梦想，更是其不断进取的追求。而今天，这一切已经变成了现实。今天梅赛德斯已是世界上最成功的质量上乘的高档汽车品牌。这一品牌预示着非凡的技术实力、上乘的质量标准和大胆的创新能力。目前，在全世界奔驰这一品牌拥有近700万名忠实顾客，他们拥有着上千万台奔驰汽车。这些人不愿驾驶任何其他品牌的汽车是因为他们对奔驰这一品牌的忠诚。奔驰公司用可靠的安全保证，对环保问题的关注，以及完善的服务体系，为奔驰品牌培养了一大批品牌忠诚者。

奔驰就意味着高品质。戴姆勒和本茨的携手奠定了梅赛德斯－奔驰作为高尚品牌的基础，而一个世纪以来始终保持技术领先的地位是其高品质的保证。如首先推出了以柴油为动力的汽车，从1939年就开始了被动安全的研究，最先开发出了安全车身，首创ABS、安全气囊、ESP

和ABC等技术。同时从1900年到现在创造了无数的世界第一，例如第一辆增压汽车，第一种大批量生产的柴油轿车，第一种批量生产的配备四冲程燃油喷射发动机的汽车，第一台五缸发动机，第一辆涡轮增压式柴油轿车，多连杆独立后悬架，四气门柴油发动机，共轨喷注系统柴油机（CDI），装有氢气发生装置的第一辆燃料电池汽车等。这些都使其凝结成消费者心目中的高品牌汽车。

在技术领先后，奔驰公司将质量视为生命，他们的一位新闻处负责人说："我们的方针就是要追求高质量。"整个生产过程从产品构想、设计、研制、试验、生产，直至推销、维修，质量第一原则贯彻始终。为了保证质量，公司建立了一支技术熟练的工人队伍，并建立严格的产品和部件检查制度。为了检验新产品的质量和性能，公司设置了一套计算机控制设备，另外还建造了占地8.4公顷的实验场。

在技术领先与追求高质量的基础上，在价格定位上也选择了与之相适应的高价位，与日本车的价格相比，一辆奔驰车的价钱可以购买到两辆日本车。价值定位是奔驰公司最重要的制胜武器。

当然，品牌是一个综合概念，它要求产品在质量、款式、价格、服务、信誉和市场占有率等方面均有优异的表现。在服务方面，奔驰公司同样可以称为一流。

首先，奔驰公司关注消费者最为重视的汽车安全问题。如何能够让消费者感到绝对的安全，是打动消费者的关键。只有那样，消费者才会放心购买。为此，奔驰公司首创的吸收冲击式车身、SRS安全气囊等安全设计成为了汽车工业界的标杆。在奔驰生产的每一部汽车上，从车身到驾驶室，共有136个零部件是为安全服务的。奔驰公司大打安全牌的策略为它赢得了赞誉与广阔的市场。

汽车工业的发展面临的最大问题就是环境污染，解决好这个问题是企业发展的关键。奔驰公司非常关注环保问题，它除了以美国环保法为标准之外，还制定了一套比美国环保法规更严格的规定。奔驰公司长期以来都重视环保技术的研究，致力于研制节能和环保的新型汽车。例如乙烷、甲烷、电子发动和混合燃料发动装置。更是在每年都定期推出强化企业形象的广告，以增加大众对其环保者的印象。

有一句话能形象地体现奔驰的高品质，那就是"让顾客满意从生产车间就已经开始"。奔驰公司是这么说的，更是这么做的。在奔驰公司生产厂里，未成型的汽车上都挂有一块块的牌子，上面写着顾客的姓名、车辆型号、式样、色彩、规格和特殊要求等。据统计，奔驰车共有3700种型号。对于千差万别的要求，奔驰公司都能一一给予满足。顾客购买奔驰车首先是买到了满意的质量。

奔驰车一般每行驶7500公里需要换机油一次，行驶1.5万公里需检修一次，这些服务都可以在当天完成。从急送零件到以电子计算机开展的咨询服务，奔驰公司的服务效率令顾客满意、放心。为此，奔驰设有专门的培训部门和专业培训人员，并在各个地区建立奔驰专业培训中心，定期开设各类培训课程，如：新员工培训、市场销售综合培训、新车型培训、维修服务技术培训、零件培训，等等。通过这些系统的培训和教育，可以将企业经营理念传达给公司每一个相关部门的员工，并可以通过企业员工的言行传达给外界。

奔驰公司拥有强大的售后服务网络，优秀的售后服务质量也是一个品牌价值的体现。产品售出后，奔驰公司仍然将其视为企业经营活动的一部分，时刻保持与其主人的联系。奔驰公司汽车销售到哪里,售后服务网络就建立到哪里,以确保每一辆汽车都得到良好的照顾。充足的零配件供应是提高维修质量和效率的保障。奔驰公司每一家维修厂都有专门的零件部,并设有一定面积的零件仓库,储存一定数量的常用零件。如遇到特殊需要则可直接与德国原厂零配件部门联络,空运急需的零件品种。奔驰公司还为出售后产品的维护和保养制定了一整套规范和措施。车辆出厂后即装运到达客户所在地,由客户亲自验车,然后开至当地奔驰公司授权的维修中心进行交车前检测。维修人员按照规定程序进行调整,使其达到最佳的行驶状态,最后交给客户。同时,将驾驶需要注意的问题告知客户,并提醒客户下次维修保养的时间,以确保车辆驾驶安全。

除此之外,还有一个措施是奔驰打动消费者的原因之一。奔驰公司放眼未来,重视培养品牌忠诚者,甚至将培养对象放在娃娃们身上,以求在娃娃心里留下自己品牌的深刻印象。每个来取货的顾客离去时,公司都赠送一辆可作儿童玩具的小奔驰车,使车主的下一代也能对奔驰车产生浓厚的兴趣,这样客户对奔驰品牌的忠诚就世代继承下来,从小喜爱奔驰车的幼童渐渐地被培养为终生喜爱奔驰车的客户。

当然,品牌的塑造离不开广告的宣传。奔驰公司对各类广告有着系统的规定,从文字图片的排列到内容撰写和表达的方式都必须具有奔驰特色,符合奔驰标准。如奔驰600型汽车的广告词就是:“如果发现奔驰车发生故障中途抛锚,将获赠3万美元。”这充分体现出奔驰公司对品质和服务质量的追求,无处不在的售后服务使奔驰车主没有任何烦恼。

奔驰的电视广告中较出名的系列是“世界各国元首使用最多的车”。对许多人来说,奔驰车的知名度是最高的,奔驰车是高级或豪华车的同义词。消费者为了得到身份与地位的心理满足感而不惜重金。

奔驰公司还通过组织公共关系活动来树立企业良好形象。奔驰公司设有专职公关部门,该部门借助公关手段,联络、协调与公众的关系,并通过公共关系组织开展各种社会活动,以提高企业的知名度,并塑造良好的企业形象。

外观设计也是宣传品牌的方式。奔驰对制作招牌、旗帜、标语牌等有严格的程序和标准,以确保其质量符合奔驰品质形象,奔驰规定了所有印刷品的标准格式,奔驰展厅是一个展示奔驰形象的窗口,其内部装潢和展品的摆放都有具体的规定。这种规定强调一种氛围,使顾客一进展厅就能感觉到奔驰特有的待客之道。

奔驰的品牌凝结着奔驰公司的企业精神:公平竞争,尽到自己作为一个顶级汽车品牌的责任。奔驰汽车体现着人们追求外观优美、内部豪华、驾驶舒适、彰显自身价值的要求,同时,也充分展现了奔驰品牌的传统价值——“安全、优质、舒适、可靠”。

随着市场的变化,“励精革新”这句奔驰的格言显得越来越重要。奔驰公司一直致力创造更安全、更清洁、更高效的汽车。今天,奔驰公司提供122种车型版本,全面配合任何驾驶人士的需要。奔驰不愧是至高无上的工程制造、无与伦比的豪华气派,以及出类拔萃的技术革新的世界级象征——最终归结为完美的驾驶享受。

奔驰公司具有强大的品牌效应,在它取得辉煌成就的背后,有着对品质、创新、服务的不断完善和追求。也正是这一系列奔驰的宗旨使其能够在竞争激烈的汽车工业中始终保持领先地位,引领着汽车工业的潮流。

英格瓦·坎普拉德:简单就是美

英格瓦·坎普拉德:宜家(IKEA)公司的创始人英格瓦·坎普拉德,出生于瑞典南部的埃尔姆胡特。他在很小的时候就表现出非凡的经商兴趣与才能。17岁时创立了第一个公司,当时就决心将自己的整个生命奉献给这个公司,因而给公司起了宜家这个名字。坎普拉德最爱说的一句话是:"只要我们动手去做,事情就会好起来。我们的生活就是工作,没完没了地工作。"

英格瓦·坎普拉德在2005年《福布斯》全球个人财富排行榜中高居第6位。

宜家(IKEA)创立至今已有近70年了,截至2001年,宜家集团在22个国家拥有总共143家商场,分布于13个国家和地区。且在全球55个国家拥有约2000家供应商,在33个国家设立了40所贸易代表处(TSO)。宜家Swedwood工业集团目前拥有33家工厂,分布于10个国家。

宜家集团是一个纯粹的私营企业,但并没有因此而对企业的发展造成阻碍。宜家(IKEA)是20世纪中少数几个令人炫目的商业奇迹之一,对于宜家来说,卓越的品牌优势是其公司快速发展的重要因素。建立卓越的品牌,也是宜家适应当今区域经济一体化,实施全球战略的产物。

宜家公司的名称是经过坎普拉德亲自赴美国调查研究的结果。他仿效了如ABC(美国广播公司)的A,是美国的第一个字母,B是广播的第一个字母,C是公司的第一个字母,以ABC组成公司名称既简短易记忆,又巧妙地概括出公司的全名。又如RCA(美国无线电公司)、3M公司等,都是这样的类型。美国有些公司就是用他们的全称作产品牌号、商标。于是坎普拉德想出了使公司名称和商标名统一起来的IKEA。它的品牌标志是:一只眼睛和一把钥匙,后面跟着一个"啊"字。这个徽记是三个英语读音的缩写,眼睛英语读音是[ai](eye),钥匙读音为[ki:](key),"啊"的读音为[a:](ah),这三个读音拼到一起成为IKEA。宜家公司把其独特品牌标志,大张旗鼓地在各地的广播、电视、报纸、杂志、路旁等各种媒体宣传,使其品牌广为人知。

宜家品牌定位为大众提供买得起的家具,宜家的目标客户群年龄主要集中在20~45岁之间。宜家(IKEA)准确地把握了大众心理,建立了单一风格的家具用品连锁店,并大获成功。宜家确信其品牌内涵的精髓在于能为大多数人提供美好生活,但这种美好不只是功能的实用与外表的时尚,更在于启发家居整体布置灵感,并提供切实可行的解决方案。在宜家看来,这是IKEA真正的品牌内涵和竞争优势所在。

宜家(IKEA)品牌的份额是其自身整体价值的75%,这个全球最大的家居商品零售商,还赢得了Interbrand营销研究机构排列的全球100名最有价值品牌(第44名)的荣誉。

这正是因为宜家具有的卓越品牌系统。宜家品牌系统架构的创新,给公司带来了跳跃式的品牌发展战略。宜家有2万多种产品,分为3大系列:宜家办公、家庭储物、儿童宜家。其中又包括18大类:装饰物、浴室用品、床、椅子和坐凳、儿童用品、厨具餐具、书桌和工作台、厨房用品、灯、地毯、储物配件、储物家具、桌子、纺织品、沙发。在宜家(IKEA)品牌的强势支撑下,2万多种产品均建立了自己的品牌。从SANDOMON(桑德蒙)沙发到EXPEDIT(埃克佩迪)书柜,从FAKTUM(法克图)橱柜到MOMENT(莫门特)餐桌。2万多个大大小小的品牌,构建了卓越的宜家(IKEA)品牌。其在品牌系统上的创新堪称卓越。

宜家的品牌优势在于不断自主开发品牌,对品牌实施绝对的控制。对于绝大多数零售商而言,制造商品牌依旧是主流,中间商品牌只能是一个有益的补充部分,绝不可能"喧宾夺主",无论是沃尔玛还是家乐福都是如此。这实际上就意味着仅仅控制了品牌的渠道,却无法控制品牌的权益。比如,家乐福确实举世皆知,令人油然而生购物欲,但是"家乐福"牌的卫生产品就很少有人知晓。宜家的不同之处就在于并不满足于仅仅控制哪怕是全球最大的家居产品渠道,宜家更希望自己的品牌以及自己的专利产品能够最终覆盖全球。基于此种理念,宜家一直坚持由自己亲自设计所有产品并拥有其专利,每年有100多名设计师在夜以继日地疯狂工作以保证"全部的产品、全部的专利"。所以对于宜家而言,自己的产品就是自己的全部利润。从某种意义上说,宜家是世界唯一一家既进行渠道经营又进行产品经营并且能取得成功的机构。

秉承品牌的理念,宜家在研发方面有着严格的规定。IKEA的设计理念是"同样价格的产品谁的设计成本更低",因而发明了"模块"式家具设计方法,设计师在设计中竞争焦点常常集中在如何降低成本上,杰出的创意也随之产生。这就是宜家倡导的"简单就是美"的体现,用"简单"来降低成本,用"美"来提高价值。

尽管所有的产品设计工作由宜家自己完成,但为了最大限度地降低制造成本,宜家在全球范围每年有2000多家供应商竞争产品的制造和包装,这同样是需要严格把关的地方。供应商也必须有与宜家相同的经营理念,就是在保证质量的同时能达到最低成本。在接受订单后,宜家还会时常去考核他们。不仅如此,宜家每年会重新评估供应商绩效。另外,宜家每年会对供应商提出固定的压低生产成本的指标,使得其制造成本能够进入一个持续下降的良性循环。宜家的"简单就是美"在成本方面同样有着充分的体现。

宜家能够让顾客亲身体验品牌的魅力,进而打动顾客,这就是让价格说话的销售方式。宜家采取绝对的直销,并且为了保证对产品价格、销售记录、专利权的维护以及整个销售体系的控制,一直拒绝对旗下的产品进行批发,对大宗团购客户也不提供任何"让利"服务;另外IKEA也不出租任何自己的柜台,连餐厅都是自己亲力亲为。

宜家为此采取的营销方式:体验营销。宜家规定其销售店人员不允许直接向顾客推销,而是任由顾客自行去体验并作决定,除非顾客主动向其咨询;信息营销,宜家精心地为每件商品制定"导购信息",有关产品的价格、功能、使用规则、购买程序等几乎所有的信息都一应俱全;生动化营销,宜家把各种配套产品进行家居组合设立了不同风格的样板间,充分展现每种产品的现场效果。

还有一个别出心裁的地方在于:在商店设有样板间,但出售的家具多数不是成品,而是各种组件。顾客买回去以后,再利用宜家公司提供的图纸、特殊起子和扳手,组装成自己满意的家具。由于这种经营方式具有新奇性，迎合了宜家倡导的“自己动手”的理念，因此生意非常兴隆。

宜家独到的经营方式体现在：它的每家商店均以展厅形式陈设，将各种各样的家具实物摆置在宽阔的展卖场里，而展厅外一般开设有餐厅。每天到餐厅品尝各国风味食品的人成百上千，这无疑是一项重要的经营收入。然而，宜家公司的真正目的在于让食客在饮食过程中，看中这里的各种家具。此举既起到多种经营、增加收入的作用，又起到了提供多方面服务，吸引更多的顾客前来购买家具组件，提高宜家品牌的形象的最终目的。

好的服务也是品牌价值不可缺少的一部分。宜家让顾客享有了充分的自由，一切可以“自己动手”。宜家的广告宣传是“自己动手”，由于家具组件一般比较大，商店为了便于顾客搬运，在商店入口处准备了许多灵活的手推车，和飞机场候机室的行李车相似，顾客可以用来选购组件。还设有类似于麦当劳儿童乐园的儿童“寄存”处，顾客如带有小孩来，可将小孩“寄存”在有很多玩具的大箱子里，孩子们可以兴高采烈地玩耍，不必跟随父母进店找麻烦。另外，在顾客选购的过程中，会提供各种产品的说明书和组合图、记录本、铅笔、直尺，以便顾客选购组件时使用。商店里所提供的样品和图片，是从全世界1500多间家具厂生产的款式中精选的，顾客在宜家公司所有分店可选购到安装各种款式的家具组件，所附的各种图解说明均用英文、德文、法文、瑞典文和丹麦文写明。产品品种之多、样式之全可谓荟萃世界各国的精华，同时又用极方便的方式服务于消费者。

宜家也在利用品牌延伸来提升品牌的价值。作为一家来自瑞典的国际知名家居品牌，在国际化的过程中，尽显瑞典时尚高雅风情。在具有了一定的品牌资产后，宜家开办了“宜家瑞典餐厅”和“宜家瑞典食品屋”，在不同领域的产品中，延续其高尚典雅的瑞典风格，利用宜家原有品牌在市场上较高的知名度、美誉度、满意度和忠诚度，把消费者对其的信心、信任转而辐射到新产品上。宜家的品牌延伸选择食品类，既避免了同一品牌不同产品间的竞争，又迎合了原产品的补充，彼此可以互相提升知名度与接受度。

标识、质量、服务、营销手段等都是品牌的重要组成部分，而品牌的价值提升在于做好这些的同时，产品的科技含量与美感因素以及品牌质量与品牌服务等方面的高投入带来的消费优越性与其他形式的回报。

宜家品牌的最大优势体现在设计，大部分是由国外的专业设计师精心设计的，款式现代前卫，风格简洁实用，而且设计推陈出新的频率很快，能够引领时代潮流。宜家家具，其设计上的效率和美观、参与自己生活建设的“自主性创意”已成为其最明显的特征，而宜家也恰恰正是用这样的产品激起了人们的购买欲望。同时，宜家家居还处处体现“以人为本”的设计理念，家具造型简洁与功能完整的融合，把消费者的需求放在第一位，在功能的设计上也尽量科学地考虑到各种家具的实用性、安全性、环保性。

环保性的体现在于新兴的消费观念“绿色家具”。宜家很早就已经意识到家具制造与环境保护之间的关系，并在加工过程中尽量降低对环境的影响程度，一个重要标志就是宜家通过了ISO14000 环境标准体系认证。

如今，宜家“口碑”传播的广告已经影响了很大一部分人，尤其是年轻的消费群体。与此同时，电视广告、电视短片、户外广告、产品目录宣传单，在每个季节都会有新的萌发。

尽善尽美的盛田昭夫

盛田昭夫:1946年,盛田昭夫与井深大共同创建了索尼公司的前身——东京通信工业公司。创业之初,他们利用自己在物理学方面的专长试制出了磁带录音机及磁带。盛田昭夫在公司创建之初就响亮提出:"要具有敏锐的目光,善于发现市场需求的新动向,选取电子产品发展的制高点,不断开发新产品,以创新带动市场,并使企业始终充满向上的活力。"索尼在他的带领下,创造了令人震惊的索尼奇迹,在2005年《福布斯》世界500强企业中排名第30位。

今天的索尼可以说是富可敌国,已成为全球当之无愧的消费电子巨头,2002年营业收入高达620亿美元,净利润11亿美元,全球整合子公司97家,雇用员工总数高达170000人,产业类别横跨消费性电子、个人电脑、影视业、唱片业、游戏、机器人、互联网络等,"索尼"品牌连续数年排在全球强势大品牌100强的前20位。虽然自2003年以来利润有所下降,同时也裁去了13%的员工,但不可否认索尼公司是日本经济高速增长和走向国际化的象征。一提起"SONY",人们马上会联想起许多世界第一:第一代晶体管收音机,第一台单枪三束彩色显像管电视机,第一代盒式录像机,等等。正是在这些创新的带动下,索尼从1946年仅有19万日元的一家小企业,发展成如今年销售额超过6000亿日元的日本代表性的企业,创造了"索尼的神话"。

索尼SONY商标在20世纪50年代正式创建,取代了公司自1946年开始使用的繁复日语商标。索尼创业之初有一个不太吸引人的名称"东京通信工业",创办者盛田昭夫与井深大有感于RCA与AT&T这样的名字的简短有力,决定将公司名字改成四五个英文字母拼成的名字。这名字要用做公司名称与产品品名,所以一定要令人印象深刻。后来他们觉得拉丁文SOUNDS(表示声音之意)还不错,与公司产品性质相符合。他们将它英语化,并受到盛田先生最喜欢的歌"阳光男孩"(Sunny Boy)影响,改成Sonny,其中也有可爱之意。但是日文发音的Sonny意思是"赔钱",为了要适合日本文化,把第二个"n"去掉,SONY的大名从此诞生。

名字确定后,还需要一个与之相配的标志。索尼产品标志的设计也不是一次就完成的。最初的产品标志设计成用高而细的斜体字母合成的"SONY",外加一个正方形框框。盛田先生对这个设计极不满意。原因在于:一是与公司更换品牌的初衷——简单明了、独特易记相违背;二是"SONY"被正方形框框住,给人以禁锢拘束的感觉,与索尼的开拓创新的企业精神相抵触。后来经过几次反复修改和细心规划,终于形成了延续至今的索尼标志——由正直的粗体大写字母组成的"SONY"。将细长字体变为粗体,去掉正方形外框,给人以沉稳踏实、明快简洁和自由豁达的感觉。

秉承开拓创新的企业精神,索尼的新产品是层出不穷,并创造了多个行业第一。从企业创建最初的磁带录音机和磁带;到20世纪50年代开发出的小型晶体管收音机;60年代研制初晶体管电视机和单枪三束彩色显像管技术;70年代连续以超过年销售额6%的资金投入产品的研究与开发,开发出包括随身听和计算机3.5英寸硬盘在内的众多新型电子产品;80年代主要投资于娱乐业，收购了美国的哥伦比亚电影公司，后来又于2004年收购了米高梅电影公司。近年来索尼的电脑、手机等同样成为行业先锋，成为时尚人群追逐的目标。

可以说在推出新产品和改进型号方面，索尼公司是世界上最高效的公司之一，它每年推出1000多种产品，其中约有800种左右是原有产品改进的，其余的完全是靠创新。特别是在信息科技发展迅猛的今天，公司提出了“数字·梦想·融合”的发展口号，确定了公司在AV与IT两大新领域发展的战略目标。

索尼公司这种从市场空白点切入，先发制人，领先一步发展新技术，研制新产品，以最快的速度推向国内外市场的产品领先者开发策略，满足了消费者的需求，得到了市场的认同，并取得了巨大的成功。索尼品牌也因此树立了不断创新者和技术领先者的形象。

“全球本地化”作为指导索尼公司前进的重要理念，同样适用于技术和产品的研发，包括一个区域技术中心到另一个区域技术中心的技术转移。正如创始人盛田昭夫所说：“必须要在当地研发产品来满足当地市场的需要，符合当地的要求。如果我们能把这样的本地化特长，如英国的数字技术、美国的图形和特效技术传到其他地区去，我们就能在研发方面实现全球协作。”

在公司发展的初期，实力单薄，技术和产品的研发都是以日本为中心。从20世纪80年代起，索尼开始把技术和产品的海外研发作为品牌全球化战略的重要组成部分，来适应和完善索尼不断增长的全球制造业部门。这样既大大缩短了研发周期，更充分利用全球研发人才、资源和能力。1990年时，索尼已经在美国建立了3个技术中心，在德国和英国也分别建立了技术中心。

跨国界的技术协作也是索尼极力推行的。创建索尼广播有限公司就是索尼全球的4个研发实验室共同协作的结晶。跨国界的技术协作，使索尼成功地开发出了第一个广播用数字合成的VTR，索尼的广播系统和HDTV，成为一个成功的范例。

不断追求创新的同时，索尼并没有因为追求新品的数量，而忽略产品的质量，反而对产品的质量提出了高要求。索尼人有着这样一种认识：高质量，才能造就世界的品牌。也只有过硬的产品质量，才能避免售后服务的麻烦，高质量意味着较低的维修成本和较高的顾客信任度。

索尼制定了不断追求尽善尽美，努力满足不同市场的不同需求，实施差异化的战略。在这个战略的指引下，索尼能满足不同需求的消费者和实施产品地区化的差异。

在市场竞争中，索尼公司对产品高质量追求的另一种表现是不断地将已有产品进行改进、提高，使原有产品的功能更多，款式更新，积极地拓展产品的深度和多样化，以满足消费者现实和潜在的需求。正是这种不断提高质量的举措，为自己创造了市场，并引导了消费新时尚。

索尼公司的产品有一个特点是小型化。不仅是录音机、随身听等产品的不断小型化，就是在各家厂商纷纷研制大型电视机的过程中，索尼仍不忘秘密地研制掌上电视，从而研制了电视发展的新空间。产品的小型化是索尼公司不断完善自己的体现，也是满足不断提升的消费者需求的有效手段之一。

产品要被消费者广泛接受，价格是一个决定性的因素。索尼制定价格时不仅考虑产品成本，同时还考虑顾客的收入与消费能力，公司市场占有率等诸多方面的因素。他们十分注重消费者购买产品的原因，并细心了解顾客对产品价格的看法，从而确定消费者能接受的价格，使自己的产品更加贴近消费者。价格的变化还体现在索尼公司不断对产品设计和成本的调整上，以这种变化来满足市场需求的变化。

在不同的地区，索尼的价格也会又不同。如在美国，索尼利用低价格、高质量来吸引大量的消费者。20世纪70年代初，索尼电视机就是以这种方式进入美国市场的。20世纪70年代末，在美国站稳脚跟后，索尼公司调整了自己的定价策略，以高质量、高价格来树立自己名牌产品的形象。而在发展中国家，索尼却使用了高价格策略。原因是发展中国家的经济一般不发达，像索尼这样的产品市场小，索尼以高质量的创新产品进入市场，可以起到标志身份和地位的作用。

在树立品牌后，品牌的延伸是提升品牌价值的一个有效手段。索尼的品牌扩展能力是一流的，当索尼进入一个新的行业时，它就会迅速去占领行业领导地位。如索尼公司进入作为移动通讯器材的手机行业，生产的索尼爱立信手机已经成为人们时尚、尊贵身份的象征。索尼爱立信取得的成绩让世人有目共睹。从 2004 年第三季度开始赢利，出货量达到 1070 万台，比去年同期增长 51%，销售收入达到 16.78 亿欧元。还有索尼爱立信智能机王 P910c、百万像素 S700c 这两款手机，销量一路看涨。专门为年轻科技先锋、时尚一族量身打造的“星 3 角”系列中的“游趣星”K508c、“锐动星”K506c 一上市立即成为科技先锋、时尚一族追随的潮流。而经典产品 T618、T628、K700c 等系列产品同样表现出色，销售势头持续不减。再如继“蜘蛛侠Ⅰ”在全球掀起票房狂潮取得巨大成功之后，索尼影视娱乐有限公司旗下哥伦比亚电影公司继续推出“蜘蛛侠Ⅱ”。全球首映当天票房便突破 4050 万美元，创造了新的票房奇迹。究其原因，只是因为它们出自“索尼”这个名门，就是质量和信誉的保证。这正体现了品牌的强大魅力。

在不断强化品牌和提升品牌的同时，索尼人还在着力保持其品牌一致性，使品牌价值不断增加。一位索尼公司的工程师说：“索尼从开始生产电视机的第一天起，就已经设计出了商标字。当你通过索尼电视机看电视时，索尼标志就一定会映入你的眼帘。即使在看好莱坞的电影，对影片中转瞬即逝的索尼电视机出现的镜头也不应该没注意到。”

索尼公司很善于抓住机会对自己的产品进行媒体曝光策划，不断扩大品牌的影响力。随身听的产生是索尼利用品牌强大的影响力引领公众消费时尚的典范。正如盛田昭夫所描述的：“我们由一开始就请一些年轻人在星期天漫步于东京的步行街，一边听着他们的随身听，一边向别人炫耀。”

第三章

变革创新：唯一不变的就是变

如果现状是五分，那么不管改革是六分还是五分半，都要无所畏惧地付诸实施。企业十全十美，就不会有进步。

临危受命的尹钟龙

尹钟龙：尹钟龙于1966年加入韩国三星集团，先后掌管三星电视业务部、研发部等要职；1996年出任三星集团CEO。他曾获得《商业周刊》评选的全球最佳经理人，《财富》评选的年度亚洲商人，《金融时报》评选的最受尊敬企业的领导人等殊荣。

他领导的三星集团在2004年《福布斯》全球最具商业价值的品牌排行中名列第21位，在2005年《福布斯》世界500强企业中排名第92位。

三星电子近几年来在中国市场上异军突起，品牌知名度和美誉度迅速提升。但谁又能想到，就在几年以前，三星电子负债竟高达170亿美元。从负债170亿美元到成为全球最大的内存芯片、纯平显示器和彩色电视制造商以及第三大手机制造商，三星电子只用了5年时间。三星创造了企业发展史上的神话。

神话的创造源于及时从多元化发展的泥潭中抽身，专注于自己的核心业务，在这一领域确立了优势地位。三星的迅速崛起，让人们在感叹多元化的拖累之余，不得不惊叹于专业化发展的强大动力。

许多企业在发展之初，大多都会选择多元化的经营方式，因为多元化经营可以使企业获得更多的利润并可以有效地分散经营风险。但很多企业只看到多元化经营的好处，不顾企业自身的具体情况，盲目进行多元化，结果陷入了误区。能够最终顺利走出误区的，像三星一样会有大的发展，反之则在多元化的泥潭中越陷越深。

但并不意味着选择了多元化就是失败，多元化也分为相关多元化和不相关多元化。相关多元化是一种超出组织现有的产品和市场，但仍在同一个价值体系或行业内运营的战略。像联合利华就是一个相关多元化的公司,它的大多数资源都集中在快速消费品行业,因而同样发展迅速。而那些属于不相关多元化的企业,各项业务之间的互相干涉,阻碍了企业整体的发展,对企业是有害的。

三星之前的发展虽然也还在增长,但过多的业务使其疲于应付,而且过多的业务单元增加了运营费用,加重了成本的负担。

三星于1953年自行设计建造成韩国第一家大型制糖企业;1954年,自行设计建造成韩国第一家毛织厂;1967年,自行设计建造成韩国第一家电子厂;随后,在上世纪70年代相继创办起电气、电子管、电子零件、半导体等企业,并将业务范围扩展到石化、造船、航空、金融、通信等众多领域;到上世纪80年代,又不惜巨资发展尖端科技……这众多的产业组成了一个产业链,如果有其中的一个环节出现问题,那整个产业链就会出现问题,进而影响到整个企业的稳定和发展。

自从1995年创纪录的盈利之后,三星集团开始不断滑向深渊。拥有过多的非核心资源,不但没有成为新的经济增长点,反而成了拖累。不但如此,作为三星集团主业的半导体业,由于国际市场价格骤然下跌,导致业务量大减。三星视频音像产品的竞争力由于亚洲其他国家,特别是中国家电业的冲击,竞争力不断下降。对市场反应迟缓也暴露出三星内部管理的问题,生产管理不善导致库存积压严重。

金融危机将三星逼进了生死时刻,1998年3月22日,会长李健熙发表悲壮的宣言:"为了克服危机,我甚至不惜抛弃生命、财产及名誉来挽救三星!"公司开始着手进行结构调整。结构调整确立了一个原则:大胆而果断地撤销局限型及非主打型产业,以半导体及移动电话等高利润产品为主进行产业结构重组,即使目前盈利但无长远发展前途的产业,也被列为待整顿对象。决定将集团变为一家知识密集型公司,其核心以三星电子为主导,力争在半导体业获得一席之地,并且以手机作为主攻产品,进行研制开发。7年之后,三星开发出自主技术的手机产品。

尹钟龙在此时临危受命,上台后做出的第一个重要决定就是大量削价出售已有存货,并积极回收应收账款。然后,尹钟龙大刀阔斧地降低库存、削减成本、卖掉价值19亿美元业绩不佳的与核心产业不相关的资产,其中包括高级经理乘坐的喷气飞机以及整个半导体部门,废除了长篇大论的讲座和报告,甚至还关闭了公司的高尔夫俱乐部。此举使得公司的现金收入大增,债务降到了50%以下,债务结构明显改善。一年之后公司扭亏为盈。

紧接着,尹钟龙对三星电子的核心业务进行了重组。亚洲金融危机过去大约半年以后,更是加强了对业务的精简,把部分业务外包,精简近20个业务种类。尹钟龙领导集中力量开发最关键的领域,集团也将汽车等与核心竞争力无关的产业放弃,为了坚决彻底地进行产业重组,1998年甚至将每年销售达4000亿韩元、净利润过千亿韩元的富川半导体工厂也卖给美国仙童(FAIRCHILD)半导体公司。三星公司从1997年至1998年两年间,共整顿了包括小型家电及无线寻呼等在内的共34项产业、52种品种。努力重新建立比较平衡的商业以及业务结构,使得三星集团抗击市场风险的能力大为增强。从而形成以电子、金融、化工、机械为主的新构架。1995年,三星财团60%以上的收入来自半导体,而到了1999年,财务收入单一的情况已得到明显改善。

剥离许多非核心业务,必然触及裁员的问题。由于这一次三星集团整顿力度大,尹钟龙不得不面对三星集团创业以来规模最大的企业裁员。三星电子管理层裁员30%,非管理层裁员35%,从1996年底至1999年底,包括国内外在内的8.5万名员工减至5.4万名。也就是说,3名员工中就得有1名离开公司,而这需要顶住来自社会和舆论的巨大压力。尹钟龙也因此被商界称为"裁员强人",也有人叫他"西方来的管理疯子"。

在结构调整有了成效，确定核心业务后，企业的发展还必须在全力发展核心业务的同时，随市场和消费的变化而创新。虽然三星刚刚经历了大的阵痛，现金拮据，但三星在技术和广告上花钱却毫不手软。从1997年起，三星电子始终保持营业额5%以上的研发投入，而且把工程师占员工比例大幅提升到24%。尹钟龙说："我们的企业计划，尤其是中长期计划，是与技术开发计划紧密联系的，没有技术背景的新事业是不可能成功的。公司立于不败之地的秘诀就是适应时代的发展和变化，依靠人才，不断创新，坚持不懈地追求核心技术。即使在非常困难的情况下，我们仍在不断地招揽优秀人才，加大研发方面的投资。"

1999年，三星电子宣布了在未来成为"数字融合革命的一个领导者"的计划。按照这个计划，公司开始了三星电子"数码战略"，以实现三星领导数字集成革命的目标。三星也开始着手改变三星电子低端消费类电子产品品牌的印象，而是着力塑造一个令人耳目一新，足以与索尼、摩托罗拉、飞利浦等世界知名品牌叫板的后起之秀。三星将自己定位为高端品牌，不但采取了更为精心计划的营销策略，着重于生产高端的电器产品和手机，甚至决定完全抛弃低端产品。

在全球高端电子市场上，三星电子不断率先推出各种优势产品：高端手机、宽屏背投式彩电、记忆芯片、数码摄录机、数码相机，每次都打了竞争对手一个措手不及，并凭借自身的时间优势赚取最高昂的利润。

2002年，三星集团的总收入为1168亿美元，占韩国国内生产总值的23%。集团中赢利最丰的三星电子，当年利润高达60亿美元，比Intel同期赢利几乎多出一倍。现在，三星电子已经取代通用电气、IBM，成为世界上最受尊崇的商业巨人。

三星正是将企业定位于半导体行业并且大刀阔斧地削减次要业务、不相关业务，减轻了负担，才使之有能力集中于半导体行业的研究开发，使三星具有了美、日竞争对手所不拥有的技术优势，对三星今日的成功起到了积极的推动作用。

丰田喜一郎改变了游戏规则

丰田喜一郎：丰田喜一郎毕业于东京帝国大学工学系机械专业，先在父亲的"丰田纺织株式会社"当机师。10年磨炼后，任管技术的常务经理。1933年4月他购回一台美国"雪佛莱"汽车发动机进行反复拆装、研究、分析、测绘。经过连续两年的研究，于1935年8月造出了第一辆"丰田GI"牌汽车。

1937年8月27日他成立"丰田汽车工业株式会社"，创业资金为1200万日元，拥有职员300多人。被称为"日本大批量汽车生产之父"。在汽车的生产过程中，他运用了先进的科学管理方法，创出了后来风靡全球的"丰田生产方式"。

丰田公司在2005年《福布斯》世界500强企业中位居第10位。

企业发生改变的原因会有很多种，其中之一就是为了抢占优势地位，在激烈的市场竞争中站稳脚跟，甚至颠覆行业领头羊的"霸主"地位。要做到这一点，企业就必须得创立自己的游戏规则,并让别人来遵守。

游戏规则是企业赖以在市场上立足的东西,谁掌握了它,谁就把握了市场竞争中的主动权。因此如果企业想要挑战领导者的地位,那就必须从改变游戏规则开始。现有市场上的游戏规则通常都是行业里的领导者创立的,它们凭借自身的雄厚实力,为弱小者或者后来者设下重重关卡,阻碍它们前进的步伐。因此,要想前进,就必须想办法排除前进道路上的这些障碍。办法之一就是,推翻现有的游戏规则,由我们自己来设计新的游戏规则,从而在竞争中获得有利的地位。

推翻现有游戏规则,那就意味着要建立新的游戏规则。比如对产品进行革新,提高产品的性能,改变产品的特征,或者降低产品设计的成本;加强物流体系的建设,来提高顾客需求的响应速度;或者可以通过加强维修备件库的建设,强化售后维修人员的技能培训,借此来提高售后服务的水平;或者也可以通过采用更加先进的信息系统,改善订货和发货程序,从而提高产品销售效率,等等,还可以在营销投入少的市场上加大投入力度,重新定位自己的产品,建立新型的销售组织,借此来向领导者发起有效的进攻。以提高自己的竞争力和市场占有率,改变竞争的游戏规则。

也就是说,要想改变游戏规则,必须先完善自己,增强自己竞争的实力,才能对领导者产生威胁,进而取代领导者。

丰田喜一郎遵照父亲的临终嘱托于1933年开始了他的汽车试验,在一开始他就产生了指导日后公司发展战略的认识观点:“贫穷的日本需要更为优质低价的汽车。生产廉价汽车是我的责任。”丰田喜一郎颇有战略家的眼光,他自一开始组织汽车生产就注意到了从基础工业入手,着眼于整体素质的提高,使材料工业、机械制造、汽车零部件业与汽车工业同步发展,为汽车的大批量创造了必要的条件,因此,日本人称他是“日本大批量汽车生产之父”。

丰田汽车的崛起源于丰田喜一郎与其工程师大野耐一共同研制创立的后来风靡全球的“丰田生产方式”。而正是这一方式改变了世界汽车行业的竞争规则,丰田汽车也一举战胜了不可一世的美国三大汽车公司。丰田喜一郎的创新之处在于将传统的整批生产方式改为弹性生产方式。

上世纪50年代日本丰田汽车毫无名气,年产量还不到福特一天的产量,但丰田的创始人丰田喜一郎及大野耐一在参观福特汽车公司之后,留下了让后人永远记住的一句话:“这里还有进一步改进的余地。”针对自己的弱点,丰田公司仔细研究了竞争对手福特汽车的大批量生产方式,发现并不科学。与此同时,丰田考虑使用一种更能适应市场需求的生产方式,以改变大批量生产所带来的僵化问题。正是在这样的判断之下,丰田公司开始着手设计自己全新的生产方式,根据日本的国情,提出了一系列改进生产的方法:及时制生产、全面质量管理、并行工程,逐步创立了独特的多品种、小批量、高质量、低消耗的生产方式。这些方法经过30多年的实践,形成了完整的“丰田生产方式”,帮助汽车工业的后来者日本超过了汽车强国美国,产量达到1300万辆,占到世界汽车总量的30%以上,一举颠覆了美国世界制造业霸主的地位。而这正是这种被称为“丰田生产方式”的新兴生产管理方式的功劳。

大野耐一进入丰田汽车公司后,思想深处始终琢磨着一个核心问题:如何提高劳动生产率,“追赶美国”?他认为,汽车装配是劳动集约型的生产,非用许多人不可,因此,如何提高人均率便是关键所在。有一天从美国的超级市场经营方式中受到了启发。这个启发就是:顾客需要什么商品,需要多少,可以在需要的时候去超级市场,一次办成。

1953年,大野开始付诸实际行动,进行实验。1963年,丰田汽车公司决定在所有的工厂实行大野发明的生产方式,并反复总结改进,到1970年,正式定名为丰田生产方式。后来,这种生产方式向承包制造丰田汽车所用的零部件的厂家推广并得到认同。

丰田生产方式,实际上就是"丰田式经营管理学",其根本点在于降低成本,增加利润。这套生产方式的主要内容是,通过消除生产环节的所有浪费来缩短产品从生产到顾客手中的时间。丰田公司追求的是生产上的"零储备、零库存",并在需要的时候,按照需要的数量,生产出顾客需要的产品。

丰田生产方式的基本思想是"彻底杜绝浪费",包括过量制造的浪费、等活的浪费、运送的浪费、加工本身的浪费、库存的浪费、动作的浪费、制造次品的浪费等等,从而提高生产效率,这就是丰田生产方式的目的。

丰田生产方式贯穿的两个要求:一是非常准时,二是自动化。所谓准时生产就是,譬如在一辆汽车的流水作业装配过程中,装配所需要的零部件恰好在需要的时候,以正好需要的数量到达生产线的旁边。所谓自动化,并不是单纯的自动化,而是指当机器检查到有故障时,自动停止机器转动。换言而语即是"机器被赋予了人的智慧",起到杜绝过量制造和生产不合格品这种严重浪费的作用。

为了实现这一目标,丰田设计出了看板制度。就是重新改造流程,改变传统由前端经营者主导生产数量,重视后端顾客需求,后面的工程人员通过看板告诉前一项工程人员需求,比方零件需要多少,何时补货,亦即是"逆向"去控制生产数量的供应链模式,这种方式不仅能节省库存成本(达到零库存),更重要的是将流程效率化。在这种制度下,很多生产零件是等到下一制造环节需要前几个小时才开始上线生产。为了保证这个过程中不发生延误,丰田公司采用了全新的拉动方式,也就是说在需要时,由后一道工序的工人到前一道工序那里去领取生产用品,这一方式极大地压缩了丰田公司的生产库存。

丰田公司还首创了JIT生产方式,并将这种方式与销售网络相互结合,以此来提高生产和销售环节的运作效率,降低库存成本。在日本,丰田公司的分销商遍布全国,为了实现与分销商之间更好的信息共享,丰田公司将自己的信息系统与这些分销商相结合。这样,销售人员就可以将顾客的需求信息直接反馈到丰田公司的生产线,生产线然后再按照顾客的需求安排生产。这一个过程大大简化了丰田公司的订货手续,使得生产节奏与顾客需求步调一致,既减少了交货时间,降低了经销商的库存,同时也保证了顾客能够及时地获得自己想要的产品,提高了顾客的满意度。这一方式收到了良好的效果。

另外,丰田生产方式改变生产的变化还体现在以下几点:

强调实时存货。就是要依据顾客的需求,生产相应的东西,而在必要的时候,生产必要的量,这种丰田独创的生产管理概念,被很多企业沿用并有成功的案例。

标准作业彻底化。丰田对生产的每个活动、内容、顺序、时间控制和结果等所有工作细节都制定了严格的规范。当然并不是说标准是一成不变的,只要工作人员发现更好、更有效率的方法,就可以变更标准作业,目的仍是在于更好地促进生产效率。

强调所谓生产平衡化。丰田要求各生产工程取量尽可能达到平均值,也就是前后一致,为的是将需求与供应达成平衡,降低库存与生产浪费。

在不断的改善流程下,丰田发现生产量不变,生产空间却可精简许多,而这些剩余的空间,反而可以做灵活的运用。人员也是一样,例如一个生产线原来6个人在组装,抽掉1个人,则那个人的工作空间自动缩小,空间空出来而工作由6个人变成5个人,原来那个人的工作被其他5人取代。这样灵活的工作体系,丰田称呼为"活人、活空间",即鼓励员工都成为"多能工"以创造最高价值。

丰田还实行了弹性改变生产方式。以前是生产线上作业方式，一个步骤接着一个步骤组装，但现在有时会视情况调整成几个员工在一作业平台上同时作业生产。

对人员工作态度地要求也是非常重要的一环。丰田要求每个员工在每一项作业环节里，都要重复地问5次为什么，然后想该如何做，以严谨的态度打造完美的制造任务。不仅要求机器系统的高品质，也包括人的自动化，也就是养成好的工作习惯，不断学习创新。

丰田公司创建的丰田生产方式，以消灭生产过程中的浪费为主要思想，力求提高所有环节的运作效率，不做无用功。它的诞生极大地促进了丰田公司的发展，在很大程度上改变了世界汽车制造行业的竞争规则，使得美国三大汽车公司感到了前所未有的竞争压力。丰田在这场竞争中，成功地控制了竞争格局，最终赢得了比赛。

不断刷新自己界面的柯慈雷

柯慈雷：柯慈雷是德国人，出生于1946年，毕业于埃因霍恩科技大学；

1974年加入飞利浦，1981年，成为专业音响系统业务部总经理；

1986年，加入飞利浦元件部，后成为欧洲飞利浦显示器元件业务部总经理，并于1994年被任命为全球飞利浦显示器元件业务部执行总监；1996年，成为台湾飞利浦总裁和飞利浦元件部亚太区域经理；1997年9月～1998年6月期间，还负责飞利浦集团在中国的业务活动；1999年1月1日～2000年9月1日，他担任飞利浦元件部总裁兼执行总裁，后出任飞利浦总裁兼首席执行官。

飞利浦公司在2005年《福布斯》世界500强企业中位居第107位。

荷兰飞利浦公司是世界上最大的彩色电视机生产企业，最大的电动剃须刀和激光光盘生产商，同时也是欧洲最大的消费电子公司。公司成立100多年以来，一直位居世界500强之列。无论在照明产品、包括家用电器在内的消费产品，还是在通信设备这类专业产品上，飞利浦公司都长期保持着较强的竞争力。

在一个多世纪的发展中，许多原来规模庞大的公司已经衰落消亡，而飞利浦公司却依然保持了强大的竞争力，公司规模不断扩大，企业产品范围日益丰富，公司已经成为称雄世界的跨国企业。飞利浦公司能够不断适应环境、保持竞争优势，其成功之处就在于灵活的创新机制。

飞利浦电子集团总裁柯慈雷说："当前全球范围内，消费电子行业均面临着众多问题，而解决持续发展之道，就必须不断创新，适时转变经营模式。"他还说，"如果要让我们的行业迈入一个新的发展时代，就需要根本地转变经营模式。"

与松下公司等一些同行业的竞争对手相比，飞利浦公司不仅注重开发一些具有核心竞争力的产品，更注重将营销、管理创新与产品创新相结合，实施积极的战略创新。在所经营产品种类繁多、竞争对手来自多个行业的竞争压力下，依然保持着企业的竞争优势，创造了长盛不衰的竞争力。

在现在的市场环境中，不断加快的“创新商品化”周期使整个行业面临的大的挑战。比如，像DVD这样的创新性产品虽然能迅速打开并占领大块市场，但由于有很多的追随者，其价格和利润一路狂跌，使得类似的技术突破几乎能迅速普及寻常百姓家。因而不创新，持续的利润是不可能的。不断增长的市场份额是很好的，但真正的解决之道在于，像飞利浦这样的行业领导者要加快产品创新的步伐以保证新产品的潜在利润最大化，同时减少对迅速变成大路货产品的投入。

在飞利浦所处的消费类电子行业，人们看到，一些公司不再以垂直一体化方式直接从事生产制造，而是更多地注重基于技术领先性的销售和市场营销。因此，与竞争对手扩大合作是技术投资价值最大化的关键因素。如飞利浦与摩托罗拉、意法半导体在法国格勒诺布尔市附近合作建立Crolles2联盟半导体研发室，他们合作开发了用于加快开发3G和4G手机的芯片系统解决方案所需的先进生产程序。

就像产品的品牌需要通过提升它的价值、增加高附加值，才能发挥品牌的更大效用一样，现在技术条件下的单个新产品的开发就带来一片广阔的市场已经不可能了。对于飞利浦来说，就像其总裁柯慈雷说的：“我们需要看到自己公司以外的世界，从而提升我们创新的所有潜力。”随着消费电子市场逐渐趋于饱和，各公司需要看得比自己所处的领域更广些，而且还要增加产品的附加值。这样才能巩固和拓展自己的市场。飞利浦已经着手开始了一系列与欧洲领先的电信供应商联盟以进一步打开宽带服务市场的举措。同时，飞利浦还看到了消费电子与医疗保健领域相互联姻的广阔世界。这些都是在增加飞利浦产品的附加值，寻求更多的消费市场。

企业所面临的产业环境是决定企业战略的主要因素。为了充分占领市场，企业应该对外部环境的变化保持清醒的认识，及时调整创新机制，采取有效的创新措施，才能抢占市场中的有利地位。

以飞利浦在中国的发展为例。自1985年在中国建立首家合资企业以来，飞利浦一直秉承根植中国的承诺，积极建立广泛而坚实的合作伙伴关系。到2002年底，飞利浦在中国营业额已达67亿美元，累计投资总额超过25亿美元，在中国建立了30家合资及独资企业，共有18000多名员工，现已成为中国电子行业最大的投资合作伙伴之一。而与此同时，飞利浦在包括中国在内的亚洲的销售额却高达350亿美元。丰厚的回报是飞利浦驻守中国的原因，但中国的市场还有国内、国际众多的其他品牌产品与之相竞争，飞利浦之所以能保持长年的增长，关键在于适应当地消费市场变化的创新。

中国消费电子市场早已进入微利时代，在以价格战为主体的市场竞争中，符合消费者特殊需求的差异化产品才能在众多竞争对手中脱颖而出，跳出恶性价格拼争的怪圈。飞利浦将国际化运作经验、领先技术实力与中国消费者的特色需求相结合，提供了更适合中国市场的产品和服务，从而把价格变成了价值方程中区区一个变量，这是飞利浦多年来保持持续增长势头的根本原因。

为了更好把握中国市场的变化，也为使技术更好地满足中国市场需求，飞利浦在中国设立了15个研究和技术开发中心，并在上海建立了亚太地区的战略研发中心——飞利浦东亚实验室。最大化地满足中国消费者的利益是成就广阔市场空间的根本。为此，其专门设计推出的彩电“流光溢彩”技术，在电视后方随屏幕图像变化投放变幻的环绕灯光，从而令整体画面延伸，实现影院般神奇效果，并且还利于保护视力。产品上市后就得到了原本喜爱看电视时开灯的中国消费者的青睐。

一个优秀的企业不仅能满足现有的市场需求，更注重创造消费者意想不到的需求，为消费者提供更多价值。飞利浦针对中国住房水平提高，消费者希望为不同房间布置相应电视的情况，推出了中国市场尺寸最全的液晶电视系列产品，从15寸到42寸应有尽有。

在注重产品质量的同时，加大自身品牌的知名度和美誉度，将品牌向纵深发展，是飞利浦消费电子增长策略重要的一环。品牌创新，适时"变脸"是飞利浦消费电子为获得持续增长迈出的关键一步。2004年，飞利浦启动了以"sense and simplicity"（精于心，简于形）为核心的新品牌战略。在消费电子领域确立了"家庭娱乐"、"个性表达"、"效率领先"这三大主题，成功实现了以市场为驱动的消费电子产品转型。

可持续发展已经成了世界性的命题，企业自然也不能例外。相反，那些领先一步考虑企业可持续发展的管理者，就为企业在新的时期和新的市场环境的发展提前做好了准备。也就有更大的机会领先竞争对手。对飞利浦来说，可持续的发展是其营运的方式，他们所做的每一件事都必须考虑到这一点，在2004年道琼斯的可持续评估里面，飞利浦占据第一的位置。

柯慈雷为飞利浦制定了生态远景计划。从2001年开始实施，旨在减少飞利浦的水资源消耗，还有污染物排放，还让遍布全球的5万家飞利浦供应商签署可持续发展的供应商宣言。供应商是否坚持做到这些，将是他们考量是否继续合作的重要因素。飞利浦的这一举措不仅走在了竞争对手的前头，更是赢得了广大消费者的一直称赞。飞利浦的产品又带动了节能电子产业的发展。

飞利浦公司还采取了对销售渠道的创新，公司从一个由第三方实现销售的高度集中型公司转变成为自设销售机构遍布全球的跨国企业。随着飞利浦的海外分公司逐步发展为生产——销售一体化的公司，飞利浦公司的生产和销售成本大大降低，产品竞争力也得到了增强。此外，针对经济环境的变化和竞争对手的特点，飞利浦公司还采取了包括业务整合、机构重建和管理制度方面的创新和改革，使公司始终站在电子行业的前列，近年来更稳居世界前100强之列。

飞利浦不仅是在产品的研发和营销方面有创新，也在聘用人才方面有创新。为了降低人才投资和招聘风险，飞利浦公司采取一些新的措施来降低每年招聘毕业生时因为信息不对称而带来的用人风险。

把人招进来先观察。为了提高人才的使用价值，飞利浦每年招聘大学生时，都会按照实际用人需求多录用大约1/3的名额，这样做的目的，除了可以为企业日益增长的人才需求做储备，更重要的是可以让一些人在企业内部不同的部门之间转换，让他们去看不同的部门不同的职位上的员工如何工作，让他们用自己的眼睛去观察和了解。同时，企业也在这段时间充分观察和挖掘这些毕业生的特长和兴趣。这样做的目的，就是为了能够让企业和学生通过一段时间的互相观察后，寻找到最匹配的结合点，从而最大限度地发挥这些毕业生的价值。

为了降低在用人失误带来的损失，飞利浦打算以后在聘用毕业生时先与一家人才招聘公司签约，由他们按照飞利浦的要求选拔一些人，飞利浦将不直接与被选用的大学生签约，而是与人才招聘公司签约，被录用的学生与飞利浦之间就不存在直接的聘用关系，而是直接从招聘公司领取薪酬。6个月之后，飞利浦将根据他们在工作中的表现来决定与哪些人签约，这样就可以比较有效地降低招聘风险。

富士通打破铁饭碗

秋草直之：秋草直之1961年毕业于日本Waseda大学，拥有经济学和政治学学士学位，同年加入富士通公司。

1977年，秋草直之成为富士通公共服务系统工程服务部总监。1986年，晋升至公司副总裁，主要负责计算机工程系统；1996年，成为富士通执行副总裁，负责软件、IT服务业务和商业推广；1998年，成为富士通的总裁。

富士通株式会社在2005年《福布斯》世界500强企业中排名第52位。

1996年，秋草直之成为富士通的执行副总裁，负责软件、IT服务业务和商业推广。甫一上任，秋草直之就把自己对于经济全球化的感悟应用于工作实践中。当时他的思路比较超前，很多同行和职员无法接受，秋草直之受到了不小的阻力，多次沟通都没有效果。最后，秋草直之下决心，靠行政手段，硬是把全球业务推到富士通的前台。

日本企业通常都比较排外，派驻海外分公司的高级经理人基本都是日本人，很少启用本地人才。富士通于上世纪70年代末进入中国市场，分公司的前几任经理也都是日本人。但是在秋草直之执政后，他改变了以前的惯例，极力支持富士通中国分公司总经理武田春仁。令人出乎意料的是，武田居然不是纯血统的日本人，而是一个日籍华人——武田原籍中国台湾，父母都是中国人。

在企业高速发展的时候，秋草直之就清楚地觉察到企业需要掌握核心竞争力，而竞争力的根本来自技术研发。秋草直之领导富士通先于同行进行了业务整合，企业资源转向IT产品线，在IT硬件制造方面掌握了一定技术专利。

1998年后，面对越来越微薄的利润和竞争越来越激烈的IT硬件市场，秋草直之领导富士通大胆转型互联网服务。

秋草直之总是抓住时机对企业进行不断的调整和变革。而在此之前，秋草直之参与了富士通在全公司范围内实行的一次不啻“地震”的大变革——将实行多年的“终身制”转向工作“成果制”。因为当时几乎所有日本大企业都还在实行沿用多年的雇佣终身制，员工早已经习惯将公司当作终生厮守的大家庭。此项改革出台后，立刻在日本企业界引起震动，富士通面临巨大的压力。但是，秋草直之和管理高层看到更多的是雇佣终身制的弊端，所以才会顶着巨大的压力改变。

“终身制”是在日本企业中很常见并且长期实行的一项重要人事管理制度，这种制度虽然有利于培养企业员工的家族意识和集团精神，有利于稳定员工队伍，有利于企业的智力投资和职工培养，但是一个致命的缺陷是使员工丧失了危机感，不利于培养员工的竞争意识和创造精神。尤其难以适应信息技术革命的飞速发展，当时，全球IT产业中，日本企业面临来自更具创新性的美国企业咄咄逼人的竞争，提高公司创新能力是富士通急需解决的问题，而传统的雇佣终身制已经难以适应IT产业的飞速变化，所以改革势在必行。

于是,1993 年富士通公司开始逐步实行成果制。主要内容包括:引进目标管理、设定评价制度,与收入相联系。

一开始要让员工制定自己的工作目标,制定好后,员工开始与自己的顶头上司商议,这个目标是否合适,协商后可以调整。工作目标制定后,以后一年的工作,员工就要以工作目标为动力,努力工作。一年后,员工如果没有达到预计的工作目标就要面临降薪或被解雇的命运。

富士通公司实施"工作成果制"以来,有员工因为没有达到工作目标而遭到惩罚。但是,大部分员工在制定工作目标后,都坚持努力工作,最后胜利完成任务,并得到加薪,或是升职的奖励,这样的结果也促使了富士通公司从上至下对"工作成果制"的认可。

工作成果制的引进,在富士通公司的人事改革中获得了成功,也促进了富士通公司的其他多项人事制度改革。

富士通从 1999 年开始进一步倡导"能力主义"。公司高层主张废除企业内部白领阶层和蓝领阶层的区别,建立能够充分发挥每位员工能力和工作热情的体制。富士通将按资历划分等级的做法改为以职责判定等级的制度,不再以学历和年龄进行管理,主张取得显著成绩的人员应该晋升快,加强职责评价与报酬的联系。

这些变革为富士通带来了活力,进而提高了企业的竞争力。到 2000 年时,其营业收入已经从 1993 年的 279 亿美元增长到 472 亿美元。位列财富 500 强第 45 名,成为规模仅次于 IBM 和惠普的世界第三大 IT 公司。

2000 年,认股权制度又被富士通公司引进。所谓认股权制度就是指,公司为每个人设定阶段目标,到了一定时期后,将阶段目标与员工的工作成绩比较、评价。这样,上司就可以与下属直接交换工作成绩,直接对话。通过这项制度,一般员工都会有明确的工作目标。这与以前终身制时员工的价值观截然不同,也更能发挥员工的潜力。

富士通公司还在人事改革措施中,引进了职历管理。所谓职历管理,就是公司将员工的职业经历详细列出,仔细研究,充分发挥员工的潜力。职历管理包括员工的再培训与教育,按照自己的意愿重新选择工作,负责对个人职历管理的咨询,使员工建立对自己有用的资历。这项人事措施主要是使员工在富士通公司内部进行流动。这一转变要通过两种形式,一是遵守公司指令,按照公司意志转变;二是公开应招,员工公平竞争。指令性转岗中,有一些人不能适应,这些人就要离开公司,先后共有 200 人先后离开了公司。在公开应聘中,每年有 300 人走上新的工作岗位。这使富士通公司的人才得到了更充分的利用。

由于富士通公司人事组织制度充满了活力,相比其他日本公司,富士通在企业本地化方面,也具备了一定优势。比如,富士通在中国的人员本土化策略就很成功,有很多高级职位是由中国员工担任的。富士通的中国员工只要表现出色,晋升速度就非常快。如在销售公司,只要有业绩,很快就会晋升到销售经理。有一名中国员工在短短的两年内就从普通员工晋升到了课长,这种情况在一般的日资企业还很少见。

2000 年之后,世界 IT 业和通信产业陷入低谷。富士通的发展也面临困境,2002 年营业收入从 2001 年的 496 亿美元下降到 400 亿美元,降幅达 20%。富有变革精神的富士通在社长秋草直之的带领下,根据世界 IT 产业和通信产业融合的趋势,进一步提出了"网络世界创意无限(the possibilities are infinite)"的口号,并基于此推行更为深入的组织改革。

后来,富士通的通信本部和 IT 本部已经合并,以便更好地管理客户关系,这在日本企业界又迈出了领先的一步。秋草直之曾经抱怨说:"如今很难看到 20 世纪 60 年代日本人创业时那种奋发向上的精神了，优裕的日子磨去人们的上进心，这才是今天日本最大的顽疾。”而富士通多年来的变革，则在很大程度上克服了这种顽疾。

社长秋草直之认为IT行业衰退的主要原因不是技术不行，而是技术与市场应用之间相互脱节。他主张在目前的技术基础上对IT应用大加突破。富士通为此做了不少工作。公司与通用电气达成合作，为日本公立的医用信息系统提供整合解决方案。联盟的结果是把富士通的医院信息平台与通用电气的医疗数据系统结合在一起，保证医生能在线存储、获取和分析医用信息。为了保护病患的隐私，富士通还另外开发了一套身份认证标准，从而满足了客户的潜在需求。

早在1999年，秋草直之就嗅到网络业大潮汹涌的味道。他果断出手，力主富士通并购Nifty公司。之后不久富士通即推出了“@ Nifty”业务，正巧赶上全球网络大潮，立刻成为日本市场上数一数二的网络服务提供商。

富士通与日产汽车公司的合作是秋草高速互联网战略的另一个得意之作，就是借助100Mbps的宽带网络，计算机3D辅助设计软件运作流畅，汽车制造商和零件商一起参与产品的设计工作，工作效率较以往大大提高。也就是双方合作的“协同制造”。

富士通公司的这些变革源于其自身的危机感。富士通自成立之日起，就是一个充满危机感的企业。它没有一栋自己的大厦，东京总部所在地是租用的办公楼层，原因在于公司领导层认为只有这样，才能一直保持危机感和紧迫感，才有不断求索创新的动力。

出井伸之求新不止

出井伸之：出井伸之出生于1937年11月22日，毕业于早稻田大学。

1960年4月他加入索尼公司；1979年2月任索尼公司音响事业本部音响事业部部长；1988年4月任索尼公司家用音像产品本部本部长；1989年6月任索尼公司董事；1990年7月任索尼公司广告宣传本部本部长；1994年4月任索尼公司产品部部长；1998年出任索尼公司董事长兼首席执行官。

在2005年《福布斯》世界500强企业中索尼公司排名第30位。

索尼向来有着变革求新的传统，从创始人盛田昭夫开始，每届管理者都继承了这一优点，使索尼在创新的强大动力下，一直领跑于行业群雄。

从20世纪80年代到90年代，全球电子企业竞争日益加剧，索尼的营销也陷入困境。1995年，索尼公司首席执行官兼董事长大贺典雄把公司大权交给了出井伸之，由他担任公司总经理。1998年出井伸之又出任索尼公司董事长兼首席执行官。出井伸之的上任，拉开了索尼新一轮创新的序幕。

出井伸之在1995年出任总经理之前已经在索尼工作了35年，有着非常丰富的工作经验，这也使得他对索尼在经营和产品方面具有的弊端有非常清楚的认识。要改变这一切，出井伸之认为必须进行变革。而面对困境，索尼最需要的就是变革的理念。

出井伸之一直有一个梦想，那就是使索尼成为即将到来的数字化时代的领导者、技术规则的制定者。因而他并不满足索尼传统家电产品的优势地位，他要想办法让索尼提前一步，走在竞争对手的前头。出井伸之敏锐地认识到就在不远的几年后，技术会与娱乐业的电影和音乐融为一体，形成一个全新的行业。他预见将来索尼公司的产品(摄录机、音频设备、视频设备和电视机等)实际上都将成为计算机外围设备，用户可以把这些超级设备精心组合成为由个人计算机控制的家庭多媒体系统，只要借助一个盒子，就可以控制电视、音响系统、家庭保安装置、空调和其他许多装置。出井伸之认为："索尼公司优先考虑的重要任务就是赶快跳入这条河流，想办法与别人齐头并进，或比别人游得更快。"索尼公司应当尽快成为这个数字世界的主宰。

为此，索尼公司采取的第一个步骤就是在1996年推出了一系列个人计算机，为CD音频重放和电视接受规定了值得后进者注意的标准性能。此外，索尼公司还出口了一系列的具有数字时代特征的产品，比如采用了数字化技术的Mavica摄像机，大受消费者的欢迎；而采用CDMA技术的便携式高保真立体声系统Netman则具有网络功能，甚至有可能像索尼初创时，使之声名鹊起的"随身听"一样为自己带来前景极为诱人的市场商机。

紧接着，出井伸之又宣布了针对公司产品和经营方面的调整计划。目的在于做好准备迎接即将到来的因特网世纪，推出富有发展前景的新产品，并向新的领域进军。根据出井伸之的计划，索尼将电话和便携式摄像机的生产包含进公司原有的VAIO个人电脑部门，希望通过这样可以将公司现有的在摄像、电脑以及网络方面的技术有机地结合在一起，从而创造出具有索尼公司特色的崭新的个人信息技术产业，并在其行业占据领先地位。

在经营方面，索尼公司准备开始向因特网领域进军。继亚马逊公司网上销售火爆之后，越来越多的公司先后开展了网上销售。在这种情况下，索尼公司日益感到有必要早日加入网上销售这一市场巨大、利润丰厚的新兴行业中。为此，索尼公司建立了专门负责网上销售和服务的部门，并准备加大其在公司业务中所占的比重。索尼公司还正在加紧进行宽带因特网的研究开发工作。索尼公司认为，宽带的增加有助于增强因特网传输图像和声音的能力，如果可以通过因特网使图像和声音以正常的速率展现在使用者眼前，对于公司影视产品的销售无疑将起到很大的促进作用。而这些都被后来的事实证明是极其正确的。

索尼公司的企业形象也在出井伸之的改变之列。从1997年开始，索尼公司开始大量推出全球形象广告。索尼公司改变了过去在各地市场借助当地广告商，塑造适合当地市场广告的做法，取而代之的是以统一的画面，统一的广告词，以求在全球市场上树立索尼公司年轻、充满活力的新形象。为了能够抓住年轻的消费者群，索尼不仅在MTV台大做广告，更在全球各地以年轻人为对象的电视节目中频频亮相。事实证明，索尼的广告策略是成功的。它所提出的"数码梦想小子"的新形象已深深扎根于消费者心中。

作为成立较早、又引领日本企业和社会经济的重要角色，索尼公司身上体现着日本文化的深深印记，如终身雇佣、年资晋升和协商决策等。这种氛围和模式显然已经不适应产品与技术急剧更新的数字化时代。因此，出井伸之对公司内部的运作模式也进行了很大程度的调整，他提出了设立"虚拟公司"的概念，由这个临时性机构利用各部门的员工开发混合产品。同时，索尼公司还成立了一个由四位经理所组成的高层管理委员会，负责促进各部门的思想交流，向公司各分部灌输更多的协作精神。出井伸之说："许多人以为日本人不能改变传统，但我们正在改变。"

勇于求新求变的索尼公司，在出井伸之的带领下，在国际市场上越来越表现出它的生机和活力。1997年是亚洲经济危机重重的年份，前所未有的金融危机带来了沉重的打击。但是，就在许多企业因金融危机而经营大幅滑坡之时，索尼公司却创造了500亿美元的销售额和12亿美元的纯利润。在许多公司股票纷纷下跌的情况下，索尼公司的股票却上扬了44%。1998年，索尼公司在《商业周刊》评出的全球1000家最有价值企业中名列第103位。可以说，出井伸之对于这一切功不可没，不断地创新给索尼带来了巨大的发展。

1998年，出井伸之出任索尼公司董事长兼首席执行官，开始了同样颇具个人魅力的“出井伸之时代”。

当时已经59岁，在索尼度过大半生的出井伸之，面对当时日本众多大企业还在亚洲金融危机的阴影下徘徊不前的局面，也深感肩上责任之重大，压力之大也是可想而知。然而，令许多其他企业意外的是，索尼公司的业务却在随后几年内突飞猛进地发展。截至2001年3月，索尼公司的总营业额已达到了566亿美元。但是，过快过急的扩张使公司内部结构无法快速地适应新的经济发展趋势。为此，出井伸之决心进行内部改造。

首先，对公司总部的三项职能进行重组。出井伸之认为，“有必要创立一种新的体制，在新体制下电器业务仅仅被定位于数项业务中的一项。”于是，他新设立负责制定经营战略的、具有集团总公司职能的“全球中枢”、集原集团的共同人力资源部门及支持部门于一体的经营平台，以及电器业务的综合总公司。

其次，对网络公司进行重组。他将原来按产品类型划分的5家网络公司重组为7家。这样更易于提供融硬件与信息于一体的解决方案。作为象征性的一步，他解散了原来负责所有个人电脑经营业务的“个人IT网络公司”，将台式个人电脑业务与笔记本电脑业务分别划归不同的公司管辖。

最后，基于上述平台理念，他领导成立了横跨整个集团的技术开发机构，并强化了各网络公司间的相互协作。此外，公司内部将确立融AV/IT/通信于一体的新型商务模式。

组织的创新为索尼的发展注入了新的活力。

在进行组织的创新的同时，索尼也对人员的使用进行了改变。

索尼公司选用人才的标准除了出众的聪明才智、良好的知识和业务背景之外，对认真负责、创新务实的工作态度尤为看重。索尼公司一贯倡导“创造新的生活方式”，那在用人理念方面，它的创新体现在：

招聘时，提倡“学历无用论”，这一点最早是由创始人盛田昭夫先生提出来的；鼓励创新，员工以“自我实现”为目标，全身心地投入到工作中，发挥自己无限的创造力，而索尼为他们提供了良好的环境；针对年轻人“眼高手低”的不良习惯，索尼会提醒年轻人，在任何一家企业、任何一个职业岗位上工作，都必然有许多所谓的“杂事”需要处理，这些基本层面的工作，无所谓大与小，都会有结果与效果的精确与粗劣。全身心地投入、做好手头的每一件事，才是表明自己能力与实力的最有效的方法。

在索尼的高层看来，相对稳定的工作环境并不意味着人才流动的停滞。人才流动在企业中是再平常不过的现象，而在索尼公司，对这种现象会采取一种特别的方法来进行引导，减小对企业的影响。为了更好地利用人才，索尼公司内部刊物上经常刊登各部门的“招聘广告”，职员们可以自由地前去应聘，他们的上司无权阻止。另外，公司原则上每隔两年便让职员调换一次工作。对于那些精力旺盛、干劲十足的职员，不是让他们被动地等待工作变动，而主动给他们施展才华的机会。

索尼公司采用5P法来评估员工业绩。5P是指Person(个人)、Position(职位)、Past(过去)、Present(现在)、Potential(潜力)。一个人(Person)在一个岗位(Position)上会有业绩,在这个位置上就要符合这个位置的要求。员工是否能得到晋升,公司要考察其业绩(Performance),Performance本身是由3部分构成:(Past)过去的业绩、(Present)现在的业绩,将来的业绩看不到,但是可以预测他的(Potential)潜力。对于一些很难用具体标准去衡量的指标业绩,索尼就通过对提出的问题的回答进行量化。

企业在用人的同时,也在不断地挖掘员工的潜力。索尼会通过一系列的措施来评估、测算出员工的潜力。由于一个人的表现有一定的连续性,索尼公司会对员工3年的业绩进行综合考评。一人的评价分为几个独立因素,公司尽可能地做到几个因素互不干扰。

对于主管级以上的员工,公司会要求他们写自己的素质报告,素质报告会反映出很多方面的问题,如职业精神是不是很专注、富有激情?是不是了解外界的知识?不同的上司对员工会做出评价,员工写完小结,公司还会有一个评估,这个评估是由不同的人匿名来进行的,其中会有非业务部门人员。

而员工要获得晋升,要由目前的上司进行提名。过了这关以后,进行书面考试,对员工的常识、观点进行考核。书面考核完后,公司高层领导对员工进行全面考核。员工要面对5个公司高层陈述自己的想法、建议,公司高层将据此评估,作为将来的领导,这名员工有没有优秀的发展思路。通过这样一系列的综合评估,公司就知道一名员工有没有潜力。

潜力和过去表现不一样,公司会把两者明确区分。过去是一方面,但是绝不等于员工的发展潜力,在这方面公司会给员工做咨询、职业指导工作,要让他们学会自己对自己进行测评,了解自己,这是公司人力资源部门的一项非常重要的工作。

索尼公司"永远保持创新能力"的特点没有变,正是这种创新精神,使它始终走在全球电子产业的前列。

改头换面求新生的庄山悦彦

庄山悦彦:庄山悦彦生于1936年,曾任株式会社日立制作所取缔役兼执行社长。

他1959年3月毕业于东京工业大学理工系电气工学专业,同年4月进入株式会社日立制作所;1982年8月出任公司日立工厂副厂长;1993年6月出任公司家电事业部本部长;1995年6月出任公司家电信息媒体事业本部长;1999年4月出任公司取缔役社长;2003年6月出任公司取缔役兼执行社长;2003年05月任日本经济团体联合会副会长。

日立公司在2005年《福布斯》世界500强中排名22位。

所有的企业都想成为市场的常青树,但现实是无比残酷的,许多企业成立没几天就倒闭了,有的给别人做了嫁衣。在企业面临重大危机的时候,进行产业转型不失为摆脱危机的良策。

企业就如生命体一样，在不同的时期，面对不同的环境，要有相对应的能力来驾驭环境。企业在一项业务衰落和另一项业务兴起之间有一个时间间隔。因此在核心产业衰退之前，企业必须毫不迟疑地进行战略转型，开展新业务。

但是如何选择新业务，是必须慎重考虑的问题。首先，要看企业的目标产业有没有形成一定的规模，这是战略转型的重要条件。纵观世界著名的跨国公司，无不是经营着许许多多的目标产业，规模巨大。比如，IBM、惠普、索尼等，都是产业众多，规模庞大的巨人型企业。当然，这个目标产业必须是适合企业的，不一定选择有远大发展前景的目标产业。否则，对于转型的企业来说无疑要承担更大的风险。

企业在选择进入一个产业之前，必须考虑这个产业有没有已经成型的赢利方式，这个目标产业的利润如何，赚取这些利润企业需要投入多少，还要考虑资源的分布，政府的政策是否有利，所选择目标产业的发展前景，等等。企业在选择进入时，必须做好了充分的准备，首先要拥有目标产业的核心技术。如果企业没有这个核心技术，企业就得弄清楚这个行业的核心技术掌握在谁的手里？同时，能不能通过并购等方式拥有这个核心技术，也是企业必须考虑的问题。

还有很重要的一点是，企业要进入的产业和企业现有的产业是否能协调运作。企业在进入目标产业之前，必须研究要进入的行业和现有行业之间的协同和呼应。比如海尔，它原来仅是一个电冰箱厂，后来在多元化的时候，它以青岛电冰箱总厂为核心，合并青岛电冰柜总厂和空调器厂，组建了海尔集团公司，经营行业从电冰箱扩展的电冰柜、空调器。在1995年7月前，海尔集团主要生产上述制冷家电产品。

当企业选定了自己的产业方向以后，就开始了战略转型的实施过程。这是一项艰巨的系统工程，同时还是一项高风险、高投入的工程。正因为产业转型是一项高风险、高投入的系统工程，所以转型一旦失败，其后果将是毁灭性的，因而之前的准备工作必须要非常慎重、全面。总而言之，企业只有在战略、组织、人力资源和企业文化都有保证的情况下，才可以考虑产业转型。

日本日立公司为了确保未来业务收入的延续性，决定改变自己电子产品制造商的形象，跨入IT业，并把软件业务作为企业新的发展“支点”。日立公司作出这一决定是有原因的，也是经过周密考虑的，绝非率性而为。

据有关资料显示，从20世纪80年代开始，日本电子产品制造商的总资产及销售额已达原来的3～4倍，而营业利润却只相当于原来的1～2倍。销售额营业利润率在20世纪80年代上半期为8%左右，90年代上半期下降到了6%，而从20世纪90年代下半期以后，则进一步下滑到了4%。投资效率低下，利润率减小。在拥有巨额贷款及低利润设备的同时，资本与资产的效率也开始迅速恶化。显然设备、人员过剩和巨额债务、利润下滑的情况正广泛存在于日本的电子产品制造商中。

在整个大环境的影响下，日立公司也遭遇滑坡。由于遭受半导体业务低迷、全球IT市场疲软的打击，日立公司经历了1998年、2001年两次高达3200亿和4800亿日元的巨额亏损，而到了2002年，日立公司的总营业额为683亿美元。其中，日立赖以成名的家电业务仅占到总收入的10%。而令人吃惊的是，日立的信息以及通信部门业务竟占到了整个集团营业额的34%，一跃成为日立的主要业务。

日立总营收的最大部分来自信息通信部门的业务,这是导致日立转型的直接原因。正如日立高层所说的:"今后的日立已经不仅仅是一个家电企业,同时也是一家 IT 企业。"

1999 年,庄山悦彦上任后发动改革,作为 Hitachi 计划的一部分,信息通信集团成为日立公司最具战略意义的业务部门。

而通过兼并整合探索新领域、寻找新的利润点无疑是日立公司强化信息通信集团的最可行的策略。企图通过合资、收购来逐步地壮大其信息通信部门的日立公司,最先将目光投在其 1989 年与美国电子数据系统公司(EDS)合资而成的日立数据。这家总部在美国加利福尼亚州 Santa Clara 市的数据存储供应商,主要销售日立大型机和存储产品。1999 年成为日立的全资子公司,也是唯一一家拥有全部存储技术也具有生产能力的存储企业。5 年后,日立数据在高端存储产品市场占有份额将近 40%,这些份额是从其竞争对手(EMC 和 IBM)手中夺取的。

2000 年,庄山悦彦数据确立了新的核心业务战略、新的领导团队、新的目标市场以及新的经营模式。在 2000 年 2 月转变经营策略之后,成为针对 S/390 和开放系统的专业的存储厂商。2001 年 4 月,作为数据存储专卖店的日立数据取代 EMC 和 IBM 公司,一举成为全世界成长速度最快的存储企业。

从存储业务中延伸出来,硬盘在消费电子产品市场的应用成为日立业务新的拓展方向。

根据 IDC 的数据显示,到 2008 年,全球将有超过 2 亿部用于消费电子产品用途(包括家居网络存储)的硬盘在市场上投放,占硬盘总投放量的 40%。而消费电子产品是日立公司传统的一块大业务,于是它开始考虑拓展其硬盘业务并与消费电子产品的整合,谋求日立公司在这一迅速增长的硬盘市场上的领导地位。恰逢 IBM 转型并出售其硬盘业务。于是,日立公司以 20.5 亿美元的价格收买下 IBM 长期亏损的业务,日立存储于 2003 年成立。

日立存储成立之初就将发展的重点放在了消费电子产品上,日立存储可以借助日立公司在消费电子领域丰富的资源进行渗透,这个优势是其他硬盘厂商难以比拟的。例如,日立存储和自立公司已经展开了一个"无所不在的硬盘"项目,在日立公司涉及的各项产品中应用最新的硬盘技术,不仅是手持电子产品,家庭视频设备、家庭服务器中都会出现日立硬盘的身影。

日立收购的最终目的,旨在帮助日立公司在业务上开发一个新的领域,收购的业务与其自身原有的硬盘业务合并成立一个合资公司,总部设在美国加利福尼亚州的圣何塞。最初日立公司拥有该公司 70% 的股份,日立的打算是 3 年后完全拥有该公司。对于硬盘业务,日立公司的预测是:到 2006 年度,该业务营业额应可增加至 70 亿美元。

现在,日立公司信息通信集团拥有 163 家联营子公司,员工总人数超过 9 万名。2003 年度,日立公司总的营业额达到 822 亿美元,其中,日立信息通信系统部分的营业额占总营业额的 23%,居集团内部首位。其中,日立存储的贡献是超过 40 亿美元的营业额,而日立数据作出了 21 亿美元的收入贡献。

这一新拓展的领域,因为有了日立公司的优势,而变得保险了许多。再加上诱人的前景,日立存储的发展可以预见。

作为 2005 年消费电子产品战略的另一部分,日立公司在 5 个城市设立的日立设计中心,专门负责协助顾客将硬盘整合于各种消费电子产品中。此项战略性的举措肯定了消费电子市场对硬盘业务的重要性,将有助于日立公司加快拓展硬盘在消费电子产品市场的应用,同时也将巩固日立在硬盘市场上的领导地位。

信息通信系统、动力和工业系统、电子设备、数字媒体和家用电器产品、高性能材料及组件、金融服务，等等，这家传统的制造商希望摆脱旧式日企的形象，确定自己“IT 企业”的定位。

如今日立正从一个电子产品制造商迈向 IT 日立。其中，软件业务的发展已经成为日立的新“支点”。

日立可以说走出了成功的第一步，选择了自己熟悉的业务，调查了它的前景，做了周密的分析，而发展的强劲势头也证明了日立转型的正确。

第四章

同盟合作：强强联手打造双赢

企业自身的资源和能力是有限的。所以，企业可利用外部交易型战略，采取收购兼并等方式生成外部核心能力，从而真正成为企业的核心能力。

时代与华纳的优势互补

理查德·帕森斯：理查德·帕森斯1971年开始自己的职业生涯，作为纽约州州长纳尔逊·洛克菲勒的特别咨询顾问，之后跟随洛克菲勒进入白宫，而后者成为当时的美国副总统。之后，帕森斯转向工商界，首先是以合伙人身份管理一家纽约的律师事务所，之后成为DimeBancorp的董事长兼CEO，并在那里一举成名。

理查德·帕森斯在2005年《福布斯》发布的传媒行业最佳CEO排行榜中名列榜首。

帕森斯是在1995年加入时代华纳公司，除了AOL时代华纳的职位，帕森斯同时还是布什政府的国家安全理事会常任理事。这是一家向纽约黑人区提供就业、刺激当地经济发展的事业公司。另外他还是花旗集团、林肯艺术中心、哈佛大学客座理事会成员。

在媒介和娱乐业中每一个企业都会努力地在全球大市场上展开竞争。为了做到这一点并且达到必要的经济规模，每家公司都不得不迅速成长。在未来的媒介和娱乐业中，获胜者将不仅拥有发送节目所得的收入，还将拥有富有创造性的产品版权。大企业瞄准的是在世界范围内创造、营销和传播它的产品，并且在尽可能多的分销途径之间摊销成本。时代与华纳的合并就是这样的世界级大合并。

时代创办于1924年，亨利·露丝和布雷顿·哈登辞去了他们在《巴尔的摩新闻》的新闻报道工作，出版了他们的新杂志《时代》，时代公司就此成立了。在之后的35年中，通过推出包括《生活》在内的多种新杂志，又收购了几家出版商，公司发展起来了。20世纪70年代末和80年代一系列的收购活动巩固了公司在已建立市场中的地位，并使公司的业务多样化，而不仅仅局限在出版业。

时代拥有15种名称各异的杂志,包括《体坛评述》、《人们》、《幸福》和《富人》,也包括《时代》和《生活》。时代的杂志广告每年占全美消费者杂志广告的20%,《时代》和《幸福》的外文版通过合资企业出版,这部分占总收入的42%。

时代通过四个出版机构分销图书。时代——生活图书公司是直接邮寄人们通常感兴趣的丛书的最大的出版商。本月图书俱乐部经营着拥有最大的发行量的图书俱乐部和其他几家俱乐部。小小棕色公司出版贸易和专业书籍。奥克斯英尔出版社出版各个方面的技术性和说明性书籍。1986年,时代收购了斯科特弗曼公司——一家小学、中学和大学教材的出版和分销商,这部分占总收入的15%。

时代的有线电视节目占总收入的17%。在1972年的一部反响热烈、想象丰富的影片中,时代在一个有线电视系统中投了资。当时分析家们预测,到21世纪初,有线电视将成为对公众发布新闻和娱乐的最主要的工具。1989年,时代经营着家庭票房(HBO)和赛恩麦克斯两个网络。只有与地方有线特许区的广播网相连接的消费者才有资格订这两个网络的节目。订购者收到HBO或赛恩麦克斯网上的节目就要每月支付一定的费用。

HBO的节目包括精彩的电影、体育赛事、特殊的娱乐比赛和HBO要求播放的影片。赛恩麦克斯提供内容广泛的电影节目和特别的娱乐比赛。HBO通过与电影制作商和发行商签订许可协议购买网上需要播放的节目。HBO影像向美国和加拿大分销电影和其他节目的家庭录影带。时代还具有特纳广播系统股份有限公司——一个广播网络的14%的所有权利益。

时代的地方有线电视特许权占总收入的25%。美国电视通讯公司是美国第二大有线电视特许全公司,是一家由时代拥有82%的股份的子公司,拥有390万个订购者。地方市政当局授予通过有限网络向订购者的电视传送诸如HBO等有线节目的独家许可权。

但是到了20世纪80年代末,行业竞争加剧,行业界限日益模糊。在20世纪80年代初,电影、电视和出版业还都是彼此相互独立的行业。但到了1989年,一系列相互联系的趋势使它们之间的界限变模糊了。而且现代商业社会人们越来越重视信息。迅速发展起来的国际互联网让信息的传播更加迅捷,作为电视则越来越显示出主导媒体的地位。

面对这样的局面,几家主要的电影制作商,如派拉蒙、MCA和华纳进行了纵向联合。为确保它们产品发行渠道的畅通,它们除了进行电影制作和分销之外,还举办展示会等活动。法规的放松也模糊了纵向联合的界线;禁止电视、电影制造商拥有电视台的规定松动了。法庭决议允许电影制作商拥有影剧院。

制作一部电影的平均成本在不断增加。同期,市场上推出的电影数量也在增加,从而加大了电影制作的竞争风险,却减少了引起轰动的机会。票房失败的风险促使商家纷纷转向比制作电影投资要少的电视节目的制作。

同时,有线网的迅速推广极大地增加了对高质量的节日的要求。这些网络通过地方的有线电视特许权把它们的产品直接销售给消费者。有些网络通过向消费者收取入网费而得到补偿。另一些网络则通过出售广告获取收入。到1989年,有线节目已经直接与广播网络展开竞争,抢夺获取影片、原版电视节目和广告空间等的渠道,以及其他能够吸引消费者注意力的方式。

早在1983和1984年,时代的执行理事会和管理当局就已经开始重新审视公司的长期目标了。时代的管理当局觉得虽然它的杂志业是盈利的,但是其增长速度却不够迅速。相反的,HBO和有线网方面的业务却成为最大的增长最快的利润因素,它获得了将近一半的时代总盈余。不过,时代不得不为它所播放的节目支付越来越高的价格。这使节目制作的潜在所有权和与之相联系的版权变得更有吸引力。

但是如果把像《蝙蝠侠》这样的影片先在美国公映，再在海外上映，然后销售它的录影带和录音声轨，再把它制成光盘和磁带，并在付费电视上播放，或许再销售一些相关的书或制作一些相关电视节目，并且这一切都依靠公司自己的资源的话，那么不但可以把钱全都收回来，而且大大降低了投资的风险。

基于以上的原因，时代与电影公司的联手合作就成为了必然。但是，为了使并购更有战略意义，在并购之前自然要进行仔细的分析和慎重的选择。

时代当时的潜在合并伙伴有华纳、派拉蒙、哥伦比亚、迪斯尼、20世纪福克斯和MCA。

哥伦比亚在电影娱乐业方面的重要地位很具吸引力，但是它缺少地方特许资产。迪斯尼是一家从事家庭娱乐业的多角化的国际公司，但时代的投资银行提醒时代迪斯尼缺少地方特许资产，并且它的度假场所产生了它71%的营业利润。20世纪福克斯是一个完全由新闻公司拥有的子公司，涉及电影娱乐业、制作播放电影和电视节目，但是它同样缺少主要的特许区。西尔森呈给董事会的报告注明了收购MCA不会提供主要的地方有线特许资产，并且房地产资产在MCA的价值中占据了重要的比重，有利的一面是，MCA在影音娱乐界占有重要地位。华纳通讯公司（华纳）主要是通过经营电影娱乐（占收入的40%）、音乐录音和出版（占收入的45%）、有线和广播（占收入的11%）以及出版和相关的发行（占收入的4%）来从事通讯和娱乐业，通过它的子公司华纳兄弟，华纳制作、资助并向影剧院发行电影，向电视台、网络、收费电视系统发送影片，还发送预先录制的录影带和录形碟，而且华纳15年来一直是名列前三家的录制工作室。它的营业利润的持续性是与它的工作室的表现的一贯性相连的。

时代的两个投资银行西尔斯莱门哈顿和瓦塞斯德因帕瑞拉公司呈交给董事会的文件强调了华纳在经营管理方面的卓越的经验；在电影、录音、家庭录像、电视节目和有线经营方面的领导地位；在录音和电影方面的重要的国际业务和它重要的适度负债。他们还勾画了收购华纳会遇到的潜在困难，如两者之间的文化差异和管理协调等问题。

西尔斯和瓦塞斯德恩帕瑞拉把派拉蒙在电影娱乐界的巨大份额、它的大型图书馆和它在出版业的重大利益都看作宝贵的资产，但也注意到派拉蒙将不会提供主要的有线资产，并且代表着派拉蒙总经营利润41%的金融子公司并不符合时代娱乐的战略。

经过一番调查比较，华纳现有的很容易与时代相结合的有线经营活动、卓越的音乐业务及全世界范围的分销资产和能力使华纳成为最有吸引力的合并候选公司。

1989年3月3日，两个公司正式合并。新公司被命名为时代—华纳股份有限公司。其董事会成员由24名成员组成，12位来自时代，12位来自华纳。合并以股票交换的方法进行：即华纳的股东将收到时代公司的股票以置换手中的华纳股票。股票交换合并可以确保时代保持抓住未来机遇的财务能力。另外华纳也坚持采用股票交换的方式以保持它的股东对新公司的所有权。

时代与华纳的合并案例，从深层讲是美国传媒业的强强联合。这种强强联合的目的很明确，就是保持持久的竞争力。

现在的时代华纳迅速发展壮大，包括：

出版业务：目前其发行的杂志超过了64种。全美最畅销5本杂志中，时代华纳公司就占据了4本，分别为《时代》、《人物》、《体育博览》和《财富》，此外其他的著名杂志还包括娱乐周刊、金钱、In Style等。

影视娱乐业务：它在故事片、电视、家庭录像、动画以及生产/商标许可方面一直居于全球领先地位，影片 Matrix（黑客帝国）、Batman（蝙蝠人）、ER、Friends、The West Wing 等都出自于该公司，著名的出版物有《DC 喜剧》和《MAD》杂志，后来它又获得了《哈里·波特》头 4 集的发行权。时代华纳旗下的 New Line Cinema 公司又是另一家著名的独立制片商和发行商，很受欢迎的喜剧片 Austin Powers 就出自其手。

华纳音乐集团旗下的唱片公司包括大西洋（Atlantic）、Elektra、London - Sire 以及 Rhino。华纳音乐公司旗下明星包括麦当娜、Kid Rock 摇滚乐队等。

2003 年第 4 季度中，时代华纳的净利润为 6.38 亿美元，每股收益为 14 美分。时代华纳公司第 4 季度的营收为 109 亿美元，较上年同期的 102.5 亿美元增长了 6%。时代华纳公司 2003 全年的营收为 396 亿美元，较 2002 年增长了 6%，净利润为 26 亿美元。2004 年第 1 季度结束时，时代华纳的有线电视部门将在全美 31 个系统的 6 个系统中向用户提供互联网电话服务，并在年底前扩展到几乎所有市场上。自 9 月底以来，时代华纳有线电视公司新增加了 182000 个订户。

两公司合并后，时代华纳公司成为世界最大的传媒集团之一，旗下有 CNN、TNT、卡通等电视台，多家著名的杂志、报纸、出版社以及网站，在音乐、电影和有线电视等领域也具有极其强大的竞争力。

辉瑞一口吞下老对手

汉克·麦金纳尔：汉克·麦金纳尔是辉瑞有限公司董事长兼首席执行官。

在公司以外，麦金纳尔也有着广泛的社会关系。他是业内颇有影响力的议院游说团已退休的荣誉主席、布什政府艾滋病顾问委员会的成员，同时也是埃克森·美孚公司和穆迪投资服务公司的董事会成员。

2004 年《财富》推出 25 位最具权势企业家，辉瑞有限公司董事长兼首席执行官汉克·麦金纳尔位居第 12 位。

辉瑞在 2005 年《福布斯》世界企业 500 强中排名第 138 位。

2002 年 7 月 15 日，一条石破天惊的消息震动了整个华尔街：全球第一大制药公司辉瑞公司以价值约 595 亿美元的股票，通过换股方式兼并老对手美国法玛西亚制药公司。此举成为当时全球制药业金额最大的兼并案，也是有史以来国际制药界的第二大并购案。此项交易将诞生一家年收入超过 480 亿美元的业界巨头，仅每年的研发支出就会超过 70 亿美元，并购后的公司是当时世界上最大的制药公司。

辉瑞公司主要生产治疗高血压等症状的药物，法玛西亚公司则主要生产治疗关节炎、青光眼等病症的药品。辉瑞和法玛西亚公司 2001 的营业额分别为 323 亿美元和 138 亿美元。当时辉瑞公司占据全球药品市场的 8%，份额位居全球制药企业之首，而位居第二位的以欧洲股东为主的葛兰素史克公司所占份额则为 7.3%。分析家认为，辉瑞兼并法玛西亚预示着国际制药业将面临更加激烈的竞争。

喜形于色的辉瑞首席执行官麦金内尔在记者招待会上称："辉瑞将以此为契机保持全球制药业的长期霸主地位，并在新药开发和市场竞争中发挥更大优势。"

提起辉瑞，人们最熟悉的要算该公司治疗性功能障碍的药物"伟哥"。1998年，"伟哥"的成功让辉瑞着实风光了一阵，但近年来，辉瑞再没有推出类似的重量级产品。而成功收购法玛西亚，使辉瑞的知名药品名单上添加了畅销止痛药Celebrex。

正如法玛西亚公司一位匿名股东所说："辉瑞就像是一台巨大的、饥饿的机器，光靠本公司的产品根本无法吃饱。如果没有法玛西亚，它只能眼睁睁地饿死。"

法玛西亚则表示，他们看中的是辉瑞无与伦比的市场推广能力。辉瑞仅在美国本土就有8000人的庞大推广阵容，而且由于它的市场份额和影响力，在新药的推广和定价方面具有"一言九鼎"的地位。

尽管辉瑞和法玛西亚都声称自己是这宗并购案的赢家，但华尔街似乎更看好后者。由于双方事先都对此事讳莫如深，消息公布后两大公司股价如惊涛骇浪般此起彼伏，最终，辉瑞股价当日下挫了11%，而法玛西亚的股价却上扬了20%。

辉瑞和法玛西亚的合并也是事出有因。辉瑞的股价下挫反映出华尔街对于制药行业整体的担心。制药行业都面临着共同的困境，厂商日益感到消费者要求降低药价的压力，一些畅销药品的专利即将到期，新药的开发却陷入枯竭。美国食品和药物管理局（FDA）提供的数据表明，制药公司的新药申请已经出现了连续5年的下滑，并预计将来会进一步减少。在2002年头5个月中，PDA只收到两项新药申请。2001年，制药公司提交的新药申请总数只有24项，还不到1996年收到的53项申请的一半。

在这种压力之下，制药业在过去数年中一直在进行整合。各公司希望通过收购交易削减成本，将知名药物纳入自己的产品组合，并增加正在开发中的药品。制药业分析师指出，在5~6家巨头公司主导全球市场之前，这种趋势不太可能改变，"整合是不可避免的，问题只是哪家公司将被收购"。

尽管股市对辉瑞合并法玛西亚的消息表现出相当谨慎的态度（消息公布后辉瑞股价下跌13%），但行业分析师大都认为此次合并从效果上不具太大争议。高盛公司预测，合并法玛西亚后，辉瑞公司在美国处方药市场的份额将上升到14%。

获得法玛西亚拳头产品显然是合并带来的最大一块馅饼，其中治疗关节炎的Celebrex2001年销售额超过26亿美元。治疗青光眼的特效药Xalatan表现也非常出色，2001年销售额为4亿美元。更重要的是，法玛西亚的产品离专利权到期还有很长一段时间。如果没有这次收购，2004~2007年间，辉瑞的盈利增长将遭遇专利权到期的巨大压力。辉瑞两年前成功并购沃纳·兰博特公司（Warner-Lambert），为此次合并提供了不错的注脚，那次并购实际上只为辉瑞带来一种畅销药——治疗高血压的Lipitor。但正是Lipitor在2001年带给辉瑞52亿美元的销售额，是伟哥的6倍，占总销售额的1/4。考虑到法玛西亚比沃纳·兰博特更具理想的市场，无论新药销售和成本控制，辉瑞都将得到更多好处。

另一方面，在全球以研发为导向的大型药厂中，辉瑞和法玛西亚是两家以成长快速著称的公司，经过这次合并，全新的辉瑞成为了全球最大的以研发为主导的公司。并拥有业界最广泛的药品组合和强大的研发能力。每年可创造超过450亿美元的营业额，成为全球营业收入最高和成长最快的制药公司之一。

辉瑞有限公司董事长兼首席执行官汉克·麦金纳尔表示，合并后的辉瑞有着强有力的营运业绩和源源不断的最新技术。辉瑞既有的超强全球行销能力，得到更大的发挥空间。全新的辉瑞将利用这一优势，在癌症肿瘤内科、内分泌科以及眼科等方面的药品一展长才。

两家公司合并后，全新的辉瑞除了拥有消费保健、动物保健及检验部门外，更拥有业界最广泛的处方药产品组合，包括心血管疾病、降血脂、骨关节炎治疗、中枢神经系统障碍、感染性疾病、眼科及肿瘤治疗等药品。

辉瑞有着全球最大的医药公司和最广泛的制药研究部门。辉瑞 2004 年总收入为 520 亿美元，研发成果收入为 80 亿美元。

辉瑞制药公司的合并脚步并没有停止，美国微软公司宣布打算和辉瑞制药公司联合起来打击因特网上兜售治疗男性勃起功能障碍药物万艾可（俗称“伟哥”）的行为。微软说，该公司和辉瑞目前正在采取法律行动，以对付那些没有经过辉瑞同意就在因特网上行销贩卖万艾可的公司及个人。据介绍，一些公司及个人制造类似于“伟哥”的药物，然后用广告电子邮件信函轰炸因特网用户。仅 2003 年，微软电子邮件“热邮”（Hotmail）的用户就收到了上亿封贩卖“伟哥”的垃圾邮件。两家公司表示，目前很难找出是谁在背后贩卖和制造“伟哥”，但两家公司已经展开法律行动，并准备寻求法庭授权，公布幕后制造者身份。

另外辉瑞制药还和 IBM 和微软联合创建了一家名为“Amicore”的在线销售合资公司，为小型诊所提供软件和硬件服务，医疗方面的小型诊所占有美国 70% 的市场，代表 25 ~ 30 万的美国医生。Amicore 首席执行官表示，该公司的主要目标是帮助那些少于 10 人的小型诊所实行信息化和一些医疗业务的电脑智能化。IBM 主要负责硬件方面，提供网络服务、建立硬件销售中心，及提供培训和帮助服务。辉瑞制药则主要负责市场拓展方面的工作。微软则为公司新的操作平台提供软件。

戴姆勒和克莱斯勒合并诞生的汽车巨人

于尔根·施伦普：从 16 岁的学徒工到公司 CEO，施伦普在戴姆勒 - 克莱斯勒服务了 44 年。

美国《财富》双周刊评选的 2005 世界 50 位最杰出的商界领袖、美国以外的 25 位最杰出商界领袖中于尔根·施伦普排名第 4 位。

戴姆勒 - 克莱斯勒公司在 2005 年《福布斯》世界企业 500 强中排名第 5 位。

2003 年 5 月 7 日，世界汽车工业史上迎来了前所未有的大行动：德国的戴姆勒 - 奔驰汽车公司与美国的克莱斯勒汽车公司宣布合并，汽车行业内部如同经历了一场地震。全球汽车工业将随着奔驰与克莱斯勒的合并掀起新一轮调整浪潮，出现白热化的局面，并最终形成全球汽车产业的崭新结构。

戴姆勒 - 奔驰公司和克莱斯勒公司的合并不仅是汽车行业，也是整个世界工业史上最大的行动。巨型的合并计划从萌芽到瓜熟蒂落，前后只用了不到 4 个月时间。2003 年 1 月 12 日，美国底特律市举行汽车博览会。戴姆勒 - 奔驰公司总裁于尔根·施伦普亲自出马为奔驰公司的产品助阵。借此机会，他拜访了位于底特律的克莱斯勒汽车公司总部，向克莱斯勒公司的总裁罗伯特·伊顿提出了双方合并的设想。施伦普根本没有想到,伊顿与他一拍即合。双方接下来进行了多次的秘密会谈。在谈判的过程中经历过许多的障碍。在许多重大问题上双方僵持不下,其中一方走人也是常有的事。

最初是关于未来的公司领导人的问题,施伦普和伊顿在处理这个问题的时候都表现得很豁达。他们表示不会让这一问题阻碍一项于双方都有利可图的交易。两人同意合并的头3年将共同担任公司董事长。3年后,比施伦普大5岁的伊顿退出,由施伦普一人掌管。最大的难题是合并之后新公司的法律结构问题。奔驰汽车公司是一家德国股份公司,而克莱斯勒公司则根据美国法律经营。双方曾经讨论在第三国荷兰组成新公司,但由于税收问题的障碍而不得不放弃。最后双方商定,新公司将保留德国特色的股份公司形式,并在新公司中保留奔驰公司一直采用的共同决定机制。这就是说,有工人代表参加新公司的监事会,他们在有关公司的重大问题上有参与决定的权利。这一切对于美国人来说,都是完全新鲜的事物。

双方都能认识到合并会给各自带来的好处,善于从长远的角度看问题,因此虽然面临众多阻碍,谈判还是不断地取得进展。在经过一系列准备之后,这一石破天惊的合并宣布了。

合并的原因在于:首先,经济全球化趋势的不断增强是这起合并诞生的大背景。汽车行业的决策者们非常清醒地认识到,如果要在下一个世纪在行业内部站稳脚跟并求得进一步的发展,必须现在就着手扩展生存空间,增强自己的竞争力,否则将被全球化的浪潮彻底淹没。而实现这一目标的最佳途径就是走企业联合的道路。

汽车行业市场上早已出现供大于求的局面。以轿车为例,全球每年的产量为6000万辆,而销量只有4000万辆。在有限的销售量下,如何占据尽可能大的世界市场份额,是各大汽车公司不得不考虑的问题。而通过在大批量生产中降低成本以获取更多的利润,走企业联合的道路则似乎成了汽车行业的大趋势。

两家公司的合并还有它们自身独特的原因。首先,双方可以形成优势互补的局面。奔驰公司是德国最大的工业集团,而克莱斯勒则是美国第三大汽车制造商,两者都是盈利企业,具有雄厚的财力,"强强联合"的前景十分被看好。

双方在生产和销售领域互补的态势显得最为明显。在市场分销上,克莱斯勒的销售额93%集中在北美地区,在其他地区的份额只占7%。尽管克莱斯勒在美国三大汽车公司中一直保持最高的利润,但如果北美市场一旦不景气,将会影响公司的前程。因此,合并正好可以使其摆脱对北美市场的依赖性,打进奔驰公司业已占有的地盘。而奔驰公司也一直试图大规模打进北美市场。目前,奔驰公司在北美市场的销售份额只占总销售额的21%,大部分仍然局限于自己所在的欧洲。而与克莱斯勒的联合正好符合它对北美市场的要求。

从产品线来看,两家公司各有自身的优势,双方产品重合的情形极少。克莱斯勒的强项是小型汽车、越野吉普车和微型箱式汽车,奔驰以生产豪华小汽车闻名。双方产品唯一重合的是奔驰M级越野车和克莱斯勒的"吉普",但M级越野车在奔驰系列中所占的比重不大。

降低生产成本、增强竞争力是两家公司合并的另一个重要考虑。合并之后,双方将在采购、营销、技术协作以及零部件互换方面开展协作,从而达到降低营销成本、方便研究与技术开发、发展生产和促进销售的目的。

因而,合并消息一经公布即获如潮的好评。股民更是对这起合并充满信心。合并的消息公布之后,纽约和法兰克福股票交易市场上两家公司的股票行情立即大幅看涨。克莱斯勒公司的股票价格当天就飙升了17.8%,上涨了7.375美元,以48.81美元报收。奔驰公司的股票价格同时也猛增了8%,以每股192.40马克收盘。

合并在汽车业内部产生的冲击亦是空前强烈的。面对两个汽车巨人的联手，与德美同为汽车大国的日本被震惊了。日本三菱汽车公司董事横滨大造说，这项合并让日本的汽车商们"大梦初醒"般地注意到：北美和欧洲的汽车业已经十分迅速地实现了它们业务的全球化。合并就像一次地震，将会加剧汽车行业通过建立跨国合作企业进行的产业结构调整。日本最大的汽车制造公司丰田公司总裁奥田硕说，他预料在这次合并之后，全球范围内的竞争将会加剧，丰田公司必须作出反应以迎接"紧迫的挑战"。

经济专家们认为，戴姆勒－奔驰汽车公司与克莱斯勒汽车公司的合并发出了这样一个信号：一个国家所制定的工业政策将会越来越没有市场，政治家们对未来的企业所形成的影响也会越来越小。全球的汽车业人士都感到，随着奔驰汽车公司与克莱斯勒汽车公司的合并，汽车行业"重整河山"的时期已经来临。20 世纪 60 年代全球有独立汽车制造商 52 家，如今已经减少到 19 家。日本通产省人士预计，随着奔驰与克莱斯勒联合所产生的合并浪潮，世界综合汽车生产厂家最终将合并为 5 家左右。

戴姆勒－奔驰汽车公司和克莱斯勒汽车公司合并之后的新公司称为戴姆勒－克莱斯勒汽车公司。合并通过股票互换的方式进行。通过对双方上市资本、股价盈利比以及各自盈利状况的评估，戴姆勒－奔驰公司的股东占有新公司股份的 57%，克莱斯勒公司的股东则占有 43%。

两家公司合并所牵动的市场资本高达 920 亿美元。合并之后，戴姆勒－克莱斯勒汽车公司的实力咄咄逼人，令世界各大汽车巨头生畏。以市场资本额排序，戴姆勒－克莱斯勒汽车公司名列第 2，仅排在丰田之后；以销售额排序，名列第 3，年销售额为 1330 亿美元（2300 亿马克），次于美国两大汽车商通用和福特；以销售量排序，戴姆勒－克莱斯勒汽车公司年产量为 400 万辆，列第 5 位，排在通用（880 万辆）、福特（700 万辆）、丰田（480 万辆）和大众（430 万辆）之后。

戴姆勒和克莱斯勒的合并带来的直接收益是能够为公司节省大量的开支。由于两家公司今后将联合采购，共同分担研究和开发任务，戴姆勒－克莱斯勒汽车公司仅在 2004 年就可以节省 14 亿美元的开支。

但是，合并的问题是客观存在的，要想真正达到双赢的目的，就必须解决这些问题。在为奔驰和克莱斯勒的合并欢呼的同时，也应明白合并会带来的困难和隐患。

首先，有人置疑克莱斯勒公司是在近十年才恢复元气的，20 世纪七八十年代一度处于崩溃的边缘，和这样一个"大病初愈"的企业联合会不会给奔驰公司带来负面的影响？

此外，纵观汽车行业历史上的合并，成功的范例屈指可数。奥迪公司花了 10 年时间才融入了大众公司；宝马公司接管了英国罗孚公司之后，困难重重；韩国的起亚集团和瑞典知名的富豪汽车公司都试图同法国的雷诺公司合并，但以失败告终。

还有一个关键的问题在双方的文化差异上。德美两国企业人员在着装方式、与上司说话方式以及评论职员时的措辞是直接还是委婉方面存在着巨大的差异。举例来说，在德国，工作人员一般不直呼上司的名字，等级颇为森严，而美国人则要随便的多，美国职员可以不系领带就来上班，这在德国的公司中是闻所未闻的。从语言差异上来讲，德国人一般会说英语，而美国人会说德语的却少之又少。

还有一个十分敏感的焦点问题，那就是新公司中该采取何种工资支付制度。奔驰公司的领导者们每年收入不过区区一二百万马克，而美国的同行们则是这一标准的十几倍。双方将如何平衡这一差别？

双方的员工对于突如其来的合并,并没有表示出高兴。相反,许多职工对于合并的未来心存疑惑。奔驰公司的员工担心“一群陌生的股东”进入奔驰公司会夺去他们的利益,他们还担心新公司的各项政策会比现在苛刻和死板。比如,在现在的奔驰公司中,员工每年可以享受30天的带薪假期。但在克莱斯勒公司中,同样的假期只有14天。奔驰公司的员工自然不愿意,随着公司的合并,自己逍遥自在的假期也一同被“合并”了。

克莱斯勒公司的员工获知合并的信息是通过致总裁的一封公开信。他们与奔驰公司的员工一样也是忐忑不安。他们的担心是:因为奔驰公司所占的股份高,他们害怕“德国人要做他们的老板”。这对于极爱面子的美国人来说,无疑是最不愿意的事了。

公司的决策层能否成功地弥合双方存在的分歧,顺利地驾驭庞大的戴姆勒－克莱斯勒,这些问题的解决至关重要。

菲茨杰拉德让联合利华借鸡生蛋

菲茨杰拉德:生于爱尔兰西部的斯莱戈,在都柏林大学上学期间曾加入共产党。1996年担任联合利华董事长后,开始着手改造联合利华,提出了“增长之路”计划。使公司的全球销售额突破520亿美元大关,2003年度净利润比2002年度的21亿美元飙升了38%达68亿美元之多,拥有员工29万人,在150个国家推广品牌,在90个国家拥有生产基地,在全世界拥有500余家分公司。

联合利华在2005年的《福布斯》企业排行榜中位居72位。并荣登《财富》2002年度“最受赞赏公司50强”。

尼尔·菲茨杰拉德认为,如果联合利华的发展想使所有投资者都感到满意的话,它就要勇于开拓,尝试新的发展战略。他说:“我们不仅要做得更好,而且要做得与众不同。”2000年联合利华的董事长之一菲茨杰拉德实施了一项名为“增长之路”的战略计划,在节省成本、大举并购的同时,他们也在积极的拓展市场。尤其是在拓展海外市场的时候,菲茨杰拉德制定了“借鸡生蛋”的战略。也就是利用与当地品牌的合作,或与当地文化和习俗的融合,来提高自己品牌的认知度,以此来打开当地的市场,确立自己的地位和优势。

联合利华公司始终执行着这样一个拓展国际市场的准则,那就是国际品牌与民族品牌齐头并进。所谓的国际品牌策略,就是不管在哪个国家和地区都坚持使用一个品牌,如同麦当劳和肯德基的国际品牌一样。这样做的好处在于,既能在全球拥有统一形象,有利于提升产品的品牌价值,提高品牌的国际影响,又节约了研发和树立新品牌的成本,还能够提高效率。所谓民族品牌策略,就是所说的“借鸡生蛋”的策略,这种策略的要求是能够因地制宜,与当地的文化和人们的价值观、消费观念完美融合,从而消除当地人们对外资产品的排斥心理,达到占领当地市场的目的。这一点并没有因为自己是一个超大型的跨国集团而有所改变。

总裁尼尔·菲茨杰拉德更是在此基础之上,明确而有远见地提出了“思考全球化,行动本土化”的全球营销新理念。思考全球化,就是指要有放眼全世界市场的角度,寻找具有相似需求的市场，然后通过在全球运用技术手段、品牌和管理经验，获得规模经济、范围或区域经济所带来的各种利益。行动本土化，就是首先要尊重和适应目标市场国和地区，不同文化和不同消费习惯的市场特征和市场环境，最大限度地满足目标市场国和地区的特殊消费者的特殊需求。

在这种拓展国际市场策略的指引下，早在1986年就重返中国的“英荷联合利华公司”，开始加大在中国的投资力度，于1993年总投资8亿美元，成立了和路雪(中国)有限公司，生产和销售世界著名冰淇淋品种“和路雪”。这在进入中国市场的国外公司中，是投资额最大的。1997年以来，在外资企业中和路雪产销量一直位居全国第一。1999年2月该公司又并购了在华东和华南市场享有盛誉的知名品牌蔓登琳。经过18个年头的艰辛努力，“英荷联合利华公司”在中国市场不仅精心培育出了力士、夏士莲、凡士林、中华、奥妙、和路雪、洁诺、旁氏、老蔡、力顿、京华、蔓登琳等12大驰名品牌，而且拥有员工6000名、年销售额超过50亿人民币、年纳税5亿元人民币。这些成就的取得，都与他们严格执行“思考全球化、行动本土化”的拓展国际市场理念分不开。

“英荷联合利华公司”与中国人心目中的第一牙膏品牌——“中华牙膏”的联手出击，堪称经典。作为中国牙膏工业的创始品牌，中华牙膏一直在国人心中占据着极其特殊和重要的位置，它的质朴、平和、成熟和稳重的品牌形象深入人心。但是随着社会的发展，时代的进步，人们生活水平的提高和消费观念的改变，以及可供选择的商品的多样化，受到国外品牌的冲击，中华牙膏显得有些“落伍”。“英荷联合利华公司”看准时机并购了“中华牙膏”，为其注入了先进技术和管理经验，并对产品进行了全新的包装和形象的定位，从图文分明、标志醒目、色彩时尚等方面进行了改头换面。而且，在原有的基础上，推出了一系列具有不同功能的牙膏，如加入中国清热去火的传统草药金银花、野菊花，再与先进的活性氟钙配方、抑菌巧妙组合起来，推出了中国草药天然成分与联合利华超一流洁齿护齿技术合而为一的“中华草本抗菌牙膏”。这样既保持和发扬了中华牙膏的传统和内涵，又为“中华”品牌注入了全新活力、独特内涵和高附加值。“英荷联合利华公司”的先进技术和现代、专业的品牌效应也随着中华牙膏被人们逐渐认同、接受。也因为合作“推陈出新”、“中华牙膏”的销量稳居中国牙膏市场的“龙头老大”地位。2005年针对中高档市场推出了“中华金装全效”牙膏，取得了不错的业绩，并与佳洁士、高露洁等几大品牌位居全国销售量前三名。

另一个与中国本土品牌成功结合的案例是“京华茶叶”的推出。喝茶在中国有着非常悠久历史和文化，因而相对于其他的饮料，中国人对茶饮料的认同要强得多，也容易得多。“英荷联合利华公司”看准了这一点，开始有目的地收购北京市的名牌——京华茶叶，并通过全方位的策划，千方百计强化“京华茶叶”在绿茶和花茶领域的品牌知名度，以求与自己麾下的“立顿红茶”互为掎角之势。为了使“京华茶叶”成为国际茶叶品牌，菲茨杰拉德斥资收购了中国的知名茶园，参与了茶叶的包装，并与湖南有关高校合作，开设了茶叶班以增强研发实力。

在中国打响的众多品牌，“英荷联合利华公司”都不同程度地借用了本土一些著名品牌的影响力，乃至市场，使自己的品牌从一开始就占有先天优势，减小进入本土市场的阻力，这种类似于“借鸡生蛋”的方式，给“英荷联合利华公司”带来的切实的效益，也证明这种策略的行之有效。

在开拓、占领中国市场的同时，“英荷联合利华公司”也展开了对印度市场的攻略。他们有一个提前的调研工作，就是印度人口虽然占世界人口总数的16%，但印度人头发的总数却占到全球的28%。这是因为，印度妇女普遍爱留长发，印度2000万男性锡克教徒蓄发留须终生不剪。这种独特的文化传统,使得10亿印度人的头发总量,比13亿的中国人还多,高居世界首位。基于这个调查结果,“英荷联合利华公司”决心全力进军印度市场。总裁菲茨杰拉德决定重拳出击。

首先,印度的农民占印度总人口72.2%,这是一个庞大的消费群体,因此先要引起这部分人的兴趣。“英荷联合利华公司”向他们推出的是具有除菌奇特功效的香皂,公司的做法是:在农民自己身边的“舞台”——乡村集市上,组织以当地魔术艺人、舞蹈演员、流行歌手为主体的营销宣传队,随时随地开展“活报剧”广告表演。当表演进入高潮后,营销人员不失时机邀请农民中的德高望重者走上舞台,用紫外线扫描仪照射他的手掌,让台下的观众亲眼看到细菌和灰尘的栖息地。接着,营销人员在德高望重者的手掌上涂上洗涤剂,再让台下观众通过紫外线扫描仪看到手掌上的细菌立刻减少了许多的明显变化。这一眼见为实的促销绝招,立刻收到了奇效,农民们纷纷抢购“联合利华”的洗涤用品。

印度是一个宗教盛行的国家,而印度教的信徒有在印度三大圣河交汇处举行“沐浴节”的传统,每一个印度教徒为了让自己信仰的神高兴,都会在圣河交汇处尽情沐浴,以求洁净身体和灵魂。这就是“英荷联合利华公司”看准的又一个商机。营销人员利用这一宗教信仰习俗,在恒河岸边搭建舞台,雇佣民间演员向7000万印度教徒现场演唱——“要想洗去自己的罪恶,先要除掉手上的细菌;要想洁净自己的灵魂,先要洗掉头发里的污垢。”促销的效果同样很好。

前期的调研中就有印度妇女留长发,且终生不剪头发的习惯,那就必须进行保养。“英荷联合利华公司”的科研人员,首先针对乡村妇女用廉价香皂洗衣服、洗头发、洗身体的不太好习惯,研发出了集洁身、洗头于一身且不伤害皮肤的“博泽二合一”(Breeze)廉价香皂,接着,他们针对那些不习惯使用洗发香波的妇女,开发出了只售半卢比的袋装“力士香波”,并通过“使用香皂后头发干涩纠结,使用香波后头发光亮柔顺”对比广告的强大宣传攻势,在3个月短短时日内就使香波销量上窜了50%。

总裁尼尔·菲茨杰拉德提出的“思考全球化、行动本土化”的全球营销新理念,实际上就是要做到“入乡随俗”,当然最好、最有效的办法就是“借当地的鸡,生合作的蛋”。

钱伯斯启动并购引擎

约翰·钱伯斯:出生于1949年8月23日。1974年荣获西弗吉尼亚大学法学和商学学士学位;1975年毕业于印第安纳大学,荣获金融和管理MBA学位。

1991年加盟思科系统公司任副总裁;1995年1月开始担任思科系统公司总裁兼首席执行官,之前曾在IBM公司工作6年并负责销售;曾在王安电脑公司担任王安先生的副手,管理全球销售达8年之久。

2005年《福布斯》管理排行榜上,思科系统公司是冠军。思科也位居《福布斯》世界500强企业之列。

2000 年 3 月 27 日，思科超过了微软，成为全球价值最高的企业，其市值高达 5310 亿美元，而 1995 年钱伯斯开始任 CEO 时，思科的市值只有 90 亿美元。思科股票自上市以来已上涨 1000 倍，成为股票市场有史以来最成功的股票之一。

自从钱伯斯先生担任总裁兼 CEO 以来，思科系统公司的全球业务得到了迅速发展，奠定了在互联网工业界的领袖地位。在《财富》杂志 2000 年公布的"最值得尊敬的企业"排名中，思科名列第四位；该杂志 2000 年 3 月公布了"美国最佳企业"排名，思科名列第三。短短的几年时间里，思科一跃成为互联网时代的核心企业。

思科系统公司的迅猛发展，源于其制定的并购战略。联营一直是思科选择的方法，在 2005 年以前的 10 年内思科共收购了 60 家公司，并一直奉行这样的战略，企业也因此而得以迅速地扩大，被授予"并购发动机"的美誉。作为成立于 1984 年的新兴高科技公司，思科并没有像其他传统企业一样耗费巨资建立自己的研发队伍，它把整个硅谷当作自己的实验室，收购面向未来的新技术和开发人员，以填补自己未来产品框架的空白，从而迅速建立起自己的研究与开发体系、制造体系和销售体系，乃至塑造出自己的品牌，使自身的核心竞争力不断得到增强和拓展。

虽然也有许多企业的并购出现，但像思科这样大规模的并购，并且成功率在 70% 以上的现象，也只有思科一家。思科成功的原因在于：并购的企业会被迅速同化、整合，最大限度地消除新并购企业与思科在各个方面的冲突和矛盾。让每一家被购并的公司都感到自己是思科的一个必不可少的"器官"。

思科系统公司的并购遵循这样的原则：

目标企业必须有发展的潜力。技术出色，管理科学，对潮流敏感，这是思科的过人之处。思科看中的通常是拥有新技术的公司，在其产品推向市场前一年左右入股，然后把新公司的产品融入自身的产品系列。思科并购一家公司不仅要看它现有的产品和人员，更要看它在下一代产品中的创造力，要看两三年后这些人员的流动情况和为公司创造的收入。对小型和中型的并购，思科希望能在 3 年内平衡购并成本。小型创业公司通常在未来 6 至 12 个月推出非常好的科技产品。约翰·钱伯斯说："当我们并购一家公司，不仅是并购该公司目前有的产品，同时也是预约即将出现的新科技。当你花钱付给每个员工 50 万至 300 万美元不等的薪资，买下的却只有当下看得到的研究及市场占有率，那么这就会是一桩非常糟糕的投资。"

思科当然不是为了短期的利益，这就是为什么思科看中企业发展潜力的原因。思科并购这些公司，买的是人才和开发中的科技。如 1999 年 5 月，思科出价 60 多个亿购买了 Cerent 公司。这家公司在连接长程光纤传输与当地接取网络之间的发展深具突破性，能让不同类型的传输方式因此联结。思科还没有光纤的专门技术，而利用 Cerent 的装置却可以更便宜地实现电话和电脑信息在光纤线路上传输。思科买进 Cerent 的股份具有战略意义：利用少量的投资去购买一个已经看得见的潜在收益。

后来的发展状况是，依靠 Cerent 公司的产品线和广泛的客户基础、销售及服务组织，思科公司成了光纤通信网络领域的领跑者。而 Cerent 卖给思科后，在其原有市场的基础上，同时还进入其从未涉足的市场，加速与其他科技的整合以及提高为顾客提供点对点解决方案的能力。同时借由成为思科家庭的一分子的便利，打开了更多的市场大门。这项交易也让 Cerent 立即获取思科相关科技专家的协助。

双方的战略要保持一致。公司并购要考虑的是在未来经济格局和市场竞争中的战略地位，经营策略可以提供合适的条件，为公司所有重要的利益相关者创造一个获利局面。那自然目标企业也应该在发展上具有远景目标。如2002年思科买下了刚成立3年的箭点公司。看重的正是箭点的技术可以使未来大量多媒体的网页内容避免繁复的绕路过程，以更有效率的方式传递，增加浏览速度。所以才以高于市场价值6倍的代价并购。关键在于箭点的内容交换器技术正是三大网络设备公司——思科、朗讯、北电较量的关键。并购后思科显然占据了明显的优势，而且这一优势会持续许多年。

2003年思科系统公司用5亿美元的普通股收购了消费网络设备制造厂商Linksys公司，开始进入高速增长的家庭网络市场。Linksys公司在家用网络产品市场居于领导地位，并生产超过70种家庭与小型办公室专用的有线、无线产品。这项并购使思科得以将其在企业或服务提供市场所累积的专业技术，推广至正在高速成长的消费网络市场。通过思科的专业网络技术，再加上Linksys有善使用接口的特点，消费者与SOHO用户将可轻松建立具高效能的家用网络环境。总裁钱伯斯表示，思科收购Linksys的行为有力体现了思科战略，即可以将思科端到端网络解决方案拓展到包括无线、IP语言和存储局域网在内的高速增长市场。

注重文化上的相似性。这样做的好处是，能在最大程度上消除一体化进程中不同企业文化的冲突这个并购整合的最大障碍。这也是许多企业并购失败的主要原因。企业的文化冲突不只是一种内部事务，还会影响到企业与供应商、销售商和顾客的关系。因为文化冲突会影响到企业系统和网络的有效运作，并在一定程度上影响到与外部的连接与协调，进而影响到并购后公司的经营绩效。因此，思科认为最理想的并购对象就是要颇似早年的思科。谈判一开始，思科的高层管理者将会晤目标公司的高管人员，双方将互换技术和人力资源等方面的有关文件。

另外，信息开放程度也是评估指标之一。在思科看来，过度地保密意味着其文化中缺少真诚与开放。同时，思科还要获取其管理风格、股权分配等多方面的信息以全面评估其企业文化是否具有兼容性，这是思科购并时要考虑的重要因素。其他的还有被收购公司的股票是分布在几家投资者手中还是集中于高层人士？他们怎样看待员工？怎样看待对员工的管理？等等。正像钱伯斯强调的："在并购中我们创造了兼容并蓄的思科文化，接纳来自不同文化背景的人，承认头脑创造一切。我们收购的公司也必须与我们有同样的文化背景。"

短期内能赢得被并购公司员工的信任。思科注重的是目标企业的前景和发展潜力，它买的是人才和技术，而不是产品。这其中显然人才是最重要的。因此，思科强调必须在短期内赢得被并购企业员工的信任。每次并购后，思科人力资源与商业发展部门的小组就来到被并购的公司，告诉大家，思科并购的实际上是人，希望大家留下来。被并购公司的产品和市场部门仍旧保持独立，销售和制造部门则融入思科已有的部门。

但有的时候，甚至被并购企业的销售和制造也能有相对的独立性。比如在宣布并购Cerent公司后的一天，思科公司的一个班子在Cerent公司二楼的一个会议室研究Cerent员工的工作安排。Cerent公司是思科收购的公司中比较大也是比较成熟的公司，因此两者的合并是一场挑战。Cerent有266个员工，包括一个制造队伍和一个销售队伍，再加上产品和客户。在宣布并购后的6个星期内还有100多个员工进入思科。面对这种局面，思科公司23人的合并班子与Cerent的各位负责人作出了一些有关Cerent前途的重大决定。Cerent将继续在一个以前不是为思科服务的工厂内生产它的产品，销售力量保持独立。Cerent的销售人员仍然保持他们的账号,虽然思科的销售人员已统一在公司的同一账号上。这样做的原因其实是为了避免收购StrataComInc时的麻烦重现,但是并购StrataComInc是思科最麻烦的收购之一。并购几个月后,大约有三分之一的StrataComInc的销售人员辞职,因为他们的账号并入到思科销售人员的账号,还因为改变了他们的佣金方案。钱伯斯面对Cerent的员工这次再也没有那样做了。

还有一个原则是思科坚持大的交易不能离得太远。思科一向偏好并购邻近的公司,以简化整合作业。不过,随着市场的拓展,现在思科逐步放宽了这一原则。

这五条原则是思科大规模并购成功得最大、最有力的保障。按照钱伯斯的标准,如果上述5个条件中能满足4个,意味着"黄灯"可能要等一等;如果只能满足3个,则是"红灯",那么就不要去碰它。因此,思科放弃的并购比它赢得的并购还要多。思科认为,不要怕在最后一分钟放弃并购。

除了有明确的并购原则外,试探性持股也是有效的方法。通常,思科先持有目标公司10%左右的股份,几个月后再做并购决定。

思科并购成功的秘诀就在于正式并购以前就动手做了大量准备工作,公司组织一个并购小组来研究同化工作的每一个细节。这也正是思科并购成功率达到70%的关键,充分展现了思科的并购艺术。

在思科的并购中,思科致力保持两个重要的群体:管理团队和工程师。在通常的购并中,40%~80%的高层管理人员会在两年内离开。高级工程师也是一样。而思科有每月的离职人员比率报告,思科花费大量的时间作出解释:公司真正购买的是人,因此最好要留住这些人。这样做的成效是在思科购并的公司中每年自动辞职的比例只有6%。

思科的大规模并购战略的最终目的是抢占客户资源,这也是思科并购的最大驱动力。比如并购Linksys公司,Linksys的技术在家用网络产品市场居于领导地位,如果此时思科坚持自主技术开发就意味着时间的丧失和用户争夺的失败。思科收购Linksys公司,可造成技术垄断,同时也就更早地垄断了更多的用户,这对于思科来说是极大的诱惑。

思科一贯以"用户第一"为核心理念。用户引导技术开发,技术服务用户需求,思科的每一步都是在用户驱动下完成的。并购Okena软件公司和收购Psionic软件公司之后,思科可以在保护大型企业网络方面为用户提供最全面的网络安全服务。

用户在采购产品时考虑更多的是质量。思科一向以高质量产品来征服用户,思科客户的高忠诚度源于思科的高端企业形象。思科通过收购,迅速用高质产品迎合客户需求,提高用户价值,满足了用户,也赢得了市场。

2005年,思科支付了大约6100万美元的现金,通过并购斯堪的纳维亚的KISS技术公司进军IPTV的客户端设备商业领域。KISS将帮助思科开发其Linksys,推出可以处理有线和无线连接的复杂的多媒体设备,并且管理下载和流媒体娱乐信息。KISS的并购将使其进入用户的视频市场。

10年前,或许许多人对思科的看法是:"这确实是一个大公司,但它有多大发展潜力呢?它所做的只不过是连接计算机而已。而微软却在为全世界每一台个人电脑提供操作系统,这才是真正的大企业。"但现在,这一切已完全改变。随着互联网革命的兴起,联网——即计算机的连接——已经成为世界经济中最重要、发展最快的领域,网络业已成为以计算机为中心的行业。而拥有绝对优势的思科系统公司已经成为了无可争议的领军者。

BP与阿莫科联手打天下

约翰·布朗：约翰·布朗出生于1948年，1966年大学毕业，同年加入BP勘探公司。

1989年，布朗担任BP（英国石油）勘探公司的总裁及执行董事；1991年9月，担任BP集团执行董事；1995年7月1日，布朗担任BP集团的首席执行官；1998年6月，英国女王封布朗先生为爵士。他是亲手把BP带入世界石油三强的CEO，他还是英国上议院的议员，英特尔和高盛等世界著名大公司的非执行董事；2003年被《财富》杂志评为美国之外最有影响力的商业领袖。

在2005年，英国石油公司以销售额2850.6亿美元、利润157.3亿美元、资产1911.1亿美元、市值2318.8亿美元，而在《福布斯》杂志评选的全球规模最大的企业排行中，名列第8位。

约翰·布朗1998年与阿莫科石油联手，掀起了企业并购的浪潮。企业之间的联手有两种情况，一种是为了摆脱危机，寻求与别的公司的合作来增强抵抗风险的能力；另一种是像麦当劳、可口可乐、迪斯尼那样松散的合作，在强大的基础上再利用对方的广大市场，进一步增强自己的实力。BP与阿莫科石油的联手属于第一种情况。

1998年，世界石油市场遇到了前所未有的困难。亚洲、俄罗斯、拉美的金融动荡及其影响，使世界石油需求量大幅下降。1998年世界石油供应量达每日7540万桶，供大于求110万桶，比1997年的过剩量增加了41万桶。由于供给严重过剩，油价跌至1973年以来的最低水平，1997年平均每桶为18美元，到了1998年只有12美元，下跌了34%，炼油边际收入持续走低，连续3年低于每桶2美元，化工产品边际收入也在下降。

供过于求使很多石油企业利润下降，经营状况恶化。壳牌、埃克森等超级石油企业可以通过规模效益、先进技术来降低成本，通过在世界各地选择投资机会来增加利润来源，从而继续保持良好的财务状况。而阿莫科、德士古等二级石油企业和其他中、小型石油企业只能在超级石油企业的夹缝中求生存。这些企业投资相对集中，容易受到市场波动的影响，使公司市值下降，这时进行并购，可以大大节约并购成本。BP抓住机遇，进行战略调整。

BP公司创建于20世纪60年代，经营核心在中东地区。20世纪60年代末，由于中东局势动荡，BP的核心地区向西移至英国本土。

20世纪80年代早期，受行业生产过剩和经济衰退的影响，BP开始调整经营战略。首先是削减亏损业务和过剩的生产能力。到1988年，它在欧洲的炼油厂从1981年的16个减至5个，关闭了多家化工厂，并退出了一些产品的生产。同时BP开始集中力量加强石油、石化核心业务。1987年，BP成功收购了标准石油公司，加强了在美国的地位，使BP在美国的固定资产占总量的1/3。1988年BP收购了Britoil公司，使北海的勘探面积成倍扩大，成为该地区最大的油气生产商。20世纪80年代末期，BP相继退出与石油行业不相关的多元化业务。

到1997年,BP已成为英国最大的公司及世界第三大石油企业,仅次于壳牌和埃克森。公司的核心业务包括三项:BP勘探,从事原油、天然气勘探、开发;BP石油,从事石油炼制及油气产品的营销;BP化工,从事石化产品及特殊专用化工品的生产及销售。BP的石油产品在世界上处于优势地位,是欧洲最大的石油企业,拥有世界领先的聚乙烯技术。

而阿莫科公司也不是无名之辈,它最初是洛克菲勒标准石油托拉斯的一员,原名标准石油(印第安纳州)公司,负责标准石油托拉斯在中西部地区的炼油和销售,创建于1889年。

1911年,由于美国反托拉斯法的制裁,标准石油托拉斯被解散,标准石油(印第安纳州)公司开始独立经营。1913年,它首先发明了热裂解炼油方法,从而使汽油产量增加了1倍。1923年,标准石油公司参股美国石油公司(American Oil Company),该公司一直以AMOCO作为公司标志。到1960年,美国石油公司成为标准石油公司的全资子公司,并掌管标准公司所有下游资产,业务遍及美国45个州。从20世纪60年代起,标准石油公司开始向全球扩张。1985年,公司正式改名为Amoco,即"阿莫科"。

20世纪90年代末的石油危机,使他们走到了一起。当时的BP作为世界石油市场的后起之秀,直逼壳牌、埃克森的霸主地位,但实力上还无法真正与之抗衡。借此机会,BP与阿莫科合并,可以扩大公司规模,迅速进入世界超级石油企业(super major)之列,成为超级巨头之一。长期以来,世界石油业中只有壳牌和埃克森公司拥有超过其他石油公司数倍的资产、利润和营业收入。BP公司虽然排名第三位,但与前两名相比,其资产、利润和营业收入方面都相差一半左右。从油气产量和炼油能力来看,BP的油气产量只有壳牌的54%,埃克森的78%,炼油能力只有壳牌的40%,埃克森的43%。BP选择一个二级巨头(second tier)合并,可以迅速实现规模的扩大,跻身世界超级石油企业之列。

另一大好处是BP可以加强在美国油品零售市场上的地位。在众多的二级巨头之中,BP选择阿莫科的一个重要原因就是:加强BP在美国油品零售市场上的地位。因为阿莫科作为原来洛克菲勒标准石油旗下的一员,在美国零售市场上占有绝对优势地位。

美国长期以来一直是世界最大的油品消费市场。1997年美国油品需求量约占经合组织总需求量的1/2,占世界总需求量的1/4。金融危机发生以后,美国更是成为拉动世界油品需求的少数几个主要动力之一。阿莫科在美国按资产排名第4,在美国油品零售市场,尤其是汽油零售市场上具有强大的优势。阿莫科在美国有5家炼油厂,运用领先的低成本重油加工技术,炼油能力达101万桶/日,它的加油站遍布美国33个州和华盛顿区,拥有强大的管道、陆地和海洋运输系统,每天向美国销售120万桶油品。它的高品质的汽油在当地油品销售市场上居主导地位。

BP与阿莫科合并,可以利用阿莫科在美国的油品零售渠道,扩大BP的油品销售量,从而使下游业务实现更高的增长。

BP扩大规模的另一增长点在于增强自己的天然气业务。BP长期以来一直没有将天然气业务作为核心业务。到1997年底,BP的天然气储量只有壳牌的21%、埃克森的25%;日产量只有壳牌的21%、埃克森的29%,BP有70%的天然气产自英国,是英国最大的天然气厂商。BP天然气生产和销售都集中在英国,市场相对来说比较狭小。据预测,21世纪世界天然气需求的增长将比石油需求增长快50%,天然气已被公认为是取代石油的新能源。近年来各大石油公司纷纷扩展天然气业务,并将其作为核心业务。

而阿莫科是大型石油公司中天然气业务比重大的公司,具有在海外经营的丰富经验,而且是北美最大的天然气私人厂商和第二大天然气储量拥有者。BP与阿莫科合并可以迅速增强天然气业务的实力，成为世界第三大天然气厂商，并且巩固阿莫科在北美天然气市场上的地位。

由于BP和阿莫科的勘探和生产地区重叠较少，所以他们的联合可以做到合并上游业务，节省勘探生产成本。BP的勘探、开采业务主要集中在北海和阿拉斯加，这两个地区的原油产量占BP原油总产量的70%以上。而阿莫科主要集中在洛基山脉西部、加拿大西部和特立尼达。

由于勘探与开采需要投入大量资金，因而石油企业进行并购时，一般都选择重叠地区较少的企业，以免造成资金的重复投入，从而最大限度地节省勘探与开发成本。另外，由于重叠地区少，合并后勘探和开采地区可以更广泛地分布于主要油气产区，从而获得更多的机会。

从地区上看，BP化工业务量的70%在欧洲，而阿莫科化工业务量的70%在美国。那么两者的结合正好可以加大各自的市场形成统一的市场，还可能产生一加一大于二的效果。

从产品和技术优势上看，BP是世界最大的醋酸生产商，世界醋酸需求量的25%由BP提供，在欧洲、美洲和亚洲拥有年产超过100万吨的醋酸生产能力。醋酸及其衍生物被广泛用于溶剂、轻纺产品、涂料、染料、农药的生产，以及电子、医药、食品等行业中。BP化工拥有世界领先的醋酸生产技术，即甲醇淡基合成技术。全世界半数以上的醋酸生产都采用BP的这项技术。

BP是欧洲的主要聚乙烯生产商。聚乙烯是日用塑料制品最主要的原料，并被广泛地应用于生产工农业薄膜、食品包装、电线电缆和容器铸造行业。

阿莫科是世界最大的精对苯二甲酸(PTA)和对二甲苯(PX)的生产商，年产量分别为670万吨和210万吨。它拥有世界领先的NDC生产技术，并已成功实现了技术商业化。阿莫科还是世界最大的纯间苯二酸等生产商，它生产的聚丙烯及工业用纤维在世界居主导地位。

近年来，石化产品的专有技术成为衡量石化企业竞争实力的重要标准。BP与阿莫科的联合可以增加双方专有技术拥有量，实现技术优势互补，从而在未来的化工领域的竞争中占有一席之地。BP与阿莫科合并后将成为仅次于壳牌和巴斯夫公司的世界第三大化工企业。

基于以上的众多优势，BP与阿莫科的合并就可以达到双赢的局面，因此他们于1998年8月11日，宣布整体合并，12月中旬经英国政府批准，12月30日经美国联邦贸易委员会批准，新公司名称为BP-阿莫科(BP-Amoco)，总部设在英国伦敦，BP拥有新公司60%的股份，阿莫科拥有40%股份。合并时市值为1460亿美元，进入世界最大的15家企业行列。

新公司的董事会成员将有22名，其中13名来自原BP公司，9名来自原阿莫科公司。雇员董事共有8名，其中原BP董事长彼得·萨瑟兰将与原阿莫科董事长兼首席执行官拉里·富勒共同出任新公司的董事长，原BP首席执行官约翰·布朗将出任新公司的首席执行官，原BP副首席执行官罗德尼·蔡斯和原阿莫科总裁比尔·劳里将任新公司的副首席执行官和副总裁。

新公司还设立一个管理委员会，由新任首席执行官约翰·布朗任管委会主席，拉里·富勒任副主席，负责合并的各项业务。合并后上游业务将由罗德尼·蔡斯负责，下游业务及化工业务将由比尔·劳里负责。原阿莫科总部将作为新公司在北美的炼油、营销、运输业务及世界化工业务的总部。

BP并购阿莫科在当时成为石油行业历史上最大的一次并购。这次并购将产生英国最大的公司和世界石油行业第三大公司，从而打破长期以来相对稳定的竞争结构。在BP与阿莫科公司合并之前，只有壳牌和埃克森石油公司拥有超过其他石油公司数倍的原油生产、储存、加工和油品零售能力。但目前BP阿莫科公司已成为第三家这样的超级石油公司。

麦当劳、可口可乐、迪斯尼只恋爱不结婚

麦当劳:麦当劳,全球最有价值的品牌之一。1955 年,由创始人雷·克洛克在美国芝加哥伊利诺洲成立麦当劳公司。至 2005 年,麦当劳在全世界六大洲 119 个国家中拥有超过 30000 多家餐厅,每天在为全世界 4300 万以上的顾客提供杰出的服务,全球营业额约 104.9 亿美元。

在 2005 年《福布斯》的全球品牌评选中被评为世界第 2 大品牌。

可口可乐:1891 年,可口可乐公司成立,在 3 年内将产品推销到整个美国。2003 年《商业周刊》"全球 1000 家最有价值品牌"的评选活动中,它以 704.5 亿美元的品牌价值再次名列榜首。

在福布斯"全球品牌价值排行榜"上,可口可乐品牌价值连续 8 年排名第一。

迪斯尼:创建于 1923 年,1928 年创造了米老鼠这一经典卡通形象。

1955 年推出了世界上第一个现代意义上的主题公园——洛杉矶迪斯尼乐园,并于 1971 年 10 月 1 日,美国佛罗里达州的迪斯尼乐园对公众开放。

迪斯尼公司是目前世界上第二大传媒公司,还在全球经营多家迪斯尼主题公园,每年收入达 250 亿美元。

2004 年迪斯尼的米老鼠形象名列福布斯形象富豪榜首位。迪斯尼的 CEO 迈克尔·埃斯纳,由于其出色的管理能力,进入 2005 年《福布斯》公布最佳 CEO 排行。

不可否认,强强联手的企业之间,追求利润的最大化是这种关系得以维持的纽带。就像英国权威的《经济学家》杂志认为,横扫世界市场的"三剑客"麦当劳、可口可乐和迪斯尼被一只"看不见的手"拉在了一起。这只手无所不在,触及联合使用商标协议、联合开拓市场、联合开发新项目等领域。但这只手随时可能消失,一切全由利润决定。

1997 年 10 月,可口可乐公司董事长罗伯特·戈伊苏埃塔去世时,世界各地的麦当劳快餐店全部下半旗志哀。1998 年 3 月中旬,在阳光明媚的美国佛罗里达州奥兰多,来自 109 个国家的 1.8 万名麦当劳员工欢聚一堂,召开他们两年一度的大会。可口可乐公司的新董事长道格·艾弗斯特亲临现场祝贺,并表示将给他最大的买主继续提供支持。这种两公司共同分忧、共享欢乐的场面引起了人们的广泛注意。

麦当劳、可口可乐和迪斯尼作为全球各自领域的翘楚,其实力不容小觑,它们的合作更是势头强劲。企业规模正成为人们追求的目标,企业合并正成为一种潮流。近几年来,世界上已发生了多起收购额在 250 亿美元以上的公司合并。但是,麦当劳、可口可乐和迪斯尼它们的合作方式完全不同于一般企业之间的合并或者收购,不同于德国戴姆勒－奔驰公司与美国克莱斯勒公司之间的"联姻",它们完全是一种很灵活、松散的联盟关系,这与当今世界的企业合并潮流形成鲜明的对照。

在世界各地的迪斯尼乐园外面,时髦漂亮的麦当劳餐厅形影相随。又累又饿的孩子与大人

们鱼贯而入,“巨无霸”、“麦香鱼”或“麦香鸡”以及可口可乐就成了他们的美餐。这是我们现在会经常看到的一个绝妙的组合。

可口可乐是毫无疑问的世界第一饮料,它在全世界许多国家都建立了销售网络,麦当劳虽然也走全球化战略,但销售可口可乐的国家比有麦当劳的国家多2倍,所以麦当劳与可口可乐的联盟无疑对麦当劳是有帮助的,搭乘可口可乐公司的“快车”,麦当劳也迅速向世界各国进发。

可口可乐公司也向其他餐馆供应饮料,但它与麦当劳的关系却不仅仅是卖方与买方的关系,更应该是一种联盟的关系。它们可以选择与另外的伙伴合作,而不影响另外一方。如2005年可口可乐公司选择与中国的第九城市计算机技术咨询(上海)有限公司合作,可口可乐与第九城市合作推出暴雪公司的网络游戏《魔兽世界》,为的是抗击最大竞争对手百事可乐对自己在中国市场地位的冲击。而合并或收购的企业双方,必然有着同一个目标和战略,采取统一的行动。

麦当劳的董事长迈克尔·昆兰说:“从与各国银行的关系到生产装备的设计,两个公司都有合作。而且,可口可乐公司董事会和麦当劳公司的董事会也经常进行广泛的联络,以协同行动。”然而,两公司的结盟没有任何书面协议。据可口可乐公司新董事长艾弗斯特说,他们靠的只是“一种共识和相互信任”。这种合作可以追溯到20世纪50年代麦当劳刚刚诞生之时。那时,麦当劳的老板雷·克罗克第一个重大成功就是说服可口可乐公司的一个名叫普拉迪的年轻人向他提供可乐。

同样的,麦当劳公司和迪斯尼公司也进行了类似于它与可口可乐的合作。1997年,麦当劳公司和迪斯尼公司开始了多年的正式联盟。到目前为止,联盟已取得了初步的胜利。迪斯尼公司推出一部没有任何新意且制作粗糙的电影《会飞的橡胶》,然而,多亏麦当劳的大力推销,该儿童片的票房收入不菲。此后,麦当劳还将开始一项更大胆的行动:推销电影《善恶大决战》。

迪斯尼公司为这部电影投入了1亿美元,电影由布鲁斯·威利斯主演。麦当劳在全世界的2.35万家连锁店同时售票,并将推出一款令人耳目一新的“太空餐”。为的是配合影片的宣传,营造良好的气氛,创造更好的票房成绩。

当然,麦当劳这么卖力是有原因的,迪斯尼也不能让麦当劳的努力失去回报。于是迪斯尼不时地给麦当劳的员工们以意想不到的温情与惊喜。在奥兰多一座还没有对公众开放的迪斯尼动物王国乐园内,麦当劳的员工们被给予提前参观的特权。麦当劳当然也投桃报李,欣然赞助其中一个景点——恐怖园的建设。在动物王国乐园的外面,麦当劳餐厅展示着迪斯尼世界的各个有趣的动物及场景,员工们则身着有麦当劳标志的制服,快餐厅的中央有一个巨大的可口可乐瓶在自动分发可乐。

相比之下,可口可乐与迪斯尼的联系可能是这个三角关系中最薄弱的一环,但它们仍然有不少密切的合作。从1995年以来,可口可乐一直是迪斯尼乐园唯一的饮料供应商。可口可乐还帮助迪斯尼开拓海外市场。虽然迪斯尼有包括柯达和IBM在内的十几个大公司伙伴,以及无数的小公司伙伴,但是这并不影响它与可口可乐之间的合作。

当然,事情总是有其两面性。在三家联盟各自获利的同时,它们也同样面对着一种无奈。由于它们之间这种松散的联盟关系是不需要签订什么协议的,最大的特点是没有“一纸婚约”,一切全凭“君子协定”。三巨头联盟即使签署了某一方面的协议,内容也是相当模糊和缺乏广泛约束力的。麦当劳的董事长说,自从他与迪斯尼公司签订协议以来,还没有研究过协议。协议的不固定性也正是这种合作方式的魅力所在，当聚则聚，该散就散，自由选择。

这种合作方式在硅谷也被广泛使用，在那里公司间的联盟时合时分，其分裂的速度几乎和建立一样快，它们或者因为新技术的出现而变得过时而遭到抛弃，或者小公司因为担心大公司会“侵占”其新创意而与之黯然分手。由于这种联盟相当松散，所以不会带来内耗、混乱等诸多问题，产生的负面影响也是可以忽略不计的。

麦当劳、可口可乐和迪斯尼三个公司甚至强调，对联盟关系的控制权取决于各自公司在各个国家的管理人员。比如，目前在欧洲大陆，可口可乐和迪斯尼的合作相对较少，因为欧洲市场的注意力都在各种足球赛上，两者共同的市场没有多少交叉点，缺乏合作的基础。

另外，松散的联盟不像企业间的合并，即购买对方股票，组成一个新的企业。这种结盟只要能达到这样一个共同期望的目标，即它们或者能增加收入，或者能减少成本，同时又不涉及资本，那么结盟关系就会越变越深，越来越牢固。

之所以不互相渗透，不购买彼此的股份，麦当劳公司和迪斯尼公司认为，在一个自己没有经验的行业内投资是在浪费资本。事实证明，在消费行业，与某企业联盟经常比接管该企业节约成本。如为挤进冰茶行业，魁北克麦片公司花去了 17 亿美元的巨款来收购斯纳普冰茶公司。而百事可乐公司并未出钱收购任何公司，只是与联合利华的分公司结成了联盟，也取得了同样的效果，达到事半功倍的效果。

那些彼此购买了股份、被“一纸协议”绑在一起的合并后的公司，则会面临太多的问题，比如最首要的是磨合的问题，还有文化差异、大规模裁员，等等，这些就会耗费不小的资本。再加上双方管理人员工作方式的差别，必定导致因为一些问题议而不决，进而坐失商机。默瑟管理咨询公司进行的一项分析表明，每三桩合并、收购就有两例以失败而告终。

与松散联盟不同，企业合并容易产生以下两种危机：一是波音公司综合征。这一症状往往出现在竞争企业间的合并。不少企业的管理者认为，合并就意味着企业优势的增加。但他们没想到合并的同时也打开了“潘多拉的盒子”，没完没了地调整，个人的私欲问题导致争权夺利。由于缺乏一个权威性的规章，企业领导层之间整天想的是如何对抗而不是合作。另一种是财团综合征。亚洲国家的许多企业出于好大喜功的心理，不顾实际地进行并购，以致到了无法管理的地步。西方也存在这种现象，尤其是在英美国家，企业领导人员的报酬是按照利润额的比例提取的。然而，一旦这些庞然大物轰然倒塌后，整个国家的经济将会受到影响。

但现在，这种新的结盟方式已经成为了一种潮流。这种新的结对现象受到两个因素的驱动：全球化和核心竞争。这些因素驱使各公司将产品销售到更多的地方，但同时它们也需要得到外界帮助。但它们又不愿意与别的企业合并，想保持自己的独立性，结盟就成了必然的选择。

当有人问可口可乐公司收入与其他公司的结盟的比例时，公司董事长自豪地回答百分之百。他解释说：“这个饮料巨头赚的每一块钱都来自某种形式的经营伙伴，如灌装厂、分销商，等等。”

像可口可乐、迪斯尼和麦当劳这样的消费业巨头之间的合作从一开始就建立在公司经营状况比较相似的基础上。它们从事的行业变化速度也比较慢，形势不会在一夜之间发生翻天覆地的变化。但变化仍是一个威胁。比如，如果麦当劳在另一快餐业巨子“汉堡王”的进逼下继续失去市场份额，那么情况会怎么样呢？答案当然是可口可乐和迪斯尼去寻找新的合作伙伴。结盟是为了更快、投入更少的增长，结盟本身不是目的。

舍小得大的新惠普

惠普公司:1939年创建于美国加州。1947年惠普公司转制为股份有限公司。1957年成为上市公司,市值达到4800万美元,也是从这一年开始,惠普公司开始扩展海外市场,在欧洲建立了办事处和生产基地。60年代惠普公司开始涉足计算机领域。

1984年,惠普公司通过喷墨和激光打印机成功地进入了打印机市场,HPLaserJet成为业界公认的世界标准。1994年惠普成功推出彩色激光打印机。

1994年是惠普的巅峰,销售额和利润增长率远超过IBM及其他竞争对手,当年的《福布斯》杂志评惠普为当年绩效第一名。

惠普公司在1998财政年度的总收入达到471亿美元,世界各地共拥有12.35万多名员工。

2002年5月,惠普公司与康柏公司开始战略性合并,合并后的(新)惠普全球年营业额高达814亿美元。2005年《福布斯》全球500强排名第28位。

企业兼并是在全球经济一体化的大背景下产生与发展的,随着全球经济一体化的加强,企业兼并的浪潮会越来越凶猛。全球化的发展越迅速,企业兼并活动也越频繁。企业兼并适应了全球化大潮,也加快了经济全球化的发展。并购有助于提高资源利用的效率、提高市场竞争的有效性,从而提高企业的竞争能力。

企业并购战略包括企业兼并与企业收购两个方面,兼并与收购在概念上是不同的,但它们对于企业的成长所起的作用却相差无几,即都能使企业得以发展,否则,这种并购就是无效率的。

如1997年,多年来位居美国微机五强之一的AST(虹志)并入了资本190亿美元的韩国三星电子,成为其全资独立附属公司,这种强强组合的优势使双方都得到了实惠。一方面,三星可以利用AST全球著名品牌的效应及其遍布全球的生产销售技术支持网络来充实三星电子广阔的产品线;另一方面,以三星电子为坚实的后盾,AST的研发能力如虎添翼,三星电子的资源优势也会内化于AST的运作中。

然而,并购并非只是企业整体实力的简单相加,而是对企业总体战略规划、共有资源、人员、业务、企业文化等各方面的整合过程,在此过程中,做出取舍是必需的,也是必要的。

正如哈佛商学院的波特教授所说,取舍效应会出现在内部协调的限制和控制上。一旦明确地选择了竞争方式,限制了企业所提供的产品或服务,就会使企业的经营管理有序进行,企业不会因为没有确定的发展方向而陷于混乱状态。同时,集中于自己的优势定位还使竞争对手的骑墙作风或重新定位的做法无法施展,因为尝试这些做法的竞争者,不仅得不到实惠,反而会伤害自己的战略,甚至降低既有活动的价值。

从表面上看,取舍意味着收缩,而并购意味着扩张,二者是矛盾的,实际上,企业并购行为本身也是企业收缩、取舍的一个重要策略。当我们真正关注每一个企业的并购行为时,可以发现,企业在实施并购进入一个新的行业或产品生产时,同时也在放弃一些原有产品的生产。在并购过程中收缩,在收缩过程中并购,企业的并购行为已经和收缩调整紧密地联系到了一起。

2002 年 5 月 7 日,IT 领域有史以来最大的一宗企业并购案——惠普与康柏电脑的合并案终于尘埃落定。

合并前康柏与惠普分别是全球 PC 业的老二与老三,合并后的新公司占有全球 PC 市场份额的 19%,高于老大 DELL 的 14%。合并后的新惠普年收入为 800 多亿美元,在《财富》杂志的企业排名中名列第 9。

新惠普的并购目标是确立及维持其在 PC、服务器、打印机领域的第一位置,争夺 IT 咨询及外包服务、数据存储市场的冠军头衔。因为竞争激烈的 IT 业界奉行赢家通吃,只有第一的地位才能赢得合作伙伴、投资者的青睐等,获取最大的竞争优势。而合并后的新公司在 PC、服务器、中高端打印机领域称雄全球,在 IT 咨询及外包服务、数据存储领域也将具备挑战 IBM、EMC 霸主地位的实力。

然而,在短时间内有效地整合两家公司的各种资源,从而使合并产生 1+1=2 或 1+1>2 的效果,是康柏与惠普合并前及合并后所面临的巨大挑战。这一整合包括内部支持系统、人员观念、战略规划、企业目标、企业文化等的融合,其中,不可避免地要进行品牌、产品线的取舍。

新惠普的定位集中于深化、扩展产品线上,其产品不仅包括软、硬件等有形的产品,咨询服务也将是重要的发展方向,而对于开放式系统的支持将使新惠普明显区别于竞争对手。在这一基本理念指导下,整合惠普、康柏两家的资源优势,新惠普公司的整个架构由 4 个核心业务集团组成:企业系统集团(ESG)、专业及支持服务集团(HPS)、打印及成像系统集团(IPG)、信息产品集团(PSG)。在品牌和产品线的取舍上,由于康柏和原来的惠普的产品线有很大程度上的重合,由此必定出现保留哪个品牌和哪个产品线的问题。为此新集团采取了相应的解决方案,以求最大限度地利用两家公司原先积累的品牌资源。例如,在企业系统集团方面,将主要采用 HP 的品牌,康柏重要的产品 Alpha 服务器、容错 NonStop 服务器前将冠以 HP 字样,UDC 软件则充分利用原来康柏的 Insight Manager 和 Adaptive Infrastructure;软件方面,新惠普将同时整合惠普及康柏的 telecom 软件,合并成 Opencall 产品家族。信息产品系统内,个人系统品牌将使用惠普和康柏两个品牌,但在商用台式机和笔记本电脑方面,将以康柏品牌取代惠普品牌,其余产品、解决方案和服务只保留惠普的品牌,打印及成像集团除了使用康柏品牌的产品外,所有的打印和成像产品种类和产品线将维持不变,惠普和康柏的数码投影仪将会合并成以惠普为品牌的单一产品线。

经过全方位的权衡取舍,惠普与康柏完成了融合的第一步,尽管这只是一个开始,在以后的日子里,二者还将面临更多更为棘手的抉择,但这次的抉择和取舍显然为以后解决类似问题开了个好头。

第五章

人力资本：有人才就是最大的赢家

人才是企业的核心资源。著名管理专家斯隆说："你可以拿去我全部的资产……但只要将人才留给我，五年之内，我一定可以把你拿去的都赚回来。"

西门子找对自己的主力队员

维尔纳·冯·西门子：维尔纳·冯·西门子1816年出生于德国城市汉诺威附近的奥伯古特。

1847年，西门子和他人合伙建立了电报设备制造厂，工厂发展迅速，很快就在欧洲许多国家的首都设立了分号。

1890年，西门子将公司的领导权移交给弟弟卡尔以及儿子阿诺尔德和威廉，完成了公司的权力过渡。

1892年12月6日，西门子在夏洛滕堡去世，终年76岁。

西门子公司在2005年《福布斯》世界企业500强中排名第23位。

西门子公司创始于19世纪中期，至今已经有160多年的历史了。西门子何以跨越3个世纪而长盛不衰？西门子创造了如此多的世界第一，为人类的物质与科技文明进步做出了如此巨大的贡献，依靠的什么？西门子如何成为人类历史上电气时代、电子时代以及即将来临的光电时代的领袖？

从西门子创始人维尔纳·冯·西门子的话中可以找到答案，他说："我很快就意识到，一个公司要兴旺发达，全体员工必须团结一致，愉快而高效地工作。雇员的积极性是公司成功的基础。"

西门子的成功正是源于它所拥有的杰出员工，西门子公司正是依托优秀的人才而得以创造了多年的辉煌历史。正是由于高素质、拥有敬业精神的员工的努力，西门子才得以占据电子与电气领域的领先地位，成为该行业系统与设备的全球首要供应商。

西门子公司有一整套对人才的选拔、培养、造就办法，成为公司整体发展战略的重要组成部分。这其中最为关键的一条恐怕就是他们非常注重对员工进行培训。

西门子公司认为：职工技术的熟练程度、技术专家的多少，是保证产品质量、保持竞争能力、赚取最大利润的关键。从公司第一任总裁——西门子开始，以后的历任总裁都非常注重对职工的培训和培养，从而提高他们的技术熟练程度和业务水平。

西门子本人虽然受过多年的正规教育，但他平时从未放弃过学习，并以此来为广大员工做出榜样。他认为，每个人都是一个巨大的资源库，只是还没有被充分地开发出来。为此，他自己还特意编写了一门名为《做个伟大的人》的自我激励课程，作为对员工的培训教材。为了方便员工在各种环境下都能学习这门课程，他还为《做个伟大的人》这门课程配制了 20 卷卡式录音带。

除此之外，西门子还下大力气挖掘员工的推销能力。他常举例说："假如你把一条鱼送给一个人，只能养活他一天。但是，假如你教会他怎样去捕鱼的话，你就能够养活他一辈子。"这正与中国的至理名言"授之以鱼，不如授之以渔"有着异曲同工之处。

1922 年，西门子公司建立了"学徒基金"，专门用于培训工人，以便尽快使他们掌握新技术和新工艺。几十年来，公司用这种方式先后培训出数十万的熟练工人，当然这些工人也为公司创造了非凡的效益，与培训成本相比它所带来的利润远远大于产品本身所带来的效益。近年来，西门子公司还直接从厂内选拔数千名熟练工人送到科技大学和有关工程学院学习深造。

不仅如此，他们还把 8 万余名青年工人安排在 5000 多个技术学校、训练班、教育班学习。当然这些投入为西门子带来技术的同时，也带来了高额的利润和企业的高速发展。如今，在德国同行业中，西门子公司的技术力量最为雄厚，大部分人都是工程师，经理的领导层中技术人员占 40% 以上，熟练工人占全体职工半数以上。高质量的技术生产保证高品质的产品，也带来了巨大的竞争力和高额的利润，这所有的一切都是与西门子公司注重对员工的培训分不开的。

目前，西门子公司共有 40 多万名职工。公司内部设有"管理人员培训部"，它负责对工作人员进行观察，并且定期同他们及其上司谈话，最后提出对工作人员继续使用的建议。

此外，西门子公司还特地设置了高层培训中心和基层管理培训中心。每年都有很多公司管理人员参加培训。在培养管理人才方面公司针对三种能力（专业技术能力、激发和调动个人及团结力量的人事能力、将内部和外部利益协调统一为企业整体利益的能力）进行培训。前两种主要针对基层和中层管理者，第三种则是专对高层管理者而言。这些培训内容和方法，极大地增强了管理者的素质和能力。

除了培养本土管理者所设立的管理培训，西门子管理学院还提供全面系统的个人培训，包括高级的商务培训、团队和沟通技巧培训、项目管理培训、市场和销售培训等内容。

西门子提供的培训课程可以和一所中型大学相媲美。培训内容包括计算机、经济、外语、管理等各类专业，员工可不受限制地扩大自己的知识面，在不断学习专业知识的同时，完善自身的气质。西门子还为员工提供频繁的海外培训与工作机会，将员工锻造成为全球化的优秀人才。西门子的全球总部设在德国，所以员工赴德国培训的机会很多。其他培训地点，根据培训的需要，会设在美国、英国、澳大利亚、新加坡等国家。

在西门子公司无论是新员工培训，还是经理人培训，都为员工之间进行沟通提供了机会。在所有的集体培训上，公司的 CEO 等高层领导都会亲自参加，与员工进行面对面的交流。

西门子公司人事部经理的日常工作之一是访问高等院校，在那里，他们首先寻找的是“企业家类型的人物”。在学习期间，西门子公司对未来的“企业家们”的基本要求是：良好的考试成绩、丰富的语言知识、实习好、工作好。此外，还向他们提出一些更高的要求，诸如有广泛的兴趣，有好奇心，有改进工作的愿望，以及在紧急情况下的冷静沉着和坚毅顽强。这与其注重的员工培训制度是一脉相承的。

另外一个让员工对公司产生依赖，把自己当作公司主人的制度就是沟通制度。西门子将其惯常推行的交流沟通称为“CPD（Comprehensive Personnel Development）”，一个在全年不断持续的交流过程。CPD 流程由 CPD 圆桌会议和 CPD 员工对话两部分组成。CPD 圆桌会议每年举行一次，参加人员是公司管理人员：中高级经理和人力资源管理顾问。圆桌会议上，参与者对公司团队和重点员工的潜能进行预测。回顾过去一年的业绩，提出改进后的与业绩挂钩的薪酬体系，制定具体的管理本地化和全球化有效融合的措施等。西门子公司结合圆桌会议为员工提供发展渠道：充分预测潜能的培育计划。计划包含青年管理项目、技术培训、管理培训以及与之相协调的工作轮调、项目任命、薪酬调整等。

西门子 CPD 另外一项重要内容是员工对话。员工对话在一年中随时持续进行，由经理人员和员工直接开展，并在年终填写“CPD 员工对话表格”。这些表格经过汇总成为圆桌会议的重要参考。员工对话的内容涉及：员工职能及责任范围；业绩回顾及未达到预期结果的原因分析；潜能预测；未来任务及目标设定；员工完成目前职能要求及未来任务的能力评估；员工本人对职业发展的看法；双方共同商定的发展措施。在 CPD 圆桌会议上对有关员工发展的所有方面（潜能、薪酬、管理学习培训等）作出明确的决定和计划，并保持一致性，即不分国界、级别、部门地沟通。

除此之外，西门子还有众多员工沟通渠道。如公司的内部媒体。西门子内部办有许多媒体，是传达各种信息，进行员工间沟通的重要渠道之一。这些内部媒体包括：《西门子之声》（《Siemens News letter》）、《西门子世界》（《Siemens World》），以及各业务集团主办的各种内部沟通杂志。

西门子内部网站是一个庞大而高效的沟通平台。比如，2003 年“非典（SARS）”期间，关于 SARS 的最新消息每时每刻都会在西门子的网站上更新，关于事态的最新报道、公司的政策、领导层写给员工的信等内容，都会及时发布，让每一名西门子员工在第一时间获取最新信息。还比如，西门子人事部建立有专门的网页，新员工可以登录了解如何融入公司，还分别为外国员工、合资工厂、各地区开辟专门的链接。其他方面，关于人事上的招聘、培训、出差、发展、投诉等内容一应俱全，一览无遗，并随时更新。西门子内部网络建立有强大的员工电子邮件系统，为员工之间的沟通提供了最便捷的渠道。

为了让每名西门子员工了解公司的最新信息，西门子为世界各地的西门子员工建立了“今日西门子（Siemens Today）”在线平台。“今日西门子”不仅包含西门子主题新闻故事和广泛的报道，而且开辟了交互式聊天室、论坛和调查。

员工们除了利用公司提供的这些媒介以外，还可以有直接对话沟通的机会。除了上面提到的 CPD 员工对话外，还有公司每年至少进行一次的“员工沟通信息会”，在公司政策、员工福利、职业发展等众多问题上听取员工的意见，与员工进行双向的沟通。员工在工作上若有不同的意见，也可以越过自己的直接上级向公司高层直接反映，与他们直接进行沟通。

针对新招聘的员工，公司为新员工开设了“新员工导入研讨会”，公司的 CEO 会参加每一期“新员工导入研讨会”，为新员工介绍企业文化、公司背景等信息。CEO 等高层直接面对面地与新员工进行交流。

西门子公司全球各地每年都会进行员工满意度调查，来了解全球员工的想法。通常，由一个12人组成的小组负责员工满意度调查的进行，从启动到操作与实施，全由小组负责。小组的成员每年都要更新，每年有6个人从小组出来，再补进6个人。

通过各种有效的沟通渠道，信息与思想在西门子的机构里迅速地流动，就像肌肉的筋脉为西门子的庞大机体带来活力，使西门子这个产业巨头变得灵活而敏锐。

西门子公司为自己的员工提供了这么多的交流、沟通机会，当然员工们也愿意将自己的想法拿出来和公司领导沟通。这就可以通过西门子引以为豪的员工建议制度来实现。西门子鼓励员工为公司提出合理建议与意见，为改善公司业务与管理而出谋划策。被采纳的建议将迅速在公司中实施与推广，而被提出合理建议被公司采纳的员工，将得到公司从小礼物到巨额现金不等的奖励。

好建议的标准很简单，包括三方面：节省费用、节省时间、提高质量。比如，员工A提出某个建议可以缩短外国员工签证时间，员工B提出某个建议可以为西门子每年节省5%的差旅费用，员工C提出某项方案可以提高西门子手机的产品质量与服务质量……诸如此类的宝贵建议只要被员工提出来，将很快被公司采纳。

通过员工建议，西门子营造了非常活跃的气氛，鼓励大家发挥自己的聪明才智，为公司的业务的发展与组织的健全出谋划策。更重要的是，不论员工的建议是否被公司接受，这种沟通为每一位员工提供了"说话、参与"的机会，大大增强了大家的主人翁意识，真正使每一名员工能够成为西门子"企业内部的企业家"。

"企业内部的企业家"，这是西门子倡导的人才机制之一。为了让员工成为真正的企业内的企业家，西门子公司让员工有充分做决策、施展才华的机会，公司还让员工有增加薪酬的机会，这样"有名有利"，才能让员工体会到企业家的感觉。这实际上是互利的，即员工的才能得到发挥，受到提升，增加了收入，同时企业也得到了人才，创造了利润。这可以说是西门子公司领导风格的体现。

当然，开发、挖掘员工的潜能光培训、交流显然是不够的，还必须能够激发员工的热情，使他们能充满激情地投入工作，才有可能激发出员工的潜能。

西门子的创始人维尔纳·冯·西门子认为"雇员的积极性是公司成功的基础"，所以西门子注重激励机制的作用。

为了确保每位员工都拥有公平的发展机会，西门子每年对全体员工进行一次员工发展评估。作为一家负责任的公司，西门子为员工提供了具有市场竞争力的薪资待遇，实施了一系列的社会福利保障措施。

西门子认为，激励的前提首先要为员工提供有兴趣、有挑战、有意义的工作，这对任何员工都很重要。所以，西门子的人力资源部门致力于根据员工兴趣与特长为员工设计工作岗位与职业生涯，给每一名员工良好的职业发展前景。

西门子认为，激励员工主要是要为员工提供非常理想的发展前途、可观的工资待遇。员工为了实现发展前途与目标，需要很多方面的素质与能力，而西门子为所有员工提供了丰富的培训与学习机会，无论是在西门子管理学院，还是在各地的培训课程提供者的课堂，或是通过工作轮换、工作调动在实践中学习。

西门子根据员工对Learning与Earning的不同需求，为员工提供大量学习机会为他们实现长期发展目标做准备，提供具有竞争力的工资与福利，构成了对员工的激励机制——一种基于员工切身需要而进行的有效激励。

而发展与工资都以目标和业绩为核心。每一名员工都制定有“个人目标承诺”，西门子通过目标管理，把员工的工资与其目标以及业绩实现情况挂钩，同时把业绩与员工的发展挂钩。同时，通过 CPD 员工对话激励员工，与员工共同分析其长处与弱项，该如何提高为将来得到更好的发展，获得更高的工资与福利。

西门子首先通过工作本身激励员工，让员工从事与其兴趣相符合、同时又具有挑战性的工作来激励员工。其次，保证为员工提供具有竞争力的收入，包括工资、福利等各种物质待遇。第三，保证员工有着良好的职业发展前景。第四，保证员工能够在一个非常好的领导环境下工作，让上司的领导力能够充分调动员工的工作情绪，让每一名员工的敬业精神以及通过勤奋工作所创造的价值能够得到及时地肯定。

总而言之，西门子的激励机制是一种深层次的激励，是一种基于目标的长期的激励，而这种激励又体现在每一天的日常工作中，是一种简单而有效的激励。

作为全球最大的多元化跨国公司之一，西门子公司能为员工提供多种领域、性质各异、丰富的发展机会。西门子业务遍及通讯、自动化、机械、能源、医疗等各个领域，遍及世界 190 多个国家，全球共 40 余万员工。西门子用人以稳定著称，给了每一名员工很强的归属感，公司通过对员工工作内容的扩充、内部轮换制度、内部调动等方式，为员工发展提供了无限的机会。

西门子的历任 CEO 都会像创始人维尔纳·冯·西门子一样重视人才，把员工当作公司的“宝贝”，并开创了众多关心员工发展的制度来实践公司的用人理念。西门子把员工看作公司最宝贵的财富，觅得贤才后不会让人才“发霉”、“贬值”，而是主动为每一位员工精心设计综合发展计划，根据每名员工的实际情况，扬长避短，精心培育，赋予重任，帮助每一位员工实现自身的价值。通过“综合员工发展计划”等一系列措施，西门子帮助每一名员工实现职业梦想，将全球员工锻造成为一个团结而高效的团队。

以智力资本领先的比尔·盖茨

比尔·盖茨：比尔·盖茨 13 岁时开始了计算机编程，在哈佛大学期间，为第一台微型计算机——MITSAltair 开发了 BASIC 编程语言的一个版本。大学三年级时，他离开了哈佛大学并把全部精力投入到他与好友 Paul Allen 在 1975 年创建的微软公司中。

现在，微软公司已经在个人计算和商业计算软件、服务和互联网技术方面都是全球范围内的领导者。盖茨本人也连续几年成为《福布斯》个人财富排行榜的首富。

未来的竞争会更加激烈，企业的竞争其实就是人才资本的竞争，而人才资本的最核心因素则是智力。因而，可以说企业的竞争根本上是智力资本的比拼。比尔·盖茨很早就认识到了这一点，而且长期以来一直坚持对员工智力的开发和重视。这也使得微软在行业中始终处于领先地位。

微软公司在2004年福布斯企业500强中排201位，在近100个国家和地区开展业务，全球的员工总数超过50000人。但在微软初创时期的1975年，微软只有3名员工，收入也只有1.6万美元。相隔不到30年，公司的规模已迅速扩展。微软之所以有如此突出的成就，源于领导者对智力资本的投入和重视。

在微软的旗下，聚集了大批专业人才，这些经过精挑细选的员工，以才智、技能和商业头脑闻名，成为公司发展的最大动力。比尔·盖茨在一次演讲中也说，他并不是每一天都痛快，但他不愿与别人交换这份工作。他觉得能与一群充满智慧的人一起工作及交流，是一件十分幸福的事。一些在微软工作过的员工也表示，加入微软后，每天都和一群非常有才气的人一起工作，感觉到自己提升得很快。他还认为，这家年轻公司令人倾心，对年轻人充满诱惑力。

以比尔·盖茨为首的领导层一直坚持雇用“聪明人”的决定。但“聪明人”并不是那么容易发现的，一些人应聘时表现很好，但工作以后，越来越不引人注意，另一些人在应聘时完全是失败者，但后来发现他将成为伟大的贡献者。在起初全凭自己的内在感觉来面试，发生更多差错后，比尔·盖茨采取了独特的面试方法。如从IBM雇用Mike Maples时，盖茨要求一些将要为他工作的高级人员一起对他面试，对其进行全方位的考核。尽管并不一定都是专业方面的考核，但他们认为新雇员是非常重要的，他们要确信新雇员具有他们期望的素质，也要使新雇员能与他们的环境相容。不仅对新加入的人，对于在职的雇员也要求全年都要参与面试，不仅是面向本小组的空缺，而是公司的任何职位。

微软能拥有那么多的优秀人才，这与其聘用优秀人才的公司方针有直接的关系。优秀的人才一经聘用，微软就会给予他们最大的信任和充分的发挥空间。因为那些从事软件开发的科研人员，他们的工作强调独立性和思想性，由于这种特殊的历史和文化背景，公司的一个管理规则就是充分授权。

微软把员工分成小组，赋予他们权力去塑造公司的产品形象，提供他们所需的技术和资源，帮助他们完成工作。比如研究人员有权力决定自己的研究项目，即使领导层不认同也只限于提供意见，仍会给予全力支持。产品经理有权为其所负责的产品制定市场定位及完成推广工作。

微软在为员工提供成功机会的同时，当然也允许他们失败，只要员工能从他们的错误中学到东西，失败都是被允许的。这种做法，符合年轻人喜欢挑战的特点，他们会觉得，在微软工作有足够的挑战性和吸引力。这对他们事业的成功有着积极的推动作用，这也是许多人愿意来到微软工作的原因。

微软青睐优秀的人才，但更青睐那些逆境失意者和敢于冒险的人。比尔·盖茨认为：当一个人失业，为生计发愁时，他就会发挥自己的潜能，进行创造性思维，而在这种时候，他更能调动自己的各种能力，也最容易出成绩，这种人比那些事业一帆风顺的人更具有承受挫折的能力。微软公司在发展的过程中总会遇到挫折，而这些曾经失业的人才必定会在逆境中干得更加出色。因此，盖茨一旦发现本行业中比较出色、但因所在公司经营败落而失业的人才，就会在适当的时候聘请他来为微软工作。

盖茨认为，一个敢于冒险的人，他的思维和能力会得到最大程度的利用，而且往往容易在这时候激发出让人意想不到的潜能。做研发工作就要有丰富的想象力和敢于冒险的精神。否则，微软宁愿冒失败的危险选用曾经失败过的人，也不愿意录用一个处处谨慎却毫无建树的人。一个非常优秀的人才，如果缺乏这一点，也是不会被微软录用的。

微软通常在面试时出一些“奇怪”的问题，目的在于考验应聘者的冒险精神。如“美国有多少加油站”、“上海的出租车产业占上海 GDP 多少比例”，等等。其实这些问题根本没有标准答案，只不过是考查应聘者分析问题的能力，如何找到一个解决问题的切入点。而往往一些在专业方面优秀的人才，面对这样的问题，一时会手足无措、无以应答，不敢去发挥自己的想象力和能力来试图解决问题。

微软崇尚人才要有冒险精神，同样微软在近年来的招聘中，也有了一些“冒险”的举动。如 2001 年在清华大学招聘了 19 名学生，其中计算机及相关专业的只有 9 名，而精仪、化学、生物、核能等非计算机专业的学生有 10 名，突破了以往“计算机及相关专业的学生占大多数”的模式。而且之后一直坚持这样做。这对作为 IT 行业巨头的微软来说，也算是一个不大不小的冒险吧。

微软一直奉行聘用优秀人才的政策，它也因此聚集了大量的顶尖优秀人才。这些优秀的人才正是微软能在行业中领先的智力资本。微软吸引优秀人才的另一个原因在于其人格化管理，特别是其中无等级的安排让许多其他公司的员工也非常欣赏。

比如只要是微软的职工，都有自己的办公室或房间。每个办公室都是相对隔开的，有自己的门和可以眺望外面的窗户，每个人对自己的办公室享有绝对的自主权，可以装饰和布置，别人无权干涉。办公室的面积都差不多，即使董事长比尔·盖茨的办公室也不比别人的大多少。至于办公室的位置也是由职工自己挑选的，如果一个办公室有几个人选择，可以通过抽签决定。如果谁对第一次选择不满意，还可以下次再选，直到满意为止。公司为充分尊重每个人的隐私权，每个办公室都安装了可随手关闭的门，保持个人的独立性。这种做法使员工得到了充分的尊重，工作起来心情舒畅，更能发挥他们的才能。

在微软的总部，见不到高楼大厦，而是由 30 多座低矮建筑物组成，每一座都有 X 型双翼和各式棱角，以使窗户数量增多，不但可带进自然光，还可让员工欣赏到窗外景色。各办公楼前都有停车场，这些停车场没什么等级划分，谁先来谁就先选择地方停车，没有职位高低之分。总部的职员还可以骑单车上班，甚至可以一直骑到走廊里。这种等级隔阂的消除，使员工之间的相互沟通顺畅，增强企业职工的凝聚力，来为共同的事业齐心努力。微软公司内部有一条规定，不允许职员有官僚作风、傲慢和明争暗斗的现象存在。这是为了营造出一个平等、真诚以及自由的企业文化和工作氛围。在微软，员工无需将时间、精力耗费在繁杂的人事关系上，而是全力以赴完成工作，来创造最佳的成绩。

许多人都会轻易地认为，只要给员工高薪，他自然就会留下来，努力工作，为公司的发展竭尽所能，但这往往会事与愿违。合适的待遇是必需的，但舒适、轻松的工作环境是必不可少的。如果员工的精力被工作之外的琐事所牵绊，那工作的效率和成绩就会大打折扣，造成人才智力资本的浪费。企业都希望自己拥有大量的优秀人才，但更重要的是如何让你的员工充分发挥他们的才能，激发他们的潜能。高薪或许可以吸引到一些人，但只有一个特别吸引人的环境，才能吸引并且长期留住那些优秀的人才。微软的人格化管理正是以极富吸引力的工作环境取胜，留住大量顶尖优秀人才的。

其实，微软的薪酬待遇并不比其他的企业高。微软一般先付给员工相对较低的工资。不过，公司会以年度奖金及员工配股、优惠的股价等报酬制度，吸引员工长期逗留。这也是考验员工的其中一步。另一步是微软总部办公大楼里没有时钟，整座办公大楼内看不到一个钟表，大家凭自觉上下班，加班多少也是自愿的。这更能体现公司的用心，也能体现员工的素质。

以比尔·盖茨为首的管理层千方百计地为员工创造好的工作环境，以充分的资源全力支持员工的工作，使员工没有后顾之忧；组建最佳的研究队伍，创造开放、平等的环境，让每个人都有彼此切磋、彼此学习的机会；让每个人都能为自己研究开发的产品自豪；以长远的眼光和吸引人的研究题目，让每个人都热爱自己的工作。

在微软这样的环境中，员工的工作是非常自由和放松的。如总部所在的西雅图市的天气是阴多晴少，只要一出太阳且风和日丽，员工们可以自由自在地在外面散步；为职工免费提供各种饮料之外，公司内部到处可见可用于办公的高脚凳，方便员工不拘形式地在任何地点办公。

微软的这种人格化管理贯穿在它的每一个地方，甚至每一名员工的头脑里。像微软这样的高科技公司，研发部门是重中之重，比尔·盖茨亲自监管研究，而且花很多的时间和下属一起讨论公司将来的研究方向。公司的管理层会与员工一起定下一个有启发性的使命及研究的大方向，只起引导的作用，但不控制，如研究的项目、细节、方法等，都由研究人员自己来决定。微软要求每一个研究员都热爱研究，都对计算机的未来有一份使命感。每一名管理人员都随时提醒自己：雇用比自己更聪明、更有创新能力的人。

微软的人格化管理是它能领先一步的原因，而其中最核心的因素就是对员工发自内心的尊重，这使员工能够拥有成就感，也愿意为微软竭尽自己所能。如果没有这样的管理，那结果只能是加速人才的流失。

某户人家养了一只小狗，有一天，小狗忽然走失了，主人很快报了警。几天后，小狗被人送到警察局，警察立刻通知了它的主人。在等待主人到来的空隙，警察发现这只小狗没有一点欢喜的神情，反而悲伤地流着泪。

警察很好奇："你应该高兴才对，怎么流泪了呢？"

小狗回答说："警察先生，你不知道，我是离家出走的。"

警察有些吃惊："你家主人虐待你吗？为什么要出走呢？"

小狗悲伤地说："我在主人家已经待了好多年，从一开始就负责家人的安全，一直很尽忠职守地执行我的职责。主人也会夸奖我，会摸摸我，而且常会带我出去散步。那种保卫一家人的成就感，那种受重视、被疼爱的感觉，让我更加提醒自己，要好好保护这一家人。直到有一天……"

"怎么样？"警察追问道。

"有一天家里装上了防盗门，从此我失业了，看门不再是我的职责，家人也不需要我保护了。整天无所事事，对家一点用都没有，虽然主人还是一样地饲养我，但是我实在受不了这种受冷落的感觉，所以才会离家出走，宁愿过流浪的日子。"

人们总以为给了员工丰厚的薪酬，他们就没有理由再有不满和怨言了，可事实并非如此。

就像小狗不会因为每日有饭可食、有窝可睡就放弃对保护家人安全的责任感和成就感的向往一样，员工也不会因为获得了丰厚的薪酬，就减弱了对荣誉感、成就感的追求，这源自人们渴望获得尊重、成长和自我价值的实现。

所以，要学习微软，不但会给员工合适的报酬，更会给员工一个舒适、轻松的工作环境。给员工一份真正的尊重比高的薪酬更能捕获员工的心。

沃特将迪斯尼放在员工的心中

沃特·迪斯尼：沃特·迪斯尼于1955年在美国洛杉矶创建世界上第一个生产欢乐的主题公园——迪斯尼乐园。1971年在美国佛罗里达州奥兰多创建迪斯尼世界；1983年在日本东京和1992年在法国巴黎建迪斯尼乐园，使迪斯尼名震全球，成为世界旅游业主题公园中的一张王牌。

在2005年《福布斯》世界个人财富排行榜中位居第174位。

自从1955年沃特·迪斯尼在美国洛杉矶创建第一个主题公园——迪斯尼乐园以来，迪斯尼公司已经成为集卡通设计、电视网络、电影、主题公园、文化用品、服装服饰等为一体的大型娱乐性企业集团。据统计，仅美国洛杉矶、佛罗里达州的奥兰多、日本东京、法国巴黎4家迪斯尼乐园1999年接待游客达8000多万人次。而且据调查，到迪斯尼参观的人有70%会再度光临。面对激烈的旅游市场竞争，迪斯尼能够经久不衰，成功的秘密就在于给游客提供优质、高效、细致的服务，而这种服务品牌的形成则得力于迪斯尼严格、系统的员工培训。迪斯尼现有雇员50000人，其中公司每天大约要雇用新员工100名左右。对于这些新员工，迪斯尼有自己的一套培训“宝典”。

为了顺利地招聘到合适员工，迪斯尼公司提倡在专门的装饰豪华的面试中心里舒心招聘。面试中心有有趣的圆形大厅和弯路，弯路的两边镶嵌着各式壁画，介绍公司的历史及主要特点。中心的人力资源部代表格雷·斯托科说：“我们希望这能够让应聘者感受到一点迪斯尼的神秘和舒适感，有利于放松心情，正常发挥。”

通常，面试中心每天要接待150~200名初试合格的应聘者，这些应聘者中大约有30%是由公司原有员工推荐来的。在应聘者前来应聘之际，公司会主动向他们发放详细列有公司雇员工作条件及规章制度的文件，还有列有公司全部职务清单的小册子，应聘者还可以使用幻灯片、可视电话等设备，与公司相关人员沟通。

经过这一系列的精心安排，通过层层选拔的新员工在进入公司工作之前就会基本了解迪斯尼的企业文化。

招聘只是第一步，更重要的是如何让员工在平常的工作中充分体现迪斯尼的企业文化和服务理念。那就要接下来做精心的培训工作。

迪斯尼对员工的培训首先不是着眼于其素质和水平的提高，而是把培训作为企业价值观和企业精神教育的一种重要手段。所以，迪斯尼对所有员工的培训开始都是近乎宗教式的灌输，培训已成为企业长期坚持的核心价值工程之一。

迪斯尼要求每一个员工，不论是新聘任的副总裁还是入口处的检票员，都要接受由迪斯尼大学教授团提供的新员工企业文化训练课，以便让他们认识迪斯尼的历史传统、成就、经营宗旨与方法、管理理念和风格等。

最典型的对话练习如：

导师:众所周知,麦当劳生产汉堡包。迪斯尼生产什么呢?

新员工:迪斯尼给人们带来欢乐!

导师:对极了。我们给人们带来欢乐。不管他们是谁,说什么语言,干什么工作,从哪里来,什么肤色,都要在此让他们高兴。你们不是被请来做工的,你们每一个都是来我们的节目中扮演一个角色的。

在这种反复强化的训练中,迪斯尼的宗旨(迪斯尼给人们带来欢乐)已经被灌输进每个被培训者的脑海里,并融化到血液中。在员工以后漫长岁月的工作中,心灵深处总有一个随时提醒自己的预警系统——自己的责任就是给人们带来欢乐。在迪斯尼大学的课本中,员工还可以读到这样的训练语言:“在迪斯尼我们可能会工作劳累,但是从来都不会厌倦。即使在最辛苦的日子里,我们也要表现高兴,要露出发自内心真诚的微笑。”

在为期几天的培训中,所有新聘员工还要将自己的工作当作舞台表演。因而,需要马上学会下列新的迪斯尼语言:员工是“演员”;顾客是“客人”;一群人是“观众”;一班工作是一场“表演”;一个职位是一个“角色”;一个工作说明是一个“脚本”;一套制服是一套“表演服装”;人事部是“制作部”;上班是“上台表演”;下班是“下台休息”等。

通过这种从文化、精神,到角色、语言的培训,迪斯尼所有的员工都会对企业有一个比较深入的了解,为他们以后更好地适应迪斯尼的工作打下良好的心理基础。

除了这些,迪斯尼专为新员工制定了一个为期三天特色的个性培训:

第一天上午要培训如何扫地。

扫地有3种扫把:一种是用来扒树叶的;一种是用来刮纸屑的;一种是用来掸灰尘的,这三种扫把的形状都不一样。怎样扫树叶,才不会让树叶飞起来?怎样刮纸屑,才能把纸屑刮得很好?怎样掸灰,才不会让灰尘飘起来?这些看似简单的动作却都要严格培训。而且扫地时还另有规定:开门时、关门时、中午吃饭时、距离客人15米以内等情况下都不能扫。这些规范都要求员工认真培训,严格遵守。

第一天下午学照相。十几台世界最先进的数码相机摆在一起,各种不同的品牌,每台都要学,因为客人会叫员工帮忙照相,可能会带世界上最新的照相机,来这里度蜜月、旅行。如果员工不会照相,就不能照顾好顾客。

第二天上午学包尿布。孩子的妈妈可能会叫员工帮忙抱一下小孩,但如果员工不会抱小孩,动作不规范,不但不能给顾客帮忙,反而增添顾客的麻烦。抱小孩的正确动作是:右手要扶住臀部,左手要托住背,左手食指要顶住颈椎,以防闪了小孩的腰,或弄伤颈椎。不但要会抱小孩,还要会替小孩换尿布。给小孩换尿布时要注意方向和姿势,应该把手摆在底下,尿布折成十字形,最后在尿布上面别上别针,这些细节都要认真培训,严格规范。

第二天下午学辨识方向。有人要上洗手间,“右前方,约50米,第三号景点东,那个红色的房子”;有人要喝可乐,“左前方,约150米,第七号景点东,那个灰色的房子”;有人要买邮票,“前面约20米,第十一号景点,那个蓝条相间的房子”……顾客会问各种各样的问题,所以每一名员工要把整个迪斯尼的地图都熟记在脑子里,对迪斯尼的每一个方向和位置都要非常的明确。

如此这般训练3天后,就发给员工3把扫把,开始扫地。如果在迪斯尼里面,碰到这种员工,人们会觉得很舒服,下次会再来迪斯尼。

经过3天的特色个性培训之后,每个新员工都要接受一段时间的个别专业训练,即使是一般检票及售票的工作也需要进行两个星期的训练。而且培训后的课程考试非常严格,有时长达

4~6个小时。经过专业训练后,新员工到现场与一个熟练同事结为对子,老员工将进一步协助其适应特定岗位的工作。

对新加入的员工进行培训是必不可少的,但对老员工培训也不能例外。当然,对老员工的培训主要是针对员工自身素质提高和职业生涯设计的要求而专门设计和安排的,从内容到形式都非常丰富,员工选择的余地也比较大。

比如在"生涯提升周"时,员工可以选择上"未来生涯"课,这堂课会告诉员工,迪斯尼乐园中有些什么新的机会,以及该如何去准备它。还有一种课程叫"应征课程",它培训员工如何做一份好的履历表,如何透过履历表推荐自己,以及如何与主试者面试。当然还有"如何转职"、"对着星星许愿"、"我们一路走来"等各种各样的培训课程。通过这些培训,为员工们补充精力,使员工们充满活力,在轻松的心态下辛勤工作,这也正是迪斯尼确保客人能玩得愉快并且自身得到快速发展的重要原因。

在确保员工服务体现迪斯尼风范的前提卜,就连不怎么和客户打交道的会计人员也要首先感受面对客人的感觉,加强他们为客人精心服务的意识。

迪斯尼规定:会计人员在前两三个月中,每天早上上班时,要站在大门口,对所有进来的客人鞠躬,道谢。因为顾客是员工的"衣食父母",员工的薪水是顾客掏出来的。感受到什么是客户后,再回到会计室中去做会计工作。迪斯尼这样做,就是为了让会计人员充分了解客户。

其他重视顾客、重视员工的规定:

如何与小孩子交谈。游玩迪斯尼的有很多小孩,迪斯尼的员工碰到小孩在问话,都要蹲下,蹲下后员工的眼睛跟小孩的眼睛要保持一个高度,不要让小孩子抬着头去跟员工讲话。因为那个是未来的顾客,将来都会再回来的,所以要特别重视。

如何对待丢失的小孩。这一点在东京迪斯尼乐园表现得最为突出。从开业到现在,东京迪斯尼曾丢失过近2万名小孩,但都找到了。他们的做法是在小孩子走丢后从来不广播。显然如果广播丢失小孩的事情,所有妈妈都会吓一跳。既然叫做乐园就要消除这一点,一家乐园总是丢小孩子,客人怎么还敢来。所以在迪斯尼里设下了10个托儿中心,只要看到小孩走丢了,就用最快的速度把他送到托儿中心。从小孩衣服、背包来判断大概是哪里人,衣服上有没有绣他们家族的姓氏,再问小孩,有没有哥哥、姐姐、弟弟、妹妹,来判断父母的年龄。有的小孩小得连妈妈的样子都描述不出来,都要想办法在网上开始寻找,尽量用最快的方法找到父母。然后用电车把父母立刻接到托儿中心,小孩正在喝可乐,吃薯条,啃汉堡,过得挺快乐,这才叫乐园。他们就这样在十几年里找到了2万名小孩,最难得的是从来不广播。

员工如何送货。迪斯尼乐园里面有喝不完的可乐、吃不完的汉堡、享受不完的三明治、买不完的糖果,但从来看不到送货的。因为迪斯尼规定在客人游玩的地区里是不准送货的,送货统统在围墙外面。迪斯尼的地下像一个隧道网一样,一切食物、饮料统统在围墙的外面进入地道,在地道中搬运,然后再从地道里面用电梯送上来,所以客人永远有吃不完的东西。

从这些做法中可以看出,迪斯尼多么重视客户,因而才会有那么多的回头客。去迪斯尼玩10次,大概也看不到一次经理,但是只要去一次就看得到它的员工在做什么。这就是迪斯尼强调的,顾客站在最上面,员工去面对客户,经理人站在员工的底下来支持员工,这个观念牢刻在迪斯尼人的心中。

在迪斯尼有这样一句话:"在迪斯尼,员工比经理重要,客人比员工重要。"这显然不是一句空话,因为迪斯尼的服务证明了这一点。

这样的做法使每一个员工都受益匪浅,因为这些看似琐碎的培训,在任何地方都能用得到,而且迪斯尼做得更加细致。也正因为这样，在迪斯尼工作的人，除了把欢乐送给客人外，他们从自己的工作中也找到了快乐。即使离开，这份快乐也会保留在心中，也有助于他们更好地适应新的工作。

营造融洽大家庭的郭士纳

郭士纳：郭士纳出生于纽约长岛。在加盟IBM之前，他的职业生涯已颇具传奇色彩。

他23岁时加入著名的麦肯锡咨询公司，4年之后即被破格提升为合伙人。此后，郭士纳又加入美国运通公司，成为职位仅次于总裁鲁宾逊的二把手，主管公司全面业务，业绩斐然。

1988年，在震动华尔街的纳比斯克并购战后，郭士纳出任纳比斯克的新总裁。在不出两年里，公司就还清了由于杠杆收购（LBO）而形成的大量债务，还有了稳定的现金流入。郭士纳此役一战成名，成为业内尽人皆知的“扭亏高手”。1993年4月出任IBM总裁。

2002年《商业周刊》评选出了2001年全球25名最佳总裁，IBM总裁郭士纳名列榜首。2004年《福布斯》公布的美国最具价值公司品牌排名中，IBM以710亿美元获得第6名。

IBM创始人托马斯·约翰·沃森说过这样一句话：竭尽全力做好每一件事，尊重所有的人，穿着整洁，诚实率直，坦诚公正，永远保持乐观向上的积极态度。此外，最为重要的是，忠心耿耿。

如今，IBM已经是世界上最大的信息工业跨国公司。正是这些“教义”成就了托马斯·沃森的一生。同样的，他也兑现了自己的诺言——坚持这些原则，不断地向他人输送这些原则，在全部的职业生涯中，始终不渝地贯彻执行这些原则。直到现在，IBM的所有员工对老托马斯·沃森当初创立IBM公司所坚持的理念与基本原则仍然始终不渝地坚决执行，许多员工也因此成就了他们各自非凡的人生。

自1914年以来，创始人老托马斯·沃森就为公司的所有员工，包括管理阶层的人，设立了“行为准则”。这些“行为准则”被其受益者称为“沃森哲学”。老托马斯·沃森最希望的是，借助这些“行为准则”把IBM公司培养成美国最强大的企业，把IBM的员工培养成为美国最优秀的员工。

他制定的“行为准则”为：

第一，尊重个人。所有的员工都要知道，公司最重要的资产不是金钱或其他东西，而是人；尊重每一个人，包括你的同事、顾客和你的竞争对手；每一个人都拥有可以改变公司的能力，我就是公司的最需要的人；用自己最优异的成绩去获得表扬、提升和奖金。

第二，提供品质最高的服务。为顾客提供最优秀的服务；永远把顾客的利益放在第一位；最成功的服务是使你的顾客再来光顾。

第三,追求完美的工作表现。对所有的工作,都以追求完美的态度去对待;争取第一次就把事情做好;随时随地学习他人的长处;在执行工作时,坚信一定能出色地完成。

事实证明,老沃森的"行为准则"造就了IBM独特的理念与基本原则,对世界众多知名企业的经营发展与员工培训产生了巨大的影响。IBM的职员,无论是管理者还是普通员工,在全球众多500强企业中一直拥有"最佳雇员"的美誉。IBM的员工已经成为世界500强企业员工的"优秀典范"。

那就让我们看看在今天的IBM,它的管理者是如何将老沃森的"行为准则"发扬光大的。

IBM一年四季都在招聘人员,但能够有机会进入IBM的却是凤毛麟角,因为IBM招募的是真正的精英。在招聘条件上,IBM公司有三方面的要求。其一是一般能力,包括逻辑分析能力、适应环境的应变能力、注重团队精神与协作能力和创新的能力。求职者要成就客户,就是如何帮助客户获得更大的成功。其二是品德,而且把这一点作为雇用的先决条件,就是求职者要诚信负责,要用诚信之心来建立并处理各种关系,包括跟客户的关系、跟合作伙伴的关系、跟同事的关系,要用诚信之心在社会上为人为事。其三,岗位方面的实际技术能力与心理特征,包括沟通技巧、计算机操作能力、英语水平及发展潜力等。当然,一个能勇于承担风险并以创新的方式完成每个工作的员工更是受欢迎的。IBM对员工的个人发展潜力非常重视,因为这关系到员工未来是否能有所发展。

IBM公司的招聘遵从"由内而外"的原则。

在IBM,相当多的职位都会"由内而外"来进行招募。"由内而外"的招聘,是指很多招聘机会先让内部的员工知道,IBM也建立了相应机制,鼓励内部员工挑战这些职位。一般内部培养的员工,是和公司一起成长起来的,他们不仅非常优秀,同时也更了解公司的文化。IBM全球一共有将近30万名员工,并将持续快速成长。当新的机会到来时,公司会优先考虑那些优秀的员工,使他们获得更高的职位,迎接更大的挑战。更大的挑战会让员工更快地进步,自身价值也不断地提升。

一个优秀的人才,最直接的发现者是他们的经理。IBM公司的每一个部门经理,身上都兼有人力资源经理的管理职责,是人力资源部门的一个延伸。IBM员工人数众多,每一个部门经理都是伯乐,都有发现人才、培养人才、推荐人才的义务。部门经理会随时跟踪他们的动向,站在旁观者的角度对他们的职业生涯进行引导。

IBM公司的招聘途径多种多样,通常有人才招聘会、报纸广告、网络和校园招聘等。IBM一项特别又有效的途径,是实行内部推荐招聘。公司方面充分信任自己的员工,奉行"内举不避亲",鼓励员工介绍自己的亲朋好友来IBM公司,如果推荐的人很适合IBM的要求,IBM还会奖励介绍人。

虽然IBM是个有着将近100年历史的公司,但它一直致力于培养年轻人。IBM每年都会组织校园招聘,目前每年有超过40%的新进员工都是来自应届大学毕业生,并有可能这部分比重以后还会有所增加。这些年轻的学生,有技术,有热情,有信心挑战自己,他们能更快适应公司文化,勇于创新。

IBM有着极其出色的培训体系,在新员工中流行这样一句话:"无论你进IBM前是什么颜色,经过培训都会变成蓝色。"IBM培训费用占每年全球营业额的1%~2%,每名员工每年至少有15~20天的培训时间。针对一些优秀的员工或非常有潜力的员工,IBM会为之提供"经理培训"课程。在培训的过程中,所有受训员工可在线学习,有2000多门课程可供选择。IBM对员工的培训分为三个层次。

首先是全面塑造新员工的培训。新员工进入 IBM 以后，首先要进行 4 个月的集中培训，培训内容包括 IBM 的发展历史、规章制度、技术和产品工艺、工作规范和工作技巧。培训采用课堂授课和实地练习两种形式。培训结束后进行考核，合格者获得结业证明，不合格者则被淘汰。4 个月后，受训者有了一个 IBM 员工的基本概念。但是，要成为 IBM 的正式员工，还要经过一年的实习。实习期间公司给每个新员工选派一位老师，一对一地进行教学。实习期间，要定期向人力资源部和新员工所在部门反馈实习情况。实习结束后员工要做工作计划和个人发展计划，提出继续做现在岗位工作的深入计划或变换岗位的计划以及职业生涯发展计划。

第二是制度化的老员工培训。IBM 注重在职员工的培训，公司制定了非常完备的员工培训制度和实施计划。培训形式除传统的教师培训外，还广泛采用网上培训。IBM 建立了自己的网上大学，员工可以根据自己的时间情况随时安排学习，这解决了他们的学习培训与现实工作的矛盾冲突。课程形式既有教材学习，也有真实或虚拟项目的训练，均有较强的实用性。

IBM 提倡员工边工作边学习，或者在业余时间参加各类课程学习，以提高工作效率和个人发展潜力。员工可以提出自己需要去参加哪些内容培训，只要与工作有关、合理，公司一般都会同意并给予经费。这就有效地兼顾了企业和员工两个方面的培训需要。

第三是选拔和培养管理层的培训。IBM 公司非常重视“接班人”的培养，通过工作岗位轮换等方式来锻炼和选拔管理者的候选人。确认了合格的人员后，IBM 公司会加以任命，使其有机会在管理工作实践中得到锻炼，上一级管理者与人力资源部门则负责对任职者的资格水平进行检验和有效的工作评估，优胜劣汰，整个过程则是公司与未来管理层双方之间互相审视、适应的过程。

IBM 希望多给员工培训和学习的机会，而不仅仅是让员工在工作中积累经验。公司会注重挖掘每一个员工的特长，进行培养。公司还会提供各种培训机会，并让员工参与一些世界范围内的项目，提高他们的专业能力。作为 IBM 这样一家世界性跨国公司的员工，只在某一范围得到认可是不够的，公司会让这部分人感受到全球领导对他们的认可。

IBM 在用人时，会尽量考虑到每一个人的特长，并给每一个员工更多的挑战和机遇。在其管理的信条中，向员工提供充满挑战性的工作、培训以及成功的机会，强调员工工作中的价值与满足感，使其与公司一起成长。

在 IBM，曾经广泛流传着一个关于“野鸭子”的故事。这个故事源于丹麦哲学家索伦·克尔凯戈尔。他讲述了这样一个故事：

> 一个居住在新西兰海边的人，总是喜欢在每年深秋转冬时，一个人注视着野鸭子成群结队地向南方飞去。他觉得这些野鸭子很可怜，于是在附近修筑了一口池塘，并准备了一些鸟食，希望野鸭子们可以免去迁徙生活的劳顿。不久，有些野鸭子在每天深秋的时候就不再辛劳地飞往南方，而是在这个人准备的池塘里过冬。
>
> 渐渐地，越来越多的野鸭子来到这个池塘居住。它们不用再为生活发愁，也不用担心会被冻死或者是饿死。就这样，3 年过去了，野鸭子们变成了十足的家鸭，臃肿而懒散，再也不能展翅高飞了。在这个故事的最后，克尔凯戈尔留下了这样的名言：野鸭或许能被人驯服，但是一旦被驯服，野鸭就失去了它的野性，再也无法海阔天空地自由翱翔了。

IBM 不需要被人驯服的鸭子，他们希望员工都是“野鸭子”，都能充分发挥自己最大的才华与潜力。这一点在对应聘者进行的笔试中体现得很明显。

最明显的一点是 IBM 对应聘者的专业背景并无严格要求。也许很多人都难以置信,IBM 笔试考核题目中没有任何关于计算机知识的内容。这有两方面原因,一是 IBM 招聘的岗位覆盖面较广,不是所有的人员都从事 IT 技术岗位,如果应聘的是技术岗位,在将来的面试中会有专门部门进行考核。二是 IBM 看重应聘者的潜能。笔试题目时间很短,由于时间紧迫,在压力之下,有的应聘者十分紧张,而有的应聘者却有很好的心理素质,十分冷静。通过这样的笔试,就能考查应聘者的综合反映速度、判断能力以及心理素质等。

在 IBM 中,有时非 IT 专业出身的应聘者也能在 IT 技术岗位上做得十分出色。IBM 有一名技术经理,并非电子或计算机等技术专业背景,专业反而是戏剧编剧,进 IBM 后却当上了系统工程师。在 IBM,只要你有兴趣和潜力,公司就会给你机会。在笔试之后的各轮面试中,和今后的培训和工作中,IBM 会发现你的兴趣和潜力。

另外,对于同样优秀的人才,IBM 更青睐那些身影无处不在、总是热情地和同事打着招呼、精力充沛、积极乐观、永远争第一的员工。这种人才是公司的中流砥柱,一个公司的成败与否,与这部分员工有着直接密切的关系。

在 IBM 公司曾经有过这样一件事情:在一间黑屋里坐着许多公司互不相识的员工,突然开灯后,IBM 的员工能准确地认出自己公司的人。因为 IBM 的人脑门上都隐藏着一个蓝色标签。有人这样描述 IBM 的员工:“对工作充满了自豪感,有一种脱离优越感、盛气凌人、自以为是和傲慢无礼的自信。这种自信透露出的是热情与乐观,这种情绪不仅会感染其他人,也会使与之交往的人产生一种信赖。”

IBM 视员工为企业最重要的资产,以“尊重员工,协助自重;适才适职,发挥潜能;人才培养,技能提升”为原则。IBM 公司第一项的主张是尊重个人,这成为该公司的最高原则。IBM 非常强调机会均等,而且公司还给每一个员工提供尝试的机会。这对进行商业运作的公司来说,是极其难能可贵的。在 IBM 公司,所有人都是同等重要的,任何人都得到同样的尊重,无论你身处何等职位,无论你是新人还是老员工,IBM 都会一视同仁。因为在 IBM,最重要的并不是金钱或其他什么东西,而是人。

IBM 的所有人都知道,IBM 准则“必须尊重个人”的真谛如何。他们进入公司之初就会感到别人对待他们的方式是基于尊重的基础之上,只要他们一有问题,别人再忙也会来帮助他们。他们也看到,公司人员是怎样对待顾客的,也亲耳听到顾客对市场代表、系统工程师及服务人员的赞美。

IBM“必须尊重个人”的准则体现最突出的就是弹性工作制。弹性工作制是 IBM 公司在全球实施的一种引以为豪的用人高招。所谓 IBM“蓝色弹性”就是 IBM 为了方便不同员工的工作与生活习惯,为员工设立了 8 点、8 点半、9 点 3 个早上到岗时间,相应的下班时间为下午 5 点、5 点半、6 点 3 个时刻,员工可以根据自己的情况自由选择。

IBM 充分考虑了员工的需要,比如,一些员工早上送小孩上学,可能会晚到公司,有的是晚上接小孩,就可能需要早些下班。IBM 充分信任自己的员工,认为只要员工做好了自己的工作,工作制如何灵活都不过分。甚至于,如果员工的主管同意,员工一周内可以有几天在家里办公。

IBM 为员工考虑得更多,结果是,每一名员工都能够全身心地投入到工作中来,在 IBM 大展所长。

给员工“蓝色弹性”,实行灵活的“弹性工作制”,这是一种 100% 以员工为出发点的管理,是纯人性化的管理。不要小瞧了那半个小时的弹性,它给予员工的是尊重与关心,所激发出的则是员工的忠诚、智慧与潜力，给公司带来的则是无穷的活力与凝聚力。

IBM 的"人才培养，技能提升"，为每个员工都准备了自己所需要、甚至是完备的条件和发展空间。一个人工作了 5 年以后，可能就不再只是以工作的观念考虑自己的前途，而是以职业的眼光来审视未来，IBM 鼓励员工向自己的潜能发出挑战，给每个员工尝试的机会，给每位员工发挥所长及潜能的机会，给每位员工内部晋升的机会。每一个 IBM 雇员会有两条发展道路，一条是专业发展道路，另一条是管理道路。

如果一个员工想进入经理层，在管理的道路方向发展，公司就考察他是否有管理才能和培养潜力。如果有发展潜力，就把该员工存入管理人才库，列入经理培训计划中去，安排 3 个月时间的经理培训。在培训过程中，还会给其一个具体的项目做，让他体会作为团队领导的责任、义务。课程完成并合格者，在公司有经理职位空缺时，即可以安排上岗。

如果一个员工愿意并适合当技术专家，IBM 也为其提供发展空间，以便一级一级地向上发展。当发展到一定级别并且带过新员工、在公司培训中教过课时，就可以去参加公司组织的考试，并进行答辩。答辩合格者，获得高级技术专家的职级。

IBM 的专业道路划分非常细，比如会计、财务、工程师等，辅之以多种教育，选择各种专业发展的人可以在专业道路上走很远。IBM 每年要根据业务发展情况和经理表现调整经理的位置，不合适的设置或人选会调动。IBM 员工经过许多技能培训，为将来在职业生涯中作更大的发展打下了基础。

IBM 的这些聘人、用人原则，都无非是为了营造一种融洽的工作氛围。IBM 总裁郭士纳这样说："世上没有什么东西可以取代良好的人际关系及随之而来的高昂士气。要达到利润目标就必须借助优秀的员工努力工作，但是光有优秀的员工仍是不够的。不管你的员工多么了不起，如果他们对工作不感兴趣，如果他们觉得与公司隔膜重重，或者他们感到得不到公平对待——要使经营突飞猛进简直就难若登天。良好的人际关系说来容易，我认为最重要的还是要时刻不忘力行其事，同时要确实知道经理人员是正在和你一起同心协力的。"IBM 是想极力营造一种和谐的工作环境。

工作与生活中形形色色的烦恼是每个人都无法避免的，但在 IBM，却从来没有停止过对快乐工作方式的探讨。

在 IBM 大家庭里，对员工工作生活中的困惑和问题，经理有责任与之做有效的沟通、交流并协助其解决。IBM 考核经理，不仅要看其工作业绩，更要看他团队的士气和技能，看他团队以及团队中的员工的精神面貌是否向上、健康并充满活力，员工是否在愉快地工作着。

IBM 将团队的士气与技能以及精神面貌作为评估、考核经理人的重要标准，对 IBM 每一个经理人的人性化领导水平是一种鞭策。

每一名 IBM 的经理人不单要带领自己团队的员工完成工作目标，更要了解自己的每一名下属，看他们工作得是否愉快，生活上是否需要帮助。如此，IBM 的每一个小团队都团结一致，充满活力，坚不可摧。为每一名 IBM 的员工创造了一个人性化的工作氛围，每一名 IBM 的员工都感到：我的上司在时刻关心我。

秉承创造和谐、快乐的工作气氛的理念。在 IBM 这样的大公司，永远是那些善用资源的人升迁最快，所谓资源，就是人际关系。这样的员工一定和其他人相处得很好。一个员工如果能迅速搭建网络，并选择最适合公司的资源，这样的人在 IBM 永远是最突出的，因为他最能适应公司的文化。这并不仅仅是指处理好和上司或下属的关系，因为 IBM 太大了，结构太复杂，管理又是矩阵式的，每个员工都有一个上司，如何有效地调用公司内部资源，保持畅通的沟通渠道就显得尤为重要了。

这就要求员工不光要很优秀，还要能融入企业之中去。人才与企业需要互相适应的过程，IBM 在适应一个员工，同时，员工也要适应 IBM，融入 IBM。假如一个人才有可塑性，有潜力适应 IBM 的文化，会给 IBM 公司带来很大价值，那他一定可以在 IBM 得到不错的发展。

只要有能力，有发展的潜力，IBM 一定是一个很好的舞台。IBM 的薪酬制度首先主张论功行赏。所有职员按照技能、贡献、领导能力以及对业务的影响力、负责范畴等客观条件，分为 10 个职能类别，不但把职衔和责任重新规划，更强调了技能对业务运作的重要性；其次是“加薪并非必然”的思路。薪资调整幅度取决于员工过去 3 年成绩的记录，以及是否拥有重要技能，并应用于工作当中，员工对部门的贡献和影响力等因素。

作为蓝色巨人，IBM 制定了“天才孵化计划”、“青出于蓝计划”和“接班人计划”，前两个计划是为了发掘优秀的大学生，后者想从全球 5000 名管理人才中挑选出 300 人作为重点培养对象。IBM 的领导人培训大致有 4 个阶段：训练候选人各种职业技能；拓展候选人的工作宽度；扮演不同的角色、换位思考；领导人亲自激励和引导。通过“接班人计划”，IBM 培养出了众多能独立组建工作团队的高级管理者和经营者。

在人才流动频繁的 IT 行业，IBM 始终拥有一批效力达 10 年以上的员工，这得益于良好的人员管理制度和企业文化。人才进出是一个正常、积极的现象。IBM 看待人才流动非常乐观，并且它会通过和辞职员工谈心，来发现自己工作的失误，改进人力资源工作，从辞职者的口中“淘金”。

IBM 注重收集辞职员工在辞职谈话时所提的意见，特别是非常优秀的员工。IBM 不认为优秀人才的流失是 IBM 彻底的损失，一方面人才流动给后面优秀员工提供了发展的空间，同时他们的流动会带给 IBM 许多有价值的意见。从 IBM 离开的员工出去干上几年后会学到一些东西，如果他们愿意再回来，IBM 的门总是开的，他们会为 IBM 增加新的价值。

这样做的结果是打造了一支高效而稳定的团队，使 IBM 屹立信息产业之巅许多年，并将继续下去。IBM 也正是依靠这些高素质的员工使得公司的薪火得以代代相传。

韦尔奇：团队精神不等于集体主义

杰克·韦尔奇：杰克·韦尔奇 1935 年 11 月 19 日生于马萨诸塞州萨兰姆市，1957 年获得马萨诸塞州大学化学工程学士学位，1960 年获得伊利诺伊大学化学工程博士学位。

1960 年加入通用电气（GE）塑胶事业部；1971 年底，韦尔奇成为 GE 化学与冶金事业部总经理；1979 年 8 月成为通用电气公司副董事长；1981 年 4 月，年仅 45 岁的韦尔奇成为通用电气公司历史上最年轻的董事长和首席执行官。

通用电气公司在 2005 年《福布斯》世界企业 500 强中排第 2 位。

韦尔奇 1981 年初掌通用时，通用电气的销售额为 250 亿美元，盈利 15 亿美元，市场价值在全美上市公司中仅排名第10,而到1999年,通用电气实现了1110亿美元的销售收入(世界第5)和107亿美元的盈利(全球第1),市值已位居世界第2。韦尔奇初掌通用时,通用旗下仅有照明、发动机和电力3个事业部在市场上保持领先地位。而如今已有12个事业部在其各自的市场上数一数二,如果单独排名,通用电气有9个事业部能入选《财富》500强。在韦尔奇执掌通用电气的19年中,公司一路领跑,并因此连续3年在美国《财富》杂志"全美最受推崇公司"评选中名列榜首。

可以毫不夸张地说,在韦尔奇的领导下,通用电气在短短的20几年里发生了翻天覆地的变化。之所以能有如此大的改变,是因为韦尔奇从自己的经历中悟出了一个管理企业的重要课题,那就是团队精神不等于集体主义。

1961年,25岁的韦尔奇带着妻子来到马萨诸塞的匹兹菲尔德。当时他已经以化学工程师的身份在GE的一家研究所里工作了一年,年薪是10500美元,年终还涨了1000美元,他觉得挺不错。可当他发现一个办公室里4个人的薪水居然完全一样时,他就去找老板说理。结果,却没有任何结果。他十分沮丧,萌生了去意。是韦尔奇的上一级主管鲁本·加托夫留住了他。而让执意要离开的韦尔奇改变主意的,除了加托夫的盛情挽留外,更重要的、也是最打动韦尔奇的是:加托夫认为韦尔奇是一个与众不同而且特殊的人。当然,韦尔奇平常工作中表现出了这一点,他每一次都能提出一些超出加托夫预期的看法,而鲁本·加托夫显然也已经注意到了这一点。这让韦尔奇印象深刻,并决定留下来,再也没有离开过。

从这件事中,韦尔奇懂得了区别对待是进行企业团队管理的一个基本组成部分。这在他以后的管理生涯中发挥了重要的作用。

有些人认为区别对待的做法会严重影响到团队精神,但在韦尔奇看来这是不可能的。韦尔奇认为可以通过区别对待每一个人而建立一只强有力的团队。比如棒球队,每个人都必须认为比赛里有自己的一份,不过这并不意味着队里的每一个人都应该得到同等对待。比赛就是如何有效地配置最好的运动员。谁能够最合理地配置运动员,谁就会成功。这一点对于商业来说没有任何不同。成功的团队来自于区别对待,即保留最好的,剔除最弱的,而且总是力争提高标准。

许多人认为:"集体主义"是与"个人主义"是相对立的。一个成功的团队,必须是"集体主义"至上,而消灭"个人主义"的。但韦尔奇的体会却说明,成功的团队并不等于"集体主义"。

每年在美国的职业篮球联赛后,常会从各个优胜队中挑选最优秀的球员,组成一支"梦之队"赴各地比赛,以制造新一轮高潮,但结果总是令球迷失望——胜少负多。这是为什么呢?原因在于他们不是真正意义上的团队,仅仅只是一个集体而已。虽然他们都是最顶尖的篮球选手,但是,由于他们平时分属各个不同的球队,无法培养"梦之队"的团队精神,因而不能形成新的、有效的团队出击。也就是说,他们没有在心理上相互认知,在行为上相互作用、相互影响,在利益上相互联系、相互依存,没有为了达到共同目标而结合在一起。这就是没有真正意义上的团队精神。

《团队的智慧》的两位国际知名作者琼·R·卡扎巴赫、道格拉斯·K·史密斯一再强调要精确地区分团队和一般性的集团:团队不是指任何在一起工作的集团。团队工作代表了一系列鼓励倾听、积极回应他人观点、对他人提供支持并尊重他人兴趣和成就的价值观念。

而韦尔奇提到的典型团队——运动团队,不难发现:其一,团队最基本的成分——团队成员,是经过选拔组合的,是特意配备好的;其二,团队的每一个成员都干着与别的成员不同的事情;其三,团队管理是要区别对待每一个成员,通过精心设计和相应的培训使每一个成员的个性特长能够不断地得到发展并发挥出来。这才是名副其实的团队。

而在这一切基础之上的团队业绩,从根本上说,首先来自于团队成员个人的成果,其次来自于集体成果。也就是说,团队所依赖的是个体成员的共同贡献而得到的实实在在的集体成果。这里恰恰不要求团队成员都牺牲自我去完成同一件事情,而要求团队成员都发挥自我去做好这一件事情。

一个成功的团队必然有着顽强的团队精神,而这个团队精神的核心就是协同合作。必须在发挥每个人的优势的同时,分析其劣势,然后与团队的其他成员优势互补,精心组合,共同完成目标任务的保证就在于发挥每个人的特长,并注重流程,使之产生协同效应。

一个团队就是一个完整的整体,而这个整体要想坚固地存在,就需要全体成员强大的向心力、凝聚力。这是从松散的个人集合走向团队最重要的标志。

柳传志:办公司就是办人

柳传志:柳传志1944年4月29日生,祖籍江苏镇江市。1966年毕业于西安军事电讯工程学院,高级工程师。

1984年作为创办人之一创办北京计算机新技术发展公司(联想集团前身)。1986年任总经理,1989年升为总裁。香港联想于1988年创始时,柳传志成为香港联想主席。1997年北京联想与香港联想合并,柳传志出任联想集团主席。2000年1月被《财富》杂志评选为"亚洲最佳商业人士",2000年6月被《商业周刊》评选为"亚洲之星"。

《福布斯》2002中国500强企业排行榜前100名榜,联想公司排名第37位。2005年1月又被评选为"中国100名最具价值消费品牌"第10名。

柳传志认为"办公司就是办人",只要在人才的选拔、任用等方面做好工作,那对于企业来说就是打好了成功的基础。他认为人才有三种类型:一种是自己能够做好一摊事;另一种是能够带领一群人做事;第三种是能够制定战略。

联想集团在选才用人方面,紧紧围绕"吸引人、培养人、用好人、留住人"四个原则。

第一个原则:吸引人。

具体说来,就是联想在招聘人才时遵循"不唯学历重能力,不唯资历重业绩"的原则,首先看中人的品质,尤其是诚实和信用;其次看重人的能力,如沟通、合作、韧性等。对于应届毕业生的招聘,强调品学兼优;对于社会招募,要求应聘者最好有IT行业的工作经验,英语达到大学四、六级水平,而对于学历文凭,没有绝对的要求。

也就是说,联想重视的是员工的基本素质,要求员工必须有强烈的责任心,有吃苦耐劳的创业精神;同时是善于学习和总结的学习型员工。总之,要具有上进心、事业心和责任心。这正符合柳传志在选拔青年人才时的两个标准。

他的两个标准是:第一,年轻人要有上进心。对此他说:"年轻人能不能被培养,上进心强不强非常重要。联想要培养的是更在乎舞台和自我表现机会的年轻人，要培养能把自己的事业同国家富强结合在一起的年轻人。企业真正要想做好，总得有一批冲劲十足的年轻人，为国家、为民族富强，把职业变成事业的人。纯粹求职的人，在联想没有大的发展。”

联想集团在选拔承担较高责任的人才时，要求他们必须符合六个标准：一是共同信念和价值观标准；二是忠诚与牺牲精神；三是审时度势，独当一面的指挥能力；四是搭班子、建队伍的管理能力；五是团结多数，使集体成员通力合作的协调能力；六是孜孜不倦、吐故纳新的学习能力。

第二个标准，年轻人的悟性要强。柳传志说：“什么能妨碍悟性的发展？就是自己对自己评价过高。过高地看自己，容易忽视别人的经验，不能领悟别人的精彩之处，这种人挺多。有很多人有一定的能力，但只是聪明而已，达不到智慧的程度。有的人个性很强，强到外力砸不破的时候，这个人就没有培养的前途。人如果没有自知之明，同事做了八分，他也做了八分，他把自己做的事看成十分，把同事做的事看成六分，这样一来，关系就没法相处，也没法进步。”

为了能够招到这样的员工，联想在选人方面可谓煞费苦心。首先是联想有一套严格的面试手段，并从国外引进了一套针对个人的心理测评工具，这套工具能对人的十几个倾向做出判断，通常做完这样一套测试要花上两个半小时的时间。联想会根据业务部门的特点，从岗位特点出发对员工测试结果进行分析，比如对于一个研发人员岗位，在选择人员时就可以忽略财务方面的问题。

虽然联想引进了心理测试工具，但人事总监表示，面试在选人过程中的作用更为重要，而且每个新进人员都要经过面试。通常面试要由招聘主管和业务部门的负责人共同来把握。现在“联想”强调进人以质量为指标，而不是以数量为指标，因此要求总经理必须亲自参加面试进行把关。

试用期对新员工来说也是一个考验，在新员工报到的当天，就要接受为时两个小时的“入厂教育”，内容包括公司规章制度、甚至怎样打电话，等等。在试用期即将结束前，新员工还要接受为期一周的封闭培训，了解公司的文化、理念、产品、历史、发展方向，等等。如果是进入业务部门工作，还要再进行培训。另外“联想”还实行新员工指导人制度，即每位新员工都将被安排一位指导老师，这位指导老师可能是资格老的同事或是部门经理。在3个月的试用期结束时，指导人不仅要对自己指导的新人做出评价，而且新人也要对指导人的指导做出评价。这种考察的目的有三：一是进行磨合，让新员工感受是否适合“联想”的文化；二是让其判断自己是否能够胜任这个岗位；三是公司也要看你是否能够融入。对于在试用期内不合适的人员，如果确因能力展示不出来的原因，公司将提供延长一些时间的机会，如还不合适，就只好离开了。

联想的考核每季度做一次，分成若干档次，如果连续两个季度排在末位，就再给一次调岗机会，如果还不成，就面临“下岗”的可能，这种反向激励也表现出联想用人之严。

联想的用人都是在经历了层层面试、测试后做出的选择。别的公司也许在选定人员后才通知事业部门的专门文员，但在联想，则是一旦决定，立即聘用。人事专员们对每一个入选者都是在第一时间通知，避免让被选中的人员流失，让应聘者都感到企业急迫的需求而决定来联想工作。

联想在计划和利用人才资源时，需要考虑培养关键人才以备未来之需，这需要花大量的时间和精力去研究公司外部发展的人才需求和目前工作压力下人才的储备等问题。联想本身就有一套正规的继任流程，建立了一个继任计划和原则，既满足了公司发展的需要又发挥了员工最大潜能。这就奠定了联想未来发展人才应用的基础，为未来的管理者创造了极大的空间。

第二个原则：培养人。

在人才培训中，联想创造了其独特的体系。

面对联想的日益发展，面对竞争不断加剧的局面，联想的管理者定下了一个策略：培训。联想的人才培训计划从新员工入职时开始，联想的培训讲师们到员工中培训，内容涵盖了企业文化、业务技能、交流能力和管理能力等方面，这为员工知识、技能、管理能力提升提供了保证。

联想的人才培训遵循这样的原则：一、以员工为中心，靠近员工，哪里有员工，哪里就有培训。专门提供工作流程的培训课程和教育项目，让员工在当地接触企业内最新的技术和获得最佳支持，这样有时不得不把部分培训人员下放到各个部门的员工之中去。二、相互协作，以确保培训的成功进行。三、追求企业一流的文化氛围，不断协助自己在企业中获得更快、更有力的信息和知识。

联想的人才培训的标准是：

（1）年度计划：为及时有效地做好培训工作，组织、拟定年度培训计划，报给公司审批，前提是独立完成。

（2）培训体系：为提高组织效能和员工素质，根据集团整体要求以及各子公司、各部门需求，分析和确立各干部、员工的关键业绩、素质和技能，进行课程设置与开发，从内外两个方面建立集团培训体系，实施、监控相关培训活动。

（3）内部讲师：为了挖掘集团内部潜力，培养内部讲师，逐步增加内部讲师的授课比例，形成完整的教材、教案与课程考察题目，制定并试行内部讲师资格的考评和奖励方法。

（4）骨干培训：为了培养领军人物，组织各级干部参加公司及集团课程的培训和研讨，组织策划实施高级干部培训。

（5）培训数据库：建立完整的内部培训档案，及时准确记录各级员工参加培训的情况，包括课程、考核情况、获得学分等。

（6）培训需求预测与分析，完善培训制度，培训体系及组织策划高级干部培训班等。

通过在一定时间的培训，使公司内部的员工进行阶段性的学习，从管理、参与、实际演练等方面进行提升。一方面对人才进行审查，一方面给人才提供发展的机会，一旦他成功了，就将赋予他重要的位置。而通过培训提升的员工，一旦他具有了技术优势、应变力、实践管理能力和协调沟通能力，并能够为公司的利益做出个人利益的奉献时，联想的舞台就开始接纳他成为一个管理者。而事实上，联想的管理者平均年龄不到40岁，这是非常年轻的组织！

联想重视用人的另一方面是：在需要填补重要位置之前，就开始对后备人员进行岗位培训或轮岗，以使其获取更多的工作经验和更多的本岗位所需的知识，不必等到岗位空缺时再进行补位。因此，在联想，你根本看不到因某人的辞职而出现工作岗位空缺的情况。

另外，培训是要“谁跑得快就支持谁”。联想从1990年起几乎每年都会有数十名年轻人受到提拔。也就是他们所说的“从赛马中识别好马”。最好的认识人才和培养人才的方法就是让他去做事。从1990年开始联想大量提拔使用年轻人，因为当时第一代联想创业人占总人数40%，平均年龄40岁；另外第二代联想人60%从学校和社会招聘，平均年龄26岁。为了信息产业即将到来的竞争，联想克服阻力，大量提拔年轻人才，让“小马拉大车”。1994～1995年，联想又展开新一轮“赛马中识别好马”计划，当时联想在大陆只有员工1000多人，但提拔的集团经理以上管理人员就有150人，总经理有30多人，其中35岁以下的管理人员占70%以上。曾有人认为管理人员太多太年轻，但事实证明大胆使用锻炼的这批年轻人才正是联想能够迅速发展的原因。

联想对于高级管理人员的培训在于训练他们搭班子、协调作战能力。柳传志认为，班子就是人与人的合作问题，如果不具备合作精神，不能团结别人，就不能称之为真正的人才。

第三个原则：用好人。

联想制定了一套科学的绩效考评办法，包括试用期考核、季度考核、年度考核、矩阵考核等。

在联想，考核分成两个层面。一是对部门的考核，它有强烈的目标导向，如果部门超额完成了任务，在整体奖金分配上也将有所倾斜。如果部门业绩不好，将直接影响到总经理的业绩。另外对个人的考核则分成不同档次，目前设立的包括A、A－、B＋、B、B－、C、D几档。考核的内容对于个人很量化，包括每月需要完成的任务指标，岗位责任以及纪律、理念、合作等方面的情况。

考核结束后，部门经理都会将结果告诉员工，这样做是为了让上下级之间有更多交流的机会，同时及时帮助员工发现问题、解决问题，使其健康发展。如果对考核结果有异议可跨级投诉或向人力资源部投诉。公司总裁对此非常重视，每位员工的意见都要亲自处理。对有失公正的地方会督促部门去改进。另外每个部门还会进行员工的满意度调查，通过这些多渠道的沟通方式，使公司管理做到公平、公正。

另外，公司推行轮岗制度和关键岗位竞聘制度，为员工提供更大的发展空间，使他们通过多方面的锻炼，提高能力，发挥潜能。

第四个原则：留住人。

联想是一个以业绩为导向型的公司，员工的收入是跟其贡献直接挂钩的。联想实施的多元化薪酬福利政策，会根据员工的业绩、能力、岗位级别来确定工薪。员工收入包括工资、福利、红包、认股权，等等。联想定期将员工的薪酬与业界比较，按期调整，保证竞争优势。

在同行业中，联想早已不和国内企业做对比，而是和外资企业做对比，虽然有的岗位有所欠缺，但整体的水平具有相当的竞争力。除了薪金，联想还有股票期权，职员一般工作一年之后可以得到，有良好业绩的工人经过一定时间也可以得到。

在福利方面，一般企业享有的联想也都有。从外地来到联想工作的新员工还有宿舍，工作满4年的员工还可以出国休假。

除此之外，联想正在进行一场人才激励的竞赛。

对第一代联想人而言，早期联想给予他们最多和最大的激励是他们的事业、理想和目标。与精神方面的激励相比，物质方面的注重程度显得微不足道。

现在，联想已由强调中央集权的“大船结构”管理模式向集权分权相结合的“舰队模式”逐步转变，它更强调对部门和个人的尊重。新一代的联想人也更多地享有独立运作庞大的事业部的权力和利益，这种成就感的满足是联想给予年轻人才的激励。

联想的分配制度基于事业部体制，超额完成的利润部分50%用以上缴集团公司，另外50%由事业部自行处理，用于奖励或福利。这种自主性赋予年轻人更大的工作动力。

联想更关注集体主义精神的培养。联想决不重用有才华但自私的人，那客观上会助长个人英雄主义和利己主义，企业的集体主义和合作精神就会遭到破坏。联想用什么样的人不单纯是企业和个人的问题，它还关系到企业里其他人向谁学习、向谁看齐的深层次问题。

企业成功的关键在于高素质的人才,联想以人为本,秉持“成就人,成就于人”的理念,为员工创造发展空间,提升价值,提高工作生活质量,同时也使企业得到长足的发展。

一位曾经在联想工作过的陈女士说,“在联想工作有一种做主人的感觉,自豪感和责任感很自然地发自内心。人性化管理,以人为本制定各项规章是联想人力资源管理的核心。”在最近的一次裁员中,200 多人平静地离开了联想,没有发生任何过激行为。在接受离职面谈时,很多人都说“联想对得起我”,并对公司的决定表示理解。

开“推土机”的管理者

迈克尔·戴尔:迈克尔·戴尔出生于 1965 年,毕业于得克萨斯大学奥斯汀分校。

1983 年,18 岁的大学新生迈克尔·戴尔在得克萨斯大学奥斯汀分校不足一年的就学时间里,凭借给别人的电脑升级积累了知识、技能和最初的一点点财富。本着“直销顾客”的信念,戴尔公司以 1000 美元的注册资金,在一间大学宿舍里成立了。

1993 年,戴尔公司已壮大为年销售额达 20 亿美元的电脑界“黑马”;8 年后,迈克尔·戴尔成为《财富》500 强企业总裁中最年轻的一位。戴尔公司在 2005 年《福布斯》世界 500 强中排名第 84 位。迈克尔·戴尔本人在 2005 年《福布斯》个人财富排行榜上高居第 18 位。

戴尔公司以它直销商业模式而驰名遐迩,公司也因此在短短的 20 几年里,火箭般地冲入了世界 500 强企业之列。但这并不意味着企业的发展就是一帆风顺的。尽管公司的历史很短,但就在这很短的时间里,戴尔公司遭遇了一次员工的信任危机。也就是说,公司的员工对戴尔和罗林斯有了怨言,产生了不信任感。

当戴尔计算机公司首席执行官迈克尔·戴尔和公司总裁凯文·罗林斯于 2001 年秋天举行私人会晤的时候,他们都相信公司已经从全球计算机销量下滑的逆境中苏醒过来。但是,就在公司形势一片大好的时候,公司员工却对公司的两位直接领导提出了质疑。他们普遍认为当时 38 岁的戴尔待人接物过于冷淡,在感情上太过疏远,而在他们眼里 50 岁的罗林斯则独断专行、处处喜欢与人作对。公司上下几乎没人对这两位领导忠心耿耿。更糟糕的是,这种不满情绪还在四处蔓延;在实施了公司历史上首次大规模裁员之后,公司于当年夏天作了一次民意调查,结果显示,如果有机会的话,戴尔公司半数的员工将另谋高就,其他的员工也正在考虑之中。

戴尔公司的两位最高领导对此非常重视,他们要极力阻止人才的流失。没过一周,戴尔便与公司的 20 位高层管理人员坐在一起,坦率地作了一次自我批评,他承认自己过于腼腆,以至于有些时候人们会觉得他过于冷淡、难以接近。他郑重承诺,自己将逐步与团队成员建立更加紧密的联系。房间里的一部分人感到非常震惊。他们知道,针对公司主要领导进行的个性测试已经多次表明,戴尔是一个“极度内向的人”,在作出上述承诺对他而言是件极痛苦的事。“这个做法的效果立竿见影，”负责美洲市场公共部门销售业务的布赖恩·伍德说，“可以看出，这对他来说并不是件容易的事。”

戴尔并没有就此止步。几天之后，他们开始向公司的所有管理人员多达数千人——播放他的讲话录像。随后，戴尔和罗林斯都在办公桌上摆放了一个道具，以帮助自己改变固有的行事作风：一个塑料推土机在警告戴尔，不要在不考虑他人的情况下硬性实施某些想法；而一个“好奇乔治”的玩具则鼓励罗林斯在作出自己的决定之前应该先倾听一下团队成员的意见。

戴尔自己从这件事上得到了启发，他相信问题一旦被发现就应该立刻予以解决，不得推诿，不得找借口。戴尔说：“这里没有什么‘狗把我的家庭作业吃了’之类的借口。”

对戴尔来说，只是获取利润或者仅仅快速发展是不够的。高管人员必须两者兼顾，从而使公司的长期利润达到最大。也就是说，公司产品的售价应该低到足以吸引消费者购买的地步，但同时这个售价又不能低得使公司失去应得的利润。1999 年，戴尔公司在欧洲的负责人未能使经营成本降至最低，从而造成了利润流失，结果他们全部被免职。罗林斯说：“在某些企业中，如果有人能发明新产品，他们就能成为英雄。但是在戴尔公司，成为英雄的含义却是省钱。”

戴尔避免问题再次出现的另一举措是，他让高管人员搭档管理重要的业务，人们把这种方法称为“两人执政”。这种协同工作的方式可以让当事双方相互找出缺点，并在工作出现失误时共同承担责任。这样就避免了互相的指责和不信任。一位有过此类工作经验的管理人员称，戴尔的高层领导是“无名管理团队”。

戴尔公司的人才信任危机让戴尔及高层管理者意识到，当问题出现后，要做的不是试图掩盖，或者试图把不好的事情加以美化，而应该是直接面对问题，并及早找到解决的办法。因此，在戴尔公司，戴尔培训员工时的口头禅之一就是：“不要粉饰太平。”

秉承这一理念，戴尔创立了一种“双主管”制度。比如说，负责财务、人事与法律事项等职务的资深经理要与负责某地区事务或某产品线的管理人员分担责任。常有人说，“一军不容二帅”。但事实上，双主管制度在戴尔公司成效极高。而戴尔成功的关键在于权限虽然重叠，责任却一定分明。经理人员必须一起督促他们所共同管理的员工，也要分摊最后的表现结果，即使在技术上是属于他人的职责。

权责共享不但能成就共荣的工作态度，还能使得全公司都能分享不同的观点与创意。双主管制度为戴尔带来极大的能量与热情，并进一步转化为行动，促使公司不断成长。

“不要粉饰太平”。在现在的戴尔公司里，“自我批判”的态度已深植于戴尔公司的文化中，戴尔随时质疑自己，随时寻找改进事物的方法。戴尔试着由上至下建立起这样的行为模式，聘用具有开放观念的人员，并把他们培育为领导者。公司要求，这些人在犯错的时候必须能够接受他人公开的反对或纠正，以促进公开的辩论，鼓励理性的“能人治理制度”。

戴尔尽量避免对自己的成就过度自傲。如果戴尔开始觉得自己功成名就，便会把自己推往他人的光芒之下，终将黯然失色。为此，公司出现问题后，都会以积极的态度正面迎接问题，而不否认问题存在，从不找借口搪塞。戴尔试着用这种斩钉截铁的态度去面对所有的错误，并坦白承认：“公司遇到问题了，必须进行修正。”戴尔很清楚，如果自己不这么做，别人这样做了，成功就会属于别人。

正是这种管理方式使戴尔公司在竞争对手纷纷落马时得以继续前进。自 2000 年起，公司开始以前所未有的速度迅速扩大自己的市场份额，2002 年的增长幅度几乎达到了 3 个百分点。

贝瑞特:是聪明人你就来

克雷格·贝瑞特:贝瑞特1974年加入Intel公司,任技术发展经理;10年后的1984年,被任命为公司副总裁、执行副总裁;1993年被任命为首席业务执行官;1997年5月,就任公司第4任总裁;1年后接任首席执行官。

2004年被《福布斯》评选为全球半导体行业最佳CEO排行的第3名。

英特尔是当前世界上最有名的信息产品生产企业之一。在首席执行官贝瑞特掌权英特尔以来,英特尔发生了两次转型:第一次是把英特尔的处理器进行了成功的市场细分,其转型之快迫使其竞争对手在低价市场上无法兴风作浪;第二次转型是把英特尔从计算机领域转到互联网领域上来。他把批评家的嘲笑置于脑后,在芯片行业历史上持续时间最长的衰退中逆流而上,投资280亿美元兴建尖端工厂和开发新技术。因而今天,英特尔的制造技术仍然领先一步,在整个半导体行业中无与伦比。

贝瑞特的生活格言是:"热衷于自己喜欢的、有乐趣的工作吧!这就是我每天早晨起床的最大理由。"面对英特尔的迅猛发展,贝瑞特说:"英特尔的业务范围越来越广泛,不仅局限于芯片,也有大量比如广告、通讯、对因特网的投资。所以我们需要多方面的人才。从过去的经验看,那些真正能从工作中得到乐趣而不是仅仅为了拿钱的人能干得更好。所以我们招收的人都精力充沛、聪明,聪明人能吸引聪明人。他们把公司当作自己的公司,所以他们能把自己的想法说出来,公司也鼓励他们这样做。他们都喜欢变化,因为这个行业的变化越来越快;他们还能明智地冒险,愿意对自己行为的结果进行评估。"

贝瑞特说:"我们最大的成就就是发现了人才,他们比绝大多数首席执行官都要优秀。"企业的竞争就是人才的竞争,人力资源无疑已成为备受企业关注的重要内容。如果英特尔可以被称为地球之"芯"的话,那么丰富且优秀的人力资源无疑可以叫做英特尔之心。英特尔尊重与信任员工,靠员工的智慧与激情打造出"奔腾"的"地球之心(芯)"。

英特尔以六大价值观作为衡量与招聘人才的重要标准,它的用人也有一套严格、独特的执行标准。

英特尔的用人标准就是首席执行官贝瑞特上面说过的话,他注重人才工作的乐趣,精力充沛,善于表达自己的想法,喜欢变化和冒险。对经理有更高的要求。首先要有专长,比如计算机、公关等,这是最基本的素质。然后是他与人相处的能力,因为经理得与大家一起,靠大家来开展工作。英特尔对经理的评价也是看他领导组织的业绩,而不是看他本人。

有了选择人才的标准,紧接着就是如何招聘到心仪的人才。

首先,确定选择人才的范围,是从有经验的人还是从新人中招收合适的人才。之所以有这样一个过程,是因为这两类人才都有自己的优缺点。众所周知,有经验的人才有其无法比拟的优点:这些人已经具备了相当的能力和技巧,能够独当一面,公司使用他们投资少,却可以立竿见影,而且由于经验丰富,犯低级错误的可能性小,这也是许多公司所看重的。但是他们的缺点也很明显:其忠实性很值得怀疑;可塑性受到局限,他们的思维往往已经定型,而且深受以往单位作风的影响。

而新人的优缺点也一目了然。这些人的优点在于:学历高,与公司融合快,适应性强,潜力大,而且一旦融入公司,他们的思维定式便以公司为导向,容易培养认同感。缺点在于:投资大,短期内不合算,而且还要承受他们可能的学习成本。通常,在企业新设之初,企业为解燃眉之急,倾向于招收有经验的人才;而企业站稳脚跟后,如果企业实力雄厚,一般更喜欢吸收新人加以培养。

接着就是如何进行招聘工作,保证所招收的人正是公司所要求的人才。英特尔公司的招聘比较正规化,或者说有点循规蹈矩。通过初步面试、标准化的心理测试、模拟测验三步后,对人才有了全面的了解。

在人才的招聘中,英特尔公司有一个大忌,那就是对应届毕业生的选择方面有一个特别的要求和原则——坚决杜绝"掺水"的简历。

发简历到英特尔,基本上是中英文对照或者是全英文书写的。"掺水"的简历在英特尔是完全没有前途的。负责招聘的经理们都有一定的经验,伪造的东西很容易就会被看出来的,面试时问你几个问题,就可以知道你是怎么回事了。到那时,不管你有什么样的能力和资源,英特尔都不会对品德不好的人感兴趣。

英特尔对年轻人和应届毕业生比较强调以下的几种能力:首先是学习能力,在新的工作岗位上你是否能够很快地适应;其次是同时兼做几件事情的能力;第三是沟通能力。

英特尔在人们的印象中是一个不断推陈出新、升级换代的品牌,其创新精神在招聘过程中也有充分体现。英特尔在各高校招聘应届毕业生时,愿意招各科虽刚好及格却富于创新意识的学生,最好在校期间就完成过颇有创意性的项目。

总的来说,英特尔在招聘人才方面遵循这样几个原则:

首先,企业文化认同。客户第一,自律,质量,创新,工作开心,看重结果——这是英特尔的企业文化和企业精神。英特尔聘人的首要条件就是,你要认同这个精神、这个文化。这也是英特尔的凝聚力所在。在培训中,英特尔会不断强调这种文化。奖励机制也会体现这种文化。

其次,聘人的独特渠道是员工推荐。英特尔的招聘渠道很多。其中包括委托专门的猎头公司物色合适的人选。另外,通过公司的网页,也可以随时浏览有哪些职位空缺,并通过网络直接发送简历。只要英特尔认为你的简历背景适合,就有机会接到面试通知。

还有 个特殊的招聘渠道,就是员工推荐。它的好处首先在于,现有的员工对英特尔很熟悉,而对自己的朋友也有一定了解,基于这两方面的了解,他会有一个基本把握,那个人是否适合英特尔,在英特尔会不会成功。这比仅两个小时的面试要有效得多,相互的了解也要深得多。英特尔非常鼓励员工推荐优秀的人才给公司,如果推荐了非常优秀的人,这个员工还会收到公司的奖金。当然,招聘人才的决策者是没有奖金的。如果因为人情招了不适合的人,决策者会负一定责任,所以决策者会紧紧把握招聘标准,绝不会出现"裙带关系"。

另外,英特尔大学生招聘计划主要是计算机与工程专业。比如英特尔在中国北京和上海各有一个研发中心,主要是招聘一些重点院校的计算机和工程专业的学生,从事开发工作。管理部门对工作经验要求更多一些,以硕士生、博士生为主,也有优秀的本科生。招聘时会考虑邀请几个前一届毕业生现身说法,谈一谈英特尔是怎样的公司,工作感受如何,包括有什么挫折、困惑,这对许多人来说更有可比性,更亲切,也更有说服力。

当然,每一个第一次进入英特尔的员工,必须要接受一定的培训。英特尔有专门的新员工培训计划，比如上班第一天会有公司常识的培训：各部门的规章制度，在什么地方可以找到你要的东西，等等。然后由经理分给你一个“伙伴”，你不方便问经理的随时都可以问他，这是很有人情味的一种帮助。英特尔会给每位员工一个详细的计划，第一周、第二周、第一个月、第二个月你分别需要做到什么程度，你可能需要什么样的支持，都可以照着这个做，公司也会随时追踪。新员工在3～9个月之间，会有一周关于英特尔文化和在英特尔怎样成功的培训。另外，公司会有意安排许多一对一的会议，让新员工与自己的老板、同事、客户有机会进行面对面的交流。尤其是和高层经理的面谈，给了新员工直接表现自己的机会。

许多应聘者甚至包括一些新员工都会对一个问题有疑虑：在这样一家跨国公司，中外员工交流会有障碍吗？其实，中外方的差异很小。比如中国区总裁是洋面孔，而多数所谓不同背景的员工则多来自新加坡、马来西亚等亚洲地区，大家相处得非常友好。

和许多大公司一样，英特尔会提供给员工许多机会，有些时候上司认为一名员工非常优秀，就专门为他设置一个新的职务。因此，英特尔保持有20%的职位空缺从内部招聘来填补。但员工要学会自己去争取。英特尔要求员工具有自主能动性，包括旁边人的帮助和支持，你应该主动去寻求，不然不会有人注意到，因为大家都非常忙。

英特尔对年轻人比较强调以下几种能力：首先是学习能力，在新的工作岗位上你是否能很快适应。其次，是有同时兼做多种事情的能力。第三是沟通能力。

另外，英特尔还有一个吸引人才的地方在于，在英特尔，员工有股票认购权，每位员工都可以从薪金里拿出一定的比例购买公司的股票。英特尔业绩增长，股价也在增长，买股票对员工来说肯定可以从中获利，这是留住人才的一个方面。

英特尔以这些价值观为用人文化的基石与准则，选择合适的人才到合适的岗位，为员工创造良好的工作环境，要求员工永远不停止学习，时刻以客户为导向，讲求严明的纪律，鼓励员工敢于进行“可衡量、可预测的冒险”，注重业绩并以结果为导向。

英特尔还为员工制定完善的培训与职业发展计划，通过系统的沟通渠道进行有效的沟通，建设性对抗为解决问题提供了最佳解决之道，各种措施保证员工工作与生活的平衡，多元化用人策略与人才本土化相结合，科学的考核与有效的激励激发着员工的热情与智慧。英特尔的用人之道，成为英特尔称雄全球高科技芯片产业的终极秘诀，成为打造“地球之心”的法宝。